Reader's Digest Auswahlbücher

Die Kurzfassungen in diesem Buch erscheinen
mit Genehmigung der Autoren und Verleger

194 (192)
Printed in Germany
ISBN 3 87070 486 1

Reader's Digest Auswahlbücher

Verlag Das Beste
Stuttgart · Zürich · Wien

WILBUR SMITH *Seite 7*

DAS LIED DER ELEFANTEN

Jäh aus seiner Arbeit gerissen wird der Tierfilmer Daniel Armstrong, als Elfenbeinräuber in den Chiwewe-Nationalpark in Simbabwe eindringen und dort Tod und Verwüstung hinterlassen. Daniel heftet sich an ihre Spuren und stößt auf einen dubiosen Weltkonzern, dessen Eigentümer es darauf anlegt, Afrikas Schätze zu plündern.

ALAN BURGESS *Seite 243*

DIE HERBERGE ZUR SECHSTEN GLÜCKSELIGKEIT

China 1941. Mühsam wehren die Chinesen die Angriffe der Japaner ab. Gladys Aylward, eine junge englische Missionarin, hilft den Opfern des Krieges: Sie behandelt Verletzte und rettet Flüchtlinge. Doch als sie eine Gruppe von Waisenkindern über unwegsames Gebirge in die sichere Stadt Sian bringen soll, steht sie vor einer schier unlösbaren Aufgabe.

SCHNEE IN DER KARIBIK

Skipper Nick Breakspear hätte wissen müssen, daß er in Schwierigkeiten kommt, wenn er mit zwei reichen, drogensüchtigen Jugendlichen in den Bahamas segeln geht. Doch er glaubt daran, daß die Süchtigen tatsächlich zum Entzug bereit sind – bis plötzlich eine Gruppe bewaffneter Kolumbianer mit reinstem Kokain an Bord auftaucht.

GEFÄHRLICHE WEGE

Die vierzehnjährige Leonora ist wenig angetan von dem neuen Mann ihrer Mutter und dessen Söhnen. Und prompt will sich auch beim gemeinsamen Urlaub in den Wäldern Kanadas keine Harmonie einstellen. Genervt von allem, entschließt sich Leonora heimlich zu einem äußerst riskanten Abstecher: einer Kanufahrt auf dem Wildwasser des Brazeau!

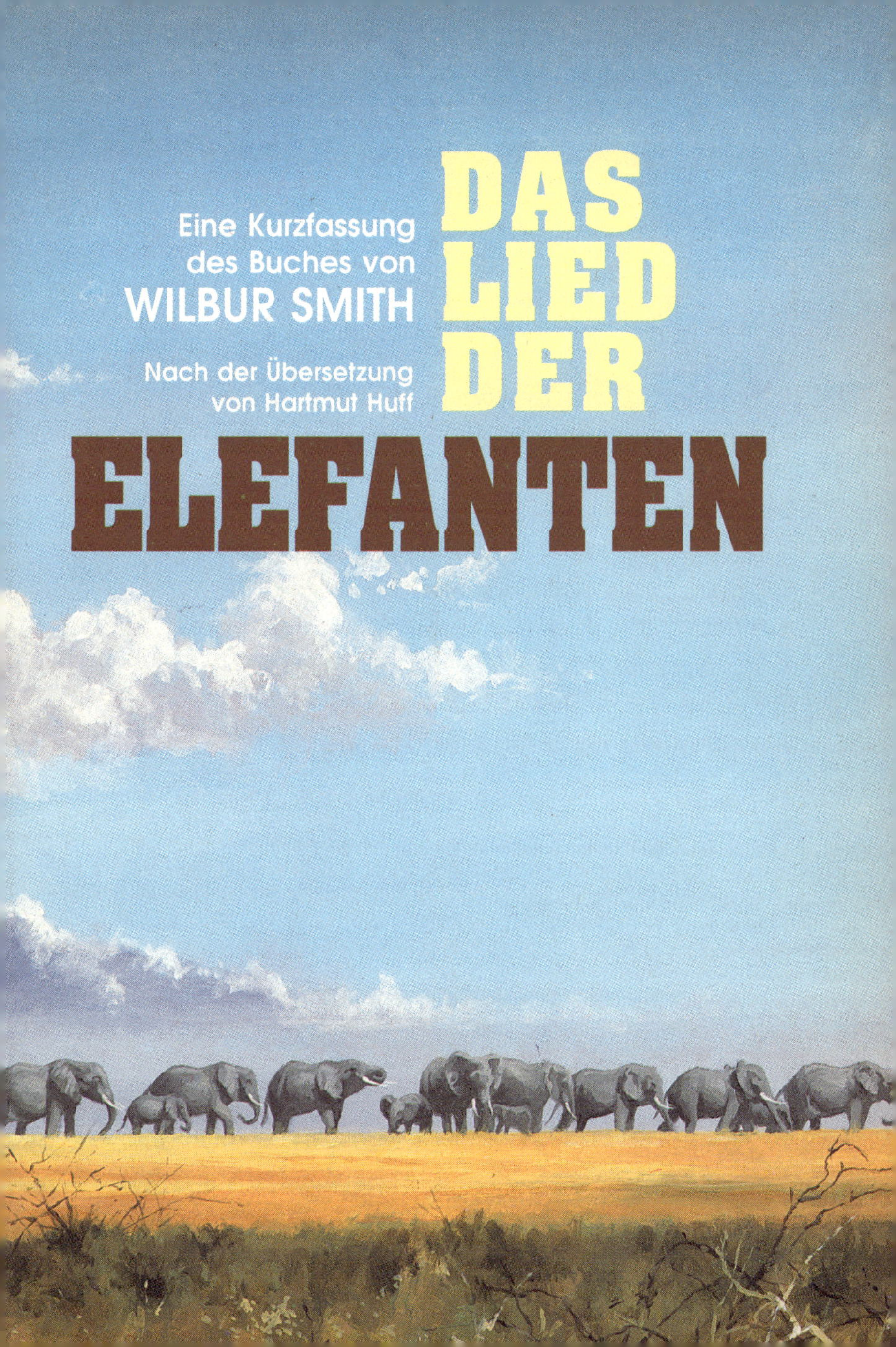
Eine Kurzfassung
des Buches von
WILBUR SMITH
Nach der Übersetzung
von Hartmut Huff
DAS
LIED
DER
ELEFANTEN

Nach vielen Jahren der Abwesenheit kehrt Daniel Armstrong in sein geliebtes Afrika zurück, um einen Dokumentarfilm über die bedrohte Tierwelt zu drehen. Als jedoch ein schweres Verbrechen geschieht, beschließt er, die Verantwortlichen zur Rechenschaft zu ziehen. Seine Nachforschungen führen ihn in den Kleinstaat Ubomo, den nach einem Staatsstreich ein dichtes Netz aus politischen Intrigen, geschäftlichen Interessen, Habgier und Gewalt überzieht. Ohne es zu wollen, gerät Daniel in dessen Maschen . . .

1

DAS HAUS war strohgedeckt und hatte nicht ein einziges Fenster. Daniel Armstrong hatte es vor fast zehn Jahren eigenhändig erbaut. Damals hatte er gerade im Nationalpark als junger Wildhüter angefangen. Inzwischen hatte man das Gebäude in eine regelrechte Schatzkammer verwandelt.

Johnny Nzou steckte seinen Schlüssel in das schwere Vorhängeschloß und öffnete die Doppeltüren aus einheimischem Teakholz. Johnny war der Oberaufseher des Chiwewe-Nationalparks in Simbabwe. Früher war er Daniels Fährtensucher gewesen, ein aufgeweckter junger Matabele, dem Daniel im Schein zahlloser Lagerfeuer Englisch beigebracht hatte.

Die beiden jungen Männer – der eine schwarz, der andere weiß – hatten gemeinsam in den unendlichen Weiten des Nationalparks viele Patrouillenfahrten hinter sich gebracht. In der Wildnis hatten sie eine Freundschaft geschlossen, der auch die folgenden Jahre der Trennung nichts hatten anhaben können.

Jetzt schaute Daniel in das düstere Innere des Gebäudes und stieß einen leisen Pfiff aus. „Alle Achtung, Johnny, du hast während meiner Abwesenheit die Hände wirklich nicht in den Schoß gelegt."

Der Schatz, der den Raum bis zu den Dachsparren hinauf füllte, war Hunderttausende Dollar wert.

Mit zusammengekniffenen Augen musterte Johnny Nzou seinen weißen Freund, um zu sehen, ob sich in dessen Miene Kritik abzeichnete. Er wußte, daß Daniel ein Verbündeter war, dennoch war das Thema, um das es hier ging, derart emotionsgeladen, daß man stets mit einem Stimmungsumschwung rechnen mußte

Daniel aber hatte sich bereits seinem Kameramann zugewandt. „Können wir hier einen Scheinwerfer anbringen, Jock? Ich brauche ein paar gute Innenaufnahmen."

Der Kameramann schaltete die Bogenlampe in seiner Hand ein. Auf den hoch aufgestapelten Schatz fiel grelles, blauweißes Licht.

„Jock, folge mir und dem Oberaufseher durch den ganzen Lagerraum", wies Daniel den Kameramann an. Dieser nickte und trat näher heran, wobei er die glänzende Videokamera auf seiner Schulter balancierte. Er machte einen Schwenk über den riesigen Haufen Elfenbein und verharrte dann auf Daniels Hand, die über einen der elegant geschwungenen Stoßzähne strich. Danach trat er zurück, um Daniel in die Totale zu bekommen.

Daniel war nicht allein wegen seines Doktortitels in Biologie, seiner Bücher und Vorlesungen zu einer international geachteten Autorität und zum Wortführer der afrikanischen Umweltschützer geworden. Man sah ihm an, daß er sich viel in der freien Natur aufhielt, und er besaß eine Ausstrahlung, die auch auf dem Fernsehschirm gut zur Geltung kam. Seine sonore Stimme war beeindruckend.

Sein Vater hatte während des Zweiten Weltkriegs in Nordafrika gedient. Nach dem Krieg war er als Pflanzer nach Rhodesien ausgewandert, wo er Tabak angebaut hatte. Daniel war in Afrika geboren, hatte aber in England studiert, ehe er wieder nach Rhodesien zurückgekehrt war, um seine Arbeit im Nationalpark aufzunehmen.

„Elfenbein“, sagte er jetzt, während er in die Kamera blickte, „seit der Zeit der Pharaonen eine der schönsten und kostbarsten Natursubstanzen. Die Zierde des Afrikanischen Elefanten – und sein schreckliches Verhängnis.“

Daniel ging an den Reihen der aufgestapelten Stoßzähne entlang, und Johnny Nzou hielt mit ihm Schritt. „Seit zweitausend Jahren jagt der Mensch den Elefanten“, fuhr Daniel fort, „um an das weiße Gold zu kommen. Und trotzdem hat es bis vor zehn Jahren noch über zwei Millionen dieser majestätischen Tiere auf dem afrikanischen Kontinent gegeben. Plötzlich trat jedoch eine tragische Wende ein, denn in den vergangenen zehn Jahren sind fast eine Million Elefanten abgeschlachtet worden. Es ist kaum vorstellbar, wie dies geschehen konnte. Wir sind hier, um die Ursachen herauszufinden, damit der Afrikanische Elefant, der von der Ausrottung bedroht ist, gerettet werden kann.“ Daniel sah Johnny an. „Heute ist Mr. John Nzou bei mir, der Oberaufseher des Chiwewe-Nationalparks in Simbabwe. Zufällig bedeutet Nzou in der Sprache der Shona ‚Elefant‘. Ein durchaus passender Name, denn Mr. Nzou ist hier für eine der größten Elefantenherden verantwortlich, die es in der afrikanischen Wildnis noch gibt. Sagen Sie uns, Herr Oberaufseher, wie viele Stoßzähne lagern in diesem Raum?“

„Fast fünfhundert Stoßzähne mit einem Durchschnittsgewicht von sieben Kilo.“

„Auf dem internationalen Markt ist ein Kilo Elfenbein dreihundert Dollar wert“, erläuterte Daniel. „Der Gesamtwert des hier lagernden Elfenbeins beträgt über eine Million Dollar. Wo kommt das alles her?“

„Einige Stoßzähne haben wir gefunden – es handelt sich um das

Elfenbein toter Elefanten, die im Park entdeckt wurden. Weiteres Elfenbein haben meine Männer bei Wilderern konfisziert. Aber der Großteil dieser Stoßzähne stammt aus dem sogenannten Culling, gezielten Abschußaktionen, die meine Mannschaft leider von Zeit zu Zeit durchführen muß."

Die beiden blieben am anderen Ende des Raums stehen, machten kehrt und blickten wieder in die Kamera. „Über die Abschußaktionen werden wir später sprechen, Herr Oberaufseher. Könnten Sie uns zunächst ein wenig über die Aktivitäten der Wilderer im Nationalpark von Chiwewe erzählen?"

„Es wird jeden Tag schlimmer." Johnny schüttelte traurig den Kopf. „Da die Elefanten in weiten Teilen Kenias, Tansanias und Sambias praktisch ausgerottet sind, richten die Profis ihre Aufmerksamkeit auf die südlicheren Teile Afrikas und somit auf unsere Herden. Sambia liegt direkt auf der anderen Seite des Sambesi, und die Wilderer, die von dort herüberkommen, sind organisiert und besser bewaffnet als wir. Sie schießen in der Absicht zu töten – auf Menschen ebenso wie auf Elefanten."

„Und alles nur wegen des Elfenbeins . . ." Daniel legte die Hand erneut auf einen der Stoßzähne. Kein Stoßzahn sah aus wie der andere. Einige waren fast gerade, lang und dünn wie Stricknadeln, andere waren geschwungen wie mächtige Sicheln. Manche waren so spitz wie Speere, andere wieder flach und stumpf. Viele Stoßzähne stammten von jungen Kälbern; sie waren nicht länger als der Unterarm eines Mannes. Nur ganz wenige waren prächtig geschwungene, herrliche Stücke – das schwere, edle Elfenbein alter Bullen. Daniel spürte wieder die Melancholie, die ihn so oft dazu bewogen hatte, über die Zerstörung des alten Afrika und seiner Tierwelt zu schreiben. „Von einem so klugen und großartigen Tier bleibt lediglich das hier übrig." Er senkte die Stimme zu einem Flüstern. „Wir können die Augen nicht vor den tragischen Veränderungen in der Natur verschließen, die diesen Kontinent erschüttern. Der Elefant stirbt. Stirbt Afrika?"

Die Ehrlichkeit seines Anliegens war spürbar. Die Kamera zeichnete alles getreu auf. Dieser Ehrlichkeit verdankten seine Fernsehsendungen in aller Welt ihre enorme Wirkung.

Jetzt faßte sich Daniel und wandte sich wieder an Johnny Nzou. „Was meinen Sie, Herr Oberaufseher, wie viele dieser wundervollen Tiere gibt es noch in Simbabwe, und wie viele davon leben im Chiwewe-Nationalpark?"

„In Simbabwe gibt es schätzungsweise zweiundfünfzigtausend Elefanten, achtzehntausend davon in Chiwewe."

„Das ist fast ein Drittel aller Tiere in diesem Land.“ Daniel runzelte die Stirn. „In einem Klima, das von Hoffnungslosigkeit und Pessimismus beherrscht wird, muß das sehr ermutigend für Sie sein.“

Johnny Nzou sah besorgt drein. „Im Gegenteil, Dr. Armstrong, so viele Elefanten kann der Nationalpark nicht ernähren. Wir schätzen, daß dreißigtausend Elefanten eine ideale Population für ganz Simbabwe wären. Ein einziges Tier benötigt täglich bis zu einer Tonne pflanzlicher Nahrung. Um an dieses Futter zu kommen, stößt es sogar jahrhundertealte Bäume um.“

„Was geschieht, wenn Sie zulassen, daß die riesige Herde in Ihrem Reservat weiter wächst?“

„In ganz kurzer Zeit wird sie den Nationalpark in ein Trockengebiet verwandeln, und dann wird die Elefantenpopulation zugrunde gehen. Da bleibt nicht mehr viel übrig – weder Bäume noch Nationalpark, noch Elefanten.“

Daniel nickte. Wenn er den Film bearbeitete, würde er an dieser Stelle eine Reihe von Szenen einbauen, die er im Amboseli-Nationalpark in Kenia aufgenommen hatte. Es waren erschreckende Dokumente der Verwüstung. Bilder von Bäumen, die ihre kahlen Äste gen Himmel reckten, während ausgedorrte Elefantenkadaver auf der nackten roten Erde lagen, verhungerte oder von Wilderern getötete Tiere.

„Haben Sie eine Lösung für dieses Problem?“ fragte Daniel leise.

„Eine drastische, fürchte ich.“

„Werden Sie sie uns zeigen?“

Johnny Nzou zuckte die Achseln. „Es ist nicht sehr schön, wenn man dabei zusehen muß. Aber ja, Sie können Zeuge sein, wenn wir eine unserer Aktionen durchführen.“

DANIEL erwachte genau zwanzig Minuten vor Sonnenaufgang. Selbst in all den Jahren, die er außerhalb Afrikas verbracht hatte, hatte er daran nichts ändern können. Seine innere Uhr funktionierte noch genauso wie in der Zeit des rhodesischen Bürgerkrieges, als er seiner Wehrpflicht bei den Sicherheitskräften nachgekommen war.

Daniel empfand die Morgendämmerung als den magischsten Abschnitt des Tages. Er hatte voll bekleidet geschlafen. Nun kroch er aus dem Schlafsack und langte nach seinen Stiefeln. Der Tau an den Grashalmen durchnäßte seine Hosenbeine bis zu den Knien, während er leise die Runde der schlafenden Männer verließ und zu den nahe gelegenen Felsen ging, die die Savanne überragten. Auf einer grauen Granitkuppe fand er einen Platz, wo er sich niederkauerte.

Es dämmerte bereits, und die Wolken über dem großen Sambesifluß verfärbten sich zartrosa-grau. In nächster Nähe brüllte ein Löwe. Daniel erschauerte. Obwohl er dieses Brüllen schon unzählige Male gehört hatte, flößte es ihm immer noch Respekt ein.

Dicht hinter ihm war ein anderes, leiseres Geräusch vernehmbar, und er blickte sich um. Johnny Nzou kletterte auf die Granitkuppe und setzte sich neben ihn. „Die Fährtensucher sind vor zehn Minuten ins Lager gekommen. Sie haben eine Elefantenherde entdeckt."

Daniel schaute ihn an. „Wie viele Tiere?" fragte er.

„Etwa fünfzig. Bist du sicher, daß du das filmen willst?"

Daniel nickte. „Ich habe gründlich darüber nachgedacht. Die Menschen in aller Welt haben ein Recht darauf, es zu erfahren."

„Jedem anderen würde ich journalistische Sensationsgier unterstellen", murmelte Johnny.

Daniel runzelte die Stirn. „Du weißt, daß das auf mich nicht zutrifft."

„Ja, Danny", stimmte Johnny ihm zu. „Du haßt diese Aktionen ebensosehr wie ich, und doch hast du mich als erster davon überzeugt, daß sie nötig sind."

„Gehen wir an die Arbeit", schloß Daniel unvermittelt. Sie standen auf und schlenderten schweigend zum Lager zurück. Dort waren inzwischen alle aufgewacht, und auf dem offenen Feuer wurde Kaffee gekocht. Die farbigen Wildhüter rollten ihre Decken und Schlafsäcke zusammen und überprüften ihre Gewehre. Sie trugen die Khakiuniform mit den grünen Schulterabzeichen der Parkverwaltung.

„Ich werde dir vor der Kamera ein paar dumme Fragen stellen, und vielleicht stichle ich auch ein bißchen", warnte Daniel Johnny.

„Schieß los!"

Sie hockten sich vor das rauchende Lagerfeuer, und Jock filmte sie in Nahaufnahme.

„Wir lagern hier am Ufer des Sambesi", begann Daniel und wandte sich an Johnny. „Die Sonne geht gerade auf, und nicht weit entfernt im Busch sind Ihre Fährtensucher auf eine Herde von fünfzig Elefanten gestoßen. Sie selbst haben mir erklärt, daß der Chiwewe-Nationalpark derartig große Herden nicht ernähren kann und daß allein in diesem Jahr mindestens tausend Tiere entfernt werden müssen. Wie beabsichtigen Sie dies zu tun?"

„Wir müssen sie aussondern", erwiderte Johnny knapp.

„Sie aussondern? Das bedeutet doch töten?"

„Ja. Meine Leute und ich werden die ganze Herde töten."

„Was geschieht mit den Jungtieren und den trächtigen Kühen? Könnten Sie die Tiere nicht einfangen und an einen anderen Ort transportieren?"

„Die Transportkosten für einen Elefanten sind gewaltig. Sehen Sie sich das Gelände unten im Tal einmal an.“ Johnny deutete auf die Landschaft jenseits des Steilabbruchs. „Wir würden Speziallastwagen brauchen und müßten Straßen bauen. Aber selbst dann – wozu sollten wir die Tiere dort hinbringen? Wir haben in Simbabwe einen Überschuß von fast zwanzigtausend Elefanten.“

„Demnach, Herr Oberaufseher, haben Sie Ihre Elefantenherden zu gut betreut. Und jetzt müssen Sie die wundervollen Tiere töten, ohne daß jemand etwas davon hat.“

„Nein, Dr. Armstrong, ganz ohne Nutzen ist das nicht. Wir werden die verwertbaren Teile der Elefanten, also das Fleisch und die Häute, verkaufen. Die Erlöse kommen dem Umweltschutz zugute, sie helfen, die Wilderei zu verhindern und unsere Nationalparks zu schützen.“

„Aber warum müssen Sie Elefantenmütter und ihre Babys töten?“ hakte Daniel nach.

„Es ist sehr wichtig, daß es keine Überlebenden gibt. Eine Elefantenherde ist eine einzige große Familie. Fast alle ihre Angehörigen sind Blutsverwandte, und innerhalb der Herde gibt es eine hochentwickelte Sozialstruktur. Elefanten sind überaus intelligente Tiere ... Sie begreifen wirklich, was da mit ihnen geschieht –“ Er brach ab, von Gefühlen übermannt. Nie hatte Daniel ihn mehr bewundert als in diesem Augenblick.

„Wir müssen uns mit der schrecklichen Wahrheit abfinden“, fuhr Johnny mit belegter Stimme fort. „Wenn auch nur ein Tier dieser Aussonderung entginge, würde es seine Angst den anderen Herden mitteilen. Es würde das Sozialverhalten aller Elefanten im Park empfindlich stören.“

„Ist das nicht an den Haaren herbeigezogen?“ fragte Daniel.

„Nein, das ist früher oft passiert. Nach dem Krieg gab es im Wankie-Nationalpark einen Überschuß von zehntausend Elefanten. Damals wußte man sehr wenig über die Auswirkung gezielter Aussonderungsaktionen. Man schoß nur Alttiere ab, doch damit nahm man den Herden einen Großteil ihres Erfahrungsschatzes. Alles kam durcheinander – ihr Wanderverhalten, die Hierarchie unter den Tieren, sogar ihr Fortpflanzungsverhalten.“ Johnny schüttelte den Kopf. „Nein, wir müssen die ganze Herde auf einen Schlag auslöschen.“ Fast erleichtert blickte er zum Himmel am Horizont. „Da kommt das Suchflugzeug“, sagte er ruhig und griff nach dem Mikrofon des Funkgeräts. „Guten Morgen, Sierra Mike. Wir sehen euch schätzungsweise fünf Kilometer südlich unserer Position. Ich gebe euch ein gelbes Rauchsignal.“

Johnny nickte einem seiner Wildhüter zu, der daraufhin die Lasche einer Signalpatrone zog. Schwefelgelber Rauch trieb in einer dichten Wolke über die Baumwipfel.

„Alles klar“, drang die Antwort des Piloten aus dem Funkgerät. „Ich sehe euren Rauch. Macht mir bitte ein paar Angaben über die Herde.“

„Gestern abend bei Sonnenuntergang bewegte sie sich in Richtung Norden auf den Fluß zu, acht Kilometer östlich von hier. Es sind etwa fünfzig Tiere“, erwiderte Johnny.

„Danke. Ich melde mich, sobald wir etwas gesichtet haben.“

Daniel und Johnny schauten zu, wie das Flugzeug ostwärts abdrehte.

Eine Viertelstunde später meldete sich der Pilot wieder über Funk. „Hallo, ihr da unten. Ich habe eure Herde. Etwas über fünfzig Tiere und zwölf Kilometer von eurer derzeitigen Position entfernt.“

Die Herde hatte sich über ein ausgetrocknetes Flußbett verteilt, das sich zwischen niedrigen Feuersteinfelsen hindurchwand. Hier, wo die tiefreichenden Wurzeln der Bäume auf Reste unterirdischen Wassers stießen, wuchs grüner und üppiger Wald.

Zwei Elefantenkühe bewegten sich auf eine der schwer mit Samenschoten beladenen Akazien zu. Sie waren die Leittiere, ausgemergelte alte Witwen mit zerfetzten Ohren und wäßrigen Augen. Sie waren Halbschwestern, Abkömmlinge derselben Mutter, und seit über einem halben Jahrhundert unzertrennlich. Schon lange waren sie nicht mehr fortpflanzungsfähig, doch immer noch galt ihre Hauptsorge der Herde und deren Sicherheit.

Vielleicht war es unrealistisch, wenn man Tieren solch menschliche Gefühle wie Liebe und Respekt zusprach oder ihnen unterstellte, sie wüßten, was der Fortbestand ihrer Familie bedeutete. Doch wer gesehen hatte, wie die Herde den alten Elefantenkühen in bedingungslosem Gehorsam folgte, zweifelte nicht an der Autorität dieser beiden Tiere. Wer miterlebt hatte, wie sie den jüngeren Kälbern über besonders schwierige Abschnitte der Elefantenpfade hinweghalfen, stellte ihre Fürsorglichkeit nicht in Frage. Wenn Gefahr drohte, stürmten sie zur Verteidigung mit abgespreizten Ohren und eingerollten Rüsseln vorwärts.

Die großen Bullen mit ihren massigen Leibern blieben mit der Herde nur lose in Verbindung. Sobald die Jungbullen erwachsen wurden, gingen sie eigene Wege – meist in kleineren Gruppen von zwei oder drei männlichen Tieren. Zu den Kühen kehrten sie nur noch zurück, wenn sie von deren durchdringendem Brunftgeruch angezogen wurden.

Jetzt bewegten sich die beiden Halbschwestern im Gleichschritt auf die riesige Akazie zu, die reiche Ernte versprach. Jede bezog ihre Position auf einer Seite des Stammes. Sie drückten die Stirn an die rauhe Rinde und begannen sich wechselseitig hin und her zu wiegen. Zunächst widerstand die Akazie ihren gewaltigen Kräften. Doch die Kühe arbeiteten rastlos weiter. Zuerst warf die eine, dann die andere ihr Gewicht gegen den Baum, bis dessen Äste gewaltig zitterten.

Die reifen Samenschoten lösten sich von den Zweigen und fielen auf die beiden Kühe herab, die ihre Arbeit nicht unterbrachen. Die jüngeren Mitglieder der Herde schlugen aufgeregt mit den Ohren und stürmten vorwärts. Die stark eiweißhaltigen Akaziensamen in den Schoten gehörten zu ihren Lieblingsspeisen. Geschickt schnappten sie sich die heruntergefallenen Schoten mit den Rüsseln und stopften sie tief in ihre Kehlen. Erst als die letzte Schote von den Zweigen geschüttelt war, traten die beiden vom Baumstamm zurück. Nun machten auch sie sich über die Schoten her.

Die Herde hatte sich dicht um die beiden Kühe geschart, und während die Tiere fraßen, war ein leises Geräusch zu hören, das in jeder der großen grauen Gestalten widerzuhallen schien. Es war ein vielstimmiges sanftes Knurren, in dem sich Lebensfreude und Zufriedenheit ebenso ausdrückten wie das Gemeinschaftsgefühl, das alle Angehörigen der Herde miteinander verband. Es war das Lied der Elefanten.

Eine der alten Kühe entdeckte als erste die Bedrohung. Sie übermittelte den anderen die Besorgnis mit einem Geräusch, das außerhalb des menschlichen Hörvermögens lag und das die ganze Herde erstarren ließ.

Die beiden Leittiere kannten das Motorengeräusch des Aufklärungsflugzeugs. Sie verbanden es mit den Perioden verstärkter menschlicher Aktivität, mit Spannung und einer unerklärlichen Angst. Eine der alten Kühe wich zurück und zeigte mit einem wütenden Kopfschütteln die Richtung an, aus der das Geräusch am Himmel kam. Ihre zerfetzten Ohren klatschten dabei laut gegen die Schultern. Dann machte sie kehrt und veranlaßte ihre Artgenossen davonzustürmen.

Der Pilot der Maschine meldete sich wieder. „Hallo, Armstrong. Die Herde bricht südwärts zum Imbelesi-Paß aus."

„Verstanden, Sierra Mike. Treibt sie zur Mana-Pools-Abzweigung."

Die Anführerin galoppierte an der Spitze der Herde auf die Hügel zu. Sie wollte aus dem Tal fliehen, um in das unwegsame Gelände am Steilabbruch zu gelangen, wo Felsen und starkes Gefälle ihre Verfolgung erschwerten. Doch das Geräusch des Flugzeugs, das vor ihr summte, schnitt sie von der Engstelle ab, die sie zu diesem Zweck passieren mußte. Verunsichert blieb sie stehen und blickte zum Himmel hinauf. Sie spreizte die Ohren, um das schreckliche Geräusch zu orten. Dann sah sie das Flugzeug. Das Licht der Morgensonne blitzte auf der Windschutzscheibe, als es knapp über den Wipfeln der Bäume auf sie zuschoß.

Augenblicklich wirbelten die beiden alten Kühe herum und rasten zum Fluß zurück. Hinter ihnen wendete die Herde wie eine ungeordnete Kavallerieabteilung, wobei sie Staub aufwirbelte, der in einer feinen, blassen Wolke hoch über die Baumwipfel stieg.

„Armstrong, die Herde rennt jetzt in Ihre Richtung. Acht Kilometer vor der Abzweigung."

„Danke, Sierra Mike. Haltet sie weiter in Trab, aber überstürzt nichts."

Johnny Nzou nahm Daniel das Mikrofon ab. „An alle K-Trupps, Annäherung an Mana-Pools-Abzweigung."

Die „K-Trupps", die die Culling-Aktionen durchführten, warteten in vier Landrovern am Hauptweg, der vom Chiwewe-Hauptquartier am Steilabfall zum Fluß führte. Johnny hatte sie zu der Engstelle hinauffahren lassen, damit sie dort die Herde aufhielten, doch jetzt hatte es den Anschein, als wäre das nicht nötig.

„Vermutlich schaffen wir's gleich im ersten Anlauf", murmelte Johnny, während er mit dem Landrover wendete und dann mit Vollgas auf den Weg steuerte. Ein Grasrücken zwischen den sandigen Radspuren ließ den Landrover buckeln und mehrfach aufsetzen. Hinter einer Wegbiegung sahen sie die anderen Fahrzeuge an der Kreuzung stehen. Die Wildhüter standen in einer Gruppe daneben, mit den Gewehren in der Hand.

Johnny brachte den Landrover mit blockierenden Rädern zum Stehen und griff erneut nach dem Mikrofon seines Funkgerätes. „Sierra Mike, gebt mir bitte eine Positionsmeldung."

„Die Herde ist noch drei Kilometer von euch entfernt. Sie nähert sich gerade Long Vlei."

Long Vlei, ein großes Stück offenen Graslandes, zog sich kilometerweit am Fluß entlang. Während der Regenzeit war es Marschgebiet, jetzt aber bildete es das ideale Gelände für die Abschußaktion.

Johnny sprang vom Fahrersitz und nahm sein Gewehr aus der Halterung. Er und alle seine Wildhüter waren mit billigen, in Massen produzierten großkalibrigen Jagdgewehren bewaffnet. Seine Männer hatte Johnny wegen ihrer Treffsicherheit für diese Aufgabe ausgewählt. Die Aktion mußte so schnell und schmerzlos wie möglich über die Bühne gehen. Sie würden den Kopfschuß wählen und nicht den einfacheren Blattschuß, bei dem der Tod langsamer kam.

„Gehen wir!“ befahl Johnny. Obwohl die Wildhüter diese Arbeit schon viele Male verrichtet hatten, schauten sie sehr ernst drein. Ganz offensichtlich empfanden sie keinerlei Vorfreude beim Gedanken an das blutige Gemetzel, das sie erwartete. Sie waren nur leicht bekleidet. Die einzigen schweren Gegenstände, die sie trugen, waren ihre Waffen und die Patronengurte, die sie um die Hüften geschlungen hatten. Sie alle waren schlank und muskulös, und Johnny Nzou war ebenso stark wie die anderen. Sie rannten der Herde entgegen.

Daniel folgte Johnny. Er glaubte, sich mit ständigem Joggen und Training fit gehalten zu haben, hatte aber vergessen, was es bedeutete, ein echter Wildhüter zu sein wie Johnny und seine Leute. Sie liefen mühelos durch den Wald. Früher einmal hatte sich auch Daniel so rasch bewegen können, aber jetzt behinderten ihn seine Stiefel, und er taumelte in dem unwegsamen Gelände. Er und der Kameramann fielen zurück.

Johnny Nzou gab ein Handzeichen, und die Wildhüter schwärmten aus; in jeweils fünfzig Meter Abstand bezogen sie in einer langen Reihe Stellung. Vor ihnen wich der Wald abrupt dem offenen Gelände des Long Vlei. Das trockene, gelbbraune Gras stand hüfthoch.

Daniel erreichte die Linie der Schützen und stellte fest, daß er und Jock schwer atmeten, obwohl sie nur einen Kilometer gelaufen waren.

„Dort sind sie!“ stieß Johnny leise hervor. „Man erkennt sie an der Staubwolke.“ Sie lag als Schleier über den Baumwipfeln zwischen ihnen und dem kreisenden Flugzeug.

Johnny schwenkte den rechten Arm, und die äußeren Schützen rückten vor, so daß sich ein Halbkreis bildete, in dessen Mitte Johnny stand. Eine leichte Brise wehte in ihre Richtung. Die Tiere würden sie nicht wittern.

Elefanten können nicht gut sehen. Daniel wußte, daß sie die Schützen erst erkennen würden, wenn es zu spät war. Die Tiere rannten, von dem tieffliegenden Flugzeug gehetzt, direkt in die Falle.

Die beiden Leitkühe brachen in vollem Lauf aus dem Wald heraus. Sie hatten die Ohren angelegt, und ihre faltige graue Haut wabbelte bei jedem Schritt. Der Rest der Herde folgte in größeren Abständen. Die jüngsten Kälber ermüdeten, und ihre Mütter stießen sie mit den Rüsseln vorwärts.

Die Schützen rührten sich nicht. Die Elefanten würden eher eine Bewegung wahrnehmen, als daß sie mit ihren schwachen, durch Panik getrübten Augen die verschwommenen Menschengestalten ausmachen könnten.

Als Johnny die Leitkühe erblickte, erteilte er einen Befehl, den seine Männer in der Schützenreihe weitergaben. Sobald die Alttiere ausgeschaltet wären, wüßte die Herde keinen Ausweg mehr.

Die vorderste Leitkuh trabte direkt auf die Stelle zu, an der Johnny stand.

Johnny schwenkte sein Gewehr über dem Kopf und rief auf sindebele: „*Nanzi Inkosikaze!* – Hier bin ich, ehrenwerte alte Dame!“

Jetzt erkannten die beiden Anführerinnen, daß er kein Baumstumpf, sondern ein Todfeind war. Sofort gingen sie zum Angriff über. Ihre Ohren waren an den Rändern eingerollt – ein sicheres Zeichen ihrer Wut. Daniel hatte vergessen, wie furchterregend dieser Anblick war.

Die ganze Herde donnerte wie eine Lawine aus grauem Granitgestein mit einer Geschwindigkeit von etwa sechzig Stundenkilometern auf sie zu. Als die vordersten Tiere noch dreißig Meter entfernt waren, riß Johnny Nzou das Gewehr an die Schulter. Auf dem blauschimmernden Stahllauf war kein Zielfernrohr befestigt. Im Nahkampf mußte er sich ganz auf sein scharfes Auge verlassen.

Johnny zielte auf die Stirn der Leitkuh, genau zwischen die Augen. Ein lauter Knall, und eine kleine Staubwolke löste sich von der runzligen grauen Haut an der Stelle des Schädels, auf die er gezielt hatte. Die Vorderbeine des Tieres knickten ein, und Daniel spürte, wie die Erde unter seinen Füßen erzitterte, als der massige Elefant zu Boden stürzte.

Johnny richtete den Lauf auf die zweite Kuh. Er lud durch, ohne den Gewehrkolben von der Schulter zu nehmen. Kaum war die leere Patronenhülse aus der Kammer geflogen, feuerte er schon wieder.

Die zweite Leitkuh starb genauso schnell wie die erste. Die Herde dahinter geriet in Verwirrung. Verstört irrten die Tiere umher und liefen im Kreis, trampelten das Gras nieder und wirbelten einen Staubvorhang auf. Die Kälber drängten sich schutzsuchend unter die Bäuche ihrer Mütter, die Ohren voller Entsetzen dicht angelegt.

Die Wildhüter rückten ständig feuernd näher. Das Geräusch der Schüsse klang wie Hagel, der auf ein Wellblechdach prasselt. Innerhalb weniger Minuten waren alle erwachsenen Tiere zu Boden gegangen, lagen dicht beieinander oder in blutigen Haufen aufeinander. Die Schützen hörten erst auf zu feuern, als kein einziges Tier mehr auf den Beinen war.

Sechs Minuten nach Johnnys erstem Schuß senkte sich Schweigen über das Schlachtfeld von Long Vlei. Nichts regte sich mehr. Bedrückt und voller Scheu starrten die Wildhüter auf das Blutbad, das sie angerichtet hatten.

Johnny brach den tragischen Bann. Er schritt langsam zu der Stelle, wo die zwei Leitkühe nebeneinander lagen. Ihre Schultern berührten sich, die Beine waren eingeknickt.

Johnny setzte den Kolben seines Gewehrs auf den Boden, stützte sich darauf und musterte die beiden alten Leittiere einen langen Augenblick voller Bedauern. Er merkte nicht, daß Jock ihn filmte.

„*Hamba gahle, Amakhulu*“, flüsterte der Oberaufseher. „Geht in Frieden, alte Großmütter. Ihr seid im Tod zusammen, wie ihr es im Leben wart. Geht in Frieden, und vergebt uns.“

Er entfernte sich zum Waldrand hin. Daniel folgte ihm nicht. Er begriff, daß Johnny allein sein wollte.

VIERZIG Minuten später hörte Daniel das Geräusch von Lastwagen, die durch den Wald rumpelten. Ein Arbeitertrupp mit Äxten eilte dem Konvoi voraus, bahnte den Fahrzeugen einen Weg durch das Dickicht. Johnny erhob sich von seinem Platz am Waldrand und kam heran, um das Schlachten zu überwachen.

Nichts wurde vergeudet. Die Knochen und das Fleisch der Tiere waren wertvoll, aber die Elfenbeinstoßzähne waren der kostbarste Teil. Die Wilderer und die Elfenbeinjäger vergangener Tage hätten es nicht riskiert, sie mit einem achtlosen Axthieb zu beschädigen: Gewöhnlich beließ man die Stoßzähne im Schädel, bis die Knorpelschicht, die das Elfenbein umschloß, weich geworden war und sich löste. Meistens konnte man die Stoßzähne nach vier oder fünf Tagen völlig unbeschädigt mit der Hand herausziehen. Für diese Prozedur fehlte jedoch die Zeit. Die Stoßzähne mußten herausgeschnitten werden. Die Abdecker, die das taten, waren die erfahrensten Männer. Sie hockten sich neben die Köpfe und schlugen geduldig mit ihren einfachen Äxten zu.

Während sie mit dieser ermüdenden Arbeit beschäftigt waren, stand Daniel mit Johnny Nzou zusammen. Jock hielt die Videokamera auf sie gerichtet. „Ein blutiges Werk“, kommentierte Daniel.

„Aber notwendig“, fügte Johnny hinzu. „Im Durchschnitt wird jeder erwachsene Elefant mit Elfenbein, Haut und Fleisch etwa dreitausend Dollar einbringen.“

„Für viele Fernsehzuschauer wird das ziemlich berechnend klingen, besonders da sie gerade Zeugen der rauhen Wirklichkeit des Culling geworden sind.“ Daniel schüttelte den Kopf. „Herr Oberaufseher, Sie wissen vermutlich, daß Tierschutzgruppen eine Kampagne ins Leben gerufen haben, die den Handel mit jedweden Elefantenprodukten – also Haut, Elfenbein oder Fleisch der Tiere – verbieten will. Was halten Sie davon?“

„Das stimmt mich sehr zornig“, erklärte Johnny mit finsterer Miene.

„Würde aber vermutlich weitere Culling-Aktionen unnötig machen, nicht wahr?" hakte Daniel nach.

„Ganz im Gegenteil", widersprach Johnny. „Wir wären um so mehr gezwungen, die Zahl der Tiere zu beschränken. Der einzige Unterschied wäre, daß wir die Elefantenprodukte nicht mehr verkaufen könnten – eine tragische, geradezu kriminelle Vergeudung. Wir würden Millionen Dollar an Erlösen verlieren, die wir derzeit dazu benutzen, die Wildreservate zu schützen, zu vergrößern und zu unterhalten –" Johnny hielt inne und beobachtete, wie zwei Abdecker vorsichtig einen Stoßzahn auf das trockene braune Gras legten. Dann fuhr er fort: „Dieser Stoßzahn erleichtert uns die Aufgabe, die Existenz des Parks und damit der Tiere, die in ihm leben, gegenüber den einheimischen Stämmen zu rechtfertigen."

„Das verstehe ich nicht", wandte Daniel ein. „Wollen Sie damit sagen, daß die Eingeborenen die Nationalparks und ihre Tierpopulationen ablehnen?"

„Nicht, solange sie persönlichen Nutzen daraus ziehen. Wenn wir den Eingeborenen beweisen können, daß ein einziger Elefant das Hundertfache, ja vielleicht das Tausendfache ihrer Ziegen oder ihrer ausgemergelten Rinder wert ist, und wenn sie sehen, daß das Geld dafür ihnen und ihrem Stamm zugute kommt, dann werden sie begreifen, warum wir die Herden schützen."

„Soll das heißen, daß die Bauern in dieser Gegend es für unwichtig halten, Wildtiere um ihrer selbst willen zu erhalten?"

Johnny lachte ironisch. „Das erscheint diesen Leuten als Luxus. Die Stämme hier leben ständig am Existenzminimum. Sie können es sich nicht leisten, Acker- und Weideland abzutreten, damit darauf zwar schöne, aber nutzlose Tiere leben können. Wenn das Wild in Afrika überleben soll, muß es für sein Futter zahlen. Auf diesem grausamen Kontinent gibt es nichts umsonst."

„Und die Lösung, Herr Oberaufseher?"

„Wir haben versucht, die Anschauungen der Bevölkerung positiv zu verändern", erläuterte Johnny. „Wir haben den Einheimischen recht erfolgreich den Wert von Tourismus, Jagdsafaris und gezielten Abschußaktionen vermittelt. Zum erstenmal partizipieren die Stämme an den Erträgen, und sie haben ein anderes Verständnis für Arterhaltung entwickelt."

„Ist das am Ende alles eine Frage der Ökonomie?" fragte Daniel.

„Ja, wie alles andere auf der Welt", stimmte ihm Johnny zu. „Die jungen unabhängigen Staaten Afrikas mit ihrem explosionsartigen Bevölkerungswachstum können sich nicht den Luxus leisten, ihren natürlichen Reichtum einfach wegzuschließen. Sie müssen ihn verwerten und bewahren. Wer uns daran hindert, macht sich mitschuldig an der Ausrottung afrikanischer Wildtiere."

Daniel gab Jock ein Zeichen, das Filmen zu beenden, und faßte Johnny an den Schultern. „Ich könnte einen Star aus dir machen. Du bist ein Naturtalent!"

„Du willst, daß ich in Hotels und Düsenflugzeugen lebe, statt unter freiem Himmel zu schlafen?" fragte Johnny mit gespielter Verärgerung. „Daß ich mir einen hübschen kleinen Bierbauch zulege?" Er knuffte Daniel in die Rippen. „Und daß ich dann schnaufe und keuche, wenn ich hundert Meter gelaufen bin? Nein, vielen Dank, Danny. Ich bleibe hier, wo ich Sambesiwasser trinken kann und nicht Coca-Cola, wo ich Büffelsteaks esse statt Big Macs."

ALS SIE die letzten Stoßzähne verladen hatten, war es längst Nacht. Das Fleisch hatten sie in den Kühlräumen der Lastwagen verstaut, die nun auf der holprigen Serpentinenstraße über den Steilabfall zum Hauptquartier von Chiwewe zurückfuhren.

Johnny steuerte den grünen Landrover, der den langsamen Konvoi der Kühlwagen anführte, und Daniel saß neben ihm. Sie unterhielten sich zwanglos, wie gute alte Freunde es eben tun.

„Selbstmordwetter." Daniel wischte sich die Stirn mit dem Ärmel seines Buschhemdes ab. Obwohl es fast Mitternacht war, setzten ihm die Hitze und die Luftfeuchtigkeit immer noch zu. „Die Regenzeit wird bald beginnen."

„Gut für dich, daß du diese Gegend bald verläßt", brummte Johnny. „Bei Regen verwandelt sich diese Straße in einen Sumpf, und die meisten Flüsse sind unpassierbar."

Eine Woche zuvor war das Touristencamp von Chiwewe in Erwartung der Regenzeit geschlossen worden.

„Ich freue mich nicht auf die Abreise", gab Daniel zu. „Es ist wieder wie in den alten Zeiten."

Johnny nickte. „Wir hatten damals viel Spaß. Wann kommst du wieder nach Chiwewe zurück?"

„Ich weiß es nicht, Johnny, aber mein Angebot ist ehrlich gemeint. Warum begleitest du mich nicht? Wir sind immer ein gutes Team gewesen. Zusammen wären wir unschlagbar, das weiß ich."

„Danke, Danny." Johnny schüttelte den Kopf. „Ich habe hier genug Arbeit."

„Aber ich werde nicht lockerlassen", kündigte Daniel an.

Johnny grinste. „Das weiß ich. Das tust du nie."

2

AM MORGEN, als Daniel den kleinen Hügel hinter dem Lager des Hauptquartiers erklomm, um den Sonnenaufgang zu beobachten, türmten sich am Himmel dunkle Wolken auf; die Hitze war unverändert drückend.

Daniels Stimmung entsprach dieser düsteren Dämmerung. Zwar hatte er während seines Aufenthaltes ausgezeichnetes Filmmaterial bekommen, doch war auch seine Freundschaft und Zuneigung zu Johnny Nzou wieder aufgeblüht. Das Wissen, daß vielleicht viele Jahre vergehen würden, bis sie sich wiedersahen, stimmte ihn traurig.

Johnny hatte ihn zum Frühstück eingeladen. Auf der riesigen, mit einem Moskitonetz abgeschirmten Veranda des strohgedeckten Bungalows, der früher einmal Daniels Heim gewesen war, erwartete ihn Johnny bereits, der jetzt mit seiner hübschen Matabele-Frau Mavis hier wohnte. An diesem Morgen hatte Mavis ein Frühstück nach Stammesart vorbereitet, das aus Mais-Porridge und saurer Milch bestand, die in einem Kalebassenkürbis angedickt worden war. Danach gingen Johnny und Daniel gemeinsam zur Elfenbeinhütte.

Auf halbem Weg hügelabwärts beschattete Daniel die Augen und starrte auf das Touristencamp hinab. Es lag in einem umzäunten Bereich am Flußufer, wo runde strohgedeckte Hütten – Rondavels genannt – unter Wildfeigenbäumen standen.

„Hattest du nicht gesagt, der Park sei für Besucher geschlossen?" meinte Daniel. „Eines der Rondavels ist noch immer belegt, und davor steht ein Wagen."

„Das ist ein besonderer Gast, der Botschafter Taiwans in Harare", erklärte Johnny. „Er interessiert sich sehr für Wildtiere, vor allem für Elefanten, und hat in diesem Land viel zur Arterhaltung beigetragen. Wir haben ihm gewisse Privilegien eingeräumt. Er wollte keine Touristen um sich haben, deshalb habe ich ihn nach Saisonschluß im Camp untergebracht . . . Da ist er ja!"

Drei Männer standen in einer Gruppe am Fuß des Hügels. Der Herr in der Mitte mußte der taiwanische Botschafter sein – Daniel schätzte ihn auf Anfang Vierzig. Er war groß und schlank und hatte glattes schwarzes Pomadenhaar, das er über der hohen Stirn zurückgekämmt trug. Er sah gut aus, hatte offene Gesichtszüge, die verrieten, daß in seinen Adern nicht nur chinesisches, sondern auch europäisches Blut floß.

„Guten Morgen, Exzellenz", begrüßte Johnny ihn mit deutlichem Respekt. „Ist es warm genug für Sie?"

„Guten Morgen, Herr Oberaufseher." Der Botschafter verließ seine schwarzen Begleiter, beides Wildhüter, und trat zu Johnny und Daniel. „Ich ziehe die Hitze der Kälte vor." Er trug ein kurzärmeliges blaues Hemd und eine weite Hose.

„Darf ich Ihnen Dr. Daniel Armstrong vorstellen?" fuhr Johnny fort. „Daniel, das ist Seine Exzellenz, der Botschafter von Taiwan, Ning Cheng."

„Dr. Armstrong, welche Ehre für mich!" Cheng lächelte charmant, während er Daniel die Hand schüttelte. „Ich habe Ihre Bücher gelesen und Ihre Fernsehsendungen mit größtem Interesse und Vergnügen gesehen." Sein Englisch war ausgezeichnet.

„Johnny erzählte mir, daß Sie einen großen Beitrag für die Arterhaltung in diesem Land geleistet haben", sagte Daniel.

Cheng machte eine abwehrende Geste. „Ich wünschte nur, ich könnte mehr tun." Er blickte Daniel nachdenklich an. „Verzeihen Sie mir, Dr. Armstrong, aber ich hatte nicht erwartet, zu dieser Jahreszeit andere Besucher in Chiwewe vorzufinden. Man hatte mir versichert, daß der Park geschlossen sei."

Daniel spürte, daß diese Feststellung etwas zu bedeuten hatte. „Keine Sorge, Exzellenz. Mein Kameramann und ich reisen heute nachmittag ab, dann haben Sie Chiwewe wieder ganz für sich allein."

„Ich bedaure, daß Sie so schnell schon abreisen. Es gäbe sicher vieles, worüber wir uns unterhalten könnten."

Daniel spürte, daß Cheng erleichtert darüber war, daß er abreiste. Offenbar hatte der Chinese trotz seiner netten Art etwas zu verbergen.

Als sie zum Elfenbeinlagerhaus hinüberschlenderten, ging der Botschafter in ihrer Mitte und plauderte entspannt. Dann trat er beiseite, um zuzuschauen, wie die Wildhüter und eine Gruppe von Trägern die Stoßzähne der am Vortag geschossenen Tiere von einem der Lastwagen luden. Jeder Stoßzahn wurde auf eine Waage gelegt, die am Eingang des Lagerhauses stand. Johnny Nzou setzte sich an einen Tisch und trug das Gewicht des Elfenbeins in ein dickes, ledergebundenes Buch ein. Dann fügte er eine Registriernummer hinzu, und einer seiner Männer stempelte diese Nummer mit einem Brenneisen in das Elfenbein. Mit Registriernummer und Stempel war dieser Stoßzahn jetzt legale Handelsware und konnte exportiert werden.

Ein perfekt zueinander passendes Paar Stoßzähne war von besonderer Schönheit – herrlich proportionierte Schäfte mit feiner Maserung und eleganter Biegung. Cheng trat vor und hockte sich neben sie, als sie auf der Waage lagen. Er streichelte sie mit der Begeisterung eines Liebhabers. „Ein wahres Kunstwerk der Natur", flüsterte er.

Daniel befremdete die offen zur Schau getragene Begierde des Chinesen, und das war an seinem Gesicht abzulesen.

Cheng stand auf. „Elfenbein hat mich schon immer fasziniert", erklärte er ruhig. „Wie Sie wahrscheinlich wissen, gibt es nur wenige chinesische Haushalte ohne Elfenbeinschnitzereien. Es bringt Glück. Aber mein Interesse geht viel tiefer. Mein Vater erlernte den Beruf des Elfenbeinschnitzers. Er war so geschickt, daß er, als ich geboren wurde, Geschäfte in Taipeh und Bangkok, Tokio und Hongkong besaß. Als Junge habe ich in Taipeh eine Lehre als Elfenbeinschnitzer begonnen, und ich liebe Elfenbein genauso wie mein Vater. Er besitzt eine der kostbarsten Sammlungen –" Er hielt jäh inne. „Verzeihen Sie mir, wenn ich meinen Gefühlen freien Lauf lasse, aber man findet selten ein so ebenmäßig geformtes Paar Stoßzähne. Mein Vater wäre geradezu begeistert davon."

Er schaute mit glänzenden Augen zu, wie die Stoßzähne weggetragen und zu den anderen ins Lagerhaus gebracht wurden.

„Ein interessanter Mensch", bemerkte Daniel, als alle Stoßzähne registriert waren und er mit Johnny wieder den Hügel zum Bungalow hinaufging, um Mittag zu essen. „Aber wie wird der Sohn eines Elfenbeinschnitzers Botschafter?"

Johnny lächelte. „Ning Chengs Vater mag zwar aus bescheidenen Verhältnissen stammen, aber heute ist er wohlhabend. Soweit ich weiß, besitzt er noch immer seine Elfenbeinläden und seine Sammlung, aber heute betreibt er das nur noch als Hobby. Er steht in dem Ruf, einer der reichsten Männer Taiwans zu sein, der Geschäfte im ganzen Pazifikraum und auch in Afrika abwickelt. Er hat mehrere Söhne. Cheng ist der jüngste und, wie es heißt, auch der klügste."

„Ja, er wirkt gewandt, aber ich werde nicht ganz schlau aus ihm. Hast du ihn beobachtet, wie er diese Stoßzähne streichelte. Das war" – Daniel suchte nach dem richtigen Wort – „schon beinahe pervers."

„Ach ihr Schreiberlinge!" Johnny schüttelte tadelnd den Kopf. „Wenn ihr keine Sensation findet, macht ihr euch eine." Und sie lachten beide.

NING CHENG stand mit einem seiner schwarzen Begleiter am Fuß des Hügels und schaute zu, wie Daniel und Johnny zwischen den Msasabäumen verschwanden.

„Es paßt mir nicht, daß der weiße Mann hier ist", sagte Gomo, der Chef der Wildhüter von Chiwewe. „Vielleicht sollten wir warten."

„Der weiße Mann reist heute nachmittag ab", entgegnete Cheng kühl. „Außerdem seid ihr gut bezahlt worden. Die anderen sind bereits unterwegs und können nicht zurückgeholt werden. Du weißt, was ihr zu tun habt."

Gomo schwieg. Der Ausländer hatte ihm tatsächlich tausend amerikanische Dollar gezahlt, was sechs Monatsgehältern entsprach. Und er hatte versprochen, daß er ihm nach erledigter Arbeit noch ein ganzes Jahresgehalt zahlen würde.

„Wirst du's tun?" fragte Cheng mit Nachdruck.

„Ja", erwiderte Gomo.

Cheng nickte. „Heute oder morgen abend, auf keinen Fall später."

„Wir halten uns bereit", versprach Gomo. Dann stieg er in seinen Landrover, in dem der zweite Schwarze, ebenfalls ein Wildhüter, wartete, und fuhr davon.

Cheng kehrte in sein Rondavel in dem verlassenen Touristencamp zurück. Die Hütte sah genauso aus wie die anderen dreißig, die während der trockenen, kühlen Jahreszeit gewöhnlich alle von Besuchern belegt waren. Mit einem Drink aus dem Kühlschrank setzte er sich auf die Veranda, um dort die heißesten Mittagsstunden zu verbringen.

Er fühlte sich unruhig und nervös. Tief im Innern teilte er Gomos Bedenken gegen das Projekt. Obwohl sie jede mögliche Komplikation in Erwägung gezogen hatten, gab es immer Unvorhergesehenes, etwa die Anwesenheit von Armstrong. Es war das erste Mal, daß Cheng einen Coup dieser Größenordnung wagte. Hatte er damit Erfolg, war ihm die Achtung seines Vaters sicher, und das war für ihn wichtiger als jeder materielle Gewinn. Er war der jüngste Sohn und mußte sich deshalb besonders anstrengen, um die Zuneigung seines Vaters zu erlangen. Allein aus diesem Grund durfte er nicht scheitern.

Während seiner Zeit in der Botschaft in Harare hatte er seine Position im illegalen Elfenbeinhandel gefestigt. Es hatte mit einer beiläufigen Bemerkung während einer Dinnerparty begonnen. Ein Regierungsbeamter im mittleren Dienst erwähnte die Annehmlichkeiten der diplomatischen Privilegien, insbesondere die Nutzung des diplomatischen Kurierdienstes. Cheng begriff sofort, was damit gemeint war, und ließ bei seiner unverbindlichen Antwort diskret durchblicken, daß er ein großer Liebhaber von Elfenbein sei. Schon kurz darauf wurden ihm verschiedene Stücke unregistrierten und ungestempelten Elfenbeins zu günstigen Preisen angeboten, das er mit dem nächsten Diplomatengepäck nach Taipeh schickte. Sein Vater war hoch erfreut. Es dauerte nicht lange, bis es sich in Wildererkreisen herumgesprochen hatte, daß ein neuer Käufer im Geschäft war.

Wenige Monate später wurde Cheng von einem indischen Geschäftsmann namens Chetti Singh, einem Sikh aus Malawi, angesprochen, der scheinbar nach einem taiwanischen Investor für ein Fischereiunternehmen am Malawisee suchte. Ihr erstes Treffen verlief sehr gut. Cheng stellte fest, daß Chetti Singhs Kalkulationen höchst attraktiv waren, und leitete sie an seinen Vater in Taipeh weiter. Sein Vater erklärte sich mit einer Zusammenarbeit mit Chetti Singh einverstanden.

Als die Dokumente, die die Geschäftsbeziehung besiegelten, in der Botschaft unterzeichnet wurden, lud Cheng den Sikh zum Abendessen ein.

„Ich habe erfahren, daß Ihr verehrter Vater das wundervolle Elfenbein sehr liebt", bemerkte Chetti Singh bei dieser Gelegenheit. „Als Zeichen meiner großen Wertschätzung könnte ich für regelmäßige Belieferung sorgen. Ich bin sicher, Sie finden Wege, um diese Ware ohne großen Papierkrieg an Ihren Vater weiterzuleiten. Unglücklicherweise wird das Elfenbein aber ungestempelt sein."

„Ich hasse es, wenn Elfenbein mit dem Brenneisen entstellt wird", versicherte Cheng.

Zuerst war Cheng für den Sikh nur einer von vielen Kunden, aber nachdem das gemeinsame Fischereiunternehmen am Malawisee zu blühen begann, veränderte sich ihre Beziehung. Chetti Singh bot Cheng und seinem Vater einen Anteil am Elfenbeingeschäft an. Natürlich verlangte er eine Einlage, die es ihm erlaubte, den Umfang dieser gemeinsamen Unternehmung zu vergrößern. Insgesamt belief sich der Betrag auf fast eine Million Dollar.

Nachdem Cheng erst einmal gleichberechtigter Partner geworden war, konnte er das ganze Ausmaß der Organisation richtig einschätzen. In all jenen Ländern, in denen es noch Elefantenherden gab, hatte Chetti Singh allmählich Komplizen in Regierungsämtern untergebracht. Viele seiner Kontaktleute waren sogar im Ministerrang. Informanten und Beamte aus fast allen großen Nationalparks standen auf seiner Gehaltsliste.

Chengs Vater hatte nach dem ersten Elfenbeingeschäft mit dem Sikh Blut geleckt. Als Cheng bei seinem letzten Besuch in Taiwan vor ihm kniete und um seinen Segen bat, hatte er gesagt: „Mein Sohn, es würde mich sehr freuen, wenn du mir, sobald du wieder nach Afrika zurückgekehrt bist, eine große Menge registrierten und gestempelten Elfenbeins beschaffen könntest."

„Ehrenwerter Vater, die einzigen Quellen für legales Elfenbein sind die Regierungsauktionen –" Cheng hielt jäh inne, als er den verächtlichen Gesichtsausdruck seines Vaters sah.

„Elfenbein, das man bei Regierungsauktionen erwirbt, bringt nur sehr kleine Gewinnspannen“, zischte der alte Mann. „Ich hatte erwartet, daß du dafür mehr Fingerspitzengefühl entwickeln würdest, mein Sohn.“

Die Mißbilligung seines Vaters traf Cheng tief, und bei der nächsten Gelegenheit sprach er mit Chetti Singh.

Der Sikh strich sich nachdenklich über den dunklen Vollbart. Der makellos weiße Turban verlieh ihm ein würdevolles Aussehen. „Mir fällt nur eine Stelle ein, an der registriertes Elfenbein in großen Mengen zu holen wäre“, sagte er. „Und das sind die Lagerhäuser der Regierung von Simbabwe.“

„Soll das heißen, das Elfenbein könnte vor der Auktion aus einem Lagerhaus . . .?“

„Vielleicht.“ Chetti Singh zuckte die Schultern. „Aber das würde eine umfangreiche Planung voraussetzen. Lassen Sie mich darüber nachdenken, wie dieses lästige Problem zu lösen ist.“

Drei Wochen später trafen sie sich wieder in Chetti Singhs Büro in Lilongwe, der Hauptstadt von Malawi. „Ich habe eine Lösung gefunden“, begann der Sikh.

„Wie hoch ist der Preis?“ fragte Cheng sogleich, ohne zu überlegen.

„Nicht höher als der unregistrierten Elfenbeins, aber da es nur eine einzige Gelegenheit geben wird, eine solche Lieferung zu beschaffen, wären wir klug, sie so umfangreich wie möglich zu gestalten. Also der Inhalt eines ganzen Lagerhauses!“

Cheng wußte, daß sein Vater höchst erfreut sein würde. Registriertes Elfenbein hatte auf dem internationalen Markt den drei- oder vierfachen Wert illegalen Elfenbeins.

„Lassen Sie uns nachdenken, welches Lagerhaus in Frage kommt“, schlug Chetti Singh vor. „Das Elfenbein wird von der Nationalparkverwaltung sowohl in Wankie, Harare und Chiwewe gelagert, bevor es auf die Auktionen gebracht wird, die zweimal jährlich stattfinden. Wir würden die Ware aus einem dieser Lagerhäuser beschaffen.“

„Aus welchem?“

„Das Lagerhaus in Harare ist zu gut bewacht.“ Chetti Singh hielt drei Finger einer Hand hoch und knickte einen ab, so daß nur noch zwei erhoben waren. „Wankie ist der größte Nationalpark. Aber er ist weit von der Grenze zu Sambia entfernt.“ Er knickte einen weiteren Finger ab. „Bleibt also nur Chiwewe. Ich habe dort unter den Wildhütern vertrauenswürdige Informanten. Sie haben mir berichtet, daß das Lagerhaus derzeit bis unters Dach mit registriertem Elfenbein gefüllt ist.“

Cheng beugte sich über den Schreibtisch. „Sie haben die Absicht, das Lagerhaus auszurauben?“

„Ohne den geringsten Schatten eines Zweifels.“ Chetti Singh senkte den erhobenen Finger – er schien überrascht. „War das nicht die ganze Zeit auch Ihre Absicht?“

„Vielleicht“, erwiderte Cheng vorsichtig. „Aber ist eine solche Aktion durchführbar?“

„Chiwewe ist zwar abgelegen, doch die Entfernung zum Sambesi, der zugleich die Landesgrenze darstellt, beträgt nur fünfzig Kilometer. Ich würde einen Stoßtrupp von zwanzig Mann dorthin schicken, die mit automatischen Gewehren bewaffnet sind und von einem meiner besten Jäger geführt werden. In der Dunkelheit überqueren sie den Fluß von Sambia aus mit Booten, erreichen nach einem schnellen Tagesmarsch das Camp von Chiwewe und überfallen es. Sie beseitigen alle Zeugen, brennen das Lagerhaus nieder und ziehen sich dann sofort über den Fluß zurück.“ Der Sikh hörte auf zu sprechen, betrachtete Cheng aber in Erwartung der nächsten Frage mit kaum verhohlener Häme.

„Sie sagten, Sie werden nur einen kleinen Stoßtrupp schicken. Der wird doch die Riesenmenge nicht transportieren können?“

„Das ist eben das Wundervolle an meinem Plan. Wir wollen die Polizei von Simbabwe glauben machen, daß die Plünderer das Elfenbein außer Landes gebracht haben. Dann werden sie nicht auf den Gedanken kommen, im eigenen Land danach zu suchen, oder?“

CHENG saß in der Mittagshitze auf der Veranda und nickte unwillkürlich. Chetti Singhs Plan war genial, doch er hatte einen Haken: Sollten Armstrong und sein Kameramann noch hier sein, wenn Chetti Singhs Männer eintrafen, dann mußten sie ebenso wie der Oberaufseher, dessen Familie und das Personal beseitigt werden.

Cheng wurde aus seinen Gedanken gerissen, als das Telefon am anderen Ende der Veranda klingelte. Er sprang auf und nahm rasch ab, denn er hatte den Anruf bereits erwartet, der mit zu Chetti Singhs Plan gehörte.

„Hier Botschafter Cheng“, meldete er sich.

Johnny Nzou war am Apparat. „Entschuldigen Sie die Störung, Eure Exzellenz, aber hier ist ein Anruf Ihrer Botschaft aus Harare. Ein Herr namens Huang.“

„Danke, Herr Oberaufseher. Ich werde mit Mr. Huang sprechen.“

Er nahm die Nachricht entgegen, die er erwartet hatte, und drehte dann wieder die Kurbel des antiquierten Telefonapparates. Erneut meldete sich Johnny Nzou.

„Herr Oberaufseher, ich werde dringend in Harare benötigt. Das ist wirklich Pech. Ich hatte mich so auf ein paar Urlaubstage gefreut."

„Mir tut es auch leid, daß Sie abreisen müssen. Meine Frau und ich hätten Sie gern zum Abendessen eingeladen."

„Vielleicht ein andermal."

„Die Kühlwagen bringen heute abend das Elefantenfleisch nach Karoi. Es ist sicher besser, wenn Sie sich diesem Konvoi anschließen. Ihr Mercedes hat keinen Allradantrieb, und es sieht so aus, als würde es jeden Augenblick regnen."

Auch das war ein Teil von Chetti Singhs Plan. Der Überfall sollte zeitlich genau mit der Abfahrt der Kühlwagen zusammenfallen. Cheng tat so, als wäre das alles neu für ihn. „Wann fahren die Lastwagen los?" fragte er.

„Einer hat einen Motorschaden." Kein Wunder – der Wildhüter Gomo hatte die Lichtmaschine unbrauchbar gemacht. Damit sollte die Abfahrt des Konvois bis zur Ankunft des Stoßtrupps verzögert werden. „Der Fahrer meint aber, daß sie um sechs Uhr heute abend losfahren können. Dr. Armstrong reist jetzt schon ab. Sie könnten sich natürlich auch ihm anschließen."

„Nein, nein!" wehrte Cheng rasch ab. „So schnell kann ich nicht aufbrechen. Ich werde auf die Lastwagen warten. Danke." Um einer Diskussion zuvorzukommen, legte er den Hörer auf.

Zwanzig Minuten später hörte Cheng das Geräusch eines Dieselmotors, das von dem Bungalow herkam, in dem der Oberaufseher wohnte. Der Chinese ging zur Verandatür und beobachtete, wie ein Toyota-Landcruiser den Hügel herunterfuhr. Auf die Tür des Geländefahrzeugs war das Firmenemblem von „Armstrong Productions" gemalt: ein abgewinkelter Arm mit geballter Faust, hervortretendem Bizeps und einem Handgelenk, das von einem Stachelarmband umschlossen war. Dr. Armstrong saß am Steuer des Fahrzeugs, sein Kameramann neben ihm.

Cheng blickte auf seine Armbanduhr. Es war fünf Minuten nach eins – er hatte also noch mindestens vier Stunden Zeit. Armstrong wäre längst über alle Berge, wenn der Angriff auf das Lagerhaus begann.

Daniel Armstrong sah ihn und bremste. Er kurbelte das Seitenfenster herunter und lächelte Cheng zu. „Johnny hat mir erzählt, daß Sie heute auch abreisen, Eure Exzellenz!" rief er. „Können wir Ihnen wirklich nicht helfen?"

„Nein danke, Dr. Armstrong. Es ist alles vorbereitet. Machen Sie sich keine Sorgen."

Armstrong bedeutete Gefahr. Allein sein Blick – er bereitete Cheng am meisten Unbehagen. Armstrongs wachen Augen schien nichts zu entgehen.

Jetzt starrte ihn Armstrong volle fünf Sekunden an, bevor er wieder lächelte. „Alles Gute, Eure Exzellenz. Hoffen wir, daß wir eines Tages Gelegenheit zum Plaudern finden." Er hob die rechte Hand zum Gruß und fuhr auf das Haupttor des Camps zu.

Cheng schaute dem Wagen nach, bis dieser aus seinem Blickfeld verschwunden war, drehte sich dann um und starrte auf die Felskuppen. Etwa dreißig Kilometer westlich wurde eine der dunklen Kumulusgewitterwolken plötzlich von einem grellen Blitz geteilt. Und während er noch hinschaute, begann es zu regnen. Im Nu rauschten düstere Sturzbäche vom Himmel herab, die die Felsen verschwinden ließen.

Chetti Singh hätte den Zeitpunkt nicht besser wählen können. Bald würde sich das Tal in einen einzigen Morast verwandeln. Ein Polizeitrupp, der vielleicht zu Nachforschungen nach Chiwewe geschickt werden würde, stieß dann nicht nur auf eine unpassierbare Straße. Selbst wenn sie die Gebäude der Parkverwaltung erreichten, hätte der strömende Regen sämtliche Hinweise auf die Urheber der Tat verwischt.

Laß sie nur bald kommen, flehte er insgeheim.

Er nahm sein Fernglas und sein zerlesenes Exemplar von Roberts' „Die Vögel Südafrikas" vom Verandatisch, um sich Johnny Nzou als glühender Naturfreund zu präsentieren. Dann stieg er in seinen Mercedes und fuhr zum Büro des Oberaufsehers, das sich hinter dem Elfenbeinlager befand.

Johnny Nzou saß am Schreibtisch. Er blickte von seinen Papierstapeln auf, als Cheng im Türeingang erschien.

„Ich fahre noch einmal zu dem Wasserloch am Fig Tree Pan, während ich warte, bis der Kühlwagen repariert ist", erklärte der Chinese.

Johnny lächelte, als er das Fernglas und den Naturführer sah. Gegenüber Menschen, die seine Liebe zur Natur teilten, war er immer wohlwollend eingestellt. „Ich werde einen meiner Männer zu Ihnen schicken, wenn der Konvoi abfahrbereit ist", versprach er.

Cheng fuhr zu der künstlich angelegten Wasserstelle, die einen Kilometer vom Verwaltungsgebäude entfernt lag. Mit Hilfe eines Windrads wurde Wasser in einen schlammigen Teich gepumpt, der Vögel und andere Tiere in die Nähe des Camps locken sollte.

Als Cheng den Mercedes dort abstellte, stob eine kleine Herde von Kudus in das angrenzende Unterholz, große hellbraune Antilopen, die auf dem Rücken blasse Streifen trugen. Der Chinese war zu aufgeregt, um sich auf die herrlichen Tiere zu konzentrieren. Statt dessen steckte er eine Zigarette in seine Elfenbeinspitze und rauchte nervös. Diese

Stelle hatte er als Treffpunkt mit dem Anführer der Elfenbeinräuber ausgemacht. Unruhig musterte Cheng das dichte Gebüsch.

Plötzlich stand jemand neben dem Fahrzeug: Er merkte es erst, als eine Stimme durch das offene Fenster des Mercedes drang. Cheng zuckte zusammen, wandte sich rasch um und sah einen Schwarzen mit einer Narbe, die vom Winkel seines linken Auges bis zum Rand seiner Oberlippe verlief. Die Lippe war an dieser Seite geschürzt, was ihm einen spöttischen Gesichtsausdruck verlieh. Chetti Singh hatte Cheng auf die Narbe hingewiesen.

„Du bist Sali?“ fragte Cheng angespannt.

Der Mann bejahte. „Genau.“

Sali war klein von Gestalt, hatte aber breite Schultern. Er trug ein zerfetztes Hemd und Shorts aus verblichenem Khakistoff, auf denen Schweißflecken zu erkennen waren. Offensichtlich hatte er einen anstrengenden Marsch hinter sich, denn seine nackten Beine waren kniehoch mit Staub bedeckt. In der Hitze verströmte er einen schalen Körpergeruch, der Cheng angeekelt zurückweichen ließ.

„Wo sind deine Männer?“ fragte der Chinese, und Sali wies mit dem Daumen auf den dichten Busch.

„Du weißt, was getan werden muß?“

Sali fuhr sich mit der Fingerspitze über die Narbe bis hinab zum Hals und nickte.

„Es darf keine Zeugen geben. Ihr müßt sie alle töten.“

„Wir werden keinen am Leben lassen.“

„Bis auf zwei Wildhüter“, verbesserte ihn Cheng. „Gomo und David. Du kennst sie.“

„Ja.“ Sali hatte schon früher mit ihnen zusammengearbeitet.

„Sie werden in der Werkstatt bei den beiden großen Lastwagen sein. Der Parkaufseher hält sich in seinem Büro auf. Seine Frau und ihre drei Kinder sind in dem Bungalow auf dem Hügel. In der Nähe der Verwaltungsgebäude wohnen vier Angestellte des Camps mit ihren Familien. Ihr müßt sie umzingeln, bevor ihr das Feuer eröffnet. Niemand darf entkommen.“

„Sie plappern wie ein Affe in einem Marulabaum“, meinte Sali verächtlich. „Ich weiß das alles. Chetti Singh hat es mir gesagt.“

„Dann geh, und erledige deinen Auftrag!“ befahl Cheng barsch.

Sali beugte sich zum Fenster herein und rieb Daumen und Zeigefinger in einer unmißverständlichen Geste aneinander: Er wollte Geld. Cheng öffnete das Handschuhfach. Darin lagen – von einem Gummiband zusammengehalten – Zehndollarnoten in Hunderterbündeln. Er zählte die Scheine in Salis offene Hand, drei ganze Bündel.

„Ich werde hier warten, bis ich Schüsse höre", erklärte Cheng schließlich.

Sali lächelte. „Sie werden nicht lange warten müssen." So lautlos, wie er aufgetaucht war, verschwand er wieder im Busch.

FÜR AFRIKANISCHE Maßstäbe war die Straße recht gut, dennoch fuhr Daniel in gemäßigtem Tempo.

Jock war ein angenehmer Begleiter. Sie plauderten freundschaftlich, während Daniel den schwerbeladenen Geländewagen steuerte. Wann immer ein Vogel oder ein Tier oder ein ungewöhnlicher Baum seine Aufmerksamkeit erregte, hielt er an und machte sich Notizen, während Jock filmte.

Nach etwa dreißig Kilometern erreichten sie eine Stelle, an der eine Elefantenherde in der Nacht zuvor ihren Hunger gestillt hatte. Die Tiere hatten große Mopanebäume umgestoßen, um deren Laub zu fressen. Ein paar mächtige Stämme lagen quer über der Straße.

„Ungezogene Diebe!" grinste Daniel, während er die Verwüstung betrachtete. „Sie scheinen Freude daran zu haben, die Straße zu blockieren." Aber es war ein weiterer Hinweis darauf, daß eine regelmäßige Dezimierung der Herden notwendig war. Der Wald ertrug ein solches Zerstörungswerk nur bis zu einer bestimmten Grenze.

Daniel und Jock mußten die Stämme einzeln an die Seilwinde des Toyota hängen und zur Seite schleppen, bevor sie weiterfahren konnten. Deshalb erreichten sie die Talsohle erst gegen vier Uhr am Nachmittag, ehe sie ostwärts durch den Mopanewald in Richtung Mana-Pools-Kreuzung abbogen.

Zu diesem Zeitpunkt waren beide in eine Diskussion darüber vertieft, wie Daniel die vielen Meter Film, die sie aufgenommen hatten, am besten verarbeiten könnte. Er plante, nach London zurückzukehren, wo er bei den Castle-Filmstudios ein paar Monate in einem gemieteten Schneideraum verbringen würde, um die besten Szenen zusammenzustellen und die Kommentare dazu zu schreiben

Obwohl sich Daniel auf das konzentrierte, was Jock sagte, nahm er seine Umgebung bewußt wahr. Dennoch wäre ihm fast etwas entgangen. Er war gut zweihundert Meter weitergefahren, bevor ihm eine Unregelmäßigkeit auffiel. Vielleicht war dieses Registrieren von allem Ungewöhnlichen ein Überbleibsel aus dem Bürgerkrieg, wo jede Veränderung auf der Straße ein Hinweis auf eine Mine sein konnte.

Als Daniel bremste, schaute ihn Jock fragend an. „Was ist los?"

„Ich weiß nicht." Daniel drehte sich um, während er den Landcruiser zurücksetzte. Er hielt an und stieg aus.

„Ich sehe nichts.“ Jock beugte sich auf der Beifahrerseite aus dem Fenster.

„Das ist es ja eben“, murmelte Daniel. „Hier ist eine Stelle ohne jegliche Spuren.“ Er deutete auf die staubige Straße, auf der winzige Trittspuren von Vögeln, gewundene Kriechspuren von Schlangen und Echsen sowie größere Hufabdrücke von Antilopen und Gazellen zu einem kunstvollen Muster verwoben waren. Bis auf eine Stelle, an der die weiche Oberfläche unversehrt war. Daniel hockte sich daneben und musterte sie einen Augenblick. „Hier hat jemand Spuren verwischt“, stellte er fest.

„Und was ist daran so ungewöhnlich?“ Jock stieg aus dem Wagen und trat neben ihn.

„Vielleicht nichts.“ Daniel stand auf. „Oder sehr viel. Nur Menschen verwischen ihre Spuren, und das auch nur dann, wenn sie nichts Gutes im Schilde führen.“

Daniel ging um den sandigen Straßenabschnitt herum, der sorgfältig mit einem belaubten Zweig glattgefegt worden war. Im Gras am Straßenrand entdeckte er andere Hinweise, die seinen Verdacht erhärteten. Grasbüschel waren flachgetreten worden – offenbar hatte ein Mensch sie als „Trittsteine“ benutzt, um keine Spuren im Sand zu hinterlassen. Daniel spürte, wie ein eigenartiges Prickeln durch seinen Körper lief – ein deutliches Zeichen von Erregung.

Fünfzig Meter von der Straße entfernt stieß Daniel auf den ersten menschlichen Fußabdruck, und bereits einige Meter weiter erkannte er, daß es sich um eine Gruppe von Männern gehandelt haben mußte, die im Gänsemarsch gelaufen war. Daniel zählte die Spuren von sechzehn bis zwanzig Männern, die sich vermutlich auf das Camp von Chiwewe zubewegt hatten. Er dachte gründlich darüber nach. In Anbetracht der Vorsichtsmaßnahmen, die die Männer getroffen hatten, um ihre Spuren zu verwischen, lag die Vermutung nahe, daß es sich um Wilderer aus Sambia handelte, die den Sambesi überquert hatten, um im Chiwewe-Nationalpark Jagd auf Elefanten und Nashörner zu machen.

Daniel wurde klar, daß er Johnny Nzou warnen mußte, damit dieser so schnell wie möglich seine Spezialeinheit losschicken konnte.

In der Außenstation des Nationalparks in Mana Pools, nur eine Stunde Fahrt entfernt, gab es ein Telefon. Oder sollte er besser nach Chiwewe zurückfahren und die Warnung persönlich überbringen? Die Entscheidung wurde ihm abgenommen, als er nicht weit voraus Telefonmasten sah. Die Drähte waren durchgeschnitten worden.

„Warum, zum Teufel, sollte ein Wilderer Telefonleitungen durchschneiden?" überlegte Daniel laut, während sein Unbehagen wuchs. „Das sieht nach einer ganz üblen Geschichte aus. Ich muß Johnny warnen." Er rannte zurück zum Landcruiser.

„Was ist denn los?" wollte Jock wissen, als Daniel in den Wagen sprang und den Motor anließ.

„Keine Ahnung, aber irgend etwas ist gewaltig faul." Daniel wendete und fuhr in die entgegengesetzte Richtung zurück.

Hinter dem Landcruiser erhob sich eine mächtige Staubwolke. Daniel fiel kein Grund ein, warum eine Bande von Wilderern ausgerechnet die Verwaltungsgebäude des Nationalparks aufsuchen sollte. Er hätte im Gegenteil eher erwartet, daß sie einen weiten Bogen darum machten. Doch die Spuren führten eindeutig in diese Richtung. Warum? In Chiwewe gab es nichts Wertvolles zu holen . . .

Plötzlich wurde ihm bewußt, daß er sich täuschte. „So ein Mist!" entfuhr es ihm. „Das Elfenbein." Kalter Schweiß trat ihm auf die Stirn. „Johnny. Und Mavis und die Kinder."

Der Landcruiser flog jetzt förmlich die Straße entlang, und Daniel ließ ihn durch die erste Haarnadelkurve schlittern, die zum Anstieg des Steilabbruchs führte.

Als er mit voller Geschwindigkeit um die Biegung schoß, kam ihm ein großes weißes Vehikel entgegen, das fast die ganze Fahrbahn einnahm. Noch während Daniel auf die Bremse trat und den Toyota heftig herumriß, erkannte er, daß es einer der Kühllastwagen war. Der Landcruiser verfehlte dessen vorderen Kotflügel nur um Zentimeter, ehe er die Böschung hinaufschoß und ins Unterholz raste. Unmittelbar vor dem Stamm eines großen Mopanebaumes kam der Toyota zum Stehen. Jock wurde gegen das Armaturenbrett geschleudert.

Daniel sprang aus dem Fahrzeug und rannte zu dem Kühllastwagen zurück, der ebenfalls angehalten hatte. Er erkannte Gomo, den Chef der Wildhüter, der am Steuer saß. „Tut mir leid, war meine Schuld!" rief er zu ihm hinauf. „Alles in Ordnung?"

Gomo wirkte erschrocken, nickte aber. „Ja, alles in Ordnung, Dr. Armstrong!"

„Wann bist du von Chiwewe weggefahren?" fragte Daniel.

Gomo zögerte. Aus irgendeinem Grund schien ihn die Frage zu beunruhigen. „Ich weiß es nicht genau . . ."

In diesem Augenblick hörte Daniel das Motorgeräusch eines anderen Fahrzeugs, und als er sich umschaute, sah er, daß ein zweiter Lastwagen um die Ecke bog. Der Fahrer hatte einen niedrigen Gang eingelegt, um auf der starken Gefällstrecke nicht zu schnell zu werden. Fünfzig Meter dahinter folgte Ning Chengs blauer Mercedes. Die beiden Fahrzeuge hielten hinter Gomos Lastwagen an, und Daniel schlenderte auf den Mercedes zu.

Als er ihn erreicht hatte, öffnete Botschafter Cheng die Tür und trat auf die staubige Straße. „Dr. Armstrong, was machen Sie denn hier?"

Daniel antwortete nicht, sondern stellte sogleich selbst eine Frage. „Wann sind Sie von Chiwewe weggefahren?" Er brannte darauf zu erfahren, ob Johnny und Mavis in Sicherheit waren.

„Warum wollen Sie das wissen?" flüsterte Cheng. „Und warum kommen Sie überhaupt zurück?"

„Ich will mich lediglich versichern, daß in Chiwewe alles in Ordnung ist."

„Warum sollte dort nicht alles in Ordnung sein?" Der Botschafter griff in seine Tasche und zog ein Taschentuch heraus. „Was wollen Sie damit andeuten, Dr. Armstrong?"

„Gar nichts." Es fiel Daniel schwer, seine Verärgerung zu verbergen. „Ich bin auf die Spuren einer großen Anzahl Männer gestoßen, die in Richtung Chiwewe marschiert ist. Da es sich um eine Bande bewaffneter Wilderer handeln könnte, habe ich kehrtgemacht, um den Oberaufseher zu warnen."

„Es hat keinerlei Probleme gegeben", versicherte Cheng, der sich den Schweiß von der Stirn wischte. „Ich bin vor einer Stunde aufgebrochen, da ging es Mr. Nzou noch blendend."

„Vor einer Stunde?" Erleichtert warf Daniel einen Blick auf seine Rolex. „Sie sind also gegen halb sechs dort losgefahren?"

„Ja, ja. Zweifeln Sie etwa daran?"

Daniel überraschte die Schärfe, die in der Stimme des Chinesen lag. „Sie mißverstehen mich, Eure Exzellenz. Natürlich zweifle ich nicht an Ihrer Aussage."

Ursprünglich war Cheng darauf bedacht gewesen, den Ort des Überfalls zu meiden. Chetti Singh jedoch hatte gedroht, die Operation abzublasen, falls sich Cheng nicht später dafür verbürgte, daß der Überfall nach Aufbruch des Konvois in Chiwewe stattgefunden hatte. Als akkreditiertem Botschafter würde man Chengs Worten Gewicht beimessen. Die Polizei würde dann annehmen, daß die Banditen das Elfenbein mitgenommen hätten oder daß es mit dem Lagerhaus in Flammen aufgegangen wäre.

„Verzeihen Sie, daß ich Sie behelligt habe", erklärte Daniel rasch. „Ich habe mir nur Sorgen um Johnny gemacht, den Oberaufseher."

„Ich versichere Ihnen, daß es keinen Anlaß zur Sorge gibt." Cheng stopfte das Taschentuch in seine Gesäßtasche und langte nach dem Zigarettenpäckchen in der Brusttasche seines offenen Hemdes. Er nestelte nach einer Zigarette, aber er tat dies so ungeschickt, daß sie ihm entglitt und im Staub landete.

Daniel beobachtete, wie Cheng sich bückte, um die Zigarette aufzuheben. Dabei fiel sein Blick auf die Sportschuhe aus weißem Leinen, die der Chinese trug. Einer der Schuhe und der Saum von Chengs blauer Hose waren mit etwas verschmiert, das wie getrocknetes Blut aussah.

Das verwirrte Daniel, bis er sich daran erinnerte, daß Cheng an diesem Morgen dabeigewesen war, als die gerade erst ausgebrochenen Stoßzähne vom Lastwagen geladen und ins Lagerhaus gebracht worden waren. Bei den Flecken handelte es sich offensichtlich um getrocknetes Elefantenblut.

Cheng bemerkte, in welche Richtung Daniel schaute, und er trat fast schuldbewußt zurück, ließ sich auf den Fahrersitz seines Mercedes fallen und schlug die Tür heftig zu. Unbewußt registrierte Daniel das Fischgrätenmuster, das die Sohlen seiner Sportschuhe im feinen Staub der Straße hinterließen.

„Jedenfalls bin ich froh, daß ich Ihre Besorgnis zerstreuen konnte." Cheng hatte die Fassung wiedergewonnen, und er lächelte jetzt sogar. „Auf diese Weise bleibt Ihnen auch die unnötige Fahrt nach Chiwewe erspart. Warum schließen Sie sich uns nicht an? Wir wollen den Nationalpark verlassen haben, bevor der nächste Regenguß kommt." Er ließ den Motor des Mercedes an.

„Danke, Exzellenz. Fahren Sie ruhig hinter den Lastwagen her. Ich werde mich Ihnen nicht anschließen, sondern werde nach Chiwewe zurückkehren. Jemand muß Johnny Nzou warnen."

Chengs Lächeln verflog. „Ich versichere Ihnen, daß Sie sich eine Menge unnötiger Probleme aufhalsen. Ich schlage vor, Sie rufen ihn aus Mana Pools an."

„Hatte ich das nicht gesagt? Die Telefondrähte sind durchgeschnitten worden."

„Dr. Armstrong, das ist absurd! Ich bin sicher, Sie irren sich."

„Denken Sie, was Sie wollen", entgegnete Daniel bestimmt. „Ich werde nach Chiwewe zurückfahren." Er trat vom Fenster des Mercedes zurück.

„Dr. Armstrong", rief Cheng ihm nach, „sehen Sie doch nur – diese Regenwolken! Sie könnten für Wochen in Chiwewe festsitzen."

„Das riskiere ich", antwortete Daniel vergnügt. Warum ist der nur so hartnäckig? fragte er sich insgeheim. Dann wandte er sich an Gomo. „Fahr mit deinem Lastwagen ein Stück vor, damit ich an dir vorbeikomme."

Der Wildhüter gehorchte wortlos. Daniel fiel auf, wie griesgrämig der Schwarze dreinblickte. Jetzt rumpelte auch der zweite Lastwagen vorbei, und dann folgte der Mercedes des Botschafters. Daniel hob die Hand. Cheng erwiderte seinen Gruß flüchtig im Vorüberfahren.

„Was hatte unser chinesischer Freund zu berichten?" fragte Jock, während Daniel den Wagen zurück auf die Straße manövrierte.

„In Chiwewe muß wohl alles ruhig gewesen sein, als er dort vor einer Stunde aufgebrochen ist."

Ein paar dicke Regentropfen platschten gegen die Windschutzscheibe, aber Daniel verlangsamte das Tempo nicht. Noch bevor sie den Kamm des Steilabbruchs erreichten, war es völlig dunkel. Blitze zuckten am Himmel, und Donner grollte.

Bald fiel der Regen derart dicht, daß die Scheibenwischer die Wassermassen nicht mehr bewältigten. In der geschlossenen Fahrzeugkabine wurde es so schwül, daß sich die Scheiben beschlugen. Daniel öffnete das Seitenfenster, um die frische Nachtluft hereinzulassen. Augenblicklich rümpfte er die Nase und schnüffelte.

Jock roch es beinahe gleichzeitig. „Rauch!" rief er erstaunt. „Wie weit sind wir vom Camp entfernt?"

„Wir müßten gleich da sein", erwiderte Daniel. „Nur noch über eine Kuppe."

Vor ihnen tauchte im Scheinwerferlicht das Tor des Camps aus der Dunkelheit auf. Die lange Zufahrt war knöcheltief mit Regenwasser bedeckt, und die Reifen des Toyota wirbelten einen dichten Sprühnebel auf.

„Da brennt kein Licht", brummte Daniel, als er vor sich im Regen die dunklen Gebäude aufragen sah. Dann sah er ein seltsames rotes Leuchten, das von den Wänden der Gebäude zurückgeworfen wurde.

„Eines der Gebäude brennt!"

Jock rutschte auf seinem Sitz vor. „Daher also der Rauch!"

Als sie näher heranfuhren, erkannte Daniel, daß es das Elfenbeinlagerhaus war. Entsetzt hielt er an und sprang hinaus in den Schlamm.

Die Hitze der Flammen hatte die Wände gesprengt, auf drei Seiten waren sie eingestürzt. Da mußte ein wahres Höllenfeuer gebrannt haben! Noch immer, trotz des strömenden Regens, loderten die Flammen empor.

Daniel klebte das nasse Hemd am Körper, während er zu dem zerstörten Gebäude hinüberstapfte. Das Dach war eingestürzt und bestand nur noch aus einer dicken Schicht aus schwarzer Asche und verkohlten Balken. Der dichte Rauch und die sengende Hitze verhinderten, daß Daniel näher herangehen konnte. Daher rannte er zum Toyota zurück, stieg ein und wischte sich mit der Hand das Wasser aus den Augen.

Er ließ den Motor an, jagte den Toyota den Hügel hoch zum Bungalow des Parkaufsehers, wo er erneut aus dem Wagen sprang.

„Johnny!“ brüllte er. „Mavis!“ Er rannte zur Vordertür des Bungalows und knipste seine Taschenlampe an. Die Tür hing schräg in den Angeln, die Möbel im Flur waren zerschlagen. „Johnny!“ schrie er. „Wo bist du?“

Er stürzte ins Wohnzimmer. Hier bot sich ihm ein noch schrecklicheres Bild der Verwüstung. Mavis’ ganzes Porzellan war vom Kamin geschleudert worden, aus Sofa und Sesseln hatten die Wandalen die Füllung gerissen.

Daniel rannte in den Flur zurück. „Johnny!“ brüllte er voller Wut und Verzweiflung, während er mit der Taschenlampe leuchtete.

An der gegenüberliegenden Wand war ein dunkler, sternförmiger Farbspritzer. Einen Augenblick starrte Daniel verständnislos darauf und senkte dann den Lichtkegel auf die kleine Gestalt, die darunter auf dem Boden lag.

Johnny und Mavis hatten ihren einzigen Sohn nach ihm benannt, Daniel Robert Nzou. Der kleine Daniel war vier Jahre alt gewesen. Er hatte die Augen geöffnet, starrte aber blicklos ins Leere.

Daniel beugte sich über den kleinen Jungen. Tränen rannen ihm über die Wangen, und er erhob sich langsam und wandte sich der Schlafzimmertür zu.

Sie stand halb offen, aber Daniel fürchtete sich davor, sie ganz aufzustoßen. Er mußte sich dazu zwingen. Die Scharniere quietschten leise, als die Tür aufschwang.

Einen Augenblick schaute Daniel in das Schlafzimmer, dann wandte er sich ab und lehnte sich im Flur würgend und keuchend an die Wand.

Johnnys Töchter: Miriam war zehn und Suzie fast acht. Sie lagen nackt auf dem Boden neben dem Bett. Beide waren vergewaltigt worden. Mavis lag auf dem Bett; ihr Rock war bis zur Hüfte hochgeschoben, und die Arme hatte man ihr an das hölzerne Kopfende gefesselt. Die beiden kleinen Mädchen mußten am Schock gestorben sein. Auch Mavis war vergewaltigt worden, und danach hatten ihr die Täter eine Kugel in den Kopf gejagt.

Daniel zwang sich, das Zimmer zu betreten. In einem der Einbauschränke fand er Bettzeug; er bedeckte die drei Leichen mit sauberen Laken.

„Wer immer das getan hat“, flüsterte Jock von der Eingangstür her, „muß eine blutrünstige Bestie gewesen sein.“

Daniel verließ rückwärts das Schlafzimmer und schloß die Tür.

Dann deckte er auch noch den toten kleinen Daniel zu. „Hast du Johnny gefunden?“ fragte er Jock. Seine Stimme war heiser.

„Nein.“ Jock schüttelte den Kopf, drehte sich rasch um und stürzte ins Freie.

Daniel hörte, wie der Kameramann würgte und sich neben der Vordertreppe erbrach. Er unterdrückte seine unsägliche Wut und versuchte einen klaren Gedanken zu fassen. „Johnny“, sagte er sich. „Ich muß Johnny finden.“

Er ging schnell durch die restlichen Zimmer des Hauses. Von seinem Freund war keine Spur zu sehen, und Daniel schöpfte wieder ein wenig Hoffnung.

Mit einem Gefühl der Erleichterung trat er in die Dunkelheit hinaus und ließ sich den Regen über das Gesicht rinnen. Dann öffnete er den Mund, um den bitteren Gallengeschmack loszuwerden, der ihm auf der Zunge lag. Schließlich brüllte er zu Jock hinüber: „Los, komm! Wir müssen Johnny finden.“

Er fuhr mit dem Toyota um den Hügel herum zu der Siedlung, in der die eingeborenen Beschäftigten wohnten. Schon in der Nähe des Tores schlug ihnen starker Brandgeruch entgegen. Im Scheinwerferlicht sah Daniel, daß die Hütten der Eingeborenen ausgebrannt waren. Hier hatte der Regen die Flammen jedoch bereits gelöscht.

Die Bande hatte keine Leichen hinterlassen. Daniel vermutete, daß die Mörder die Toten in die brennenden Hütten geworfen hatten. „Johnny!“ schrie er in die Nacht hinaus. „Johnny, bist du da?“ Aber die einzige Antwort war das Seufzen des Windes in den Mangobäumen, von deren Blättern die Regentropfen klatschend herunterfielen.

„Mein Gott, sie haben alle in der Siedlung ermordet. Warum nur?“ fragte Jock.

„Zeugen! Sie haben alle Zeugen liquidiert!“

„Warum tut jemand so etwas? Das ergibt doch keinen Sinn!“

„Das Elfenbein. Darauf hatten sie es abgesehen.“

„Aber sie haben das Lagerhaus niedergebrannt.“

„Nachdem sie es ausgeräumt haben.“

Johnnys Büro war unversehrt. Doch als Daniel den Lichtkegel seiner Taschenlampe auf das Strohdach richtete, sah er eine rußgeschwärzte Stelle – offenbar hatte jemand eine brennende Fackel auf das Dach geworfen. Dicht gebündeltes Stroh brennt aber nicht so leicht, und deshalb hatte das Dach nicht richtig Feuer gefangen.

Der Regen endete mit der Plötzlichkeit, die für ein Unwetter im tropischen Afrika charakteristisch ist, doch Daniel bemerkte es kaum. Er ließ den Wagen stehen und rannte auf die breite Veranda zu.

Die Tür zu Johnnys Büro stand offen, und Daniel blieb auf der Schwelle stehen. Die Plünderer hatten den Raum verwüstet, Formulare aus den Schrankfächern geworfen, die Schubladen aus Johnnys Schreibtisch gezogen und dann deren Inhalt ausgekippt. Sie hatten Johnnys Schlüssel gefunden und den alten Safe geöffnet, der in die Wand eingelassen war. Der Schlüssel steckte noch im Schloß, aber der Safe war leer.

Daniel ließ den Blick schweifen und entdeckte dann die gekrümmte Gestalt, die vor dem Schreibtisch lag. „Johnny", flüsterte er. „O Gott, nein!"

JOHNNY NZOU hatte an seinem Schreibtisch gesessen, als er Ning Cheng losfahren sah. Danach hatte er sich wieder mit seinen Formularen und Büchern beschäftigt. Einmal schaute er auf seine Armbanduhr – es war wenige Minuten vor fünf. Er wußte, daß Mavis bald die Kinder zu ihm schicken würde, um ihn zu holen. Er lächelte in Erwartung der Ankunft der Kinder, als er ein Geräusch an der Tür hörte. Er blickte auf.

Ein Fremder stand im Türrahmen, ein stämmiger Mann mit Säbelbeinen, der mit verdreckten Lumpen bekleidet war. Er hielt beide Hände hinter dem Rücken.

„Wer sind Sie?" fragte Johnny. „Zu wem wollen Sie?"

Der Mann, ein Schwarzer, lächelte. Dabei verzerrte die Narbe, die über seine linke Wange lief, seinen Mund.

Johnny erhob sich von seinem Schreibtisch. „Zu wem wollen Sie?" wiederholte er.

„Zu Ihnen", erwiderte der Mann in der Tür, zog ein AK-47-Gewehr hinter seinem Rücken hervor und schoß Johnny Nzou in den Bauch.

Johnny wurde heftig gegen die Wand geschleudert. Von der Hüfte abwärts war er durch den Einschuß gelähmt, aber sein Verstand blieb kristallklar, als ob ein Adrenalinstoß sein Wahrnehmungsvermögen geschärft hätte.

Stell dich tot! dachte er. Er sackte auf den Boden nieder und bewegte sich nicht mehr. Dann hörte er, daß der Killer durch den Raum auf ihn zukam, wobei die Gummisohlen seiner Kampfstiefel leise quietschten. Die kalte Mündung des Gewehrlaufs wurde hart an seine Schläfe gedrückt. Gleich würde der tödliche Schuß fallen. Also mußte er den Killer glauben machen, daß er bereits tot war.

Plötzlich wurde draußen Geschrei laut, dann krachte eine Gewehrsalve, begleitet von weiterem Gebrüll. Der narbengesichtige Killer wandte sich ab und kehrte zum Eingang zurück. „Los schon! Vergeudet keine Zeit!“ brüllte er durch die offene Tür. „Wo sind die Lastwagen? Wir müssen das Elfenbein verladen!“ Dann verschwand er.

Johnny wußte, daß er tödlich getroffen war. Er spürte, wie das Blut aus der Wunde quoll. In diesem Augenblick hörte er weitere Schüsse oben vom Hügel, von der Siedlung der Angestellten her. Dort stand auch sein Bungalow. Es ist eine ganze Bande, dachte er voller Verzweiflung. Sie greifen das Lager an. Meine Kinder. O Gott! Meine Kinder!

Das Brummen von Dieselmotoren erklang, und Johnny erkannte, daß es die Kühllastwagen waren. Er schöpfte ein wenig Hoffnung. Gomo, dachte er . . . Auf der Seite liegend, blickte er durch die offene Tür.

Einer der weißen Kühlwagen hielt genau in seinem Blickfeld. Der Fahrer setzte zurück, bis der Laster vor dem Elfenbeinlagerhaus zum Stehen kam. Gomo sprang aus dem Fahrerhaus und begann eine hitzige Diskussion mit dem Narbengesicht.

Gomo, dachte er. Gomo ist einer von ihnen. Er hat das eingefädelt.

Plötzlich wimmelte es draußen von Mitgliedern der Bande. Rasch teilte das Narbengesicht sie zu Arbeitsgruppen ein. Einer von ihnen schoß die Tür zum Lagerhaus auf, die Banditen legten ihre Waffen ab und stürzten sich in das Gebäude. Triumphgeheul war zu hören, als sie die Stapel von Stoßzähnen sahen, und dann bildeten sie eine Kette und begannen, das Elfenbein in den Lastwagen zu laden.

Dunkle Wolken stiegen vor Johnnys Augen auf. Er versuchte einen klaren Gedanken zu fassen, denn er glaubte bereits zu phantasieren, weil er jetzt Botschafter Cheng im Licht der untergehenden Sonne auf der Veranda stehen sah. Als er ihm eine Warnung zurufen wollte, drang aus seiner Kehle nur ein leises Krächzen.

Plötzlich sah er zu seinem Erstaunen, daß der narbengesichtige Schwarze zu dem Botschafter trat und ihn grüßte. Cheng! Johnny wollte es nicht glauben. Es ist wirklich Cheng!

„Du mußt deine Männer zur Eile antreiben“, sagte der Chinese gerade. „Sie müssen das Elfenbein schneller verladen. Ich will sofort aufbrechen.“

„Geld“, antwortete das Narbengesicht. „Eintausend Dollar . . .“

„Du hast schon Geld bekommen.“ Cheng war verärgert.

„Ich will mehr, oder ich höre auf. Wir gehen und lassen das Elfenbein zurück.“ Der Schwarze grinste.

Cheng überlegte. „Na schön“, meinte er schließlich. „Nimm soviel Elfenbein, wie du tragen kannst.“ Dem Chinesen war klar, daß jeder Wilderer nicht mehr als einen Stoßzahn schleppen konnte. Zwanzig Männer, zwanzig Stoßzähne – das war ein geringer Preis. Im übrigen verlief alles, wie Chetti Singh es geplant hatte. Das Elfenbein wurde in den Laderäumen der beiden Kühllastwagen verstaut und dann unter dem gefrorenen Fleisch der abgeschossenen Elefanten verborgen. Bei einer flüchtigen Überprüfung würde der Schatz nicht entdeckt werden. Im Lagerhaus wurden vierzig Stoßzähne zurückgelassen, damit die Polizei später Spuren von verkohltem Elfenbein fand.

Der Schwarze mit der Narbe starrte Cheng an, während er über das Angebot nachdachte. „Gut. Wir nehmen das Elfenbein." Er wandte sich ab.

„Warte, Sali!" rief ihm der Botschafter nach. „Was ist mit den anderen? Der Aufseher und seine Frau und die Kinder? Habt ihr euch um sie gekümmert?"

„Sie sind alle tot." Mit geschultertem Gewehr ging er davon, und Cheng folgte ihm und verschwand aus Johnnys Blickfeld.

Ohnmächtige Wut stieg in Johnny auf. Mavis und die Kinder waren tot! Mit letzter Kraft kroch er auf dem Boden zu seinem Schreibtisch. Er wußte, daß er jetzt nur versuchen konnte, in den wenigen Minuten, die ihm noch verblieben, eine Nachricht zu hinterlassen. Papier lag auf dem Boden verstreut. Wenn er nur an ein einziges Blatt herankäme und eine Botschaft darauf schriebe, würde die Polizei sie später finden.

Zentimeterweise schob er sich vorwärts, griff endlich nach einem Blatt Papier. Er hatte es noch nicht berührt, als sich der Raum verdunkelte. Jemand stand in der Tür. Johnny drehte den Kopf, und Botschafter Cheng starrte ihn an. Der Chinese stand – ohne es zu bemerken – in einer Blutlache.

„Er lebt noch!" kreischte Cheng. „Sali, komm schnell!" Dann verschwand der Chinese.

Johnny rollte sich auf die Seite, streckte die Hand aus und griff nach dem Blatt. Er drückte es auf den Boden und öffnete sein Hemd. Mit dem Zeigefinger kritzelte er den ersten Buchstaben auf das weiße Blatt, schrieb mit seinem eigenen Blut. Er malte ein großes C. Schon spürte er eine lähmende Benommenheit, und alles drehte sich. CH. Es fiel ihm immer schwerer, sich zu konzentrieren. Der Abstrich des E geriet zu lang, die Querstriche fielen zittrig aus. Es ähnelte zu sehr einem F. Mühsam begann er mit dem N. Er hörte, daß der Botschafter erneut nach Sali schrie und der Schwarze zornentbrannt antwortete. CHEN – Johnny nahm das G in Angriff, doch sein Finger knickte weg, und die feuchten roten Buchstaben verschwammen vor seinen Augen.

Als er auf der Veranda eilige Schritte hörte, zerknüllte er das Papier in seiner linken Hand, steckte die geballte Faust in sein Hemd und rollte sich auf den Bauch, um so die Botschaft zu verbergen. Er hielt das Gesicht auf den Boden gepreßt und dachte an Mavis und die Kinder, als er spürte, wie die Mündung von Salis Gewehr seinen Hinterkopf berührte.

„JOHNNY, o Gott, Johnny." Daniel kauerte neben seinem toten Freund und streckte in einer hilflosen Geste die Hand aus, um den Puls an dessen Halsschlagader zu fühlen, obwohl das Einschußloch am Hinterkopf für sich sprach.

Daniel stand auf, und sein tiefes Leid verwandelte sich allmählich in großen Zorn. Schließlich blickte er sich suchend nach etwas um, womit er seinen toten Freund zudecken konnte. Die Vorhänge an den Fenstern würden ein provisorisches Leichentuch abgeben. Er nahm einen ab und ging damit zu Johnny.

Der Arm des Ermordeten war unter der Brust verdreht, und sein Gesicht lag in einer Blutlache. Behutsam drehte Daniel ihn um. Johnnys linke Hand steckte in seinem Hemd, die Faust war zusammengeballt. Überrascht stellte Daniel fest, daß der Tote etwas in der Hand hielt. Er spreizte Johnnys Finger auseinander und nahm das zerknüllte Papier heraus.

Daniel ging damit zum Schreibtisch und breitete das Papier darauf aus. Er erkannte sofort, daß Johnny mit seinem eigenen Blut etwas darauf gekritzelt hatte, und erschauerte beim Anblick der unheimlichen Botschaft. CHFNC. Die Buchstaben waren kaum lesbar. Sie ergaben keinen Sinn, obwohl das F auch ein E sein konnte. Daniel schaute erneut darauf: CHENC. Aus dieser Version wurde er genausowenig schlau.

Plötzlich spürte Daniel, daß sich etwas in seinem Unterbewußtsein regte. Er schloß für einen Moment die Augen. CHENC. Dann öffnete er sie wieder und merkte, daß er auf den Boden starrte. Dort waren blutige Fußspuren zurückgeblieben – die Sohlenabdrücke seiner eigenen Stiefel und die des Killers. Ein weiterer Abdruck zeigte ein Fischgrätenmuster.

CHENC. Die Botschaft hallte in seinem Kopf wider, und dann verlieh dieser sonderbare Sohlenabdruck den Buchstaben doch einen Sinn, und ihr Echo kehrte verändert und beschwörend wieder. CHENG. Johnny hatte versucht, CHENG zu schreiben! Daniel merkte, wie ihn bei dieser Entdeckung ein Zittern überlief. Botschafter Ning Cheng! Wie war das möglich? Cheng war also noch hier gewesen, als Johnny bereits tot war. Daniel erinnerte sich plötzlich an das Blut am Saum der blauen Baumwollhose – Johnnys Blut. Cheng hatte gelogen!

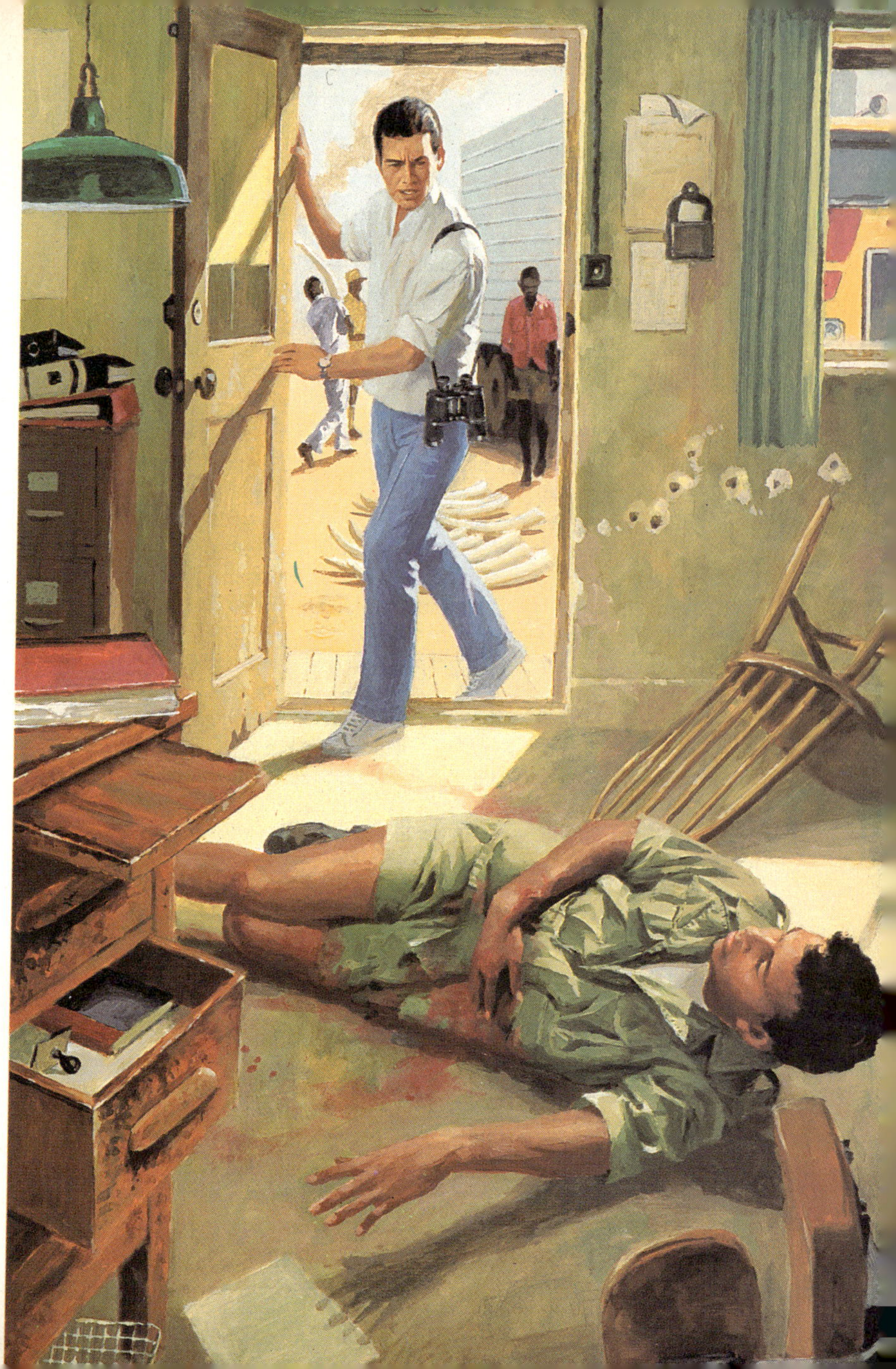

Er drückte die blutige Notiz wieder in Johnnys Hand, damit die Polizei sie finden würde. Dann breitete er den Vorhang über Johnnys Leiche. „Diesen Kerl werde ich erwischen!" schwor er. „Das bin ich dir, Mavis und den Kindern schuldig, mein Freund."

Daniel nahm den Schlüsselbund, der noch immer im Schloß des Safes hing, und begab sich in die Waffenkammer. Dort hob er ein automatisches AK-47-Sturmgewehr aus der Halterung und lud es. Wütend rannte er aus dem Büro, die Stufen hinunter zu Jock, der neben dem geparkten Landcruiser wartete.

Rasch warf Daniel einen Blick auf die Ruinen des Lagerhauses und auf die Reifenspuren, die noch immer im Morast zu sehen waren. Der Coup war genial geplant gewesen. Die Bande der Wilderer hatte die Verfolger auf sich gezogen, während Cheng und seine Männer das Elfenbein in den Fahrzeugen der Parkverwaltung fortschafften. Daniel erinnerte sich an das sonderbare Verhalten Gomos und des anderen Fahrers, als sie sich auf der Straße begegnet waren. Sie hatten eine Ladung gestohlenen Elfenbeins transportiert. Kein Wunder, daß sie so abweisende Antworten gegeben hatten.

Während er sich ans Steuer des Geländewagens setzte und Jock bat einzusteigen, schaute er auf seine Armbanduhr. Es war gleich acht Uhr. Fast eineinhalb Stunden waren vergangen, seit er an Cheng und den Lastwagen am Fuß des Steilhangs vorbeigefahren war. Konnte er sie einholen, bevor sie die Hauptstraße erreicht hatten und verschwunden waren? Er ließ den Motor an, schaltete die Scheinwerfer an und legte einen Gang ein. „So einfach kommst du nicht davon, du elendes Schwein!" fluchte er.

Der Gewitterregen hatte die Straße, die den Steilhang hinabführte, an vielen Stellen ausgehöhlt. Knietiefe Rinnen zogen sich über die Fahrbahn, riesige Steinbrocken waren freigelegt worden. Daniel steuerte den Landcruiser so forsch darüber hinweg, daß Jock sich am Armaturenbrett festklammern mußte.

„Fahr langsamer, Danny, verdammt noch mal! Du bringst uns noch beide um. Wozu die Eile?"

In knappen Worten erzählte Daniel ihm das Wichtigste.

„Von einem Botschafter mußt du die Finger lassen", meinte Jock, während der Landcruiser einen Satz machte, daß ihm fast die Luft wegblieb. „Wenn du dich irrst, bist du erledigt, Mann!"

„Ich irre mich nicht", versicherte ihm Daniel.

Die Regenfluten waren am Steilhang rasch abgeflossen, doch nun stauten sie sich im Tal. Zwei Stunden zuvor, auf der Herfahrt, war das ausgetrocknete Flußbett noch gut passierbar gewesen. Jetzt hielt

Daniel vor einem breiten Wasserlauf an und starrte auf das Bild, das sich ihnen im Licht der Scheinwerfer bot.

„Da kommst du nie durch", murmelte Jock beunruhigt.

Daniel ließ den Motor laufen, sprang über die Böschung in den knöcheltiefen Schlamm und rannte ins Wasser. Am Ufer stand ein Baum mit weit ausladenden Ästen, die in den Fluß hineinragten. Daniel umfaßte einen Ast, dessen Zweige das Wasser berührten, hielt sich daran fest und bewegte sich auf die Flußmitte zu. Er schob sich gegen die Strömung vorwärts und mußte seine ganze Kraft aufbieten, um nicht weggerissen zu werden. An der tiefsten Stelle reichte ihm das Wasser bis zur Hüfte. Der Ast, an den er sich klammerte, bog sich, als Daniel sich ans Ufer zurückhangelte. Klatschnaß entstieg er dem reißenden Fluß.

„Es wird gehen", sagte er zu Jock, nachdem er wieder ins Fahrzeug gestiegen war.

„Du bist verrückt!" rief Jock aufgebracht. „Ich fahre da nicht rein."

„Na schön! Du hast genau zwei Sekunden Zeit, um auszusteigen", erwiderte Daniel und schaltete den Toyota auf Vierradantrieb um.

Jock lenkte ein. „Gut, fahr zu. Wir werden ersaufen wie die Ratten."

Daniel steuerte den Landcruiser die steile Böschung hinab und ließ ihn auf die Furt zurollen. Er fuhr in gleichmäßigem Tempo in die braune Flut, und schon nach wenigen Metern füllten sich die Radkästen. Dampf zischte, als das Wasser in den heißen Motorraum drang. Das Licht der Scheinwerfer wurde schwächer, als diese untertauchten. Ein Benzinmotor wäre abgestorben, doch die robuste Dieselmaschine bewegte den Geländewagen unbeirrt vorwärts durch die Fluten. Wasser drang durch die Türrahmen und stieg wadenhoch.

„Du bist wirklich verrückt!" kreischte Jock und legte die Füße auf das Armaturenbrett.

Als die Luft, die im Wageninneren zusammengepreßt wurde, dem Geländewagen Auftrieb verlieh und die durchdrehenden Räder den Kontakt zu dem steinübersäten Grund verloren, begann der Landcruiser flußabwärts zu treiben. Dann spürte Daniel, daß die Räder wieder griffen. Die Flut hatte den Wagen durch eine Flußbiegung an das gegenüberliegende Ufer getragen. Der Motor lief noch immer, da Daniel den Ansaugstutzen und den Luftfilter für solche Notfälle hatte höher legen lassen.

Der Landcruiser kämpfte sich mit brüllendem Motor die Uferböschung hoch, wobei die Räder tiefe Rinnen in die weiche Erde gruben. Wasser strömte aus der Karosserie, als sie in den Mopanewald hineinfuhren.

„Ich lebe noch", flüsterte Jock. „Halleluja!"

Daniel kurvte parallel zum Flußufer um die Mopanebäume herum, bis sie wieder die Straße erreichten. Er schaltete den Vierradantrieb aus und gab Vollgas. So rasten sie der Station in Mana Pools entgegen.

„Wieviel von der Sorte kommen noch?" fragte Jock angstvoll.

Zum erstenmal, seit Daniel den toten Johnny gefunden hatte, lächelte er – ein grimmiges Lächeln. „Nur vier oder fünf", antwortete er. „Da kommt schon der nächste Fluß. Zieh deine Schwimmweste an."

„Das halt ich nicht durch!" Jock drehte sich zu Daniel um – er war totenblaß im Gesicht.

„Das wird ein Kinderspiel", versicherte Daniel, als die Scheinwerfer die Furt erfaßten. Tatsächlich, der Landcruiser schaffte die Durchquerung mühelos.

Es war schon fast halb zwölf, als Daniel den Wagen vor der Eingangstür des Aufseherbungalows von Mana Pools parkte. Während Jock ohne Unterbrechung auf die Hupe drückte, hämmerte Daniel mit beiden Fäusten gegen die Tür.

Nur mit einer Unterhose bekleidet, wankte der Aufseher, Isaac Mtwetwe, auf die Veranda hinaus. „Wer ist da?" rief er auf Shona.

„Isaac? Ich bin's!" antwortete Daniel.

„Danny?" Isaac legte die Hand über die Augen, um von den Scheinwerfern des Landcruisers nicht geblendet zu werden. „Was ist los? Was ist passiert?"

„Eine große Bande bewaffneter Wilderer hat das Camp von Chiwewe überfallen. Sie haben Johnny Nzou und seine Familie und das ganze Personal umgebracht."

„Allmächtiger Gott!" Isaac war hellwach.

„Ich glaube, daß die Täter von Sambia herübergekommen sind", fuhr Daniel fort. „Sie werden vermutlich dreißig Kilometer stromabwärts den Sambesi überqueren. Du mußt deine Truppe zusammentrommeln, um ihnen den Weg abzuschneiden."

Daniel berichtete ihm rasch, was er in Erfahrung gebracht hatte: die geschätzte Stärke der Bande, die Zeit, zu der sie Chiwewe verlassen hatte, und ihre mutmaßliche Marschrichtung und Marschgeschwindigkeit. „Sind die Kühllastwagen von Chiwewe auf ihrer Rückfahrt nach Harare hier vorbeigekommen?" fragte er schließlich.

Isaac bejahte. „Vor einer Stunde, kurz bevor der Fluß anstieg. Ein Zivilist war dabei, ein Chinese in einem blauen Mercedes. Einer der Lastwagen hatte ihn im Schlepptau. Der Wagen war wohl zu oft im Schlamm steckengeblieben." Isaac zog sich an, während er sprach. „Was willst du tun, Danny? Ich weiß, daß Johnny Nzou dein Freund war. Wenn du mit uns kommst, hast du vielleicht eine Chance, einen dieser Kerle zu erwischen."

Daniel schüttelte den Kopf. „Ich werde diesem Mercedes folgen."

Isaac, der gerade seine Stiefel zuschnürte, blickte auf. „Das verstehe ich nicht."

„Ich kann das jetzt nicht erklären, aber es hat mit Johnnys Mörder zu tun. Vertraue mir." Daniel konnte Isaac nicht von dem Elfenbein und Botschafter Cheng erzählen, solange er keinen Beweis hatte.

„In Ordnung, Danny. Ich werde diese Schweine erledigen, bevor sie über den Fluß entkommen können."

Der Aufseher rief seine Wildhüter zusammen, und sie stiegen in ein sechs Meter langes Sturmboot, ein Relikt aus dem Bürgerkrieg.

Daniel fuhr weiter westwärts durch die Nacht und folgte der Piste, die parallel zum Sambesi verlief. Jetzt waren die Reifenspuren des Konvois wieder deutlich auf der schlammigen Fahrbahn zu erkennen. Im Scheinwerferlicht sahen sie so frisch aus, als ob sie erst wenige Minuten alt wären.

Offensichtlich zog einer der Lastwagen noch immer den Mercedes. Daniel entdeckte Schleifspuren, wo das Abschleppseil den Boden berührt hatte. Das Gespannfahren wird ihre Fahrt beträchtlich verlangsamen, dachte Daniel voller Genugtuung. Er spähte eifrig voraus, rechnete fest damit, die roten Schlußlichter des Mercedes in der Dunkelheit auftauchen zu sehen. Er streckte die Hand nach dem AK 47 aus, das zwischen den Sitzen steckte.

Jock bemerkte die Geste und warnte ihn. „Mach keine Dummheiten, Danny! Du hast keinen Beweis. Du kannst nicht einfach auf einen Verdacht hin dem Botschafter den Kopf wegpusten. Also, ruhig Blut, Mann!"

Der Abstand zu dem Konvoi schien doch größer zu sein, als Daniel geglaubt hatte. Erst nach Mitternacht gelangten sie auf die Great North Road, die Schnellstraße, die in nördlicher Richtung über die Chirundubrücke nach Sambia führte und südwärts über den Steilabbruch auf einer Serpentinenstrecke nach Harare, der Hauptstadt von Simbabwe.

Daniel hielt am Rand der Kreuzung an. Aller Wahrscheinlichkeit nach war der Konvoi südwärts nach Harare abgebogen. Die Räuber konnten sich nicht darauf verlassen, zwei riesige Lastwagen voll Elfenbein unbeanstandet durch den simbabwischen Zoll hinüber nach Sambia zu bringen.

Er griff nach seiner Taschenlampe und sprang aus dem Wagen. Fast augenblicklich fand er die Bestätigung für seine Vermutung: An den

Reifen der Lastwagen und des Mercedes klebte schwarzer Lehm, der auf dem Asphaltbelag der Schnellstraße deutliche Spuren hinterlassen hatte. Diese verloren sich erst allmählich, nachdem die letzten Lehmreste von den Reifen gewirbelt waren.

„Sie fahren nach Süden", sagte Daniel, als er wieder hinter das Steuer kletterte, „und wir werden sie einholen."

Er gab Vollgas. Der Tacho zeigte bald 140 Stundenkilometer.

„Sie können nicht weit vor uns sein", murmelte Daniel. Während er das sagte, sah er das Leuchten von Scheinwerfern vor sich. „Aha, da sind sie schon." Wieder griff er nach dem Lauf des Sturmgewehrs, und Jock blickte ihn nervös an. Sie näherten sich den Lichtern, die stillzustehen schienen. Daniel blendete auf und stieß dann einen enttäuschten Schrei aus. Er hatte damit gerechnet, im Scheinwerferlicht die unverwechselbaren Aufbauten der Kühllastwagen zu erblicken. Statt dessen entdeckte er ein Fahrzeug, das er nie zuvor gesehen hatte. Es war ein gigantischer MAC-Lastwagen, ein Zwanzigtonner, mit einem ebenso großen, achträdrigen Anhänger, der mit schweren Planen in Tarnfarbe abgedeckt war, die man straff vertäut hatte, um die Ladung zu schützen. Der Lastzug war am Straßenrand geparkt und stand in nördlicher Fahrtrichtung, zur Chirundubrücke hin.

Drei Gestalten waren gerade dabei, die Seile nachzuspannen, die die Planen festhielten. Sie starrten auf den herankommenden Landcruiser. Zwei der Männer waren Schwarze, die verblichene Overalls trugen. Der dritte war eine würdevolle Gestalt in einem khakifarbenen Safarianzug. Er war ebenfalls dunkelhäutig, aber bärtig, und trug einen weißen Kopfputz. Erst als Daniel näher heranfuhr, sah er, daß es sich dabei um einen weißen Turban handelte und daß der Mann ein Sikh war.

Als Daniel vor dem geparkten Lastzug hielt, gab der Sikh den beiden Afrikanern eine scharfe Anweisung. Alle drei eilten zum Führerhaus des Lastwagens.

„Warten Sie noch einen Augenblick, bevor Sie losfahren!" schrie Daniel und sprang aus dem Wagen. „Ich will mit Ihnen reden."

Der Sikh saß bereits hinterm Steuer. „Ja, was gibt's?" fragte er durch das heruntergekurbelte Seitenfenster.

„Entschuldigen Sie, wenn ich Sie aufhalte", erklärte Daniel rasch. „Sind Sie auf der Straße an zwei großen weißen Lastwagen vorbeigekommen?"

Der Sikh starrte auf ihn herab, ohne zu antworten. „Sehr große Laster", fügte Daniel hinzu, „die können Sie gar nicht übersehen haben. Sie fahren im Konvoi. Möglicherweise war noch ein blauer Mercedes dabei."

Der Sikh wandte sich ab und sprach mit den beiden Afrikanern in einem Dialekt, den Daniel nicht verstand. Während er ungeduldig auf eine Antwort wartete, bemerkte er ein Firmenzeichen, das auf die Tür des Lastwagens gemalt war.

CHETTI SINGH GMBH
IMPORT UND EXPORT
POSTFACH 52, LILONGWE, MALAWI

„Mr. Singh, ich bin in großer Eile!“ rief Daniel. „Sagen Sie mir bitte, ob Sie diese Lastwagen gesehen haben.“

Der Sikh steckte beunruhigt den Kopf aus dem Fenster. „Woher kennen Sie meinen Namen?“ fragte er.

Daniel deutete auf das Firmenzeichen an der Tür.

„Ha! Sie sind aber ein sehr aufmerksamer Mensch!“ Der Sikh wirkte erleichtert. „Ja, meine Männer können sich daran erinnern, daß wir vor einer Stunde zwei Lastwagen begegnet sind. Sie fuhren nach Süden. Einen Mercedes haben wir nicht gesehen. Mit Sicherheit nicht.“ Er ließ den Motor an. „Freut mich, daß ich Ihnen behilflich sein konnte. Ich habe es auch sehr eilig. Leben Sie wohl, mein Freund.“ Er winkte und ließ den riesigen Lastwagen anrollen.

Etwas an seiner umgänglichen Art störte Daniel. Als der schwerbeladene Anhänger im Schneckentempo an ihm vorbeirollte, hielt sich Daniel an einer der stählernen Verstrebungen fest und schwang sich auf das Trittbrett unter der Heckklappe. Der Anhänger schien mit einer Ladung Jutesäcke vollgestopft zu sein. Auf einem der Säcke las er die Aufschrift: TROCKENFISCH. HERGESTELLT IN . . . Das Herkunftsland war nicht zu entziffern. Daniel schnupperte – tatsächlich schien der Inhalt der Säcke der Aufschrift zu entsprechen. Der Geruch nach halbverfaultem Fisch war stark und unverwechselbar.

Als der Lastwagen beschleunigte, sprang Daniel ab und schaute den Rücklichtern nach. Sein sechster Sinn sagte ihm, daß etwas an dem Anhänger ebenso faul war wie der Gestank unter der Persenning. „Chetti Singh.“ Er wiederholte den Namen, um ihn sich einzuprägen.

„Wer war das? Was hat er gesagt?“ wollte Jock wissen.

„Er hat die Kühllastwagen vor ungefähr einer halben Stunde in Richtung Süden fahren sehen. Wir werden ihnen folgen.“

DIE STRASSE wurde kurvenreicher. Hinter einer Kehre entdeckten sie plötzlich vor sich einen der weißen Kühlwagen. Er nahm fast die ganze Fahrbahn ein, fuhr nur halb so schnell wie der Landcruiser, und öliger Dieselqualm drang aus dem Auspuff, während sich der Laster in niedrigem Gang bergauf quälte.

Daniel drückte heftig auf die Hupe, um den Fahrer des Lastwagens zum Ausweichen zu bewegen. Doch der Laster versperrte ihm weiterhin den Weg.

„Mach Platz, du elender Hund!“ schrie Daniel.

„Beruhige dich doch, Daniel“, bat Jock.

Daniel steuerte den Landcruiser zum Überholen auf den Randstreifen und betätigte die Hupe. Der Fahrer blockierte absichtlich die Straße, fuhr die Kurven weit aus und ließ den Lastwagen schlingern, wenn Daniel versuchte, innen an ihm vorbeizufahren.

„Der Mann am Steuer weiß, daß wir es sind“, sagte Daniel wütend zu Jock. „Er weiß, daß wir noch mal in Chiwewe waren und das Gemetzel dort gesehen haben. Daher versucht er uns aufzuhalten.“

„Hör auf, Danny! Das bildest du dir doch alles nur ein. Es könnte ein Dutzend Erklärungen dafür geben, warum er sich so verhält. Ich will mit dieser verrückten Geschichte nichts zu tun haben.“

„Zu spät, mein Freund. Ob du willst oder nicht, du steckst jetzt mit drin.“

Daniel lenkte den Landcruiser scharf auf die andere Seite. Diesmal reagierte der Fahrer zu langsam, um die Straße blockieren zu können. Daniel schaltete herunter und trat das Gaspedal durch. Der Landcruiser schoß vorwärts und preschte am Heck des Lastwagens vorbei. Auf Höhe des Fahrerhauses quetschte sich Daniel durch die Lücke zwischen der stählernen Bordwand des Lasters und dem Straßenrand. Dort wirbelten die äußeren Räder losen Kies auf und kamen dabei dem Abgrund gefährlich nahe, der steil zum Tal des Sambesi hin abfiel.

„Du bringst uns beide noch um!“ schrie Jock.

Der Landcruiser prallte gegen ein Straßenschild, das vor dem gefährlichen Gefälle warnte. Mit einem Krachen knickte es um und brachte den Wagen ins Schleudern, aber Daniel hielt grimmig das Steuer fest, um am Fahrerhaus des langsameren Lastwagens vorbeizuziehen.

Plötzlich riß der Fahrer des Lasters das Steuer herum. Bevor Daniel reagieren konnte, krachte dessen Stoßstange in die Seite des Landcruisers, und das kleinere Fahrzeug wurde auf den Abgrund zugeschoben.

Daniel trat heftig auf die Bremse, und während der Lastwagen vorbeirollte, kam der Landcruiser zum Stehen. Eines der Vorderräder drehte sich frei über der Abbruchkante.

Daniel legte den Rückwärtsgang ein und brachte das Fahrzeug in Sicherheit. „Und was sagst du jetzt?“ fauchte er Jock an. „Brauchst du noch mehr Beweise? Das war ein vorsätzlicher Versuch, uns umzubringen!"

Der Lastwagen war in der Dunkelheit hinter der nächsten Kurve aus dem Blickfeld verschwunden, und Daniel brauste hinterher. Als sie durch die Kurve fuhren, war der Lastwagen nur etwa zweihundert Meter voraus. Die Doppeltür des Laderaums am Heck war mit einem schweren Riegel verschlossen. Auf der Rückseite des Aufbaus führte eine Stahlleiter auf das Dach, auf dem die Ventilatoren der Kühlanlage in einer Plexiglasfassung untergebracht waren.

„Ich werde auf die Leiter steigen", sagte Daniel zu Jock. „Sobald ich bereit bin, rutschst du rüber und übernimmst das Steuer."

„Ich? Nie im Leben! Mir reicht's allmählich."

„Schön." Daniel sah ihn nicht einmal an. „Dann läßt du den Wagen eben einfach weiterrollen. Irgendwo wirst du schon landen."

Daniel schätzte Geschwindigkeit und Abstand zwischen den beiden Fahrzeugen ab. Er öffnete die Tür auf seiner Seite. Die Halterungsrasten waren entfernt worden, damit ungehindertes Fotografieren möglich war. Deshalb klappte die Tür ganz auf und schlug vorn gegen den Kotflügel.

Mit einer Hand lenkend, beugte sich Daniel aus der offenen Tür. In diesem Augenblick steuerte der Lastwagenfahrer sein Gefährt wieder auf die andere Seite, um den Landcruiser am Überholen zu hindern. Als die beiden Fahrzeuge aufeinander zurückten, setzte Daniel zum Sprung an. „Es ist soweit!" rief er Jock zu. „Jetzt bist du an der Reihe." Er stieß sich ab, bekam eine Sprosse der Leiter zu fassen und zog sich augenblicklich daran hoch, um nicht zwischen die beiden Fahrzeuge zu geraten, die wieder zusammenkrachten.

Er warf einen Blick auf Jock, der mit blassem Gesicht zum Lenkrad hinübergerutscht war. Dann vergrößerte sich der Abstand des Landcruisers, der rasch hinter den weißen Lastwagen zurückfiel.

Daniel kletterte auf den schmalen Stahlsprossen nach oben und erreichte das Dach des Lastwagens. Das Ventilatorgehäuse befand sich in der Dachmitte, dort konnte er sich festhalten. Daniel arbeitete sich, flach auf dem Dach liegend, vorwärts. Er brauchte volle fünf Minuten, um bis zum Fahrerhaus zu gelangen. Der Mann am Steuer hatte ihn sicher nicht gesehen und ging vermutlich davon aus, daß er den Landcruiser abgehängt hatte.

Daniel spähte seitlich am Fahrerhaus hinab. Unter der Beifahrertür befand sich ein Trittbrett, und an dem kräftigen Außenspiegel konnte er sich festklammern. Er wartete, bis die Straße eine Biegung machte, so daß ihn die Zentrifugalkraft an das Fahrerhaus drückte. Er glitt seitlich hinunter. Für einen Augenblick trat er ins Leere, dann aber fand er mit den Füßen auf dem breiten Trittbrett Halt. Er schaute durch das Seitenfenster ins Wageninnere.

Der Fahrer – Daniel erkannte, daß es Gomo war – wandte ihm verblüfft das Gesicht zu und schrie etwas. Er versuchte, die Türverriegelung zu erreichen, doch die Fahrerkabine war dazu zu breit. Der Lastwagen schlingerte wild, so daß Gomo gezwungen war, wieder das Lenkrad festzuhalten. Daniel riß die Beifahrertür auf und warf sich in das Fahrerhaus. Gomo schlug ihm ins Gesicht. Der Faustschlag betäubte Daniel einen Augenblick, dann jedoch packte er den Griff der Hydraulikbremse und zog ihn entschlossen hoch.

Die riesigen Räder des Fahrzeugs blockierten, und der Lastzug schwankte, während er in einer Wolke aus blauem Rauch, die nach verbranntem Gummi stank, die Gefällstrecke hinabschlitterte. Gomo wurde nach vorn geschleudert; er prallte gegen das Lenkrad, ehe er benommen in den Sitz zurücksackte.

Daniel griff an ihm vorbei nach dem Lenkrad und steuerte den Lastwagen geradeaus, bis er etwas abseits der Straße zum Stehen kam. Sofort schaltete Daniel die Zündung aus und öffnete von innen die Fahrertür. Er packte Gomo an der Schulter und stieß ihn grob aus dem Fahrerhaus. Gomo fiel anderthalb Meter tief hinab und landete unsanft auf den Knien.

Daniel sprang hinterher und bückte sich, um den Schwarzen am Uniformhemd zu fassen. „Also, wie war das?" Er packte ihn am Hals und drückte zu. „Du hast Johnny Nzou und seine Familie ermordet."

„Bitte, Dr. Armstrong, ich verstehe das nicht. Warum machen Sie das?" Seine Stimme war ein klägliches Winseln.

Daniel schüttelte ihn. „Du verlogener Mistkerl –"

Gomo griff unter sein Hemd an den Gürtel, wo er in einer Lederscheide ein Messer trug. Daniel hörte, wie der Druckknopf des Sicherungsriemens aufsprang, und sah, wie sein Widersacher die blitzende Klinge herauszog. Daniel ließ Gomos Hals los und wich zurück, als der Schwarze zustach. Doch Daniel hatte Glück, denn das Messer erwischte nur sein Hemd, das es wie eine Rasierklinge aufschnitt.

„Ich bringe Sie um!" Gomo hielt seine funkelnde Waffe in der typischen Haltung des geübten Messerkämpfers. Er machte eine Finte und stach von der Seite zu. Daniel sprang zurück, und die Klinge verfehlte seinen Bauch nur um wenige Zentimeter.

Gomo plante bereits den nächsten Angriff; dabei hielt er das Messer so, daß Daniel nicht nach seinem Handgelenk greifen konnte. Daniel wich zurück und täuschte ein Stolpern vor. Er ging in die

Hocke und stützte sich mit der linken Hand auf dem Boden ab, um nicht ganz das Gleichgewicht zu verlieren.

„Ha!“ Gomo stürzte auf ihn zu, um den entscheidenden Stoß anzubringen, aber Daniel hatte eine Handvoll Sand ergriffen und warf sie Gomo ins Gesicht. Ein alter Trick, aber Gomo fiel darauf herein. Instinktiv riß der Schwarze die Arme hoch, um seine Augen zu schützen. Daniel packte die Hand, in der er das Messer hielt, und bog sie um. Sie standen sich jetzt Brust an Brust gegenüber und rangen mit ausgestreckten Armen um die Waffe. Daniel überraschte seinen Gegner mit einem Kopfstoß, der Gomo im Gesicht traf. Aufstöhnend wankte Gomo rückwärts. Entschlossen schlug Daniel den rechten Arm des Wildhüters gegen die Fahrerkabine des Lastwagens, so daß diesem das Messer entglitt. Dann stellte er dem Schwarzen ein Bein. Rücklings fiel Gomo in den Straßengraben.

Bevor Gomo sich wieder aufrappeln konnte, hatte Daniel das Messer aufgehoben. Er packte Gomo und setzte ihm die Messerspitze an den Hals. „Und jetzt steh ganz langsam auf!“

Gomo erhob sich zögernd.

Daniel drängte ihn an den Lastwagen zurück, während er ihm das Messer an die Kehle preßte. „Du hast das Elfenbein in dem Lastwagen“, beschuldigte er ihn. „Sehen wir's uns mal an, mein Freund.“

„Nein“, flüsterte Gomo. „Kein Elfenbein.“

„Wo sind die Schlüssel zum Kühlraum?“ fragte Daniel.

„In meiner Tasche.“

„Raus damit!“

Gomo griff in seine Tasche und holte sie heraus. Daniel schob ihn zum Heck des Lastwagens. „Los, schließ auf!“ befahl er.

Gomo steckte den Schlüssel ins Schloß und drehte ihn um.

„Gut, und jetzt nimm die Handschellen von deinem Gürtel.“ Handschellen gehörten zur Ausrüstung aller Wildhüter, da sie bei der Verhaftung von Wilderern gute Dienste leisteten. „Schließ einen Ring um dein rechtes Handgelenk, und dann gib mir den Schlüssel.“

Gomo gehorchte und reichte ihm den Schlüssel über die Schulter. Daniel steckte ihn in seine Tasche, legte den zweiten Stahlring der Handschelle um eine der Leitersprossen, die aufs Dach führten, und ließ ihn zuschnappen. Jetzt war Gomo an den Aufbau gekettet, und Daniel ließ ihn los und entriegelte die Heckdoppeltür.

Als er die Tür öffnete, wehte ihm ein Schwall eisiger Luft aus dem Kühlraum entgegen. Dann nahm er durchdringenden Geruch von Elefantenfleisch wahr. Daniel sprang auf die Ladefläche und tastete nach dem Lichtschalter. Neonröhren flackerten auf und erfüllten den

Kühlraum mit einem kaltblauen Leuchten. Die riesigen Fleischstücke waren auf Haken gehängt, dicht an dicht, so daß es kaum ein Durchkommen gab. Daniel kniete nieder, spähte darunter, sah aber nur die Blutpfützen, die den Stahlboden bedeckten, sonst nichts.

Eine plötzliche Welle der Enttäuschung überkam ihn. Er hatte fest damit gerechnet, hier die geraubten Stoßzähne zu finden. Er stand auf und zwängte sich zwischen den von der Decke baumelnden gefrorenen Fleischstücken hindurch. Die Kälte nahm ihm den Atem, doch er war entschlossen, den Platz zu finden, wo das Elfenbein versteckt war.

Nach zehn Minuten gab er auf. Er sprang hinaus, kroch unter den Lastwagen und suchte dort nach einem geheimen Laderaum.

Als er wieder hervorkletterte, grinste Gomo ihn schadenfroh an. „Kein Elfenbein, das hab ich doch gesagt. Kein Elfenbein. Sie haben einen Lastwagen der Regierung aufgebrochen. Sie haben mich geschlagen. Sie werden Ärger bekommen, Dr. Armstrong!“

Daniel packte ihn an der Schulter und drehte ihn mit dem Gesicht zum Lastwagen. Mit geschickten Bewegungen löste er den Ring der Handschelle von der Leitersprosse, drehte Gomo die Arme auf den Rücken und ließ die Handschellen dort wieder zuschnappen. „Johnny Nzou war mein Freund“, erzählte er Gomo leise. „Du hast seine Familie getötet. Du hast Johnny erschossen . . .“

„Nein, das war ich nicht! Ich weiß überhaupt nichts!“ schrie Gomo.

Daniel drückte ihm die Messerspitze in die Seite. „Los, Gomo. Ich brauche nur ein bißchen fester zuzudrücken, einfach so!“ Er ritzte dem Schwarzen die Haut auf.

„Halt!“ brüllte Gomo. „Ich werde Ihnen alles sagen. Hören Sie auf, bitte, hören Sie auf!“

„Gut. Beginnen wir bei Chetti Singh.“

Er hatte den Namen aufs Geratewohl genannt, aber Gomo ging darauf ein. „Ja, ich erzähle Ihnen alles über ihn, wenn Sie mich nicht verletzen. Bitte, tun Sie mir nichts!“

„Armstrong!“

Die Stimme aus dem Dunkel überraschte Daniel. Er hatte den Landcruiser nicht kommen hören. Aber jetzt sah er, wie Jock ins Scheinwerferlicht des Geländefahrzeugs trat.

„Laß ihn los, Armstrong!“ In Jocks Stimme schwang Entschlossenheit mit.

„Du hältst dich da raus!“ brüllte Daniel ihn an, da erkannte er, daß Jock das AK-47-Gewehr in der Hand hielt.

„Laß ihn los!“ befahl Jock erneut.

„Der Mann ist ein gemeiner Mörder“, wandte Daniel ein.

„Du hast keinen Beweis. Oder hast du etwa das Elfenbein gefunden?“

Daniel wurde wütend. „Er wollte alles gestehen.“

„Klar, weil du ihn gefoltert hast. Der Mann hat gewisse Rechte. Darüber kannst du dich nicht einfach hinwegsetzen.“

„Du hast Johnny gesehen . . .“ Daniel schüttelte den Kopf.

„Ich habe auch gesehen, daß du diesen Mann bedroht hast. Gib mir den Schlüssel für die Handschellen, oder ich schieße.“

Daniel spürte, daß er es ernst meinte, und warf ihm widerwillig den Schlüssel zu.

„Gut, und jetzt tritt zurück.“ Jock zielte mit dem Gewehr auf Daniels Bauch, während er die Handschellen aufschloß.

„Du verdammter Idiot!“ schimpfte Daniel. „Noch ein paar Minuten, und ich hätte herausgefunden, wer Johnny getötet hat und was mit dem Elfenbein passiert ist.“

Kaum war Gomo befreit, gewann er sein Selbstbewußtsein zurück. „Ich habe nichts gesagt. Ich weiß nichts von Nzou. Als wir von Chiwewe weggefahren sind, war er noch am Leben –“

„Schön. Das kannst du der Polizei erzählen“, unterbrach ihn Jock. „Ich bringe dich im Lastwagen nach Harare. Hol meine Kamera und meine Tasche aus dem Landcruiser. Sie liegen auf dem Vordersitz.“

Gomo eilte zum Landcruiser.

„Nun hör doch, Jock. Gib mir noch fünf Minuten“, bettelte Daniel.

Jock richtete wieder das Gewehr auf ihn. „Wir sind fertig miteinander, Daniel Armstrong. Als erstes werde ich der Polizei einen umfassenden Bericht erstatten, wenn ich in Harare bin. Ich werde nichts auslassen.“

Gomo kam mit der Videokamera und Jocks Reisetasche zurück.

„Steig in den Lastwagen!“ befahl ihm Jock. Als Gomo gehorchte, wandte er sich wieder an Daniel. „Tut mir leid, Armstrong, du bist jetzt auf dich allein gestellt.“ Er stieg auf den Beifahrersitz in das Fahrerhaus des Lasters. „Und versuche nicht, uns wieder aufzuhalten.“ Er schwenkte das Sturmgewehr. „Ich kann damit umgehen.“

Jock knallte die Tür zu, und Gomo lenkte den Lastwagen zurück auf die Fahrbahn.

Daniel blieb allein in der Dunkelheit zurück und starrte den roten Rücklichtern nach, bis sie hinter einer Kurve verschwanden. Er ging zu dem Landcruiser und ließ sich auf den Fahrersitz sinken.

Zunächst verflog seine Wut nicht – die Wut auf Cheng und seine Komplizen, auf Gomo und vor allem auf Jock, der eingegriffen hatte. Dann beruhigte er sich ein wenig, und er begriff, in was für eine mißliche Lage er sich gebracht hatte. Er hatte sich zu einer Unbeherrschtheit hinreißen lassen. Er hatte Behauptungen aufgestellt, die er nicht beweisen konnte. Er hatte Staatseigentum beschädigt, und er hatte einen Regierungsbeamten tätlich angegriffen.

Was tun? Es hatte keinen Sinn, Gomo hinterherzujagen. Er war gewarnt, und irgendwie war es ihm gelungen, das Elfenbein loszuwerden. Wen konnte er sich sonst vorknöpfen? Natürlich, Ning Cheng. Er war die Schlüsselfigur. Aber die einzigen Hinweise auf seine Mittäterschaft waren Johnnys rätselhafte Notiz und der Sohlenabdruck, den er am Tatort hinterlassen hatte.

Dann war da noch Chetti Singh. Gomo hatte zugegeben, daß er den Sikh kannte. Und schließlich die Bande der Wilderer. Daniel überlegte, ob es Isaac Mtwetwe gelungen war, die Bande beim Überqueren des Sambesi zu überrumpeln und gefangenzunehmen. Isaac hätte weniger Skrupel als Jock. Er wüßte, wie er einem gefangenen Wilderer Geheimnisse entlockte.

Vom Polizeiposten in Chirundu werde ich die Station Mana Pools anrufen, beschloß er und ließ den Landcruiser an. Er wendete und fuhr zurück. Er mußte dafür sorgen, daß die polizeilichen Ermittlungen so schnell wie möglich aufgenommen wurden. Die Polizei mußte über Johnnys Notiz und die blutigen Sohlenabdrücke informiert werden.

Es war fast vier Uhr morgens, als er die Chirundubrücke erreichte. In der Polizeistation tat ein Leutnant Dienst. Er lag mit dem Oberkörper auf dem Schreibtisch und schlief so fest, daß Daniel ihn wach rütteln mußte. Als der Beamte schließlich den Kopf hob, sah er Daniel verständnislos an.

„Ich will einen Mord melden, mehrfachen Mord."

Daniel gelang es nur mit Mühe, den Polizeiapparat in Gang zu setzen. Da es keine Schreibmaschine gab, nahm der Leutnant Daniels Aussage in krakeliger Kinderhandschrift auf.

„Mann, beeilen Sie sich! Die Mörder entkommen, während wir hier herumsitzen."

Der Leutnant fuhr seelenruhig mit seinem Aufsatz fort, und Daniel mußte sich beherrschen, um nicht die Geduld zu verlieren.

Das langsame Diktat erlaubte ihm jedoch, seine Aussage sorgfältig zu formulieren. Er ließ die Ereignisse des vorangegangenen Tages in der genauen Abfolge niederschreiben: den Zeitpunkt, zu dem er Chiwewe verlassen hatte, den Zeitpunkt, an dem er den Kühllastwagen auf der Straße begegnet war. Er schilderte seine Unterhaltung mit Botschafter Cheng und beschrieb in allen Einzelheiten die blaue Hose und die Sportschuhe mit den fischgrätengemusterten Sohlen. Er schilderte, was für ein Blutbad die Täter in Chiwewe angerichtet hatten. Und er erwähnte die Notiz in Johnnys geschlossener Faust und das Fischgrätenmuster des blutigen Sohlenabdrucks auf dem Boden des Büros.

Er hatte ziemliche Schwierigkeiten, als er von seiner Verfolgung des Mercedes und der Kühllastwagen berichtete. „Weil ich Botschafter Cheng und den ersten Lastwagen nicht einholen konnte, sprach ich mit Wildhüter Gomo, der den zweiten Lastwagen steuerte. Er leugnete, etwas von den Ereignissen zu wissen, und erlaubte mir, den Lastwagen zu durchsuchen. Ich fand kein Elfenbein. Ich entschied dann, daß es meine Pflicht sei, Kontakt mit der Polizei aufzunehmen . . .“

Erst weit nach Tagesanbruch konnte Daniel das Protokoll unterschreiben, und erst dann rief der Polizeileutnant das Kriminalhauptkommissariat in Harare an. Nach einer endlosen Telefondiskussion wurde dem Leutnant befohlen, daß er mit ein paar Leuten im Landrover des Polizeipostens zum Camp von Chiwewe hinauszufahren habe, während ein Ermittlungstrupp von Harare eingeflogen würde.

„Soll ich Sie nach Chiwewe begleiten?“ fragte Daniel, als der Leutnant mit seinen Vorbereitungen zur Abfahrt begann.

„Hinterlassen Sie eine Adresse und eine Telefonnummer, wo wir Sie erreichen können, falls wir Sie brauchen“, beschloß der Beamte, nachdem er lange nachgedacht hatte.

Daniel war erleichtert darüber, nicht festgehalten zu werden. Seit seiner Ankunft im Polizeiposten von Chirundu hatte er stundenlang Zeit gehabt, Pläne zu machen. Falls Isaac Mtwetwe einen der Wilderer hatte fassen können, wäre dies die einfachste Möglichkeit, an Ning Cheng heranzukommen. Aber er mußte mit Isaac sprechen, bevor dieser seine Gefangenen der Polizei übergab.

„Darf ich noch kurz Ihr Telefon benutzen?“ fragte er den Polizeileutnant, nachdem der grüne Landrover vorgefahren war. Der Leutnant gestattete es ihm.

Isaac Mtwetwe meldete sich beim zweiten Klingeln.

„Isaac“, platzte Daniel erleichtert heraus, „wann bist du zurückgekommen?“

„Ich habe gerade mein Büro betreten“, berichtete der Wildhüter. „Wir sind vor zehn Minuten zurückgekommen. Einer meiner Männer ist verwundet. Ich muß ihn ins Krankenhaus bringen.“

„Ihr habt die Banditen also eingeholt?“

„Ja. Wir konnten die Stelle ausmachen, an der sie ihre Boote versteckt hatten, mit denen sie wieder über den Fluß zurückfahren wollten. Bei ihrer Rückkehr haben wir sie überrascht.“

„Hast du Gefangene gemacht, Isaac?“ fragte Daniel eifrig.

„Es hat keine Gefangenen gegeben", erwiderte Isaac. „Acht Tote, darunter auch der Anführer Sali. Der Rest der Bande wurde entweder von Krokodilen aufgefressen oder ist nach Sambia geflohen."

„Was ist mit dem Elfenbein, Isaac? Hatten sie Stoßzähne dabei?"

„Ja, aber das Elfenbein, das sie schmuggeln wollten, ging im Fluß verloren, als die Boote versanken."

„Verdammt!" entfuhr es Daniel. Wie sollte er nun die Behörden davon überzeugen, daß das Elfenbein in den Kühlwagen aus Chiwewe fortgebracht worden war? Die Spur zu Ning Cheng wurde mit jeder Stunde kälter. „Eine Polizeieinheit ist auf dem Weg von hier zum Camp in Chiwewe", erzählte er Isaac.

„Ach ja? Dann werde ich mich ihnen wohl anschließen, sobald ich dafür gesorgt habe, daß der Verwundete nach Harare ausgeflogen wird."

„Hör zu, Isaac. Ich werde der einzigen Spur, die ich habe, folgen."

„Sei vorsichtig, Danny. Mit diesen Leuten ist nicht zu spaßen. Die könnten dir übel mitspielen. Wohin willst du?"

Daniel wich der Frage aus. „Danke für die Auskunft. Bis bald, Isaac." Er legte den Telefonhörer auf und begab sich zu seinem Landcruiser.

Ihm war klar, daß ihm nur eine kurze Frist blieb. Schon bald würde ihm die Polizei von Simbabwe unangenehme Fragen stellen. Es gab nur einen Ort, an dem er sich sicher fühlen konnte, und der lag außerhalb des Landes. Er entschied sich für Lusaka, die Hauptstadt Sambias. Dort hatte er Freunde.

3

DANIEL mietete sich im Ridgeway Hotel in Lusaka ein und bekam ein Zimmer mit Blick auf den Swimmingpool. Er ging hoch, um sich unter der Dusche vom Schmutz und der Erschöpfung der letzten vierundzwanzig Stunden zu befreien. Dann griff er nach dem Telefon und rief den britischen Hochkommissar an. „Kann ich bitte Mr. Michael Hargreave sprechen?"

„Am Apparat."

„Mike, ich bin's, Danny Armstrong."

„Hallo, Danny. Wo steckst du?"

„Hier, in Lusaka. Mike, können wir uns treffen? Du mußt mir einen Gefallen tun."

„Warum kommst du nicht heute abend zum Essen? Wendy wird sich freuen."

Michael Hargreave bewohnte eine der Diplomatenvillen am Nobs Hill. Wie alle anderen Häuser in der Straße war das Gebäude von einer hohen Mauer umgeben, die zudem mit Stacheldraht gesichert war. Zwei *molondo,* Nachtwächter, bewachten das Tor.

Michael Hargreave beruhigte seine beiden Rottweiler, als Daniel ankam, und begrüßte ihn herzlich.

„Du lebst ja in einer richtigen Festung, Mike." Daniel deutete auf die Sicherheitsvorkehrungen.

Michael verzog das Gesicht. „Allein in dieser Straße verzeichnen wir fast jede Nacht einen Einbruch, trotz der vielen Hunde."

Er führte Daniel ins Haus, und Wendy begrüßte ihn mit einem Kuß auf beide Wangen. Sie hatte schönes blondes Haar und den hellen Teint der Engländerinnen. „Ich hatte vergessen, daß du in Wirklichkeit noch viel besser aussiehst als im Fernsehen", erklärte sie mit verschmitztem Lächeln.

Michael Hargreave erinnerte eher an einen Universitätsdozenten als an einen Agenten, aber er arbeitete tatsächlich für den britischen Geheimdienst. Er und Daniel hatten sich am Ende des Bürgerkriegs in Rhodesien kennengelernt. Anfangs war ihr Verhältnis rein dienstlich gewesen, doch aus gegenseitigem Respekt und Vertrauen hatte sich eine echte Freundschaft entwickelt.

Michael schenkte Daniel einen Whisky ein, und sie schwelgten in Erinnerungen, bis Wendy sie zum Essen rief. Daniel schätzte ihre Kochkunst über alle Maßen, und Wendy strahlte voller Genugtuung darüber, wie er zulangte.

„Welchen Gefallen soll ich dir tun?" fragte Michael anschließend beim Brandy.

„Eigentlich sind es zwei."

„Galoppierende Inflation, wie? Aber rede nur, mein Freund."

„Könntest du vielleicht arrangieren, daß mein Filmmaterial mit dem Diplomatenkoffer nach London geschickt wird? Es ist ungeheuer wertvoll. Ich möchte es der sambischen Post nicht anvertrauen."

„Kein Problem." Michael nickte. „Ich werde es morgen mit Kurier wegschicken. Und was ist mit dem anderen Gefallen?"

„Ich brauche Informationen über einen Mann namens Ning Cheng. Er ist der taiwanische Botschafter in Harare."

„Da haben wir sicher eine Akte über ihn. Ist er ein Freund oder ein Feind, Danny?"

„Das weiß ich noch nicht."

„Dann erzähl mir weiter nichts." Michael seufzte und schob Daniel die Brandykaraffe hinüber. „Ich dürfte spätestens morgen vormittag einen Computerausdruck haben. Soll ich ihn dir direkt zum Hotel schicken?"

„Tausend Dank, alter Freund. Ich steh mal wieder tief in deiner Schuld."

„Darauf komme ich zurück, Danny."

Die Filme, die Jock gedreht hatte, sollten am nächsten Tag mit einer British-Airways-Maschine nach London gebracht werden. Zwölf Stunden später würden sie bei den Castle-Studios ankommen.

Daniel war erleichtert, sie in Sicherheit zu wissen. Die Videobänder stellten die Arbeit eines anstrengenden Jahres dar und beinahe Daniels gesamten Besitz. Er war von seinem neuen Projekt so fest überzeugt, daß er gegen seine Gewohnheit beschlossen hatte, auf eine Fremdfinanzierung zu verzichten. Er hatte sein ganzes Geld in seinen neuen Film investiert.

Statt den Computerausdruck über Ning Cheng einem Boten anzuvertrauen, lieferte Michael Hargreave ihn tags darauf persönlich bei Daniel ab. „Ich habe nicht alles gelesen", kommentierte er, „aber es hat gereicht, um herauszufinden, daß mit der Familie Cheng nicht zu spaßen ist. Sei vorsichtig, Danny. Ning Cheng ist ein großes Kaliber." Er überreichte ihm den versiegelten Umschlag. „Nur eine Bedingung. Ich möchte, daß du das verbrennst, sobald du es gelesen hast. Habe ich dein Wort darauf?"

Daniel nickte. Er ging mit dem Umschlag auf sein Hotelzimmer und bestellte eine Kanne Tee. Nachdem sie gebracht worden war, verriegelte er die Tür und legte sich aufs Bett. Der Ausdruck umfaßte elf Seiten, und die Lektüre war faszinierend. Johnny Nzou hatte nur Andeutungen gemacht, was das Vermögen und den Einfluß der Familie Cheng anbelangte. Ning Chengs Vater, Heng H'Sui, war das Familienoberhaupt. Seine Unternehmen waren so weit verzweigt, daß der Verfasser des Berichts am Ende des Abschnitts lakonisch vermerkt hatte: „Liste der Unternehmen wahrscheinlich unvollständig."

Als Daniel die Daten aufmerksam durchging, glaubte er eine Verschiebung des Investitionsschwerpunktes zu erkennen, die ungefähr in die Zeit fiel, als Ning Cheng auf seinen Botschafterposten in Afrika berufen worden war. Obwohl sich die Familie Cheng in Geschäftsdingen noch immer überwiegend auf den pazifischen Raum konzentrierte, waren die Investitionen in afrikanische Unternehmen in sechs Jahren von null auf fast zwölf Prozent gewachsen.

Daniel las, daß Ning Cheng mit einem chinesischen Mädchen aus einer anderen wohlhabenden taiwanischen Familie verheiratet war. Die Heirat war zwischen den Familien arrangiert worden. Als Chengs private Interessengebiete wurden Musik und Theater sowie das Sammeln von asiatischer Kunst, insbesondere von Jadeschmuck und Elfenbeinschnitzereien, genannt. Auch mit asiatischen Kampftechniken hatte er sich vertraut gemacht. Er rauchte in Maßen und trank Alkohol nur in Gesellschaft. Als einzige Schwäche führte der Bericht Ning Chengs regelmäßige Besuche in den Nobelbordellen von Taipeh an. In sexueller Hinsicht wurde ihm eine sadistische Veranlagung nachgesagt. 1987 war während einer solchen Zusammenkunft ein Bordellmädchen gestorben. Offenbar hatte die Familie jeden Skandal vertuschen können, da gegen Cheng nie Anklage erhoben wurde.

„Tatsächlich", murmelte Daniel vor sich hin, „ein großes Kaliber und vermutlich bestens geschützt. Also nehme ich mir wohl zuerst Chetti Singh in Lilongwe vor . . ."

AM NÄCHSTEN Morgen fuhr Daniel ostwärts in Richtung Malawi. Als die Sonne aufging, hatte er bereits hundertfünfzig Kilometer zurückgelegt. Er fuhr fast den ganzen Tag und hielt nur an, um ein Butterbrot zu essen und zu tanken.

Erst am folgenden Morgen erreichte er die Grenze. Malawi gilt wegen seiner hohen Berge, seiner Seen und lieblichen Flüsse als die Schweiz Afrikas. Hier werden Baumwolle und Erdnüsse angebaut. Auf den ausgedehnten Hochebenen wächst eine hervorragende Teesorte.

Als Daniel in Lilongwe ankam, fiel ihm sogleich der beeindruckende Gegensatz zu anderen Hauptstädten des Kontinents auf. Die Stadt war modern und funktionell, weitläufig angelegt und erbaut mit südafrikanischer Hilfe.

Das „Capital Hotel" lag in angenehmer Nähe zum Stadtzentrum. Sobald Daniel in seinem Zimmer war, schaute er in das örtliche Telefonbuch, das er in der Nachttischschublade gefunden hatte.

Chetti Singh war offensichtlich ein bedeutender Mann in der Stadt; eine ganze Reihe von Telefonnummern war unter seinem Namen aufgeführt. Er schien seine Finger überall drin zu haben: Chetti-Singh-Fischereibetriebe, Chetti-Singh-Supermarkt, Chetti-Singh-Sägemühle, Chetti-Singh-Toyota-Niederlassung – die Liste seiner Firmen nahm die halbe Seite ein.

Nachdem Daniel sich rasiert und geduscht hatte, ging er nach unten und fragte den Empfangschef nach dem Weg zum Chetti-Singh-Supermarkt, wo er – wenn sich sonst nichts ergab – wenigstens seine Vorratskisten auffüllen konnte.

„Durch den Park." Der Empfangschef zeigte ihm die Richtung.

Mit aufgesetzter Gelassenheit schlenderte Daniel durch den Park. Ihm wurde bewußt, daß er mit seiner in London maßgeschneiderten Buschjacke, dem Seidenschal und dem verbeulten Landcruiser, auf dem das Emblem seiner Filmfirma prangte, nicht gerade der unauffälligste Besucher der Stadt war. Hoffentlich hat mich Chetti Singh bei unserer Begegnung nicht so genau angesehen, sagte er sich.

Der Chetti-Singh-Supermarkt befand sich an der Main Street in einem neuen vierstöckigen Gebäude. Die Regale waren im Überfluß mit Waren gefüllt, alle sehr preiswert, und die Kunden drängten sich in den Verkaufsräumen. In Afrika war das ungewöhnlich.

Während Daniel sich den Schlangen von Hausfrauen anschloß, die ihre Einkaufswagen durch die Gänge schoben, studierte er die Einrichtung und das Personal. Vier asiatisch aussehende Mädchen saßen an den Registrierkassen vor dem Ausgang. Sie waren schnell und tüchtig, und in ihren hellen bunten Saris sahen sie so hübsch aus wie Kolibris. Chetti Singhs Töchter, vermutete Daniel, als ihm deren Ähnlichkeit mit dem Sikh auffiel.

In der Mitte des Raumes thronte eine asiatische Dame mittleren Alters auf einem hohen Podest, von dem aus sie jeden Winkel des Ladens überblicken konnte. Sie trug ihr eisgraues Haar zu einem Zopf gebunden, und ihr Sari – in gedeckteren Farben – war mit Goldfäden gesäumt.

Das ist wohl Mama Singh, dachte Daniel. Er ließ sich Zeit bei der Auswahl der Lebensmittel, aber der turbantragende Sikh war nirgendwo zu sehen.

Schließlich verließ Mama Singh ihren Platz auf dem Podest und ging würdig durch den Laden, an dessen Ende sie eine Treppe hochstieg, die so unauffällig angebracht war, daß Daniel sie bisher nicht bemerkt hatte. Von einer einsehbaren Empore aus betrat sie einen höhergelegenen Raum, neben dessen Tür Daniel jetzt ein verspiegeltes Fenster bemerkte. Offensichtlich war es eine Spionglasscheibe. Von dem Raum aus konnte man sicher den ganzen Supermarkt überblicken, und Daniel zweifelte nicht daran, daß es sich um Chetti Singhs Büro handelte.

Er begab sich zu einem der Mädchen an den Kassen, und während sie seine Einkäufe eintippte, stellte er sich so, daß man vom Fenster an der Rückwand sein Gesicht nicht sehen konnte.

CHETTI SINGH stand am Beobachtungsfenster, als seine Frau das Büro betrat. Sie erkannte sofort, daß er beunruhigt war. Er zupfte nachdenklich an seinem Bart und hatte die Augen zusammengekniffen. „Dieser weiße Mann." Der Sikh deutete auf Daniel unten im Laden. „Ist er dir auch aufgefallen?"

„Ja." Sie trat neben ihn. „Gleich, als er hereinkam."

„Ich glaube, ich kenne ihn", sagte Chetti Singh. „Ich habe ihn kürzlich gesehen, aber es war Nacht, und ich bin mir nicht ganz sicher." Er griff nach dem Telefon auf seinem Schreibtisch und wählte kurz. Vom Fenster aus beobachtete er, wie seine zweite Tochter am Telefon neben ihrer Kasse den Hörer abnahm. „Der Mann bei dir", sagte er auf Hindi. „Bezahlt er mit Kreditkarte?"

„Ja, Vater."

„Frage ihn nach seinem Namen und wo er in der Stadt wohnt."

Chetti Singh legte auf und beobachtete, wie der Weiße seine Einkäufe bezahlte und das Geschäft schwer beladen verließ. Sobald er gegangen war, rief der Sikh wieder an.

„Er heißt Armstrong", erzählte ihm seine Tochter. „Und er wohnt im Capital Hotel."

„Gut. Laß mich schnell mit Chawe sprechen."

Unter ihm drehte sich seine Tochter auf ihrem Stuhl um und rief einen der Wachmänner herbei, die am Haupteingang postiert waren. Sie hielt ihm den Telefonhörer hin, und er nahm ihn entgegen.

„Chawe, hast du den *wazungu* erkannt, der gerade hinausgegangen ist?" fragte Chetti Singh. „Den Großen mit dem lockigen Haar?"

„Ich habe ihn gesehen", antwortete der Wachmann. „Aber ich habe ihn nicht erkannt."

Chetti Singh half ihm auf die Sprünge. „Vor drei Nächten auf der Straße bei Chirundu, kurz nachdem wir den Lastwagen beladen hatten. Der Fahrer, der anhielt und mit uns sprach."

Chawe dachte nach. „Könnte sein. Aber ich bin mir nicht sicher."

„Folge ihm, ohne daß er dich entdeckt!" befahl Chetti Singh.

Chawe kam eine halbe Stunde später mit hängendem Kopf zurück. „*Nkosi,* es ist derselbe Mann." Chawe schaute zu Boden – trotz seiner kräftigen Gestalt fürchtete er sich vor Chetti Singh. Er hatte gesehen, was mit Leuten geschah, die seinen Herrn enttäuscht hatten.

„Warum bist du dir jetzt sicher, während du vorher noch unsicher warst?"

„Das Auto, in dem er die Waren verstaut hat", erklärte Chawe. „Es ist dasselbe Fahrzeug mit dem aufgemalten Männerarm auf der Seite."

Chetti Singh nickte zustimmend. „Das hast du gut gemacht. Wo ist der Mann jetzt?"

„Er ist in dem Wagen weggefahren." Chawe sah ihn demutsvoll an. „Ich konnte ihm nicht folgen. Es tut mir leid, *nkosi.*"

„Macht nichts. Du hast das gut gemacht", wiederholte Chetti Singh. „Wer hat heute nacht Dienst im Lagerhaus?"

„Ich, *nkosi* . . ." Chawe grinste plötzlich, und seine weißen Zähne blitzten. „Und natürlich Nandi."

„Ich werde heute abend zum Lagerhaus kommen, um sicherzugehen, daß Nandi bereit ist, ihre Aufgabe zu erfüllen. Könnte sein, daß wir heute nacht Ärger bekommen. Ich will, daß alles vorbereitet ist. Bring Nandi in den kleinen Käfig. Wir dürfen keinen Fehler machen. Verstehst du, Chawe?"

„Ja, *nkosi.*" Chawe schlich aus dem Raum.

Nachdem er gegangen war, starrte Chetti Singh die geschlossene Tür lange an, bevor er wieder zum Telefon griff. Die Direktwahl einer internationalen Telefonnummer war in Afrika ein Lotteriespiel: Er mußte es ein dutzendmal versuchen, bevor er Ning Cheng in der Botschaft der Republik Taiwan in Harare erreicht hatte.

„Sie sollen mich unter dieser Nummer nicht anrufen", sagte Cheng. „Das hatten wir vereinbart."

„Es ist sehr dringend", antwortete Chetti Singh entschlossen. „Kennen Sie einen weißen Burschen namens Armstrong? Das ist der, dem Sie in Chiwewe begegnet sind. Er hat Sie auf der Straße angesprochen."

„Machen Sie sich keine Sorgen. Er weiß nichts."

„Warum ist er dann in Lilongwe aufgetaucht?" fragte Chetti Singh.

Schweigen am anderen Ende der Leitung. „In Lilongwe?" fragte Cheng schließlich.

„Ist er Ihnen etwa in derselben Nacht bei der Chirundubrücke begegnet?"

„Ja." Chetti Singh zupfte an seinem Bart. „Er hat angehalten und mich gefragt, ob ich die Kühllastwagen gesehen hätte."

„Wann war das? Nachdem wir das Elfenbein an Sie – ?"

„Vorsicht!" unterbrach ihn Chetti Singh schnell. „Ja, es war, nachdem unsere Wege sich getrennt hatten."

Cheng fiel etwas ein. „Wie lange hat Ihre Unterhaltung gedauert?"

„Eine Minute, nicht länger. Dann fuhr er südwärts nach Harare weiter. Zweifellos war er hinter Ihnen her."

„Er hat Gomo eingeholt und ihn zum Anhalten gezwungen." In Chengs Stimme schwang Schärfe mit. „Er hat den Kühllastwagen durchsucht und natürlich nichts gefunden."

„Er ist offenbar mißtrauisch geworden."

„Aber wenn er sich mit Ihnen nur kurz unterhalten hat, kann er keine Verbindung zwischen uns herstellen. Er weiß nicht einmal, wer Sie sind."

„Mein Name und meine Adresse stehen groß auf meinem Lastwagen“, sagte Chetti Singh.

Cheng schwieg wieder. „Das war unklug, mein Freund“, meinte er dann. „Sie hätten die Aufschrift verdecken sollen.“

„Es hat keinen Sinn, die Käfigtür zu verschließen, wenn der Vogel ausgeflogen ist“, bemerkte Chetti Singh.

„Wo ist das –“ Cheng brach ab. „Wo ist die Ware? Haben Sie sie verschifft?“

„Noch nicht. Sie geht morgen ab.“

„Dann werden Sie sich um Armstrong kümmern müssen, falls er zu neugierig wird.“

„Ich werde mich sehr gründlich um ihn kümmern. Und Sie? Haben Sie sich um alles gekümmert? Ihre mit Blut befleckte Kleidung? Die beiden Fahrer?“

„Ja. Die Kleidung ist verbrannt worden. Bedauerlicherweise sind Gomo und David in Unfälle verwickelt worden.“

„Haben Sie Besuch von der Polizei bekommen?“

„Reine Routine“, versicherte ihm Cheng. „Es gab keine Überraschungen. Mir gegenüber hat man Ihren Namen nicht erwähnt. Aber Sie dürfen mich nicht wieder in der Botschaft anrufen.“

Cheng legte den Hörer auf. Armstrong spionierte ihm nach – das war offensichtlich. Daher beschloß er, sofort nach Taipeh zurückzukehren. Er hätte sich nie auf das Chiwewe-Abenteuer eingelassen, wenn er im diplomatischen Dienst hätte bleiben müssen. Seine Frau und seine Familie waren bereits abgereist. Er würde ihnen folgen.

DANIEL schloß die Hecktür des Landcruisers auf und packte die Lebensmittel, die er in Chetti Singhs Supermarkt erstanden hatte, in seine Vorratskisten. Dann ging er um den Wagen herum und setzte sich ans Steuer. Während er den Motor anließ, überflog er die Liste der anderen Unternehmen des Sikh in seinem Notizbuch.

Zum Industriegebiet der Stadt mußte er sich durchfragen. Dort schien Chetti Singh ein ausgedehntes Grundstück zu besitzen. Auf einem Teil dieser Fläche hatte er, von einem Stacheldrahtzaun umgeben, seine Toyota-Niederlassung untergebracht. Mindestens hundert neue Toyota-Fahrzeuge standen auslieferbereit auf dem vorderen Teil des Geländes. Durch die offenen Vordertüren der großen Werkhalle konnte Daniel eine Gruppe Mechaniker bei der Arbeit sehen.

Daniel ließ den Landcruiser an der Reparaturannahme stehen und sprach mit einem Kfz-Meister. Unter dem Vorwand, den Landcruiser demnächst durchchecken lassen zu wollen, konnte er einen Blick in den hinteren Teil der Werkstätte und auf das Bürogebäude werfen. Ihm fiel kein Platz auf, an dem eine Ladung gestohlenen Elfenbeins hätte versteckt werden können.

Während er mit dem Meister plauderte, erfuhr er, daß sich das Sägewerk und das Lagerhaus der Chetti-Singh-Handelsgesellschaft in der nächsten Straße befanden. Beide Firmengrundstücke grenzten an die Rückseite der Kfz-Werkstatt.

Er fuhr los. Schon vom Ende der Straße aus war das Sägewerk auszumachen. Etwa zehn Eisenbahnwaggons standen auf dem privaten Bahnanschluß, jeder von ihnen hoch mit schweren Stämmen beladen. Das Kreischen der Bandsägen war im weiten Umkreis zu hören.

Daniel fuhr langsam vorbei. Schräg gegenüber dem Sägewerk standen die Lagerhallen. Sie waren von einem grünen, kunststoffbeschichteten Maschendrahtzaun umgeben, der zwischen wuchtigen Betonpfählen gespannt war und von Stacheldraht gekrönt wurde. Der Gebäudekomplex bestand aus fünf aneinandergebauten Hallen. Sie waren mit Rolltoren versehen, die ihnen das Aussehen eines Flugzeughangars verliehen. Auf einem Schild an der Einfahrt stand:

CHETTI-SINGH-HANDELSGESELLSCHAFT
ZENTRALLAGER

An der Einfahrt war eine Schranke herabgelassen, und vor dem Pförtnerhaus stand ein uniformierter Wachmann. Daniel fuhr vorüber. Als er auf der Höhe der letzten Lagerhalle war, sah er, daß das Rolltor hochgezogen war. So konnte er einen Blick ins Innere der geräumigen Halle werfen.

Plötzlich beschleunigte sich sein Puls, als er den riesigen Schwertransporter in der Mitte des Lagerhauses stehen sah. Es war das Fahrzeug, das in der Nähe der Chirundubrücke gehalten hatte. Der Hänger mit der jetzt geöffneten grünen Plane war noch immer angekuppelt. Aber Daniel konnte keinen dieser eigentümlichen Säcke mit getrocknetem Fisch erkennen.

Er fuhr zurück zum Hotel, stellte den Wagen auf dem Gästeparkplatz ab, begab sich auf sein Zimmer und nahm ein heißes Bad. Er spielte mit dem Gedanken, zur Polizei zu gehen und diese von seinem Verdacht zu unterrichten. Das wäre am vernünftigsten gewesen. Aber hatte er je das Vernünftigste getan? Außerdem war er hier in Afrika. Die Polizei würde Tage brauchen, bis sie etwas unternahm, und bis dahin hätte Mr. Singh genug Zeit, alles Elfenbein beiseite zu schaffen, das irgendwo herumliegen mochte.

Nach dem Bad zog er sich an und ging nach unten. In Ruhe aß er im Hotelrestaurant zu Abend, dann kehrte er in sein Zimmer zurück, legte sich auf das Bett und genoß das Gefühl der Erregung und Erwartung. Er schaute ständig auf seine Armbanduhr. Sie schien stehengeblieben zu sein, und er hielt sie an sein Ohr. Nein, sie lief noch. Das Warten war immer das schlimmste.

CHETTI SINGH fuhr in seinem grünen Cadillac zum Industriegebiet hinaus. Der Wagen war nicht neu. Da es der Regierung an ausländischen Luxusfahrzeugen mangelte, hatte sie ein Verbot erlassen, solche Luxusfahrzeuge zu importieren. Chetti Singh wußte, wie man dieses Verbot umging. Er nahm Kontakt zu neu akkreditierten Angehörigen des amerikanischen diplomatischen Korps auf, denen es erlaubt war, einen Neuwagen zu importieren, und bezahlte ihnen das Doppelte des Preises in Malawi-Währung. Mit diesem Betrag konnten sie während ihrer dreijährigen Dienstzeit in Malawi ein fürstliches Leben führen und weiterhin ihr Auto benutzen. Wenn sie abreisten, übernahm Chetti Singh das Fahrzeug.

Am Tor des Lagerhauses öffnete der Wachmann Chawe die Schranke, um den Cadillac passieren zu lassen. „Er war da", berichtete Chawe dem Sikh. „Um zehn nach vier ist er vorbeigefahren. Er hat in dem Wagen mit dem aufgemalten Männerarm gesessen und hereingestarrt."

„Dieser Bursche wird wirklich zur Plage." Chetti Singh runzelte verärgert die Stirn. „Los, Chawe, steig ein." Der Wachmann setzte sich hinten in den Cadillac. Er wäre nie so unverschämt gewesen, neben seinem Herrn Platz zu nehmen.

Chetti Singh fuhr langsam an der Front der Lagerhallen vorbei. Alle Rolltore wurden über Nacht verschlossen. Es gab weder eine Alarmanlage noch Scheinwerfer, die das Anwesen sicherten.

Vor zwei Jahren war es wiederholt zu Einbrüchen gekommen, die auch die Alarmanlage nicht hatte verhindern können. Voller Verzweiflung hatte der Sikh daraufhin den berühmtesten *Sangoma* der Gegend konsultiert. Für ein Honorar, das seinem Ruf angemessen war, stellte der Zauberer mit großem Zeremoniell das Lagerhaus unter den Schutz der mächtigsten und bösesten Geister und Dämonen, die er beherrschte.

Danach hatte Chetti Singh über sechs Monate Ruhe, bis eine der Banden den Mut hatte, den Zauber auf die Probe zu stellen. Die Einbrecher entkamen mit einem Dutzend Fernsehapparaten und fast vierzig Transistorradios.

Chetti Singh benachrichtigte den Zauberer und erinnerte ihn

daran, daß er ihm eine Garantie für die Wirksamkeit seiner Dienste gegeben hatte. Sie feilschten, bis Chetti Singh sich schließlich einverstanden erklärte, von ihm zu einem Vorzugspreis das absolute Abschreckungsmittel zu kaufen. Ihr Name war Nandi. Seit Nandis Ankunft hatte es nur noch einen einzigen Einbruch gegeben. Der Einbrecher war am folgenden Tag im Krankenhaus von Lilongwe gestorben. Ihm war die Kopfhaut vom Schädel gerissen worden.

Chetti Singh parkte den Cadillac an der Rückseite des Lagerhauses neben einem angebauten Schuppen. Kaum war er ausgestiegen, blähten sich seine Nasenflügel wegen des durchdringenden Geruchs, der ihm aus dem vergitterten Fenster des Anbaus entgegenschlug. Er warf Chawe einen Blick zu. „Alle Sicherheitsvorkehrungen getroffen?"

„Sie ist in dem kleinen Käfig, wie Sie befohlen haben, *nkosi.*"

Mißtrauisch spähte Chetti Singh durch das Guckloch in der Tür, bevor er sie öffnete und den Schuppen betrat. Der Raum war in Halbdunkel getaucht, das einzige Licht fiel durch das hochgelegene Fenster herein. Der Geruch war jetzt noch stärker, und plötzlich war ein wütendes Fauchen zu hören, das so bösartig klang, daß Chetti Singh unwillkürlich zurückwich.

„Mein Gott!" kicherte er, um seine Nervosität zu verbergen. „Heute haben wir aber sehr schlechte Laune."

Ein Tier bewegte sich hinter den Gitterstäben des Käfigs, ein dunkler Schatten auf leisen Pfoten, und gelbe Augen funkelten.

„Nandi." Chetti Singh lächelte. „Du Süße."

Er griff nach dem Schalter neben der Tür, und eine Neonröhre an der Decke flackerte auf und erhellte den Schuppen.

In dem Käfig wich ein Leopardenweibchen an die hintere Wand zurück – die Lefzen hatte es hochgezogen, so daß seine mächtigen Reißzähne zu sehen waren. Nandi war ein großer Waldleopard, der von der Nasen- bis zur Schwanzspitze über zwei Meter maß und gut sechzig Kilo auf die Waage brachte. Die Waldleoparden waren dunkler als die der offenen Savanne. Die pechschwarzen Rosetten auf ihrem Fell standen dicht beieinander. Ihr Schwanz krümmte sich und schlug aus wie eine Peitsche. Sie ließ den Sikh keinen Moment aus den Augen.

„Bist du wütend?" fragte Chetti Singh, und sie stieß beim Klang seiner Stimme ein bedrohliches Fauchen aus. Sie kannte ihn gut.

„Nicht wütend genug." Chetti Singh griff nach dem Stachelstock auf dem Regal neben dem Lichtschalter.

Die Raubkatze reagierte sofort. Sie wußte, wie weh die Berührung mit dem elektrischen Stock tat, und knurrte den Sikh an. Dabei rannte sie hin und her, um der Qual zu entgehen, die sie erwartete.

Der Stock wurde an einer langen Aluminiumrute befestigt. Chetti Singh schob sie zwischen den Gitterstäben durch, um die Leopardin mit der Stachelspitze zu berühren. Ihre Bewegungen wurden hektisch, als sie dem Stock auszuweichen versuchte, und Chetti Singh lachte über ihre Verrenkungen, während er sie durch den Käfig verfolgte.

Sie warf sich gegen die eisernen Gitterstäbe und riß daran mit ihren Krallen, während sie fauchend und knurrend nach dem Sikh hieb. Doch Chetti Singh hielt sie mit der langen Rute auf Abstand. Dann berührte er sie mit dem Stock seitlich am Hals. Blaue elektrische Funken zuckten, und die Leopardin brüllte vor Schmerz.

„Das genügt. Öffne die Klappe!" befahl Chetti Singh. Chawe ging zu dem Griff, mit dem man die Stahlklappe in der Käfigrückwand betätigte, und zog sie hoch. Fauchend schoß die Leopardin durch die Öffnung und verschwand im dahinterliegenden Lagerhaus.

Chawe schloß die Klappe hinter der Leopardin und folgte seinem Herrn, der in das Licht der untergehenden Sonne hinaustrat. „Du wirst im Pförtnerhaus am Haupttor bleiben!" befahl Chetti Singh dem Wachmann. „Halt dich vom Zaun fern, und versuche auch nicht, den weißen Mann am Betreten des Lagerhauses zu hindern. Wenn er sich dort einschleicht, wird es dich Nandi schnell wissen lassen . . ."

DANIEL parkte den Landcruiser in der Dunkelheit auf einer der unbebauten Flächen, dreihundert Meter vom Zaun um Chetti Singhs Zentrallager entfernt. Er stellte den Motor ab und stieg aus. Auf seiner Armbanduhr war es kurz nach eins. Daniel trug eine marineblaue Hose, eine schwarze Lederjacke und Handschuhe. Jetzt streifte er eine Skimütze aus dunkler Wolle über den Kopf, die nur Augen und Nase frei ließ, und schnallte sich eine kleine Nylontasche um. Darin befanden sich die wenigen Ausrüstungsgegenstände, die er brauchte.

Auf dem Dachgepäckträger des Landcruisers hatte er zwei Ausziehleitern aus Aluminium befestigt. Er nahm sie herab und trug sie unter einem Arm, als er sich auf den Weg zu den Lagerhallen machte. Zwischen Büschen hindurch lief er zum Zaun. Fünfzehn Meter davor legte er die Leitern ab und kroch hinter eine verrostete Autokarosserie. Er beobachtete das Lagerhaus. Der Zaun wurde nicht von Scheinwerfern angestrahlt. Das erschien ihm seltsam.

Leichtsinn oder besondere Cleverneß, fragte sich Daniel. Ein schwacher Lichtschein drang vom Pförtnerhaus am Vordertor herüber, so daß er den Zaun untersuchen konnte. Er sah sofort, daß dieser keinen Strom führte, und er konnte auch keinen Stolperdraht entdecken, der ein Alarmsystem auslöste.

Also stand seinem Eindringen nichts mehr im Weg. Die schnellste und sicherste Methode wäre gewesen, eine Drahtschere zu benutzen, aber er wollte bei seinem Besuch keine Spuren hinterlassen. Deshalb zog er die beiden Leitern in voller Länge aus, lehnte eine davon an den Betoneckpfosten und atmete auf, als kein Alarm zu hören war. Mit der zweiten Leiter in der Hand kletterte er hinauf. Auf der obersten Sprosse balancierend, um dem Stacheldraht auszuweichen, schwang er die zweite Leiter über den Zaun nach innen. Als er sie vorsichtig auf der anderen Seite hinablassen wollte, rutschte sie ihm aus der Hand.

Obwohl sie auf das Gras fiel, das den Aufprall dämpfte, hallte das Geräusch in seinen Ohren so laut wie der Knall eines Pistolenschusses. Er schwankte auf der obersten Leitersprosse, seine Nerven zum Zerreißen gespannt, und wartete auf einen Warnruf oder einen Schuß.

Nichts geschah. Nach etwa einer Minute griff er unter seine Lederjacke und holte das Schaumstoffstück hervor, das er immer als Kissen benutzte, wenn er unter freiem Himmel schlief. Es war gut drei Zentimeter dick und reichte gerade, um den obersten Stacheldraht in Körperbreite abzudecken. Er legte es sorgfältig auf den Zaun, ehe er den Draht zwischen den Stacheln fest mit seinen behandschuhten Händen umfaßte. So schwang er sich auf die andere Seite und ließ sich fallen. Drei Meter tiefer kam er auf der darunterliegenden Grasfläche auf. Er rollte sich ab, blieb geduckt hocken und lauschte wieder.

Nichts.

Rasch stellte er die zweite Leiter an die Innenseite des Zaunes, um für einen schnellen Rückzug gewappnet zu sein, und lief zur Seitenwand des Lagerhauses. Er warf einen Blick um die Ecke und kroch dann an der langen Rückwand des Lagerhauses entlang. Hier gab es keine Öffnung, abgesehen von einer Reihe von Dachfenstern in gut zehn Meter Höhe.

Vor sich machte er im Dunkel einen kleinen Schuppen aus. Dieser war an die Rückwand des Lagerhauses gebaut, und sein Dach war viel niedriger als das der Hallen. Als Daniel sich ihm näherte, nahm er einen schwachen fauligen Geruch wahr.

Der Geruch wurde stärker, als er um den Schuppen herumging, aber er dachte nicht weiter darüber nach. In dem Winkel, wo die Schuppenwand an die Wand der Lagerhalle stieß, befand sich ein Wasserrohr. Er prüfte dessen Festigkeit und kletterte dann mit Leichtigkeit daran hoch. Innerhalb von Sekunden lag er auf dem Dach des Schuppens und blickte zu der Fensterreihe in der Wand hoch, die jetzt nur noch drei Meter über ihm lag. Zwei Fensterflügel waren geöffnet.

Aus seiner Tasche holte er ein Nylonseil, in dessen Ende er ein paar

Knoten machte, damit es schwerer wurde. Dann warf er das Seilende in die Höhe. Es traf den Mittelpfosten zwischen den beiden geöffneten Fenstern und fiel wieder auf seine Schultern herab. Beim fünften Versuch gelang es ihm, das Seilende so in das eine geöffnete Fenster zu schleudern, daß es – nach einer geschickten Bewegung aus dem Handgelenk – zurückschnellte und sich wie von selbst dreimal um den Pfosten wickelte. An dem gestrafften Seil kletterte er nach oben.

Daniel erreichte das Fenster, und mit krampfartiger Anstrengung zog er sich auf das Fensterbrett hoch. Er brauchte ein paar Sekunden, um wieder ruhig zu atmen. Dann öffnete er den Reißverschluß seiner Nylontasche und holte seine Taschenlampe hervor. Er richtete den Lichtstrahl auf die Innenwand. Die Wellblechverkleidung war an einem Rahmenwerk aus Eisenwinkeln befestigt. Diese Winkel bildeten eine Leiter, an der er mit Leichtigkeit zum zehn Meter tiefer gelegenen Boden hinunterklettern konnte. Er machte sein Seil los und stieg hinab. Als er unten war, schaltete er die Taschenlampe aus.

Er duckte sich zwischen zwei Kisten und lauschte in die Stille hinein. Augenblicklich erstarrte er. Da war etwas, ein feines Geräusch, das gerade noch im Bereich seines Wahrnehmungsvermögens lag. Es verstummte.

Erneut schaltete er die Taschenlampe ein, deren Lichtschein sein Unbehagen schwinden ließ. Leise bewegte er sich den Gang zwischen den aufgestapelten Handelsgütern entlang.

Er blieb abrupt stehen und schaltete die Lampe aus. Wieder hatte er etwas wahrgenommen – kein Geräusch, dazu war es nicht deutlich, nicht laut genug. Es war eher eine Ahnung, der Verdacht, daß etwas in der Dunkelheit in seiner Nähe war. Er hielt den Atem an und wartete.

Nein. Das waren nur seine Nerven. Er bewegte sich in dem dunklen Lagerhaus weiter. Im Innern des Gebäudes gab es keine Zwischenwände, nur Eisenstreben, die das Dach stützten und die Lagerplätze voneinander trennten. Bald blieb er wieder stehen und schnüffelte: Da war er endlich, der Geruch von getrocknetem Fisch. Er ging darauf zu.

Die Säcke waren an der Hallenwand aufgetürmt. Jeder Sack trug den Stempel: TROCKENFISCH. HERGESTELLT IN MALAWI. Daniel kramte aus seiner Tasche einen Schraubenzieher. Dann machte er sich daran, den Stapel Fischsäcke zu untersuchen, indem er die Spitze des Schraubenziehers durch das Jutegewebe der Säcke stach, um festzustellen, ob sich unter den Lagen von getrocknetem Fisch irgendwelche harten Gegenstände befanden. Er arbeitete schnell, stach im Vorbeigehen fünfmal in jeden Sack.

Schließlich hielt er inne und dachte nach. Er hatte angenommen, das Elfenbein sei in den Fischsäcken verpackt. Ein Trugschluß. Wenn Ning Cheng und seine Leute das Elfenbein tatsächlich aus den Kühllastwagen in Chetti Singhs Schwertransporter umgeladen hatten, dann war ihnen sicher keine Zeit geblieben, es in Säcke umzupacken und diese während der paar Stunden zu verplomben, bis Daniel bei der Chirundubrücke Chetti Singh begegnet war. Allenfalls hatten sie das Elfenbein auf die Ladefläche legen und die Fischsäcke darauf stapeln können.

Ich Idiot! Daniel schüttelte den Kopf. Er ließ den Lichtkegel seiner Taschenlampe umherwandern, und seine Nerven waren plötzlich angespannt. Er glaubte einen Schatten zu sehen, der sich bewegte. Doch als er die Lampe ruhig hielt und starr in die Richtung blickte, erkannte er, daß es nur Einbildung gewesen war. Du wirst allmählich alt und ängstlich, schalt er sich.

Schließlich drang er weiter in die Lagerhalle vor. Er entdeckte Kartons, alle an die CHETTI-SINGH-HANDELSGESELLSCHAFT adressiert. Das war offenbar die eingegangene Ware. Er aber suchte ja nach versandfertiger Ware.

Vor sich machte er die Umrisse eines Gabelstaplers aus, der oben auf der Laderampe neben dem Haupteingang stand. Als er sich darauf zubewegte, sah er, daß auf der Gabel eine große Kiste ruhte. Daneben türmte sich ein Stapel gleichartiger Behältnisse, Teekisten aus kräftigem Sperrholz; sie nahmen fast die ganze Rampe ein.

Plötzlich spürte Daniel, wie seine Erregung wuchs: Er hatte eine Adresse entdeckt, die auf die Seite einer Kiste geschrieben war.

DER GLÜCKLICHE DRACHE
INVESTMENTGESELLSCHAFT
1555 CHUNG CHING SOUTH ROAD
TAIPEH / TAIWAN

Na, sieh mal einer an! Daniel grinste. Die Verbindung nach China!

Er ging zu dem Gabelstapler hinüber und stellte sich unter die hochgefahrene Gabel. Dann langte er nach oben, stach den Schraubenzieher in das Bodenbrett der Teekiste und brach eine Öffnung heraus, die groß genug war, um die Hand hindurchzustecken. Er stellte fest, daß die Kiste mit dicker Plastikfolie ausgeschlagen war. Mit seinem Klappmesser schnitt er ein Stück Plastikfolie heraus.

Der vertraute Geruch getrockneter Teeblätter drang ihm in die Nase. Er griff erneut in die Öffnung und wühlte mit der Hand in den gepreßten Blättern. Tee rieselte auf den Betonboden. Bald hatte er sich eine ganze Handbreit hineingegraben, ohne auf einen versteckten Gegenstand gestoßen zu sein.

Mit ein paar Schlägen des Schraubenziehers vergrößerte er das Loch, ehe er die stählerne Spitze des Werkzeugs mit aller Kraft in die Blätterschicht hieb. Er stieß auf etwas Hartes. Triumphierend schrie er auf und riß an der Sperrholzwand, bis er beide Hände in die Kiste stecken konnte. Jetzt endlich konnte er den harten Gegenstand berühren, der im Tee verborgen war. Er war rund und glatt. Mit der Spitze des Schraubenziehers bearbeitete er dessen Oberfläche, bis sich schließlich ein Splitter löste und herausfiel. Er war daumengroß.

„Jetzt habe ich euch, ihr elenden Mörder!" flüsterte er, als er den Splitter untersuchte und die unverwechselbare Maserung von Elfenbein sah.

Schnell drückte er die Plastikfetzen wieder in das Loch, um zu verhindern, daß mehr Tee auf die Rampe rieselte. Dann leuchtete er mit der Taschenlampe umher, um nachzusehen, welche weiteren Spuren er hinterlassen hatte. Und da erkannte er es ganz deutlich: Eine große, dunkle Gestalt duckte sich am Ende der Rampe und beobachtete ihn aus Augen, die im Strahl der Taschenlampe wie Opale glitzerten. Daniel wich unwillkürlich zu dem Gabelstapler zurück.

Plötzlich ertönte ein Geräusch, das ihn in höchste Alarmbereitschaft versetzte. Es war ein Fauchen, das in der dunklen Lagerhalle widerhallte und bis unter das hohe Dach drang. Er erkannte es sofort.

„Ein Leopard!" keuchte er und registrierte voll Entsetzen, in welcher Gefahr er sich befand.

Als Nachtjäger war die Großkatze ihm gegenüber im Vorteil. Die Dunkelheit machte sie mutig und aggressiv zugleich. Er schwenkte die Taschenlampe hin und her und entdeckte das Raubtier. Es war hinter ihn geschlichen und kam näher. Das war für einen Leoparden typisch: Er umkreiste seine Beute, bevor er angriff und tötete.

Als das Licht das Leopardenweibchen erfaßte, huschte es weg. Mit einem geschmeidigen Satz verschwand es hinter den Teekisten, und sein wütendes Knurren erfüllte die Dunkelheit.

Die Bestie jagt mich! Daniel wußte, daß Leoparden – anders als Löwen – längst herausgefunden hatten, wie ein aufrecht gehender Zweibeiner am besten anzugreifen ist. Der Leopard kennt die menschliche Anatomie, er weiß, wo der Kopf und die verletzbaren Innereien sitzen. Gewöhnlich springt er sein Opfer an und krallt sich mit den Vorderpranken in dessen Schultern fest, während er mit den Hinterbeinen rasche Tritte gegen den Leib ausführt, wie eine Hauskatze, die mit einem Wollknäuel spielt. Mit seinen langen Krallen schlitzt er dabei einem Menschen den Bauch auf. Gleichzeitig vergräbt der Leopard seine Reißzähne im Gesicht oder Hals seines Opfers.

Im Schutz des Gabelstaplers zog Daniel den Reißverschluß seiner Lederjacke bis zum Kinn zu, um seine Kehle zu schützen, und schob sich die Umschnalltasche als zusätzliche Polsterung vor den Bauch. Dann nahm er den Schraubenzieher in die rechte Hand und schwenkte mit der linken die Taschenlampe, um die Umkreisung durch den Leoparden verfolgen zu können.

Daniel wußte, daß er nie zu der Stelle des Lagerhauses zurückgelangen würde, an der er eingestiegen war. Die Raubkatze würde ihn anfallen, bevor er die Hälfte der Strecke hinter sich gebracht hätte. Er richtete den Lichtkegel für einen Moment zur Seite, um einen anderen Fluchtweg zu suchen.

Die Fischsäcke. Er sah die Pyramide, die an der Seitenwand aufgestapelt war und bis zu den Fenstern hochreichte. „Wenn ich nur das Oberlicht erreichen könnte", flüsterte er. Der Absprung an der Außenwand wäre zwar gefährlich, aber er hatte ja das Nylonseil, um sich zumindest ein Stück hinabzulassen. Beweg dich, ermahnte er sich, die Zeit läuft dir davon. Das Ungeheuer wird dich jeden Augenblick angreifen.

Kaum war er aus dem Schutz des Gabelstaplers hervorgetreten, brüllte der Leopard.

„Hau ab!" schrie Daniel ihn an, weil er hoffte, er würde durch den Klang der menschlichen Stimme beunruhigt werden. Das Raubtier duckte sich zur Seite und verschwand hinter einem Stapel Kisten – und Daniel machte einen Fehler.

Gerade er hätte wissen müssen, daß man einer Großkatze nie den Rücken zuwenden darf. Ein Leopard verfolgt ein fliehendes Beutetier instinktiv, genauso wie eine Hauskatze hinter einer Maus herrennt.

Daniel spurtete zu den Fischsäcken hinüber, und der Leopard schoß lautlos aus der Dunkelheit auf ihn zu. Daniel hörte ihn nicht einmal kommen. Die Bestie machte einen Satz und landete mit ihrem ganzen Gewicht auf seinem Rücken.

Daniel wurde nach vorn geschleudert. Er spürte, wie die Krallen durch seine Jacke drangen und wie ihm die Wucht des Aufpralls die Luft nahm. Augenblicklich drückte ihn der Leopard gegen den Stapel von Säcken, aber irgendwie gelang es Daniel, das Gleichgewicht zu halten. Er spürte, daß die Raubkatze auf seinem Rücken sich wie eine Feder anspannte, die Hinterbeine anzog, um ihre gefährlichen Prankenhiebe anzubringen. Entschlossen stieß er sich mit beiden Armen von den Säcken ab, warf sich nach hinten und rollte sich ein, indem er die Knie an das Kinn zog. Mit den Hinterpranken zerrte die Leopardin am Nylongurt der Tasche, ehe sie nach unten trat. Aber Daniel hatte die Beine angewinkelt, so daß die Krallen seine Oberschenkel verfehlten.

Daniel war hochgewachsen, und der Leopard geriet unter ihn. Ein zischendes Fauchen entwich der Kehle des Tieres, als Daniel schwer auf dessen Leib niedersackte. Sogleich spürte er, daß sich die Umklammerung durch die Krallen, die sich in seine Lederjacke gebohrt hatten, lockerte. Er drehte sich blitzschnell um und riß mit einer Hand eine Pranke des Tieres von seiner Schulter weg. In der anderen Hand hielt er noch immer den Schraubenzieher. Als er auf den Knien war, packte er eine dicke Hautfalte am Hals des Leoparden und schleuderte die Bestie mit aller Kraft, die ihm seine Angst verlieh, gegen die aufgestapelten Kisten.

Sie prallte wie ein Gummiball auf ihn zurück.

Beim ersten Angriff des Leoparden hatte er die Taschenlampe fallen lassen. Ihr Strahl war jetzt nach oben gerichtet und spendete gerade so viel Licht, daß Daniel sich auf den Angriff des Leoparden vorbereiten konnte.

Der Leopard hatte das Maul weit aufgerissen. Als er sich auf Daniel stürzte, versuchte er sogleich, seine Reißzähne in dessen Kehle zu schlagen. Daniel konterte, indem er den Schraubenzieher mit beiden Händen festhielt und ihn in das offene Maul des Leoparden rammte.

Einer der Vorderzähne der Bestie brach ab, doch Daniel wurde umgerissen. Auf dem Rücken liegend, hielt er den Leoparden von seinem Gesicht fern. Er spürte, wie eine Vorderpranke seine Schulter streifte, während der Leopard versuchte, dem stählernen Schraubenzieherschaft auszuweichen, den ihm Daniel noch immer tief zwischen die aufgesperrten Kiefer preßte. Augenblicklich zog Daniel den Schraubenzieher zurück und rammte ihn dann in die Nase der Raubkatze. Die Stahlspitze durchstach den Nasenknorpel des Tieres und trat am Wangenknochen wieder heraus. Die Leopardin brüllte vor Schmerz. Für einen Moment unterbrach sie ihren Angriff. Daniel rollte sich auf die Seite und schleuderte die Bestie erneut von sich. Die Wildkatze hielt sich mit einer Pfote fest, und die Krallen fuhren an Daniels Arm herunter, durchschnitten das Leder und rissen ihm den Unterarm auf. Der Schmerz trieb Daniel zur Raserei. Er trat kräftig mit dem Fuß zu und traf den Leoparden genau in dem Augenblick in den Leib, als dieser wieder zum Sprung ansetzen wollte.

Der Tritt verschaffte Daniel eine kurze Verschnaufpause. Zwischen den Fischsäcken hinter sich fand er eine Lücke, die gerade so groß war, daß er sich hineinzwängen konnte. Er schob sich rückwärts hinein. Sofort steckte der Leopard knurrend und fauchend den Kopf in den schmalen Spalt und versuchte, Daniel mit den Pranken zu erreichen.

„Los, hau ab!" zischte Daniel, mehr um sich selbst Mut zu machen als in der Hoffnung, die tobende Bestie zu vertreiben.

Der Leopard begann vor der Höhle auf und ab zu gehen, in die Daniel sich zurückgezogen hatte. Von Zeit zu Zeit verharrte das Tier, um den Kopf zu senken und ein heiseres Brüllen auszustoßen.

Daniel spürte, wie Blut an seinem Unterarm hinunterlief. Er wickelte mit einer Hand sein Taschentuch um den aufgerissenen Arm, um die Blutung zu stillen, und knotete es mit den Zähnen fest. Der Arm begann bereits zu pochen. Daniel wußte, wie gefährlich selbst der kleinste Kratzer einer Raubtierkralle war, wenn er nicht schnell behandelt wurde.

Bald würde der Tag anbrechen. Es war ein Wunder, daß das Brüllen des Tieres noch keine Aufmerksamkeit erregt hatte. Während Daniel dies dachte, wurde das Lagerhaus plötzlich von einem hellen Lichtschein erfaßt. Er war so gleißend, daß der Leopard zurückwich. Daniel hörte das schwache Rattern, mit dem eines der Rolltore aufging. Unmittelbar darauf ertönte das Motorgeräusch eines Autos, das in die Halle fuhr.

„He, Nandi!" rief jemand. „Zurück in den Käfig! Zurück! Zurück!" Daniel erkannte Chetti Singhs Stimme.

Der Leopard rannte davon und verschwand aus Daniels Blickfeld.

Chetti Singh sprach wieder. „Sperr den Leoparden in den Käfig. Schnell!" Der metallische Klang einer zuschlagenden Käfigtür war zu hören. „Kannst du den weißen Mann sehen? Sei vorsichtig. Vielleicht lebt er noch."

„Da drüben liegt eine brennende Taschenlampe. Und da bei den Fischsäcken – das sieht wie Blut aus."

Vorsichtig näherten sich Schritte. „Gib mir die Lampe!"

Plötzlich sah Daniel die Beine eines Mannes, der sich bückte und den Lichtstrahl der Taschenlampe in den dunklen Spalt richtete, in dem er hockte. „Meine Güte!" rief Chetti Singh. „Hier ist der Bursche, und er ist noch in ausgezeichneter Verfassung. Wie geht es Ihnen, Dr. Armstrong? Ich bin erfreut, endlich offiziell Ihre Bekanntschaft zu machen."

Daniel blickte stumm in den blendenden Lichtschein.

„Ihre Waffe werden Sie nicht benötigen", fuhr Singh im Plauderton fort. „Seien Sie bitte so freundlich, und reichen Sie sie mir."

Daniel machte keine Anstalten zu gehorchen.

Chetti Singh lachte. „Ich habe hier eine Jagdflinte bester englischer

Konstruktion, verehrter Doktor, sie stammt übrigens aus der Werkstatt eines gewissen Mr. Purdey. Ich bitte Sie höchst unterwürfig, meiner Bitte um Kooperation nachzukommen."

Resigniert warf ihm Daniel den Schraubenzieher entgegen.

Chetti Singh schob ihn mit einem Fußtritt beiseite.

„Sie können jetzt herauskommen, Armstrong."

Daniel kroch hinaus, seinen verletzten Arm an die Brust gepreßt.

Chetti Singh richtete das Gewehr auf seinen Bauch und gab dem uniformierten Wächter einen Befehl in der Sprache der Angoni. „Chawe, überprüf die Kisten! Sieh nach, ob er eine geöffnet hat."

Daniel erkannte den schwarzen Wachmann aus dem Supermarkt wieder. Er war ein kräftiger, bedrohlich aussehender Kerl.

Nach wenigen Schritten kniete Chawe sich hin, um eine Handvoll verschütteten Tee aufzunehmen. Schnell folgte er der Teespur zu der aufgebrochenen Kiste auf dem Gabelstapler und steckte den Arm in das Loch, das Daniel in das Sperrholz geschlagen hatte.

„Sie sind ein schlauer Bursche." Chetti Singh schüttelte in spöttischer Bewunderung den Kopf. „Genau wie Sherlock Holmes. Aber manchmal ist es nicht klug, zu schlau zu sein, verehrter Dr. Armstrong."

Daniel blickte dem Sikh in die Augen. Es waren die Augen eines Mörders.

„Chawe, wo hat der weiße Mann sein Auto abgestellt?" fragte Singh den Wachmann, ohne die Mündung des Gewehrs von Daniels Bauch abzuwenden.

„Ich glaube, er hat es an der Südseite auf dem unbebauten Grundstück geparkt."

„Hol den Wagen her!" befahl er dem Wachmann.

Singh ließ sich von Daniel die Schlüssel aushändigen und übergab sie Chawe.

Nachdem Chawe gegangen war, standen sich Daniel und Chetti Singh stumm gegenüber. Der Sikh wirkte ruhig und hielt das Gewehr fest in beiden Händen.

„Mein Arm ist schwer verletzt", sagte Daniel schließlich. „Es besteht Infektionsgefahr."

„Nein." Chetti Singh lächelte. „Bevor eine Infektion eintritt, sind Sie längst tot."

„Wenn ich sterben muß, warum befriedigen Sie nicht meine Neugier und erzählen mir von Chiwewe? Wer hat den Überfall ausgeheckt? Sie oder Ning Cheng?"

„Aber, lieber Dr. Armstrong. Ich weiß nichts von Chiwewe oder diesem Herrn Cheng. Außerdem bin ich nicht in Plauderstimmung."

„Sie haben nichts zu verlieren, wenn Sie es mir erzählen. Wem gehört die Investmentgesellschaft Glücklicher Drache?“

„Ich fürchte, Sie werden Ihre Neugier mit ins Grab nehmen müssen.“ Sie hörten den Landcruiser kommen, und Chetti Singh rührte sich. „Wenn Sie bitte zum Haupttor vorangehen würden? Aber denken Sie daran, daß die Mündung von Mr. Purdeys ausgezeichneter Feuerwaffe nur dreißig Zentimeter von Ihrer Wirbelsäule entfernt ist.“

Noch immer preßte Daniel den verletzten Arm an sich, während er sich zum Haupteingang des Lagerhauses begab. Als sie zwischen Reihen von Packkisten hinaustraten, sah er einen grünen Cadillac, der neben einem leeren Eisenbahnwaggon geparkt war. Wahrscheinlich war Chetti Singh zunächst im Cadillac sitzen geblieben, bis der Leopard in seinen Käfig zurückgekehrt war. Daniel erinnerte sich an den Schuppen an der Rückseite des Gebäudes und den fauligen Tiergeruch, den er bei seiner Ankunft bemerkt hatte. Er wußte jetzt, wo der Leopard untergebracht war.

Als sie das Haupttor erreicht hatten, bedeutete Chetti Singh Daniel stehenzubleiben. Dann glitt die schwere Tür plötzlich zur Seite und gab den Blick auf Daniels Landcruiser frei. Chawe stand draußen an dem Schaltkasten der elektrisch betriebenen Tür. Nachdem die Tür ganz geöffnet war, zog er eine Magnetkarte aus dem Schloß des Schaltkastens. Sie hing an einer kurzen Schlüsselkette, und er ließ sie in seine Tasche gleiten.

„Alles bereit“, sagte der Wachmann zu Chetti Singh.

„Du weißt, was du zu tun hast“, erwiderte der Sikh. „Es muß wie ein Unfall auf der Serpentinenstraße aussehen, klar?“ In der Annahme, daß Daniel sie nicht verstand, sprachen sie wieder Angoni. Schließlich wandte Chetti Singh seine Aufmerksamkeit Daniel zu. „Wenn Sie sich nun an das Steuer Ihres Automobils setzen würden? Chawe wird Ihnen sagen, wohin Sie zu fahren haben. Bitte gehorchen Sie ihm aufs Wort. Er schießt sehr gut.“

Daniel stieg in den Landcruiser, und Chawe setzte sich hinter ihn. Chetti Singh reichte dem Wachmann das Gewehr, der den Doppellauf fest in Daniels Nacken preßte.

Chetti Singh trat beiseite, und Daniel setzte auf Chawes Anweisung den Landcruiser zurück, wendete und steuerte auf das Pförtnerhaus zu. Im Rückspiegel sah er Chetti Singh zu dem grünen Cadillac gehen und die Tür öffnen. Dann fuhren sie vom Firmengelände.

Vom Rücksitz gab Chawe Daniel Anweisungen, denen er mit der Gewehrmündung Nachdruck verlieh. Sie fuhren durch die stillen, verlassenen Straßen der schlafenden Stadt nach Osten, auf den Njassasee und die Berge zu.

Bald wurde die Landschaft gebirgiger, und die Straße wand sich in Haarnadelkurven hangaufwärts. Es begann zu dämmern, und jenseits des Scheinwerferkegels sah Daniel die Umrisse von Bäumen. Er dachte über seine Chancen nach. Rasch verwarf er den Gedanken, Chawe im Auto anzugreifen. Der Wachmann würde ihm den Kopf wegpusten, bevor er sich überhaupt zu ihm umdrehen konnte. Er könnte versuchen, die Seitentür aufzureißen, und sich aus dem Wagen fallen lassen, aber das bedeutete, daß er die Geschwindigkeit des Landcruisers auf unter fünfzig Stundenkilometer senken mußte, um sich beim Abrollen nicht schwer zu verletzen. Vorsichtig nahm er den Fuß vom Gaspedal.

Sofort fiel Chawe die Veränderung des Motorgeräuschs auf.

„*Kawaleza!* Fahr schneller!"

Daniel schnitt eine Grimasse und gehorchte. Er beschloß abzuwarten.

Unvermittelt stieg die Straße steil an. Während sie durch eine Kurve fuhren, warf Daniel einen Blick hinab ins Tal, in dem Nebel lag. An der Steilwand stürzte ein Wildbach hinab. In der nächsten Kurve mußte er stark abbremsen.

„Halt an!" befahl Chawe scharf. „Fahr an den Straßenrand! Da drüben."

Sie befanden sich am oberen Rand eines Steilhangs. Die Straßenbegrenzung bestand aus einer Reihe weißbemalter Felsbrocken. Dahinter gähnte ein Abgrund von gut achtzig Meter Tiefe.

Daniel zog die Handbremse an und spürte, wie sein Herz gegen seinen Brustkasten pochte. Würde der Schuß gleich fallen? „Stell den Motor ab, und gib mir die Schlüssel!" befahl Chawe. „Und leg die Hände auf den Kopf!"

Er hörte, wie die hintere Tür aufging, doch zunächst verminderte sich der Druck der Gewehrmündung in seinem Nacken nicht.

Chawe rutschte seitlich von seinem Sitz und stand schließlich neben dem Wagen. „Öffne langsam deine Tür!" rief er und hielt das Gewehr vor dem Seitenfenster auf Daniels Gesicht gerichtet. Daniel gehorchte. „Jetzt steig aus!" Daniel befolgte auch diese Anweisung.

Chawe griff mit der linken Hand durch die offene hintere Tür. Daniel sah, daß er den stählernen Wagenheber auf den Rücksitz gelegt hatte. In diesem Augenblick begriff er, wie Chawe ihn beseitigen wollte. Chawe würde ihn mit dem Gewehr zum Rand des Abgrunds drängen, ihm dann mit dem Wagenheber einen Schlag auf den Kopf versetzen und ihn in die felsige Schlucht hinunterstoßen. Danach

würde er den Landcruiser über den Rand des Steilabbruchs kippen lassen – der typische Unfall eines unvorsichtigen Touristen. Doch plötzlich erkannte Daniel seine Chance.

Chawe mußte sich ein wenig vorbeugen, um nach dem Wagenheber zu greifen. Ruckartig verlagerte Daniel sein Gewicht und rammte den Oberkörper gegen die hintere Tür, so daß Chawes Arm eingeklemmt wurde. Der Schwarze brüllte vor Schmerz, als ihm die Elle brach. Sein Zeigefinger krümmte sich um den Abzug, und er feuerte einen der beiden Läufe des Jagdgewehrs ab. Der Schuß ging in die Luft.

Daniel nutzte den Überraschungseffekt und packte den Gewehrlauf mit beiden Händen. Chawe hatte die Waffe nur mit einer Hand umfaßt, aber nun lähmte ihn der Schmerz in dem gebrochenen Knochen. Er feuerte den zweiten Lauf ab, doch auch dieser Schuß verfehlte sein Ziel.

Daniel entriß Chawe die Waffe. Er hob das Gewehr hoch, drehte es um und schlug Chawe den Kolben ins Gesicht, wobei er den Kiefer seitlich mit voller Wucht traf.

Mit zerschmettertem Kieferknochen hing Chawe benommen im Türrahmen des Landcruisers, nur durch seinen eingeklemmten Arm gehalten. Daniel riß die Tür auf, die weit aufschwang und Chawe aus seiner Zwangslage befreite, jedoch in einem Augenblick, als dieser es nicht erwartete.

Chawe, der sich an der Tür festgehalten hatte, taumelte nach vorn, ruderte mit den Armen, um sein Gleichgewicht wiederzufinden. Ehe Daniel zupacken konnte, stolperte er über einen der Felsbrocken am Straßenrand und stürzte kopfüber in den Abgrund.

Daniel brauchte einen Moment, um sich zu fassen, trat dann an den Rand der Steilwand und blickte hinunter. Chawe lag mit dem Gesicht nach unten auf einem Felsen neben dem Wildbach. Seine Gliedmaßen waren ausgestreckt, und er rührte sich nicht mehr.

Daniel überlegte schnell. Sollte er den Unfall melden? Der Polizei von dem Elfenbein erzählen? Besser nicht! Ein Weißer, der in Afrika einen Schwarzen tötet, und sei es in Notwehr, bekommt Schwierigkeiten, auch in einem zivilisierten Staat wie Malawi.

Er schob das Gewehr in den Fußraum des Landcruisers und deckte es mit einem Stück Segeltuch zu. Dann suchte er die Felsen ab, bis er einen Weg nach unten fand. Er brauchte zwanzig Minuten, um zu Chawe zu gelangen. Daniel sah sofort, daß der Wachmann tot war. Schnell leerte er dessen Taschen. Er stellte fest, daß ein abgegriffener Paß Chawes einziger Ausweis war. Den mußte er loswerden. Er fand noch vier Schrotpatronen und die Magnetkarte für den Schaltkasten der elektrischen Tür des Lagerhauses. Sie konnte ihm vielleicht nützlich werden.

Daniel rollte Chawe ans Ufer des Wildbachs und schob ihn ins tosende Wasser. Er schaute zu, wie die Leiche schnell davongetragen wurde.

Als er den Steilhang wieder erstiegen und den Landcruiser erreicht hatte, brannte sein Arm wie Feuer. Er setzte sich ans Steuer und öffnete den Verbandskasten. Dann streifte er den Ärmel zurück und verzog das Gesicht, als er sah, was darunter zum Vorschein kam. Die Kratzwunden waren nicht tief, aber das umgebende Gewebe war dick geschwollen und dunkelrot angelaufen.

Er bestrich die Krallenspuren mit dicker gelber Wundsalbe und verband sie, füllte dann eine Spritze mit einem Antibiotikum und injizierte die Lösung in den linken Arm.

Es war fast acht, als er den Motor anließ und wendete, um nach Lilongwe zurückzufahren. Er wußte, daß er in der Hauptstadt nicht länger im Landcruiser mit seinem auffälligen Emblem herumfahren konnte, also steuerte er den Flughafen an, wo er den Wagen auf dem Parkplatz stehenließ. Er nahm den Waschbeutel und ein sauberes Hemd aus seiner Sporttasche und begab sich in die Herrentoilette im Flughafengebäude, um sich frisch zu machen. Sein zerrissenes, blutgetränktes Hemd und den Pullover steckte er in den Abfalleimer. Die langen Ärmel des frischen Hemdes, das er anzog, verdeckten seinen verbundenen Arm.

Dann verließ er den Waschraum und ging zu den öffentlichen Telefonzellen. Die Nummer des Polizeinotrufs stand groß an der Wand über dem Münztelefon. Er verstellte seine Stimme, indem er ein gefaltetes Taschentuch über den Hörer legte und Suaheli sprach.

„Ich möchte einen Überfall und einen Mord melden“, sagte er der Telefonistin in der Vermittlung. „Geben Sie mir ganz dringend einen leitenden Beamten.“

Es klickte in der Leitung, dann meldete sich eine tiefe Männerstimme. „Kommissar Mopola. Sie haben Informationen über einen Mord?“

„Hören Sie genau zu“, sagte Daniel, noch immer auf suaheli. „Es geht um den Überfall auf die Verwaltungsgebäude des Chiwewe-Nationalparks, bei dem mindestens acht Menschen ermordet wurden. Das gestohlene Elfenbein befindet sich in Teekisten versteckt, hier in Lilongwe, im Zentrallager der Chetti-Singh-Handelsgesellschaft. Sie sollten sich beeilen. Es wird bald abtransportiert.“

Daniel legte auf. Dann begab er sich zum Avis-Mietwagenschalter im

Flughafengebäude, wo ihm eine Angestellte einen blauen VW-Golf gab. Auf dem Parkplatz hielt er kurz neben seinem verstaubten, alten Landcruiser und lud unauffällig das in Segeltuch gewickelte Gewehr in den Kofferraum des Golf um. Auch sein Fernglas nahm er mit.

Er fuhr durch die Straßen des Geschäftszentrums zu einem Markt. Am Vormittag um halb elf drängten sich dort die Käuferscharen, die die Buden umlagerten. Zwischen abgestellten Lastwagen und Kleinbussen parkte er den blauen Golf. Der Markt befand sich auf einer Anhöhe, so daß Daniel von seinem Platz am Steuer aus das tiefer liegende Industriegebiet überblicken konnte. Mit seinem starken Fernglas beobachtete er das Geschehen rund um das Lagerhaus von Chetti Singh, das nicht einmal einen Kilometer entfernt war.

Ein ständiger Strom von Lastwagen passierte das Haupttor in beiden Richtungen; auch den großen Schwerlaster mit Anhänger erkannte Daniel wieder. Es gab keinerlei Anzeichen, daß sich die Polizei eingeschaltet hatte.

„Los, Leute! Nun macht schon!" murmelte Daniel ungeduldig. Während er dies sagte, sah er, wie sich eine Lokomotive auf dem Bahngleis dem Lagerhaus näherte. Ein Wachmann öffnete ein Tor im Zaun, und die Lokomotive rollte hindurch und wurde langsamer, als sie die offenen Rolltore des Lagerhauses erreichte. Sie verschwand aus Daniels Blickfeld, und Sekunden später hörte er das Klirren von Stahl, als Waggons angekuppelt wurden. Es dauerte eine Weile, dann fuhr die Lokomotive wieder heraus und zog drei Waggons hinter sich her, die mit schweren Planen abgedeckt waren. Daniel schaute genau hin, konnte aber nicht eindeutig feststellen, ob sich unter den Planen die Teekisten befanden.

Er setzte das Fernglas ab, hämmerte mit den Fäusten auf das Lenkrad des Volkswagens. Wo blieb denn nur die Polizei? „Es muß das Elfenbein gewesen sein", murmelte er. „Auf der Laderampe war keine andere Ware gestapelt."

Daniel startete den Golf und fuhr auf die Hauptstraße. Er gab Gas und jagte zu dem Bahnübergang hinunter, den die Lokomotive passieren mußte, um zum Güterbahnhof zu gelangen. Die roten Warnlichter blinkten, als sich die Bahnschranke vor ihm senkte und ihn zum Bremsen zwang. Kurz darauf rumpelte die Lokomotive im Schneckentempo an ihm vorüber.

Daniel ließ den Motor laufen, sprang aus dem Wagen und schlüpfte unter der Schranke durch. Der erste Waggon rollte so nah an ihm vorbei, daß er lesen konnte, was auf dem Eisenbahnfrachtbrief stand, der in einer Halterung seitlich am Waggon steckte.

EMPFÄNGER: INVESTMENTGESELLSCHAFT GLÜCKLICHER DRACHE
BESTIMMUNGSLAND: TAIWAN (ÜBER BEIRA)
FRACHT: 250 KISTEN TEE

Der letzte Zweifel war beseitigt. Daniel starrte wütend hinter dem Zug her. Jetzt entwischten sie ihm direkt vor der Nase! Der Zug würde bald die Grenze überqueren. Konnte man die Ladung am Hafen von Beira abfangen, bevor sie auf einen Dampfer verfrachtet wurde, der nach Fernost fuhr? Zwar hatte Daniel bisher über Chetti Singh nur wenig erfahren, doch war klar, daß dessen Einflußgebiet viele Länder Zentralafrikas umfaßte. Da Malawi ein reiner Binnenstaat war, hatte Chetti Singh gewiß dafür gesorgt, daß in der Hafenmeisterei von Beira und im Zoll von Moçambique Leute von ihm saßen. Hohe Beamte wurden von Chetti Singh bestochen – sie würden ihn schützen. Dennoch, so beschloß Daniel, war das Unternehmen einen Versuch wert.

Als sich die Schranke hob, ertönte hinter dem Golf ein Hupkonzert.

Daniel stieg rasch wieder ein und fuhr zum Hauptpostamt in der Stadtmitte. Wieder traf er in einer der Telefonkabinen Vorsichtsmaßnahmen: Er faßte seine Nachricht kurz, dämpfte die Stimme mit einem Taschentuch und sprach auf suaheli. „Sagen Sie Kommissar Mopola, daß das gestohlene Elfenbein um elf Uhr fünfunddreißig heute vormittag mit einem Güterzug aus dem Lagerhaus Richtung Beira abtransportiert worden ist. Es ist in einer Ladung Teekisten versteckt und geht nach Taipeh."

Bevor die Telefonistin im Polizeipräsidium nach seinem Namen fragen konnte, legte er den Hörer auf und begab sich auf die gegenüberliegende Straßenseite in einen kleinen Supermarkt. Wenn die Polizei nichts unternahm, mußte er eben die Initiative ergreifen.

Er erstand einige Päckchen Streichhölzer, eine Rolle Tesafilm, eine Schachtel Leimrollenfliegenfänger, Schlaftabletten und zwei Kilo gefrorenes Hackfleisch. Dann fuhr er zum Capital Hotel zurück.

Kaum hatte er sein Hotelzimmer betreten, stellte er fest, daß es durchsucht worden war. „Für Chetti Singh war aber nichts dabei", brummte er mit grimmiger Genugtuung. Seinen Paß und seine Reiseschecks hatte er ohnehin im Hotelsafe deponiert. „Dieser Kerl ist doch mit allen Wassern gewaschen! Mal sehen, ob wir ihm den Spaß verderben können. Aber zuerst brauche ich eine Mütze Schlaf."

Daniel wechselte den Verband an seinem Arm, gab sich eine weitere Spritze mit Antibiotikum und legte sich aufs Bett. Er schlief bis zum Abend, dann duschte er und zog sich um. Erfrischt setzte er sich an den Schreibtisch und breitete die Dinge vor sich aus, die er gekauft hatte.

Mit seinem Klappmesser schnitt er die Köpfe der Sicherheitsstreichhölzer ab, steckte sie in Einwickelpapier und verschloß es mit Klebeband. Das Päckchen war etwa faustgroß, eine wirkungsvolle kleine Brandbombe. Von den Leimrollenfliegenfängern schnitt er zwei zwölf Zentimeter lange Stücke ab. Sie waren die Zeitzünder für seine selbstgebaute Bombe. Er stach in das Päckchen mit den Streichholzköpfchen, steckte die abgeschnittenen Leimrollenstücke in die Löcher und klebte sie sorgfältig fest. Als er fertig war, ging er nach unten ins Restaurant und gönnte sich ein gutes Abendessen und eine halbe Flasche Chardonnay.

Nach dem Abendessen suchte er Chetti Singhs Privatadresse aus dem Telefonbuch heraus und fand die Straße auf dem Stadtplan, den er an der Rezeption bekommen hatte. Dann ging er zum Golf auf dem Hotelparkplatz und fuhr durch die fast verlassenen dunklen Straßen. Er kam an der erleuchteten Schaufensterfront von Chetti Singhs Supermarkt vorbei, den er umrundete. In der Gasse hinter dem Gebäude entdeckte er bei den Mülltonnen eine Menge leerer Pappkartons. Daniel lächelte zufrieden, als er hoch oben an der Wand über den Mülltonnen einen Rauchmelder sah.

Er parkte unter einer Straßenlaterne und öffnete den Plastikbeutel mit dem inzwischen aufgetauten Hackfleisch auf seinem Schoß. Mit dem Daumennagel zerbröselte er die Schlaftabletten und drückte das weiße Pulver in die Fleischmasse. Daraufhin fuhr er hinaus zu Chetti Singhs Villa in dem vornehmen Stadtteil hinter den Regierungsgebäuden. Die Villa stand auf einem riesigen Grundstück und war von Rasen umgeben. Daniel stellte den Golf in einer unbeleuchteten Seitenstraße ab, stieg aus und ging auf das Anwesen zu. Als er den Zaun erreichte, der es umgab, tauchten dahinter zwei Schäferhunde aus der Dunkelheit auf und sprangen von innen gegen den Maschendraht. Sie folgten ihm, während er auf dem Bürgersteig bis zum Tor am Beginn der Auffahrt ging. Dort bemerkte er, daß das Vorhängeschloß, mit dem das Tor gesichert war, einfach konstruiert war. In nur zwei Minuten Arbeit hätte er es mit einer Büroklammer geöffnet. Er warf eine Fleischportion über den Zaun, und einer der Hunde schnüffelte daran und verschlang sie. Dann warf er die zweite Portion dem anderen Hund zu.

Mit dem Wagen fuhr er wieder in die Stadt. Hundert Meter vom Supermarkt entfernt parkte er. Noch im Auto entzündete er die Enden der Leimrollen, die aus dem Päckchen mit den Streichholzköpfen herausragten. Er blies sanft darauf, damit sich eine Glut bildete, stieg dann aus und schlenderte durch die verlassene Gasse hinter dem Supermarkt. Ohne im Schritt innezuhalten, ließ er die Brandbombe in einen der Pappkartons neben den Mülleimern fallen. Dann kehrte er zum Wagen zurück.

Er schaute auf die Uhr. Es war zehn. Er fuhr wieder ins Regierungsviertel, hielt drei Straßen von Chetti Singhs Haus entfernt und zog schwarze Lederhandschuhe an. Unter dem Fahrersitz holte er das Gewehr hervor. Er zerlegte die Waffe in ihre drei Einzelteile und wischte sie sorgfältig ab, um alle Fingerabdrücke zu beseitigen. Nachdem er aus dem Golf gestiegen war, schob er den Doppellauf in ein Hosenbein und steckte Verschluß und Kolben unter seine Lederjacke. Er überprüfte seine Taschen, um sich zu vergewissern, daß er die Reservepatronen und Chawes Magnetkarte dabeihatte. Dann schritt er steifbeinig zum Haus des Sikh.

Als er den Zaun des Anwesens erreichte, tauchte kein Wachhund auf, und er brauchte sogar weniger als zwei Minuten, um das Vorhängeschloß am Tor zu knacken. Er ließ das Tor weit offenstehen und schlich über den Rasen.

Im Schutz einer üppig wuchernden Bougainvillea beobachtete er die Villa. Sie war im Landhausstil erbaut und hatte große, erleuchtete Panoramafenster. Zuweilen sah er die Schatten der Bewohner hinter den zugezogenen Vorhängen vorbeihuschen.

Eine Doppelgarage war an das Haus angebaut. Eines der beiden Tore war geöffnet, so daß Daniel den chromblitzenden Cadillac erkennen konnte. Chetti Singh war daheim.

Im Schatten des Hauses setzte Daniel das Gewehr zusammen und schob je eine Schrotpatrone in beide Läufe. Er drehte seine Armbanduhr so, daß er die Leuchtziffern ablesen konnte. In knapp zwanzig Minuten würde sich das Päckchen mit den Streichholzköpfen in einer grellen Stichflamme entzünden. Der Pappkartonhaufen würde unter starker Rauchentwicklung brennen, was vom Rauchmelder in wenigen Sekunden bemerkt würde.

Daniel betrat die Garage und prüfte die Türen des Cadillac. Sie waren alle verschlossen. In der Garagenwand direkt neben der Fahrerseite der Limousine befand sich eine Tür, die offensichtlich ins Haus führte. Durch diese würde Chetti Singh bald kommen, um zum Supermarkt zu fahren.

Chawes Tod war ein Unfall gewesen, aber Daniel hatte während des Bürgerkrieges auch vorsätzlich getötet. Nie hatte er dabei Freude oder Befriedigung empfunden, wie es bei manchen seiner Kameraden der Fall gewesen war. Doch jetzt war er wieder bereit zu töten, auf viel kaltblütigere Weise, denn er dachte an Johnny Nzou, an Mavis und die

Kinder. Er wußte, daß ihm die Schuldgefühle den Schlaf rauben würden, wenn alles vorüber war, aber er mußte es tun.

Irgendwo im Haus hörte er ein Telefon klingeln. Daniel verstärkte den Griff um den Kolben des Gewehrs. Eilige Schritte, dann wurde die Tür geöffnet. Chetti Singh trat heraus. Seine Schlüssel klirrten, als er nach dem Türschloß des Cadillac suchte, und er fluchte leise, weil er es nicht finden konnte. Er machte kehrt und drückte auf den Lichtschalter an der Wand.

Chetti Singh war barhäuptig. Sein langes, nie geschorenes Haar, das er zu einem Knoten geflochten hatte, war leicht ergraut. Er wandte Daniel den Rücken zu, als er einen Schlüssel in das Türschloß des Cadillac steckte.

Daniel trat hinter ihn und stieß ihm die Gewehrmündung in den Rücken. „Versuchen Sie nicht, den Helden zu spielen, Mr. Singh!"

Chetti Singh erstarrte – dann drehte er langsam den Kopf. „Ich dachte . . ."

„Hat leider nicht geklappt. Chawe hat sich ein bißchen dumm angestellt. Und jetzt begeben Sie sich langsam auf die andere Seite des Wagens."

Der Sikh trug Sandalen und nur ein dünnes Baumwollhemd über einer Khakihose. Offensichtlich hatte er sich in großer Eile angekleidet. Sie bewegten sich um den Kühler des Cadillac herum zur Beifahrerseite.

„Öffnen Sie die Tür!" befahl Daniel. „Steigen Sie ein!"

Chetti Singh setzte sich auf das glänzende Lederpolster und blickte in die Gewehrmündung, die nur Zentimeter von seinem Gesicht entfernt war.

„Rutschen Sie ganz langsam auf den Fahrersitz!"

Unbeholfen schob sich Chetti Singh über die Konsole zwischen den Sitzen und stöhnte bei der Anstrengung.

„Sehr gut, Mr. Singh." Als der Sikh hinter dem Lenkrad saß, nahm Daniel auf dem Beifahrersitz Platz. Er hatte das Gewehr auf den Schoß gelegt. Mit seiner freien Hand schloß er die Tür. „Fahren Sie los!"

Als der Scheinwerferkegel über den Rasen glitt, erfaßte er einen Schäferhund, der leblos im Gras lag.

„Meine Hunde! Meine Tochter ist vernarrt in sie."

„Sie hat mein ganzes Mitgefühl", antwortete Daniel. „Aber das Tier ist betäubt, nicht tot."

Sie fuhren auf die Straße hinaus. „Mein Geschäft . . ., mein Supermarkt in der Stadt brennt. Vermutlich ist das Ihr Werk, Dr. Armstrong. Ich habe mehrere Millionen darin investiert."

Daniel nickte. „Das Leben ist hart, Mr. Singh, aber ich nehme einmal an, die Versicherungsgesellschaft trifft das mehr als Sie. Und jetzt fahren Sie bitte zum Lagerhaus."

„Zum Lagerhaus? Zu welchem Lagerhaus?"

„Wo Sie, Chawe und ich uns heute nacht begegnet sind, Mr. Singh."

Chetti Singh bog in die vorgeschriebene Richtung ab. Er schwitzte. „Warum peinigen Sie mich auf so barbarische Weise, Dr. Armstrong?"

„Verderben Sie sich nicht Ihren Ruf durch dumme Fragen", riet ihm Daniel. „Sie wissen, warum ich das tue."

„Das Elfenbein geht Sie doch gar nichts an, oder?"

„Der Diebstahl von Elfenbein geht jeden anständigen Menschen etwas an. Aber Sie haben recht. Das ist nicht der Hauptgrund."

„Diese Sache mit Chawe. Das war nicht persönlich gemeint. Sie haben sich das selbst zuzuschreiben. Sie sollten mir keinen Vorwurf machen, weil ich mich selbst schütze. Lassen Sie uns trotzdem über Wiedergutmachung sprechen. Fünfzigtausend US-Dollar?"

„Johnny Nzou war einer meiner besten Freunde", erwiderte Daniel leise.

„Wer ist Johnny Nzou?" fragte Chetti Singh. „Sagen wir, für ihn auch fünfzigtausend. Hunderttausend US-Dollar. Die gebe ich Ihnen, und dann gehen Sie. Wir vergessen diese Torheit. Wie wär's, Dr. Armstrong?"

„Dafür ist es zu spät, Mr. Singh. Johnny Nzou war der Oberaufseher des Chiwewe-Nationalparks."

Chetti Singh atmete leise aus. „Das tut mir schrecklich leid, ich habe nicht den Befehl dazu gegeben . . ." In seiner Stimme schwang Panik mit. „Ich habe nichts damit zu tun. Es war . . ., es war der Chinese."

„Erzählen Sie mir von ihm."

„Schwören Sie, daß Sie mir dann nichts tun?"

Daniel schien darüber sehr lange nachzudenken. „Also gut", meinte er schließlich. „Wir werden zu Ihrem Lagerhaus fahren, wo wir uns ganz ungestört unterhalten können. Sie werden mir alles erzählen, was Sie über Ning Cheng wissen, und danach werde ich Sie unversehrt freilassen."

Chetti Singh starrte im schwachen Licht kurz zu Daniel hinüber. „Ich hoffe doch, Sie werden Ihr Wort halten, Dr. Armstrong?"

„Aber ja, Mr. Singh", versicherte Daniel. „Und jetzt fahren wir zum Lagerhaus."

Das Zentrallager war in Dunkelheit gehüllt. Chetti Singh hielt am Haupttor an.

„Sie müssen die Schranke von Ihrer Seite aus bedienen." Er reichte

Daniel eine plastikbeschichtete Magnetkarte, ähnlich der, die er dem toten Chawe abgenommen hatte, und ließ das elektrisch betriebene Fenster herunter.

Daniel beugte sich hinaus und steckte die Karte in den Schlitz der Steuersäule. Die Schranke hob sich, und Chetti Singh fuhr durch.

„Ihr Wachleopard erspart Ihnen sicher eine Menge Lohngelder." Daniel preßte das Gewehr gegen Chetti Singhs Rippen. „Aber ich verstehe nicht, wie Sie es geschafft haben, das Tier so bösartig zu machen. Leoparden greifen Menschen nur an, wenn sie gereizt werden."

„Das ist wahr." Chetti Singh kicherte. „Der Mann, dem ich Nandi abgekauft habe, hat mir einen Tip gegeben: In gewissen Abständen ist es nötig, der Bestie Beine zu machen. Ich benutze dazu einen Elektroschocker . . ."

„Sie quälen das Tier absichtlich, um es wütend zu machen?" fragte Daniel. Sein Tonfall verriet Verachtung.

„Ihr Engländer und eure Tierliebe! Das ist nur eine Art Training, damit das Tier tüchtiger wird. Die Verletzungen sind oberflächlich und heilen schnell."

Sie hielten vor dem Lagerhaus, und Daniel benutzte die Magnetkarte, um die Rolltür zu öffnen. Als sie hindurchgefahren waren, schloß sich die Tür hinter ihnen.

„Parken Sie dort drüben an der Laderampe!" befahl Daniel. Die grellen Scheinwerfer glitten über das Trägerwerk und die gewellte Wandverkleidung im Innern des Gebäudes. Plötzlich erfaßten sie für einen Augenblick den Leoparden. Die große Raubkatze saß auf einem aufgetürmten Kistenstapel. Sofort duckte sie sich, ihre Augen funkelten gelb, und sie verzog die Lefzen zu einem Fauchen. Dann verschwand sie hinter den Kisten aus dem Blickfeld.

„Wir können hier miteinander reden", erklärte Daniel. „Stellen Sie den Motor ab, und schalten Sie die Scheinwerfer aus." Während die Scheinwerfer erloschen, knipste Daniel die Innenbeleuchtung an. Sie saßen eine Weile schweigend da, und dann fragte Daniel ruhig: „So, Mr. Singh, wann sind Sie Ning Cheng zum erstenmal begegnet?"

„Das war vor drei Jahren. Ein gemeinsamer Freund erzählte mir, daß er an Elfenbein interessiert sei." Chetti Singh zuckte die Achseln. „Er konnte seinen Diplomatenstatus nutzen. Absolut sicherer Transport im Diplomatengepäck . . ."

„Bis auf Stücke, die zu sperrig waren", bemerkte Daniel. „Wie diese letzte Elfenbeinlieferung, die vom Überfall auf Chiwewe stammte. Wessen Idee war das, Mr. Singh?"

„Die des Botschafters!" platzte Chetti Singh heraus.

„Sie lügen. Es ist höchst unwahrscheinlich, daß er von dem Elfenbeinlagerhaus gewußt hat, ganz im Gegensatz zu Ihnen . . ."

„Also gut", gab Chetti Singh zu, „ich habe seit einigen Jahren von dem Lager gewußt, wartete nur auf eine Gelegenheit. Da erzählte mir Cheng, daß er einen großen Coup landen wolle. Seine Amtszeit war fast abgelaufen, und bei seiner Heimkehr wollte er seinen Vater beeindrucken."

„Aber die Banditen haben Sie doch rekrutiert, oder? Cheng kann das nicht gewesen sein, er verfügte nicht über die entsprechenden Kontakte."

„Ich habe den Befehl nicht gegeben, Ihren Freund zu töten." Chetti Singhs Stimme zitterte. „Ich wollte nicht, daß das geschieht."

„Sie wollten die Zeugen also am Leben lassen, damit sie ihre Geschichte der Polizei erzählen?"

„Ja . . ., nein, nein! Es war Chengs Idee. Ich halte nichts vom Töten."

„Haben Sie Chawe und mich deshalb gemeinsam in die Berge geschickt?"

„Sie haben mir keine andere Wahl gelassen, Dr. Armstrong. Bitte, das müssen Sie verstehen. Ich bin Geschäftsmann, kein Bandit."

„Nun gut. Lassen wir das einmal. Erzählen Sie mir, welche Vereinbarungen Sie mit Cheng getroffen haben. Sie haben doch gewiß Pläne für die Zukunft, nicht wahr?"

„Wir haben über gewisse Möglichkeiten gesprochen", räumte Chetti Singh ein. „Die Familie Cheng hat große Besitzungen in Afrika. Nach dieser letzten Elfenbeinlieferung wird Cheng seinen Status in der Familie verbessern. Cheng erwartet, daß sein Vater ihm die Verantwortung für die afrikanische Tochtergesellschaft der Firma Glücklicher Drache übertragen wird."

„Aber Sie spielen bei diesen Plänen doch auch eine Rolle, oder? Ihre Dienste als Experte werden gefragt sein. Das haben Sie doch sicher mit Cheng besprochen?"

„Nein!" Chetti Singh schrie auf, als sich die stählernen Flintenläufe in seine Seite gruben. „Tun Sie das bitte nicht, Dr. Armstrong. Ich leide unter hohem Blutdruck."

„Welche Vereinbarungen haben Sie mit Cheng getroffen?" hakte Daniel nach. „Wo werden Sie als nächstes zuschlagen?"

„Ubomo." Chetti Singh seufzte. „Der Glückliche Drache will sich in Ubomo niederlassen."

„Ubomo?" Überraschung schwang in Daniels Stimme mit. „Präsident Omeru?"

Die Entwicklung des unabhängigen Staates Ubomo hatte unter

einem glücklichen Stern gestanden. Wie Malawi lag Ubomo am Rand des Ostafrikanischen Grabenbruchs. Es war ein Land mit vielen Seen, hohen Bergen, Savannen und Urwäldern. Präsident Omeru war ein gütiger, patriarchalischer Herrscher. Dank seines Einsatzes war das Land schuldenfrei und nicht von Stammesfehden heimgesucht.

Daniel wußte, daß Omeru in einem kleinen, wellblechgedeckten Ziegelhaus lebte und seinen Landrover selbst fuhr. Er hatte keine Marmorpaläste, keinen riesigen schwarzen Mercedes, keinen eigenen Jet. Er war ein Symbol der Hoffnung, nicht der Typ, der mit dem Glücklichen Drachen Geschäfte machte.

„Omeru ist ein Mann von gestern", fuhr der Sikh fort. „Er ist alt und widersetzt sich Veränderungen. Daher wird er bald abtreten müssen. Dann wird ein neuer Mann in Ubomo die Macht übernehmen, jung, dynamisch . . ."

„Und gierig", ergänzte Daniel. „Und was werden Cheng und der Glückliche Drache mit alldem zu tun haben?"

„Ich kenne die Einzelheiten nicht. Ich weiß nur, daß Cheng mich gebeten hat, meine Leute in Ubomo zusammenzuziehen und mich für den Tag X bereit zu halten."

„Wann wird das sein? Dieses Jahr? Nächstes Jahr?"

„Ich weiß es nicht. Sie müssen mir glauben, Dr. Armstrong! Ich habe Ihnen nichts verschwiegen. Ich habe meinen Teil der Abmachung erfüllt. Jetzt müssen Sie Ihren Teil halten."

„Wie lautete doch gleich unsere Abmachung, Mr. Singh? Helfen Sie mir auf die Sprünge!" Daniel drückte dem Sikh unverändert die Flinte in die Seite.

„Sie wollten mich mit heiler Haut freilassen, wenn ich Ihnen alles über Cheng erzähle, was ich weiß."

„Habe ich Ihnen etwa Verletzungen zugefügt, Mr. Singh?"

„Nein, noch nicht." Chetti Singh schwitzte noch heftiger als zuvor, als er Daniels Gesichtsausdruck sah, der Entschlossenheit verriet.

Daniel langte überraschend an ihm vorbei nach dem Türgriff. Chetti Singh wurde gegen die Tür gepreßt und versuchte lediglich, dem Gewehr auszuweichen.

„Sie sind frei und können gehen, Mr. Singh", sagte Daniel leise und öffnete die Fahrertür des Cadillac. Sie flog auf, weil sich Chetti Singh mit seinem ganzen Gewicht dagegengelehnt hatte. Er landete rücklings auf dem Betonboden des Lagerhauses und war vor Schreck wie gelähmt.

Daniel schlug die Tür des Cadillac zu und verriegelte sie. Er schaltete die Scheinwerfer ein. Einen Augenblick lag Chetti Singh vor dem

Fahrzeug auf dem Boden, und Daniel starrte durch das splittersichere Glas auf ihn hinab. Irgendwo in den düsteren Tiefen des Lagerhauses brüllte der Leopard.

Chetti Singh sprang auf und warf sich gegen den Cadillac, hämmerte mit beiden Fäusten an die Windschutzscheibe. Sein Gesicht war angstverzerrt. „Das können Sie mir nicht antun! Der Leopard . . . Bitte, Dr. Armstrong!" Seine Stimme wurde durch das Glas gedämpft, doch in ihr schwang Panik mit.

Daniel betrachtete ihn leidenschaftslos und biß die Zähne zusammen.

„Alles!" kreischte Chetti Singh. „Ich werde Ihnen alles geben . . ." Er blickte entsetzt über die Schulter, als er den tödlichen Schatten sah, der ihn lautlos umkreiste. „Zurück, Nandi! Zurück! Zurück in deinen Käfig!"

Dann sah auch Daniel den Leoparden, der sich zwischen Packkisten duckte. In den Augen der Bestie spiegelte sich gelb und glitzernd das Scheinwerferlicht. Ihr Schwanz peitschte in hypnotisierendem Rhythmus vor und zurück, während sie Chetti Singh beobachtete.

„Nein!" schrie der Sikh. „Sie können mich doch nicht dieser Bestie überlassen! Bitte, Dr. Armstrong, bitte! Ich beschwöre Sie! Nandi wird mich töten! Bitte . . .!"

Daniel rutschte auf die Fahrerseite des Cadillac hinüber. Als er den Motor anließ, verlor Chetti Singh die Nerven. Er stieß sich von dem Fahrzeug weg und rannte in die finstere Lagerhalle hinein.

Daniel fuhr langsam rückwärts von der Rampe hinunter zum Tor. Er ließ den Motor und die Scheinwerfer an und stieg aus. Dann steckte er Chetti Singhs Magnetkarte in den Schaltkasten, und das schwere Tor öffnete sich rumpelnd. Er ließ die Karte stecken, senkte dann die Flinte und ging rückwärts hinaus. Dabei achtete er sorgsam darauf, keine hastige Bewegung zu machen, die den Leoparden ablenken könnte, obwohl das Tier bereits sein Opfer hatte.

Schließlich verschwand Daniel in der Nacht. Er benutzte Chawes Magnetkarte, um auf die Straße zu gelangen, schloß das Haupttor hinter sich und verfiel dann in einen leichten Trab.

Wenn man Chetti Singh am Morgen fand, würde es so aussehen, als wäre er nach dem Feueralarm aus unerfindlichen Gründen zum falschen Gebäude gefahren und dort von seinem eigenen Leoparden angefallen worden.

Als Daniel die entfernteste Ecke der Umzäunung erreicht hatte, blieb er stehen und blickte zurück. Das Licht der Scheinwerfer des Cadillac erhellte noch immer das offene Lagertor. Er sah einen dunklen, katzenähnlichen Schatten aus der Tür gleiten und über den hohen Maschendrahtzaun springen.

Daniel lächelte. Er wußte, daß das arme, gequälte Raubtier unbeirrt seiner ursprünglichen Heimat in den nebligen, bewaldeten Bergen zustreben würde. Nach alldem, was es hatte erleiden müssen, hatte es die Freiheit verdient.

Er fuhr im gemieteten Golf zum Flughafen, parkte ihn vor dem verlassenen Avis-Büro, warf den Schlüssel ein und ging dann zu seinem Landcruiser auf dem öffentlichen Parkplatz.

Die Fahrt zur sambischen Grenze dauerte drei Stunden. Er schaltete das Radio ein, um die Morgensendung von Radio Malawi zu hören, lauschte der Musik und den Nachrichten.

Kurz bevor er den Grenzposten erreichte, wurden die Sechsuhrnachrichten gesendet: „Gerade haben wir hier in Lilongwe die Meldung bekommen, daß ein prominenter malawischer Geschäftsmann von seinem eigenen Leoparden grausam zugerichtet wurde. Mr. Chetti Singh wurde ins Krankenhaus von Lilongwe gebracht, wo er sich jetzt auf der Intensivstation befindet. Wie die behandelnden Ärzte mitteilten, ist Mr. Singhs Zustand kritisch. Die näheren Umstände des Unglücks sind nicht bekannt."

Daniel schaltete das Radio aus und parkte vor der malawischen Zoll- und Paßstelle. Er erwartete Schwierigkeiten, falls Chetti Singh trotz seiner Verletzungen noch hatte sprechen können und der Polizei seinen Namen genannt hatte.

Mit einer gewissen Unruhe ging er zum Grenzposten und legte seinen Paß vor. Er hätte sich keine Sorgen zu machen brauchen. Der Staatsdiener war die Höflichkeit in Person.

GLEICH nach seiner Ankunft in Lusaka rief Daniel Michael Hargreave an, und dieser lud ihn zum Essen ein.

„Wo willst du denn jetzt hin, du Streuner?" fragte Wendy, als sie ihm die zweite Portion ihres berühmten Yorkshire-Puddings zuteilte.

„Das hängt davon ab, was Michael mir über einen gemeinsamen Bekannten namens Ning Cheng erzählen kann."

„Du jagst noch immer hinter dem Chinesen her?" fragte Michael, während er einen guten Rotwein öffnete. „Dürfen wir erfahren, worum's eigentlich geht?"

„Ich kann beweisen, daß Ning Cheng den Überfall auf das Elfenbeinlager in Chiwewe eingefädelt hat."

Michael verharrte in der Bewegung, als er sein Rotweinglas an die Lippen führen wollte. „Oje! Jetzt verstehe ich alles. Johnny Nzou war dein Freund, wie ich mich erinnere. Aber Cheng? Bist du sicher? Er ist Botschafter, kein Gangster."

„Er ist beides", widersprach Daniel. „Sein Helfershelfer war ein Sikh aus Lilongwe namens Chetti Singh."

„Chetti Singh . . . Den Namen habe ich doch kürzlich erst gehört." Michael überlegte. „Ja, heute morgen in den Nachrichten. Er wurde von seinem eigenen Leoparden angefallen, nicht wahr?" Er sah Daniel kritisch von der Seite an. „Gerade zu der Zeit, als du in Lilongwe warst. So ein Zufall! Hat das etwas damit zu tun, daß dein Arm in einem Verband steckt und du so zufrieden dreinschaust?"

„Du kennst mich und weißt, daß ich mich gebessert habe", versicherte Daniel. „So etwas Böses würde mir nicht einmal im Traum einfallen. Aber ich habe während meines kurzen Geplauders mit Chetti Singh vor diesem unseligen Zwischenfall mit dem Leoparden etwas erfahren, das auch deine Leute vom Geheimdienst interessieren könnte."

„Schieß los, Danny."

„Chetti Singh erzählte mir, daß in Ubomo ein Umsturz vorbereitet wird. Omeru soll über die Klinge springen."

„Nicht doch! Omeru ist ein hochangesehener Staatsmann. Das klappt nie. Weißt du Einzelheiten?"

„Nicht viel, fürchte ich. Ning Cheng steckt dahinter und seine Familie, aber sie werden vermutlich nicht als Hauptdarsteller auftreten. Ich glaube, sie unterstützen den geplanten Staatsstreich nur eifrig mit milden Gaben, in der Erwartung, später Rechte und Privilegien zu bekommen."

Michael nickte. „Die übliche Vorgehensweise. Wenn der neue Herrscher von Ubomo den Kuchen aufteilt, kriegt Cheng ein Stück davon. Keine Idee, wer das sein könnte?"

„Leider nein. Aber es soll bald stattfinden. Ich wette, innerhalb der nächsten Monate."

„Dann müssen wir Omeru warnen."

„Ich wäre dir sehr dankbar für eine Überprüfung von Ning Cheng, wenn du schon mal dabei bist, Mike."

„Er ist weg. Ausgeflogen. Hab erst heute morgen mit meinem Informanten in Harare gesprochen. Ich wußte natürlich, daß du dich für den Chinesen interessierst, deshalb hab ich die Frage ins Gespräch eingeflochten. Cheng hat am Freitag abend in der chinesischen Botschaft sein Abschiedsessen gegeben und ist am Samstag nach Hause geflogen."

„Verflixt und zugenäht!" rief Daniel. „Das wirft meine ganzen Pläne über den Haufen. Ich wollte nach Harare fahren, um . . ."

„Wär keine gute Idee gewesen", entgegnete Michael. „Es mag dir vielleicht gelingen, einen gewöhnlichen Bürger an seinen eigenen Leoparden zu verfüttern, aber einen Botschafter kannst du nicht einfach krankenhausreif schlagen."

„Er ist nicht mehr Botschafter", bemerkte Daniel. „Ich könnte ihm nach Taiwan folgen."

„Auch nicht gerade eine deiner besten Ideen, wenn du mir diese Formulierung gestattest. Soweit ich erfahren habe, gehört seiner Familie die halbe Insel – du würdest also in eine Falle tappen. Wenn du trotzdem entschlossen bist, den Racheengel zu spielen, dann gedulde dich. Vermutlich wird Cheng ohnehin bald wieder in Afrika sein. Ubomo ist für uns ein besseres Operationsgebiet als Taiwan, zumindest könnte ich dir da Rückendeckung geben. Wir haben ein Büro in Kahali, der Hauptstadt. Tatsächlich besteht sogar die Chance, daß –" Michael hielt inne. „Ist ein bißchen verfrüht, aber es heißt, daß ich vielleicht nach Kahali geschickt werde. Könnte mein nächster Posten sein."

Daniel starrte in sein Glas und schwenkte den Inhalt langsam, als bewunderte er das rubinrote Funkeln des Weines. Schließlich nickte er. „Du hast wie immer recht." Er grinste verlegen. „Ich hätte mich fast zu einer Dummheit hinreißen lassen. Aber ich bin sowieso knapp bei Kasse. Vermutlich hätte mein Geld nicht einmal für das Ticket nach Taipeh gereicht."

„Das hätte ich aber von dir nicht erwartet, alter Knabe. Dachte, du schwimmst nur so im Geld. All diese Millionenverträge mit dem Fernsehen."

„Ich habe mein ganzes Vermögen in diese Videokassetten gesteckt, die du für mich nach London geschickt hast. Die sind aber nichts wert, solange ich sie nicht geschnitten und bearbeitet habe. Und genau das muß ich jetzt tun. Ich würde gerne meinen Landcruiser und meine Ausrüstung wie üblich hier in Lusaka lassen, wenn's dir keine Unannehmlichkeiten macht."

„Aber überhaupt nicht, mein Lieber. In meiner Garage ist genug Platz."

Am nächsten Morgen brachte Michael Daniel im Auto zum Flughafen hinaus und wartete, bis dieser in einer Maschine der British Airways Richtung London abgeflogen war.

Am Abend des nächsten Tages klingelte das Telefon in Daniels Wohnung in Chelsea. Niemand wußte, daß er wieder in England war. Er überlegte, ob er abnehmen sollte, und entschied sich dafür erst nach dem zehnten Klingeln.

„Danny, bist du's, oder ist es dein idiotischer Anrufbeantworter? Ich weigere mich aus Prinzip, mit einem Roboter zu sprechen!"

Daniel erkannte sofort Michael Hargreaves Stimme. „Was ist los, Mike? Ist mit dir und Wendy alles in Ordnung? Wo steckst du?"

„In Lusaka. Uns beiden geht's gut, alter Knabe. Was ich von unserem Freund Omeru nicht sagen kann. Du hattest recht, Danny. Die Meldung ist gerade durchgekommen. Er ist entmachtet worden – Militärputsch. Unser Büro in Kahali hat uns gerade informiert."

„Was ist aus Omeru geworden? Wer ist der neue starke Mann?"

„Leider keine Ahnung, Danny, ist alles noch ein bißchen verworren. Kommt aber sicher bald in den BBC-Nachrichten. Ich rufe wieder an, sobald ich nähere Einzelheiten weiß."

Tatsächlich wurde die Nachricht als Kurzmeldung im Fernsehen gesendet: Der Putsch in Ubomo wurde ebenso erwähnt wie die Machtübernahme durch eine Militärjunta. Auf dem Bildschirm sah man ein Foto, das Omeru als stattlichen Endsechziger zeigte. Sein Blick wirkte offen und gefaßt. Dann folgte die Wettervorhersage, und Daniel überkam ein Gefühl der Melancholie.

Er war Victor Omeru nur einmal vor fünf Jahren begegnet, als der Präsident ihm ein Interview gewährt hatte. Sie hatten fast eine Stunde zusammen verbracht, und Daniel war von der Gewandtheit und Ausstrahlung des alten Mannes beeindruckt gewesen, noch mehr aber von Omerus Sorge für sein Volk und von seinem Einsatz für die Erhaltung der Wälder, Savannen und Seen, mit denen sein Land gesegnet war. Und jetzt war Victor Omeru von der Bildfläche verschwunden. Afrika würde nach seinem Abtritt ein Stück ärmer sein.

Daniel verbrachte den ganzen Montag in der Innenstadt und sprach mit seinem Bankier und seiner Filmagentin. Beide Unterhaltungen verliefen erfolgreich, und als er an diesem Abend um halb zehn in seine Wohnung zurückkehrte, war er in weit besserer Stimmung.

Auf dem Anrufbeantworter erwartete ihn eine Nachricht von Michael: „Oh, wie ich dieses Ding hasse! Ruf mich an, wenn du wieder da bist, Danny."

In Lusaka war es jetzt zwei Stunden später, aber er nahm Michael beim Wort. „Habe ich dich aus dem Bett geholt?" fragte er, als Michael sich meldete.

„Macht nichts, Danny. Ich hatte das Licht noch nicht ausgemacht. Nur ein paar Neuigkeiten für dich. Der neue Mann in Ubomo ist Oberst Ephrem Taffari. Zweiundvierzig Jahre alt. Hat offensichtlich in London und Budapest Wirtschaft studiert. Ansonsten weiß niemand etwas über ihn, abgesehen davon, daß er den Namen des Landes bereits in Demokratische Volksrepublik Ubomo umgeändert hat. Kein gutes Zeichen. In der Sprache afrikanischer Sozialisten bedeutet ‚demokratisch' immer ‚tyrannisch'. Es hat Berichte über Hinrichtungen von ehemaligen Regierungsmitgliedern gegeben."

„Was ist mit Omeru?" fragte Daniel.

„Er ist nicht erwähnt worden, aber man nimmt an, daß auch er an die Wand gestellt wurde."

„Gib mir Bescheid, wenn du etwas über meine Freunde Chetti Singh und Ning Cheng erfährst."

„Wird gemacht, Danny."

4

DANIEL verdrängte die Ereignisse in Ubomo aus seinen Gedanken und konzentrierte sich in der Enge des Filmstudios in London wieder ganz auf seine Arbeit. Er war derart intensiv in den kreativen Prozeß der Filmbearbeitung vertieft, daß die jüngsten Ereignisse in Afrika mit der Zeit in immer weitere Ferne rückten. Erst als ihm Johnny Nzou von einem der kleinen Bildschirme entgegenblickte und er seine Stimme hörte, schrak er auf, und das Entsetzen jener Tage kehrte zurück.

„Ich habe dich nicht vergessen, Johnny", sagte Daniel, der allein im dunklen Schneideraum saß. „Die kommen nicht ungeschoren davon, das verspreche ich dir."

Ende Februar, drei Monate nachdem er mit der Bearbeitung seiner Filme begonnen hatte, war er mit dem Rohschnitt der ersten vier Folgen der geplanten Fernsehserie fertig, die „Sterbendes Afrika" heißen sollte. Er zeigte die Videobänder seiner Agentin, Elna Markham, in dem kleinen Vorführraum des Studios.

Elna enthielt sich jeglichen Kommentars, bis das letzte Band abgespielt war. Dann stand sie auf. „Hervorragend, Armstrong, wahnsinnig gut! Deine beste Arbeit bisher. Ich will sofort vier Kopien davon."

Er lachte erleichtert. „Die Bänder kannst du nicht verkaufen, sie sind doch noch gar nicht ganz fertig."

„Tatsächlich? Dann warte mal ab."

EINE Woche später brachte Elna einen unterschriebenen Vertrag in Daniels Wohnung. „Die Redakteure des italienischen Fernsehens waren begeistert", erzählte sie ihm. „Ich habe sie um fünfundzwanzig Prozent gegenüber dem letzten Vorschuß heraufgehandelt."

„Du kannst ja hexen!" scherzte Daniel. Die Vorauszahlungen der

Italiener deckten fast die gesamten Produktionskosten der Serie. Das Pokern hatte sich für ihn bereits gelohnt. Wenn sämtliche Weltrechte verkauft waren, könnte er auf drei Millionen Dollar kommen. Er hatte sich selbst übertroffen.

„Übrigens, was ist eigentlich zwischen dir und Jock vorgefallen? Ich bekam einen sehr merkwürdigen Anruf von ihm. Er sagte, du hättest einen Aussetzer gehabt und daß ihr nicht wieder zusammenarbeiten würdet. Stimmt das?"

„Ja, aber ich will dir die Einzelheiten ersparen."

„Schade. Bei dieser Serie hat er großartige Arbeit geleistet. Hast du schon einen neuen Kameramann?"

„Nein, kennst du einen?"

Sie dachte eine Weile nach. „Könntest du dir auch vorstellen, mit einer Frau zusammenzuarbeiten?"

„Warum nicht? Wenn sie durchhält... Afrika ist ein wilder, gefährlicher Kontinent. Man braucht eine gewisse Härte, um mit den Bedingungen dort fertig zu werden."

Elna lächelte. „Die Dame, die ich im Sinn habe, ist nicht nur hart im Nehmen, sondern auch außerordentlich talentiert. Darauf gebe ich dir mein Wort. Sie hat gerade für die BBC einen Film über die Arktis und die Eskimos gedreht. Er ist ausgezeichnet."

„Den würde ich gern sehen."

Elna schickte ihm am nächsten Tag eine Kopie des Films ins Studio, aber Daniel war in den nächsten drei Monaten so sehr mit seiner Arbeit beschäftigt, daß er das Band vergaß, nachdem er es in seinen Schreibtisch gelegt hatte.

MICHAEL HARGREAVE rief wieder aus Lusaka an. „Hallo Danny. Eine gute Nachricht: Dein Freund Chetti Singh wurde aus dem Krankenhaus entlassen."

„Wirklich? Bist du sicher, Mike?"

„Hat sich bemerkenswert schnell erholt, wie mir gesagt wurde. Zwar hat man ihm einen Arm abgenommen, aber abgesehen davon ist er schon wieder dick im Geschäft. Zu Weihnachten mußt du ihm einen anderen Leoparden schenken. Der letzte war nicht besonders gut."

Daniel lachte. „Hast du was von meinem anderen Freund gehört?"

„Von dem Mann aus China? Bedauere, nein."

„Gib mir Bescheid, wenn er auftaucht. Zumindest für die nächsten zwei Monate kann ich nicht aus London weg. Hier überschlägt sich alles."

Sie verabschiedeten sich.

Daniel hatte damit nicht übertrieben. Elna hatte gerade die Serie „Sterbendes Afrika“ an einen namhaften Privatsender verkauft. Dort sollte die erste Folge zur besten Sendezeit am Sonntagabend ausgestrahlt werden, und zwar schon in sechs Wochen. „Ich werde dir zu Ehren am ersten Abend eine Premierenparty geben“, hatte Elna angekündigt.

Am Samstag vor der Party rief sie Daniel in seiner Wohnung an. „Hast du dir das Band ansehen können, das ich dir geschickt habe?“

„Welches Band?“

„Also nein!“ rief sie entrüstet. „Das Band über die Arktis, den Film, den Bonny Mahon, die Kamerafrau, gedreht hat.“

„Verflixt! Tut mir leid, Elna, ich hatte bisher keine Zeit dafür.“

„Nur damit du's weißt: Ich habe Bonny zu der Party eingeladen.“

„Ich sehe mir das Band sofort an“, versprach er.

Nachdem er aufgelegt hatte, holte er die Videokassette aus der Schreibtischschublade. Er hatte vorgehabt, sich das Band im schnellen Suchlauf anzusehen, aber schon die Eröffnungssequenz – eine Luftaufnahme des ewigen Eises im hohen Norden – fesselte ihn.

Er spielte das Band ganz ab, ehe er ein Urteil fällte. Bonny Mahon hatte gewußt, wie sie das ungewöhnliche Licht des Nordens nutzen konnte, um Stimmungen zu erzielen, die ihn übermächtig an die leuchtenden, zarten Meisterwerke des Malers Turner erinnerten. Er war gespannt darauf, die Kamerafrau kennenzulernen.

Elnas Partys waren außerordentlich beliebt. Glücklicherweise war der Maiabend mild, und die Gäste waren auf die Terrasse geströmt, von der aus man auf die Themse blickte.

Sechs Monate lang hatte Daniel wie ein Einsiedler gelebt. Es war schön, wieder unter Menschen zu sein. Er stand im Mittelpunkt und genoß die Bewunderung, die ihm die Gäste – darunter viele alte Freunde – entgegenbrachten.

Schließlich klatschte Elna in die Hände. „Leute, es ist soweit!“ Und sie ging von Zimmer zu Zimmer und schaltete ein halbes Dutzend Fernsehgeräte ein, die sie an strategisch günstigen Punkten in ihrer Wohnung verteilt hatte. Als der Vorspann von Daniels Serie lief und die Titelmusik ertönte, wurde unter den Gästen ein erwartungsvolles Raunen laut, und dann flimmerten die ersten Bilder über die Mattscheibe. Augenblicklich wurde das Wesen Afrikas lebendig, als ein einzelner Elefant, ein alter Bulle mit mächtigen Stoßzähnen, majestätisch durch die staubige Savanne schritt, während um ihn herum eine glitzernde Wolke weißer Reiher flatterte. Am Horizont hinter hohen Akazien hob sich vom Blau des Himmels der schneebedeckte Gipfel des Kilimandscharo ab.

Das angeregte Geplauder wich einer ergriffenen Stille – so sehr ließen sich die Gäste von den Bildern fesseln, die Daniel mit Jocks Hilfe eingefangen hatte. Plötzlich ein Aufschrei, als die Zuschauer miterlebten, wie die beiden alten Leitkühe der Herde vom Sambesi Hals über Kopf davonstürmten. Ihre zerfetzten Ohren flatterten, und roter Staub wirbelte unter ihren Füßen auf, bis ihr wütendes Trompeten jäh vom Krachen des Gewehrfeuers abgeschnitten wurde.

Fünfundvierzig Minuten lang führte Daniel seine Zuschauer durch den von der Ausplünderung bedrohten Kontinent. Er zeigte ihnen die überirdische Schönheit Afrikas, aber auch die Grausamkeit und Häßlichkeit, und gerade dieser Gegensatz machte seinen Film so eindringlich.

Als das letzte Bild verblaßt war, herrschte Schweigen. Dann klatschte jemand leise, und andere fielen ein, bis alle Gäste stehend applaudierten. Elna trat neben Daniel. Sie sagte nichts, sondern drückte ihm nur die Hand.

Nach einer Weile hatte Daniel das Gefühl, der Schar der Gratulanten entfliehen zu müssen. Er ging auf die Terrasse hinaus; dort stand er allein am Geländer und blickte nach unten auf die dunkle Themse. Seine Bilder von Afrika hatten ihn traurig gestimmt, was ihn verwunderte, weil er sich auf diesem Gebiet eigentlich für abgehärtet gehalten hatte. Besonders beunruhigt hatte ihn die Sequenz mit Johnny Nzou und den Elefanten. Plötzlich überkam Daniel eine heftige Sehnsucht nach Afrika. Er fühlte sich ruhelos und unzufrieden.

Jemand berührte seinen Arm. Er drehte sich um und sah eine junge Frau neben sich. Sie war fast so groß wie er und hatte dichtes, leuchtendrotes Haar, einen breiten Mund und volle Lippen. „Ich versuche schon den ganzen Abend, an Sie heranzukommen." In ihrer tiefen Stimme schwang Selbstsicherheit mit. „Gar nicht so leicht – schließlich sind Sie der Star des Abends."

Sie war nicht besonders hübsch. Ihre Haut war – offenbar verursacht durch den häufigen Aufenthalt im Freien – von Sommersprossen übersät. Im Licht der Terrasse hatten ihre Augen einen grünlichen Schimmer, und Daniel fielen ihre dichten Wimpern auf, die so kräftig waren wie Bronzedraht.

„Elna wollte mich Ihnen eigentlich vorstellen, aber dann hab ich beschlossen, nicht so lange zu warten." Sie grinste schelmisch. „Ich bin Bonny Mahon."

„Elna hat mir ein Videoband von Ihnen gegeben." Er streckte ihr die Hand entgegen und spürte ihren erstaunlich kräftigen Händedruck. Gut, dachte er, sie ist anscheinend so robust, wie Elna sie geschildert hat. Afrika würde sie nicht schrecken. „Sie haben ein Auge fürs Licht. Sie arbeiten hervorragend."

„Sie auch." Ihr Lächeln wurde breiter. „Ich würde gerne mit Ihnen zusammenarbeiten."

Sie war direkt, unaffektiert. Er mochte sie auf Anhieb.

EINIGE Kilometer nördlich des Hauses, auf dessen Terrasse Daniel und Bonny standen, hatte ein Mann namens Sir Peter Harrison die erste Folge von „Sterbendes Afrika" gesehen. Harrison, der auch „Tug" genannt wurde, war Hauptaktionär und Vorstandsvorsitzender der British Overseas Steam Ship Ltd., abgekürzt BOSS. Obwohl die Firma an der Londoner Börse immer noch als Reederei geführt wurde, hatte sie sich doch in den knapp fünfzig Jahren, seit Tug Harrison die Aktienmehrheit daran erworben hatte, völlig verändert.

Harrison war schon immer sehr hellhörig gewesen, wenn es um den Eindruck ging, den sein Unternehmen in der Öffentlichkeit machte. Außerdem hatte er ein feines Gespür für die Kursbewegungen auf den Aktienmärkten der Welt. Das war einer der Gründe für seinen enormen Erfolg.

„Die Stimmung ist grün", hatte er seinen Direktoren erst vor einem Monat gesagt. „Grasgrün. Ob wir diese neue Liebe zur Natur und Umwelt nun teilen oder nicht, wir müssen sie zur Kenntnis nehmen."

Jetzt saß er in seinem Arbeitszimmer in der dritten Etage seines prächtigen Stadthauses am Holland Park. Es war eine der angesehensten Adressen Londons. Das Arbeitszimmer war mit afrikanischem Hartholz aus BOSS-Besitzungen in Nigeria getäfelt. An der Wand hingen nur zwei Gemälde, da bereits die Struktur des Holzes ein Kunstwerk von natürlicher Schönheit darstellte. Bei dem Gemälde gegenüber dem Schreibtisch handelte es sich um eine Madonna mit Kind von Paul Gauguin, entstanden bei dessen erstem Südseeaufenthalt. Das andere Bild, das hinter dem Schreibtisch hing, war ein Picasso und zeigte – zugleich barbarisch und erotisch – einen Bullen und eine nackte Frau.

Der Büroeingang wurde von einem Paar Rhinozeroshörnern bewacht. An einem der Hörner gab es eine glänzende Stelle, die von der Berührung durch Tug Harrisons rechte Hand stammte. Jedesmal, wenn er den Raum betrat oder verließ, strich er kurz darüber. Die Hörner waren seine Glücksbringer.

Als Achtzehnjähriger war er, mittellos und hungrig, mit einem alten Gewehr und ein paar Patronen als einzigem Besitz, diesem Nashornbullen in die flirrende Wüste des Sudan gefolgt. Fünfzig Kilometer von den Ufern des Nil entfernt, hatte er den Bullen mit einem einzigen Schuß ins Gehirn erlegt. Blut aus einer zerschmetterten Arterie im Kopf des Tieres hatte eine kleine Vertiefung in den Wüstenboden gespült, und darin hatte Tug Harrison einen glasigen Stein mit Wachsglanz entdeckt, der fast seine ganze Handfläche füllte.

Dieser Diamant war der Anfang. Sein Leben nahm an dem Tag, als er das Nashorn erlegte, die entscheidende Wende. Er hatte die Hörner als Trophäen mitgenommen, und seither waren sie für ihn wertvoller als die beiden berühmten Gemälde, die seine Wände zierten.

Er regulierte die Lautstärke eines Fernsehgerätes, das hinter der Hartholztäfelung verborgen war, als die Titelmusik den Raum erfüllte. Dann erschien das Bild eines großen Elefanten und des schneebedeckten höchsten Gipfels des Kontinents, und augenblicklich fühlte sich Harrison fünfzig Jahre und Tausende von Kilometern in Zeit und Raum zurückversetzt. Er schaute zu, bis die Serienfolge zu Ende war. Dann streckte er die Hand nach der Fernbedienung aus, und der Bildschirm verdunkelte sich. Lange Zeit saß der Firmenchef schweigend da. Schließlich nahm er einen goldenen Kugelschreiber zur Hand und schrieb einen Namen auf seinen Notizblock: *Daniel Armstrong.*

DANIEL ging zu Fuß vom Filmstudio zum Holland Park. Obwohl er möglicherweise Millionär war, bedeutete das noch lange nicht, daß er bereit war, fünf Pfund für ein paar Minuten Taxifahrt zu vergeuden. Während er dahinschlenderte, dachte er über Tug Harrison nach. Er wußte, welche Macht die Firma BOSS in Afrika hatte. Harrison war Makler, Kurier, Berater, Bankier, Mittelsmann und Unterhändler. Harrisons Krakenarme reichten in jeden Winkel des afrikanischen Kontinents, von Ägypten bis zu den Ufern des Limpopo in Südafrika.

Daniel freute sich auf die Begegnung mit ihm. Als er vor der imposanten Eingangstür des Stadthauses stand, spürte er ein eigenartiges Kribbeln. Diese Vorahnung war ihm im afrikanischen Busch immer hilfreich gewesen. Sie hatte ihn oft vor gefährlichen Tieren und noch häufiger vor gefährlichen Menschen gewarnt.

Ein schwarzer Diener, der eine umhangartige weiße *kanza* und einen roten Fes trug, öffnete ihm. Daniel entlockte ihm ein Lächeln, als er ihn in fließendem Suaheli ansprach. Der Schwarze führte ihn eine breite Marmortreppe hoch. In den Nischen der Treppenabsätze standen frische Blumen. Vor der geöffneten großen Doppeltür aus rotem rhodesischem Teakholz machte der Diener einen Schritt zur Seite und verbeugte sich. Daniel betrat den Raum.

Tug Harrison erhob sich hinter seinem Schreibtisch. Er war breitschultrig und kräftig gebaut, und sein maßgeschneiderter Nadelstreifenanzug verbarg seinen Bauchansatz. Bis auf einen silbernen Haarkranz rund um den Hinterkopf war er kahl. Sein durchdringender Blick verriet einen erbarmungslos wachen Verstand.

„Armstrong!“ rief er. „Schön, daß Sie gekommen sind.“ Er streckte Daniel über den Schreibtisch die Hand entgegen und zwang ihn so, näher heranzutreten. Es war die raffinierte Geste eines Machtmenschen.

„Schön, daß Sie mich eingeladen haben.“

Sie schüttelten sich die Hand und musterten sich. Harrison winkte Daniel zu dem Ledersessel unter dem Gauguin, während er seinem Diener einen Auftrag erteilte.

„*Letta chai,* Selibi. Sie nehmen doch Tee, Armstrong?“

„Gerne.“ Daniel ließ sich eine Tasse Tee geben und sah zu den Rhinozeroshörnern an der Wand neben der Tür hinüber. „Solche Trophäen sieht man nicht oft.“

Harrison ging um seinen Schreibtisch herum zur Tür. Dort strich er über eines der Hörner, streichelte es geradezu. „Stimmt“, antwortete er. „Ich habe den alten Bullen als Achtzehnjähriger erlegt, nachdem ich ihm fünfzehn Tage lang gefolgt war.“ Er nahm die Tasse, die der Diener ihm reichte. „Danke, Selibi. Schließ die Tür, wenn du hinausgehst.“

Der Diener zog die Doppeltür zu, und Harrison kehrte an seinen Schreibtisch zurück und nippte an seinem Tee. Die zarte Porzellantasse sah in seinen klobigen Händen zerbrechlich aus. „Ich habe gestern abend Ihren Film im Fernsehen angeschaut“, erklärte er. „Eine erfrischende Abwechslung in all diesem sentimentalen und schlecht recherchierten Schrott, den wir jeden Tag zu sehen und zu hören bekommen. Sie haben den Finger auf Afrikas Wunden gelegt – Stammesfehden und Überbevölkerung, Unwissenheit und Korruption. Die Lösungen, die Sie vorgeschlagen haben, ergeben Sinn.“ Harrison nickte. „Ja, Sie haben die Probleme richtig erkannt.“

Daniel schwieg. Vorsicht! dachte er. Laß dich nicht durch Schmeicheleien einwickeln. Er schleicht um dich herum wie ein alter Löwe.

„Jemand in Ihrer Position kann die öffentliche Meinung beeinflussen“, fuhr Harrison fort. „Sie haben einen ausgezeichneten Ruf, ein internationales Publikum. Die Menschen vertrauen Ihrem Urteil. Ich würde Ihnen gerne helfen und Sie unterstützen.“

„Danke.“ Ein feines ironisches Lächeln spielte um Daniels Mund, denn er war sich sicher: Tug Harrison tat nichts ohne guten Grund.

„Wie nennen Ihre Freunde Sie? Daniel, Dan, Danny?“

„Danny.“

„Meine Freunde nennen mich Tug. Unsere Denkweise ist ähnlich, und wir teilen die Begeisterung für Afrika. Ich denke, wir sollten Freundschaft schließen, Danny."

„In Ordnung, Tug."

Harrison lächelte. „Sie haben allen Grund, mißtrauisch zu sein. Ich habe schließlich auch einen gewissen Ruf. Aber man sollte einen Mann nicht immer nach seinem Ruf beurteilen."

„Das ist wahr." Daniel erwiderte Harrisons Lächeln. „Aber erzählen Sie mir doch jetzt, was Sie von mir wollen."

„Sie und ich, wir beide lieben Afrika. Ich finde, es ist unsere Pflicht, das Schlechte dort zu bekämpfen. Ich kann etwas tun, um die wachsende Armut in einigen Teilen des Kontinents durch Investitionen und Beratung zu mildern. Sie, mit Ihren besonderen Talenten, können hier in Europa etwas gegen die Unkenntnis unternehmen, die im Hinblick auf Afrika besteht. Sie können Licht in die nebulösen Vorstellungen der Salonplauderer und der Tierschützer bringen, die in Wirklichkeit die Elemente der Natur bedrohen, die sie zu schützen glauben."

Daniel nickte nachdenklich. „Im Prinzip ist alles sehr logisch, was Sie sagen, aber könnten Sie vielleicht etwas deutlicher werden, Tug?"

„Gerne", meinte Harrison. „Sicher kennen Sie ein Land namens Ubomo."

Daniel spürte, wie es in seinem Nacken kribbelte, und er brauchte einen Augenblick, um sich zu fassen. „Ubomo, das Land der roten Erde? Ja, ich bin dort gewesen, obwohl ich nicht behaupten kann, Experte für diesen Teil von Afrika zu sein."

„Seit seiner Unabhängigkeit von Großbritannien in den sechziger Jahren hat man wenig von dem Staat gehört." Harrison zuckte die Achseln. „Ubomo schien Privatbesitz eines arroganten alten Diktators zu sein, der sich gegen den Fortschritt stemmte."

„Victor Omeru", sagte Daniel. „Ich bin ihm einmal begegnet, aber das ist Jahre her."

„Er widersetzte sich aus Prinzip jeder Veränderung, um so die traditionellen Gebräuche zu bewahren." Harrison schüttelte den Kopf. „Aber das ist ja inzwischen Geschichte. Omeru ist weg, und jetzt lenkt ein dynamischer junger Mann die Geschicke des Landes. Präsident Ephrem Taffari will sein Volk ins zwanzigste Jahrhundert führen. Ubomo verfügt über einen großen natürlichen Reichtum, vor allem Holz und Mineralien. Zwanzig Jahre lang habe ich Omeru davon zu überzeugen versucht, daß diese Schätze zum Wohle seines Volkes genutzt werden sollten. Er hat sich unnachgiebig dagegen gewehrt."

„Ja, er war stur", stimmte Daniel zu. „Aber ich habe ihn gemocht."

„O ja, er war ein liebenswerter alter Kauz. Aber sein Land hätte längst erschlossen gehört. Um diese Entwicklung entscheidend voranzutreiben, habe ich die Konzession für ein internationales Konsortium erworben, bei dem BOSS federführend ist."

„Das klingt aber nicht so, als brauchten Sie mich. Außer, Sie stoßen mit Ihren Plänen, die Bodenschätze Ubomos zu erschließen, auf Widerstand. Wollen Sie mir das damit sagen, Tug?"

Harrison neigte den Kopf. „Sie sind sehr direkt, junger Mann, aber das hätte ich wissen müssen. Nun, während Omerus Präsidentschaft arbeitete eine Wissenschaftlerin in Ubomo", fuhr er fort, „die mit dem alten Mann eine enge freundschaftliche Beziehung unterhielt. Omeru gewährte ihr alle möglichen Privilegien, die er anderen Journalisten und Forschern verwehrte. Diese Dame veröffentlichte ein Buch über die Waldmenschen von Ubomo. Früher hätte ich ja Pygmäen dazu gesagt, aber dieser Begriff ist heutzutage aus der Mode gekommen. Der Titel war . . ."

„‚Die Menschen der großen Bäume'", ergänzte Daniel. „Ja, ich habe das Buch gelesen. Die Autorin heißt Kelly Kinnear."

„Kennen Sie sie?" fragte Harrison.

„Nein." Daniel schüttelte den Kopf. „Aber ich würde sie gerne kennenlernen. Sie schreibt gut."

„Sie ist eine Unruhestifterin", wandte Harrison schroff ein. „Als Präsident Taffari an die Macht kam, rief er diese Frau sogleich zu sich. Er erklärte ihr die Pläne, wie er das Land zu erschließen gedachte, und bat sie um ihre Unterstützung. Das Treffen verlief erfolglos. Kelly Kinnear lehnte – offenbar aus einer völlig sinnlosen Loyalität gegenüber dem alten Präsidenten Omeru heraus – Taffaris Freundschaftsangebot ab. Dann ging sie sogar in die Offensive und beschuldigte Taffari öffentlich der Menschenrechtsverletzung. Sie warf ihm auch vor, die Bodenschätze des Landes durch unkontrollierten Abbau zu plündern." Harrison hob in einer hilflosen Geste die Hände. „Taffari blieb keine andere Wahl, als Miß Kinnear des Landes zu verweisen. Wie Sie wahrscheinlich wissen, ist sie britische Staatsangehörige und befindet sich wieder in England. Aber sie hat aus ihren Fehlern nichts gelernt, denn sie setzt ihre Kampagne gegen die Regierung von Ubomo von hier aus fort."

„BOSS hat doch sicher nichts von einer derartigen Person zu befürchten?" erkundigte sich Daniel behutsam.

Harrison bedachte ihn mit einem strafenden Blick. „Unglücklicherweise schreibt die Frau sehr kritisch und" – er zögerte – „dazu noch gut. Sie hat es geschafft, sich die Unterstützung der Grünen in diesem Land und auf dem Kontinent zu sichern. Sie haben recht: BOSS hat von ihr nichts zu befürchten, aber seit sie von unserem Engagement in Ubomo erfahren hat, machen sie und ihre Anhänger uns das Leben schwer. Ich muß dem Aufsichtsrat Rede und Antwort stehen, außerdem findet in Kürze die jährliche Aktionärsversammlung statt. Und wie ich gerade erfahren habe, hat diese Frau ein kleines Aktienpaket erstanden, was ihr das Recht zum Besuch der Versammlung gibt und ihr sogar Redezeit einräumt. Sie können sicher sein, daß sie dafür sorgt, daß die radikale Presse anwesend ist, und sie wird bei der Gelegenheit einen Riesenzirkus veranstalten."

„Unangenehm, Tug." Daniel nickte und unterdrückte ein Lächeln. „Wie kann ich Ihnen helfen?"

„Ihr Einfluß in der Öffentlichkeit und in wissenschaftlichen Kreisen ist weit größer als der Kelly Kinnears. Ich möchte Ihnen vorschlagen, nach Ubomo zu reisen und eine Dokumentation zu drehen, in der die Fakten dargestellt werden, die Kinnears Ansichten widerlegen. Das Fernsehen ist ein viel mächtigeres Medium als das gedruckte Wort, und ich könnte Ihnen beste Sendezeiten garantieren."

Daniel spürte den Drang, seine Wut laut hinauszuschreien. Glaubte dieser Mann tatsächlich, er sei käuflich?

„Ich sichere Ihnen zu, daß Sie die volle Unterstützung von Präsident Taffari und seiner Regierung bekommen. Man würde Sie mit allem versorgen, was Sie brauchen. Sie könnten sich überall frei bewegen, selbst in den abgeschiedensten Gebieten der Urwaldreservate."

„Was ist aus Omeru geworden?" fragte Daniel, wobei er sich vorbeugte.

„Wieso fragen Sie? Heißt das, daß Sie meinem Vorschlag ablehnend gegenüberstehen?"

Daniel verneinte. „Aber ich muß schließlich wissen, worauf ich mich da einlasse. Ich bin Geschäftsmann wie Sie, Tug, und brauche Fakten, keine Schönfärberei. Das verstehen Sie doch sicher, oder?"

„In Ordnung." Harrison entspannte sich. „Omeru war ein störrischer alter Mann. Taffari hatte keine andere Wahl, als ihn unter Hausarrest zu stellen. Dort starb er an einem Herzanfall. Taffari hat Omerus Tod bisher noch nicht bekanntgegeben."

„Klingt ganz nach einer Hinrichtung ohne Prozeß." Daniel empfand Bedauern für den alten Präsidenten.

„So könnte es aussehen", stimmte Harrison zu, „wenngleich mir von Taffari versichert wurde, daß dies nicht der Fall war."

„Also gut, ich akzeptiere das", erklärte Daniel. „Aber was ist mit den Kosten für diese Produktion? Sie wird nicht billig sein. Grob geschätzt, dürften die Kosten bei zwei, drei Millionen liegen. Wer bezahlt das? BOSS?"

„Nein, denn das würde Ihre Produktion ja wie einen schlichten PR-Film aussehen lassen. Ein Unternehmen aus Fernost wird das Geld bereitstellen. Obwohl es zum Konsortium gehört, steht es nicht direkt mit BOSS in Verbindung. Dieser Firma gehört eine Filmgesellschaft in Hongkong, die als Deckmantel benutzt werden könnte."

„Wie heißt diese chinesische Firma? Und wo sitzt sie?"

„Es ist ein Unternehmen aus Taiwan. Die Gesellschaft ist nicht sehr bekannt, aber vermögend und einflußreich. Sie heißt ‚Der glückliche Drache'."

Daniel verschlug es einen Augenblick die Sprache. Ning Chengs Schicksal schien mit dem seinen durch die Ermordung von Johnny Nzou auf seltsame Weise verknüpft zu sein. Er wußte, daß er sein Spiel bis zum Ende durchspielen mußte.

„Beunruhigt Sie etwas, Danny?" fragte Harrison besorgt.

„Nein. Ich habe nur über Ihren Vorschlag nachgedacht. Im Prinzip stimme ich dem zu." Er faßte sich. „Das hängt natürlich vom Vertrag ab. Wir haben einiges auszuhandeln."

„Ich bin sicher, daß wir uns über alle Einzelheiten einigen werden." Harrison lächelte. „Bitten Sie Ihre Agentin, mich so schnell wie möglich anzurufen."

„WISSEN Sie, Bonny, es wäre viel leichter, wenn Sie einen Agenten hätten", sagte Daniel ernst zu der Kamerafrau. „Mir macht es keinen Spaß, mit Ihnen zu feilschen. Ich glaube, ein Künstler sollte kreativ sein und nicht sein Talent mit der Prüfung des Kleingedruckten eines Vertrages vergeuden."

„Ich verschenke doch nicht zwanzig Prozent meines sauer verdienten Geldes an einen Mittelsmann! Außerdem kann es eine sehr kreative Tätigkeit sein, einen Arbeitsvertrag aufzusetzen." Sie saß auf dem Ledersofa in seiner Wohnung, streifte die Schuhe ab, kreuzte ihre langen Beine und lehnte sich zurück. „Reden wir übers Geschäft."

„Gut", meinte er mit Resignation in der Stimme. „Wir arbeiten, immer wenn Arbeit anfällt und so lange wie nötig. Wir gehen dahin, wohin ich will, und wir verpflegen uns selbst. Keine Fünfsterneunterkünfte."

„Das klingt nach zweitausend die Woche", sagte sie mit süßem Lächeln.

„Dollar?"

„Pfund."

„Das ist viel. Das kriege ich ja nicht mal selbst!"

„Nein, aber für Sie fallen zwanzig Prozent vom Gewinn ab, während ich mich mit lausigen fünf Prozent zufriedengeben muß."

„Fünf Prozent vom Gewinn zu den zweitausend pro Woche?" Daniel schaute entsetzt drein. „Das soll ein Scherz sein!"

„Ein Scherz? Sehen Sie mich etwa lachen?"

„Passen Sie auf: Sagen wir zwölfhundert die Woche, und vergessen wir die Prozente."

„Hörte ich Sie gerade siebzehnhundertfünfzig und vier Prozent sagen?"

„Ich sagte fünfzehnhundert und anderthalb Prozent."

„Zwei Prozent", verbesserte sie ihn.

Sie brauchten fast drei Stunden, um die Konditionen auszuhandeln, und am Ende hatte er großen Respekt vor ihr.

„Danny, wir werden sechs Monate miteinander im Urwald verbringen", erklärte sie schließlich. „Sollten wir uns da nicht besser duzen?"

„Warum nicht?" antwortete er, und sie besiegelten die Vertragsunterzeichnung per Handschlag.

DIE KONZERNZENTRALE von BOSS befand sich im Londoner Stadtteil Blackfriars. Der Chef der PR-Abteilung erwartete Daniel und Bonny am Empfang in einem dreiteiligen dunklen Anzug. „Guten Tag, mein Name ist Pickering", begrüßte er sie. „Sie müssen Dr. Armstrong und Miß Mahon sein." Er musterte Bonny rasch vom flammendroten Haar bis zu den Sohlen ihrer Cowboystiefel. „Ich soll Sie über Ubomo informieren."

Pickering führte sie in einen Konferenzraum. Vor einem Ecktisch mit Snacks und Erfrischungen standen zwei Männer. Pickering stellte sie vor. „Das ist George Anderson, einer unserer leitenden Geologen. Er ist für die Erschließung der Mineralvorkommen verantwortlich. Und dies ist Sidney Green, zuständig für die Koordination von Holznutzungsrechten in Ubomo. Darf ich Ihnen einen Sherry anbieten?"

Pickering ließ ihnen zehn Minuten Zeit für ihren Drink und ein paar Snacks und geleitete sie dann zu den Sesseln an dem Konferenztisch aus Walnußholz. „Ich habe Anweisungen, ein völlig offenes und freies Informationsgespräch zu führen", begann er. „Sie können jede Frage stellen, Dr. Armstrong, und wir werden unser Bestes tun, um sie zu beantworten. Die Konzessionen von BOSS fallen in vier Kategorien. Zuerst sind da die Erz- und Mineralvorkommen. Zweitens die Entwicklung von Forst- und Landwirtschaft. Drittens die Projekte für Fischereiwesen und Wasserbau, und schließlich Hotels und Fremdenverkehr. Wir hoffen, daß die Entwicklung all dieser Ressourcen schließlich dazu führt, daß Ubomo zu einem der wohlhabendsten Länder des afrikanischen Kontinents wird."

Pickering schaltete ein Projektionsgerät ein, und die Landkarte von Ubomo erschien auf der weißen Tafel an der gegenüberliegenden Wand.

„Die Demokratische Volksrepublik Ubomo", fuhr er fort, „liegt im Bereich des Großen Grabenbruchs im östlichen Zentralafrika." Pickering zeigte die Grenzen und nannte die wichtigsten Merkmale. „Kahali, die Hauptstadt, befindet sich am Ufer eines Sees am Fuß der Ruwenzorikette oder der Mondberge, wie sie von etwas romantischer veranlagten Menschen auch genannt werden. Die Gesamtbevölkerung des Landes wird auf vier Millionen geschätzt. Der größte Stamm sind die Uhali. Der neue Präsident Taffari und die meisten führenden Militärs gehören jedoch dem Stamm der Hita an. Insgesamt gibt es elf Stämme in Ubomo, darunter auch die Bambuti, gemeinhin als Pygmäen bekannt. Ungefähr fünfundzwanzigtausend dieser Zwergmenschen leben in den nördlichen Äquatorialregenwäldern des Landes. Hier befinden sich die großen Minerallagerstätten von BOSS."

Pickering hatte seine Informationen sorgfältig vorbereitet und trug sie lebendig und interessant vor. Allerdings hatte er wenig zu sagen, was Daniel noch nicht wußte. Als der PR-Chef fertig war, zeigte ihnen Sidney Green die Pläne der Architekten für Hotelanlagen und Spielkasinos, die am Seeufer errichtet werden sollten. „Wir rechnen mit etwa einer halben Million Besucher im Jahr."

Nun kam Green auf die landwirtschaftlichen Vorhaben zu sprechen. „In den tieferliegenden Savannen, die die Osthälfte des Landes bedecken, verhindert die Tsetsefliege die Nutzung erstklassigen Weidelandes. In Zusammenarbeit mit der Regierung werden wir daher eine Schädlingsbekämpfungsaktion aus der Luft durchführen, um dieses gefährliche Insekt auszurotten. Danach kann man die Fleischproduktion zu einem bedeutenden Wirtschaftszweig ausbauen."

„Aus der Luft?" wiederholte Daniel. „Welche Schädlingsbekämpfungsmittel sollen benutzt werden?"

„Ich freue mich, sagen zu können, daß BOSS mehrere tausend Tonnen Selfrin zu einem sehr günstigen Preis erworben hat."

„Hat der sehr günstige Preis vielleicht etwas mit der Tatsache zu tun, daß Selfrin in den Vereinigten Staaten und den EG-Ländern verboten worden ist?"

„Ich versichere Ihnen, Dr. Armstrong", – Green lächelte nachsichtig – „daß die Benutzung von Selfrin in Ubomo nicht verboten ist."

„Schön." Daniel erwiderte sein Lächeln. Er kannte Selfrin von den Sümpfen des Okavangodeltas und dem Sambesital her. Dort hatte das Mittel zur Vernichtung ganzer Insektenarten sowie von Vögeln und kleinen Säugetieren geführt, die sich von Insekten ernährten. „Solange das legal ist, kann ja niemand Einwände dagegen haben, nicht wahr?"

„Völlig richtig, Dr. Armstrong." Sidney Green wechselte das Bild auf der Leinwand. „Die Gebiete der Savanne, die für die Viehzucht ungeeignet sind, werden mit Baumwolle und Zuckerrohr bepflanzt. Die Sümpfe und Feuchtgebiete im Norden werden trockengelegt – aber das sind natürlich Langzeitprojekte. Auf Anhieb dagegen wird sich das Fällen von Bäumen in den holzreichen Wäldern des westlichen Berglandes lohnen. Auch der Erzabbau bringt sofort Gewinn. Aber auf diesem Gebiet ist unser leitender Geologe George Anderson der Experte."

„Die einzigen interessanten Mineralvorkommen, die bisher in Ubomo entdeckt wurden, liegen in einem Waldgebiet im Nordwesten des Landes", führte Anderson mit versteinerter Miene aus, wobei er den Zeigestock in Nordrichtung über die Karte bewegte. „Der Waldboden besteht vornehmlich aus ausgelaugten Lateriten, aus Roterde also, die dem Ubomofluß seinen Namen gegeben hat: Roter Fluß. Glücklicherweise sind diese Schichten dünn, im allgemeinen keine fünfzehn Meter stark, und darunter liegt eine gefaltete vorkambrische Formation." Er lächelte müde. „Ich möchte Sie nicht mit geologischen Einzelheiten langweilen, aber diese Formation enthält beachtliche Mengen der seltenen Erde Monazit sowie erhebliche Platinlagerstätten in den oberen Schichten. Diese Lagerungen sind einzigartig, obwohl das Edelmetall nur in geringer Konzentration vorkommt. Die Ausbeutung wird dennoch lukrativ sein, vor allem weil ihre Profitabilität durch den wertvollen Baumbestand vergrößert wird, der im Zuge der Freilegung der Erzlagerstätten gerodet werden muß –"

„Verzeihen Sie, Mr. Anderson", unterbrach ihn Daniel. „Beabsichtigen Sie, die Bodenschätze am Ubomofluß im Tagebau zu schürfen?"

George Anderson verzog das Gesicht, als hätte er plötzlich einen Magenkrampf bekommen. „Dr. Armstrong, so wie Sie das Wort aussprechen, klingt es mir zu sehr nach ‚Raubbau'. Ich kann jetzt schon sagen, daß wir der Empfindlichkeit der Landschaft in dieser Region voll Rechnung tragen werden. Die Firma BOSS handelt sehr umweltbewußt. Wir sind sogar davon überzeugt, Dr. Armstrong, daß langfristig die Umwelt in diesem Land durch unsere Investitionen entscheidend verbessert wird."

Daniel nickte. „Sie müssen entschuldigen, Mr. Anderson, aber das sind Fragen, die viele Leute stellen werden, und ich muß sie beantworten können. Dafür bezahlt mich BOSS."

„Ja, natürlich", erwiderte Anderson besänftigt. „Doch ich muß es wiederholen: BOSS ist ein umweltbewußtes Unternehmen. Ich weiß, daß Sir Peter sogar eine Änderung des Firmenemblems erwägt. Wie Sie wissen, besteht unser derzeitiges Emblem aus einer Spitzhacke und einer Pflugschar. Er beabsichtigt, einen grünen Baum hinzuzufügen, um unser gutes Verhältnis zur Natur zu verdeutlichen."

„Sehr geschmackvoll." Daniel lächelte versöhnlich. Er wußte, daß Tug Harrison über dieses Gespräch unterrichtet werden würde. Es bestand sogar die Wahrscheinlichkeit, daß es aufgezeichnet wurde. Wenn er seiner Abneigung gegenüber dem Unternehmen Luft machte, würde er sich um einen Freiflug nach Ubomo bringen, und die Verbindung zum Glücklichen Drachen und zu Ning Cheng würde abbrechen. „Danke für die Auskünfte, die Sie mir gegeben haben, meine Herren. Nun werde ich mich bemühen, der Welt zu zeigen, welch enorme Vorteile dem Land durch die intensive Erschließung unter Leitung des BOSS-Konsortiums entstehen." Er sagte dies für die versteckten Mikrofone. „Ich benötige von der Hotel- und Kasinoanlage am Seeufer ein maßstabgetreues Architektenmodell. Zuerst werde ich das Gelände filmen, wie es heute aussieht, und dann die Modellanlage draufkopieren, um zu zeigen, wie diese sich in die natürliche Umgebung einfügt."

Pickering nickte. „Ich bin sicher, daß sich Sidney Green darum kümmern wird."

Das Gespräch ging noch eine halbe Stunde weiter, bis Daniel es in einer Schlußbemerkung zusammenfaßte. „Als Filmemacher brauche ich einen Arbeitstitel für die Produktion. Afrika ist heute für die meisten ein Kontinent, der von scheinbar unüberwindlichen sozialen, wirtschaftlichen und politischen Problemen heimgesucht wird. Ich will der Welt zeigen, wie das moderne Afrika aussehen könnte. Daher möchte ich meine Produktion unter das Thema stellen" – er legte eine dramatische Pause ein und hob dann die Hände, um einen imaginären Bildschirm anzudeuten – „‚Ubomo, richtungweisend für Afrikas Zukunft'."

Die Männer am Tisch brachen spontan in Applaus aus.

Als Pickering Daniel und Bonny durch den Gang begleitete, gab er sich jovial. „Das lief ja sehr gut! Ich glaube, Sie beide haben einen ausgezeichneten Eindruck hinterlassen." Er strahlte wie ein Schulmeister bei der Rückgabe einer Einserarbeit. „Und jetzt noch eine kleine

Überraschung: Sir Peter hat den Wunsch geäußert, mit Ihnen und Miß Mahon persönlich ein paar Worte zu wechseln."

Mit dem Fahrstuhl fuhren sie in die Chefetage. Im Vorzimmer von Tug Harrisons Büro blickte eine der drei hübschen Sekretärinnen auf. „Bitte, folgen Sie mir", erklärte sie lächelnd. „Sir Peter erwartet Sie."

Während sie die beiden zur Tür des Chefzimmers führte, blieb Pickering zurück. „Ich werde hier auf Sie warten. Sie haben genau drei Minuten, Sir Peter ist ein vielbeschäftigter Mann."

Harrison stand an dem großen Fenster in seinem Büro und blickte über die Themse hinweg auf das Nationaltheater. Dann wandte er sich seinen Besuchern zu. „Und? Hat man sich um Sie gekümmert?"

„Hätte nicht besser sein können", versicherte Daniel. „Ich habe sogar schon einen Arbeitstitel für die Produktion. ‚Ubomo, richtungweisend für Afrikas Zukunft'."

„Gefällt mir!" rief Tug Harrison, wobei er ungeniert Bonny Mahon musterte. Seine Zustimmung konnte sich ebensosehr auf sie wie auf Daniels Titel bezogen haben.

Genau drei Minuten nachdem sie das Allerheiligste der Firma BOSS betreten hatten, zog Harrison die Manschette seines Hemdes hoch, so daß seine diamantbesetzte goldene Armbanduhr zum Vorschein kam. „War schön, Sie wiederzusehen, Danny. Es war mir ein Vergnügen, Sie kennenzulernen, Miß Mahon, doch wenn Sie mich jetzt bitte entschuldigen . . ."

Vor dem Eingang des BOSS-Gebäudes wartete ein Taxi, das Pickering für sie bestellt hatte. „Geht auf Kosten des Unternehmens", sagte der PR-Chef und schüttelte ihnen die Hand. „Es bringt Sie, wohin Sie wollen."

Ohne zu zögern, nannte Daniel dem Fahrer die Adresse eines Restaurants, das für echten Kaviar berühmt war.

„Wer bezahlt das alles?" fragte Bonny Daniel im Flüsterton, als sie an einem Fenstertisch in dem dezent getäfelten vorderen Raum des hübschen kleinen Restaurants saßen.

„BOSS", versicherte er ihr.

„Dann nehme ich zweihundertfünfzig Gramm Beluga mit Pfannkuchen und saurer Sahne."

„Für mich bitte auch", erklärte Daniel dem Oberkellner, „und dazu werden wir eine Flasche Champagner köpfen."

Bonny machte sich mit großem Wohlbehagen über den Kaviar her.

„Und was hältst du von BOSS?" fragte Daniel.

„Irre!" schwärmte sie. Es war ein Ausdruck, der Daniel besonders ärgerte. „Wenn du mir nur so viel zahlen würdest, daß ich ein Paket

BOSS-Aktien kaufen könnte! Die BOSS-Leute werden in Ubomo eine Menge Kohle machen."

„Eine Menge Kohle? Glaubst du das?"

Einen Augenblick schaute sie verblüfft drein, dann tat sie die Frage unbekümmert ab. „Natürlich. Was denn sonst?" Sie wischte die letzten Körnchen Beluga-Kaviar mit einem Pfannkuchenstück auf. „Meinst du, daß dein neues Spesenkonto noch eine Dose Fischeier verkraften kann? So etwas Feines bekommt ein Kind armer Leute nicht jeden Tag vorgesetzt."

BONNY MAHON betrachtete ihr Ebenbild in einem der goldgerahmten, antiken Spiegel in der Empfangshalle des Ritz-Hotels am Piccadilly. „Nicht schlecht", meinte sie. „Aus dreißig Meter Entfernung betrachtet, würde ich glatt als Dame durchgehen." Sie strich sich über ihre Locken, die modisch mit Gel eingerieben waren. In dieser Geste kam auch die innere Anspannung zum Ausdruck, mit der sie zu dem bevorstehenden Treffen ging. Sie hatte den Termin telefonisch vereinbart und der Sekretärin das Ritz als Treffpunkt vorgeschlagen, damit der Wagen sie nicht von ihrer Wohnung abholte, die in einer nicht gerade vorzeigbaren Gegend von Südlondon lag.

Bonny schaute auf die Armbanduhr. Es war genau halb acht. Der Mann, den sie erwartete, war gewiß auf die Sekunde pünktlich. Als sie zum Haupteingang schaute, kam bereits ein Page auf sie zu. „Ihr Wagen ist eingetroffen, gnädige Frau", verkündete er.

Ein Rolls-Royce stand in der Einfahrt. Er schillerte perlweiß, und die Fenster waren verdunkelt. Der gutaussehende junge Chauffeur, der eine taubengraue Uniform und eine Mütze mit Kunstlederschirm trug, begrüßte sie, als sie die Stufen der Eingangstreppe herunterkam. „Miß Mahon? Guten Abend."

Er öffnete die hintere Wagentür und trat beiseite. Bonny machte es sich auf den weichen grauen Lederpolstern bequem.

„Guten Abend, meine Liebe", begrüßte Tug Harrison sie mit seiner dunklen, weichen Stimme, die ihr einen Schauer über den Rücken rieseln ließ.

Der Chauffeur schloß die Tür hinter ihr, und sie sog den schweren Duft von Leder, Zigarrenrauch und Rasierwasser ein – ein Aroma der Macht.

„Guten Abend, Sir Peter. Es war schön, daß Sie mich eingeladen haben", sagte sie und biß sich sogleich wütend auf die Zunge. Es klang zu unterwürfig. Sie hatte sich vorgenommen, kühl zu wirken und sich von ihm nicht beeindrucken zu lassen.

„Wir fahren zu ‚Chez Nico'", sagte Tug Harrison zum Chauffeur und drückte einen Knopf in seiner Armlehne, der die schalldichte Trennscheibe zwischen Chauffeur und Fond hochgleiten ließ. „Sie haben hoffentlich nichts dagegen, daß ich eine Zigarre rauche?"

„Nein. Ich genieße den Duft einer guten Zigarre. Es ist doch eine Davidoff?" Sie hatte die Aufschrift der Bauchbinde im Aschenbecher gelesen.

„Ah!" rief Tug Harrison amüsiert aus. „Eine Frau mit Geschmack!"

Sie wechselte schnell das Thema. „Ich war noch nie bei Chez Nico. Aber das ist ja auch kein Wunder, denn dort könnte ich nie die Rechnung bezahlen. Es heißt, man müsse einen Tisch Wochen im voraus reservieren. Stimmt das?"

Tug Harrison lächelte. „Ich weiß es nicht. Dazu müßte ich meine Sekretärin fragen. Sie macht meine Termine."

Oje, alles lief verkehrt. Jedesmal, wenn sie den Mund aufmachte, kam etwas Mißglücktes heraus. Für den Rest der kurzen Fahrt überließ sie das Reden ihm. Die Phantasie ging mit Bonny durch. Wenn sie jetzt richtig pokerte, könnte ihre Zukunft so aussehen: ein Rolls-Royce, ein schickes Appartement in Mayfair, Ferien in Acapulco und ein Zobelmantel. Spaß und Reichtum ohne Ende.

Als sie in dem eleganten Restaurant zu einem Tisch in einer Nische geführt wurden, drehten sich alle Gäste nach ihnen um. Bonny genoß das Gefühl, an Tug Harrisons Seite gesehen zu werden, und sie spürte die neidischen Blicke der anderen Frauen. Schon durch ihre Körpergröße und ihr flammendrotes Haar fiel sie auf, und sie wußte, daß sämtliche Gäste Schlüsse über die Rolle ziehen würden, die sie in Sir Peters Leben spielte.

Das Gespräch bei Tisch war einfacher, als sie gedacht hatte. Tug Harrison war höflich und aufmerksam. Er vermittelte ihr das Gefühl, daß er sie gern verwöhnte. Zum Lachs bestellte er einen Chevalier-Montrachet, und sie ermunterte ihn, ihr von den Abenteuern seiner Jugendtage in Afrika zu erzählen. Er war ein charmanter Plauderer, dem man sein Alter überhaupt nicht anmerkte. Erst kürzlich hatte Bonny irgendwo gelesen, daß sein persönliches Vermögen auf über dreihundert Millionen Pfund geschätzt wurde. Was machten bei dieser Summe schon ein paar Falten im Gesicht?

„Gut, meine Liebe." Endlich tupfte sich Harrison die Lippen mit der Serviette ab. „Darf ich vorschlagen, daß wir den Kaffee im Haus am Holland Park nehmen? Es gibt da ein paar Kleinigkeiten, die ich mit Ihnen besprechen möchte."

Sie zögerte. Konnte sie es sich leisten, den Eindruck zu erwecken, daß sie so leicht zu haben war? Sollte sie nicht besser warten, bis er sie ein zweites Mal einlud? Aber wenn es nun kein zweites Mal gab? Ihr Mut sank bei diesem Gedanken.

Sie lächelte ihn an. „Mit dem größten Vergnügen, Sir Peter."

Die Pracht des Hauses am Holland Park ließ sie vor Ehrfurcht fast erstarren, als er sie in sein Arbeitszimmer führte, wo sie in einem tiefen Ledersessel Platz nahm. Sie betrachtete die beiden Gemälde und erschauerte, als sie ihren Wert erkannte.

„Ist Ihnen kalt, meine Liebe?" Besorgt bedeutete er Selibi, dem schwarzen Diener in der weißen Kanza, das Fenster zu schließen. Sir Peter brachte ihr die Kaffeetasse persönlich. „Kenia Blue", sagte er. „Auf meiner Plantage an den Hängen des Mount Kenia handgepflückt." Er entließ den Diener und zündete sich eine Zigarre an. „Und nun verraten Sie mir eines, meine Liebe . . ." Er blies eine Rauchwolke an die Decke. „Schlafen Sie mit Daniel Armstrong?"

Die Frage kam so unerwartet, daß Bonny die Fassung verlor. Bevor sie sich beherrschen konnte, funkelte sie ihn an. „Was glauben Sie eigentlich, mit wem Sie reden?"

Er runzelte die Stirn. „Sie haben ja ein Temperament, das Ihrer Haarfarbe entspricht! Nun, ich will Ihre Frage offen beantworten. Ich glaube, ich rede mit Thelma Smith. Das ist doch der Name, der auf Ihrer Geburtsurkunde steht? Vater unbekannt. Mutter 1975 an einer Überdosis Heroin gestorben."

Kalter Schweiß trat auf Bonnys Stirn. Schweigend starrte sie Tug Harrison an.

„Ihr Leben ist, wie das Ihrer Mutter, sagen wir, wechselvoll gewesen. Mit vierzehn Jahren waren Sie wegen Ladendiebstahls in einer Besserungsanstalt. Mit achtzehn bekamen sie eine neunmonatige Haftstrafe wegen Prostitution. Als Sie im Gefängnis saßen, entdeckten Sie Ihr Interesse am Fotografieren."

Bonny spürte, wie sie in dem großen Ledersessel immer tiefer sank. Sie schwieg weiterhin.

„Nach der Entlassung änderten Sie Ihren Namen und bekamen Arbeit als Kamerafrau bei Peterson Television in Kanada. Im Mai 1981 wurden Sie gefeuert, weil Sie eine Videoausrüstung gestohlen hatten. Man hat allerdings darauf verzichtet, Anzeige zu erstatten. Seitdem ist Ihre Akte sauber. Sind Sie auf dem Pfad der Tugend gelandet, oder sind Sie nur cleverer geworden? Wie auch immer, es scheint, als wären Sie nicht von allzu großen moralischen Skrupeln geplagt, und für Geld tun Sie offensichtlich alles."

„Sie widerlicher Bastard!" zischte sie. „Ich dachte . . ."

„Ja. Sie dachten, ich sei scharf auf so ein knuspriges junges Ding." Er schüttelte bedauernd den Kopf. „Ich bin ein alter Mann, meine Liebe. Seit meine Leidenschaft auf kleinerer Flamme brennt, habe ich festgestellt, daß mein Geschmack erlesener wird. Bei allem Respekt vor Ihren offensichtlichen Reizen würde ich Sie als einen Beaujolais nouveau einstufen, schmackhaft zwar, aber ohne Vornehmheit. In meinem Alter bevorzuge ich jedoch einen Latour oder einen Margaux – älter und mit mehr Klasse."

„Jetzt beleidigen Sie mich auch noch!"

„Nein, ich wollte nur, daß wir uns nicht mißverstehen. Ich brauche etwas anderes als Ihren Körper, und Sie brauchen Geld. Was würden Sie zu fünfundzwanzigtausend Pfund sagen?"

Die Summe verblüffte Bonny, aber sie folgte ihrer Eingebung und lehnte das Angebot verächtlich ab. „Behalten Sie's, Mann! Ich habe irgendwo gelesen, daß Sie das Zehnfache für ein Pferd bezahlt haben."

„Das war immerhin eine Vollblutstute allerbester Abstammung. Dieser Kategorie wollen Sie sich doch gewiß nicht zurechnen, oder?" Er hob die Hände, um ihrer wütenden Erwiderung zuvorzukommen. „Es war nur ein kleiner Scherz, meine Liebe. Bitte, verzeihen Sie mir. Ich will, daß wir Geschäftspartner werden."

„Dann sollten Sie mir lieber erklären, was ich zu tun habe, bevor wir über den Preis sprechen."

„Ihre Aufgabe ist wirklich sehr einfach . . ." Und er erzählte ihr, was er von ihr wollte.

DANIEL verbrachte fast die ganze Woche im Lesesaal des Britischen Museums. Das machte er immer so, bevor er ein neues Projekt begann.

Unter den Büchern über Ubomo entdeckte er Kelly Kinnears Buch „Die Menschen der großen Bäume". Er betrachtete das Porträt der Autorin auf der Innenseite des Schutzumschlags. Im Hintergrund war ein Palisadenzaun aus dicken tropischen Baumstämmen zu sehen. Es schien, als stünde die Autorin auf einer Lichtung im Regenwald. Aus dem Klappentext ging nicht hervor, wie alt sie war, doch sie hatte ein hübsches, ausdrucksvolles Gesicht. Das Haar trug sie nach hinten gekämmt und zu einem dicken Zopf geflochten, der ihr über eine Schulter fiel. Sie hatte hohe Wangenknochen, und ihre Mundpartie verriet Energie und Entschlossenheit. Ihre mandelförmigen Augen, mit denen sie kühl in die Kamera blickte, waren gewiß das Schönste an ihr. Er schätzte sie auf Anfang Dreißig.

Kein Wunder, daß Harrison Angst vor ihr hat, sagte sich Daniel. Diese junge Frau ist es gewohnt, eigene Wege zu gehen.

Er blätterte das Buch durch und vertiefte sich in das interessanteste Kapitel, in dem die Autorin die drei Jahre beschrieb, die sie bei einem Pygmäenstamm im Urwald von Ubomo verbracht hatte. Miß Kinnear war eine promovierte Anthropologin mit ungewöhnlich scharfem Blick fürs Detail; sie verstand es, nüchterne Fakten so in ihren Bericht einzubauen, daß dieser sich mit Leben füllte wie das Werk einer Schriftstellerin. Die Pygmäen waren für sie keine Forschungsobjekte, sondern herzliche, liebevolle und liebenswerte Menschen, ein glückliches Volk, das in wundervoller Harmonie mit der Natur lebte. Sie brachte den Leser dazu, daß er ihre offensichtliche Zuneigung zu diesem Naturvolk ebenso teilte wie ihre tiefe Besorgnis um den Regenwald, in dem es zu Hause war.

Daniel klappte das Buch zu, das ihn völlig unerwartet in seinen Bann gezogen hatte. Nicht zum erstenmal empfand er den Wunsch, diese Frau kennenzulernen und mit ihr zu reden, und jetzt wußte er zumindest, wie er das anstellen konnte. Die jährliche Aktionärsversammlung von BOSS war eine Woche vor seiner Abreise nach Ubomo anberaumt. Dort würde er ihr begegnen, denn Pickering hatte ihm und Bonny eine Einladung geschickt.

DIE AKTIONÄRSVERSAMMLUNG fand am letzten Freitag im Juli im Festsaal des prächtigen Verwaltungsgebäudes von BOSS in Blackfriars statt und begann abends um halb acht. Die Sicherheitskontrolle am Eingang war sehr streng. Der Name jedes Besuchers wurde sorgfältig mit der Liste der Aktionäre verglichen, und auch die geladenen Gäste wurden von uniformierten Angehörigen des BOSS-Sicherheitsdienstes überprüft.

Da alle Plätze belegt waren, drängten sich die Späterkommenden am Ende des Saales. Daniel führte Bonny in eine Ecke in der Nähe der Sektbar.

Auf dem Podium vor ihnen saß Sir Peter in der Mitte eines langen Tisches am Mikrofon, die Vorstandsmitglieder hatten links und rechts neben ihm Platz genommen. Ihre Namen und Titel lasen sich gut auf dem Briefkopf des Unternehmens, aber niemand im Saal machte sich Illusionen darüber, wer in Wirklichkeit das Sagen bei BOSS hatte.

Sir Peter stand auf, die linke Hand lässig in die Jackentasche ge steckt. Im Nu fesselte er seine Zuhörer mit einem Bericht über die Erfolge von BOSS in den vergangenen zwölf Monaten. Er hatte nur Gutes zu berichten, von Ölfunden vor der Insel Pemba, von der hervorragenden Erdnußernte in Sambia, von Gewinnen vor Steuern und Dividendenausschüttungen. Die Zuhörer waren begeistert.

Sir Peter schaute auf seine Armbanduhr. Es war an der Zeit, über künftige Pläne und Ziele zu sprechen. Er nahm einen Schluck Wasser, ehe er fortfuhr: „Sehr geehrte Damen und Herren, das waren die schlechten Nachrichten . . ." Er hielt inne, um das Lachen und den Applaus der Zuhörer abzuwarten. „Lassen Sie mich jetzt zu den guten kommen. Eine davon heißt Demokratische Volksrepublik Ubomo. Ihr Unternehmen ist in der glücklichen Lage, eine neue Ära in der Geschichte dieses herrlichen kleinen Landes mitgestalten zu dürfen." So redete er knapp zehn Minuten weiter und versprach den Zuhörern am Ende ungeheure Gewinne und atemberaubende Dividenden. „Und so, meine Damen und Herren", schloß er, „sehen wir Ubomo vor uns: richtungweisend für die Zukunft Afrikas!"

„Dieser Windhund!" entfuhr es Daniel, dessen Stimme vom donnernden Applaus übertönt wurde. „Wenn das kein Plagiat ist – der Slogan stammt eindeutig von mir!"

Der Beifallssturm dauerte zwei Minuten, bevor Sir Peter sich wieder über sein Mikrofon beugte. „Meine Damen und Herren, ich eröffne jetzt die Diskussion. Gibt es irgendwelche Fragen? Der Vorstandsvorsitzende und die Vorstandsmitglieder werden sich bemühen, Ihre Fragen so gut wie möglich zu beantworten."

Seine lautsprecherverstärkte Stimme hallte noch immer durch den Raum, als sich im Saal jemand meldete. „Ich habe eine Frage an den Vorstandsvorsitzenden." Es war eine Frau, die sehr selbstsicher wirkte. Dr. Kelly Kinnear stand vorn in der dritten Reihe oben auf ihrem Stuhl. Daniel lächelte, als er erkannte, warum ihre Stimme so deutlich zu vernehmen war: Sie hatte sich mit einem Megaphon versehen.

„Herr Vorstandsvorsitzender, BOSS hat gerade erst in diesen Tagen das Symbol eines grünen Baumes in das Konzernsignet aufgenommen. Ich möchte wissen, ob Sie das getan haben, damit Sie ihn besser fällen können?"

Bestürzte Stille füllte den Saal.

„Dreißig Jahre lang, Sir Peter", fuhr Kelly Kinnear fort, „seit Sie Vorstandsvorsitzender sind, hat die Firma BOSS Afrikas Boden die wertvollsten Mineralien entrissen und dort nur Verwüstung hinterlassen. Dreißig Jahre lang hat BOSS Wildtiere abgeschossen und Wälder abgeholzt und das Land mit Baumwolle und Erdnüssen und anderen scheinbar lukrativen Pflanzenarten bebaut, die die Erde auslaugen, die mit Nitraten gedüngt werden müssen, die wiederum Bäche und Flüsse verseuchen. Das ist Ihre Philosophie: schürfen, roden, abknallen!"

Sir Peter sah den Schriftführer auffordernd an. Der sprang gehorsam auf. „Würden Sie uns bitte Ihren Namen nennen und Ihre Frage kurz und klar formulieren?"

„Ich bin Dr. Kelly Kinnear, und ich werde meine Frage stellen. Weiß der Vorstandsvorsitzende von BOSS, daß die tropischen Regenwälder von Ubomo vernichtet werden, während wir hier sitzen?" Sie funkelte ihn an. „Ist dem Vorstandsvorsitzenden klar, daß über fünfzig Wildtierarten Ubomos als Folge der Aktivitäten von BOSS von der Ausrottung bedroht sind?"

Im Saal wurde Unruhe laut. „Setzen!" brüllte jemand.

„Dr. Kinnear", rief der Schriftführer, „ich muß Sie auffordern, sofort Platz zu nehmen!"

„Ich klage Sie an, Herr Vorstandsvorsitzender", – Kelly richtete ihren zitternden Zeigefinger auf Sir Peter – „ich klage Sie der Vergewaltigung an! Der Vergewaltigung eines ganzen Landes!"

„Pfui!" Einige Aktionäre waren aufgesprungen und äußerten ihr Mißfallen. „Die Frau ist ja wahnsinnig!" Einer von ihnen versuchte, Kelly von ihrem Stuhl zu zerren, doch er hatte damit keinen Erfolg, da sie sich mit einer kleinen Gruppe von Anhängern umgeben hatte.

Erneut schaltete sich der Schriftführer ein. „Dr. Kinnear, wenn Sie nicht sofort von dem Stuhl heruntersteigen, bleibt mir keine andere Wahl, als Sie aus dem Saal entfernen zu lassen!"

„Ich bin Aktionärin. Ich habe das Recht . . ."

„Werft sie raus!"

Es gab einen Tumult im vorderen Teil des Saales, während Sir Peter auf dem Podium teilnahmslos wirkte.

„Antworten Sie mir!" schrie Kelly ihn an. „Fünfzig Tierarten sind zum Aussterben verurteilt, damit Sie in Ihrem Rolls-Royce herumfahren können . . ."

„Saalordner!" rief der Schriftführer, und von allen Seiten sprangen uniformierte Wachleute herbei und stürzten sich in das Gewühl.

Als einer von ihnen Daniel mit dem Ellbogen beiseite stieß und vorwärts stürmte, griff Daniel ein. Er streckte einfach den rechten Fuß aus. Der Mann stolperte, flog in eine Stuhlreihe und warf die darauf Sitzenden um. Stühle zerbrachen, Frauen kreischten. Die Blitzlichter der Pressefotografen zuckten.

„Diese Wälder gehören Ihnen nicht. Sie gehören auch dem brutalen Militärtyrannen nicht, der in Ubomo die Macht ergriffen hat und der Ihr Komplize ist. Diese Wälder gehören den Bambuti-Pygmäen, einem Stamm freundlicher, friedlicher Menschen, die seit undenklichen Zeiten dort gelebt haben." Kelly Kinnears megaphonverstärkte Stimme übertönte das Gebrüll. Sie stand noch immer auf dem Stuhl, eine kleine, heldenhafte Gestalt mitten in der Saalschlacht.

Drei der Wachmänner von BOSS durchbrachen den Ring derer, die sie verteidigten, und griffen nach Kelly Kinnear, um sie herunterzuziehen. „Laßt mich los!" schrie sie sie an und benutzte ihr Megaphon als Waffe. Sie deckte die Wachen mit Schlägen ein, bis der Trichter zerbrach und sie wehrlos war.

Die Saalordner zerrten sie von ihrem Stuhl und schleppten sie hinaus. Gespannte Ruhe kehrte ein.

Auf dem Podium erhob sich Sir Peter und nahm seinen Platz am Mikrofon wieder ein. „Meine Damen und Herren, diese Unterhaltungseinlage war nicht vorgesehen, das versichere ich Ihnen. Im Namen der Firma BOSS möchte ich mich für diesen Zwischenfall entschuldigen. Wenn er überhaupt etwas erreicht hat, dann soviel, daß er ein Licht auf die Schwierigkeiten geworfen hat, mit denen wir uns auseinanderzusetzen haben, wenn wir versuchen, das Los unserer Mitmenschen zu verbessern. Dr. Kinnear ist für ihre radikalen Ansichten berüchtigt. Sie hat der Regierung des Präsidenten Taffari von Ubomo den Krieg erklärt. Sie hat sich dort ebenso unbeliebt gemacht wie heute abend hier. Sie gehört zu denen, die lieber Zehntausende ihrer Mitmenschen Hunger leiden lassen, statt zu erlauben, daß auch nur ein einziger Baum gefällt oder ein einziges Tier erlegt wird." Er hielt inne, um die Aufmerksamkeit aller auf sich zu lenken. „Im letzten Jahr haben wir über hunderttausend Pfund für die Umweltforschung ausgegeben, bevor wir Projekte starteten. Wir haben dieses Geld ausgegeben in dem ehrlichen Versuch, der ganzen Welt zu nutzen. Tief in unserem Innersten wissen wir, daß das, was wir tun, richtig ist. Und das wissen auch Sie, die wichtigsten Mitglieder von BOSS, die Aktionäre."

Die Versammlung dauerte fast zwanzig Minuten länger als geplant. Das lag auch an dem lang anhaltenden Applaus, den der Vorstand für seine abschließenden Bemerkungen erhielt.

NING CHENGS Vater hatte innerhalb der Familie nicht bekanntgegeben, welchen seiner Söhne er nach Ubomo entsenden würde, damit dieser dort die Operationen des Konzerns mit denen von BOSS koordinierte. Vor nicht allzu langer Zeit hätte Heng H'Sui das Kommando noch selbst übernommen, aber jetzt wußten seine Söhne, daß er diese Verantwortung einem von ihnen übertragen mußte. Jeder von ihnen war bereit, alles dafür zu tun. Diese Aufgabe würde der letzte Ritterschlag sein, der aller Welt zeigte, wen das Familienoberhaupt zum Erben bestimmt hatte.

Cheng sehnte sich mit einer so heftigen Leidenschaft nach dieser Ehre, daß er nicht mehr schlafen konnte und auch keinen Appetit mehr hatte. Er suchte unter allen nur erdenklichen Vorwänden die Gesellschaft seines Vaters. Selbst wenn der alte Mann malte oder mit den konfuzianischen Priestern am Schrein im Garten des Anwesens meditierte, versuchte Cheng, sich in seiner Nähe aufzuhalten.

Cheng spürte, daß sein Vater dem Tod nahe war, und bei diesem Gedanken fröstelte ihn. Er wußte, daß seine Brüder ihm in dem Augenblick, da sein Vater starb, die Macht entreißen würden, wenn es ihm nicht gelang, sie zu Lebzeiten seines Vaters zu festigen. Er spürte auch, daß sein Vater jetzt die Entscheidung für das Ubomo-Projekt treffen wollte. Also mußte er seinem Vater das Geschenk überreichen, das er aus Afrika mitgebracht hatte.

„Ehrenwerter Vater, ich habe etwas für Euch. Ein kleines und demütiges Zeichen des Respekts und der Dankbarkeit, die ich für Euch empfinde. Darf ich es Euch präsentieren?"

Heute war der alte Mann munter, sein Verstand wach. Heng H'Sui lächelte und nickte. „Du darfst es mir bringen, mein Sohn."

„Verzeiht, Vater, aber das ist bei diesem Geschenk nicht möglich. Ich muß Euch zu ihm bringen."

Heng H'Suis Gesichtsausdruck verdüsterte sich. In letzter Zeit verließ er das Anwesen selten, und auch jetzt schien er dazu nicht bereit. Doch Cheng hatte diese Reaktion vorhergesehen. Er brauchte nur die Hand zu heben, und der Rolls-Royce, der hinter der gestutzten Ligusterhecke jenseits der Lotosteiche geparkt stand, glitt lautlos heran.

Bevor der alte Mann protestieren konnte, hatte Cheng ihm auf den Rücksitz geholfen und ihm eine Kaschmirdecke über die Knie gelegt. Der Chauffeur kannte das Ziel. Über eine Serpentinenstraße ging es hinab nach Taipeh. Als sie die Chung Ching South Road im Stadtteil Hsimending erreichten, fuhr der Chauffeur langsamer und bog in eine Einfahrt ab, die durch ein Tor zum Zentrallager der Investmentgesellschaft Der glückliche Drache führte. Die Wachtposten bezogen Habachtstellung, als sie die beiden Männer auf dem Rücksitz erkannten.

Eines der Lagerhaustore war weit geöffnet, doch kaum war der Wagen hindurchgefahren, schloß es sich augenblicklich hinter ihm. Cheng half seinem Vater aus dem Rolls-Royce und führte ihn zu einem geschnitzten Teaksessel, der wie ein Thron dastand und mit bestickten Seidenkissen belegt war.

Sobald sein Vater bequem saß, bedeutete Cheng einem der Diener, frischen Tee zu bringen. Er setzte sich auf eines der Kissen unterhalb von Heng H'Sui, und sie sprachen ruhig miteinander. Cheng zog die

Zeremonie in die Länge, versuchte so, die Erwartung seines Vaters zu steigern.

Zehn kräftige Arbeiter knieten, dem Thron gegenüber, in einer Reihe auf dem Boden; sie hatten den Blick gesenkt. Cheng hatte sie in schwarze Roben gekleidet, auf deren Rücken das Emblem des glücklichen Drachen gestickt war.

„Dies ist das Geschenk, das ich Euch aus Afrika mitgebracht habe", sagte Cheng zu seinem Vater. Er deutete auf die Reihe von Kisten, die hinter den Arbeitern standen. „Es ist ein so bescheidenes Geschenk, daß ich mich jetzt schäme, es Euch anzubieten."

„Tee?" Heng H'Sui lächelte. „Teekisten? Genug Tee für den Rest meines Lebens. Es ist ein schönes Geschenk, mein Sohn."

„Es ist ein armseliges Geschenk, aber darf ich eine der Kisten für Euch öffnen?" fragte Cheng, und der alte Mann nickte.

Cheng klatschte in die Hände, und die zehn Arbeiter rannten zu einer der Teekisten, um sie hochzuheben und nach vorn zu tragen. Schnell öffneten sie den Deckel.

Heng H'Sui beugte sich in seinem hohen Sessel vor. Zwei Arbeiter hoben den ersten Stoßzahn aus seinem Bett aus gepreßtem schwarzem Tee.

Cheng hatte für diese Vorführung einen der größten und am schönsten geschwungenen Stoßzähne ausgesucht. Das prächtige Stück war über zwei Meter lang, aber nicht so dick und stumpf wie die der Elefanten nördlich von Simbabwe. Sein Umfang hatte genau das richtige Maß im Verhältnis zu seiner Länge, und seine Färbung war cremegelb.

Heng H'Sui klatschte voller Freude in die Hände und stieß einen lauten Freudenruf aus. „Bringt ihn mir!" Die beiden Arbeiter, die unter der Last schwer zu tragen hatten, knieten sich vor ihm nieder, um ihm den schönen Stoßzahn darzubieten. Heng H'Sui streichelte das Elfenbein, und seine Augen funkelten. „Wundervoll!" murmelte er. „Die wundervollste aller Schöpfungen der Natur, prächtiger noch als Perlen oder die Federn der farbigsten exotischen Vögel –" Er hielt jäh inne, als er das grobe Brandzeichen ertastete. „Aber dieser Stoßzahn trägt einen Regierungsstempel: ‚ZW'. Das ist das Brandzeichen der Regierung von Simbabwe. Es ist legales Elfenbein, mein Sohn!" Er klatschte wieder in die Hände. „Legales Elfenbein, viel wertvoller wegen dieser Nummer. Wie hast du das geschafft?"

„Jede der Kisten ist mit Elfenbein gefüllt, verehrter Vater. Jeder Stoßzahn trägt einen Stempel."

„Wie bist du an dieses Elfenbein gekommen?" wollte der Alte erneut wissen, hob dann aber die Hand, um Cheng Schweigen zu gebieten.

„Warte!“ befahl er. „Sag’s mir nicht!“ Er starrte seinen Sohn eine Weile an und meinte dann: „Ich weiß, woher das Elfenbein kommt.“ Mit einer Handbewegung schickte er die schwarzgekleideten Arbeiter fort, beugte sich näher zu Cheng und senkte die Stimme zu einem Flüstern. „Ich habe vor einiger Zeit gelesen, daß eine Bande von Wilddieben ein Elfenbeinlager in Simbabwe überfallen hat. Ein Ort namens Chiwewe? Das Elfenbein wurde nicht wiedergefunden, nicht wahr, mein Sohn?“

„Ich habe denselben Zeitungsartikel gelesen, ehrenwerter Vater.“ Cheng senkte den Blick und wartete.

„Der Mann, der diesen Überfall plante, war schlau und mutig“, erklärte Heng H’Sui. „Er hat nicht davor zurückgeschreckt zu töten, um das zu bekommen, was er haben wollte. Solche Menschen bewundere ich. So war ich auch einmal, als ich noch jung war.“

„So seid Ihr noch heute, Vater“, sagte Cheng.

Heng H’Sui schüttelte den Kopf. „Solch einen Menschen hätte ich gerne zum Sohn. Ich habe schon immer gewußt, daß du meinen Geist geerbt hast, aber bis heute war ich mir nicht sicher, ob du auch den Löwenmut eines Kriegers besitzt. Deshalb konnte ich mich nicht zwischen dir und deinen Brüdern entscheiden. Dieses Geschenk jedoch, das du mir heute gemacht hast, hat meine Einstellung geändert. Ich weiß, wie du an das Elfenbein gekommen bist. Du hast es gewagt, den Saft aus der reifen Kirsche zu pressen.“ Das war eine beschönigende Bezeichnung für Blutvergießen. „Jedenfalls hattest du bei deinem schwierigen Unternehmen Erfolg, ob es nun Glück oder Klugheit war. Ich schätze Glück und Klugheit gleichermaßen. Deshalb sende ich dich als Repräsentanten des glücklichen Drachen nach Ubomo, mein Sohn. Dort soll es im Urwald einen Elefantenbullen geben, der Stoßzähne hat, die fast drei Meter lang und so stark wie die Taille einer Frau sind. Mehr als alles Gold der Welt begehre ich diese Stoßzähne.“

Cheng beugte den Kopf über die Hand seines Vaters und küßte sie. „Ich werde Euch nicht enttäuschen“, versprach er, und eine einzelne Träne der Freude und des Stolzes rollte aus seinem Augenwinkel und funkelte wie ein Juwel auf der blassen Hand seines Vaters.

5

Es gab keinen Direktflug von Heathrow nach Ubomo. Daniel und Bonny nahmen die British-Airways-Maschine nach Nairobi, wo sie im Norfolk-Hotel übernachteten, bevor sie am nächsten Abend mit Air Ubomo nach Kahali weiterfliegen konnten.

Da sie in Nairobi einen ganzen Tag Zeit hatten, bat Daniel Bonny, Hintergrundaufnahmen zu drehen. Tatsächlich aber suchte er nach einer Gelegenheit, sie bei der Arbeit zu beobachten. Er mietete einen Kombi mit offenem Dach. Der Fahrer, ein Kikuyu, brachte sie zum Nairobi-Nationalpark am Stadtrand hinaus.

In den vergangenen Jahren hatte Daniel dort mehrmals gefilmt. Der Parkdirektor war ein alter Freund von ihm. Er stellte ihm einen seiner erfahrensten Wildhüter als Führer zur Verfügung und erlaubte Daniel, überallhin zu fahren. Daniel durfte selbst eine der strengsten Parkvorschriften übertreten und zum Filmen das Auto verlassen.

Der Wildhüter dirigierte den Fahrer zu einem Akazienwald neben dem Fluß, wo ein riesiger Nashornbulle schwerfällig einer Kuh den Hof machte. Diese vorsintflutlichen Ungeheuer waren so sehr miteinander beschäftigt, daß Daniel und Bonny beschlossen, auszusteigen und sich näher heranzupirschen.

Daniel war überrascht, wie geschickt Bonny mit der schweren Kamera umging und wie behende sie sich trotz der Hitze und des unebenen Bodens bewegte.

Der Nashornbulle buhlte um die Gunst der Kuh, die seine Lust geweckt hatte. Sobald sie Anstalten machte, seinen Einflußbereich zu verlassen, hinderte er sie daran. Dabei schnaufte er wie eine Dampfmaschine und wirbelte Staubwolken auf.

Das Sehvermögen eines Nashorns ist ohnehin schlecht, doch diese beiden waren durch ihr leidenschaftliches Paarungsspiel völlig blind. Um so wachsamer mußten Daniel und Bonny sein, falls es den beiden erhitzten Tieren einfiel, plötzlich auf sie zuzustürmen. Dann mußten sie schnell davonrennen, um nicht zu Tode getrampelt zu werden.

Das Filmen war eine gefährliche Tätigkeit, aber Bonny zeigte überhaupt keine Furcht. Der Nervenkitzel schien ihr geradezu Spaß zu machen. Ihre Augen leuchteten, als sie nach einem überfallartigen Ausbruch des Bullen neben Daniel durch den Wald rannte und sich hinter einem der Akazienstämme duckte.

Plötzlich stürmte der Bulle direkt auf sie zu. Vielleicht hatte er sie trotz des Brunstgeruchs gewittert, der seine geblähten Nüstern füllte.

Daniel ergriff Bonnys Arm. „Ganz still!“ flüsterte er ihr eindringlich zu, und sie sanken auf die Knie und erstarrten.

In einer Entfernung von zehn Metern stand ihnen der riesige Nashornbulle prustend gegenüber. Er starrte sie aus kurzsichtigen Augen an, wartete auf eine winzige Bewegung, die ihn davon überzeugen würde, daß sie weder ein Felsen noch ein Strauch waren, um dann seine ganze eifersüchtige Wut auf sie zu richten.

Daniel versuchte, den Atem anzuhalten, aber ein heftiges Stechen in der Lunge peinigte ihn zu sehr. Plötzlich nahm er ein leises Summen dicht neben seinem linken Ohr wahr, und er verdrehte die Augen in diese Richtung, ohne den Kopf zu bewegen. Zu seinem Erstaunen erkannte er, daß Bonny noch immer filmte. Sie hielt das Objektiv genau auf das Horn des Rhinozerosses gerichtet, das nur wenige Meter von ihr entfernt war. Daniel war zutiefst beeindruckt.

Zum Glück wirbelte das Nashorn in diesem Augenblick in einer schnellen Bewegung herum – die Liebe hatte gesiegt. Der Bulle stürmte zu seiner Angebeteten zurück, wobei er vor Erregung schnaufte und keuchte.

Bonny lachte – Daniel mochte es kaum glauben. Er nahm sie beim Arm und zog sie fort. „Laß uns verschwinden!"

Vorsichtig wichen sie zurück, Schritt um Schritt, und behielten den Bullen dabei stets im Auge.

„Hut ab", sagte er zu ihr, als sie den Kombi erreichten, „das war ja eine starke Leistung!"

Sie lachte wieder. „Dabei fange ich gerade erst an, ein Gefühl für die afrikanischen Lichtverhältnisse zu bekommen. Gib mir noch eine Woche, und ich zeige dir, was ich wirklich kann."

Eine Stunde später schlenderten sie, geduscht und umgezogen, in der kühlen Dämmerung durch den Hotelgarten. Vor dem Vogelhaus in der Mitte des Rasens blieben sie stehen, um die herrlichen Farben der Turakos und Glanzstare hinter dem Drahtgeflecht zu bewundern. Auch andere Gäste waren im Garten unterwegs – die meisten strebten auf das Grillrestaurant zu.

Daniel hatte nicht bemerkt, daß jemand neben ihnen stand. „Bitte verzeihen Sie die Störung", sagte plötzlich eine Frauenstimme. „Sie sind doch Daniel Armstrong?"

Daniel zuckte zusammen, als er die Frau erkannte. „Dr. Kinnear! Zuletzt habe ich Sie bei der Aktionärsversammlung von BOSS gesehen."

„Ach, Sie waren auch da?" Sie lächelte. „Ich habe Sie nicht bemerkt."

„Nein, Sie hatten ja andere Dinge im Kopf." Daniel erwiderte ihr Lächeln. „Was ist aus Ihrem Megaphon geworden? Konnten Sie's reparieren lassen?"

„Japanischer Schrott", erwiderte Kelly Kinnear. „Ein paar gezielte Schläge auf den Kopf eines Saalordners, und schon ist es Bruch."

Sie hatte Sinn für Humor – das hatte Daniel bereits an ihrem Schreibstil erkannt. Ihre Augen dagegen waren noch schöner, als das Foto auf dem Schutzumschlag hatte ahnen lassen.

„Darf ich Ihnen meine Assistentin vorstellen?" erklärte Daniel rasch. „Bonny Mahon."

„Ich bin Kamerafrau und keine Assistentin", verbesserte ihn Bonny scharf.

„Ich kenne Ihre Arbeit", meinte Kelly. „Sie haben ‚Arktische Träume' gedreht – ein hervorragender Film."

Das Kompliment brachte Bonny in Verlegenheit. „Danke. Aber ich sage es Ihnen lieber gleich: Ich habe Ihr Buch nicht gelesen, Dr. Kinnear."

„Damit gehören Sie zu einer Mehrheit von etlichen hundert Millionen, Miß Mahon." Kelly spürte die leichte Spannung, die in der Luft lag, und wandte sich wieder an Daniel. „Ich glaube, ich habe im Lauf der Jahre all Ihre Produktionen gesehen. Im Grunde sind Sie sogar dafür verantwortlich, daß ich überhaupt in Afrika bin. Nach meiner Promotion wollte ich ursprünglich nach Borneo gehen, um eine Arbeit über den Stamm der Pena zu schreiben. Dann habe ich jedoch einen Ihrer Filme über die Seen des Ostafrikanischen Grabenbruchs gesehen und all meine Pläne über den Haufen geworfen." Kelly lachte. „Ich weiß, daß das schrecklich infantil klingt, aber ich bin ein Fan von Ihnen. In Wahrheit habe ich mich hier in der Hoffnung rumgetrieben, Ihnen zu begegnen, nachdem ich gehört hatte, daß Sie in Nairobi sind."

„Dann wohnen Sie also nicht hier?" Daniel gestand sich ein, daß sie ihm gefiel. Allerdings gefielen ihm alle Frauen, die zugaben, eine Verehrerin von ihm zu sein.

„Himmel, nein." Kelly lachte. „Ich bin schließlich keine erfolgreiche Fernsehproduzentin, sondern nur eine arme, benachteiligte Forscherin ohne Sponsor. Man hat mir sämtliche Zuschüsse gestrichen, nachdem Taffari mich aus Ubomo ausgewiesen hatte."

„Dann lassen Sie sich doch zu einem saftigen Steak einladen", schlug Daniel vor.

„Ein Steak! Bei dem Gedanken läuft mir das Wasser im Mund zusammen. Seit ich wieder hier bin, lebe ich von Erdnüssen und Stockfisch."

„Ja, warum begleiten Sie uns nicht zum Abendessen?" meinte Bonny. Es klang schnippisch, vor allem, weil sie das „uns" besonders betonte.

„Wie lieb von Ihnen, Miß Mahon." Kelly warf ihr einen kühlen Blick zu.

Daniel war die Feindseligkeit zwischen den beiden Frauen nicht entgangen. „Dann wollen wir uns mal ums Essen kümmern", sagte er und führte sie zum Grillrestaurant, das zum Garten hin offen war.

„Was machen Sie in Nairobi, Dr. Armstrong?“ fragte Kelly, als sie sich an einen Tisch gesetzt hatten.

„Nennen Sie mich doch Danny“, entgegnete er locker. „Wir sind auf dem Weg nach Ubomo.“

„Ubomo?“ Kelly blickte ihn erstaunt an. „Das ist ja wundervoll. Genau das richtige Thema für Sie, ein Land, das Afrika im Umbruch zeigt. Ich werde mich für das Abendessen revanchieren, indem ich Ihnen alles über das Land erzähle, was ich weiß.“

„Abgemacht“, stimmte Daniel zu.

Während die beiden Frauen die Speisekarte studierten, verglich Daniel sie insgeheim miteinander. Beide waren auf ihre Art attraktiv. Bonnys Reize waren offensichtlich, was natürlich auch an ihrer Größe und ihrem roten Haar lag. Kelly dagegen wirkte weicher, dezenter. Ihre Gesichtszüge waren ebenmäßig, um Nase und Mund herum ein wenig streng, aber wenn sie lächelte, trat eine reizvolle Sanftheit auf ihr Gesicht. Am auffälligsten waren ihre großen dunklen Augen, die leidenschaftliche Aufrichtigkeit und hohe Intelligenz verrieten.

„Sind Sie nach dem Staatsstreich schon einmal in Ubomo gewesen?“ fragte Kelly.

„Nein, ich war zuletzt vor vier Jahren dort.“

„Damals war Victor Omeru Präsident“, stellte Kelly fest.

„Ja, ich habe Omeru kennengelernt. Ich mochte ihn. Was ist mit ihm passiert? Ich habe gehört, er habe einen Herzanfall erlitten?“

Kelly zuckte die Schultern und wechselte das Thema, als der Oberkellner kam, um ihre Bestellung aufzunehmen. „Darf ich wirklich ein Steak bestellen, oder sollte das nur ein Scherz sein?“

„Ganz und gar nicht“, erwiderte Daniel. „Nehmen Sie das Porterhouse.“

Als das Essen serviert war, kam Daniel auf das Thema zurück. „Es heißt, Sie und Omeru hätten sich besonders gut verstanden.“

„Wer hat Ihnen das gesagt?“ Kelly sah mit kritischem Blick vom Essen auf.

Daniel beschloß, sich zurückzuhalten. Den Namen Tug Harrison erwähnte er in Dr. Kinnears Anwesenheit besser nicht. „Ich glaube, das habe ich in einem Zeitungsartikel gelesen.“

„Ach so.“ Kelly entspannte sich. „Wahrscheinlich im *Sunday Telegraph*. Darin wurde ein Porträt von Victor veröffentlicht, in dem auch ich vorkam.“

„Genau das war's. Was geht in Ubomo vor? Sie wollten mich darüber informieren.“

„Ubomo steht vor den gleichen großen Problemen wie alle anderen afrikanischen Staaten auch: Stammesfehden, Bevölkerungsexplosion, Armut, Analphabetentum. Und seit dieser Verbrecher Taffari die Regierung übernommen hat, kommen vermutlich noch ein paar dazu – Einparteientyrannei etwa, Ausbeutung durch Ausländer und Korruption."

„Klingt wie die perfekte Staatsform", meinte Daniel ironisch.

„Ephrem Taffari hat sich zum Präsidenten auf Lebenszeit ernennen lassen. Sein Stamm, die Hita, mit einer Million in der Minderheit, herrscht über eine Mehrheit von drei Millionen aus anderen Stämmen, einschließlich der Uhali und meiner geliebten kleinen Bambuti."

„Erzählen Sie mir von Ihren Bambuti, dem ‚Volk der großen Bäume' ", forderte Daniel sie auf.

Sie lächelte erfreut. „O Danny, Sie kennen den Titel meines Buches!"

„Ich kenne nicht nur den Titel, ich habe es auch gelesen. Dreimal, um genau zu sein. Auch auf die Gefahr hin, daß es infantil klingt", neckte er sie mit ihrem eigenen Satz, „ich bin ein großer Fan von Ihnen."

„O Mann, das tut ja weh!" Bonny sagte zum erstenmal seit fünf Minuten etwas. „Ich hätte gern noch etwas Wein, falls das jemand interessiert."

Pflichtschuldig schenkte Daniel ihr nach, während Kelly ein Stück von ihrem Steak abschnitt.

Schließlich brach Daniel das peinliche Schweigen. „Sie wollten uns doch von den Bambuti erzählen, Kelly."

Kelly blickte ihn wieder an, antwortete aber nicht sofort. „Wie wäre es denn", sagte sie schließlich, „wenn ich Sie zu diesem Zweck in den Urwald mitnähme und Ihnen die Bambuti vorstellte, statt nur von ihnen zu erzählen? Dann könnten Sie sie in ihrer natürlichen Umgebung filmen, und ich könnte Ihnen Dinge zeigen, die kaum je ein Weißer zu sehen bekommen hat."

„Ich wäre sofort dabei, Kelly. Nichts, was ich lieber täte. Aber gibt's da nicht ein kleines Problem? Präsident Taffari würde Sie sicher am erstbesten Baum aufhängen, sobald Sie einen Fuß über die Grenze setzen."

Kelly lachte. „Unser Freund Ephrem hält nicht viel vom Hängen. Er bevorzugt miesere Hinrichtungsarten."

Daniel bemerkte, wie sehr ihm ihr Lachen gefiel. „Und wie wollen Sie dann ohne Taffaris Segen den Reiseführer spielen?"

„Ich habe fast fünf Jahre im Urwald von Ubomo gelebt. Taffaris Macht endet da, wo die Zone der großen Bäume beginnt. Ich habe viele Freunde. Taffari hat viele Feinde."

„Warum riskieren Sie Ihr Leben, Kelly? Welche Arbeit ist so wichtig, daß Sie sie ohne Unterstützung von außen, unter Androhung von Verhaftung und möglicherweise Tod, tun müßten?"

Sie sah ihn ernst an. „Im Urwald wartet eine Menge Arbeit auf mich. Ich habe unter anderem den Zwergwuchs der Pygmäen untersucht, um die Ursache für ihre Wachstumshemmung herauszufinden. Ich glaube, einen neuen Ansatzpunkt gefunden zu haben. Bisher haben sich alle Forscher auf Wachstumshormone konzentriert . . ." Sie hielt inne und lächelte. „Ich will Sie nicht mit den Einzelheiten langweilen, aber ich glaube, daß der Zwergwuchs mit fehlenden Hormonrezeptoren zusammenhängt."

„Oh, Sie langweilen uns keineswegs." Bonny bemühte sich nicht, ihren beißenden Spott zu verhehlen. „Wir sind fasziniert. Haben Sie die Absicht, den Pygmäen Injektionen zu verabreichen und sie alle in Riesen zu verwandeln?"

Kelly ließ sich nicht aus der Ruhe bringen. „Durch ihre kleine Gestalt sind die Bambuti dem Leben im Regenwald optimal angepaßt. Sie werden staunen, wie flink sie sich im Urwald bewegen. Sie können vor Ihren Augen einfach verschwinden." Sie sprach voll Zuneigung über diese Menschen, derer sie sich angenommen hatte.

Daniel bestellte Dessert und Kaffee, aber für Kelly war das Thema noch immer nicht erschöpft.

„Der andere Teil meiner Forschung ist noch wichtiger. Die Bambuti haben ein ungeheures Wissen über Pflanzen und ihre medizinischen Eigenschaften. Ich glaube, daß in diesen Pflanzen Heilsubstanzen für die meisten Leiden und Krankheiten der Welt stecken, sogar für Krebs und Aids."

„Schöne neue Welt", spöttelte Bonny.

„Sei still, Bonny!" fuhr Daniel sie an. „Das interessiert mich sehr. Wie weit sind Sie mit Ihrer Forschung?"

Kelly verzog das Gesicht. „Nicht so weit, wie ich gerne wäre. Die alten Frauen der Bambuti helfen mir, Blätter, Rinden und Wurzeln zu sammeln. Ich versuche, sie zu katalogisieren, zu testen und ihre aktiven Inhaltsstoffe zu isolieren. Aber mein Labor besteht aus einer Strohhütte, und jetzt habe ich kein Geld mehr."

„Ich würde es trotzdem gerne sehen."

„Das werden Sie", versprach sie. Sie war von Daniels Interesse an ihrer Arbeit so hingerissen, daß sie ihm die Hand auf den Arm legte. „Kommen Sie nach Gondala, wo ich lebe?"

„Sir Peter würde Ihnen das Rezept für das Mittel, mit dem man Aids heilen kann, sicher gerne abkaufen", erklärte die Kamerafrau, wobei sie auf Kellys Hand starrte, die auf Daniels gebräuntem muskulösem Unterarm ruhte. „BOSS könnte das Mittel über seine Pharmazieunternehmen vermarkten. Es wäre Milliarden wert . . ."

„BOSS? Sir Peter?" Kelly zog ihre Hand ruckartig zurück.

„Genau, meine Liebe", bestätigte Bonny genüßlich. „Tug Harrison finanziert Daniels Produktion in Ubomo. Dahinter steckt die Idee, daß Danny und ich der Welt zeigen werden, welch großartige Arbeit BOSS leistet. Der Film wird ‚Ubomo, richtungweisend für Afrikas Zukunft' heißen. Ist das nicht ein raffinierter Titel? Das wird sicher Dannys Meisterwerk werden, wenn –"

Kelly sprang auf. „Sie und dieses Monster Harrison?" schrie sie Daniel an. „Wie konnten Sie nur?" Sie wirbelte herum und rannte hinaus.

„Verflixt noch mal!" fauchte Daniel Bonny an. „Das hast du versaut! Da sind uns einzigartige Aufnahmen entgangen. Wir sprechen uns noch!"

Wütend eilte er Kelly Kinnear nach. In der Eingangshalle des Hotels war sie nicht, deshalb sprach er den Portier an. „Haben Sie eine Frau gesehen –" Er brach ab, als er Kelly auf der anderen Straßenseite entdeckte. Sie saß auf einer verstaubten 250er Honda, trat in diesem Augenblick auf den Kickstarter, und die Maschine brüllte auf. Hart riß sie den Lenker herum und zog das Motorrad in eine enge Kurve.

„Kelly!" rief Daniel. „Warten Sie! Lassen Sie mich doch erklären!"

Sie gab Vollgas. Das Motorrad bäumte sich auf und fuhr auf dem Hinterrad, als sie beschleunigte. „Verräter!" schrie sie, als sie mit wutverzerrtem Gesicht an ihm vorbeiraste. Daniel hätte schwören können, daß ihr Tränen über die Wangen liefen. Schon war sie mit dem Motorrad verschwunden.

Daniel marschierte zum Hotel zurück, in der Absicht, Bonny zur Rede zu stellen. Bevor er den Eingang erreichte, war er sich jedoch bewußt, welche Gefahr es bedeutete, wenn er es in seiner gegenwärtigen Stimmung zu einer Auseinandersetzung kommen ließ. Er konnte es sich nicht leisten, jetzt auch noch eine Kamerafrau zu verlieren. Es würde Wochen dauern, bis er Ersatz fand, und das könnte zu einer Annullierung seines Vertrages mit BOSS führen. Und damit wären seine Chancen, Ning Cheng und dem glücklichen Drachen auf die Spur zu kommen, endgültig auf den Nullpunkt gesunken.

AM NÄCHSTEN Morgen, als Daniel die Hotelrechnung nachprüfte, bevor er sie bezahlte, entdeckte er unter der Rubrik „internationale Ferngespräche" einen Posten über 120 Kenia-Shilling. Er sprach sogleich Bonny darauf an. „Hast du letzte Nacht ein Ferngespräch geführt?"

„Ich habe meine Mutter angerufen, um ihr zu sagen, daß es mir gutgeht. Mach mir deswegen bitte keine Vorwürfe, ja?"

Etwas in ihrer trotzigen Art beunruhigte ihn. Während Bonny hinausging, um die Verladung ihrer Videoausrüstung in das Taxi zu überwachen, rief er von der Telefonzelle in der Hotelhalle aus die Vermittlung an und fragte die Telefonistin nach der Nummer, mit der das Gespräch auf seiner Rechnung geführt worden war.

„London 727 6464, Sir."

„Verbinden Sie mich bitte damit."

Nach dem dritten Klingeln meldete sich eine Männerstimme. „Guten Morgen. Ja, bitte?"

„Mit wem spreche ich denn?" fragte Daniel. Der Mann am anderen Ende gab sich zurückhaltend. „Wen möchten Sie denn sprechen?"

Daniel glaubte, die Stimme zu erkennen, den starken afrikanischen Akzent. Er riskierte es. „Sind Sie das, Selibi?" fragte er auf suaheli.

„Ja, hier ist Selibi. Was soll ich meinem Herrn ausrichten?"

Daniel legte den Hörer auf und starrte ihn nachdenklich an. Selibi war Tug Harrisons Diener. „Das wird ja immer seltsamer", murmelte er. „Miß Bonny ist nicht ganz die Person, die sie zu sein vorgibt – es sei denn, ihre Mutter wohnt am Holland Park."

DIE MASCHINE der Air Ubomo war auf dem Flug nach Kahali ausgebucht. Die meisten Passagiere schienen Geschäftsleute zu sein, außer ein paar schwarzen Soldaten in Tarnanzügen. Touristen sah Daniel nicht – die ließen vermutlich noch auf sich warten, bis BOSS das neue Spielkasino eröffnet hatte.

Die Stewardeß war eine hochgewachsene Hita in hübscher Nationaltracht. Auf englisch und suaheli gab sie vor der Landung in Kahali die Anweisung, die Sicherheitsgurte anzulegen.

Die Blechdächer der Stadt blitzten unter ihnen, und dann setzte die Maschine heftig auf der staubigen Piste auf. Als die Türen des Flugzeugs geöffnet wurden, wallte Hitze herein, und Bonny und Daniel schwitzten, bevor sie das Flughafengebäude erreicht hatten.

Ein Offizier in dunkelgrünem Kampfanzug und mit kastanienbraunem Barett machte Daniel unter den Passagieren aus und kam ihm entgegen. „Ich bin Hauptmann Kajo", stellte er sich vor. „Während Ihres Aufenthaltes werde ich Ihr Begleiter sein. Der Präsident persönlich hat mich gebeten, Sie abzuholen, denn Sir Peter ist einer seiner besten Freunde. Der Präsident hat den Wunsch zum Ausdruck gebracht, Sie kennenzulernen, sobald Sie sich von der Reise erholt haben. Zu Ihrer Begrüßung in Ubomo hat er eine Cocktailparty arrangieren lassen."

Hauptmann Kajo sprach ausgezeichnet Englisch. Wie die meisten Hita war er schlank und groß, er überragte sogar Daniel um mehrere Zentimeter. Seine schwarzen Augen leuchteten, als er Bonny Mahon musterte.

„Das ist meine Kamerafrau, Miß Mahon", erklärte Daniel, und Bonny betrachtete Hauptmann Kajo ebenso aufmerksam.

Seit Daniel von ihrem heimlichen Anruf bei Tug Harrison erfahren hatte, sah er sie in ganz anderem Licht. Er traute ihr nicht mehr.

ES WAR Neumond, aber die Sterne schienen hell und klar, und ihr Licht spiegelte sich im Wasser des Sees. Kelly Kinnear saß im Bug des kleinen Holzbootes. Der Mastbaum knarrte unter dem sanften Druck der nächtlichen Brise, als sie über den See glitten.

Sie schaute zu den Sternen hoch. Diesen Anblick würde sie im Urwald vermissen, da die Sterne hinter dem hohen, undurchdringlichen Baldachin der Baumwipfel verborgen waren.

Doch Kelly freute sich beim Gedanken, bald wieder bei ihren Freunden zu sein, den Bambuti, die sie so sehr liebte. Aber sie hatte auch Angst vor den Gefahren, die sie auf der Reise erwarteten, bis sie das Gebiet der großen Bäume erreichen würde, wo sie in Sicherheit war. Und sie fürchtete, daß die politischen Veränderungen seit dem Putsch während ihrer Abwesenheit viel zerstört hatten. Immerhin war sie mit ihrem Anliegen bei ihrem Besuch in England und Europa auf großes Interesse gestoßen.

Dann dachte sie plötzlich an Daniel Armstrong, und sie fühlte sich wütend und unglücklich zugleich. Durch das blinde Vertrauen, das sie ihm geschenkt hatte, wirkte sein Verrat noch schändlicher. Sie hatte, als sie sich begegnet waren, ein positives Bild von ihm gewonnen. Nicht weil er gut aussah und redegewandt war, sondern weil er offensichtlich Verständnis für die Misere des armen, geschundenen Kontinents Afrika aufbrachte. Zunächst hatte er tatsächlich all die hohen Erwartungen erfüllt, die sie in ihn gesetzt hatte. Er war herzlich und zugänglich gewesen, und sie hatte gespürt, daß zwischen ihnen der Funke übergesprungen war. Nicht nur in geistiger, sondern auch in körperlicher Hinsicht hatte sie sich zu ihm hingezogen gefühlt.

Und dann diese plötzliche Enttäuschung! Er ist genau wie all die anderen, dachte sie wütend, ein bezahlter Scherge der Firma BOSS und dieses Ungeheuers Harrison. Sie versuchte, sich mit ihrem Ärger gegen das Verlustgefühl zu stemmen.

Vom Heck des Bootes rief ihr der Rudergänger leise etwas auf suaheli zu, und sie erhob sich und schaute nach vorn. Die Küste lag knapp einen Kilometer voraus, und sie konnte die flache Brandung bereits im Sternenlicht erkennen.

Ubomo. Sie kam nach Hause.

SIE SCHAUTE nach oben und beobachtete einen Schwarm grauer Papageien, die dreißig Meter über ihr kreischend an den Baumwipfeln entlangflogen. Der Pfad, der in den Urwald hineinführte, war zugewachsen. Wo das Sonnenlicht auf den Boden gedrungen war, wucherte jetzt dichtes Unterholz. Endlich entdeckte sie einen weiteren Pygmäenpfad, doch sie mußte sich bücken, um ihn beschreiten zu können. Der durchschnittliche Bambuti war mindestens dreißig Zentimeter kleiner als sie. Die Schneise durch das Dickicht war mit der Machete frisch herausgeschlagen worden. Messerscharfe Astenden befanden sich genau in Höhe ihres Gesichts und ihrer Augen. Sie hatte es gelernt, sich im Urwald mit großer Vorsicht und dennoch genauso flink wie die Pygmäen fortzubewegen.

Die Bambuti lachten sich halb tot, wenn sie sahen, wie ein gewöhnlicher *wazungu* durch den Urwald ging. *Wazungu* war das abschätzige Wort für jeden Fremden. Doch selbst Sepoo, einer der geachtetsten Jäger der Bambuti, gab zu, daß sich Kelly außerordentlich geschickt anstellte.

Bald hatte Kelly das Dickicht hinter sich gelassen. Hier, unter den hohen Bäumen, wurde das Sonnenlicht durch die verschiedenen Schichten von Laubwerk reflektiert, so daß es den ganzen Urwald in ein sattes Grün tauchte. Die Luft war warm und feucht und roch nach welkem Laub und Pilzen. Nach der Hitze, dem Staub und dem gnadenlosen Sonnenlicht draußen in der Savanne empfand Kelly dies als eine Erleichterung. Sie sog den Duft des Waldes tief ein und blinzelte, während sich ihre Augen an das veränderte Licht gewöhnten. Die großen Baumstämme gingen in das hohe Blätterdach über und verloren sich irgendwo oben in den grünen Höhen.

Abgestorbene Blätter bedeckten den Waldboden so dick und weich wie ein kostbarer Orientteppich. Kelly ging federnden Schritts, und das Laub raschelte unter ihren Füßen und warnte die Geschöpfe des Waldes vor ihrem Kommen. Es war unklug, auf eine der tödlich giftigen Ottern zu treten, die zusammengerollt auf dem Waldboden lagen.

Nach einer Weile blieb Kelly kurz stehen, um einen Grabstock abzuschneiden. Sie schärfte dessen Spitze mit ihrem Klappmesser, während sie weiterging. Dabei sang sie eines der Loblieder auf den

Urwald, die Sepoos Frau Pamba sie gelehrt hatte. Der Urwald war den Bambuti heilig, eine lebende Gottheit, die ihnen Schätze geben oder verweigern konnte, die gütig war oder aber Rache an denen übte, die ihre Gesetze mißachteten oder Schaden anrichteten.

Spätnachmittags begann es zu regnen. Es war einer dieser heftigen Gewitterregen, die täglich herunterprasselten. Die großen Tropfen fielen dicht und schwer wie Steine auf die Baumkronen. Wären sie mit dieser Wucht auf den nackten Boden gefallen, hätten sie die Muttererde weggespült und tiefe Furchen gegraben. Im Urwald aber brachen die Baumkronen die Wucht des Sturmes und dämpften den Aufprall der Wassertropfen, führten sie an den Stämmen der großen Bäume hinunter und leiteten sie langsam über den dicken Laubteppich zum Boden, so daß die Erde das Naß aufsaugen konnte.

Kelly streifte ihr Baumwollhemd ab und steckte es in eine der wasserfesten Außentaschen ihres Rucksacks. Damit die Riemen nicht in ihre nackten Schultern schnitten, schlang sie einen Gurt um den Kopf und hatte somit die Arme frei, genau wie die Pygmäenfrauen. Jetzt trug sie nur noch eine kurze Baumwollhose und ihre Leinenschuhe. Im Urwald erschien ihr das ganz natürlich.

Kelly genoß den Sprühregen auf ihrer Haut. Sie bewegte sich schnell, suchte nach Eßbarem, während sie lief. So pflückte sie etwa Pilze mit glänzenden Kappen und leuchtend orangefarbenen Lamellen, die zu den köstlichsten unter den rund dreißig eßbaren Arten des Regenwaldes zählten.

Als der Tag sich langsam dem Abend zuneigte, wurden die grünen Schatten dunkler. Plötzlich ertönte in unmittelbarer Nähe ein explosionsartiges Geräusch, das sich anhörte wie ein geplatzter Autoreifen. Kelly sprang unwillkürlich zurück.

Ihre Hand zitterte, als sie den Gurt von der Stirn riß und den Rucksack auf den laubbedeckten Boden fallen ließ. Blitzschnell griff sie in eine der Außentaschen und zog ihre Schleuder heraus.

Wegen ihrer Schleuder hatten die Bambuti ihr den Namen Kara-Ki, „kleine Jägerin", gegeben. Obwohl sie sie fröhlich neckten, waren sie wirklich beeindruckt, wie geschickt Kelly mit dieser Waffe umging. Selbst der alte Sepoo hatte nie mit der Schleuder umgehen können, obwohl Kelly ihn geduldig unterrichtet hatte. Am Ende hatte er seine Bemühungen mit der hochmütigen Erklärung aufgegeben, daß Pfeil und Bogen die einzig angemessene Waffe für einen Jäger seien.

Fest umfaßte sie die Gabel und zog das elastische Gummiband bis an ihr rechtes Ohr. Als Geschoß verwendete sie eine Stahlkugel. Auf dem Waldboden vor ihr bewegte sich etwas. Es sah wie ein Haufen abgestorbener Blätter aus, ocker- und lehmfarben gestreift und mit schwarzen Pfeilen gemustert, die das Auge täuschten. Kelly wußte, daß der Blätterhaufen in Wirklichkeit ein in sich verschlungener Schlangenleib war. Jede Windung war so dick wie ihre Wade, getarnt durch eine trügerische Färbung. Die Gabunviper ist neben der Mamba Afrikas giftigste Schlange.

Das Reptil hatte den Kopf zurückgezogen, der nun in der Mitte seines zusammengeringelten Leibes ruhte. Die Augen waren von der Farbe und Klarheit eines kostbaren Topases und ragten aus hornigen Auswüchsen hervor. Der Kopf der Giftschlange war größer als Kellys beide Fäuste zusammen. Eine gespaltene schwarze Zunge zuckte im leicht geöffneten Maul des Tieres.

Kelly zielte nur für einen Sekundenbruchteil und ließ dann das Gummiband los. Die silberne Stahlkugel summte im Flug, traf die Gabunviper an der Spitze ihrer Schnauze und zertrümmerte ihr den Schädel. Mit einem letzten explosiven Zischen wand sich die Schlange in Todesqualen. Kelly ging vorsichtig um sie herum und hielt den spitzen Grabstock bereit. Sie machte einen Ausfallschritt und preßte den zerschmetterten Kopf des Reptils mit dem Stock auf den Boden. Dort hielt sie ihn mit aller Kraft fest, während sich die Viper um den Stock schlängelte. Mit den Zähnen öffnete Kelly ihr großes Klappmesser und trennte den Kopf der Schlange mit einem einzigen Schlag vom Rumpf.

Nun war es Zeit, daß sich Kelly nach einem Lagerplatz umsah. Am Fuß eines der Baumstämme entdeckte sie eine natürliche Höhle, die ihr während der Nacht Schutz bieten würde.

Die Kunst des Feuermachens hatten die Bambuti nie ergründet, weshalb die Frauen stets glühende Kohlen bei sich trugen, wenn sie von Jagdlager zu Jagdlager zogen. Kelly aber betätigte ihr Feuerzeug, und in wenigen Minuten brannte am Fuß des Baumes ein hübsches kleines Feuer. Sie öffnete ihren Rucksack und holte Moskitonetz und Schlafsack heraus. Dann kehrte sie, mit Grabstock und Klappmesser bewaffnet, zu der getöteten Gabunviper zurück, schnitt ein dickes Stück aus der Mitte des Schlangenleibs heraus und häutete es mit geübten Schnitten. Das Fleisch war sauber und weiß. Sie trennte zwei dicke Filets ab und legte sie auf einen Rost aus grünen Zweigen über das Feuer. Dann streute sie ein paar Blätter von einem der aromatisch duftenden Büsche in das Feuer, und der Rauch würzte so das Fleisch. Während es briet, steckte sie die Pilze mit den orangefarbenen Lamellen auf einen anderen grünen Zweig. Sie legte ihn wie einen Grillstab übers Feuer und drehte ihn regelmäßig.

Die Pilze hatten einen kräftigen Geschmack wie schwarze Trüffeln, und das Fleisch der Schlange schmeckte wie eine Mischung aus Hummer und Hähnchen. Kelly konnte sich nicht erinnern, jemals ein köstlicheres Mahl zu sich genommen zu haben.

AM MORGEN badete sie in einem Fluß und flocht ihr Haar zu einem dicken, glitzernden Zopf. Sie aß die Reste des Schlangensteaks und der Pilze und marschierte weiter, sobald es hell genug war. Obwohl sie einen Kompaß im Rucksack hatte, orientierte sie sich zumeist an den Flechten und den Termitennestern, die sich nur an einer bestimmten Seite der Baumstämme befanden.

Am Nachmittag stieß sie auf einen Weg, dem sie in südwestlicher Richtung folgte. Binnen einer Stunde entdeckte sie einen Orientierungspunkt. Es war ein mächtiger alter Baum, der umgestürzt war und eine natürliche Brücke über einen der zahlreichen Wasserläufe bildete.

Sepoo hatte ihr einmal erzählt, daß diese Baumbrücke seit Anbeginn der Zeit dagewesen sei, was bedeutete, soweit er sich erinnern konnte. Zeit und Zahlen waren nach dem Verständnis der Pygmäen nicht faßbar. Sie zählten „eins, zwei, drei, viele". Im Urwald, wo die Jahreszeiten sich nicht auf Regenperioden oder Temperaturschwankungen auswirkten, paßten die Bambuti ihr Leben den Mondphasen an und begaben sich bei jedem Vollmond von einem Lager zum nächsten. Sie blieben nie so lange in einem Gebiet, daß sie den Wildbestand dezimierten oder die Waldlichtungen mit ihren Abfällen verunreinigten.

Kelly untersuchte die Baumbrücke genau, um abschätzen zu können, wann sie zuletzt benutzt worden war. Sie war enttäuscht, denn nach den Spuren zu urteilen, mußten die Bambuti schon vor einigen Wochen bei Vollmond weitergezogen sein. Also würde sie sie am nächstgelegenen Lagerplatz nicht antreffen.

Unmöglich ließ sich bestimmen, welche Richtung die Bambuti eingeschlagen hatten. Diese Entscheidung wurde, wie alle anderen des Stammes, im letzten Augenblick nach einer hitzigen Debatte gefällt. Kelly lächelte, als sie sich vorstellte, wie die Diskussion wahrscheinlich beendet worden war. Sie hatte das oft erlebt. Eine der Frauen hatte, verärgert über die Einfalt und Sturheit der Männer – auch die ihres eigenen –, plötzlich ihr Bündel ergriffen und war auf dem Pfad davongetrottet. Die anderen, viele von ihnen noch immer murrend, waren ihr in einer weit auseinandergezogenen Reihe gefolgt.

In der Gemeinschaft der Bambuti gab es weder Häuptlinge noch Führer. Jeder Erwachsene hatte, unabhängig vom Alter, gleiches

Stimmrecht. Nur bei wenigen Ausnahmen, so beispielsweise in der Frage, wann und wo die Jagdnetze auszubreiten seien, beugten sich die jüngeren Mitglieder des Stammes der Erfahrung der älteren.

Kelly setzte sich und dachte nach. Am besten, sie begab sich zur Siedlung Gondala, dem „Platz des glücklichen Elefanten". Irgendwann würden die Bambuti sich dort einfinden, sie mußte nur Geduld haben.

Sie saß noch eine Weile da und lauschte den Geräuschen des Waldes. Oben in den Wipfeln riefen und sangen Vögel, Affen schwangen sich krachend von Ast zu Ast oder stimmten ihr Klagegeheul an, während Buschböcke verstohlen über den laubübersäten Boden huschten.

Schließlich schulterte Kelly ihren Rucksack und lief auf Gondala zu. Immer häufiger entdeckte sie neben dem Pfad Zeichen und Wegmarken, die sie kannte: besonders geformte Baumstümpfe, auffällige Weggabelungen, Schnitte in Baumstämmen, die sie selbst vor langer Zeit mit ihrer Machete hineingeschlagen hatte. Sie kam ihrem Zuhause immer näher.

An einer Wegbiegung stieß sie plötzlich auf einen dampfenden Kothaufen, der kniehoch war. Sie hielt eifrig nach dem Elefanten Ausschau, von dem er stammte, aber der war bereits verschwunden. Ob es der „alte Mann mit nur einem Ohr" gewesen war, ein Elefantenbulle mit schweren Stoßzähnen, der sich gern in der Nähe von Gondala aufhielt?

Am nächsten Wasserlauf machte sie eine Pause, um zu baden, sich zu kämmen und ein T-Shirt anzuziehen. In wenigen Stunden würde sie daheim sein. Gerade als sie ihren Zopf geflochten und den Kamm weggesteckt hatte, erstarrte sie bei einem Geräusch, das bedrohlich klang. Sie sprang auf und griff nach ihrem Grabstock. Das Geräusch ertönte wieder, ein heiseres Knurren, das ihren Puls beschleunigte.

Es war ungewöhnlich, am hellichten Tag das Grollen eines Leoparden zu hören. Die gefleckte Raubkatze war ein Geschöpf der Nacht. Doch schon brüllte das Tier wieder, nicht allzuweit entfernt flußaufwärts. Kelly neigte den Kopf und lauschte. Irgend etwas an diesem Leoparden war seltsam. Ein Verdacht regte sich in ihr. Sie wartete geduckt und hielt den spitzen Grabstock stoßbereit. Eine lange Stille trat ein, und dann brüllte die Raubkatze wieder, keine fünfzehn Meter von der Stelle entfernt, an der Kelly hockte.

Dieses Mal wurde ihr Verdacht zur Gewißheit. Mit einem Schrei, der jeden Gegner das Fürchten lehrte, stürzte sie auf das Versteck des Raubtiers zu und schwang ihren spitzen Stock. Plötzlich bewegte sich etwas in den Blättern am Flußufer, und eine kleine Gestalt schoß hervor und huschte davon. Kelly holte mit ihrem Stock weit aus und schlug damit auf ein nacktes, braunes Hinterteil. Ein gequältes Heulen wurde laut.

„Du niederträchtiger alter Mann!“ schrie Kelly. „Du hast versucht, mir angst zu machen.“

Die kleine Gestalt sprang vor ihr über einen Busch und suchte dahinter Zuflucht.

„Du Teufel!“ Sie jagte ihn aus dem Busch heraus, und er schoß um diesen herum und kreischte in gespieltem Entsetzen und vor Gelächter.

„Ich hau dir den Hintern blau, daß du aussiehst wie ein Pavian!“ Kelly schwang ihren Stock. Sie rannten zweimal um das Gebüsch, und die kleine Gestalt schlug Haken, damit sie ihn verfehlte. Jetzt lachten sie beide. „Sepoo, du kleines Monster! Ich werde dir nie verzeihen!“ Kelly erstickte fast vor Lachen.

Am Ende mußte sie aufgeben und lehnte sich, vor Lachen erschöpft, auf ihren Stock. Sepoo ließ sich ins Laub fallen, schlug sich auf den Bauch und lachte, bis ihm die Tränen über die Wangen liefen. „Kara-Ki, die Furchtlose, hat Angst vorm alten Sepoo!“ Das war eine lustige Geschichte, die er für die nächsten Monde an jedem Lagerfeuer erzählen würde.

Kelly schaute ihn liebevoll an und fiel zuweilen in seine wilden Ausbrüche von Fröhlichkeit ein. Allmählich ließen diese nach, und schließlich hockten sie sich nebeneinander hin und unterhielten sich. Die Bambuti sprachen eine seltsame Mischung aus Suaheli, Uhali und Hita mit eigenem Akzent und vielen Redewendungen.

An diesem Morgen hatte Sepoo mit Pfeil und Bogen einen Colobusaffen erlegt. Jetzt machte er ein Feuer und kochte das Fleisch zum Mittagessen.

Als sie plauderten und aßen, spürte Kelly eine seltsame Stimmung bei ihrem Begleiter. Seine Miene wirkte nachdenklich. Kelly fragte ihn nach den anderen Angehörigen des Stammes und nach Pamba, seiner Frau.

„Sie schimpft wie ein Affe in den Bäumen, und sie grollt wie der Donner am Himmel.“ Nach vierzig Jahren Ehe grinste Sepoo voll unverhohlener Liebe. „Sie ist ein zänkisches altes Weib, aber wenn ich ihr sage, daß ich mir eine schöne junge Frau nehmen werde, antwortet sie, daß jedes Mädchen, das so dumm ist, mich zu nehmen, mich haben kann.“ Und er kicherte über den Scherz und schlug sich auf die Schenkel.

„Was ist mit den anderen?“ drängte Kelly, die nach dem Grund für

Sepoos Kummer suchte. Gab es Meinungsverschiedenheiten im Stamm? „Wie geht es deinem Bruder Pirri?"

Zwischen den Halbbrüdern herrschte Rivalität. Sepoo und Pirri waren die besten Jäger, die ältesten männlichen Angehörigen des kleinen Stammes. Sie hätten Freunde sein können, aber Pirri war kein typischer Bambuti. Sein Vater war ein Hita gewesen. Vor langer Zeit war ihre Mutter am Rand des Urwalds von einer Gruppe Hita-Jägern gefangengenommen worden. Vielleicht hätten sie sie einfach getötet, wenn sie ihrer überdrüssig geworden wären, aber bevor dies geschah, konnte sie entkommen. Danach wurde Pirri geboren. Er war größer als die Bambuti-Männer und hatte eine hellere Hautfarbe und feinere Gesichtszüge. Auch sein Charakter war anders, er benahm sich aggressiver und habgieriger als die anderen Stammesmitglieder.

„Pirri ist Pirri", erwiderte Sepoo ausweichend. Kelly spürte, daß es nicht sein älterer Bruder war, der ihm Sorgen machte.

Obwohl der Fußmarsch nach Gondala nur noch wenige Stunden dauerte, blieben die beiden den ganzen Tag am Feuer sitzen und redeten miteinander. Am Abend schnitt Kelly biegsame Gerten vom Selepebaum ab und steckte sie, wie Pamba es sie gelehrt hatte, in einem Kreis in die weiche Erde, bog sie nach innen und verflocht sie zu dem Gerippe einer traditionellen Bambutihütte. Sepoo brachte ihr Mongongoblätter, mit denen die Hütte gedeckt wurde. Als ein Unwetter losbrach, hockten die beiden geschützt in dem winzigen Gebilde, in dem ein fröhliches Feuer flackerte, und aßen den Rest des Affenfleisches.

Schließlich legte sich Kelly in der Dunkelheit auf ihre Luftmatratze, und Sepoo rollte sich dicht neben ihr auf einem weichen Laubhaufen zusammen, aber keiner der beiden schlief sofort ein. In der Dunkelheit fiel es Sepoo leichter, über seinen Kummer zu sprechen. „Bist du wach, Kara-Ki?" fragte er plötzlich.

„Ich höre, alter Vater", erwiderte sie.

„Mutter und Vater sind böse, Kara-Ki. Ich habe sie nie so böse erlebt."

Kelly wußte, daß er den Zwillingsgott des Waldes meinte, männlich und weiblich zugleich. „Das ist eine ernste Sache", erwiderte sie schließlich. „Was hat sie böse gemacht?"

„Sie sind verletzt worden", sagte Sepoo leise. „Die Flüsse sind rot von ihrem Blut."

Kelly schwieg. Wie konnten die Flüsse rot vom Blut des Waldes sein? überlegte sie. „Ich verstehe nicht, alter Vater. Was willst du mir damit sagen?"

„Meine wenigen Worte reichen nicht aus, das zu beschreiben“, flüsterte Sepoo. „Es hat einen schrecklichen Frevel gegeben, und Mutter und Vater sind voller Schmerz. Vielleicht wird der Molimo kommen.“

Kelly war während der Heimsuchung durch den Molimo nur einmal im Lager der Bambuti gewesen, wobei sie mit Pamba und den anderen Frauen in den Hütten hatte bleiben müssen. Aber sie hatte seine Stimme gehört, die wie das Trompeten eines wütenden Elefanten geklungen hatte.

„Was für eine Kreatur ist der Molimo?“ hatte Kelly am Morgen danach Sepoo gefragt.

„Der Molimo ist der Molimo“, hatte der Alte vieldeutig geantwortet. „Er ist das Geschöpf des Waldes. Er ist die Stimme von Mutter und Vater.“

Jetzt erklärte Sepoo, daß der Molimo wiederzukommen drohte, und Kelly erschauerte. Sie nahm sich vor, mehr über dieses Fabelwesen herauszufinden. Im Augenblick jedoch verdrängte sie diesen Gedanken und dachte über den Frevel nach, der irgendwo tief im Urwald begangen worden war.

„Sepoo“, flüsterte sie. „Wenn du mir über diese schreckliche Sache nichts erzählen kannst, wirst du sie mir zeigen?“

„Also gut, Kara-Ki. Morgen, bevor wir Gondala erreichen, werde ich dir die Flüsse zeigen, die bluten.“

Am Morgen war Sepoo wieder in Hochstimmung, gerade so, als ob ihre nächtliche Unterhaltung nicht stattgefunden hätte. Kelly gab ihm das Geschenk, das sie für ihn mitgebracht hatte, ein Schweizer Offiziersmesser. Sepoo war von den vielen Klingen und Geräten, die sich herausklappen ließen, ganz verzaubert und schnitt sich prompt daran. Er kicherte, saugte an seinem Daumen und streckte ihn dann Kelly als Beweis für die wunderbare Schärfe der kleinen Klinge hin.

Kelly wußte, daß er das Messer wahrscheinlich binnen einer Woche verlieren oder es spontan einem anderen Stammesangehörigen schenken würde. Doch im Augenblick war er vor Freude ganz hingerissen.

„Jetzt mußt du mir die blutenden Flüsse zeigen“, erinnerte sie ihn, als sie den Kopfriemen ihres Rucksacks zurechtrückte.

Einen Augenblick sah er traurig drein, doch dann grinste er. „Komm, Kara-Ki. Laß sehen, ob du dich noch wie ein richtiger Mensch im Wald bewegen kannst.“

Sepoo führte sie rasch über die verborgenen, unmarkierten Urwaldpfade. Er hüpfte wie ein Kobold vor ihr her. Wo Sepoo sich aufrecht bewegte, war Kelly gezwungen, sich unter den Ästen zu ducken,

und manchmal verlor sie ihn aus den Augen. Aber wie alle Pygmäen sang und lachte und schwatzte er unentwegt, während er vor ihr durch den Wald eilte.

Sie wußte, daß er so schnell ging, wie er konnte, um sie auf die Probe zu stellen und zu necken, und sie war entschlossen, nicht zu weit zurückzufallen. Als er viele Stunden später aus dem Wald ans Flußufer trat, war sie nur wenige Schritte hinter ihm.

Er grinste sie an, bis seine Augen in einem Netz von Falten verschwanden, und nickte anerkennend, aber Kelly interessierte sein Beifall nicht. Sie starrte auf den Fluß, einen der Nebenflüsse des Ubomo, der seine Quelle hoch oben in den Mondbergen hatte. Die Bambuti nannten ihn Tetwa, nach dem silbrigen Katzenfisch, den es im einst klaren Wasser im Überfluß gegeben hatte.

Doch das war einmal. Kelly starrte entsetzt auf das Wasser. Der Fluß war von einem Ufer zum anderen braunrot. Schwer und dumpf wälzten sich die Fluten dahin, dickflüssig wie Öl.

Die roten Ufer waren mit den Kadavern der Katzenfische übersät, die in ungeheuren Mengen übereinanderlagen. Der Gestank der verwesenden Fische war in der feuchten Luft unter dem Urwaldbaldachin unerträglich.

Als Kelly auf eine Sandbank trat, versank sie fast knietief im Schlamm. Sie nahm eine Handvoll davon und zerrieb ihn zwischen ihren Fingern. Er war so glitschig wie Fett, fein wie Töpferlehm und färbte ihre Haut dunkel. Sie versuchte ihn abzuwaschen, aber die Farbe blieb. Und schlimmer noch: Der Schlamm verströmte einen fremdartigen Geruch.

Sie watete zum Ufer zurück zu Sepoo. „Wie konnte das passieren, alter Vater? Was ist geschehen?“

Er wich ihrem Blick aus. „Ich weiß es nicht, Kara-Ki.“

„Warum nicht? Bist du nicht flußaufwärts gegangen, um es herauszufinden?“

„Ich hatte Angst, Kara-Ki“, murmelte er.

Kelly begriff plötzlich, daß dies für die Bambuti etwas Übernatürliches war. Aus Angst, etwas Schreckliches zu entdecken, wollten sie den erstickten Flüssen nicht stromaufwärts folgen. „Wie viele Flüsse sehen so aus?“ fragte sie.

„Viele, viele“, antwortete Sepoo, womit er mehr als vier meinte.

„Nenn sie mir“, bat sie, und er spulte die Namen all der Flüsse herunter, von denen sie jemals gehört hatte. Es schien, als sei das ganze Einzugsgebiet des Ubomo betroffen.

„Wir müssen flußaufwärts gehen“, erklärte Kelly entschlossen.

Sepoo sah sie todtraurig an. „Sie warten auf dich in Gondala", murmelte er.

Aber Kelly machte nicht den Fehler, sich auf eine Diskussion einzulassen. Das hatte sie von den Frauen des Stammes gelernt. Sie schwang ihren Rucksack auf den Rücken, rückte den Kopfbandriemen zurecht und marschierte flußaufwärts. Zweihundert Meter weit blieb sie dabei allein, und ihr Mut begann zu sinken, da sie sich in diesem Waldgebiet nicht auskannte. Dann hörte sie jedoch Sepoos Stimme dicht hinter sich. Er jammerte laut, betonte, daß er keinen Schritt weitergehen würde. Kelly grinste erleichtert und beschleunigte ihr Tempo.

Sepoo zuckelte hinter ihr her, schwor, daß er jetzt gleich umkehren würde. Als er merkte, daß Kelly nicht darauf einging, wurde sein Tonfall immer flehender. Dann begann er ganz plötzlich zu kichern und zu singen. Auf Dauer war es für ihn viel zu anstrengend, den Unglücklichen zu spielen. Kelly fiel in den nächsten Refrain seines Liedes ein. Bald huschte Sepoo an ihr vorbei und übernahm die Führung.

Die nächsten beiden Tage folgten sie dem Tetwa, und mit jedem Kilometer wurde sein Anblick beklagenswerter. Der rote Lehm wurde dick wie Haferbrei, in dem abgestorbene Wurzeln und Pflanzen steckten, deren Fäulnisgas Blasen warf. Dieser Gestank mischte sich mit dem toter Vögel und faulender Fische, die im Schlamm gefangen und erstickt waren.

Spät am Nachmittag des zweiten Tages erreichten sie die Grenze der Jagdgründe von Sepoos Stamm. Sepoo blieb am Ufer des Tetwa stehen und steckte seine Pfeile in den Köcher aus gerollter Rinde, der über seiner Schulter hing. Das war ein Zeichen für Mutter und Vater Urwald, daß er den geheiligten Ort ehren und keine Kreatur in diesem Bereich des Waldes töten würde. Dann sang er ein Pygmäenlied, um den Wald versöhnlich zu stimmen und um Erlaubnis zu bitten, ihn betreten zu dürfen.

Kelly hatte in allen Einzelheiten die Traditionen der Bambuti untersucht. Dieser Abschnitt des Waldes war die Pufferzone, die den Stamm von seinen Nachbarn trennte und territoriale Streitigkeiten zwischen ihnen verhinderte.

Kelly und Sepoo schlugen ihr Lager auf. In der Nacht regnete es, und Sepoo deutete es als Zeichen der Waldgottheiten, daß diese ihnen freundlich gesinnt seien und sie ihren Marsch flußaufwärts fortsetzen könnten.

Tags darauf, am Nachmittag, verharrte Kelly im Schritt und neigte den Kopf, als sie ein Geräusch vernahm, das sie nie zuvor im Urwald gehört hatte. Zuerst war es ein schwaches Brummen, von den Bäumen gedämpft, doch als sie weitergingen, wurde es mit jedem Meter lauter, bis es Kelly schließlich an das Grollen jagender Löwen erinnerte. Es war ein barbarisches Geräusch, das sie mit Verzweiflung erfüllte.

Jetzt floß der Tetwa nicht mehr, sondern war durch Baumstämme und Schlamm gestaut. An einigen Stellen war er über die Ufer getreten und hatte den Waldboden überflutet, so daß Kelly und Sepoo gezwungen waren, hüfttief durch den stinkenden Sumpf zu waten. Dann endete der Wald abrupt, und sie standen auf einer riesigen Lichtung. Grelles Sonnenlicht empfing sie an einer Stelle, an die Jahrmillionen lang kein Sonnenlicht gedrungen war.

Kelly bot sich ein Anblick, den sie sich nicht einmal in ihren schlimmsten Alpträumen vorgestellt hätte. Sie starrte auf das Bild des Grauens, bis sie es nicht länger ertragen konnte. Dann machte sie kehrt.

In dieser Nacht erwachte sie durch ihr lautes Weinen, und Sepoo streichelte sie, um sie zu trösten. Fünf Tage später, nach einem unendlich scheinenden Rückmarsch, erreichten Kelly und Sepoo Gondala.

GONDALA war einzigartig. Eine kleine Eingeborenensiedlung stand auf einer Lichtung mit gelbem Elefantengras, die zum Südende hin anstieg, wo sie an bewaldete Hügel grenzte. Dort sorgten große Bäume für Schatten und angenehme Kühle. Zwei kleine Flüsse begrenzten einen Teil des offenen Geländes, während man vom Hang aus über die Baumwipfel hinweg nach Nordwesten blicken konnte. Es war einer der wenigen Aussichtspunkte im Ubomobecken.

Kelly blieb wie immer am Waldrand stehen und schaute zu den fernen Gipfeln hinüber. Gewöhnlich waren die Mondberge hinter Wolken verborgen. An diesem Morgen aber überragte der Mount Stanley die Erhebungen entlang des Großen Grabenbruchs; seine schneebedeckte Spitze erstrahlte in eisigem Weiß und verlieh ihm eine geradezu übernatürliche Schönheit.

Kelly riß sich von diesem Anblick los und schaute über die Lichtung. Hier war sie zu Hause, in einem Gebäude aus Holz, Lehm und Stroh, für dessen Errichtung sie mit Hilfe ihrer Freunde fast drei Jahre benötigt hatte.

Die Pflanzungen lagen am Fuß der Hänge; sie wurden aus den Flüssen bewässert und waren zum Schutz vor den Tieren des Waldes eingezäunt. Sie versorgten den ganzen Stamm mit Nahrung.

Als Kelly aus dem Wald trat, entdeckten sie einige der Frauen. Augenblicklich rannten sie Kelly schreiend und freudig lachend entgegen, um sie zu begrüßen. Einige von ihnen waren Bambuti, aber die meisten zählten zum Stamm der Uhali, und sie trugen ihre Stammestracht, bunte lange Röcke. Sie scharten sich um Kelly und geleiteten sie zu ihrem Haus.

Aufgeschreckt durch den Lärm, trat eine einzelne Gestalt auf die breite Veranda ihres Hauses. Es war ein alter Mann, dessen Haar so weiß war wie der Schnee auf dem Mount Stanley. Er trug einen blaugrauen Safarianzug und Sandalen. Als er Kelly erkannte, lächelte er.

„Kelly!" rief er und streckte ihr beide Hände entgegen. „Ich habe mir schon Sorgen um Sie gemacht. Die Bambuti hatten Sie schon vor einigen Tagen erwartet. Es ist schön, Sie wiederzusehen."

„Die Freude ist ganz meinerseits, Herr Präsident."

„Aber, aber, Kelly! Das bin ich doch nicht mehr, zumindest nicht, wenn es nach Ephrem Taffari geht. Und seit wann sind wir wieder so förmlich?"

„Gut, also Victor." Sie lächelte. „Ich habe Sie so sehr vermißt und muß Ihnen so viel erzählen, aber ich weiß nicht, wo ich anfangen soll."

„Später." Er schüttelte den Kopf und umarmte sie. Sie wußte, daß er weit über sechzig war, doch der Expräsident strahlte die Tatkraft und Energie eines jungen Mannes aus. „Ich will Ihnen erst zeigen, wie gut ich mich in Ihrer Abwesenheit um Ihre Arbeit gekümmert habe. Ich hätte Wissenschaftler bleiben sollen, statt Politiker zu werden." Er ergriff ihre Hand und führte sie ins Nachbargebäude, in dem das Labor untergebracht war.

Präsident Victor Omeru hatte als junger Mann in London studiert. Er war als Diplomingenieur nach Ubomo zurückgekehrt und für kurze Zeit in der Kolonialverwaltung beschäftigt gewesen. Dann war er zum Führer der Unabhängigkeitsbewegung bestimmt worden. Doch sein Interesse an der Wissenschaft war geblieben.

Nachdem Omeru durch Ephrem Taffaris blutigen Staatsstreich gestürzt worden war, hatte er mit einer Handvoll getreuer Anhänger im Urwald Zuflucht gesucht – bei Kelly Kinnear in Gondala. In den vergangenen Monaten war die Siedlung zum Hauptquartier der Widerstandsbewegung gegen Taffaris Militärregime geworden.

Eine Stunde lang beschäftigten sich Kelly und Omeru mit wissenschaftlichen Aufzeichnungen, Objektträgern und Retorten. Später setzten sie sich dann auf die Veranda. „Victor", begann Kelly, „am Oberlauf der Flüsse im Urwald geschieht etwas Schreckliches. Etwas so Schreckliches, daß ich es Ihnen kaum beschreiben kann."

Er hörte ihr zu, ohne sie zu unterbrechen. „Taffari tötet unser Volk und unser Land", erklärte er grimmig, als sie geendet hatte. „Die Geier wittern den Tod in der Luft, und sie sammeln sich, aber wir werden sie aufhalten."

Kelly hatte ihn nie zuvor so wütend erlebt. Sein Gesichtsausdruck war wie versteinert.

„Sie sind mächtig, Victor. Reich und mächtig."

„Ja, und es gibt keine Macht, die sich mit der eines aufrechten Mannes und einer gerechten Sache messen kann", erwiderte er. Seine Kraft und seine Entschlossenheit wirkten ansteckend.

Kelly spürte, wie ihre Verzweiflung verflog. „Wir müssen einen Weg finden, um dieses Land zu retten", flüsterte sie.

6

DIE KOLONIALHERREN der viktorianischen Zeit hatten das Government House von Ubomo, das Regierungsgebäude, hoch über dem See mit Ausblick über das Wasser erbaut. Sie hatten Rasenflächen angelegt und mitteleuropäische Baumarten angepflanzt, um an zu Hause erinnert zu werden. An den Abenden wehte ein kühler Wind von den Mondbergen im Westen herüber und linderte die Hitze des Tages.

Das Government House war noch immer so, wie es die Kolonialherren errichtet hatten: Es ähnelte einem komfortablen Landhaus aus roten Backsteinen, das ringsum von einer breiten Veranda umgeben war. Victor Omeru hatte darauf verzichtet, Geld für prächtige öffentliche Gebäude auszugeben, solange sein Volk darbte.

An diesem Abend drängten sich Menschen auf der Veranda und dem Rasen, als Daniel Armstrong und Bonny Mahon in dem Landrover vorfuhren, der ihnen zur Verfügung gestellt worden war. Ein Armeeleutnant im Kampfanzug und mit einer Maschinenpistole über der Schulter winkte sie in eine Parklücke.

In den Jakarandabäumen hingen Scheinwerfer, und eine Militärkapelle spielte afrikanische Jazzrhythmen, die Daniels Stimmung hoben.

„Alles dir zu Ehren", neckte ihn Bonny.

Hauptmann Kajo, der sie am Flughafen begrüßt hatte, eilte auf sie zu, nachdem sie den Rasen betreten hatten. „Ah, Dr. Armstrong. Der Präsident hat schon nach Ihnen gefragt. Sie sind heute abend unser Ehrengast."

Er führte sie über die Vordertreppe und die Veranda ins Haus. Daniel erkannte Präsident Taffari sofort, obwohl er ihnen den Rücken zuwandte. Er war der größte im Raum, obwohl er von seinen Offizieren umgeben war, alles hochgewachsene Hita. Der Machthaber trug eine kastanienbraune kurze Uniformjacke, die er selbst entworfen hatte.

„Herr Präsident." Hauptmann Kajo verbeugte sich unterwürfig. „Darf ich Ihnen Dr. Armstrong und seine Kamerafrau, Miß Mahon, vorstellen?"

Taffari drehte sich um, so daß man die blitzenden Orden auf seiner Brust sah. „Dr. Armstrong!" rief er erfreut. „Ich bin ein großer Bewunderer Ihrer Arbeit. Niemand wäre besser geeignet als Sie, um mein Land der Weltöffentlichkeit zu präsentieren. Bis jetzt sind wir wegen dieses alten Tyrannen, den wir gestürzt haben, in der Isolation geblieben, doch nun ist es höchste Zeit, daß aus Ubomo endlich etwas wird. Sie werden uns helfen, mein geliebtes Land ins zwanzigste Jahrhundert zu führen."

„Ich werde alles tun, was in meiner Macht steht", versicherte Daniel vorsichtig. Er hatte nicht mit Taffaris Gewandtheit gerechnet. Der neue Machthaber war ausgesprochen gutaussehend, und er strahlte Selbstbewußtsein aus. Daniel war bereits einsfünfundachtzig groß, doch Taffari überragte ihn noch um einen halben Kopf.

Nun blickte der Präsident an Daniel vorbei zu Bonny Mahon. „Sie sind die Kamerafrau. Sir Peter Harrison hat mir ein Video der ‚Arktischen Träume' geschickt. Wenn es Ihnen gelingt, Ubomo mit dem gleichen Verständnis und Können ins Bild zu rücken, wäre ich sehr erfreut, Miß Mahon."

Er blickte auf ihren Busen und die großen, goldenen Sommersprossen auf ihrem Dekolleté.

„Sie sind sehr charmant, Herr Präsident", sagte sie.

Taffari lachte. „Wie finden Sie mein Land bisher?"

„Wir sind erst heute angekommen", entgegnete Bonny. „Aber der See ist herrlich, und die Menschen sind so gut gebaut. Vor allem die Männer finde ich imponierend." Sie sagte es so, daß es wie ein persönliches Kompliment klang.

„Die Hita sind in der Tat groß und schlank", stimmte Taffari zu. „Ganz im Gegensatz zu den Uhali – die sind klein und häßlich wie die Affen, sogar ihre Frauen." Die Offiziere seines Stabes, alle vom Stamm der Hita, lachten belustigt.

Bonny schluckte. „Wo ich herkomme, spricht man nicht verächtlich von anderen ethnischen Gruppen. So etwas nennt man Rassismus."

Er starrte sie einen Augenblick an. Offensichtlich war er nicht gewohnt, daß man ihm widersprach. Dann lächelte er kühl. „Miß Mahon, in Afrika sprechen wir die Dinge offen aus. Wenn Menschen häßlich oder dumm sind, dann sagen wir das. Das nennt man Stammeskunde."

Sein Stab brüllte vor Gelächter.

Nun wandte sich Taffari an Daniel. „Der britische Botschafter ist heute abend ebenfalls hier. Ich bin sicher, Sie werden ihn begrüßen wollen." Er beorderte Kajo zu sich. „Herr Hauptmann, führen Sie Dr. Armstrong bitte zu Sir Michael."

Bonny wollte Daniel folgen, aber Taffari hinderte sie daran, indem er ihren Arm berührte. „Gehen Sie noch nicht, Miß Mahon. Es gibt da ein paar Dinge, die ich Ihnen gerne erklären würde. Beispielsweise den Unterschied zwischen den Uhali und den hochgewachsenen Hita, die Sie so bewundern."

Bonny wandte sich wieder ihm zu und verschränkte herausfordernd die Arme unter ihren Brüsten.

„Sie sollten Afrika nicht nach europäischen Maßstäben beurteilen", fuhr Taffari fort. „Wir machen hier vieles anders."

Aus den Augenwinkeln sah Bonny, daß Daniel und Kajo bereits draußen auf der Veranda waren. Sie beugte sich vor. „Prima!" sagte sie zu Taffari. „Ich liebe alles, was neu und andersartig ist."

DANIEL ging die Treppe hinab, die zum Rasen führte, blieb kurz stehen und eilte dann auf eine vertraute Gestalt zu. „Sir Michael! Ist das auch wirklich wahr? Du hier als britischer Botschafter, altes Haus? Wer ist denn auf diese Schnapsidee gekommen?"

Michael Hargreave nahm Daniel in einem kurzen Anflug unbritischer und undiplomatischer Zuneigung beim Arm. „Hast du meinen Brief nicht erhalten? Alles kam sehr plötzlich. Die schleppten mich von Lusaka weg, bevor ich auch nur einen Ton sagen konnte. Dann gab's die große Zeremonie, mit dem Schwert auf beide Schultern, von Ihrer Majestät persönlich. ‚Erhebt Euch, Sir Michael', und schon hatte man mich hierher versetzt."

„Meinen Glückwunsch, Sir Michael. War längst überfällig. Du hast es verdient."

Hargreave wirkte verlegen. „Wo ist dein Drink, alter Junge? Rühr den Whisky nicht an. Ist hier gebrannt. Bin überzeugt, daß das in Wirklichkeit Krokodilpisse in Flaschen ist. Versuch lieber den Gin." Er winkte einen Kellner herbei.

„Wo ist Wendy?" fragte Daniel.

„Hab sie zum Packen zurück nach Lusaka geschickt. Der neue Knabe da hat sich bereit erklärt, sich um deinen Landcruiser und die Ausrüstung zu kümmern. Wendy wird erst in ein paar Wochen wiederkommen. Sie läßt dich übrigens herzlich grüßen."

Daniel war überrascht. „Wußte sie, daß du mich hier treffen würdest?"

„Tug Harrison hat Andeutungen gemacht, daß du in Ubomo auftauchen könntest."

„Du kennst Harrison?"

„Jeder in Afrika kennt Tug. Hat fast überall die Finger drin. Er bat mich, auf dich achtzugeben. Außerdem hat er mir erzählt, daß du Taffari filmen und dafür sorgen sollst, daß er und BOSS gut aussehen, stimmt das?"

„Ein bißchen komplizierter ist es schon, Mike."

„Wem sagst du das? Es gibt Komplikationen, die dir nicht mal im Traum einfallen würden . . ." Er zog Daniel von der Gästeschar weg, bis sie außer Hörweite waren. „Zuerst mal, was hältst du von Taffari?"

„Von dem würde ich keinen Gebrauchtwagen kaufen, ohne vorher die Reifen geprüft zu haben."

„Den Motor solltest du gleich mitprüfen, wenn du mich fragst." Michael Hargreave lächelte. „Alles deutet darauf hin, daß Idi Amin im Vergleich zu ihm wie Mutter Theresa abschneidet. Meine Freunde vom Geheimdienst glauben, daß er ein paar Nummernkonten bei Schweizer Banken besitzt und schon erkleckliche Beträge darauf überwiesen hat."

„Überrascht mich nicht. Das machen doch alle, oder?"

„Mehr oder weniger schon, das muß ich zugeben. Aber er ist ein richtiger Ausbeuter. Und die Uhali piesackt er ganz besonders. Hat den alten Victor Omeru über die Klinge springen lassen, der einer von der anständigen Sorte war, und jetzt nimmt er sich den Rest des Uhali-Stammes vor. Da sind üble Gerüchte im Umlauf. Wir billigen diese Entwicklung wirklich nicht. Selbst der Premierminister ist schon ein bißchen sauer auf Taffari, wobei mir einfällt – ich habe Neuigkeiten von einem Kumpel von dir."

„Ein Kumpel von mir?"

„Dem glücklichen Drachen – sagt dir das etwas? Die wollen hier ganz groß einsteigen. Und rate mal, wen die zu diesem Zweck hierherschicken."

„Ning Cheng", erwiderte Daniel ruhig. Er hatte es die ganze Zeit gespürt. Und das war auch der wirkliche Grund, warum er hier in Ubomo war. Hier würde er Cheng wiederbegegnen.

„Volltreffer! Ning Cheng kommt nächste Woche hier an. Taffari wird zu seiner Begrüßung wieder eine Party geben. Unser Freund Ephrem findet immer einen Grund zum Feiern, was?" Er hielt inne und starrte Daniel an. „Alles in Ordnung mit dir? Hast du vergessen, dein Malariamittel zu nehmen? Du siehst ja totenblaß aus."

„Mir geht's gut." Aber Daniels Stimme klang heiser. Wieder hatte er das schreckliche Bild des Bungalows in Chiwewe vor Augen, die Leichen von Mavis Nzou und ihren Kindern. Die Erinnerung daran erschütterte ihn. Er wollte an etwas anderes denken, an alles andere, nur nicht an Ning Cheng. „Erzähl mir alles, was ich über Taffari und Ubomo wissen muß", bat er Michael Hargreave.

„Da machst du mir's aber nicht leicht, mein Lieber. Fürs erste mußt du dich da mit ein paar Schlagworten zufriedengeben, fürchte ich, aber wenn du in der Botschaft vorbeischaust, kann ich dir sämtliche Informationen geben und dich mal in die Akten schauen lassen. Streng vertraulich, natürlich."

Daniel schüttelte den Kopf. „Wir fahren morgen am Seeufer entlang, um mit dem Filmen zu beginnen. Taffari hat uns seine ganze Marine zur Verfügung gestellt – ein ausgemustertes Schnellboot aus dem Zweiten Weltkrieg. Aber ich könnte morgen abend in der Botschaft vorbeikommen."

Als es Zeit zum Gehen war, schaute sich Daniel nach Bonny Mahon um, konnte sie aber nirgends entdecken. Er sah Hauptmann Kajo mit einer Gruppe Offiziere an der Bar stehen und ging zu ihm hinüber. „Ich möchte aufbrechen, Herr Hauptmann", erklärte er. „Haben Sie Miß Mahon gesehen?"

Einer der anderen Offiziere kicherte betrunken, und Kajo grinste. „Sie war vorhin hier", antwortete der Hauptmann. „Aber in der letzten Stunde habe ich sie nicht mehr gesehen. Sie muß schon gegangen sein. Ja, wenn ich jetzt darüber nachdenke, dann habe ich sie gehen sehen."

Daniel wandte sich ab und strebte dem Landrover auf dem Parkplatz zu. Er fuhr damit das kurze Stück bis zum Gästehaus der Regierung, das in der Dunkelheit lag. Bonny war vielleicht schon im Bett, schlief und hatte das Licht ausgemacht.

Vom Gin hatte er Kopfschmerzen bekommen. Er betrat das Gästehaus, suchte sein Zimmer auf, ging ins Bad und nahm drei Anadintabletten. Dann ließ er seine Kleidung auf den Boden fallen und kletterte ins Bett unter dem Moskitonetz.

Er erwachte, als Scheinwerferlicht über die Vorderseite des Gästehauses strich. Reifen knirschten auf der Kiesauffahrt, Stimmen waren zu vernehmen. Dann schlug eine Autotür zu, und der Wagen fuhr davon. Daniel hörte, wie Bonny die Verandastufen hochkam und die Eingangstür öffnete. Kurz darauf schloß sich ihre Schlafzimmertür.

DANIEL saß bei seiner zweiten Tasse Tee, als Bonny zum Frühstück auf die Veranda herauskam und sich ihm gegenüber an den Tisch setzte, ohne ihn zu begrüßen. Ihre Augen waren dunkel gerändert, und sie wirkte verkatert. Vom Koch des Gästehauses ließ sie sich Spiegeleier mit Speck bringen. Keiner der beiden sprach, während Bonny lustlos auf ihrem Teller herumstocherte. „Weißt du eigentlich, welches Risiko du eingehst?" fragte Daniel schließlich.

„Na, na – wir sind doch wohl nicht eifersüchtig? Woher weißt du, was ich getan habe?"

„Das ist kein großes Geheimnis. Jeder auf der Party hat es mitgekriegt. Du hast dich benommen wie eine kleine Nutte!"

Ehe sie antworten konnte, stand Daniel auf und ging in sein Zimmer, um seine Ausrüstung zusammenzupacken. Er war noch zu wütend, um mit ihr ein ernstes Gespräch zu führen.

Bevor er fertig war, traf Hauptmann Kajo mit seinem Landrover ein. Drei Soldaten begleiteten ihn. Sie halfen, die schwere Videoausrüstung hinauszutragen und einzuladen. Daniel ließ Bonny vorn neben Kajo sitzen. Er selbst setzte sich im Fond zu den bewaffneten Soldaten.

Die Stadt Kahali sah noch genauso aus, wie er sie von seinem letzten Besuch in Erinnerung hatte. Die Straßen waren breit und staubig. Die Gebäude wirkten wie die Filmkulisse in einem alten Western. Der Hauptunterschied, den Daniel bemerkte, war die Stimmung der Menschen. Die Uhali-Frauen trugen noch immer ihre farbenprächtigen knöchellangen Gewänder, aber auf kaum einem Gesicht entdeckte er ein Lächeln.

Das Schnellboot der Marine wartete am Kai auf sie. Matrosen in blauen Uniformen und ohne Schuhe trugen die Videoausrüstung über die Gangway, und der Kommandant schüttelte Daniel die Hand, als er an Bord kam. „Friede sei mit Ihnen", begrüßte er ihn auf suaheli. „Ich habe den Befehl, Sie hinzubringen, wohin Sie wollen."

Sie fuhren aus dem Hafen hinaus und schlugen einen nördlichen Kurs parallel zum Seeufer ein. Daniel stand auf dem Vordeck, und seine gute Laune kehrte rasch zurück. Das Wasser war von einem tiefen, herrlichen Blau, das im Sonnenlicht funkelte. Im Westen ragten die hohen, wolkenverhangenen Berggipfel auf.

Er drehte sich um und blickte zum offenen Kommandostand des Schnellbootes hoch. Bonny Mahon filmte. Sie balancierte die Videokamera auf der Schulter und hielt sie auf das Ufer gerichtet. Er schenkte ihr ein anerkennendes Lächeln. Mochte sie auch in persönlichen Dingen Probleme haben, bei der Arbeit war sie ein echter Profi. Wenn sie durch die Hölle gehen mußten, gelangen ihr vermutlich sogar gute Aufnahmen vom Teufel!

Er stieg unter Deck in den Kartenraum und breitete die Zeichnungen der Architekten auf dem Tisch aus, die BOSS ihm zur Verfügung gestellt hatte. Das Grundstück, das für den Bau des Hotels und des Kasinos ausgewählt worden war, befand sich zehn Kilometer nördlich in einer natürlichen Bucht, die Fischadlerbucht hieß und vor deren Einfahrt eine Insel lag. Der Ubomofluß, der von den verschneiten Bergen und dem Urwald her kam und sich über die Steilhänge des Grabenbruchs ergoß, mündete in diese Bucht. Auf den ersten Blick war sie für das geplante Ferienzentrum bestens geeignet. Daniel sah nur einen Haken: In der Bucht lag ein großes Fischerdorf. Er fragte sich, was Tug Harrison und Ning Cheng damit vorhatten. Der Gestank der Fische, die auf Gestellen in der Sonne trockneten, würde bei künftigen Gästen nicht gerade zur Steigerung des Erholungswertes beitragen.

Der Kommandant winkte Daniel durch die offene Luke zu sich herauf. Daniel verließ den Kartentisch und trat in dem Augenblick auf Deck, als das Schnellboot um eine Landzunge bog und sich die Fischadlerbucht vor ihnen öffnete.

Daniel sah sofort, woher sie ihren Namen hatte: Die vorgelagerte Insel war dicht bewaldet, und in den Bäumen hatten Hunderte brütender Fischadlerpaare ihre Nester gebaut. Mit ihrem rostbraunen Gefieder und ihren leuchtendweißen Köpfen waren die großen Vögel auf den Ästen leicht auszumachen.

Das Schnellboot ging vor Anker. Ein Schlauchboot wurde ausgesetzt, das Daniel und Bonny ans Ufer brachte.

Die Bucht war beeindruckend. Vulkanfelsen ragten steil aus dem blauen Wasser, und hellorangefarbene Sandbänke erstreckten sich zwischen den schwarzen Steinkolossen. Daniel und Bonny ließen Hauptmann Kajo und die beiden Matrosen am Ufer beim Schlauchboot zurück und bestiegen einen der Felsen. Sie wurden mit einem herrlichen Rundblick über die Bucht und den See belohnt.

An der Mündung des Ubomo lag das große Fischerdorf. Etwa zwanzig Boote befanden sich auf dem sandigen Ufer. Fischernetze waren zum Trocknen in der Sonne ausgebreitet, und der Geruch von Fisch drang bis zu ihnen auf den Felsen. Nackte schwarze Kinder planschten im flachen Wasser des Sees. Männer arbeiteten an den Booten oder flickten im Schneidersitz ihre Netze. Im Dorf sah man Frauen in langen Kleidern. Einige stampften Getreide in großen Holzmörsern, andere hockten an Kochfeuern.

Daniel zeigte auf die verschiedenen Dinge, die er im Film festhalten wollte, und Bonny befolgte seine Anweisungen und richtete die Kamera darauf.

„Was wird aus den Dorfbewohnern?“ fragte sie, während sie durch den Sucher blickte. „Laut Planung soll mit dem Bau des Kasinos in drei Wochen begonnen werden . . ."

„Ich nehme an, daß man sie woanders hinbringen wird", vermutete Daniel. „Im modernen Afrika werden Menschen von ihren Herrschern wie Schachfiguren bewegt . . ." Er hielt inne, beschattete seine Augen und spähte zu der Straße hinüber, die am Seeufer entlang nach Kahali führte. Eine rote Staubwolke erhob sich träge und zog über das blaue Wasser des Sees. „Laß mich mal durch dein Teleobjektiv schauen", bat er Bonny.

Sie reichte ihm die Kamera. Daniel stellte rasch die stärkste Vergrößerung ein und erkannte eine Fahrzeugkolonne, die sich dem Dorf näherte.

„Armeelastwagen", sagte er. „Und Tieflader . . . Sieht so aus, als würden auf diesen Tiefladern Bulldozer herbeigeschafft." Er gab ihr die Kamera zurück.

Bonny betrachtete die heranrückende Kolonne. „Vielleicht ein Manöver?" rätselte sie. „Dürfen wir das filmen?"

„Nirgendwo in Afrika würde ich es riskieren, eine Kamera auf etwas Militärisches zu richten, aber wir haben ja Präsident Taffaris ausdrückliche Erlaubnis. Also dreh!"

Schnell baute Bonny das leichte Stativ auf, das sie für extreme Teleaufnahmen benutzte, und nahm den heranrollenden Militärkonvoi ins Visier. Indessen trat Daniel an den Rand des Felsens und schaute zur Sandbank hinunter. Hauptmann Kajo und die Matrosen des Schnellbootes lagen ausgestreckt im Sand. Kajo schlief – offensichtlich mußte er sich von der Orgie des Vorabends erholen.

Daniel zog sich wieder zurück, um ihr bei der Arbeit zuzuschauen.

Der Konvoi näherte sich bereits dem Dorfrand. Ein Haufen Kinder und streunender Hunde rannte ihm entgegen. Die Kinder hüpften neben den Lastwagen her, lachten und winkten, während die Hunde aufgeregt kläfften. Die Fahrzeuge hielten auf dem Dorfplatz. Soldaten in Kampfanzügen, mit Schnellfeuergewehren bewaffnet, sprangen ab und formierten sich zugweise.

Einer der Offiziere, ein Hita, stieg auf das Fahrerhaus des ersten Lastwagens und wandte sich über Megaphon an die Dorfbewohner. Seine elektronisch verzerrte Stimme war auch auf dem Felsen zu vernehmen, auf dem Daniel und Bonny standen. Auf suaheli beschuldigte der Offizier die Dorfbewohner, sich an konterrevolutionären Aktivitäten beteiligt zu haben. Während er sprach, marschierte eine Abteilung Soldaten zum Ufer hinunter und umstellte die Fischer und ihre Kinder, die sich dort aufhielten. Sie trieben sie zum Dorfplatz.

Dort versteckten sich die Kinder hinter ihren Müttern, und die Männer gestikulierten wütend zu dem Offizier auf dem Fahrerhaus des Lastwagens hinauf. Doch schon begannen die Soldaten das Dorf zu durchstreifen, um sämtliche Bewohner aus ihren strohgedeckten Hütten zu holen. Ein alter Mann versuchte sich zu widersetzen, als man ihn aus seiner Hütte zog, und ein Soldat schlug mit dem Kolben seines Gewehrs auf ihn ein. Der Alte sackte auf die staubige Erde nieder, und sie ließen ihn einfach liegen. Unbeirrt zogen sie weiter, traten die Türen der Hütten ein und brüllten die Bewohner an.

Bonny schaute unverwandt durch den Sucher der Kamera. „Das ist einfach riesig! Einzigartige Aufnahmen, höchst preisverdächtig, ganz ehrlich!“

Daniel antwortete nicht. Ihre freudige Erregung ärgerte ihn. Er wußte, daß es nötig war, solch aufrüttelnde Szenen zu filmen, um die abgestumpften Fernsehzuschauer aus ihrer Lethargie zu reißen. Das Geschehen aber, dessen Zeuge sie hier wurden, war einfach zu widerlich!

Inzwischen hatten die Soldaten damit begonnen, die Fischer auf die bereitstehenden Lastwagen zu verladen. Frauen schrien und versuchten, im Gedränge ihre Kinder zu finden.

Die beiden gelben Bulldozer rollten von den Tiefladern. Einer von ihnen fuhr in eine enge Kurve und senkte das mächtige Planierschild, das im Licht der Nachmittagssonne glitzerte. Krachend bohrte es sich in die Wand der nächstgelegenen Hütte, und das Strohdach stürzte ein.

„Das hätte ich nicht besser inszenieren können“, murmelte Bonny. „Eine Wahnsinnsaufnahme!“

Die Frauen stimmten ein bedrückendes Klagegeheul an. Einer der Männer scherte aus und rannte auf ein nahes Getreidefeld zu. Ein Soldat brüllte einen Warnschrei, aber der Flüchtende rannte nur noch schneller. Eine kurze Salve aus einem automatischen Gewehr, und der Mann brach zusammen und blieb reglos im Staub liegen. Eine Frau, die ein Kind auf dem Rücken trug, schrie auf und rannte auf den Getöteten zu, doch ein Soldat versperrte ihr mit bajonettbewehrtem Gewehr den Weg und trieb sie zum Lastwagen zurück.

Jetzt ging alles sehr schnell. Binnen einer halben Stunde war die ganze Dorfbevölkerung auf die Lastwagen verladen und abtransportiert. Nacheinander stürzten die Hütten ein, niedergewalzt von den beiden Bulldozern.

„Ich hoffe nur, daß mir der Film nicht ausgeht“, bemerkte Bonny ängstlich.

Daniel hatte seit Beginn der Operation kein Wort gesagt. Er hatte im Bürgerkrieg mit ansehen müssen, wie Dörfer dem Erdboden gleichgemacht wurden. Er hatte Zwangsräumungen miterlebt, die im Zuge der südafrikanischen Apartheidpolitik durchgeführt wurden. Doch all dies hatte ihn nicht gegenüber dem Leiden des afrikanischen Volkes abstumpfen lassen. Er fühlte sich hundeelend, als er beobachtete, wie die gelben Bulldozer zum Ufer des Sees hinunterfuhren und die verlassenen Fischerboote wie Feuerholz zu einem Haufen zusammenschoben.

Vier Soldaten brachten die Leichen des Alten und des Mannes, der zu fliehen versucht hatte, und warfen sie auf den Scheiterhaufen aus Bootswracks. Einer der Soldaten schüttete Benzin darauf und schleuderte eine brennende Strohfackel auf den Haufen. Sogleich loderten die Flammen empor und brannten so heiß, daß die Soldaten zurückwichen.

Eine Pfeife schrillte, und die Soldaten formierten sich und stiegen auf die bereitstehenden Mannschaftswagen. Die gelben Bulldozer rollten auf die Tieflader zurück, und die ganze Kolonne fuhr davon. Stille kehrte ein – nur noch das leise Flüstern der Abendbrise und das ferne Prasseln der Flammen waren vernehmbar.

„Na schön." Daniel versuchte, einen emotionslosen Kommentar zu sprechen. „Das Grundstück für das neue Hotel ist geräumt. Taffari hat sein Volk einer glücklichen Zukunft ein gutes Stück näher gebracht . . ." Ihm versagte die Stimme. „Dieser Verbrecher!" flüsterte er. „Dieser mörderische, blutrünstige Verbrecher!"

Er merkte, daß er vor Empörung zitterte. Vom Rand des Felsens aus überblickte er die Bucht: Das Schnellboot lag dort noch immer vor Anker, und das Schlauchboot ruhte auf der Sandbank, von einem Soldaten bewacht. Hauptmann Kajo und die beiden Matrosen schliefen jedoch nicht mehr am Fuß des Felsens.

Daniel hielt nach Kajo Ausschau und entdeckte ihn schließlich. Er erkletterte einen halben Kilometer von ihnen entfernt einen weiteren Felsen, und seine Eile verriet Besorgnis. Kajo suchte nach ihnen, hielt alle paar Minuten inne, legte die Hände um den Mund und rief nach ihnen, wobei er sich immer wieder ängstlich umschaute.

Daniel duckte sich. „Niemand darf erfahren, daß wir das gefilmt haben", sagte er zu Bonny. „Das Material ist brandheiß!"

„Verstehe", erwiderte sie.

„Gib mir das Band. Ich kümmere mich darum, falls die Soldaten prüfen wollen, was du gefilmt hast."

Bonny nahm das Band aus der Kamera und reichte es ihm. Er

wickelte es in seine Buschjacke und verstaute sie unten in seinem Rucksack. „Also schön, verschwinden wir von hier. Kajo darf nicht erfahren, daß wir alles gesehen haben."

Bonny packte schnell ihre Ausrüstung zusammen und folgte Daniel, der landeinwärts auf der Rückseite des Felsens hinabkletterte und sich vom Seeufer entfernte. Innerhalb weniger Minuten befanden sie sich im hohen Gras der Savanne.

Daniel ging in einem weiten Bogen durch das Elefantengras, bis er in der Nähe der Einfahrt zur Bucht den See wieder erreichte. Sie kletterten hinunter ans Ufer, und Daniel legte eine Pause ein, damit Bonny verschnaufen konnte.

„Ich verstehe nicht", bemerkte sie keuchend, „warum die ausgerechnet in einem Gebiet, in dem sie ein Dorf ausradieren wollen, ein Filmteam rumlaufen lassen."

„Typisch afrikanisches Chaos", erklärte Daniel. „Da weiß die linke Hand nicht, was die rechte tut. Können wir weitergehen?"

Sie gaben sich ganz unbefangen, als sie von der anderen Seite her über den festen, feuchten Sand am Wasser entlangschlenderten. In der Ferne konnten sie das ans Ufer gezogene Schlauchboot sehen, aber das zerstörte Dorf war durch den vorspringenden Felsen verborgen.

Sie hatten etwa zweihundert Meter zurückgelegt, als Kajo sie von seinem Felsen aus anrief. Sie blieben stehen und schauten zu ihm hoch, winkten, als ob sie ihn gerade erst bemerkt hätten.

Kajo kletterte in großer Eile hinunter, rutschte und schlitterte an den steilen Stellen. Er war außer Atem, als er ans sandige Ufer sprang und schließlich vor Daniel und Bonny stand. „Wo sind Sie gewesen?" wollte er wissen.

„Da drüben", berichtete Daniel und deutete über die Schulter zurück. „Wir haben das Kasinogelände gefilmt. Jetzt wollen wir das Hotelgelände an der Flußmündung filmen, wo das Fischerdorf liegt . . ."

„Nein! Nein!" Kajo packte Daniel am Arm. „Das ist genug. Keine Dreharbeiten mehr. Wir müssen zurück zum Boot. Für heute ist Schluß."

Daniel diskutierte eine Weile mit ihm. Dann ließ er sich, Unwillen heuchelnd, zum Schlauchboot führen, das sie zum Schnellboot brachte.

Sobald Kajo an Deck gegangen war, sprach er im Flüsterton mit dem Kommandanten, und die beiden blickten zum anderen Ende der Bucht hinüber. Noch immer trieben Rauchschwaden von den brennenden Fischerbooten über das Wasser. Der Kommandant wirkte besorgt und gab Befehl zum Auslaufen.

Bevor Daniel Bonny daran hindern konnte, trat diese an die Heckreling und richtete die Sony-Kamera auf das Ufer. Hauptmann Kajo eilte die Schiffstreppe vom Kommandostand hinunter und rannte schreiend aufs Deck. „Nein! Warten Sie! Das dürfen Sie nicht filmen!"

„Warum nicht? Das ist doch nur ein Buschfeuer, oder?"

„Nein! Ja! Es ist ein Buschfeuer. Aber das ist streng geheim!"

„Ein streng geheimes Buschfeuer?" hänselte ihn Bonny, senkte aber gehorsam die Kamera.

Sobald sie allein waren, machte ihr Daniel Vorwürfe. „Paß ja auf! Der kleine Spaß hätte leicht ins Auge gehen können."

„Im Gegenteil", widersprach sie. „Ich habe Kajo davon überzeugt, daß wir unschuldig sind. Übrigens: Wann gibst du mir mein Videoband zurück?"

„Ich behalte es", antwortete er. „Kajo ist noch mißtrauisch. Ich mache jede Wette, daß er deine Ausrüstung kontrolliert, sobald wir Kahali erreichen."

Nach Einbruch der Dunkelheit kamen sie im Hafen an, wo das Boot an seinem Liegeplatz festmachte. Während ein paar Arbeiter Bonnys Kameraausrüstung vom Boot auf den Landrover der Armee umluden, verschwand plötzlich der Aluminiumkasten, in dem sich ihre Videobänder befanden. Obwohl Bonny Kajo anschrie und drohte, seine Unfähigkeit Präsident Taffari zu melden, lächelte der Hauptmann höflich. „Machen Sie sich keine Sorgen, Miß Mahon. Die Bänder werden sich wieder einfinden. Ich gebe Ihnen persönlich mein Wort darauf."

Am folgenden Morgen kam Kajo mit einem breiten Grinsen zum Gästehaus. Den verschwundenen Koffer hatte er dabei. „Alles da und korrekt, Miß Mahon. Einer der Arbeiter, ein dummer Uhali, hatte ihn verlegt. Ich möchte mich vielmals entschuldigen."

„Du kannst sicher sein, daß die sich jedes Band angesehen haben", versicherte ihr Daniel, nachdem Kajo gegangen war. Er tippte auf die zugeknöpfte Tasche seiner Buschjacke. „Ich werde das Band mit dem Überfall auf das Dorf zu Michael Hargreave in die britische Botschaft bringen. Dort ist es in Sicherheit. Kommst du mit?"

„Ich bin verabredet." Sie wirkte trotzig.

„Wenn du deinen neuen Freund besuchen willst, sei vorsichtig. Du kennst ja jetzt seinen Stil."

„Ephrem ist ein ehrenwerter Mann", entgegnete sie ungehalten. „Ich glaube nicht, daß er etwas von dem Überfall gewußt hat."

„Glaub, was du willst, aber erzähl niemandem von diesem Band. Nicht einmal Tug Harrison."

Bonny sah ihn bestürzt an. Sie war blaß geworden. „Wovon redest du?“

„Versuch niemals, mich für dumm zu verkaufen. Ich habe das Telefonat überprüft, das du vom Hotel in Nairobi aus geführt hast. Natürlich erstattest du Tug Harrison Bericht. Wieviel zahlt er dir dafür, daß du mir nachspionierst?“

„Du bist ja verrückt!“ Sie versuchte, dem Vorwurf mit Frechheit zu begegnen.

„Ja, wahrscheinlich bin ich das. Aber du bist es ebenfalls, wenn du Tug von diesem Band erzählst.“

Sie starrte ihn an, und er ließ sie stehen, stieg in seinen Landrover und fuhr den Hügel hinunter zur britischen Botschaft. Das Botschaftsgebäude war von Mauern umgeben, und Soldaten der persönlichen Leibwache von Präsident Taffari, die Kampfanzüge und kastanienbraune Barette trugen, bewachten die Tore. Michael Hargreave kam aus seinem Büro, um Daniel zu begrüßen.

„Morgen, Sir Michael.“

„Danny! Ich hab gestern abend mit Wendy gesprochen. Sie läßt dich grüßen.“ Noch immer fröhlich plaudernd, führte er Daniel in sein Büro, aber sobald er die Tür geschlossen hatte, wurde er ernst. „Ich habe Neuigkeiten für dich, Danny. Der Mann aus China ist eingetroffen. Landete heute morgen mit dem Firmenjet von BOSS. Anscheinend ist er über Nairobi aus Taiwan gekommen. Hat sich sofort ins Lake House bringen lassen, den Firmensitz von BOSS, um sein Amt als Koordinator anzutreten. Und Taffari wird am Freitag abend für ihn eine seiner Partys geben. Vermutlich wirst du eine Einladung aus dem Government House bekommen.“

Daniel lächelte grimmig.

Michael Hargreave schaute auf seine Armbanduhr. „Ich muß dich jetzt allein lassen, mein Lieber. Ob du's glaubst oder nicht, ich halte vor dem Rotary Club von Ubomo eine Rede. Die Akten, die ich dir versprochen habe, findest du bei meiner Sekretärin. Sie wird dir ein Büro zur Verfügung stellen. Schau dir die Unterlagen an, und gib sie ihr dann zurück. Und bitte keine Notizen oder Fotokopien, Danny. Nur lesen.“

„Danke, Mike. Du bist ein Held. Aber darf ich dich noch um einen Gefallen bitten?“

„Schieß los! Allzeit bereit.“

„Würdest du für mich einen Umschlag in deinem Privatsafe aufbewahren?“

Michael Hargreave legte den versiegelten Umschlag, der das Band vom Überfall auf die Fischadlerbucht enthielt, in seinen Tresor. Dann reichten sich die beiden Männer die Hand, und der Botschafter empfahl sich.

Als Daniel drei Stunden später die Botschaft verließ, hatte sich sein erster Eindruck von Ephrem Taffari vielfach bestätigt. „Das ist ein ganz harter und gerissener Bursche“, murmelte er, als er den Landrover anließ. „Er und Bonny Mahon haben gewiß viel Spaß miteinander.“

PRÄSIDENT EPHREM TAFFARI hatte zur Begrüßung von Ning Cheng eine Ehrenwache in kastanienbraunen Uniformen mit weißen Tropenhelmen vor dem Regierungsgebäude aufmarschieren lassen. Taffari trat auf den roten Teppich, um dem Chinesen die Hand zu schütteln. Er geleitete ihn auf die breite Veranda und ließ ihn in einem der geschnitzten Armsessel unter dem Deckenventilator Platz nehmen.

Ein Diener in knöchellangem weißem Gewand mit scharlachroter Schärpe und quastenbesetztem Fes erschien mit einem Silbertablett, auf dem gekühlte Gläser standen. Cheng nahm ein Glas frisch gepreßten Orangensaft.

Taffari – er trug eine sorgsam gebügelte Baumwollhose – setzte sich dem Chinesen gegenüber und schlug die Beine übereinander. Dabei lächelte er Cheng an. „Ich wollte, daß unsere erste Begegnung formlos und ganz entspannt verläuft“, erklärte er. „Sie werden also meine legere Kleidung und die Tatsache entschuldigen, daß ich keinen meiner Minister mitgebracht habe.“

„Natürlich, Herr Präsident.“ Cheng nippte an dem Orangensaft. „Ich bin ebenso erfreut über die Gelegenheit, Sie kennenzulernen.“

„Sir Peter Harrison hat eine hohe Meinung von Ihnen, Mr. Cheng. Er ist ein Mann, auf dessen Urteil ich großen Wert lege. Ich bin sicher, daß sich unsere Beziehung für beide Seiten lohnen wird.“

Sie tauschten weitere zehn Minuten Höflichkeiten aus, ehe sie allmählich auf den eigentlichen Grund ihrer Zusammenkunft zu sprechen kamen. Cheng zog aus der Innentasche seines seidenen weißen Tropenanzugs einen versiegelten Umschlag, auf dessen Rückseite ein Drachenmotiv geprägt war. „Mein Vater und ich möchten Ihnen versichern, Herr Präsident, daß unsere Bindung an Ihr Land unerschütterlich ist. Bitte nehmen Sie dies als ehrliches Zeichen unserer Freundschaft.“

Es klang so, als machte Cheng Taffari ein Geschenk, aber sie wußten beide, daß die Gabe Gegenstand intensiver und hart geführter

Verhandlungen gewesen war. Sir Peter Harrisons ganzer Einfluß war erforderlich gewesen, um das Geschäft für das Konsortium von BOSS und dem glücklichen Drachen zu sichern.

Der Umschlag enthielt die zweite Rate, die an Ephrem Taffari persönlich zahlbar war. Die erste Rate hatte er bereits vor zehn Monaten bei Vertragsunterzeichnung erhalten.

Präsident Taffari schlitzte den Umschlag auf und entfaltete die beiden Dokumente, die zum Vorschein kamen. Eines war der Einzahlungsbeleg für eines seiner Nummernkonten bei einer Schweizer Bank. Der Betrag belief sich auf zehn Millionen amerikanische Dollar. Das andere war ein in Luxemburg notariell beglaubigtes Anteilsübertragungsdokument. Genau dreißig Prozent des Aktienkapitals des Konsortiums waren jetzt auf den Namen Ephrem Taffari eingetragen. Der offizielle Name des Konsortiums lautete „Ubomo-Erschließungsgesellschaft", abgekürzt UEG.

Der Präsident steckte die Dokumente wieder in den Umschlag, den er in die Tasche seines Sporthemdes schob. „Die Dinge sind nicht so schnell vorangegangen, wie ich gehofft hatte", sagte er. Sein Tonfall war immer noch höflich, aber eine gewisse Schärfe schwang darin mit. „Ich hoffe, das wird sich mit Ihrer Ankunft ändern, Mr. Cheng."

„Ich bin mir der Verzögerungen bewußt. Wie Sie wissen, ist mein Projektleiter die ganze letzte Woche in Kahali gewesen. Er hat mir einen kompletten Lagebericht gegeben. Ich glaube, daß das bisherige Management, das von BOSS eingesetzt worden war, ein Teil der Schuld trifft. Vor allem vermisse ich die Entschlossenheit, alle verfügbaren Ressourcen zu nutzen." Cheng machte eine abschätzige Geste. „Mein Projektleiter meint, wir hätten zuwenig Arbeiter."

„Ich versichere Ihnen, Mr. Cheng, daß Sie alle erforderlichen Arbeiter bekommen werden. Ich habe meinen Offizieren den Befehl gegeben, alle politischen Häftlinge und Dissidenten zusammenholen und in die Arbeitslager in den Urwald bringen zu lassen."

„Werden dies Angehörige des Uhali-Stammes sein?" fragte Cheng.

„Natürlich", entgegnete Taffari.

„Was mich auf das Hotel- und Kasinoprojekt in der Fischadlerbucht bringt. Wie ich von meinem Projektleiter erfahren habe, ist dort, abgesehen von der Vermessung des Geländes, bisher nichts geschehen. Auf dem Gelände soll noch immer ein Fischerdorf stehen."

„Nicht mehr." Taffari lächelte. „Das Gelände wurde vor zwei Tagen geräumt. Das Dorf war ohnehin ein Zentrum konterrevolutionärer Aktivitäten. Meine Soldaten haben alle Unruhestifter verhaftet. Zweihundert Gefangene sind bereits auf dem Weg in das Konzessionsgebiet im Urwald und werden dort Ihre Mannschaft verstärken. Auf dem Hotelgelände kann jetzt mit dem Bau begonnen werden." Taffari schaute auf seine Armbanduhr. „Mr. Cheng, ich bestehe darauf, daß Sie mit mir essen. Es freut Sie vielleicht, bei dieser Gelegenheit einen anderen Gast in diesem Land kennenzulernen, ein Mitglied des Filmteams, das Sir Peter Harrison verpflichtet hat."

„Ach ja", antwortete Cheng ohne Begeisterung. „Sir Peter hat meinem Vater und mir erklärt, warum er eine Filmgesellschaft nach Ubomo eingeladen hat. Ich bin jedoch nicht sicher, ob ich seine Meinung teile. Es gibt das Sprichwort von den schlafenden Hunden, die man nicht wecken soll. Wir dürfen meiner Ansicht nach die Aufmerksamkeit der Weltöffentlichkeit nicht auf unsere Operationen lenken. Wäre es nicht besser, das Filmteam aus Ubomo zu entfernen?"

„Ich fürchte, dazu ist es zu spät." Taffari schüttelte den Kopf. „Aber wir können die Filmproduktion ja zensieren und alles entfernen, was uns daran nicht gefällt. Sir Peter hat eine Zustimmungsklausel in den Vertrag eingefügt. Wir können sogar das fertige Produkt völlig verhindern und alle Filmkopien vernichten, wenn wir das für ratsam halten."

„Sie treffen natürlich alle Vorsichtsmaßnahmen, um sicherzustellen, daß diese Leute keine unserer riskanten Unternehmungen zu sehen bekommen? Die Sträflingsarbeitslager, die großen Rodungsflächen und den Tagebau?"

„Vertrauen Sie mir, Mr. Cheng. Ich habe einen zuverlässigen Fliegerhauptmann, der diese Leute ständig begleitet." Beim Geräusch eines näher kommenden Fahrzeugs hielt er inne. „Ah! Das muß der Gast sein, über den wir sprachen, in Begleitung von Hauptmann Kajo."

„Die junge Dame?" fragte Cheng, als sie beobachteten, wie Bonny Mahon und Hauptmann Kajo über den Rasen auf sie zukamen.

Taffari kicherte. „Sie ist die Kamerafrau des Teams. Aber ich frage mich, ob es einen solchen Begriff überhaupt gibt." Er stand auf, um Bonny entgegenzugehen.

Cheng musterte die Frau, als Taffari sie zur Veranda führte. Sie hatte keine feinen Gesichtszüge. Ihre sommersprossige Haut und das kupferrote Haar stießen ihn ab. Sie lachte laut und vulgär, als sie mit Taffari scherzte. Cheng mochte Frauen nicht, die so stark und selbstbewußt wie Männer waren. Trotzdem erhob er sich höflich, lächelte und schüttelte ihr die Hand, da er sah, daß Taffari von ihr hingerissen war.

Er wußte, daß Taffari ein Dutzend Hita-Frauen hatte, die zu den schönsten des Landes zählten, aber er vermutete, daß der Präsident durch den Reiz des Neuen von diesem derben Geschöpf angezogen war. Glaubte Taffari, seinen Status aufwerten zu können, wenn er sich eine weiße Frau als Spielzeug nahm? Sicher würde er ihrer bald überdrüssig werden . . .

„Mr. Cheng ist der leitende Direktor der Ubomo-Erschließungsgesellschaft", erklärte Taffari Bonny. „Strenggenommen ist er somit Ihr Chef."

Bonny kicherte. „Nun, ich kann Ihnen versichern, daß wir hier sehr gute Arbeit leisten, Boß!"

„Ich freue mich, das zu hören, Miß Mahon." Cheng lächelte nicht. „Sie erfüllen eine wichtige Aufgabe. Was haben Sie bisher erreicht?"

„Wir haben hier in Kahali und am See gedreht. Dort haben wir bereits Aufnahmen von dem Gelände für das geplante Hotel gemacht."

Cheng und Taffari lauschten mit ernster Miene ihrem Bericht.

„Wenn wir hier fertig sind, fahren wir landeinwärts in ein Waldgebiet namens Sengi-Sengi. Habe ich das richtig verstanden, Herr Präsident?" Sie sah Taffari an.

„Völlig richtig, meine liebe Miß Mahon", versicherte ihr Taffari. „Sengi-Sengi ist das Versuchsprojekt der Gesellschaft für Waldnutzung."

Cheng nickte. „Ich werde es mir selbst ansehen, sobald sich eine Gelegenheit dazu bietet."

„Warum kommen Sie nicht nach Sengi-Sengi, während wir filmen?" schlug Bonny vor. „Die Produktion wird gewiß noch eindrucksvoller, wenn wir Sie mit im Film haben, Mr. Cheng." Sie hielt inne, als ihr ein anderer Gedanke kam, und wandte sich dann mit einem jungenhaften Grinsen an Ephrem Taffari. „Noch großartiger wäre es natürlich, wenn wir Sie ins Bild rücken könnten, Herr Präsident. Wir würden Sie auf dem Gelände des Sengi-Sengi-Projekts filmen, wie Sie über Ihre Hoffnungen und Träume sprechen."

Ephrem Taffari lächelte. „Ich bin ein vielbeschäftigter Mann. Ich glaube nicht, daß ich die Zeit dafür habe."

Aber sie spürte, daß er nicht abgeneigt war. Als Politiker gefiel ihm der Gedanke, sich einem breiten Publikum in positivem Licht zu zeigen. „Es wäre sehr wertvoll", fuhr sie fort, „sowohl für Ubomo als auch für Sie persönlich. Die Menschen in aller Welt wissen bisher nur wenig über Sie. Wenn man Sie aber auf dem Fernsehschirm sehen könnte, würde sich das bestimmt bald ändern."

Ihm gefiel der Gedanke ebenso wie die Schmeichelei. „Nun, vielleicht . . ."

DANIEL und Bonny fuhren, wie immer von Hauptmann Kajo begleitet, aus der Stadt hinaus. Obwohl die Strecke nur knapp vierhundert Kilometer betrug, dauerte die Fahrt zwei ganze Tage, da sie unterwegs immer wieder anhielten, um die abwechslungsreiche Landschaft und die Eingeborenen zu filmen.

Sie machten Aufnahmen von jungen Mädchen mit perlenbesetzten Röcken, die einander das Haar flochten. Sie filmten Herden von scheckigen Rindern mit mächtigen Hörnern und dicken Höckern vor dem Hintergrund flachkroniger Akazien und dem goldenen Grasland der Savanne.

Als sie schließlich am zweiten Tag auf einer Fähre den Fluß überquerten und den Saum des Urwaldes erreichten, war sogar Bonny von der Höhe der Bäume und dem riesigen Umfang ihrer Stämme beeindruckt. „Sie sind wie Säulen, die den Himmel tragen", hauchte sie, als sie die Kamera darauf richtete.

Zuerst folgten sie einer breiten Straße, die durch den feuchten und üppigen Urwald führte. Fünfzig Kilometer weiter bogen sie auf einen schmaleren Fahrweg ab, der frisch in den jungfräulichen Wald geschlagen worden war. Je tiefer sie in den Regenwald eindrangen, desto näher rückten die Bäume heran, bis schließlich ihre hohen Äste aneinanderstießen und sie wie durch einen grünen Tunnel fuhren. Oft bestand die Fahrbahn nur aus nebeneinandergelegten Baumstämmen, auf die eine Lage Feuersteinkies gestreut war, um den großen Lastwagen Halt zu geben.

Immer wieder entdeckten Daniel und Bonny am Rand der Urwaldstraße Hunderte von Männer und Frauen, die neue Baumstämme verlegten und Kies darauf verteilten, um die Oberfläche zu festigen.

„Was sind das für Leute?" fragte Daniel.

„Strafgefangene", erwiderte Kajo abfällig. „Wir lassen sie lieber hier bei der Arbeit ihre Schuld abbüßen, statt sie in Gefängnissen kostenlos zu ernähren."

„Eine Menge Strafgefangene für ein so kleines Land", stellte Daniel fest.

„Die Uhali sind eine Bande von Schurken, Dieben und Unruhestiftern", erklärte Kajo und erschauerte dann, als er auf das undurchdringliche Laubdickicht blickte. „Ich hasse den Urwald", fügte er mit unerwarteter Heftigkeit hinzu. „Es ist ein dunkler und böser Ort, nur für Affen geeignet und ihre Verwandten, die Bambuti-Pygmäen."

„Werden wir Pygmäen zu sehen bekommen?" fragte Bonny eifrig.

„Einige von ihnen treiben Handel entlang der Straße", murmelte

Kajo. „Aber die Mehrzahl haust tief im Urwald, die sehen Sie nie." Er hielt kurz inne. „Wir sollten all diese Bäume fällen und sie verkaufen und hier Weideland anlegen, um unser Vieh zu vermehren." Das sagte er mit der ganzen Leidenschaft, die ein Hita für seine Rinder aufbringt, den kostbarsten Besitz des Stammes.

„Wenn diese Bäume weg wären, würde es weniger regnen", entgegnete Daniel. „Dann würden die Flüsse austrocknen, die in den See münden und euch Wasser für eure Herden spenden. Alle Dinge in der Natur hängen voneinander ab. Wenn man eines zerstört, zerstört man alles."

„Es ist nicht erforderlich, daß Sie mich belehren, Dr. Armstrong!" fauchte Kajo ihn an, während er mit dem Lenkrad des Landrovers kämpfte, der über den Knüppeldamm holperte. „Ich habe an der Universität studiert, und ich kann tatsächlich lesen, so eigenartig das für Sie klingen mag. Ich kenne all diese elitären Theorien der Weißen, die Sie und Ihresgleichen verkünden . . ." Er holte tief Luft. „Verzeihen Sie, ich wollte Sie nicht kränken, aber wir Afrikaner müssen hier leben. Diese Bäume, die Sie so sehr bewundern, gehören uns. Wir haben eine schnellwachsende Bevölkerung, die versorgt werden muß. Wir brauchen Lebensmittel und Wohnungen und eine Ausbildung, und wir brauchen Land. Diese Urwälder sind Luxus für uns, wenn wir sie nicht nutzbar machen . . ."

Betrübt hörte Daniel zu. Kajo war ein gebildeter und intelligenter junger Mann. Wenn selbst er einen so kurzsichtigen Standpunkt vertrat, wie konnte es da Hoffnung geben, die unwissende Landbevölkerung zu überzeugen? Wenn die Afrikaner so weitermachten, würde sich eines Tages die Sahara von Kairo bis zum Kap der Guten Hoffnung erstrecken.

Schließlich kamen sie nach Sengi-Sengi. Die Urwaldstraße endete bei einer beachtlichen Siedlung auf einer großen Lichtung. Viele Bäume waren gefällt worden, um Platz für die Camps zu schaffen, in denen die Arbeiter wohnten, für Geräteschuppen und Verwaltungsgebäude.

Kajo parkte den Landrover vor dem Hauptgebäude. Er führte Bonny und Daniel die Stufen hoch. „Ich möchte Sie dem Projektleiter der UEG vorstellen."

„Was bedeutet UEG?" wollte Bonny wissen.

„Ubomo-Erschließungsgesellschaft", erwiderte Kajo.

Die Tür des Büros ging auf, und der Projektleiter kam lächelnd heraus. „Willkommen in Sengi-Sengi", sagte er, während er auf sie zutrat. Kajo stand vor Daniel, nahm ihm für einen Moment mit seinen fast zwei Meter Größe die Sicht. Jetzt trat er beiseite, und Daniel und der Projektleiter standen sich gegenüber.

„Mr. Chetti Singh", murmelte Daniel überrascht. „Ich hätte nie erwartet, Sie wiederzusehen."

Der bärtige Sikh erstarrte, als sei er gegen eine Wand geprallt.

„Sie kennen sich?" fragte Hauptmann Kajo. „Welch glücklicher Zufall!"

„Wir sind alte Freunde", erklärte Daniel. „Wir haben ein gemeinsames Interesse an wilden Tieren, besonders an Elefanten und Leoparden." Er streckte Chetti Singh die Hand entgegen. „Wie geht es Ihnen, Mr. Singh? Als wir uns das letzte Mal begegneten, hatten Sie doch gerade einen Unfall erlitten, nicht wahr?"

Chetti Singh war aschfahl geworden, aber er erholte sich rasch von dem Schrecken. Kurz blitzten seine Augen, und Daniel fürchtete schon, der Sikh würde sich gleich auf ihn stürzen. Dann ging er jedoch auf Daniels geheuchelte Freundlichkeit ein und streckte ihm seinerseits die Hand entgegen, aber es war die linke. Der rechte Ärmel seines Hemdes war leer, zurückgeklappt und an der Schulter festgesteckt. Daniel sah, daß dem Sikh der Arm unterhalb des Ellenbogens abgenommen worden war.

„Es ist in der Tat eine ungeheure Freude, Sie wiederzusehen, Dr. Armstrong!" Singhs Blick strafte seine Worte Lügen. „Danke für Ihr freundliches Mitgefühl, aber glücklicherweise bin ich wieder ganz genesen, abgesehen von einem unbedeutenden Körperteil, der mir fehlt." Er wackelte mit dem Armstumpf. „Macht weiter nichts, aber ich erwarte, daß ich von denen, die dafür verantwortlich sind, volle Genugtuung für den Verlust erhalte."

Sein Händedruck fühlte sich kalt an wie die Haut einer Echse.

Rasch zog der Sikh seine linke Hand zurück und begrüßte Bonny und Kajo sehr herzlich. Als er sich wieder Daniel zuwandte, lächelte er nicht mehr. „Sie sind also gekommen, Dr. Armstrong, um uns alle mit Ihrer Fernsehsendung berühmt zu machen. Dann werden wir ja richtige Filmstars . . ." Er starrte Daniel an wie die Schlange das Kaninchen.

Die unerwartete Begegnung hatte Daniel ebenso überrascht wie den Sikh. Natürlich hatte Michael Hargreave ihm erzählt, daß Chetti Singh den Angriff des Leoparden überlebt hatte, aber das war vor Monaten gewesen, und er hätte nie damit gerechnet, daß Chetti Singh hier in Ubomo auftauchen würde. Als er darüber nachdachte, erkannte er, daß er eigentlich darauf hätte vorbereitet sein müssen. Es gab eine enge Verbindung zwischen Ning Cheng und dem Sikh.

Wenn Cheng die Verantwortung in Ubomo übernahm, mußte er natürlich jemanden anheuern, der jeden Winkel dieses Gebietes kannte und der über ein verläßliches Netz von Informanten verfügte.

Augenblicklich wurde ihm klar, daß er sich in großer Gefahr befand. Chetti Singh würde versuchen, ihn zu töten. Daran gab es nicht den geringsten Zweifel. Der Sikh hatte hier das Sagen, und er konnte Zeit und Ort wählen, um sein Vorhaben in die Tat umzusetzen. Der einzige Fluchtweg aus Sengi-Sengi führte durch den Urwald. Und jeder Streckenabschnitt der Straße wurde vom Militär überwacht, das zahlreiche Straßensperren errichtet hatte.

Chetti Singh redete auf Hauptmann Kajo und Bonny ein. „Es ist bereits zu spät, um Sie jetzt noch herumzuführen. Außerdem werden Sie sich gewiß bald in die Quartiere begeben wollen, die wir für Sie vorbereitet haben . . .“ Er machte eine Pause und strahlte Bonny an. „Für Sie habe ich übrigens eine aufregende Neuigkeit. Soeben habe ich ein Telefax vom Regierungssitz in Kahali bekommen. Präsident Taffari kommt mit dem Hubschrauber nach Sengi-Sengi. Er wird morgen früh hier eintreffen, und er hat sein Einverständnis zu einem Interview auf dem Gelände gegeben. Das ist eine große Ehre. Präsident Taffari ist ein Mann, den man nicht unterschätzen sollte, und er wird vom leitenden Direktor der UEG begleitet, keinem Geringeren als Mr. Ning Cheng. Auch er ist eine eminent wichtige Persönlichkeit . . .“

Es regnete, als Chetti Singhs Sekretärin ihnen die Quartiere zeigte, drei kleine nebeneinanderliegende Räume in einer langen Baracke. Jeder Raum war spärlich mit dem Notwendigsten möbliert – Bett, Stuhl, Schrank und Schreibtisch. In der Mitte der Baracke befanden sich ein Gemeinschaftswaschraum und die Toiletten.

Daniel prüfte sein Quartier sorgfältig. Die Tür hatte ein Schloß, das so minderwertig war, daß man es jederzeit aufbrechen konnte. Abgesehen davon hatte Chetti Singh sicherlich einen Zweitschlüssel. Daniel machte sich auf einen unruhigen Aufenthalt gefaßt.

Schön, Leute, es wird also zum Kräftemessen kommen, dachte er mit einem schiefen Grinsen. Es darf geraten werden, wann Chetti Singh den ersten Angriff startet. Erster Preis ist eine Woche Ferien in Sengi-Sengi. Zweiter Preis sind zwei Wochen Ferien in Sengi-Sengi.

Das Abendessen wurde in der Kantine der Urwaldsiedlung serviert. Als Daniel und Bonny dort eintraten, trafen sie eine Gruppe taiwanischer und britischer Ingenieure an, die den Raum mit Zigarettenrauch und lärmendem Geplauder erfüllten. Bonny erregte als einzige Frau wie gewöhnlich Aufsehen, und sie wurde sofort vom britischen Kontingent vereinnahmt.

Daniel verabschiedete sich später, als Bonny mit zwei stämmigen Bergbauingenieuren Darts spielte, und kehrte in die Baracke zurück. Ehe er seinen Raum betrat, stieß er die Tür auf und wartete eine halbe Minute davor. Er horchte, ob sich in dem dunklen Raum jemand aufhielt. Dann schob er den Arm um den Türrahmen und schaltete das Deckenlicht ein. Erst daraufhin trat er vorsichtig ein. Er verschloß die dünne Sperrholztür und setzte sich auf das Bett, um seine Stiefel aufzuschnüren.

Es gab einfach zu viele Möglichkeiten, wie Chetti Singh ihn beseitigen könnte. Er wußte, daß er sich nicht auf alle vorbereiten konnte. In diesem Augenblick spürte er, daß sich etwas unter dem Bettzeug bewegte. Es war eine langsame, gleichmäßige Gleitbewegung unter der dünnen Decke, dann berührte etwas seinen Schenkel. Eisige Furcht schoß ihm das Rückgrat hoch.

Er wußte mit absoluter Sicherheit, daß das Ding unter der Decke eine Schlange war. Chetti Singh oder einer seiner Männer hatte sie dort hingelegt. Gewiß war es eine Giftschlange, eine Mamba etwa oder eine Waldkobra, schwarz und grausam wie der Tod.

Daniel sprang auf, und sein Herz hämmerte wild, als er sich nach einer Waffe umschaute. Er packte den wackeligen Stuhl und brach mit der Kraft, die ihm die Angst verlieh, ein Bein ab. Mit diesem Schlagstock in der Hand gewann er seine Selbstbeherrschung wieder. Als Wildhüter hatte er sich früher den entschlossenen Angriffen von Büffeln, Elefanten und großen Raubkatzen gestellt. Als Soldat war er mit dem Fallschirm über feindlichem Territorium abgesprungen und hatte Mann gegen Mann gekämpft, aber jetzt keuchte er und zitterte vor einer Schlange, die vielleicht nur in seiner Einbildung existierte.

Er faßte sich und griff mit der linken Hand nach dem Zipfel der Bettdecke, hob das Stuhlbein mit der anderen Hand und riß das Bettzeug zurück.

Eine gestreifte Waldmaus saß mitten auf dem weißen Laken. Sie hatte lange, weiße Barthaare, und ihre neugierigen Augen blinzelten, überrascht von der plötzlichen Helligkeit. Daniel blickte das winzige Geschöpf erstaunt an. Dann atmete er erleichtert auf. Die Maus piepste, sprang vom Bett und verschwand in einem Loch in der Wandverkleidung.

Daniel fiel auf das Bett und krümmte sich vor Lachen. „Meine Güte, Chetti Singh“, japste er schließlich. „Du bist wohl entschlossen, nichts auszulassen, was? Welche schändlichen Tricks hast du denn noch auf Lager?“

Der Hubschrauber flog aus östlicher Richtung ein. Sie hörten das Geräusch der Rotoren, lange bevor der Helikopter hoch über den Urwaldbäumen auftauchte. Er sank auf die Lichtung herab, und der Pilot stellte die Rotoren ab. Präsident Taffari sprang als erster heraus. Er sah in seinem Kampfanzug und den Springerstiefeln schneidig aus. Bonny richtete die Kamera auf ihn, und er warf ihr ein blendendes Lächeln zu und strahlte fast ebenso wie die Ordensspangen an seiner Brust. Dann trat er vor, um das von Chetti Singh geführte Empfangskomitee zu begrüßen.

Hinter ihm stieg Ning Cheng in einem cremefarbenen Tropenanzug über die Bordleiter aus dem Hubschrauber. Er schaute sich rasch um, als suchte er nach jemandem. Nur einen Augenblick sah er zu Daniel hinüber, ohne das leiseste Zeichen von Überraschung. Daniel wußte mit Sicherheit, daß es Chetti Singh gelungen war, den Chinesen vorzuwarnen. Auch Daniel hatte sich auf das Wiedersehen mit Cheng vorbereitet, aber dennoch empfand er dessen Anblick wie einen Schlag ins Gesicht. Er mußte sich zusammenreißen, um Präsident Taffaris Begrüßung mit Gleichmut über sich ergehen zu lassen.

„Ah, Dr. Armstrong! Wie Sie sehen, ist Mohammed zum Berg gekommen. Ich habe mir den Nachmittag freigenommen, um Ihnen beim Filmen zur Verfügung zu stehen. Was soll ich tun? Ich unterstehe Ihrem Befehl."

„Dafür bin ich Ihnen sehr dankbar, Herr Präsident. Ich habe einen Regieplan erstellt. Insgesamt werden die Dreharbeiten etwa fünf Stunden in Anspruch nehmen, einschließlich Maske und Probe . . ." Daniel widerstand der Versuchung, in Chengs Richtung zu blicken.

Da schaltete sich Chetti Singh ein: „Dr. Armstrong, ich möchte Ihnen den leitenden Direktor der UEG, Mr. Ning Cheng, vorstellen."

Als Daniel Cheng die Hand reichte, kam ihm die Szene beinahe unwirklich vor. „Ich glaube, wir kennen uns bereits", erklärte er lächelnd. „Wir sind uns kurz in Simbabwe begegnet, als Sie dort Botschafter waren. Vermutlich werden Sie sich nicht mehr daran erinnern."

„Verzeihen Sie." Cheng schüttelte den Kopf. „Im diplomatischen Dienst habe ich so viele Menschen kennengelernt."

Daniel fiel es schwer weiterzulächeln. Er hatte diesen Mann zuletzt am Fuß des Steilabbruchs im Sambesital gesehen, wenige Stunden bevor er die Leichen von Johnny und dessen Familie entdeckt hatte. Er hatte Lust, dem Chinesen die Faust ins Gesicht zu schlagen.

Sobald sich die Gelegenheit bot, wandte er sich ab. Zum erstenmal

171
TI

war ihm bewußt, daß ihm keine andere Wahl blieb: Er mußte Ning Cheng töten, bevor der Chinese ihn tötete. Er mußte den Schwur einlösen, den er angesichts der Leiche seines Freundes abgelegt hatte. Das war er Johnny Nzou einfach schuldig.

„MAN KÖNNTE glauben, ich stünde auf der Kommandobrücke eines Zerstörers . . .“ Ephrem Taffari lächelte in das Objektiv von Bonnys Kamera, „aber ich versichere Ihnen, daß ich mich ganz woanders aufhalte. In Wirklichkeit befinde ich mich im Steuerstand einer mobilen Schürfanlage, die die Bezeichnung *Mobile Mining Unit ‚Number One‘* trägt. Sie wird hier aber nur liebevoll nach ihrer Abkürzung MOMU 1 genannt.“

Um Taffari drängten sich Angestellte der Ubomo-Erschließungsgesellschaft. Der Oberingenieur und der Geologe hatten dem Präsidenten genau gesagt, was er vorzutragen hatte, und sich davon überzeugt, daß er alle technischen Einzelheiten verstanden hatte.

Daniel führte bei dieser Szene Regie, und Chetti Singh und Ning Cheng waren Zuschauer. Bonny hatte sich persönlich um Taffaris Make-up gekümmert.

„Ich schwebe fast fünfundzwanzig Meter über dem Boden“, fuhr Taffari fort. „Und ich bewege mich dabei mit der atemberaubenden Geschwindigkeit von hundert Metern pro Stunde vorwärts. Dieses Vehikel, mit dem ich unterwegs bin, wiegt gut tausend Tonnen . . .“

Daniel machte sich Notizen auf seinem Regieplan, während Taffari sprach. An dieser Stelle würde er eine Totale des gigantischen, auf mehreren Ketten fahrenden MOMU-Fahrzeugs einschneiden. Stählerne Hydraulikstützen hielten den Steuerstand stets in der Waagerechten, wobei sie die stark schwankenden Bewegungen der Ketten ausglichen, die sich über der Oberfläche des Waldbodens hoben und senkten.

Taffari deutete über das Geländer nach vorn. „Dort unten befindet sich das Maul des Ungeheuers. Gehen wir doch einmal runter und sehen es uns genauer an.“

Vorn, am Ende eines langen Auslegers, hing das mächtige Schaufelrad des Baggers, der damit aussah wie eine stählerne Giraffe, die den Hals zu einem Wasserloch hinabbeugte. Das Schaufelrad drehte sich, fräste die Erde heraus und warf sie nach hinten auf ein Förderband.

„Diese Bagger arbeiten Tag und Nacht und können bis zu zehn Meter tief graben“, erklärte Taffari, als er am Fuß der Leiter stand. „Sie heben einen sechzig Meter breiten Graben aus und fördern über zehntausend Tonnen erzhaltiges Gestein in der Stunde.“

Daniel, der ebenfalls hinabgestiegen war, schaute in den tiefen Graben hinunter, den MOMU 1 in der roten Erde hinterließ. Der geeignete Ort, um eine Leiche verschwinden zu lassen. Seine Leiche. Unvermittelt blickte er auf. Ning Cheng und Chetti Singh beobachteten ihn aufmerksam vom Steuerstand aus, fast fünfundzwanzig Meter über ihm. Sie hatten die Köpfe zusammengesteckt und sprachen miteinander. Ihre Stimmen waren beim Lärmen des großen, rotierenden Schaufelrads und des laut ratternden Förderbandes nicht vernehmbar. Für einen Moment trafen sich ihre Blicke, dann schauten die beiden beiseite.

Daniel stieg wieder ein Stück weit die stählerne Leiter zum Steuerstand hoch, wobei er sich unwohl fühlte. Aus halber Höhe konnte er in die Gesteinsmühlen von MOMU 1 hinabschauen. Vier mächtige Stahltrommeln drehten sich unter ihm in einer Anlage von vierzig Meter Länge, und jede dieser Trommeln war mit tonnenschweren gußeisernen Kugeln gefüllt. Wenn die rote Erde aus den ausgefrästen Gräben über das Förderband in die Gesteinsmühlen gelangte, wurden darin enthaltene Klumpen und Steine zwischen den sich drehenden Eisenkugeln zu feinem Pulver zermahlen. Aus den Mühlen gelangte es dann in die Scheidebehälter.

Daniel kletterte wieder nach unten, wo Taffari vor Bonnys laufender Kamera mit seinen Erklärungen fortfuhr.

„Die beiden wertvollen Mineralien, die wir abbauen, sind entweder sehr schwer oder magnetisch. Die seltene Mineralerde Monazit etwa wird von mächtigen Elektromagneten angezogen – der Rest wandert in die Scheidebehälter. Dort werden die leichteren Stoffe ausgeschwemmt, während das schwere Platinerz zurückbleibt. Dieser Teil des Scheidevorgangs ist sehr problematisch. Würden wir chemische Katalysatoren benutzen, wäre das Abwasser giftig. Es würde von der Erde aufgesogen und durch den Regen in die Flüsse gespült und alles töten, was mit ihm in Berührung kommt – Tiere, Vögel, Insekten, Fische und pflanzliches Leben. Als Präsident der Demokratischen Volksrepublik Ubomo habe ich die eindeutige Anweisung gegeben, daß keinerlei chemische Reagenzien irgendwelcher Art bei der Platingewinnung in diesem Land benutzt werden dürfen." Taffari blickte in die Kamera. „In dieser Hinsicht können Sie sich auf mein Wort verlassen."

Er wirkte höchst überzeugend. Wer seiner tiefen, Vertrauen ausstrahlenden Stimme lauschte und in sein ernstes Gesicht blickte, zweifelte nicht an seiner Aufrichtigkeit. Selbst Daniel war beeindruckt. „Schnitt!" rief er. „Das war ausgezeichnet, Herr Präsident. Vielen

Dank. Wenn Sie jetzt zum Mittagessen gehen, machen wir hier fertig. Und heute nachmittag drehen wir die Schlußszenen mit den Landkarten und den Maschinenmodellen."

Wie ein turbangeschmückter Geist tauchte Chetti Singh auf, der Taffari zum Camp zurückfuhr, wo ein üppiges Büffet auf ihn wartete. Daniel und Bonny drehten währenddessen die letzten Szenen auf MOMU 1. Um drei Uhr hatten sie alle Einstellungen auf Videoband, die sich Daniel gewünscht hatte, und als sie schließlich im Camp von Sengi-Sengi ankamen, war der Präsident gerade mit dem Essen fertig.

In der Mitte des Konferenzraumes in der Verwaltungsbaracke stand die maßstabsgetreu verkleinerte Nachbildung einer MOMU-Einheit. Am Modell sollte der ganze Vorgang veranschaulicht werden. Dazu zählten auch die vorausfahrenden Holzfällmaschinen und Bulldozer, die eine breite Schneise in den Urwald schlugen.

Daniel plante, einige Tage lang auch diese Arbeit zu filmen. Das Fällen der riesigen Bäume würde ausgezeichnetes Material ergeben. Von den gelben Bulldozern, die die Stämme aus dem Regenwald schleppten, und den Holzfällern, die sie auf große Laster luden, versprach er sich beeindruckende Bilder.

Bis dahin mußte Daniel den Tag nutzen, an dem ihm Taffari zur Verfügung stand. Er beobachtete, wie Bonny mit dem Präsidenten flüsterte und kicherte, während sie sein Gesicht puderte. Es war nicht zu übersehen, daß sie ein Verhältnis hatten.

Sie betrachtet sich wohl schon als First Lady von Ubomo, dachte Daniel erstaunt. Sie hat nicht die leiseste Ahnung, wie die Hita ihre Frauen behandeln.

Er unterbrach ihre Turtelei. „Wenn Sie bereit sind, Herr Präsident, wäre es schön, wenn Sie sich hier neben diesen Tisch stellen würden. Bonny, ich möchte zuerst eine Aufnahme von dieser Seite . . ."

Taffari begab sich auf seinen Platz, und sie probten die Szene.

„Sehr gut, Sir. Jetzt drehen wir. Bist du bereit, Bonny?"

Taffari benutzte seinen Marschallstab aus poliertem Elfenbein und Rhinozeroshorn, um auf die einzelnen Teile des Modells zu zeigen, das vor ihm auf dem Tisch stand. „Wie Sie sehen, ist die Schürfspur, die durch den Urwald führt, nur sechzig Meter breit. Es stimmt, daß entlang dieser Spur alle Bäume gefällt werden und das Unterholz geräumt wird, damit die MOMU-Einheit ungehindert arbeiten kann." Er legte eine Pause ein und schaute dann in die Kamera. „Dies ist keine mutwillige Zerstörung, sondern ein Erntevorgang. Durch diese schmalen Streifen ist weniger als ein Prozent des Urwaldes betroffen. Außerdem folgt der MOMU-Einheit ein Konvoi von Bulldozern, der den Schürfgraben wieder auffüllt und die Erde planiert. Nun kommen die Botaniker zum Zug, die die gerodeten Flächen wieder bepflanzen. Manche Setzlinge sind schnell wachsend, damit die Erde rasch bedeckt wird, andere werden erst in fünfzig Jahren ausgewachsen sein. Diese Operation ist so geplant, daß wir pro Jahr nicht mehr als ein Prozent des Urwaldes fällen." Er lächelte zuversichtlich in die Kamera. „Auch in tausend Jahren werden die Urwälder von Ubomo noch ihre Schätze bereithalten und ein Hort für alle lebenden Geschöpfe sein."

Daniel hatte den Beweis dafür selbst gesehen. Die schmale Schneise, die sich durch den Urwald zog, bedrohte keine Wildtierart ernstlich in ihrem Bestand. Taffari sprach einen Gedanken aus, von dessen Richtigkeit auch Daniel überzeugt war: das Abzielen auf langfristige Erträge, auf eine maßvolle, sorgfältig geplante Nutzung der Ressourcen der Erde. Für den Augenblick war seine Feindseligkeit gegenüber Taffari verflogen. Er hatte sogar das Gefühl, ihm Beifall zollen zu müssen.

CHETTI SINGH saß auf der Ladefläche des geparkten Landrovers und glättete das Dokument auf seinem Schenkel mit der linken Hand. „Dieses Papier nimmt der Sache den ganzen Spaß", bemerkte er.

„Es ist nicht als Spaß gedacht", erwiderte Ning Cheng gleichmütig, „sondern soll ein Geschenk für meinen ehrenwerten Vater sein. Es bedeutet Arbeit."

Chetti Singh lächelte unsicher. Ihm gefiel die Veränderung nicht, die in Cheng seit dessen Rückkehr aus Taipeh offensichtlich vorgegangen war, die neugewonnene Energie, die er ausstrahlte. Chetti Singh stellte zum erstenmal fest, daß er Angst vor dem Chinesen hatte.

„Dennoch geht die Arbeit besser voran, wenn sie Spaß macht", wandte der Sikh wagemutig ein, doch als Cheng ihn mit unerbittlichem Blick fixierte, schaute er wieder auf das Dokument und las:

DEMOKRATISCHE VOLKSREPUBLIK UBOMO

Vom Präsidenten persönlich erteilte Jagdlizenz

Dem Inhaber, Mr. Ning Cheng, oder einem von ihm beauftragten Jagdführer wird hiermit durch besonderen Präsidentenerlaß gestattet, die folgenden geschützten Wildtierarten überall in der Republik Ubomo zu jagen, in Fallen zu fangen oder zu erlegen: Afrikanischer Elefant *(Loxodonta africana)*, bis zu fünf Exemplaren.

Weiterhin wird ihm zu wissenschaftlichen Forschungszwecken erlaubt, alle Teile der vorgenannten Spezies einschließlich der Häute, Knochen, des Fleisches und/oder der Stoßzähne zu sammeln, zu besitzen, zu exportieren oder zu verkaufen.

Unterzeichnet: Ephrem Taffari
Präsident der Republik

Die Lizenz war, wie ihre äußere Form verriet, in höchster Eile ausgestellt worden. „Dieses Stück Papier macht mich zum Wilderer“, erklärte Chetti Singh.

Cheng wandte sich ungeduldig ab. Das Benehmen des Sikh ärgerte ihn. In Gedanken versunken schritt er auf der Waldlichtung auf und ab. Dann schaute er auf die bedrohlich wirkende, grüne Wand des Urwaldes und unterdrückte sein Unbehagen. „Er ist spät dran“, sagte er tadelnd, mit einem Blick auf seine Armbanduhr.

Chetti Singh zuckte die Schultern und faltete die Jagdlizenz mit einer Hand zusammen. „Er hat nicht das gleiche Zeitgefühl wie wir. Er wird kommen, wenn es ihm paßt. Vielleicht ist er bereits hier und beobachtet uns.“

„Was ist mit Armstrong?“ fragte Cheng. “Wir müssen uns mit ihm befassen.“

„Ach ja!“ Chetti Singh grinste. „Das wird in der Tat ein Vergnügen sein.“ Er massierte den Stumpf seines amputierten Armes. „Seit fast einem Jahr habe ich jede Nacht von Dr. Armstrong geträumt. Und doch hätte ich nie geglaubt, daß er mir eines Tages in Sengi-Sengi ins Messer laufen würde.“

„Er darf nicht lebend von hier wegkommen“, betonte Cheng.

„Da besteht keine Gefahr“, meinte Chetti Singh. „Ich habe mich sehr intensiv mit diesem Problem beschäftigt. Das Ableben des guten Doktors soll auf angemessene Weise schmerzhaft vonstatten gehen, zugleich aber wie eine höchst unglückliche Fügung des Schicksals aussehen.“

„Warten Sie damit nicht zu lange“, warnte ihn Cheng.

„Mir bleiben noch fünf Tage Zeit“, antwortete Chetti Singh. „Ich habe den Regieplan gesehen. Er kann seine Arbeit in Sengi-Sengi nicht beenden, bevor er –“

„Und was ist mit dieser rothaarigen Engländerin, seiner Kamerafrau?“

„Im Augenblick vergnügt sich Präsident Taffari mit ihr. Nichtsdestoweniger glaube ich, daß es weise wäre, dafür zu sorgen, daß sie Dr. Armstrong auf seiner langen Reise begleitet und ...“ Chetti Singh hielt jäh inne und stand auf. Er spähte in den Wald. Eine ganze Weile lauschte er mit geneigtem Kopf, bevor er wieder sprach. „Ich glaube, er ist hier." Dann trat er auf die grüne Wand zu und rief auf suaheli: „Friede sei mit dir, Sohn des Waldes! Zeige dich, damit wir uns als Freunde begrüßen können."

Wie von Zauberhand erschien der Pygmäe plötzlich in einer Lücke des Dickichts. Im Sonnenlicht trat jeder Muskel seines kräftigen kleinen Körpers hervor. Sein Kopf war klein, das Gesicht hübsch, mit einer breiten und flachen Nase, und er trug einen wolligen Kinnbart, der silbergrau meliert war.

„Ich sehe dich, Pirri, den großen Jäger", begrüßte Chetti Singh ihn schmeichelnd.

Der kleine Mann trat auf die Lichtung. „Hast du Tabak mitgebracht?" fragte er mit kindlicher Direktheit, und Chetti Singh kicherte und reichte ihm eine Dose.

Pirri schraubte den Deckel ab. Er nahm etwas von dem ockergelben Kautabak, stopfte ihn unter seine Oberlippe und summte vor Freude.

„Kann er jagen?" fragte Cheng zweifelnd. „Kann er einen Elefanten töten?"

Chetti Singh lachte. „Er ist der größte Jäger seines Stammes. Aber das ist nicht alles. Er ist kein reinblütiger Bambuti. Sein Vater war ein Hita, daher weiß er, was Geld ist. Wohlstand und Reichtum bedeuten den Bambuti nichts, aber Pirri ist anders. Habgier ist für ihn kein Fremdwort."

Pirri hörte ihnen zu. Er verstand die englischen Wörter nicht und neigte jeweils dem den Kopf zu, der sprach, während er an seinem Tabakpriem saugte. Er war nur mit einem kurzen Lendenschurz bekleidet. Sein Bogen ragte hinter der Schulter auf, und seine Machete steckte in einer Holzscheide, die an seiner Hüfte hing.

„Wer ist dieser *wazungu*?" fragte er auf suaheli, wobei er das bärtige Kinn auf Cheng richtete.

„Er ist ein berühmter Häuptling und sehr reich", versicherte ihm Chetti Singh.

Pirri blickte neugierig zu Cheng auf. „Seine Haut hat die Farbe von Malaria, und seine Augen sind die Augen der Mamba", verkündete er treuherzig.

Cheng verstand genug Suaheli, um erbost zu sein. „Mag sein, daß er die Habgier kennt, Respekt hat er jedenfalls keinen."

„So sind die Bambuti eben", versuchte ihn Chetti Singh zu beschwichtigen, „wie Kinder. Sie sagen, was ihnen durch den Kopf geht."

„Fragen Sie ihn nach den Elefanten!" befahl Cheng.

Chetti Singh lächelte Pirri schmeichlerisch an. „Du bist der größte Jäger aller Bambuti", erklärte er.

„Das ist wahr", stimmte Pirri zu.

„Erzähl mir von den Elefanten", forderte Chetti Singh ihn auf.

„Im Wald bei Gondala leben viele Elefantenkühe und -kälber", sagte Pirri. „Und zwei große Bullen mit langen weißen Stoßzähnen."

„Wie lang?" fragte Chetti Singh, und Cheng, der die Unterhaltung bisher hatte verfolgen können, beugte sich interessiert vor.

„Ein Elefant ist größer als der andere. Seine Stoßzähne sind so lang . . ." Pirri nahm den Bogen von der Schulter, setzte ihn hochkant auf den Kopf und stellte sich auf die Zehenspitzen. „So lang, wie ich mit meinem Bogen reiche, von der Spitze des Zahnes bis zur Lippe, aber den Teil nicht mitgerechnet, der in seinem Schädel versteckt ist."

„Wie dick?" fragte Cheng auf suaheli.

Pirri umfaßte mit beiden Händen seine Taille. „So dick, wie ich bin. Er ist der größte aller Elefanten."

„Ich will, daß du diesen Elefanten tötest und mir seine Stoßzähne bringst", sagte Chetti Singh leise.

Pirri schüttelte den Kopf. „Dieser Elefant ist nicht mehr in Gondala. Als die Maschinen aus gelbem Eisen in den Wald kamen, rannte er vor ihrem Rauch und Lärm davon. Er ist in den heiligen Bezirk geflohen, in dem kein Mensch jagen darf. Das ist von der Mutter und vom Vater so bestimmt. Ich kann den Elefanten nicht im heiligen Bezirk töten."

„Ich werde dir sehr viel für die Stoßzähne dieses Elefanten bezahlen", flüsterte Chetti Singh verführerisch.

Pirri schüttelte erneut entschieden den Kopf.

„Ich werde dir zehn Ballen von schönem Tuch geben, das die Frauen lieben, und fünfzig Hände voll Glasperlen."

Pirri schüttelte immer noch den Kopf. „Es ist der heilige Bezirk."

„Außerdem werde ich dir zwanzig Äxte und zehn Messer geben."

Pirri wand sich wie ein junger Hund. „Es ist gegen unseren Brauch. Mein Stamm wird mich hassen und mich verstoßen."

„Ich werde dir zwanzig Flaschen Gin geben", flüsterte Chetti Singh hinzu. „Und so viel Tabak, wie du tragen kannst."

Pirri verdrehte die Augen. „So viel Tabak, wie ich tragen kann?" Seine Stimme klang heiser. „Das kann ich nicht tun. Sie werden den Fluch von Mutter und Vater auf mich lenken."

„Und ich werde dir hundert silberne Mariatheresientaler geben." Chetti Singh griff in die Tasche seiner Buschjacke und holte eine

Handvoll Silbermünzen hervor. Er warf sie ein wenig hoch, so daß sie klimperten und im Sonnenlicht funkelten.

Pirri starrte gierig darauf und stieß einen schrillen Schrei aus. „Ich werde diesen Elefanten töten und dir seine Stoßzähne bringen", erklärte er schließlich. „Dann wirst du mir all diese Dinge geben, die du mir versprochen hast, und vergiß den Tabak nicht."

Chetti Singh fuhr mit Cheng im Landrover nach Sengi-Sengi zurück. Grinsend wandte sich der Sikh an den Chinesen. „Damit hätten wir uns um das Geschenk für Ihren Vater gekümmert. Jetzt müssen wir all unseren Einfallsreichtum aufbieten, damit auch ich mein kleines Geschenk bekomme – den Kopf von Dr. Daniel Armstrong."

BONNY MAHON kam zu den Dreharbeiten bei der MOMU an diesem Tag zu spät und ließ Daniel im strömenden Regen fast vierzig Minuten warten. „Als ich fünf Uhr sagte, meinte ich nicht am Nachmittag!" fauchte er sie an.

Sie lachte selbstgefällig. „Was verlangst du von mir, o Meister? Soll ich Harakiri begehen?"

Daniel wollte sie zur Rede stellen, als ihm klar wurde, daß sie direkt aus Taffaris Bett gekommen sein mußte. Er war so wütend, daß er sich zusammenreißen mußte, um ihr keine Ohrfeige zu geben.

Im Schlamm und Regen kamen sie nur mühsam voran, und das trug nicht dazu bei, Daniels Stimmung zu verbessern. Immerhin gelang es ihm, sich zu beherrschen, bis Bonny kurz vor Mittag verkündete, daß sie keine Videokassetten mehr habe und eine Pause einlegen müsse, um zum Camp zurückzufahren und Nachschub zu holen.

„Wie blöd muß man als Kamerafrau eigentlich sein, daß einem mitten beim Drehen das Filmmaterial ausgeht?" wollte Daniel wissen.

Sie wurde heftig. „Ich weiß, was dir stinkt, mein Lieber! Es geht nicht um das Filmmaterial. Du haßt mich, weil Ephrem etwas von mir bekommt, was du nicht kriegst. Das ist der blanke Neid, nichts weiter."

„Du hast eine ziemlich überzogene Vorstellung von deinen Fähigkeiten!" erwiderte Daniel wütend.

Ihre Auseinandersetzung eskalierte rasch. „So redet niemand mit mir, du Scheißknacker!" schrie Bonny schließlich Daniel ins Gesicht. „Du kannst dir den Job sonstwohin stecken!" Und sie stapfte durch den roten Schlamm zum Landrover.

„Laß die Kamera im Landrover!" brüllte Daniel ihr nach. „Dein Rückflugticket nach London hast du ja, und ich schicke dir einen Scheck über die Summe, die ich dir schulde. Du bist gefeuert!"

„Das wirst du noch bereuen!" Sie knallte die Tür des Landrovers zu und gab Vollgas. Die Räder drehten sich wie wild und wirbelten Klumpen von rotem Schlamm auf, als Bonny den Weg zurückfuhr und Daniel nichts anderes übrigblieb, als ihr nachzustarren.

EPHREM TAFFARI lag rücklings auf dem zerwühlten weißen Laken, und Bonny fand, daß er der schönste Mann war, den sie je gesehen hatte. Sie schmiegte die Wange an seine nackte Brust. „Ich muß dir etwas erzählen", flüsterte sie.

Er strich ihr über das kupferglänzende Haar. „Was denn?" fragte er desinteressiert.

Sie wußte, daß er ihr gleich seine volle Aufmerksamkeit schenken würde, deshalb zögerte sie einen Moment, um ihre Vorfreude über die Rache an Daniel Armstrong noch ein wenig auszukosten.

„Also, was ist es?" wiederholte er.

„Ich erzähle es dir, um zu beweisen, daß ich dir ganz gehöre und wie sehr ich dich liebe", flüsterte sie. „Von heute an wirst du nie wieder daran zweifeln, daß ich dir ganz und gar ergeben bin."

Er grinste. „Laß mich das beurteilen, meine kleine rote Lilie. Erzähl mir, was es Schreckliches gibt."

„Es ist wirklich schrecklich, Ephrem. Auf Anweisung von Daniel Armstrong habe ich die Zwangsräumung des Dorfes an der Fischadlerbucht gefilmt, wo Platz für das neue Kasino geschaffen wurde."

Ephrem Taffari hielt schlagartig den Atem an. Dann atmete er langsam aus, und sein Puls ging etwas schneller. „Ich weiß nicht, wovon du redest", meinte er schließlich. „Erklär mir das."

„Daniel und ich waren oben auf einem der Uferfelsen, als die Soldaten in das Dorf kamen. Daniel befahl mir, sie zu filmen."

„Was habt ihr gesehen?"

„Wir haben miterlebt, wie sie das Dorf mit Bulldozern niederwalzten und die Boote verbrannten. Wie sie die Dorfbewohner auf Lastwagen luden und fortbrachten . . ." Sie zögerte. „Wir haben auch beobachtet, wie sie zwei Menschen töteten. Ihre Leichen haben sie in das Feuer geworfen."

„Das alles hast du gefilmt?" vergewisserte sich Taffari.

Sein Tonfall machte ihr angst. „Daniel hat mich dazu gezwungen."

„Ich weiß nichts von diesen Greueltaten. Jedenfalls habe ich nicht den Befehl dazu gegeben."

„Das hatte ich mir schon gedacht."

„Ich muß diesen Film sehen. Er ist Belastungsmaterial gegen die, die diese Scheußlichkeit begangen haben. Wo ist der Film?"

„Ich habe ihn Daniel gegeben."

„Was hat er damit gemacht?" fragte er.

„Er wollte ihn bei der britischen Botschaft in Kahali deponieren. Der Botschafter, Sir Michael Hargreave, ist ein alter Freund von ihm."

„Hat er den Film dem Botschafter gezeigt?" wollte Taffari wissen.

„Das glaube ich nicht. Er sagte, das sei ganz heißes Material, das er erst benutzen wolle, wenn die Zeit reif sei."

„Dann sind du und Armstrong die einzigen, die davon wissen?"

So hatte sie das noch gar nicht betrachtet, und plötzlich beschlich sie ein Gefühl der Unsicherheit. „Ja, ich denke schon. Es sei denn, Daniel hat jemandem davon erzählt. Ich jedenfalls nicht."

„Gut." Taffari streichelte ihr die Wange. „Du hast mir deine Freundschaft bewiesen. Dafür bin ich dir sehr dankbar."

„Es ist mehr als Freundschaft, Ephrem. Ich habe nie für einen anderen Mann empfunden, was ich für dich empfinde."

„Ich weiß." Er küßte sie auf den Mund. „Wir müssen diesen Film wiederbekommen. Er könnte diesem Land und mir als Präsidenten unvorstellbaren Schaden zufügen."

„Ich hätte dir das früher erzählen müssen", sagte sie.

„Es ist noch nicht zu spät", versicherte er ihr. „Ich werde morgen früh mit Armstrong sprechen. Er muß mir den Film geben, damit er als Beweis benutzt werden kann."

„Die Aufnahmen sind zu spektakulär. Er wird das Band nicht rausrücken."

„Dann wirst du mir helfen, es wiederzubekommen, nicht wahr, meine schöne rote Lilie?"

„Für dich werde ich alles tun, Ephrem", murmelte sie, und er liebte sie, ohne ein weiteres Wort zu verlieren, mit dieser phantastischen Liebe, zu der nur er fähig war.

Danach schlief sie ein.

Als sie erwachte, regnete es wieder. In dieser schrecklichen grünen Urwaldhölle schien es immer zu regnen. Unwillkürlich tastete sie nach Taffari, doch das Bett neben ihr war leer. Als sie Stimmen hörte, preßte sie ihr Ohr an die dünne Wand. Sie erkannte Taffaris Stimme, die scharf und herrisch klang. Jemand antwortete ihm, aber das Rauschen des Regens übertönte seine Worte.

„Nein", sagte Taffari daraufhin. „Heute nacht. Ich will, daß es sofort geschieht."

Bonny war jetzt hellwach, und in diesem Augenblick hörte es mit dramatischer Plötzlichkeit auf zu regnen. In der Stille vernahm sie die Antwort und erkannte nun auch den zweiten Sprecher.

„Werden Sie ein Urteil unterzeichnen, Herr Präsident?" Es war Chetti Singh. Sein Akzent war unverkennbar. „Ihre Soldaten könnten die Exekution ausführen."

„Seien Sie kein Narr, Mann! Ich will, daß es unauffällig geschieht. Beseitigen Sie ihn. Sie können sich von Kajo dabei helfen lassen, aber beseitigen Sie ihn. Keine Fragen. Legen Sie ihn einfach um."

„Ah ja. Ich verstehe. Wir werden behaupten, daß er im Urwald filmen wollte. Später können wir einen Suchtrupp losschicken, der allerdings keine Spur von ihm finden wird. Wie bedauerlich! Aber was ist mit der Frau? Sie ist ebenfalls Zeugin unserer Aktivitäten an der Fischadlerbucht geworden. Wollen Sie, daß ich mich um sie ebenfalls kümmere?"

„Auf keinen Fall! Ich brauche sie, um das Band aus der Botschaft zu bekommen. Bringen Sie Armstrong einfach in den Urwald, und erledigen Sie ihn."

„Ich versichere Ihnen, Herr Präsident, daß mir nichts mehr Vergnügen bereiten wird. Ich werde etwa eine Stunde brauchen, um mit Kajo alle Vorbereitungen zu treffen. Aber vor Tagesanbruch wird alles vorüber sein, das verspreche ich Ihnen."

Man hörte eine zuschlagende Tür, und dann herrschte Stille.

Bonny war entsetzt über das, was sie gehört hatte. Sie lag reglos im Bett, und ihre Gedanken überschlugen sich. Sie hatte geglaubt, Taffari würde sich das Videoband beschaffen und Daniel verhaften, ihn danach sofort abschieben oder ähnliches. Sie hätte nicht einmal im Traum daran gedacht, daß er ihn einfach töten würde wie ein lästiges Insekt. Daniel hatte sie beleidigt, das stimmte. Doch nicht so sehr, daß sie seinen Tod gewünscht hätte.

Sie lag da und wartete darauf, daß Taffari wieder zu ihr ins Bett käme, aber er kam nicht. Unwillig glitt sie unter dem Moskitonetz hervor und zog ihr weißes Kleid an, das am Fußende des Bettes lag. Sie ging zu der Tür, die zur Veranda des Präsidentenbungalows führte, und öffnete sie leise.

Aus dem Wohnzimmer fiel Licht auf den Verandaboden. Sie bückte sich, so daß sie in das Wohnzimmer schauen konnte, selbst aber im Schatten verborgen war. Taffari saß am Schreibtisch. Er wandte ihr den Rücken zu, rauchte eine Zigarette und studierte die Papiere, die vor ihm lagen.

Sie würde keine zehn Minuten brauchen, um die Gästebaracke an der Ostseite der Anlage zu erreichen und wieder in das Schlafzimmer zurückzukehren. Rasch wich sie von dem erleuchteten Fenster zurück und rannte über den Laufsteg zwischen den vom Regen tropfenden

Bäumen durch die Anlage. Erleichtert sah sie, daß in Daniels Raum Licht brannte.

Sie ging nicht über die Veranda ins Gästehaus, sondern lief zur Rückseite des Gebäudes. Die Vorhänge an Daniels Fenster waren zugezogen. Leise kratzte sie am Fliegengitter, und sie hörte einen Stuhl auf dem hölzernen Boden scharren.

„Wer ist da?" fragte Daniel.

„Es ist wichtig, Danny. Ich bin's, Bonny. Ich muß mit dir reden."

„Komm rein. Ich mach dir auf."

„Nein, nein. Komm heraus. Es ist etwas Schreckliches passiert. Man darf mich nicht sehen. Beeil dich."

Sekunden später tauchte Daniels breitschultrige Gestalt in der Tür auf – ein dunkler Umriß im Licht, das aus der Baracke fiel.

„Danny, Taffari weiß von dem Videoband von der Fischadlerbucht."

„Woher?"

„Das ist unwichtig. Ich bin hier, um dich zu warnen. Er hat den Befehl erteilt, dich sofort zu exekutieren. Chetti Singh und Kajo sind auf dem Weg hierher. Sie wollen dich in den Urwald locken und töten, ohne Spuren zu hinterlassen."

„Woher weißt du das?"

„Stell keine Fragen. Glaub mir nur, es ist so. Ich habe keine Zeit mehr. Ich muß zurück."

Sie drehte sich um, aber er ergriff ihren Arm. „Danke, Bonny", sagte er. „Willst du nicht gleich mit mir kommen?"

Sie schüttelte den Kopf. „Ich schaff das schon allein", antwortete sie. „Sieh zu, daß du von hier wegkommst."

Sie eilte zwischen den Bäumen davon. Als sie durch den hellen Streifen lief, den das Barackenlicht auf den Rasen warf, sah sie in ihrem langen weißen Kleid für einen Moment aus wie ein Engel.

„Aber ein ganz besonderer Engel", murmelte Daniel. Eine ganze Weile stand er reglos in der Dunkelheit, während er überlegte. Solange nur Chetti Singh und Ning Cheng seine Gegner gewesen waren, hatte er eine Chance gehabt. Sie waren wie er gezwungen gewesen, heimlich vorzugehen. Jetzt aber hatte der Präsident Chetti Singh den Auftrag erteilt, ihn zu töten, und das bedeutete, daß der Sikh vermutlich rasch und skrupellos handeln würde. Er mußte daher so schnell wie möglich aus Sengi-Sengi verschwinden.

Daniel blickte sich um, doch bis jetzt war alles ruhig. Er huschte in sein Zimmer und nahm seine kleine Reisetasche vom Schrank. Sie enthielt seinen Paß, Flugscheine, Kreditkarten und Reiseschecks. Dann zog er seine Buschjacke über und überzeugte sich davon, daß die Schlüssel für den Landrover in seiner Tasche steckten. Er schaltete das Licht aus und ging hinaus. Der Landrover stand ganz in der Nähe. Er öffnete leise die Tür und warf seine Tasche auf den Beifahrersitz. Die gemietete Videoausrüstung war hinten verstaut, ebenso seine Werkzeugkiste und der Erste-Hilfe-Kasten. Eine Waffe – abgesehen von seinem alten Jagdmesser – besaß Daniel nicht.

Er ließ den Landrover an. Das Motorgeräusch klang in der Dunkelheit überaus laut. Ohne die Scheinwerfer einzuschalten, fuhr er langsam durch die dunkle Anlage auf das Haupttor zu, hinter dem die Urwaldstraße begann.

Daniel wußte, daß er mit dem Landrover nicht weit kommen würde. Es gab nur diesen einen Fluchtweg, und etwa alle zehn Kilometer waren Straßensperren errichtet.

Ein Funkspruch aus Sengi-Sengi genügte, um sämtliche Posten in Alarmbereitschaft zu versetzen. Sie würden ihn vermutlich schon bald erwarten, mit schußbereiten Schnellfeuergewehren. Nein, er mußte sich zu Fuß durch den Urwald schlagen. Diese Aussicht behagte ihm nicht. Zwar hatte er ein Überlebenstraining mitgemacht, doch das war in der Trockensavanne Rhodesiens gewesen. Im Regenwald fehlte ihm jegliche Erfahrung. Zuerst einmal mußte er allerdings von Sengi-Sengi wegkommen. Danach würde er weitersehen . . .

Und da ist schon die erste Hürde, dachte er grimmig, als das grelle Halogenlicht der Scheinwerfer am Haupttor plötzlich aufflammte. Ein paar Gestalten rannten aus der Baracke, in der die Posten ihr Quartier hatten. Daniel erkannte Hauptmann Kajo, der eine automatische Pistole schwenkte, und dahinter Chetti Singh, der schreiend und winkend dem Landrover entgegenstürzte. Einer der Posten hatte bereits einen Flügel des mit Maschendraht bespannten Stahltores halb auf die Straße geschwenkt.

Daniel schaltete die Scheinwerfer ein, schlug mit der flachen Hand auf die Hupe und fuhr direkt auf den Uniformierten zu. Der Posten sprang in letzter Sekunde weg, der Landrover krachte gegen den Torflügel und stieß ihn beiseite. Kaum hatte Daniel die Sperre durchbrochen, hörte er hinter sich Schüsse. Er spürte, wie Kugeln in den Landrover einschlugen, und er beugte sich tief über das Lenkrad und trat das Gaspedal bis zum Anschlag durch.

Noch vor der nächsten Kurve prasselte eine weitere Salve Gewehrfeuer gegen das Heck des Fahrzeugs. Das Rückfenster zersprang krachend in einer Wolke von Glassplittern, dann traf ihn etwas unterhalb des Schulterblatts. Daniel war schon früher von Kugeln getroffen worden, deshalb war ihm augenblicklich klar, was geschehen war. Vermutlich ein Lungensteckschuß, sagte er sich. Fahr weiter, solange du noch kannst. Mit Vollgas schlitterte er in die Kurve. Er spürte, wie ihm warmes Blut über den Rücken lief, aber zum Glück stellten sich weder Ersticken noch Schwäche ein, jedenfalls noch nicht. Während er weiterfuhr, versuchte er sich zu entsinnen, wo sich die erste Straßensperre befand. Etwa acht Kilometer voraus, schätzte er. An der Furt durch den ersten Fluß.

An den letzten drei Drehtagen war er die Strecke mehrmals gefahren. Er erinnerte sich an fast jede Kurve, jede Einmündung. Fünf Holztransportwege zweigten vor der ersten Straßensperre vom Hauptweg ab. Einige davon wurden nicht benutzt und waren zugewachsen, aber zumindest von zweien wußte er, daß sie täglich befahren wurden. Er entschied sich für den ersten, der drei Kilometer von Sengi-Sengi entfernt abzweigte, bog darauf ab und fuhr westwärts. Die Grenze zu Zaire lag hundertvierzig Kilometer in dieser Richtung, doch der Weg führte nur etwa zehn Kilometer in den Wald hinein, bis er auf die Frässpur der MOMU stieß.

Er würde den Landrover stehenlassen und versuchen, die übrigen hundertdreißig Kilometer durch den Urwald zu Fuß zurückzulegen. Der letzte Teil des Marsches würde über hohe Berge führen, über Gletscher und Schneefelder. Dann dachte er an die Schußverletzung in seinem Rücken, und ihm war klar, daß er sich falsche Hoffnungen machte. So weit würde er nicht kommen.

Der Fahrweg, auf dem er sich befand, war nur noch ein einziger Morast, und der Landrover kämpfte sich im Vierradantrieb voran, holperte durch knietiefe Rinnen. Die Wunde in seinem Rücken begann zu schmerzen. Zum Glück war sein Kopf noch klar. Plötzlich sah er weit voraus Lichter auf dem Weg. Ein Langholztransporter kam auf ihn zu, und augenblicklich erkannte er die Möglichkeit, die sich ihm bot. Er fuhr langsamer und suchte nach einer Lücke im grünen Dickicht. Kühn steuerte er den Landrover durch das Unterholz. Äste schlugen polternd gegen das Chassis, die Räder versanken im weichen Waldboden, und der Landrover verlor an Geschwindigkeit, bis er schließlich aufsaß.

Daniel stellte den Motor ab und schaltete die Scheinwerfer aus. In der Dunkelheit lauschte er, während der Langholztransporter an ihm vorbeirumpelte, auf Sengi-Sengi zu. Als das Geräusch des gewaltigen Dieselmotors völlig erstorben war, beugte sich Daniel im Sitz vor, um die Schußwunde in seinem Rücken zu untersuchen. Zögernd langte er mit einer Hand nach hinten und tastete nach der schmerzenden Stelle.

Plötzlich stieß er einen Schrei aus und zog ruckartig die Hand zurück. Er schaltete die Innenbeleuchtung ein und betrachtete den Schnitt an seinem Zeigefinger. Dann lachte er laut vor Erleichterung. Ein umherfliegender Glassplitter aus dem Heckfenster hatte seinen Rücken aufgeschlitzt und war tief eingedrungen. Im Grunde war es jedoch nur eine Fleischwunde.

Er zog den Splitter heraus, und sogleich begann die Wunde wieder zu bluten. Aber davon wirst du nicht sterben, sagte er sich und griff nach dem Erste-Hilfe-Kasten, der hinten im Fahrzeug lag.

Es war schwer, die Wunde an seinem Rücken zu versorgen, aber es gelang ihm, sie mit einer antiseptischen Lösung auszuwaschen und einen provisorischen Verband darüber zu legen. Die ganze Zeit lauschte er nach Fahrzeugen, aber er hörte nur die Geräusche des Regenwaldes: Vögel, Insekten, andere Tiere.

Er fand seine Taschenlampe, stieg aus und ging zum Fahrweg zurück. Vom Rand aus betrachtete er die tiefen, schlammigen Spuren. Wie erhofft, hatte der Holztransporter mit seinen gewaltigen Rädern die Spuren des Landrovers völlig weggewalzt. Doch schon im nächsten Augenblick sah er von Sengi-Sengi her Scheinwerfer auf sich zukommen. Er wich ein Stück in den Wald zurück, legte sich flach auf den Boden und beschmierte sein Gesicht und seine Handrücken mit Schlamm. Seine erdfarbene Buschjacke würde im Licht ohnehin nicht zu sehen sein.

Als das Fahrzeug auf der Höhe seines Verstecks war, erkannte Daniel, daß es sich um einen Mannschaftswagen mit braun-grünem Tarnanstrich handelte. Auf der Ladefläche saßen Soldaten, und er glaubte, Chetti Singhs weißen Turban im Führerhaus blitzen zu sehen. Einer der Soldaten schwenkte einen Suchscheinwerfer über den Straßenrand. Daniel preßte das Gesicht in seine Armbeuge, als der Scheinwerferkegel zu ihm herüberwanderte. Der Lastwagen fuhr vorbei und war bald außer Sicht.

Daniel eilte zu dem festsitzenden Landrover zurück. Schnell holte er ein paar Gegenstände aus der Werkzeugkiste, darunter auch einen Kompaß. Er packte alles in einen kleinen Rucksack. Aus dem Erste-Hilfe-Kasten nahm er Verbandsmaterial, Antiseptika und Tabletten gegen Malaria. Er hängte sich den Rucksack über die unverletzte Schulter.

Ich muß vor Tagesanbruch den MOMU-Graben überqueren, dachte er. Das ist die einzige Stelle, an der ich in offenes Gelände komme und damit verwundbar bin.

Er hielt sich westwärts. Es war schwer, sich im Dunkeln zu orientieren. Alle paar hundert Meter mußte er die Taschenlampe anknipsen und auf den Kompaß schauen. Als er den MOMU-Graben erreichte, zeigte sich am Himmel bereits ein grauer Streifen. Daniel konnte die Bäume auf der anderen Seite der Lichtung ausmachen. Die MOMU-Einheit war Wochen zuvor hier durchgekommen und arbeitete bereits zehn Kilometer weiter nördlich. In diesem Teil des Waldes hielt sich vermutlich niemand auf, falls Kajo und Chetti Singh nicht eine Patrouille hergeschickt hatten, die den gerodeten Streifen nach ihm absuchte.

Er verließ den schützenden Wald und ging los. Der rote Schlamm löste sich schmatzend von seinen Stiefeln. Jeden Moment rechnete er damit, einen Schrei oder einen Schuß zu hören, und er keuchte vor Aufregung, als er schließlich den Waldrand auf der anderen Seite erreichte.

Er lief noch eine ganze Stunde weiter, bevor er sich eine erste Rast gönnte. Es war bereits heiß, und die hohe Luftfeuchtigkeit machte ihm zu schaffen. Bis auf Shorts und Stiefel streifte er seine Kleidung ab, rollte sie zu einer Kugel zusammen und vergrub sie im weichen Lehmboden des Waldes. Sonne und Wetter hatten Daniels Haut unempfindlich gemacht, und selbst Insektenstiche konnten ihn nicht schrecken. Solange die Wunde auf seinem Rücken verbunden war, machte er sich keine Sorgen.

Er ging weiter und legte nur alle zwei Stunden eine zehnminütige Rast ein. Als es Nacht wurde, glaubte er fünfzehn Kilometer zurückgelegt zu haben. Bei diesem Tempo würde er acht oder neun Tage brauchen, um die Grenze von Zaire zu erreichen, aber natürlich würde er diese Marschgeschwindigkeit nicht durchhalten können. Vor ihm lagen schließlich hohe Berge.

An diesem Abend schlief Daniel auf einem Laubhaufen ein. Als er aufwachte, war es gerade so hell, daß er die Hand vor dem Gesicht sehen konnte. Er war hungrig, und sein Rücken war steif und schmerzte. Als er die Wunde berührte, stellte er fest, daß sie entzündet war. Jetzt fehlt dir nur noch eine hübsche kleine Infektion, dachte er und erneuerte den Verband, so gut er konnte.

Gegen Mittag hielt er es vor Hunger nicht mehr aus. Er entdeckte ein Nest mit fetten weißen Maden unter der Rinde eines abgestorbenen Baumes. Sie schmeckten wie rohe Eidotter. „Was dich nicht umbringt, macht dich fetter“, sagte er sich ironisch. In westlicher Richtung lief er weiter, den Kompaß stets in der Hand. Am frühen Nachmittag glaubte er, einen eßbaren Pilz entdeckt zu haben, und knabberte versuchsweise an einem kleinen Stück. Am späten Nachmittag erreichte er das Ufer eines klaren Flusses und trank daraus.

Als er am nächsten Morgen erwachte, hatte er heftige Magenkrämpfe. Er wußte nicht, ob die Maden, der Pilz oder das Flußwasser die Ursache dafür waren, aber gegen Mittag bekam er Durchfall und fühlte sich sehr schwach. Die Wunde unterhalb des Schulterblatts brannte wie glühende Kohle.

Am Nachmittag, während Daniel weitermarschierte, beschlich ihn plötzlich das Gefühl, daß er verfolgt wurde. Das sagte ihm sein sechster Sinn, der ihm früher im Bürgerkrieg oft geholfen hatte. Beinahe kam es ihm vor, als könnte er die Gefahr spüren, die von dem Unbekannten ausging, der sich auf seine Fährte gesetzt hatte. Spuren verwischen, dachte er, obwohl er wußte, daß er dadurch langsamer vorankommen würde. Aber nur so würde es ihm gelingen, seinen Verfolger abzuschütteln.

7

Im Laufe der Jahre hatte Chetti Singh verschiedene Methoden entwickelt, um Kontakt mit Jägern aufzunehmen, die in seinem Auftrag wilderten. In manchen Gebieten brauchte er nur zu einem abgelegenen Dorf zu fahren und mit der Frau oder dem Bruder des Wilderers zu sprechen. Er konnte sich darauf verlassen, daß seine Nachricht weitergeleitet wurde. In anderen Gebieten bestach er Postbeamte, damit sie einen Brief oder ein Telegramm persönlich weiterleiteten. Mit einem unzivilisierten Pygmäen im Regenwald von Ubomo Kontakt aufzunehmen war hingegen am unsichersten und zeitraubendsten. Denn das bedeutete, daß er an jedem kleinen Lebensmittelladen entlang der Straße anhalten und jeden Bambuti ansprechen mußte, den er dort traf. Mit Geschenken mußte er ihn dazu bewegen, eine Nachricht an Pirri im Urwald weiterzuleiten. Es war erstaunlich, wie sich die Pygmäen in den riesigen Waldgebieten miteinander verständigten.

Chetti Singh hatte Glück. Zwei Tage nachdem er die Botschaft einer Gruppe von Pygmäenfrauen aufgetragen hatte, kam Pirri zum vereinbarten Treffpunkt. Wie immer tauchte er überraschend wie ein Kobold aus dem Urwald auf und fragte nach Tabak und Geschenken.

„Hast du den Elefanten getötet?" fragte Chetti Singh mit Nachdruck.

„Wenn du nicht nach mir gerufen hättest, wäre der Elefant jetzt tot."

„Also hast du ihn nicht erlegt", meinte Chetti Singh vorwurfsvoll.

„Und deshalb hast du die wunderbaren Geschenke nicht verdient, die ich dir versprochen habe."

„Nur ein bißchen Tabak", bettelte Pirri. „Denn ich bin dein getreuer Diener, und mein Herz ist voller Liebe für dich. Nur eine kleine Handvoll Tabak."

Chetti Singh gab ihm die Hälfte der Menge, um die er gebeten hatte, und während Pirri sich hinhockte, um sich den Kautabak genußvoll in den Mund zu stecken, fuhr der Sikh fort: „Alles, was ich dir versprochen habe, werde ich dir noch einmal geben, wenn du ein weiteres Geschöpf für mich tötest und mir seinen Kopf bringst."

„Welches Geschöpf ist das?" fragte Pirri vorsichtig und kniff mißtrauisch die Augen zusammen. „Ist es ein anderer Elefant?"

„Nein", sagte Chetti Singh. „Es ist ein Mann, ein Weißer."

„Du willst, daß ich einen weißen Mann töte!" Pirri stand entsetzt auf. „Wenn ich das tue, kommt der gelbhäutige *wazungu* und legt mir einen Strick um den Hals."

Chetti Singh schüttelte den Kopf. „Der *wazungu* wird dich ebenso reich belohnen wie ich, wenn du diesen bösen Mann jagst."

Pirri dachte gründlich darüber nach. Er hatte schon früher, als junger Mann im Krieg mit Zaire, Weiße getötet. Die Regierung hatte ihn damals dafür bezahlt, und es war leicht gewesen. Die Weißen stellten sich im Wald dumm und ungeschickt an. Man konnte ihnen leicht folgen und sie leicht töten. „Wieviel Tabak?" fragte er.

„Von mir so viel Tabak, wie du tragen kannst", sagte Chetti Singh.

„Wo finde ich ihn?"

Chetti Singh erzählte ihm, welche Richtung der weiße Mann seiner Ansicht nach eingeschlagen hatte.

„Du willst nur seinen Kopf?" erkundigte sich Pirri. „Zum Essen?"

„Nein. Damit ich weiß, daß du den richtigen Mann getötet hast."

„Zuerst werde ich dir den Kopf dieses Mannes bringen", erklärte Pirri fröhlich. „Dann werde ich dir die Stoßzähne des Elefanten bringen, und ich werde mehr Tabak besitzen als jeder andere Mann auf der Welt." Damit verschwand er lautlos im Urwald.

AM FRÜHEN Morgen, bevor die Hitze übermächtig wurde, arbeitete Kelly Kinnear in ihrem Labor in Gondala, wo sie sich auch um die medizinische Versorgung der Bambuti kümmerte. Sie hatte mehr Patienten als gewöhnlich. Die meisten von ihnen litten unter eiternden Geschwüren, die sich bis auf die Knochen durchfraßen, wenn sie nicht behandelt wurden. Sie beriet sich gerade mit Victor Omeru, als es draußen vor der Tür plötzlich laut wurde.

Omeru schaute aus dem Fenster. „Ihre kleinen Freunde sind eingetroffen", berichtete er.

Kelly lachte vor Freude und trat hinaus in den Sonnenschein.

Sepoo und seine Frau Pamba hockten vor der Veranda, schwatzten und lachten mit den wartenden Patienten. Als sie Kelly sahen, kamen beide herbeigerannt. Sie wetteiferten darum, wer ihr als erster die Hand geben und alle Neuigkeiten erzählen dürfte, die sich seit ihrer letzten Begegnung ereignet hatten. Und sie überschrien sich gegenseitig, um ihre kleinen Skandalgeschichten aus dem Urwald loszuwerden. Kelly führte sie zu ihrem Stammplatz auf der obersten Stufe der Veranda, wo sie sich neben sie setzten und gleichzeitig plapperten.

„Swilli hat ein Baby bekommen", begann Pamba. „Es ist ein Junge, und sie sagt, sie wird ihn beim nächsten Vollmond herbringen und ihn dir zeigen."

„Bald wird es bei uns eine große Jagd geben", erzählte Sepoo.

„Ich habe dir ein Bündel besonderer Wurzeln mitgebracht, von denen ich dir beim letztenmal erzählt habe", kreischte Pamba, die sich von ihrem Mann nicht gern übertönen ließ.

„Ich habe zwei Colobusaffen geschossen", prahlte Sepoo. „Und ich habe dir eines der Felle mitgebracht, damit du dir daraus einen schönen Hut machen kannst, Kara-Ki."

Kelly dankte ihm. „Aber welche Neuigkeit gibt es aus Sengi-Sengi? Was ist mit den gelben Maschinen, die den Wald verschlingen? Welche Neuigkeiten gibt es von dem großen weißen Mann mit dem lockigen Haar und der Frau mit dem Haar wie Feuer?"

„Es gibt seltsame Neuigkeiten", erklärte Sepoo. „Der große Mann mit lockigem Haar ist aus Sengi-Sengi weggerannt. Er ist in den Wald gelaufen, um sich zu verstecken. Und der einarmige *wazungu* von der Regierung in Sengi-Sengi hat Pirri, meinem Bruder, große Schätze und Belohnungen geboten, damit er den Mann jagt und ihn tötet."

Kelly starrte ihn entsetzt an. „Ihn tötet? Sie wollen, daß Pirri ihn tötet?"

„Und ihm den Kopf abschneidet", bestätigte Sepoo genüßlich.

„Du mußt Pirri aufhalten!" Kelly sprang auf und zog Sepoo mit sich. „Du darfst nicht zulassen, daß er ihn tötet. Du mußt den weißen Mann retten und ihn hierher bringen, nach Gondala! Hörst du, Sepoo? Geh schnell! Beeile dich!"

„Ich werde mit ihm gehen, damit er das tut, was du ihm gesagt hast, Kara-Ki", verkündete Pamba. „Denn er ist ein dummer alter Mann, und wenn er einen seiner Freunde im Wald trifft, wird er alles wieder vergessen." Sie wandte sich an ihren Mann. „Komm schon, Alter!" Sie stieß ihn mit dem Daumen an. „Laß uns gehen, bevor Pirri den weißen Mann tötet und seinen Kopf nach Sengi-Sengi bringt."

PIRRI, der Jäger, kniete im Wald an einem Flußufer nieder und betrachtete die Spuren. Er rückte den Bogen auf seiner Schulter zurecht und schüttelte in unwilliger Bewunderung den Kopf. „Er weiß, daß ich hinter ihm her bin", flüsterte er. „Aber woher weiß er das?"

Er berührte den Boden an der Stelle, wo der *wazungu* das Wasser verlassen hatte. Dieser hatte seine Spuren mit großem Geschick verwischt; nur ein außergewöhnlicher Fährtenleser wie Pirri konnte sie noch entdecken.

„Ja, du weißt, daß ich dir folge." Pirri nickte. „Aber wo hast du gelernt, deine Spuren fast so gut wie die Bambuti zu verbergen?"

Er hatte die Fährte des *wazungu* an der Stelle entdeckt, wo dieser die breite Schneise überquert hatte, die die große, gelbe, erdfressende Maschine in den Wald geschlagen hatte. Dort war die Erde weich, und der *wazungu* hatte Spuren hinterlassen, denen ein Blinder in tiefster Nacht hätte folgen können. Der weiße Mann ging in westlicher Richtung auf die Berge zu, genau so, wie Chetti Singh es gesagt hatte. Pirri hatte angenommen, daß er leichtes Spiel hätte, als er die Stelle entdeckte, an der der *wazungu* ein Stück von einem giftigen Pilz abgebrochen hatte. „Jetzt wirst du nicht mehr weit kommen", hatte er vor sich hin gemurmelt.

Pirri erhob sich vom Ufer des Flusses und folgte der verwischten Fährte. Am Spätnachmittag des nächsten Tages erreichte er eine Lichtung, und plötzlich sah er den *wazungu*. Er nahm nur eine winzige Bewegung auf einer anderen Waldlichtung wahr, fast einen Kilometer entfernt auf der gegenüberliegenden Seite des Tales. Für einen Augenblick hätte selbst er sich beinahe täuschen lassen. Es schien kein Mensch zu sein, der dort zwischen den großen Bäumen verschwand, schon gar kein Weißer. Doch dann erkannte Pirri, daß sich der Mann von Kopf bis Fuß mit Schlamm beschmiert und sich einen Hut aus Rinde und Blättern aufgesetzt hatte.

„Ha!" Pirri rieb sich voller Freude den Bauch. „Ja, du bist wirklich gut, mein *wazungu*. Nicht einmal ich kann dich vor Einbruch der Dunkelheit einholen, aber morgen früh gehört dein Kopf mir!"

In dieser Nacht schlief Pirri ohne Feuer am Rand der Lichtung, wo er den weißen Mann zuletzt gesehen hatte, und er war wieder unterwegs, sobald es hell genug war. Am Vormittag stieß er dann ganz unvermutet auf den *wazungu*, der am Fuß eines riesigen Mahagonibaumes lag. Pirri glaubte zuerst, er sei bereits tot. Der Weiße hatte versucht, sich mit Laub zuzudecken, eine bemitleidenswerte letzte Anstrengung, dem unermüdlichen kleinen Jäger einen Strich durch die Rechnung zu machen.

Pirri näherte sich ihm langsam. Seine breite Machete hielt er schlagbereit in der rechten Hand. Die Waffe war messerscharf geschliffen. Als er schließlich vor Daniel Armstrong stand, erkannte er, daß dieser noch lebte, wenn er auch sehr geschwächt schien. Er hatte sich wie ein kranker Hund unter dem Laub zusammengerollt und atmete mit einem leise blubbernden Geräusch, das tief aus seiner Kehle drang.

Pirri hob die Machete mit beiden Händen hoch über den Kopf und hielt dann kurz inne. Weil er ein wahrer Jäger war, empfand er im Augenblick des Tötens immer ein wenig Mitleid mit seiner Beute. Der Glaube seines Stammes gebot es, die Tiere, die man tötete, zu achten und zu ehren, besonders dann, wenn die Beute, wie in diesem Fall, listig und mutig gewesen war. Bitte stirb schnell, flehte Pirri insgeheim.

Er wollte gerade zuschlagen, als er hinter sich eine ruhige Stimme vernahm. „Laß die Klinge da, wo sie ist, Bruder, oder ich schieße dir diesen giftigen Pfeil in den Bauch."

Pirri erschrak so sehr, daß er einen Satz machte und herumwirbelte. Sepoo stand mit gespanntem Bogen fünf Schritt hinter ihm, und die Pfeilspitze war genau auf ihn gerichtet.

„Du bist es – mein eigener Bruder!" Pirri keuchte entsetzt. „Du würdest doch nie mit dem Pfeil auf mich schießen!"

„Wenn du das glaubst, Pirri, dann bist du noch dümmer, als ich geglaubt hatte. Kara-Ki will diesen *wazungu* lebend haben. Wenn du auch nur einen einzigen Tropfen von seinem Blut vergießt, werde ich dir diesen Pfeil durch den Leib jagen."

„Und ich", schaltete sich plötzlich Pamba hinter ihm ein, „werde singen und um dich herumtanzen, während du auf dem Boden liegst und dich windest."

Pirri wich zurück. Er wußte, daß er Sepoo fast alles ein- oder ausreden konnte, nicht aber Pamba. Vor seiner Schwägerin hatte er ungeheuren Respekt. „Man hat mir einen großen Schatz angeboten, wenn ich diesen *wazungu* töte." Seine Stimme klang schrill. „Ich werde ihn mit euch teilen. Soviel Tabak, wie ihr tragen könnt!"

„Ich werde ein wenig Tabak zu mir nehmen", erklärte Pamba kühl. „Aber ob du dann noch am Leben bist . . ."

Pirri wich noch weiter zurück. „Ich gehe ja schon." Er verschwand im Unterholz, und Sepoo und Pamba hörten, wie er voller Wut mit der Machete auf das Gebüsch ringsum einschlug.

Sepoo senkte schließlich den Bogen und wandte sich lachend an seine Frau. „Soviel Freude habe ich seit dem Tag nicht mehr gehabt, als Pirri in seine eigene Falle fiel, in der bereits ein Büffel lag!"

Pamba ging nicht auf seine Bemerkung ein, sondern kümmerte sich um den bewußtlosen Daniel Armstrong. Zunächst untersuchte sie ihn gründlich. „Ich werde meine ganze Kunst aufbieten müssen, um ihn zu retten", sagte sie schließlich, während sie in ihren Medizinbeutel griff. „Wenn er uns wegstirbt, weiß ich nämlich nicht, wo ich für Kara-Ki einen anderen auftreiben soll."

WÄHREND Pamba Daniel behandelte, baute Sepoo über den beiden eine Hütte und machte ein kleines Feuer, um die Moskitos und die Feuchtigkeit zu vertreiben. Er hockte sich in den Eingang und schaute seiner Frau bei der Arbeit zu.

Sie war die geschickteste Medizinfrau aller Bambuti. Mit flinken Fingern reinigte sie die Wunde am Rücken des *wazungu* und legte dann einen Brei aus gekochten und zerstampften Wurzeln und Blättern darauf. Schließlich flößte sie ihm noch heißen Kräutersaft ein.

Nach drei Stunden war Daniel wieder bei Bewußtsein. Benommen blickte er die beiden kleinen alten Menschen an, die vor ihm in der rauchigen Hütte hockten. „Wer seid ihr?" fragte er auf suaheli.

„Ich bin Sepoo", sagte der Mann. „Ein berühmter Jäger und ein großer Weiser der Bambuti."

„Und ich bin Pamba, die Frau des größten Lügners in allen Wäldern von Ubomo." Die Alte gackerte vor Vergnügen.

Am nächsten Morgen konnte Daniel bereits von dem Eintopf aus Affenfleisch und Kräutern essen, den Pamba für ihn zubereitet hatte. Und am Tag darauf war die Infektion auf seinem Rücken abgeklungen, und er fühlte sich kräftig genug, um den Marsch nach Gondala anzutreten.

Daniel ging zuerst langsam, da seine Beine noch immer schwach waren und sein Kopf mit Watte gefüllt zu sein schien. Pamba führte ihn gemächlich durch den Wald und schnatterte ständig, wobei sie zwischendurch schrill auflachte. Sepoo lief ihnen, auf der Suche nach jagdbarem Wild, weit voraus.

Daniel ahnte bereits, wer die geheimnisvolle Kara-Ki sein könnte, die die Pygmäen zu seiner Rettung losgeschickt hatte. Dennoch fragte er Pamba nach ihr und versuchte, eine Beschreibung von ihr zu bekommen.

„Kara-Ki ist sehr groß“, berichtete Pamba, wobei sich Daniel bewußt war, daß für die Bambuti jeder Nichtpygmäe groß sein mußte. „Und sie hat eine lange, spitze Nase.“ Da die Bambuti flache, breite Nasen hatten, konnte Pambas Beschreibung auf jeden *wazungu* zutreffen. Daniel gab auf und trottete wortlos hinter der kleinen Frau her.

Sie erreichten Gondala am folgenden Nachmittag. Die Pygmäen hatten Daniel vorher nicht angekündigt, daß sie am Ziel waren, und als er aus dem Wald trat, bot sich ihm bei der kleinen Siedlung ein faszinierender Anblick: Hinter den Pflanzungen und zwei Flüssen ragten die hohen schneebedeckten Berge auf.

„Daniel!“ rief Kelly Kinnear, als er die Stufen zur Veranda ihres Hauses erklomm.

Obwohl Daniel halb damit gerechnet hatte, sie hier anzutreffen, war er überrascht, wie sehr er sich darüber freute. Er spürte ihre Zurückhaltung, als sie ihm die Hand schüttelte.

„Ich habe mir solche Sorgen gemacht, daß Sepoo Sie vielleicht nicht rechtzeitig finden würde . . .“ Dann hielt sie inne und trat einen Schritt zurück. „Meine Güte, Sie sehen ja schrecklich aus! Was, in aller Welt, ist denn mit Ihnen passiert?“

„Danke für das Kompliment.“ Er lächelte schwach. „Aber um Ihre Frage zu beantworten – seit unserer letzten Begegnung habe ich eine Menge durchgemacht.“

„Kommen Sie ins Behandlungszimmer. Ich will Sie untersuchen.“

„Könnte ich nicht zuerst ein Bad nehmen? Meine eigene Gesellschaft ist mir unangenehm.“

Sie lachte. „Sie riechen etwas streng, aber das ist bei den meisten meiner Patienten so.“

Sie führte ihn in das Behandlungszimmer, und er legte sich auf den Untersuchungstisch. „Pamba hat sehr gute Arbeit geleistet“, stellte sie fest, nachdem sie die Wunde auf seinem Rücken inspiziert hatte. „Ich werde Ihnen eine Spritze mit Antibiotika geben und Ihnen einen frischen Verband anlegen, sobald Sie gebadet haben. Die Wunde hätte genäht werden müssen, aber dafür ist es jetzt zu spät. Sie werden eine interessante neue Narbe neben Ihren vielen anderen bekommen.“ Kelly wusch sich die Hände und lächelte. „Offenbar gehen Sie keiner Auseinandersetzung aus dem Weg.“

„Die anderen haben immer angefangen“, versicherte er ihr. „Da wir gerade von Auseinandersetzungen reden – bei unserer letzten Begegnung haben Sie mir leider keine Gelegenheit gegeben, ein paar Dinge richtigzustellen. Sie haben sich einfach auf Ihr Motorrad gesetzt und sind davongebraust.“

„Ich weiß. Das ist meine impulsive Art."

„Kann ich es Ihnen jetzt erklären?"

„Wie wär's zuerst mit einem Bad?"

Das Bad – eine Zinkwanne, gerade so groß, daß er hineinpaßte, wenn er die Knie bis unter das Kinn anzog – befand sich in einer strohgedeckten Hütte. Zwei Bambuti füllten die Wanne mit Eimern dampfenden Wassers, das draußen auf einem Feuer erhitzt worden war. Frische Kleidung hatten sie schon für ihn bereitgelegt: Khakishorts und ein Hemd, dazu ein Paar Ledersandalen.

Kelly wartete im Behandlungszimmer auf ihn. „Welch wundersame Verwandlung!" rief sie bei seiner Rückkehr. „Kümmern wir uns um den Rücken."

Daniel saß auf dem einzigen Stuhl, und sie stand hinter ihm. Er genoß die Berührung ihrer Hände, die kühl und leicht über seine Haut glitten. „Ich habe mich noch gar nicht dafür bedankt, daß Sie die Pygmäen zu meiner Rettung losgeschickt haben", sagte er.

„Das gehört hier mit zu meinen Pflichten, ist also nichts Besonderes."

„Wie sind Sie in dieses Land gekommen?" fragte Daniel. „Und was machen Sie eigentlich hier? Wenn Taffari Sie erwischt . . ."

„Entnehme ich Ihren Worten, daß Sie mittlerweile die Wahrheit über Ephrem Taffari herausgefunden haben? Daß er nicht der Heilsbringer ist, für den Sie ihn hielten?"

„Lassen Sie uns nicht wieder streiten", bat er, „ich bin noch zu schwach, um mich verteidigen zu können."

„Na schön. Kommen Sie dafür zu mir zum Abendessen. Ich habe noch eine Überraschung für Sie: einen Gast in meinem Haus, den Sie seit Jahren nicht mehr gesehen haben."

In der einsetzenden Dämmerung gingen sie vom Labor zu Kellys Wohnhaus am Ende der Lichtung hinüber. Auf dem Weg dorthin blieben sie stehen und betrachteten, wie der Sonnenuntergang die Mondberge in prächtig flammendes Gold tauchte.

„Dieses herrliche Bild sehe ich immer vor mir, wo ich auch auf der Welt bin", flüsterte Kelly. „Einer der vielen Gründe, weshalb ich immer wieder hierher zurückkomme."

Ihre gefühlsbetonte Aussage berührte Daniel ebenso wie die Großartigkeit des Naturschauspiels. Um seiner Sympathie Ausdruck zu verleihen, wollte er nach ihrem Arm greifen und ihn drücken, doch er wahrte den Abstand, und nach einer Weile gingen sie weiter.

Auf der Veranda von Kellys Haus stand ein gedeckter Eßtisch, an dem eine einzelne Gestalt saß, die sich erhob, als sie näher kamen.

„Dr. Armstrong! Wie schön, Sie wiederzusehen."

Daniel starrte sein Gegenüber erstaunt an. „Ich hatte gedacht, Sie wären tot, Herr Präsident! Es hieß, Sie seien an einem Herzschlag gestorben oder von Taffari erschossen worden."

„Die Nachricht von meinem Tod war leicht übertrieben." Victor Omeru lachte und schüttelte Daniel die Hand.

„Ich habe eine Flasche Whisky in meiner Medikamentenkiste gefunden", sagte Kelly. „Der heutige Abend scheint mir ein geeigneter Anlaß, sie zu öffnen." Sie holte die Flasche, schenkte ein wenig von der goldenen Flüssigkeit in drei Gläser und sprach dann einen Toast. „Auf Ubomo! Möge das Land bald vom Tyrannen befreit sein!"

Zum Abendessen gab es eine einfache, aber schmackhafte Mahlzeit aus Flußfisch mit Gemüse aus den Pflanzungen von Gondala, und das Tischgespräch kam nie ins Stocken. Victor Omeru erklärte Daniel die Umstände seines Sturzes und seiner Flucht in den Urwald. „Mit Kellys Hilfe ist es mir gelungen, Gondala zum Hauptquartier des Widerstandes gegen Taffaris brutale Diktatur zu machen", schloß er.

„Victor, Sie müssen Daniel erzählen, was Taffari dem Land und den Menschen seit seiner Machtübernahme angetan hat", meinte Kelly. „Daniel ist hinters Licht geführt worden und hat geglaubt, Taffari sei ein schwarzer Messias. Er will einen Film drehen, in dem Taffari als Wohltäter gefeiert werden soll."

„Nein, Kelly", widersprach Daniel, „das stimmt nicht ganz. Ursprünglich habe ich den Filmauftrag aus persönlichen und privaten Gründen angenommen." Er berichtete von der Ermordung Johnny Nzous und dessen Familie. Er erzählte, welche Rolle Ning Cheng bei der ganzen Sache spielte und wie er dem glücklichen Drachen nach Ubomo gefolgt war. Und er erwähnte auch Chetti Singh.

„Ich will ganz offen zu Ihnen sein", sagte er schließlich. „Als ich hierherkam, waren mir Taffari und die Probleme dieses Landes völlig egal. Ich wollte mich für den Mord an Johnny rächen und sah in dem Filmauftrag nur ein Mittel zum Zweck. Nach meiner Ankunft in Ubomo fand ich jedoch heraus, was in diesem Land vorgeht . . ."

Er erzählte von den Greueln an der Fischadlerbucht und von den Zwangsarbeitern, die er gesehen und gefilmt hatte.

Victor Omeru und Kelly wechselten Blicke, und dann nickte Omeru und wandte sich an Daniel. „Taffari hat mindestens dreißigtausend Menschen als Zwangsarbeiter in die Minen und Holzfällerlager gesteckt. Sie leben als Sklaven, zusammengepfercht unter elenden Bedingungen. In den Lagern sterben sie wie die Fliegen, verhungern, werden erschlagen, erschossen. Ich kann Ihnen das Grauen nicht beschreiben."

„Außerdem vernichtet Taffari den Wald", fiel Kelly ein. „Er zerstört Millionen Hektar Regenwald."

„Ich habe eine Schürfeinheit bei der Arbeit gesehen", sagte Daniel. „Dagegen ist meiner Meinung nach nichts einzuwenden. Die natürlichen Ressourcen des Landes werden auf einer erneuerbaren Basis genutzt."

Kelly und Omeru starrten ihn ungläubig an. „Sie billigen, was er mit dem Wald macht?" platzte Kelly wütend heraus. „Sind Sie denn noch bei Trost? Das ist Raubbau und Plünderung . . .!"

„Moment, Kelly." Omeru hob beschwichtigend die Hand. „Lassen Sie Daniel doch erst einmal erzählen, was er gesehen und gefilmt hat."

Kelly beherrschte sich. Sie verstummte, aber ihre Augen funkelten.

„Man hat mir die MOMU-Einheiten bei der Arbeit gezeigt", berichtete Daniel. „Bonny und ich haben sie gefilmt, und Taffari hat uns erklärt, wie die Schneise, die die Maschine pflügt, anschließend wieder aufgeforstet wird."

„Wieder aufgeforstet wird!" wiederholte Kelly ironisch. „Mein Gott! Hat er Ihnen auch von den Chemikalien erzählt, die seit ein paar Wochen benutzt werden, um das Platin nach dem Durchlauf durch die Kugelmühlen der MOMU abzuscheiden?"

„Nein." Daniel schüttelte den Kopf. „Er hat behauptet, während des Gewinnungsprozesses würden keine chemischen Katalysatoren benutzt. Obwohl das offenbar bei der Produktion von Platin und Monazit einen Verlust von vierzig Prozent bedeutet."

„Und Sie haben ihm geglaubt?" wollte Kelly wissen.

„Ich habe es mit eigenen Augen gesehen." Daniel wurde allmählich wütend. „Ich habe alles gefilmt. Natürlich schenkte ich ihm Glauben."

Kelly sprang vom Tisch auf und holte eine Landkarte von Ubomo aus dem Nebenraum. Sie breitete sie vor Daniel aus. „Zeigen Sie mir, wo Sie die MOMU im Einsatz gesehen haben!" befahl sie.

Daniel deutete auf einen Fleck nördlich von Sengi-Sengi. „Etwa hier, ein paar Kilometer nördlich des Lagers."

„Taffari hat Sie reingelegt!" meinte Kelly erbost. „Er hat Ihnen das Vorzeigeprojekt präsentiert. Das war eine kleine Schau, die eigens für Sie veranstaltet wurde. Die eigentlichen Schürfoperationen werden hier durchgeführt." Sie wies auf ein Gebiet, das achtzig Kilometer weiter nördlich lag. „In Wengu. Und dort sieht die Landschaft entschieden anders aus als in der Gegend, die Taffari Ihnen gezeigt hat."

„Wie anders?" fragte Daniel.

Victor Omeru ergriff das Wort. „Erzählen Sie ihm nichts, Kelly. Es wäre viel beeindruckender, wenn Sie es ihm zeigten."

Einen Moment starrte Kelly Victor Omeru an und nickte dann. „Sie haben recht, Victor. Ich werde ihn nach Wengu bringen." Sie wandte sich an Daniel. „Und wenn wir dort sind, können Sie filmen, was dieser Mistkerl dem Wald antut. Die Aufnahmen sollten Sie aber auch Ihrem netten Kumpel Tug Harrison zeigen, falls er die Bilder nicht bereits kennt."

„Ich kann zwar mit einer Videokamera umgehen, leider habe ich aber im Augenblick keine. Wo soll ich Ihrer Meinung nach mitten im Urwald ein solches Gerät herbekommen?"

„Was ist denn aus der Videokamera geworden, die Sie bei sich hatten?" wollte Kelly wissen.

„Verflixt, Sie haben recht! Ich habe die Videokamera im Landrover gelassen. Falls Taffaris Leute ihn nicht inzwischen gefunden haben, müßte sie noch da sein."

„Warum gehen Sie nicht zurück und holen sie? Sepoo wird Sie begleiten."

„ICH HABE dir den Kopf des weißen *wazungu* gebracht", verkündete Pirri, der Jäger. Er nahm das Netz aus geflochtenen Rindenfasern von seiner Schulter und ließ es vor Chetti Singh fallen.

Der Kopf rollte aus dem Netz, und Chetti Singh sprang voller Abscheu zurück. „Woher weiß ich, daß dies der Kopf des weißen *wazungu* ist?" wollte er wissen. „Dieser Mann ist schon lange Zeit tot. Die Termiten und die Würmer haben ihn halb aufgefressen. Du hast ihn nicht getötet, Pirri!"

„Das stimmt", gab Pirri zu. „Dieser dumme *wazungu* hat einen giftigen Pilz gegessen und ist im Wald gestorben, bevor ich ihn gefunden habe. Die Termiten haben ihn gefressen, wie du sagst, aber ich habe dir seinen Kopf gebracht, und das war unsere Abmachung." Pirri streckte sich mit seinen knapp einsfünfunddreißig. „Jetzt mußt du mir geben, was du mir versprochen hast. Vor allem den Tabak."

Um den Kopf zu beschaffen, hatte er eines der Massengräber geöffnet, die die Hita im Wald für die Leichen der Zwangsarbeiter ausgehoben hatten, die in den Lagern gestorben waren.

„Du bist sicher, daß dies der Kopf des weißen *wazungu* ist?" fragte Chetti Singh. Er glaubte dem Pygmäen nicht, mußte andererseits aber sowohl Ning Cheng als auch Präsident Taffari beschwichtigen. Daß Armstrong vielleicht entkommen war, durfte er niemals zugeben.

„Es ist der *wazungu*", versicherte Pirri.

Chetti Singh dachte eine Weile nach. „Nimm das" – er berührte den halbverwesten Schädel mit der Fußspitze –, „bring es zurück in den Wald, und vergrabe es."

„Was ist mit meiner Belohnung?" Pirris Stimme klang beinahe weinerlich.

„Du hast mir nicht den ganzen Kopf gebracht. Die Haut und die Haare fehlen. Deshalb kann ich dir nicht die ganze Belohnung geben. Die werde ich dir erst geben, wenn du mir die Stoßzähne des Elefanten bringst, wie wir es vereinbart haben."

Pirri stieß einen wütenden Schrei aus und zog seine Machete.

„Weg mit dem Messer", sagte Chetti Singh ruhig, „oder ich werde dir damit den Kopf wegschießen." Er zeigte dem Pygmäen die Pistole, die er aus der Tasche seiner Buschjacke gezogen hatte.

Pirri steckte die Machete in die Scheide. „Ich werde losgehen und die Stoßzähne des Elefanten holen, wie du es befohlen hast."

Der kleine schwarze Jäger nahm den abgeschlagenen Kopf an sich. Doch als er in den Wald huschte, überfiel ihn eine solche Wut, daß er glaubte platzen zu müssen.

„Niemand betrügt Pirri", flüsterte er und schmetterte im Laufen seine Machete gegen einen Baumstamm. „Pirri wird den Mann töten, der ihn betrügt", versprach er. „Du willst einen Kopf, einarmiger *wazungu*? Ich werde dir einen Kopf geben – deinen eigenen!"

„DANIEL ARMSTRONG ist tot", erzählte Chetti Singh dem Präsidenten und dem Chinesen. „Der Bambuti hat mir seinen Kopf gebracht. Armstrong ist im Wald gestorben."

„Gibt es keinen Zweifel daran?" fragte Präsident Taffari.

„Absolut keinen", versicherte Chetti Singh.

„Das bedeutet, die Frau ist unsere einzige Zeugin." Ning Cheng wirkte erleichtert. „Wir sollten sie sofort loswerden, Herr Präsident."

„Vergessen Sie dabei das Videoband nicht?" fragte Taffari.

„Natürlich nicht", antwortete Cheng. „Aber wenn sie das Band erst einmal aus der Botschaft geholt hat, müssen wir sie loswerden." Er zögerte. „Ich könnte das arrangieren."

Ephrem Taffari lächelte ihm zu. „Die Frau wird langweilig. Ich habe das Interesse an ihr verloren. Wenn wir das Band wiederhaben, gehört sie Ihnen. Sorgen Sie nur dafür, daß es keine Pannen gibt."

„ICH HATTE mit Danny vereinbart, daß er es persönlich abholt." Sir Michael Hargreave trat ans Fenster seines Büros in der britischen Botschaft und schaute auf den See hinaus. „Daniel hat nichts davon gesagt, daß ich es einem Dritten aushändigen darf. Sie müssen meinen Standpunkt verstehen, Miß – äh –, Miß Mahon."

Der Deckenventilator quietschte, und Bonny überlegte rasch. Sie wußte, daß sie nicht zu heftig drängen durfte, obwohl ihr völlig klar war, welche Konsequenzen sie erwarteten, wenn sie mit leeren Händen zu Taffari zurückkehrte.

„Ich hatte nicht gedacht, daß es Schwierigkeiten geben würde." Sie stand auf. „Ich bedauere, vergessen zu haben, Danny um eine Vollmacht zu bitten. Jedenfalls danke ich Ihnen dafür, daß Sie sich für mich Zeit genommen haben. Ich werde Danny erklären, daß Sie mir das Band unter diesen Umständen nicht aushändigen konnten." Dabei hielt sie dem Botschafter die Hand hin und lächelte so verführerisch, wie sie nur konnte.

Sir Michael wurde unsicher, er schien mit sich zu ringen. „Hören Sie, ich denke, es geht in Ordnung. Ich meine, Sie sind schließlich Dannys Kamerafrau . . ."

„Ich möchte nicht, daß Sie etwas tun, was Sie nicht verantworten können", erklärte Bonny rasch. „Sicher wird Danny verstehen, daß Sie mir nicht genug Vertrauen entgegenbringen konnten."

„Meine liebe Miß Mahon, das hat doch nichts mit Vertrauen zu tun . . ."

„Oh, ich dachte schon." Sie klimperte mit den Wimpern.

„Würden Sie mir freundlicherweise eine Empfangsbestätigung unterzeichnen? Tut mir leid, daß ich solche Umstände machen muß, aber ich möchte mich wegen Danny rückversichern."

„Ich verstehe, Sir Michael."

Er schrieb eine Empfangsbestätigung auf einen Briefbogen der Botschaft, und sie unterzeichnete sie und notierte ihre Paßnummer unter ihrem Namenszug.

Sir Michael ging in den angrenzenden Raum. Sie hörte, wie er einen Schlüssel in das Schloß eines Stahlsafes steckte, das aufschnappte, dann klappte die Tür wieder zu. Kurz darauf kehrte er zurück und reichte ihr einen dicken braunen Umschlag.

Sie versuchte, sich ihre Erleichterung nicht anmerken zu lassen.

„Bitte grüßen Sie Danny recht herzlich von mir." Sir Michael geleitete sie zur Eingangstür der Botschaft. „Wann kommt er aus Sengi-Sengi zurück?"

„Ich fliege noch heute nachmittag zu ihm . . ."

„Am nächsten Samstag gebe ich hier eine Cocktailparty", sagte Sir Michael zum Abschied. „Wenn Sie und Danny dann wieder in der Hauptstadt sind, müssen Sie vorbeischauen."

Bonny ging hinaus. Draußen wartete Hauptmann Kajo am Steuer eines Armee-Landrovers. Sie stieg ein, legte den Umschlag auf ihren Schoß, zwang sich zu einem Lächeln und winkte Sir Michael zu, als sie durch das Tor der Botschaft fuhren. Dann atmete sie tief durch und ließ sich in ihren Sitz zurückfallen.

„Präsident Taffari erwartet Sie auf seiner Jacht, Miß Mahon", erklärte Hauptmann Kajo, während er am Seeufer Richtung Hafen fuhr.

Das Segelschiff war an der Marinemole vertäut. Es war eine sechzehn Meter lange Luxusjacht mit eleganter Einrichtung.

Zwei Männer saßen sich an dem Teakholztisch in der Hauptkabine gegenüber. Taffari las stumm den Monatsbericht der UEG; Ning Cheng schaute den Präsidenten erwartungsvoll an. Als Taffari das Dokument senkte und aufblickte, lächelte er.

„Ich bin beeindruckt, Mr. Cheng. Sie sind erst vor kurzer Zeit in Ubomo eingetroffen und haben die Geschäftsführung übernommen, aber die Ergebnisse sind wirklich spektakulär."

„Sehr großzügig von Ihnen, Herr Präsident. Und ich kann Ihnen versprechen, daß ich für die kommenden Monate noch weitere Steigerungen erwarte."

An der Kabinentür klopfte es.

„Wer ist da?" rief Taffari.

„Hauptmann Kajo, Herr Präsident, und Miß Mahon."

Taffari blickte Cheng an, der nickte. „Herein!" befahl der Präsident, und die Tür glitt auf.

Bonny stürmte in die Kabine. „Ich habe das Band, Ephrem", verkündete sie strahlend. „Hier ist es." Sie legte den Umschlag auf den Tisch.

Taffari griff danach, riß ihn auf und schüttelte die Videokassette heraus. „Gut gemacht", lobte er sie. „Ich bin außerordentlich zufrieden mit dir. Komm und setz dich neben mich, meine Liebe."

Eifrig folgte sie der Aufforderung, und Taffari legte unter der Tischplatte die Hand auf ihren Schenkel. „Hauptmann Kajo!" rief er. „Im Kühlschrank steht eine Flasche Champagner. Das muß gefeiert werden!"

Der Offizier ging zur Bar und öffnete umständlich die Flasche. Der Korken knallte, und etwas Schaum spritzte auf den Teppich. Kajo schenkte ein und kam mit drei Gläsern zurück. Er betrachtete die Gläser prüfend, reichte Bonny das erste Glas und bediente dann die anderen.

Taffari prostete Bonny zu. „Auf dich, meine Liebe. Du hast mir und meinem Land eine verhängnisvolle Situation erspart."

„Danke, Herr Präsident!" Bonny nahm einen Schluck Champagner. Sie bemerkte einen etwas bitteren Nachgeschmack, sagte aber nichts, da sie gelernt hatte, ihrem Liebhaber nicht den leisesten Vorwand zu liefern, beleidigt zu sein. Und als Kajo ihr Glas nachfüllte, leerte sie es in einem Zug.

„Ich wollte bei Sonnenuntergang eine kleine Kreuzfahrt auf dem See machen", sagte Taffari.

Bonny lächelte ihn an, obwohl sich in ihren Wangen ein eigenartig taubes Gefühl ausbreitete. „Das wäre schön", versuchte sie zu sagen, doch sie brachte nur ein undeutliches Lallen heraus.

Die Gesichter der beiden Männer verschwammen vor ihren Augen, während Taffaris Stimme wie aus weiter Ferne an ihr Ohr drang. „Leb wohl, meine Liebe", sagte er. Mit dem Kopf fiel sie vornüber auf die Tischplatte.

Taffari nahm seine Papiere an sich und legte sie in seinen Aktenkoffer. Er stand auf, und Kajo beeilte sich, ihm die Tür zu öffnen. Im Türrahmen blieb der Präsident stehen und schaute sich um. Ning Cheng saß noch immer der bewußtlosen Kamerafrau gegenüber. Er beobachtete sie mit eindringlichem Blick.

„Ja, Miß Mahon!" Chengs Stimme klang vor Erregung heiser. „Lange werden Sie nicht mehr zu leben haben. Aber vorher werden Sie und ich noch ein wenig Spaß miteinander haben."

Die Insel Lamu, die sie später anlaufen würden, war etwa zwanzig Kilometer vom Ufer entfernt. Kajo hatte betont, daß sich dort besonders viele Krokodile tummelten . . .

ZWISCHEN Daniel und Sepoo hatte es augenblicklich ein Einverständnis gegeben. Es ist eine Art Seelenverwandtschaft, dachte Daniel, als er Sepoo durch den Wald folgte. Sie waren beide Söhne Afrikas, sie verstanden und liebten die Schönheit und Wildheit dieses Kontinents, und sie hüteten seine Schätze.

Als sie in dieser Nacht lagerten, saßen sie dicht nebeneinander am Feuer und unterhielten sich leise. Sepoo erzählte ihm von den Geheimnissen des Waldes, und Daniel verstand alles, was er sagte. Sepoo nannte ihn „*Kuokoa* – der, den ich rettete." Daniel freute sich über diesen Namen, obwohl er wußte, daß ihn der Alte damit auch daran erinnern wollte, was er ihm schuldete.

Am späten Nachmittag erreichten sie die MOMU-Schneise, die nahe Sengi-Sengi durch den Wald führte, und sie versteckten sich bis zum Einbruch der Dunkelheit am Waldrand. In der Nacht überquerten sie den gerodeten Streifen.

Daniel führte Sepoo zu dem Fahrweg, in dessen Nähe er vor fast zehn Tagen den Landrover zurückgelassen hatte. Sie fanden den Geländewagen auf Anhieb im dichten Unterholz. Das Fahrzeug war bis zu den Achsen im weichen Waldboden eingesunken.

Die Videoausrüstung befand sich nach wie vor in den Aluminiumkästen, doch zu Daniels Enttäuschung funktionierte die Kamera nicht. Entweder waren die Batterien erschöpft, oder Feuchtigkeit war in den Mechanismus eingedrungen. Daniel hoffte, daß er die Kamera in Gondala nach einer gründlichen Reinigung und Trocknung wieder flottmachen konnte. Er ließ Sepoo den Koffer mit den Kassetten schleppen, während er selbst die Kamera und die Objektive trug.

Schwer beladen, brauchten sie für den Rückmarsch fast doppelt so lange wie für den Hinweg, und es regnete fast die ganze Zeit. Als sie Gondala erreicht hatten, bat Daniel Victor Omeru um Hilfe. Er wußte, daß Omeru Elektroingenieur war.

Victor gelang es, die Batterien der Videokamera aufzuladen. Die Kamera selbst erwies sich jedoch als problematisch. Victor zerlegte und trocknete sie sorgfältig. Dann überprüfte er die Schaltkreise und entdeckte einen beschädigten Transistor. Er ersetzte ihn durch einen anderen, den er Kellys Spektroskop entnahm. Binnen vierundzwanzig Stunden lief die Videokamera wieder.

Daniel bedankte sich. „Und was soll ich jetzt filmen?“

„Wir brechen morgen in der Dämmerung auf“, verkündete Kelly.

„Ich komme mit“, meinte Victor Omeru.

„Das halte ich nicht für sehr klug, Victor.“ Sie schaute ihn zweifelnd an. „Sie werden hier viel zu dringend gebraucht.“

„Nach all dieser harten Arbeit habe ich eine kleine Belohnung verdient, finden Sie nicht auch?“ Er wandte sich an Daniel. „Außerdem könnte Ihre Ausrüstung wieder den Geist aufgeben. Kommen Sie, Dr. Armstrong, legen Sie ein gutes Wort für mich ein.“

Daniel schüttelte den Kopf. Er teilte Kellys Besorgnis. Victor Omeru war beinahe siebzig Jahre alt, und der Marsch würde sicher sehr anstrengend werden. Bis Wengu waren es achtzig Kilometer.

„Ich meine es ernst“, erklärte Omeru mit Nachdruck. „Ubomo ist mein Land. Ich kann mich nicht auf Berichte aus zweiter Hand stützen, sondern muß selbst sehen, was Taffari meinem Land und meinem Volk antut.“

Weder Kelly noch Daniel konnten dagegen etwas einwenden, und als sie am nächsten Morgen aus Gondala aufbrachen, war Victor Omeru dabei.

Sepoo hatte acht Männer seines Stammes als Träger rekrutiert, und

Pamba hatte sich zur Leiterin der Expedition ernannt, um dafür zu sorgen, daß alle Bambuti gehorchten. Jeder Stammesangehörige hatte gewaltigen Respekt vor Pamba und ihrem Mundwerk.

Am dritten Tag erreichten sie den ersten der blutenden Flüsse. Die Bambuti setzten ihre Last ab und kauerten sich am Ufer nieder. Weder Gelächter noch Geplauder waren zu hören, und selbst Pamba schwieg betroffen.

Daniel stieg in den stinkenden Morast aus rotem Schlamm, toten Tieren und vergifteter Vegetation hinab und hob eine Handvoll davon hoch. Er roch daran, schleuderte den Schlamm dann weit von sich und versuchte, sich den schmierigen Brei von den Händen zu wischen.

„Was ist das?" Er blickte zu Kelly hoch, die am Ufer stand. „Wodurch wird das verursacht?"

„Durch die Chemikalie, von der Taffari versprochen hat, daß er sie nie anwendet."

„Worum handelt es sich dabei?" wollte Daniel wissen.

„Um Arsen!" rief sie angewidert. „Man verwendet eine zweiprozentige Lösung weißen Arsens, um die Sulfidschicht aufzubrechen und das Platin zu binden."

Er starrte sie ungläubig an. „Aber das ist doch verrückt!"

„Genau", bestätigte Kelly. „Wir haben es weder mit normalen noch mit verantwortungsbewußten Menschen zu tun, sondern mit Mördern, die den Wald in ihrer grenzenlosen Gier vergiften."

Er stieg aus dem toten Fluß und trat neben sie. Langsam spürte er, wie ihre Wut immer mehr auch auf ihn überging. „Diese Banditen", flüsterte er.

Erst jetzt erkannte Kelly, daß er die Seite gewechselt hatte; sie streckte den Arm aus und ergriff seine Hand. Doch in ihrer Geste lag nichts Sanftes, sondern eher ein Ausdruck der Bestimmtheit. „Sie haben noch nicht alles gesehen. Das ist erst der Anfang. Das eigentliche Grauen erwartet uns weiter voraus, bei Wengu. Kommen Sie!"

Die kleine Kolonne bewegte sich weiter. Nach fünfstündigem Marsch hielten die Träger unvermittelt an und flüsterten miteinander.

„Was gibt es denn?" wollte Victor Omeru wissen.

„Wir haben die Grenze unserer Jagdgründe erreicht." Pamba deutete nach vorn. „Von hier ab betreten wir das heilige Waldgebiet. Bisher hat nur Sepoo gesehen, was in Wengu geschieht. Die anderen wollen nicht weitergehen. Sie haben Furcht vor der Mutter und dem Vater des Waldes. Sie wissen, daß eine schreckliche Sünde begangen worden ist, und sie sind verängstigt."

„Was können wir tun, um sie zum Weitergehen zu bewegen?“ fragte Daniel.

„Wir müssen uns da raushalten. Das ist Sache des Stammes. Wir sollten es Pamba überlassen, sie zu überzeugen“, sagte Kelly.

Die alte Dame war jetzt in Höchstform. Sie sprach zu den Männern. Zuweilen klang ihre Stimme schrill, dann senkte sie sie wieder zu einem taubengleichen Gurren. Schließlich trat sie ganz nahe an einen der Männer heran und flüsterte ihm etwas ins Ohr.

Nach einer Stunde nahm einer der Träger plötzlich seine Last auf und ging auf dem Weg weiter. Die anderen folgten seinem Beispiel, und die Marschkolonne betrat den geheiligten Bezirk des Waldes.

Am nächsten Morgen in der Dämmerung hörten sie in der Ferne Maschinen, und als sie weitergingen, wurde das Geräusch lauter. Die Flüsse, die sie durchquerten, waren zähflüssig von dem schrecklichen, rotgiftigen Schlamm. Abgesehen von dem fernen Dröhnen und Brüllen der Maschinen war der Wald still. Sie sahen weder Vögel noch Affen, noch Buschböcke.

Gegen Mittag ließ Sepoo die Kolonne anhalten und beriet sich mit Kelly. Er deutete nach Osten, und Kelly nickte und winkte Daniel und Victor Omeru zu sich. „Sepoo meint, wir seien schon sehr nahe. Wir müssen allerdings die Wachposten am Waldrand umgehen. Im Osten liegt eine Hügelkette. Von dort können wir das Schürfgebiet und die Rodungsflächen überblicken. Pamba wird mit den Trägern hierbleiben. Nur wir vier – Sepoo, Sie beide und ich – werden zu den Hügeln weitermarschieren. Kommt, bevor es wieder zu regnen beginnt!“

Sie erklommen die Hügel im Gänsemarsch. Sepoo ging voran. Selbst als sie den ersten Gipfel erreicht hatten, konnten sie wegen des dichten Waldes nichts sehen. Aber das Dröhnen der Dieselmotoren war jetzt ganz deutlich vernehmbar.

„Was nun?“ fragte Daniel. „Von hier aus kann ich nicht filmen.“

„Sepoo wird uns einen Tribünenplatz beschaffen“, versprach Kelly. Sie gingen ein Stück weiter und erreichten einen Baum, der selbst im Wald der großen Bäume ein Riese war.

„Zwanzig Pygmäen, die einander bei den Händen fassen, können diesen Baum nicht umringen“, erklärte Kelly. „Es ist der heilige Honigbaum des Stammes.“

Die Pygmäen hatten Holzpflöcke in die glatte Rinde geschlagen, um die untersten Äste erreichen zu können. Von dort führten Lianenseile und hölzerne Tritte in die Höhe, die sich etwa vierzig Meter über dem Boden im Blattwerk des Baumes verloren.

„Dies ist ein Tempel der Bambuti“, erklärte Kelly. „Dort oben, in

den höchsten Ästen, beten sie und bringen dem Waldgott ihre Gaben dar.“

Sepoo kletterte zuerst hinauf, weil er am leichtesten war. Er klopfte einige der Pflöcke mit seiner Machete fest und bedeutete dann den anderen, ihm zu folgen.

Kelly stieg als nächste hinauf und reichte Victor Omeru, der ihr folgte, die Hand. Daniel kam als letzter; er hatte die Videokamera über die Schulter geschlungen und griff hoch, um Victor Omerus Füße auf die Leitersprossen zu setzen, wenn dieser sie selbst nicht finden konnte. Als sie höher stiegen, wurde es um sie herum allmählich heller, bis sie schließlich von grellem Sonnenlicht empfangen wurden.

Sie befanden sich auf einer Plattform in den obersten Ästen des heiligen Honigbaumes und blickten auf das Blättermeer des Regenwaldes hinab, das sich unter ihnen ausbreitete. Es wogte wie die Wellen des Ozeans, in jeder Himmelsrichtung grün und ungebrochen, bis auf den Norden. Alle schauten jetzt dorthin, und ihre Begeisterung über den herrlichen Ausblick wich ungläubigem Entsetzen.

Im Norden war der Urwald verschwunden. Vom Fuß des Hügels vor ihnen bis zu den Ausläufern der schneebedeckten Berge war der Urwald ausradiert worden. Eine trostlose rote Ebene lag da, wo einst die großen Bäume gestanden hatten. Es war eine verlassene Mondlandschaft.

„Barmherziger Gott!“ Victor Omeru sprach als erster. „Es ist ein Greuel. Wieviel Land wurde auf diese Weise geschändet?“

„Das kann man unmöglich sagen“, flüsterte Kelly. „Und vergessen Sie nicht, daß hier noch kein Jahr gearbeitet wird. Wie gewaltig wird die Zerstörung erst sein, wenn diese Monster“ – sie deutete auf die Reihe der MOMU-Fahrzeuge, die auf der riesigen Rodungsfläche vorankroch –, „wenn diese Monster ungehindert weitermachen dürfen?“

Es kostete Daniel Mühe, den Blick von diesem Bild der Vernichtung abzuwenden und sich auf die gelben Maschinen zu konzentrieren, die er nun zählte. „Acht, neun, zehn!“ rief er aus. „Sie fahren nebeneinander. Damit erreichen sie eine Schürfbreite von sechshundert Metern.“

„Nur zehn Maschinen können eine so schreckliche Zerstörung verursachen!“ Victor Omerus Stimme zitterte. „Sie sind wie gigantische Heuschrecken – erbarmungslos, unersättlich, grauenhaft.“

Sepoo hockte neben Daniel auf einem hohen Ast und weinte. Ganz langsam rannen Tränen über seine runzligen Wangen und tropften auf seine Brust.

Daniel griff zur Videokamera, setzte sie auf die Schulter, drückte das rechte Auge an den Sucher und stellte das Teleobjektiv ein. Dann filmte er die nackte rote Erde, auf der kein Halm stehengeblieben war, und die Reihe der gelben Maschinen, die sich unaufhaltsam voranfraßen. Er filmte das rote Gift, das die Abraumschächte am Heck der MOMUs ausspuckten. Vom nächsten Regenguß würde es in die Flußläufe gespült und in einem Umkreis von zweihundert Kilometern verteilt. Er filmte, wie die Urwaldriesen vor der Phalanx der gelben Maschinen gefällt wurden. Er filmte die Sträflingskolonnen, nackte Uhali, die im roten Schlamm arbeiteten, um die Straßen für die gewaltigen Lastwagen und Tieflader freizuhalten, die die erbeuteten Schätze des Waldes fortschafften.

Je länger er die Vernichtung beobachtete, desto wütender wurde er, bis sein Zorn schließlich ebenso groß war wie der Kellys. Sie stand neben ihm auf der Plattform, und er spürte ihre Empörung, die die Luft um sie herum scheinbar knistern ließ. Der Einklang ihrer Gefühle überraschte ihn nicht. Sie waren sich jetzt sehr nah. Ein Band war zwischen ihnen entstanden, und es verstärkte noch die Sympathie, die sie ohnehin bereits füreinander empfanden.

Sie blieben bis zum Einbruch der Nacht in dem Baumwipfel und lauschten dem Heulen der Maschinen, die in der Dunkelheit bei Flutlicht weiterarbeiteten. Es hörte nicht auf, das Roden und Schürfen, dieses hemmungslose Verbreiten von Gift und Tod.

Als es schließlich wieder zu regnen begann, über ihnen Blitze zuckten und der Donner krachte, stiegen sie hinab und trotteten niedergeschlagen zu der Stelle, wo Pamba mit den Trägern im Wald wartete.

Am Morgen traten sie durch den dampfenden, schweigenden Wald den Rückweg nach Gondala an und machten nur halt, wenn Daniel die verseuchten Flüsse filmen wollte. Die Träger waren noch immer zutiefst entsetzt. Obwohl sie nicht selbst Zeugen des Zerstörungswerks geworden waren, hatte Sepoo ihnen doch alles geschildert, und sie hatten die blutenden Flüsse gesehen. Als sie aber die Grenze zwischen dem heiligen Bezirk und ihren angestammten Jagdgründen erreichten, entdeckten sie einen noch größeren Grund zur Sorge.

Sie stießen auf die Fährte eines Elefanten und erkannten, um welches Tier es sich handelte. „Der alte Mann mit nur einem Ohr“, sagte Sepoo, und alle stimmten zu. Es war der Bulle mit den besonders langen Stoßzähnen.

Dann, als sie die Fährte genauer betrachteten, schrien sie auf und rangen die Hände.

„Was ist, alter Freund?“ fragte Kelly Sepoo.

„Blut“, antwortete er. „Blut des Elefanten. Er ist verletzt.“

„Wie konnte das geschehen?“ rief Kelly. Sie kannte den Elefanten, der sich öfter in der Gegend um Gondala aufhielt.

„Jemand jagt den Bullen im heiligen Bezirk. Das verstößt gegen alle Gesetze und Bräuche. Sieh! Hier, über der Fährte, sind die Fußspuren des Mannes im Schlamm zu sehen.“ Er deutete auf die Abdrücke kleiner, nackter Füße. „Der Jäger ist ein Bambuti. Es ist eine schreckliche Sünde, eine schwere Beleidigung des Waldgottes.“

Die Pygmäen waren erschüttert. Wie verirrte Kinder faßten sie sich tröstend bei den Händen. Die Welt schien für sie in diesen Tagen kopfzustehen.

„Ich kenne diesen Mann!“ kreischte Pamba. „Ich erkenne seine Fußabdrücke. Es ist Pirri.“

Daraufhin brachen sie in Wehklagen aus und schlugen die Hände vors Gesicht. Pirri hatte an dem heiligen Ort gejagt – die Rache des Waldgottes würde nun über sie alle kommen.

PIRRI war dem Elefanten seit drei Tagen gefolgt. Als er ihn schließlich erreichte, döste der Elefant stehend in einem Dickicht. Plötzlich erwachte das Tier, schien Pirris Anwesenheit zu spüren, denn es spreizte die Ohren – das eine breit und voll wie ein Großsegel, das andere abgerissen – und lauschte. Dennoch hörte der Elefant nichts. Pirri war ein Meisterjäger.

Der „alte Mann mit nur einem Ohr“ streckte den Rüssel aus und sog Luft ein, aber er witterte seinen Verfolger nicht, weil Pirri sich vom Scheitel bis zu den Fußsohlen mit Elefantenkot beschmiert hatte.

Der Elefant gab ein Geräusch von sich – ein leises Grollen aus Bauch und Kehle. Es war das Lied der Elefanten. Der Bulle sang im Wald, um festzustellen, ob er es mit einem Artgenossen oder einem Todfeind zu tun hatte.

Pirri kroch an den Rand des Dickichts und lauschte. Dann legte er die Hände trichterförmig um Mund und Nase, sog die Luft ein und stieß sie mit einem sanft rumpelnden Geräusch wieder aus. Pirri ahmte das Lied der Elefanten nach.

Der Bulle seufzte aus tiefer Kehle, um sein unsichtbares Gegenüber auf die Probe zu stellen. Getreu antwortete ihm Pirri, imitierte Kadenz und Timbre des Liedes. Der Elefantenbulle ließ sich von ihm täuschen. Er flappte mit den Ohren in einer Geste der Zufriedenheit und des Vertrauens. Er glaubte, daß ein anderer Elefant gekommen sei, um sich zu ihm zu gesellen. Gemächlich schob er die dornigen Zweige beiseite und ging auf Pirri zu.

Pirri blickte auf und sah die geschwungenen Stoßzähne des Elefanten über dem Gebüsch. In der Nähe des Mauls waren sie dicker als sein Bauchumfang. Er legte sich flach auf den Waldboden. Der Elefant war jetzt so nah, daß Pirri jede Furche und Runzel in der dicken grauen Haut ausmachen konnte. Selbst mit dem Speer, den er gefertigt hatte und dessen Spitze scharf und spitz wie ein Dolch war, konnte er die Haut des Tieres nicht durchstoßen, um Herz oder Lunge zu treffen. Es gab nur eine Möglichkeit, wie ein Mann von Pirris Größe ein so gewaltiges Tier mit einem Speer töten konnte.

Pirri rollte sich herum und richtete sich unter dem Bauch des Elefanten auf. Er stand zwischen den Hinterbeinen des Bullen, holte mit dem Speer aus und trieb dessen Spitze in die Leistengegend des Tieres. Der Elefant schrie auf, als die Speerspitze in seine Blase drang. Er verkrampfte sich vor Schmerz und buckelte, bevor er laut trompetend durch den Wald rannte.

Pirri lauschte, bis der Elefant außer Hörweite war, dann suchte er die Tropfenspur von Blut und Urin, die auf dem Waldboden entlanglief. Es konnte viele Stunden dauern, bis der Tod eintrat, aber der Elefant würde sterben.

Pirri folgte langsam der Spur, aber er freute sich nicht über die gelungene Jagdlist. Vielmehr empfand er ein Gefühl der Leere und einer schrecklichen Schuld.

PIRRI entdeckte den Elefanten am nächsten Morgen. Der Bulle lag auf einer Lichtung mit angewinkelten Beinen auf dem Boden, der Kopf wurde durch die mächtigen, geschwungenen Stoßzähne gestützt, die halb in der weichen Erde vergraben waren. Der letzte Regenguß hatte seine Haut gewaschen, so daß sie jetzt schwarz glänzte. Die Augen des „alten Mannes" standen offen.

Er wirkte so lebendig, daß Pirri sich ihm mit großer Vorsicht näherte. Schließlich streckte der Jäger einen langen, dünnen Zweig aus, um das Tier am Auge zu berühren, das von dicken Wimpern umsäumt war. Das Lid zuckte nicht. Pirri richtete sich auf und legte seinen Speer beiseite. Die Jagd war vorüber. Der Sitte nach sollte er jetzt ein Gebet des Dankes an den Waldgott für so viel Freigebigkeit sprechen. Und tatsächlich brachte er die ersten Worte des Gebetes heraus, bevor er schuldbewußt abbrach.

Er zog seine Machete aus der Scheide und begann einen der dicken gelben Stoßzähne aus dem Knochenkanal im Schädel des Elefanten zu brechen. Bei dieser Tätigkeit trafen ihn die Männer seines Stammes an. Das Geräusch der Machete, mit der Pirri auf den Stoßzahn schlug, hatte sie herbeigelockt. Angeführt von Sepoo und Pamba, traten sie lautlos aus dem Wald und bildeten einen Kreis um Pirri und den Elefanten.

Als er aufblickte und sie sah, ließ er die Machete fallen. Mit blutigen Händen stand er da und wagte nicht, ihnen in die Augen zu blicken. „Ich werde die Belohnung mit euch teilen, meine Brüder", flüsterte er, aber niemand antwortete ihm.

Nacheinander wandten die Bambuti sich von ihm ab und verschwanden ebenso schweigend, wie sie gekommen waren, im Wald. Nur Sepoo drehte sich noch einmal um. „Für das, was du getan hast, wird der Waldgott uns den Molimo schicken!" rief er.

Pirri war so verzweifelt, daß er seinen Stammesgenossen nicht einmal nachschaute.

ES SPRACH sich im Urwald herum, daß der Molimo kommen würde. Sepoo holte Daniel aus dem Labor ab, und Daniel folgte ihm mit der Kamera auf der Schulter in den Wald. Sie gingen schnell, denn Daniel hatte inzwischen gelernt, mit Sepoo Schritt zu halten.

Zu zweit waren sie losmarschiert, doch allmählich schlossen sich ihnen andere Bambuti an, alles Männer. Sie huschten lautlos durch den Urwald, bis sie schließlich in ganzen Scharen zum Platz des Molimo eilten.

Als sie dort eintrafen, war schon eine gewaltige Menge versammelt.

Schweigend umlagerten die Männer den Stamm eines riesigen Baumes. Alle waren sehr ernst. Daniel hockte sich zu ihnen und filmte die Pygmäen mit ihren düsteren Mienen.

Die Bambuti blickten zu dem mächtigen Baum hoch. „Dies ist das Haus des Molimo", flüsterte Sepoo. „Wir sind gekommen, um ihn zu holen."

Jemand in den Reihen rief laut einen Namen. „Grivi!" Und ein Mann stand auf und begab sich zum Fuß des Baumes.

Aus einer anderen Richtung wurde ein anderer Name gerufen. „Sepoo!" Und Sepoo gesellte sich zu Grivi.

Bald standen fünfzehn Männer am Fuß des Urwaldriesen, einige waren alt, andere noch junge Burschen. Die Molimo-Zeremonie konnte beginnen.

Sepoo stieß einen Schrei aus, und die Gruppe der Auserwählten kletterte aufgeregt den Baum hinauf. Sie verschwanden im Blattwerk, und für eine Weile waren nur ihr Gesang und ihr Geschrei zu hören. Dann kamen sie wieder herunter und führten ein drei Meter langes Bambusrohr mit sich. Sie legten es am Fuß des Baumes auf den Boden, und Daniel trat vor, um es sich genau anzusehen. Es mußte bereits vor vielen Jahren geschlagen worden sein, denn es war verholzt und ausgetrocknet. Stilisierte Tierzeichnungen waren darin eingeritzt.

„Ist das der Molimo?" fragte Daniel Sepoo im Flüsterton, während sich die Männer des Stammes ehrfürchtig darum versammelten.

„Ja, Kuokoa, das ist der Molimo", bestätigte Sepoo, „die Stimme des Waldes, die Stimme der Mutter und des Vaters. Doch bevor der Molimo sprechen kann, muß er trinken."

Die Gruppe der Auserwählten nahm den Molimo auf, trug ihn zu einem kühlen, dunklen Teich und tauchte ihn ein. Eine Stunde lang warteten die kleinen Männer, während der Molimo das reine Wasser des Urwaldes trank. Dann holten sie ihn wieder ans Ufer.

Er glänzte und troff von Wasser. Sepoo ging zu dem Bambusrohr und schloß die Lippen um das offene Ende. Die Brust des Alten wölbte sich, als er Atem holte und hineinblies. Der Molimo sprach aus dem Rohr mit der verwirrend klaren, süßen Stimme eines jungen Mädchens, das im Wald sang. Dann veränderte sich die Stimme, und der Molimo schrie wie ein Buschbock, der sich im Netz des Jägers verfangen hat. Nach einer Weile plapperte er wie der Graupapagei im Flug und zischte wie ein Chamäleon. Nach und nach ertönten alle Stimmen und Geräusche des Waldes. Ein anderer Bambuti löste Sepoo an dem Rohr ab, und dann wieder ein anderer.

Plötzlich brüllte der Molimo wie ein Elefant. Es war ein furchtbar wütendes Geräusch, und die Bambuti stürzten vorwärts und umringten den Molimo in einer zappelnden und wogenden Horde. Das schlichte Bambusrohr verschwand in ihrer Mitte, und es schrie und brüllte.

Dann geschah etwas Eigenartiges. Vor Daniels Augen machte die Menge eine erstaunliche Verwandlung durch: Aus einem Haufen wild gestikulierender Männer wurde, vergleichbar mit einem Fisch- oder Vogelschwarm, im Handumdrehen ein einziges Wesen. Sie verkörperten den Molimo.

Der Molimo war wütend. Er tobte auf Hunderten von Beinen. Blitzartig veränderte er seine Gestalt, schoß in die eine Richtung, dann in die andere. Er überquerte den Fluß, wirbelte weißsprühenden Schaum auf und zog dann langsam zum Versammlungsort des Stammes unterhalb des Wasserfalls von Gondala.

Die Frauen hörten den Molimo schon von weitem kommen. Sie verließen die Kochfeuer, packten ihre Kinder und rannten zu ihren Hütten. Vor Entsetzen jammernd, verschlossen sie rasch die Türen.

Der Molimo brach lärmend durchs Unterholz, ehe er in das Lager eindrang. Er zertrampelte die Kochfeuer, und die Kinder schrien, als er einige der wackeligen Hütten in unbeherrschter Wut umstieß. Die große Bestie bewegte sich zielstrebig auf die Stelle zu, wo Pirri seine Hütte gebaut hatte.

Pirris Frauen hörten ihn kommen, und sie stürzten aus der Hütte und flohen in den Wald. Pirri dagegen rannte nicht davon. Er war nicht mit den anderen Männern gegangen, um den Molimo aus seinem Haus zu holen, sondern kauerte in seiner Hütte, hatte die Hände vors Gesicht geschlagen und wartete. Er wußte, daß es kein Entkommen vor der Rache des Waldgottes gab.

Der Molimo umkreiste Pirris Hütte wie einer der riesigen Tausendfüßler des Waldes, ehe er darauf zustürmte. Er trampelte die Hütte nieder und zertrat Pirris ganzen Besitz, darunter auch den kostbaren Tabak. Pirri unternahm keinen Versuch, seine Habe zu schützen. Der Molimo trampelte auch auf ihm herum. Vor Wut brüllend, trat er ihn, brach ihm die Nase, schlug ihm Zähne aus und fügte ihm am ganzen Körper Prellungen zu.

Dann plötzlich ließ er von ihm ab und eilte in den Wald zurück, aus dem er gekommen war. Seine Stimme hörte sich verändert an: Offenbar war seine Wut verflogen, denn jetzt jammerte und lamentierte er, als beklagte er das Los des Waldes. Langsam zog er sich zurück, und seine Stimme wurde immer schwächer, bis sie schließlich in der Ferne verstummte.

Pirri rappelte sich mühsam auf. Sein Bogen und der Köcher mit den Pfeilen waren heil geblieben. Er nahm sie an sich und humpelte damit in den Wald.

Er ging allein. Seine Frauen begleiteten ihn nicht, denn sie waren jetzt Witwen. Bald würden sie neue Männer finden. Kein Mensch würde Pirri je wiedersehen. In den Augen seiner Stammesgenossen war er bereits tot.

„WERDEN Sie uns helfen, Daniel?" fragte Victor Omeru.

„Ja", versicherte Daniel. „Zuerst werde ich die Videobänder nach London bringen. Ich werde dafür sorgen, daß sie in London, Paris und New York im Fernsehen gezeigt werden. Was soll ich noch tun?"

„Sie sind doch Soldat, und soweit ich gehört habe, nicht der schlechteste. Werden Sie sich unserem Freiheitskampf anschließen?"

„Ich war vor langer Zeit Soldat", verbesserte ihn Daniel, „in einem grausamen, ungerechten Krieg. Ich habe daraus gelernt, Kriege zu verachten."

„Daniel, ich bitte Sie, an einem gerechten Kampf teilzunehmen. Es gilt, einen Tyrannen zu stürzen."

„Ich bin kein Soldat mehr, sondern Filmjournalist. Dieser Krieg geht mich nichts an."

Victor widersprach ihm. „Dieser Krieg geht jeden anständigen Menschen etwas an."

Daniel antwortete nicht sofort, sondern warf Kelly einen hilfesuchenden Blick zu. An ihrer Miene erkannte er, daß er von ihr keinerlei Unterstützung erwarten konnte.

„Wir Uhali sind ein friedliebendes Volk", fuhr Omeru indessen fort. „Aus diesem Grund haben wir allein nicht das nötige Geschick, um den Tyrannen zu stürzen. Wir brauchen Waffen. Und wir brauchen Menschen, die uns lehren, wie man diese bedient. Helfen Sie mir bitte, Daniel. Ich werde alle jungen, tapferen Männer zusammenholen, die Sie brauchen, wenn Sie mir nur versprechen, sie zu befehligen."

„Ich will nicht –", setzte Daniel an.

Omeru unterbrach ihn. „Lehnen Sie nicht gleich ab, sondern schlafen Sie eine Nacht darüber. Träumen Sie von den Menschen, die Sie in der Fischadlerbucht gesehen haben, den Männern und Frauen, die getötet und deportiert wurden. Antworten Sie mir also erst morgen." Victor Omeru legte Daniel die Hand auf die Schulter. „Gute Nacht, Daniel", sagte er und schritt auf sein kleines Haus zu.

„Was werden Sie tun?" fragte Kelly leise.

„Ich weiß es nicht – wirklich nicht." Daniel erhob sich ebenfalls. „Morgen werde ich es Ihnen sagen. Aber jetzt will ich Victors Rat folgen und mich schlafen legen."

„Ja." Kelly trat neben ihn.

„Gute Nacht", sagte er.

Sie stand sehr nahe bei ihm und blickte zu ihm auf. Er küßte sie. Dann wich sie einen Schritt zurück. „Komm", sagte sie. Und sie führte ihn über die Veranda in ihr Schlafzimmer.

ES WAR noch dunkel, als Daniel am nächsten Morgen neben Kelly unter dem Moskitonetz erwachte. Ihr Arm ruhte auf seiner Brust, und er spürte, wie auch sie langsam wach wurde.

„Ich werde tun, was Victor von mir erwartet", sagte er.

Für einige Augenblicke hielt sie den Atem an. „Es war aber nicht als Bestechung gedacht!"

„Ich weiß."

„Was mit uns letzte Nacht geschehen ist, hat damit nichts zu tun", erklärte sie. „Ich wollte es von dem Tag an, als wir uns zum erstenmal begegnet sind."

„Auch ich habe lange Zeit auf dich gewartet, Kelly. Endlich habe ich dich gefunden."

„Und jetzt muß ich dich schon wieder hergeben!" Sie küßte ihn. „Bitte, komm bald zurück."

DANIEL verließ Gondala noch am selben Tag. Sepoo und vier Träger begleiteten ihn. Am Waldrand blieb er stehen und schaute zurück. Kelly stand auf der Veranda ihres Hauses und winkte. Sie sah sehr jung und mädchenhaft aus, und er spürte einen Stich im Herzen. Er winkte zurück und mußte sich mit Gewalt dazu zwingen, nicht umzukehren.

Als sie begannen die hohen Berge zu erklimmen, die vor ihnen lagen, wich der Wald einem ausgedehnten Bambusdickicht, in dem sie nur mühsam vorankamen. Sie stiegen höher und erreichten schließlich die kahlen Hänge des Hochgebirges, viertausend Meter über dem Meeresspiegel. Die Bambuti kuschelten sich in die Decken, die Kelly ihnen gegeben hatte, aber sie fühlten sich unwohl, da sie ihre natürliche Umgebung verlassen hatten. Bevor die Paßhöhe erreicht war, schickte Daniel sie zurück.

Sepoo wollte widersprechen. „Kuokoa, du wirst dich in den Bergen verlaufen, wenn ich dir nicht den Weg weise."

„Schau dort hinüber!" Daniel deutete auf die Gipfel, die zwischen den Wolken zu sehen waren. „Da oben ist es so kalt, wie kein Bambuti es je erlebt hat. Dieses glänzende Weiß ist Schnee, der euch wie Feuer verbrennen wird."

So ging Daniel allein weiter; die kostbaren Videobänder trug er unter seiner Jacke. Er querte das Geröllfeld unterhalb des Ruwatamagufa-Gletschers und stieg dahinter wieder ab. Zwei Tage nachdem er sich von Sepoo getrennt hatte, erreichte er Zaire. An drei Fingern und einem Zeh hatte er leichte Erfrierungen.

Zwei Tage später ging Daniel an Bord eines Dampfers, der den Zairefluß hinunterfuhr, und zehn Tage darauf landete er in London-Heathrow. Die Videobänder befanden sich noch immer in der Innentasche seiner Jacke.

VON SEINER Wohnung in Chelsea rief Daniel Michael Hargreave in der Botschaft in Kahali an.

„Meine Güte, Danny! Uns wurde gesagt, du wärst mit Bonny Mahon im Urwald nahe Sengi-Sengi verschollen. Die Armee hat angeblich Suchtrupps nach euch ausgeschickt."

„Wie sicher ist die Leitung, Mike?"

„Dafür kann ich nicht die Hand ins Feuer legen."

„Dann erzähle ich dir die ganze Geschichte erst, wenn wir uns wiedersehen. Würdest du mir inzwischen mit Diplomatenpost das Päckchen schicken, das du im Safe für mich aufbewahrt hast?"

„Moment mal, Danny. Ich habe das Päckchen Bonny Mahon gegeben. Sie hat es in deinem Namen hier abgeholt."

Daniel schwieg und schloß die Augen, während er die niederschmetternde Nachricht verdaute. „Diese kleine Idiotin! Sie hat den Verbrechern in die Hände gespielt. Aber wenigstens erklärt das alles. Sie ist tot, Mike, das ist so sicher wie das Amen in der Kirche. Nachdem sie diesen Kerlen das Päckchen übergeben hat, haben sie sie umgebracht."

„Wer sind ‚diese Verbrecher'?" fragte Michael.

„Später, Mike. Auch das kann ich dir jetzt nicht erzählen."

„Das mit dem Päckchen tut mir leid, Danny. Sie ist sehr überzeugend aufgetreten. Aber ich hätte nicht darauf reinfallen dürfen. Werde wohl langsam senil . . ."

„Ist nicht so tragisch. Ich habe inzwischen stärkeren Tobak als Ersatz."

„Wann sehe ich dich wieder?"

„Hoffentlich bald. Ich gebe dir Bescheid."

Kurzfristig stellte ihm das Fernsehstudio einen Schneideraum zur

Verfügung. Er arbeitete pausenlos. Das half ihm, über seine Schuldgefühle wegen Bonny Mahon hinwegzukommen. Er hätte noch stärker darauf dringen sollen, daß sie mit ihm kam.

Der letzte Schnitt des Films mußte nicht perfekt sein, und es war nicht einmal erforderlich, das Suaheli ins Englische zu übersetzen. Binnen achtundvierzig Stunden hatte Daniel eine vorführbare Kopie fertig.

Vergebens versuchte er Tug Harrison zu erreichen. Alle seine Anrufe landeten in der Zentrale von BOSS, aber er wurde nicht zurückgerufen. Natürlich stand Harrisons Privatnummer nicht im Telefonbuch, und er konnte sich nicht an die Nummer erinnern, die er aus Nairobi angerufen hatte, um Bonny Mahon zu überprüfen. Daher ging er zu dem Haus am Holland Park und lehnte sich mit einer Zeitung an einen Wagen, als wartete er auf jemanden.

Er hatte Glück. Ein Rolls-Royce fuhr kurz nach Mittag vor dem Haus vor, und Daniel fing Harrison ab, als dieser die Stufen hochging.

„Armstrong – Danny Armstrong!“ Harrisons Überraschung war echt. „Ich hörte, Sie seien in Ubomo verschollen.“

„Nicht ganz, Tug. Haben Sie meine Nachricht nicht erhalten? Ich habe mindestens zehnmal in Ihrem Büro angerufen.“

„Mir ist nichts ausgerichtet worden. Gibt wohl zu viele Spaßvögel auf der Welt.“

„Ich muß Ihnen Filmmaterial zeigen, das ich in Ubomo gedreht habe“, erzählte ihm Daniel. „Die Bilder könnten peinlich für Sie werden. Und für BOSS.“

Harrisons Augen verengten sich zu schmalen Schlitzen. „Das klingt wie eine indirekte Drohung.“

„Ist nur ein freundlicher Rat.“

„Schön, kommen Sie rein.“ Harrison öffnete die Eingangstür. „Sehen wir uns mal an, was Sie für mich haben.“

Der Firmenchef saß hinter seinem Schreibtisch und schaute sich das Band vom Anfang bis zum Ende an, ohne ein Wort zu sagen. Als die Vorführung beendet war, drückte er auf die Fernsteuerung, ließ das Band zurücklaufen und spielte es ein zweites Mal ab. „Gibt es von diesem Band Kopien?“ fragte er schließlich, ohne Daniel anzusehen.

„Dumme Frage“, stellte Daniel fest.

„Wollen Sie mir also direkt drohen?“

„Schon wieder eine dumme Frage.“

„Heißt das, Sie gehen damit an die Öffentlichkeit?“

„Jetzt sind's schon drei!“ antwortete Daniel grimmig. „Natürlich gehe ich damit an die Öffentlichkeit. Es sei denn, Sie und ich kommen miteinander ins Geschäft."

„Welches Geschäft schlagen Sie vor?" fragte Harrison leise.

„Ich gebe Ihnen Zeit, sich aus der Sache zurückzuziehen. Verkaufen Sie Ihre Anteile an Ubomo an den glücklichen Drachen oder wen auch immer."

Harrison antwortete nicht sofort, aber Daniel sah einen schwachen Schimmer von Erleichterung in seinem Blick. Der Firmenchef atmete tief ein. „Was muß ich dafür tun?"

„Sie werden Victor Omerus Erhebung gegen Taffaris Regime finanzieren. Schließlich wäre das nicht der erste Staatsstreich in Afrika, bei dem Sie die Fäden ziehen, nicht wahr?"

„Wieviel wird mich das kosten?"

„Nur einen Bruchteil dessen, was Sie verlieren würden, wenn ich das Band veröffentliche. Ich könnte binnen dreißig Minuten eine Kopie an das Außenministerium liefern und eine weitere an den amerikanischen Botschafter. Die BBC würde Ausschnitte des Streifens vermutlich schon um sechs Uhr ausstrahlen . . ."

„Wieviel?" fragte Harrison noch einmal.

„Fünf Millionen in bar, sofort zahlbar auf ein Schweizer Konto."

„Und Sie sind zeichnungsberechtigt?"

„Omeru muß gegenzeichnen."

„Was noch?"

„Sie werden beim Präsidenten von Zaire intervenieren. Er ist Ihr Freund, aber kein Freund von Taffari. Wir wollen, daß er den heimlichen Transport von Waffen und Munition über seine Grenze nach Ubomo gestattet."

„Ist das alles?"

Daniel nickte. „Das sind die Geschäftsbedingungen."

„In Ordnung. Abgemacht. Geben Sie mir die Kontonummer, und ich werde das Geld bis morgen mittag überweisen."

Daniel stand auf. „Freuen Sie sich. Es ist nicht alles verloren. Victor Omeru wird Ihnen freundlich gesinnt sein, wenn er erst einmal wieder seine rechtmäßige Position innehat. Ich bin sicher, daß er bereit sein wird, den Vertrag mit der Firma BOSS neu auszuhandeln. Diesmal aber mit vernünftigen Sicherheitsauflagen."

Nachdem Daniel gegangen war, blickte Tug Harrison auf seine Armbanduhr. Der Zeitunterschied zu Taipeh betrug neun Stunden. Er griff zum Telefon und wählte Heng H'Suis Privatnummer, um seine Anteile an der UEG an den glücklichen Drachen zu verkaufen.

8

Auf den Tag genau drei Monate nach seinem ersten Marsch über die Berge stand Daniel wieder auf dem Geröllfeld unterhalb des Ruwatamagufa-Gletschers. Diesmal war er bestens für das Hochgebirge ausgerüstet, und er war nicht allein. Die Reihe der Träger zog sich hin, so weit Daniel im Nebel zurückblicken konnte. Männer vom Stamm der Konjo folgten ihm, zähe Bergbewohner, die in diesen Höhen schwere Lasten tragen konnten. Sechshundertfünfzig Träger hatte er angeheuert, und jeder von ihnen trug eine Last von vierzig Kilogramm.

Insgesamt waren es sechsundzwanzig Tonnen Waffen und Munition, darunter Sturmgewehre, Maschinenpistolen, Raketenwerfer und Splittergranaten. Daniel war immer noch erstaunt darüber, wie leicht es gewesen war, die Waffen zu erwerben, nachdem Tug Harrison ihm die Namen und Telefonnummern von Händlern genannt hatte. Solange ein Käufer bar bezahlte, kam er offenbar auch kurzfristig an jede erforderliche Menge Kriegsmaterial heran.

Daniel hatte ausgerechnet, daß er mindestens vier Ausbilder brauchte. Er war nach Simbabwe gereist, um sie zu rekrutieren. Fast alle waren Veteranen des Bürgerkriegs, mit denen oder gegen die er selbst gekämpft hatte. Sie alle sprachen Suaheli, und alle waren Schwarze vom Stamm der Matabele. Ein Weißer in dieser Funktion hätte in Ubomo zu großes Aufsehen erregt. Zur Truppe gehörte außerdem ein Kameramann namens Shadrach Mbeki, ein schwarzer Exil-Südafrikaner, der bereits bei der BBC gearbeitet hatte.

Daniel blickte auf den Wald hinab, der über dreitausend Meter unter ihnen lag. In dem grünen Meer war deutlich das Schürfgebiet zu erkennen – es war viel breiter geworden, wie Daniel jetzt bemerkte. Dann begann er mit dem Abstieg, und die lange Kolonne der Träger folgte ihm.

Sepoo erwartete ihn an der Grenze zum Bambuswald. „Es ist schön, dich wiederzusehen, Kuokoa, mein Bruder“, begrüßte er Daniel. „Kara-Ki bittet dich, schnell zu ihr zu kommen. Sie sagt, sie kann nicht länger warten.“

Die Männer von Sepoos Stamm hatten einen Pfad durch das Bambusdickicht freigeschlagen, der so breit war, daß die Träger ihn ungehindert passieren konnten. In zweitausend Meter Höhe, wo der eigentliche Regenwald begann, wartete Patrick Omeru, Victor Omerus Neffe, mit seinen Rekruten. Die Uhali übernahmen die Lasten von den Konjo. Daniel zahlte die Konjo aus und schaute ihnen nach, als sie durch den Bambuswald davongingen, um in ihr nebliges Hochland zurückzukehren. Dann führte Omerus Neffe sie in Richtung Gondala.

Nachdem Daniel Kellys Nachricht erhalten hatte, war ihm die schwerbeladene Kolonne zu langsam geworden. Deshalb eilten er und Sepoo voraus. Kelly war ihnen entgegengegangen, und auf einer Biegung des Waldweges begegneten sie sich völlig unvermutet. Kelly und Daniel starrten einander an, und keiner von beiden brachte ein Wort heraus. „Geh voraus, Sepoo", meinte Kelly schließlich mit heiserer Stimme, ohne den Blick von Daniels Gesicht zu wenden. „Weit, weit voraus!"

Sepoo kicherte glücklich und marschierte weiter, ohne sich umzusehen.

IN DANIELS Abwesenheit hatte Victor Omeru sein neues Hauptquartier am Waldrand hinter dem Wasserfall von Gondala bauen lassen, wo es gut getarnt und vor der Luftaufklärung der Regierungstruppen sicher war. In der einfachen Baracke mit halbhohen Wänden und herabgezogenem Strohdach saß Omeru mit Daniel auf einem Podium.

Daniel begegnete den Führern der Widerstandsbewegung zum erstenmal. Es waren achtunddreißig Männer, die meisten von ihnen Angehörige der Uhali. Sechs aber waren einflußreiche Hita, die Taffari enttäuscht den Rücken gekehrt hatten. Diese sechs Männer waren entscheidend für das Gelingen des Einsatzplans, den Daniel entwickelt hatte. Zwei besetzten hohe Positionen in der Armee, einer war ein hoher Polizeioffizier. Die übrigen drei waren Regierungsbeamte, die Genehmigungen für Reisen und Transporte beschaffen konnten.

Zuerst hatte es natürlich Einwände dagegen gegeben, daß Daniels neuer Kameramann die Vorbereitungen der Aktion filmte, aber Omeru hatte seinen Einfluß geltend gemacht, und jetzt arbeitete Shadrach Mbeki so unauffällig im Hintergrund, daß sie seine Anwesenheit bald vergaßen.

Daniel eröffnete die Zusammenkunft damit, daß er die militärischen Ausbilder vorstellte, die er rekrutiert hatte. Nacheinander standen die vier Matabele auf und blickten in die Reihen der Zuhörer, während Daniel etwas über ihr bisheriges Leben erzählte. Sie machten großen Eindruck auf die Anwesenden. Vor allem Morgan Tembi, einem ehemaligen Oberfeldwebel der rhodesischen Elitetruppe, zollten sie Respekt.

„Zusammen haben sie Tausende von Kämpfern ausgebildet", erklärte Daniel. „Sie werden Sie im Umgang mit den Waffen unterweisen, die wir über die Berge gebracht haben." Er blickte zu Patrick Omeru hinab, der in der vordersten Reihe saß. „Patrick, können Sie uns sagen, wieviel Männer Ihnen zur Verfügung stehen?"

Patrick hatte fast fünfzehnhundert junge Männer rekrutiert.

„Gut gemacht, Patrick", lobte Daniel, „das ist mehr, als wir brauchen. Ich hatte eine Stammtruppe von tausend Mann vorgesehen – vier Einheiten von je zweihundertfünfzig, jede unter dem Kommando eines Ausbilders. Mehr werden schwer zu verstecken sein, und der Aufmarsch wird schwierig. Aber wir werden die anderen für nichtmilitärische Aufgaben einsetzen."

Die Stabskonferenz dauerte drei Tage. Bei der letzten Zusammenkunft sprach Daniel wieder zu den Truppenführern.

„Unsere Pläne sind einfach und gerade deshalb so gut – weil weniger schieflaufen kann. Unsere ganze Strategie beruht auf zwei Prinzipien. Erstens: Wir müssen schnell handeln. Wir müssen in der Lage sein, schon in ein paar Wochen loszuschlagen und nicht erst in ein paar Monaten. Zweitens: Wir werden den Gegner völlig überraschen. Unsere Geheimhaltung muß eisern sein. Wir werden uns am nächsten Monatsersten hier wieder treffen. Bis dahin befolgen Sie die Befehle Ihrer Ausbilder in den Trainingslagern. Viel Glück!"

PIRRI war von Verzweiflung und Haß erfüllt. Seit Monaten lebte er allein im Wald, hatte niemanden, mit dem er reden konnte. Einmal hatte er eine Gruppe von Bambutifrauen im Wald beobachtet. Sie hatten gelacht und geschwatzt, während sie Pilze und Wurzeln sammelten, und ihm war beinahe das Herz gebrochen.

An einem anderen Tag hatte er allerdings etwas äußerst Bemerkenswertes entdeckt. Tief im Urwald war er auf ein Lager gestoßen, in dem viele Männer versammelt waren. Es waren keine Hita, sondern Uhali gewesen, und alle hatten sie Waffen getragen. Voller Erstaunen hatte Pirri von seinem Versteck aus zugeschaut, wie diese Männer ihre Gewehre abfeuerten und dabei einen schrecklichen Lärm machten, der die Vögel und die Affen erschreckte.

Pirri dachte darüber nach, was er gesehen hatte, und dann begann sich die Gier zu regen, die in ihm geschlummert hatte, seit der Molimo gekommen war. Er dachte über Chetti Singh nach und überlegte, ob dieser ihm Tabak geben würde, wenn er ihm von den bewaffneten Männern im Wald erzählte. Er haßte Chetti Singh, der ihn betrogen hatte, aber der alte Heißhunger nach Tabak brannte wie ein Schmerz in seiner Brust.

Am nächsten Tag ging er, um Chetti Singh zu suchen, und im Gehen pfiff und sang er. Pirri marschierte zu dem Ladenbesitzer, dem die kleine *duka* am Rand der Hauptstraße gehörte, und bat ihn, eine Nachricht an Chetti Singh weiterzuleiten.

CHETTI SINGH kam am Nachmittag des zweiten Tages, den Pirri am Treffpunkt verbrachte. Pirri saß in einem Versteck am Rand der Lichtung und hörte den Landrover, lange bevor er eintraf. Vehement kehrte sein Haß auf den einarmigen *wazungu* zurück. Er dachte daran, wie Chetti Singh ihn hereingelegt hatte. Immer hatte er ihm zuwenig Tabak gegeben. Dann erinnerte er sich daran, wie Chetti Singh ihn dazu überredet hatte, den Elefanten zu töten.

Noch nie war Pirri so wütend gewesen wie in diesem Augenblick. Seine Kehle war wie zugeschnürt, und seine Hände zitterten. Chetti Singh war schuld daran, daß der Fluch des Molimo über ihn gekommen war. Schon hatte Pirri die bewaffneten Uhali im Wald vergessen. Er vergaß sogar seinen Heißhunger auf Tabak, während er darauf wartete, daß Chetti Singh kam.

Der schlammbespritzte Landrover holperte auf die Lichtung und walzte den dichten Pflanzenbewuchs platt. Er hielt an, die Tür öffnete sich, und Chetti Singh stieg aus. Der Sikh sah sich kurz um und wischte sich mit einem weißen Tuch den Schweiß von der Stirn. „Pirri, komm heraus!"

Pirri kicherte und äffte den Einarmigen nach: „Pirri, komm heraus! Pirri, komm heraus!"

Chetti Singh ging ungeduldig auf der Lichtung auf und ab. Nach einer Weile blickte er auf seine Armbanduhr. „Pirri, ich gehe jetzt!" rief er und kehrte zum Landrover zurück.

„O Herr", antwortete Pirri, „ich sehe dich. Geh nicht weg!"

Chetti Singh blickte sich um. „Wo bist du?"

„Hier, o Herr. Ich habe etwas für dich, das dich sehr glücklich machen wird. Etwas von großem Wert."

„Was ist es?" fragte Chetti Singh. „Wo bist du?"

„Hier bin ich." Pirri trat auf die Lichtung.

„Was sollen diese Dummheiten?" fragte Chetti Singh. „Warum versteckst du dich vor mir?"

„Ich bin dein Diener." Pirri grinste. „Und ich habe ein Geschenk für dich."

„Was ist es? Die Stoßzähne?" fragte Chetti Singh mit unverhohlener Gier.

„Nein, etwas von viel größerem Wert. Wirst du mir Tabak geben?"

„Ich werde dir so viel Tabak geben, wie das Geschenk wert ist."

„Dann will ich es dir zeigen", meinte Pirri. „Folge mir, o Herr!"

„Wo ist es? Wie weit ist es?"

„Nur ein kurzes Stück, nur so weit." Pirri maß mit zwei Fingern ein kleines Stück Himmel ab.

Chetti Singh sah ihn zweifelnd an.

„Es ist ein Ding von großem Wert", wiederholte Pirri. „Du wirst sehr erfreut sein."

„Also gut", willigte der Sikh ein. „Führe mich zu diesem Schatz."

Pirri ging langsam, so daß Chetti Singh ihm leicht folgen konnte. In einem weiten Bogen führte er den Sikh durch den dichtesten Teil des Waldes. Zweimal zeigte er ihm denselben Fluß aus verschiedenen Richtungen. Bald hatte Chetti Singh die Orientierung völlig verloren, stapfte blindlings hinter dem kleinen Pygmäen her.

Nach zwei Stunden schwitzte Chetti Singh heftig. „Wie weit noch?" fragte er.

„Ganz nah", versicherte ihm Pirri.

„Ich möchte eine Weile ausruhen." Chetti Singh setzte sich auf einen Baumstamm. Als er wieder aufblickte, war Pirri verschwunden. „Komm zurück!" brüllte er, bekam aber keine Antwort.

Chetti Singh saß lange Zeit allein da. Ein paarmal rief er nach dem Pygmäen, jedesmal klang seine Stimme schriller. Panik stieg in ihm auf.

„Bitte, Pirri, ich werde dir alles geben, was du verlangst!" bettelte er nach einer weiteren Stunde. „Bitte, zeig dich."

Pirri lachte.

Chetti Singh sprang auf und taumelte in die Richtung, aus der er das Gelächter zu hören glaubte. „Pirri", flehte er. „Bitte, komm zu mir." Aber das Gelächter drang jetzt aus einer anderen Richtung an sein Ohr. Chetti Singh sah sich ängstlich um. Der Schweiß rann ihm in Strömen aus allen Poren, und er keuchte. Pirris Gelächter klang immer spöttischer. Erneut lief Chetti Singh los, auf der Suche nach dem Pygmäen. Doch Pirri schickte ihn immer wieder in die Irre.

Chetti Singh weinte jetzt. Sein Turban war an einem Zweig hängengeblieben und hatte sich aufgerollt. Der Sikh blieb nicht einmal stehen, um ihn neu zu wickeln. Er stolperte, fiel ins modernde Laub, rappelte sich auf und rannte weiter, die Haare wirr im Gesicht. Das Gelächter vor ihm wurde immer leiser, bis er es schließlich nicht mehr hörte.

Chetti Singh fiel auf die Knie. „Bitte", flehte er, während Tränen über sein Gesicht strömten, „bitte, laß mich hier nicht allein!"

Doch der düster drohende Wald schwieg.

Pirri folgte dem Sikh zwei Tage, beobachtete, wie er immer schwächer wurde und schließlich vor Erschöpfung und Verzweiflung zitterte. Am Abend des zweiten Tages trat Pirri dann vor ihm aus dem Dickicht, und Chetti Singh kreischte vor Schreck schrill auf. „Laß mich nicht wieder allein!"

„Wie du, bin auch ich allein", entgegnete Pirri mit Haß im Herzen. „Ich bin tot. Der Molimo hat mich umgebracht. Du redest mit einem Toten, mit einem Geist. Du kannst nicht Gnade vom Geist eines Mannes erbitten, den du umgebracht hast."

Langsam legte Pirri einen Pfeil auf seinen kleinen Bogen. Das Gift an der Spitze war schwarz und klebrig.

Chetti Singh riß entsetzt den Mund auf. „Was tust du da?" kreischte er. Er wußte von dem Gift, denn er hatte Tiere durch die Pfeile der Bambuti sterben sehen.

Pirri hob seinen Bogen und zog die Sehne bis ans Kinn zurück.

„Nein!" Chetti Singh riß abwehrend die Hand hoch, doch schon bohrte sich die Pfeilspitze zwischen seine Rippen.

„Jetzt sind wir beide tot", sagte Pirri leise und verschwand im Wald.

Chetti Singh starrte voller Entsetzen auf die Wunde. Der Schmerz war so schrecklich, daß ihm die Luft wegblieb und er nicht einmal schreien konnte. Dann fand er seine Stimme wieder, und seine qualvollen Todesschreie hallten durch den Wald. Pirri blieb eine Weile stehen, um zu lauschen. Erst als die Schreie verstummt waren, zog er weiter.

„WIR SIND bereit", sagte Daniel so leise, daß es in den hinteren Reihen der Hauptquartierbaracke von Gondala gerade noch zu hören war. Vor ihm saßen dieselben Männer, die sich hier einen Monat zuvor versammelt hatten, und jetzt strahlten sie Selbstvertrauen und Entschlossenheit aus. „Ihr habt die Ausbildung gut hinter euch gebracht und könnt stolz auf das sein, was ihr in so kurzer Zeit erreicht habt."

Er wandte sich zu der Tafel um, die hinter ihm an der Wand hing. Dort waren Pläne und Schaubilder zu erkennen.

„Dies, meine Herren, ist unser Einsatzbefehl", fuhr Daniel fort. „Wir werden ihn durchsprechen, und das nicht nur einmal, sondern so lange, bis jeder von Ihnen ihn im Schlaf beherrscht. Hier sehen Sie unsere vier Stoßtrupps, jeweils zweihundertfünfzig Mann stark. Jedem Stoßtrupp sind verschiedene Ziele und Aufgaben zugewiesen – die großen Kasernen der Armee, der Flughafen, der Hafen, die Arbeitslager . . ." Daniel ging die ganze Liste durch. „Am wichtigsten ist der

Rundfunk- und Fernsehsender in Kahali. Taffaris Eliteeinheiten sind sehr schlagkräftig. Wir können nicht hoffen, unsere Ziele länger als ein paar Stunden zu halten, jedenfalls nicht ohne Unterstützung durch die Öffentlichkeit. Präsident Omeru wird rechtzeitig in die Hauptstadt eingeschleust, damit er nach der Stunde X eine Fernsehansprache hält. Sobald die Bevölkerung begreift, daß er lebt und an der Spitze des Aufstandes steht, können wir damit rechnen, daß sich das Volk uns anschließen wird. Taffaris Truppen mögen besser bewaffnet sein als wir, aber wir werden sie dank unserer zahlenmäßigen Überlegenheit vernichten. Vor allem aber müssen wir Taffari gleich in der ersten Stunde unschädlich machen. Wir müssen der Schlange den Kopf abschlagen . . ."

„Das wird uns nicht ohne weiteres gelingen", gab Patrick Omeru zu bedenken.

„Taffaris Schachzüge sind nicht leicht auszurechnen, das stimmt. Aber einer Pflicht kommt er mit schöner Regelmäßigkeit nach: Einmal im Monat besucht er das Schürfgebiet in Wengu, um sich persönlich davon zu überzeugen, wie seine Schätze geborgen werden. In Wengu ist er am ehesten verwundbar." Daniel machte eine kurze Pause. „Zum Glück haben wir durch Major Fashoda wichtige Erkenntnisse gewonnen." Er deutete auf den Hita, der neben ihm auf dem Podium saß. „Wie Sie alle wissen, ist Major Fashoda der Transportoffizier in Taffaris Stab. Er ist für die Vorbereitung von Taffaris Reisen verantwortlich. Taffari hat für nächsten Montag einen Puma-Hubschrauber angefordert. Das deutet mit großer Wahrscheinlichkeit darauf hin, daß die nächste Inspektionsreise nach Wengu an diesem Tag stattfinden wird. Damit bleiben uns fünf Tage, um unsere letzten Vorbereitungen zu treffen."

NING CHENG saß neben Präsident Taffari im Puma-Hubschrauber der Luftwaffe. Durch die offene Luke konnte er die vorbeihuschenden Bäume sehen, während der Helikopter in geringer Höhe über den Urwald flog. Ephrem Taffari beugte sich zu Cheng hinüber. „Was gibt es Neues von Chetti Singh?" rief er.

„Nichts!" erwiderte Cheng ebenso laut. „Wir haben seinen Landrover gefunden, aber keine Spur von ihm. Es ist jetzt schon zwei Wochen her. Er muß ähnlich wie Armstrong im Urwald umgekommen sein."

„Ein außerordentlich tüchtiger Mann", meinte Taffari. „In der kurzen Zeit, seit er verschwunden ist, sind die Produktion und die Gewinne merklich gesunken."

„Ich arbeite daran, sie wieder in die Höhe zu treiben“, versicherte ihm Cheng.

Taffari nickte und stand auf. Er ging durch die Kabine, um mit einem weiteren Passagier zu sprechen. Wie üblich reiste Taffari in Gesellschaft einer Frau. Seine neueste Flamme war eine hochgewachsene Hita, eine Bluessängerin aus einem Nachtklub in Kahali. Außerdem wurde Taffari von einer Abteilung seiner Leibwache begleitet, zwanzig kampferprobten Fallschirmjägern unter dem Kommando von Hauptmann Kajo. Kajo war nach dem Verschwinden von Bonny Mahon befördert worden. Taffari schätzte Loyalität und Verschwiegenheit, und Kajo war ein Mann auf dem Weg nach oben.

Der Hubschrauber neigte sich stark, als der Pilot eine Kurve flog, und Cheng blickte nach unten. Durch die offene Luke sah er flüchtig die nackte rote Erde des Schürfgebietes und, in Reih und Glied am Waldrand, die gelben MOMUs. Gleich würden sie in Wengu landen . . .

DANIEL beobachtete, wie der Hubschrauber über dem Landeplatz eine Schleife flog. Eine kleine Abordnung taiwanischer und einheimischer Geschäftsleute und Beamter hatte sich bereits vor dem Verwaltungsgebäude versammelt, woraus Daniel schloß, daß seine Informationen richtig gewesen waren. Ephrem Taffari befand sich an Bord des Hubschraubers.

Daniels Versteck in den Ästen eines mächtigen Mahagonibaumes war dreihundert Meter von dem Landeplatz entfernt. Er hatte den Hochsitz während der Nacht erklommen und seine Scharfschützenausrüstung mitgebracht. In das Laubwerk des Baumes hatte er ein kleines Fenster geschnitten, das ihm einen ungehinderten Ausblick auf den Hubschrauberlandeplatz gewährte. Er trug einen olivgrünen Overall und eine Gesichtsmaske aus Trikotstoff. Mit seinem Remingtongewehr würde er auf Taffaris Brustmitte zielen.

Gewiß war auch Cheng an Bord des Hubschraubers, denn als Direktor der UEG hatte der Chinese den Präsidenten bislang auf allen Inspektionsflügen begleitet. Wenn es Daniel gelang, Taffari mit dem ersten Schuß niederzustrecken, konnte er damit rechnen, daß bei den Begleitern des Präsidenten einen Augenblick völlige Bestürzung herrschen würde. Vielleicht erwischte er dann Cheng gleich mit dem zweiten Schuß.

Er beschwor die Erinnerung an Johnny Nzou und dessen Familie, um sich gegen aufkommende Zweifel zu wappnen. Er rief sich jedes schreckliche Detail der Mordszene von Chiwewe ins Gedächtnis und spürte, wie seine Wut wuchs. Ning Cheng war der Grund dafür, warum er sich überhaupt in Ubomo aufhielt. Die zweite Kugel war für den Chinesen bestimmt.

In der kurzen Zeit, die der Helikopter brauchte, um über den Bäumen einzuschweben, überdachte Daniel noch einmal ihre Vorgehensweise. Victor Omeru war mit zwei Stoßtrupps in Kahali und wartete auf den Befehl zum Losschlagen. Sobald der erteilt war, würde eine der Abteilungen den Rundfunk- und Fernsehsender stürmen, während die andere die Umgebung sicherte. Victor Omeru würde eine Ansprache an das Volk halten und es zum Aufstand aufrufen. Er würde verkünden, daß Taffari tot war, und den Menschen versprechen, ihre Leidenszeit zu beenden.

Die beiden übrigen Stoßtrupps waren in Wengu und in Sengi-Sengi eingesetzt. Ihre Hauptaufgabe bestand darin, Taffaris Leibwache auszuschalten und die dreißigtausend Gefangenen zu befreien.

Das Signal für den Beginn des Aufstandes würde der Schuß sein, den Daniel auf Ephrem Taffari abfeuerte. Victor und Patrick Omeru würden über Funk benachrichtigt, sobald Daniel den Schuß abgegeben hätte.

Der Hubschrauber senkte sich langsam auf den betonierten Landeplatz herab. Daniel preßte die Wange an den Gewehrkolben und starrte in das Zielfernrohr. Er sah darin deutlich die Gesichter der Wartenden. Langsam schwenkte er die Waffe, bis er den Hubschrauber im Blickfeld hatte. Der Kopilot stand in der offenen Luke und überwachte das Aufsetzen des Helikopters. Plötzlich tauchte hinter dem Kopiloten eine andere Gestalt auf. Sie trug ein kastanienbraunes Barett mit glitzerndem Messingabzeichen, und dann erkannte Daniel Ephrem Taffaris Gesichtszüge. „Wahrhaftig!“ rief er aus. „Taffari ist gekommen!“

Er hob das Fadenkreuz und versuchte, das Visier auf Taffari zu richten. Die Bewegung des Hubschraubers, sein eigener Herzschlag und das Zittern seiner Hand – all dies erschwerte sein Vorhaben. Aber er verdrängte den letzten Rest seiner Skrupel, zwang sich, mit der eiskalten Entschlossenheit eines Attentäters zu handeln.

In diesem Augenblick klatschte der erste Regentropfen auf seinen Nacken. Er war so überrascht, daß er das Gewehr sinken ließ. Dann traf ein zweiter Regentropfen das Objektiv des Zielfernrohrs. Es begann richtig zu regnen, und im Nu wurde daraus ein tropischer Gewitterguß, der die Luft in eine einzige Wasserflut verwandelte.

Daniel sah die Gestalten auf dem Landeplatz, einen Augenblick zuvor noch gestochen scharf, nur noch ganz verschwommen. Die Männer des Empfangskomitees spannten bunte Regenschirme auf und eilten dem Präsidenten entgegen, um ihm Schutz vor dem Wolkenbruch zu bieten.

Daniel erkannte nur verzerrt, wie Ephrem Taffari behende aus der Luke sprang. Eigentlich hatte er damit gerechnet, daß der Präsident eine kurze Ansprache halten würde, aber Taffari wurde augenblicklich von Leuten umringt. Als Daniel versuchte, ihn mit dem Fadenkreuz zu verfolgen, hob jemand einen Regenschirm hoch und hielt ihn über Taffari.

Jetzt tauchte Ning Cheng in der Luke auf, was Daniel ablenkte. Er zielte auf Cheng, richtete dann aber die Waffe wieder auf Taffari. Ihn mußte er zuerst treffen. Verzweifelt schwenkte er das Zielfernrohr hin und her, doch das Begrüßungskomitee verdeckte Taffari inzwischen völlig.

Fallschirmjäger sprangen aus dem Hubschrauber und scharten sich um die kleine Gruppe, und alle rannten, geduckt unter den Regenschirmen, auf die bereitstehenden Landrover zu.

Taffari tauchte wieder auf, eilte den anderen voraus auf den ersten Landrover zu. Es war ein gewagter Schuß. Daniel drückte gerade in dem Augenblick ab, als einer der Leibwächter vorwärts stürmte, um seinem Gebieter den Schirm zu halten.

Daniel sah, wie der schwarze Soldat getroffen zu Boden ging. Der Schuß hätte Taffari getötet, wenn der Mann nicht dazwischengesprungen wäre.

Taffari machte einen gewaltigen Satz nach vorn. Um ihn rannten Männer aufgeregt durcheinander. Daniel lud nach und feuerte wieder auf Taffari. Es wurde ein glatter Fehlschuß. Taffari rannte weiter. Er erreichte den Landrover, und bevor Daniel nachladen konnte, hatte er die Tür aufgerissen und sich auf den Vordersitz des Fahrzeugs geschwungen.

Daniel sah Ning Cheng in dem Durcheinander und feuerte nun auf den Chinesen. Er sah einen weiteren Fallschirmjäger niedersinken, in den Unterleib getroffen, und dann rannten die anderen Soldaten ungestüm auf den Waldrand zu, weil sie nicht wußten, aus welcher Richtung Daniels Schüsse kamen.

Daniel nahm wieder Taffari ins Visier, der mit dem Landrover davonfuhr. Er schoß das ganze Magazin leer, traf aber nur das Fahrzeugchassis. Dann, als er aus seinem Patronengurt an der Hüfte nachladen wollte, hörte er das anschwellende Geknatter von Schnellfeuergewehren. Die Männer seines eigenen Stoßtrupps hatten das Feuer aus ihren Stellungen im Wald eröffnet.

Der Aufstand hatte begonnen, aber Taffari lebte noch.

Daniel beobachtete, wie der Landrover um ein Bürogebäude herumfuhr und dann zum Landeplatz zurückraste, wo der Hubschrauber bereits abgehoben hatte. Der Helikopter schwebte sieben Meter über dem Boden, fast verborgen durch den Regenvorhang. Taffari lehnte sich aus dem Fenster und gab dem Piloten durch Zeichen zu verstehen, daß er ihn wieder an Bord nehmen möge.

In diesem Augenblick tauchte auf der anderen Seite der Lichtung ein Mann aus dem Urwald auf. Selbst auf diese Entfernung erkannte Daniel Morgan Tembi, den Matabele. Er trug einen Raketenwerfer auf der Schulter. Keiner der Leibwächter schien ihn entdeckt zu haben. Hundert Schritt von dem schwebenden Hubschrauber entfernt ließ sich Morgan auf ein Knie nieder, zielte und feuerte eine Rakete ab. Das Geschoß, das einen Schweif aus weißem Rauch hinter sich herzog, raste zischend auf den Helikopter zu. Sekundenbruchteile später explodierte das Luftfahrzeug in einem riesigen Feuerball.

Morgan Tembi sprang auf und rannte auf den Waldrand zu. Doch er hatte kein Glück. Taffaris Leibwächter schossen ihn nieder, bevor er hinter den Bäumen in Deckung gehen konnte. Immerhin war es ihm gelungen, Taffaris Flucht zu verhindern.

Die Elitetruppe des Präsidenten erholte sich bereits von dem Schock, den der Überraschungsangriff in ihren Reihen ausgelöst hatte. Die Fallschirmjäger sprangen in die Landrover und folgten Taffari, der auf die Straße hinter dem Verwaltungsgebäude zusteuerte. Der Präsident hatte offenbar entschieden, daß es am besten sei, die Linien der Angreifer zu durchbrechen. Er wollte die nächste Straßensperre auf dem Weg nach Sengi-Sengi erreichen, die von seinen eigenen Männern besetzt war.

Die Zivilisten lagen flach auf dem Boden und versuchten so, dem heftigen Gewehrfeuer zu entgehen. Einige von ihnen rannten auf das schützende Verwaltungsgebäude zu. Unter ihnen sah Daniel Cheng. Der blaue Safarianzug des Chinesen war selbst im dichten Regen noch deutlich erkennbar. Doch bevor er einen Schuß auf Cheng abgeben konnte, hatte dieser das Gebäude erreicht und war in der Eingangstür verschwunden.

Daniel wandte seine Aufmerksamkeit wieder den vier davonbrausenden Landrovern zu. Sie hatten die Hauptstraße, die in den Wald führte, fast erreicht, und das Feuer, das die Uhali auf sie abgaben, war nicht genau genug. Nach Morgan Tembis Tod schossen sie wild drauflos, wie ein Haufen unerfahrener Rekruten, die sie ja eigentlich auch waren.

Taffari drohte zu entkommen. Der ganze Angriff würde in einem Fiasko enden.

In diesem Augenblick brach ein riesiger gelber Bulldozer aus dem Wald heraus. „Wenigstens einer, der sich an seine Befehle erinnert!" brummte Daniel, der sich über sein eigenes Versagen ärgerte.

Der Bulldozer rollte vorwärts, erreichte die Straße und schnitt dem heranrasenden Konvoi der Landrover den Fluchtweg ab. Eine Gruppe Uhali tauchte aus dem Wald auf, ging hinter dem Kettenfahrzeug in Deckung und eröffnete das Feuer.

Taffari, der im vordersten Landrover saß, erkannte, daß es für ihn kein Durchkommen gab, und kehrte mit quietschenden Reifen um. Die anderen Wagen folgten ihm. Sie kamen damit wieder in die Reichweite von Daniels Waffe. Er feuerte auf Taffaris Kopf, aber der Landrover raste mit einer Geschwindigkeit von hundert Stundenkilometern über den unebenen Fahrweg. Daniel sah nicht, wo seine Kugeln einschlugen, während die Landrover den Weg entlangbrausten, der zu den MOMU-Baggern führte. Dies war eine Sackgasse. Die Straße endete an der Schürfstätte.

Daniel hängte sein Gewehr am Schultergurt auf und schwang sich von dem Ast hinunter. Mit Hilfe eines Nylonseils kletterte er vom Baum. Als er den Boden erreichte, rannte Sepoo auf ihn zu und gab ihm ein AK-47-Sturmgewehr und einen Rucksack mit Reservemagazinen und vier M-26-Granaten.

„Wo ist Kara-Ki?" fragte Daniel, und Sepoo deutete hinter sich in den Wald. Gemeinsam rannten sie dorthin.

Zweihundert Meter weiter hockte Kelly neben dem Funkgerät, mit dem sie die Verbindung zu Victor und Patrick Omeru aufnehmen konnte.

Sie sprang auf, als sie Daniel sah. „Was ist passiert?" rief sie. „Hast du ihn erwischt?"

„Taffari ist leider noch am Leben", erwiderte Daniel grimmig.

„O Gott! Was geschieht jetzt?"

Er traf eine Entscheidung. „Gib Victor das Zeichen. Wir können nicht mehr zurück."

„Aber wenn Taffari . . ."

„Verdammt, Kelly, mach schon! Taffari ist uns nicht entwischt, wir haben also noch eine Chance."

Kelly widersprach nicht, sondern kniete sich neben das Funkgerät und hob das Mikrofon an den Mund. „Waldbasis, hier ist Fliegenpilz, hören Sie mich?"

Das tragbare Funkgerät hatte nicht genug Leistung, um Kahali direkt zu erreichen. Der Funkspruch mußte über den stärkeren Sender in Gondala weitergeleitet werden.

„Fliegenpilz, hier Waldbasis", meldete sich die Stimme aus Gondala.

„Eine Nachricht für Silberkopf in Kahali. Die Botschaft lautet: ‚Die Sonne ist aufgegangen.' Ich wiederhole: ‚Die Sonne ist aufgegangen.'"

„Warten Sie, Fliegenpilz."

Ein paar Minuten herrschte Stille, dann meldete sich Gondala wieder. „Fliegenpilz, Silberkopf bestätigt: ‚Die Sonne ist aufgegangen.'"

Die Revolution konnte beginnen. Spätestens in einer Stunde würde sich Victor Omeru über das Fernsehen an sein Volk wenden. Aber Taffari war noch am Leben.

„Kelly, hör mir mal zu!" Daniel faßte sie am Arm. „Versuche mit Gondala in Verbindung zu bleiben. Taffaris Elitetruppen werden bald überall ausschwärmen. Bleib hier, bis ich zu dir zurückkomme."

Sie nickte. „Sei vorsichtig, Liebling."

„Sepoo." Daniel blickte auf den kleinen Mann hinab. „Paß auf Kara-Ki auf."

„Ich schütze sie mit meinem Leben!" erwiderte Sepoo ernst.

Daniel ließ sie zurück und rannte auf die UEG-Gebäude zu. Er war noch keine hundert Meter gelaufen, als er Männer vor sich im Wald hörte. „Omeru!" rief er. So lautete die Parole.

Es waren zehn Mann seines Kommandos. „Omeru!" schrien sie zurück. „Die Sonne ist aufgegangen!"

„Kommt mit!" befahl Daniel und eilte weiter.

Bevor sie den Fahrweg erreichten, der zum Schürfgebiet führte, hatten sich ihm gut dreißig Männer angeschlossen. Es hatte inzwischen aufgehört zu regnen, und Daniel blieb am Waldrand stehen. Vor ihnen erstreckte sich die weite, öde Rodungsfläche. Die Reihe der Maschinen sah aus wie ein Geschwader von Schlachtschiffen im Sturm.

Ganz in der Nähe standen die vier Landrover. Daniel beobachtete, wie die Hita heraussprangen und über das offene Gelände auf die nächstgelegene MOMU zurannten. In der großen, uniformierten Gestalt, die sie anführte, erkannte er Ephrem Taffari. Ihm war klar, daß er die am nächsten fahrende MOMU ausgewählt hatte, die ihm eine gute Verteidigungsstellung bot. Den Stahlwänden der gigantischen Maschine konnten die Geschosse der Sturmgewehre nichts anhaben, und nicht einmal die Raketenwerfer würden bei dieser soliden Bauweise viel ausrichten. Außerdem konnte die stählerne Festung manövriert werden. Wenn Taffari sie erst einmal in seiner Gewalt hatte, konnte er damit überall hinfahren.

Daniel sah sich rasch um. Inzwischen hatten sich an die fünfzig Uhali um ihn geschart. Sie waren überaus erregt und verhielten sich wie Rekruten nach der ersten Feuertaufe. Es hatte keinen Sinn, wenn er versuchte, sie zur Räson zu bringen. Er mußte angreifen, bevor sie ihren Kampfesmut verloren.

„Kommt!" brüllte Daniel. „Omeru! Die Sonne ist aufgegangen!"

Der Schlamm im offenen Gelände war an manchen Stellen knöcheltief. Sie rannten an den verlassenen Landrovern vorbei. Daniel erkannte, daß Taffari die MOMU erreicht hatte und sich an einer der stählernen Leitern hochzog. Während sie sich durch den Schlamm vorwärts kämpften, pfiffen bereits die ersten Kugeln an ihren Köpfen vorbei. Der Mann neben Daniel wurde getroffen und stürzte mit dem Gesicht voran in den Schlamm.

Einige der Uhali machten kehrt und liefen zum Wald zurück. Andere suchten hinter den Landrovern Schutz. Sie waren keine Soldaten. Daniel machte ihnen keinen Vorwurf, obwohl dies bedeutete, daß die Revolution mit ihnen im Schlamm erstarb.

Allein konnte er nicht weiter vorrücken. Die Hita hatten ihn bereits ins Visier genommen. So schnell er konnte, lief er zum nächstbesten Landrover zurück und ging dahinter in Deckung.

Er sah, daß die ursprüngliche Mannschaft der MOMU den Steuerstand verließ und über die stählerne Leiter floh. Die Motoren der MOMU liefen allerdings noch immer, und die Schaufelräder fraßen sich weiter in die Erde. Als die Mannschaften der anderen MOMUs sahen, was geschah, sprangen sie ebenfalls von ihren Maschinen und versuchten, den Gewehrsalven zu entkommen, die gegen die Stahlplatten prasselten.

In diesem Moment nahm Daniel ein unheimliches Geräusch wahr, das zunächst wie das Kreischen von Möwen klang. Er drehte sich um und brauchte lange, bis er eine Bewegung am Waldrand bemerkte. Das klagende Geschrei wurde lauter, als Tausende schlammbedeckter Gestalten, geschlossen wie ein Bienenschwarm, auf das offene Gelände herausstürmten.

Plötzlich begriff er, was vor sich ging. Die Aufseher der Arbeitslager waren offenbar überwältigt worden, und die Uhali-Sträflinge hatten die Schlammgruben verlassen. Verschmiert mit rotem Lehm, viele ausgezehrt vom Hunger, sahen sie aus wie Tote, die ihren Gräbern entstiegen waren. Sie marschierten in Legionsstärke daher, Frauen, Männer und Kinder.

„Omeru!“ schrien sie, und das Gewehrfeuer von Taffaris Leibgarde wurde von ihrem Gebrüll übertönt. Der Kugelhagel hielt die dichtgedrängten Reihen nicht auf. Wo ein Mann fiel, stürmte ein Dutzend anderer vor und füllte die Lücke. Taffaris Soldaten auf der MOMU ging die Munition aus. Selbst aus dieser Entfernung erkannte Daniel, wie sie in Panik gerieten. Sie warfen ihre Gewehre weg und kletterten über die Stahlleitern zum Steuerstand der mächtigen gelben Maschine hinauf. Hilflos schauten sie zu, wie die rote Horde ihre Festung erreichte und zu ihnen hochstieg.

Unter den Hita auf dem Steuerstand erkannte Daniel Ephrem Taffari. Er versuchte, zu den Sträflingen zu sprechen, und breitete beschwörend die Arme aus. Als die vorderste Reihe ihn fast erreicht hatte, zog er seine Pistole. Er schoß unentwegt, bis sie ihn überwältigten. Für kurze Zeit verlor Daniel ihn in der zappelnden Masse menschlicher Leiber aus den Augen. Dann sah er Taffari wieder, von Dutzenden Armen in die Höhe gehoben. Sie reichten den Tyrannen, der sich vergeblich zur Wehr setzte, weiter und schleuderten ihn vom Steuerstand der MOMU hinab. Ephrem Taffari stürzte fünfundzwanzig Meter tief in eine der rotierenden Kugelmühlen.

Daniel wandte sich ab und ging auf den Wald zu, wo er Kelly zurückgelassen hatte. Unterwegs drängten sich Angehörige seines Stoßtrupps um ihn, schüttelten ihm die Hand, klopften ihm auf die Schulter, lachten, schrien und sangen.

Aus dem Wald drang noch sporadisch Gewehrfeuer. Das Verwaltungsgebäude fing Feuer. Flammen schlugen prasselnd aus dem Dach, und eine mächtige schwarze Rauchwolke erhob sich darüber. Die aufgebrachte Menge wütete überall. Die befreiten Sträflinge töteten jeden, der mit dem verhaßten Unterdrücker zu tun gehabt hatte.

Daniel war noch keine hundert Meter gelaufen, als er eine kleine Gestalt sah, die zwischen den Bäumen hervorkam. „Sepoo!“ rief er.

Der Pygmäe stürzte auf ihn zu. „Kara-Ki!“ schrie er. Er hatte eine tiefe Fleischwunde am Kopf und blutete.

„Wo ist sie?“ fragte Daniel. „Was ist mit ihr geschehen?“

„Er hat sie mitgenommen und in den Wald geschleppt!“

KELLY hatte sich vor dem Funkgerät niedergekniet und langsam am Knopf der Feineinstellung gedreht. Zwar kam sie mit dem Sender nicht bis in die Hauptstadt am Seeufer durch, doch Sepoo war auf einen Baum geklettert und hatte eine Wurfantenne in den Ästen ausgelegt, so daß sie wenigstens die Sendung von Radio Ubomo empfangen konnte.

„Volk von Ubomo! Dieser Sender befindet sich jetzt in der Hand der Befreiungsarmee. Der Präsident von Ubomo, Victor Omeru, wird nun persönlich aus dem Studio Kahali zu euch sprechen!"

Ein Militärmarsch ertönte, die alte Nationalhymne, die Ephrem Taffari bei seiner Machtübernahme verboten hatte. Als sie zu Ende war, entstand eine Pause, und dann endlich hallte die Stimme, die Kelly so sehr liebte, aus dem Lautsprecher.

„Mein geliebtes Volk von Ubomo, die ihr so sehr unter dem Joch des Unterdrückers gelitten habt, hier spricht Victor Omeru! Ich weiß, daß die meisten von euch glauben, ich sei tot. Aber diese Stimme kommt nicht aus dem Grab." Omeru sprach auf Suaheli. „Ich bringe euch eine Botschaft der Hoffnung. Ephrem Taffari, der blutrünstige Tyrann, ist tot. Eine mir ergebene Gruppe von Patrioten hat sein blutiges Regime gestürzt. Mein Volk, endlich scheint die Sonne wieder über Ubomo . . ." Omerus Stimme klang so beschwörend, daß Kelly einen Augenblick fast glaubte, der Sieg der Revolution wäre bereits errungen. Dann hörte sie Gewehrfeuer und blickte über ihre Schulter.

Dicht hinter ihr stand ein Mann, der sich offenbar angeschlichen hatte. Es war ein Asiate, ein Chinese. Er trug einen blauen Safarianzug, der von Regen naß und mit Schlamm verschmiert war. Sein langes schwarzes Haar hing ihm in die Stirn. Er hatte eine Pistole in der Hand, und sein Blick wirkte gehetzt.

Obwohl Kelly ihn nie zuvor gesehen hatte, wußte sie, wer er war. Sie hatte Daniel oft genug von ihm sprechen hören. Sie wußte, daß er der taiwanische Direktor der UEG war, der Mann, der Daniels Freund Johnny Nzou auf dem Gewissen hatte.

„Cheng", keuchte sie und rappelte sich auf, um vor ihm zurückzuweichen, aber er sprang vor und packte ihr Handgelenk. Seine Kraft erschreckte sie.

Er drehte ihr den Arm auf den Rücken. „Eine weiße Frau", sagte er auf englisch. „Eine Geisel . . ."

Sepoo stürmte auf ihn zu, versuchte, ihr zu helfen, aber Cheng holte mit der Pistole aus und schlug dem Alten den Lauf über den Kopf. Sepoo brach zusammen und blieb mit einer Platzwunde ohnmächtig liegen. Cheng, der Kelly noch immer mit der anderen Hand festhielt, stieß sie vorwärts, und sie wagte nicht, sich ihm zu widersetzen. Sie spürte, daß ihre beste Chance – vielleicht ihre einzige – darin bestand, alles zu tun, was er ihr befahl.

Sie legten etwa einen Kilometer zurück, bis sie das Ufer eines kleinen Flusses erreichten. Kelly wußte, daß es der Wengu war, der

Flußlauf, nach dem dieses Gebiet benannt war. Er zählte zu den blutenden Flüssen, angestaut vom Schlamm und verseucht von dem Gift, das die MOMU-Maschinen ausspuckten. Sein Wasser stank entsetzlich, und selbst Cheng schien die Gefahr zu erkennen, die beim Durchschreiten der Furt drohte.

Er zwang Kelly auf die Knie, stand keuchend über ihr und schaute sich unsicher um. „Ist das der Wengu?" fragte er. „In welche Richtung fließt er? Etwa nach Süden, zum Hauptfahrweg?"

Sofort war ihr klar, woran er dachte. Er hatte sicher die Landkarte studiert und wußte, daß der Wengu einen Bogen nach Süden beschrieb, der den Hauptfahrweg schnitt. Dort, an der Brücke, stand ein Militärposten der Hita.

„Ist das der Wengu?" wiederholte er und verdrehte ihr das Handgelenk so heftig, daß sie aufschrie.

„Ich weiß es nicht!" Sie schüttelte den Kopf.

„Du lügst!" beschuldigte er sie, war sich aber offenbar nicht sicher. „Wer bist du?"

„Ich bin eine Krankenschwester und kenne mich in diesem Wald nicht aus."

„Na schön." Er stieß sie vorwärts. „Geh weiter!"

Sie bogen jetzt nach Süden ab und folgten dem Lauf des Wengu. Absichtlich scharrte Kelly immer wieder die weiche Erde auf, während der Chinese sie voranstieß. Sie verlagerte ihr ganzes Gewicht auf die Fersen, versuchte so eine Spur zu legen, damit Sepoo ihr folgen konnte. Sie wußte, daß Sepoo ihr so bald wie möglich nachgehen würde, und mit ihm Daniel.

Es gelang ihr, einen Knopf von ihrer Bluse abzureißen und fallen zu lassen, ein Zeichen, das Sepoo sicher entdecken würde. Bei jeder Gelegenheit stolperte sie oder fiel hin, um Sepoo und Daniel Gelegenheit zu geben, sie rascher einzuholen.

Bald fing sie laut zu heulen und zu jammern an, und als Cheng drohend die Pistole hob, schrie sie: „Nein, bitte! Bitte, schlagen Sie mich nicht!" Sie wußte, daß ihre Schreie im weiten Umkreis vernehmbar waren, so daß Sepoo sie mit seinem feinen Gehör genau orten konnte.

SEPOO hob den Knopf der Bluse auf, der im Laub auf dem Waldboden lag, und zeigte ihn Daniel. „Sieh, Kuokoa", flüsterte er. „Kara-Ki legt eine Spur, damit wir ihr folgen können. Sie ist so listig wie der Leopard und so mutig wie der Waldbüffel."

„Geh weiter!" drängte Daniel ungeduldig. „Halte deine Reden später."

Sie folgten der Spur. Sepoo deutete auf jedes Zeichen, das Kelly hinterlassen hatte, zerbrochene Zweige, Fersenabdrücke und Stellen, an denen sie sich absichtlich hatte fallen lassen.

„Wir sind ihr jetzt schon nahe." Der Pygmäe berührte Daniels Arm. „Sehr nahe."

Kelly schrie vor ihnen im Wald auf. „Nein, bitte! Bitte, schlagen Sie mich nicht!" Für einen Moment verlor Daniel die Beherrschung. Er stürzte vorwärts, weil er sie beschützen wollte. Doch Sepoo packte ihn am Handgelenk und klammerte sich daran.

„Nein! Nein! Kara-Ki ist nicht verletzt. Sie warnt uns. Stürme nicht wie ein dummer *wazungu* voran, sondern benutze jetzt deinen Kopf!"

Daniel riß sich zusammen, zitterte aber noch immer vor Wut. „Also gut", flüsterte er. „Ich werde einen Bogen um sie schlagen und ihnen flußabwärts auflauern. Du mußt sie mir entgegentreiben, so, wie du einen Buschbock ins Jagdnetz treibst. Verstehst du, Sepoo?"

„Ja. Mach den Schrei des Graupapageis, wenn du bereit bist."

Daniel schraubte das Bajonett von der Mündung seines Sturmgewehrs und lehnte die Waffe neben sich an einen Baum. Cheng benutzte Kelly als menschlichen Schutzschild, daher würde er mit dem Gewehr nichts ausrichten. Nur mit dem Bajonett bewaffnet, ging er in einem weiten Bogen zum Flußufer. Er brauchte keine fünf Minuten, um flußabwärts an eine Stelle zu gelangen, an der Cheng und Kelly vorbeikommen mußten. Dort preßte er sich an den dicken Stamm eines Baumes, der am Ufer aufragte. Er legte die Hände um den Mund und ahmte den Balzruf des Papageis nach. Dann duckte er sich und hielt das Bajonett bereit.

Sepoos Stimme hallte durch den Wald. Er sprach quäkend wie ein Bauchredner, so daß ein Zuhörer weder Richtung noch Entfernung angeben konnte. „He, *wazungu!* Laß Kara-Ki frei! Ich beobachte dich aus den Bäumen. Laß sie frei, oder ich werde dir einen Giftpfeil durch den Leib jagen!"

Daniel bezweifelte, daß Cheng Suaheli verstand, aber die Wirkung von Sepoos Worten würde die gleiche sein. Cheng würde seine Aufmerksamkeit nach Norden richten, also flußaufwärts, während er gleichzeitig in Daniels Richtung ging.

„He, *wazungu,* hörst du mich?" rief Sepoo nach einer Weile.

Dann war wieder alles still, und Daniel hielt angespannt lauschend Ausschau. Unmittelbar vor ihm knackte ein Ast, Cheng war also schon ganz in seiner Nähe. Er faßte das Heft des Bajonetts fester. Dann sah er, wie sich im Unterholz etwas bewegte. Da – Chengs blaue Jacke! Der Chinese ging rückwärts und hielt Kelly an seine

Brust gepreßt. Er schaute in die Richtung, aus der Sepoos Stimme kam, und zielte mit der Pistole über Kellys Schulter, bereit, sofort zu schießen, wenn der Unbekannte auftauchte. So näherte er sich dem Baum, hinter dem Daniel wartete.

Daniel wußte, daß Cheng ein Meister im asiatischen Kampfsport war. Im Kampf Mann gegen Mann war er dem Chinesen daher gewiß unterlegen. Also blieb ihm nur eine Möglichkeit: Er mußte Cheng die Spitze des Bajonetts von hinten in die Nieren rammen, um ihn kampfunfähig zu machen.

Er trat hinter dem Baum hervor, hielt das Bajonett und stieß zu, doch im selben Augenblick machte Cheng völlig unerwartet einen Schritt zur Seite. Daniel erfuhr nie, was ihn dazu veranlaßt hatte. Es konnte nur der beinahe übernatürliche sechste Sinn des erfahrenen Kung-Fu-Kämpfers gewesen sein.

Das Bajonett traf Cheng in die Seite, drei Zentimeter über dem Hüftknochen. Es drang bis zum Heft ein, aber durch Chengs Drehung löste es sich aus Daniels Griff und fiel zu Boden. Cheng stieß Kelly brutal von sich und schwenkte die Pistole herum, um Daniel ins Gesicht zu schießen. Daniel packte den Chinesen am Handgelenk und riß die Waffe nach oben. Der Schuß ging hoch über ihnen ins Geäst.

Aus den Augenwinkeln sah Daniel, wie Cheng den linken Arm hob und mit der Handkante auf sein Genick zielte. Schon ließ sie der Chinese herabsausen. Daniel konnte gerade noch die Schulter hochziehen und den Schlag mit dem Oberarm abfangen. Die Wucht des Schlages raubte ihm beinahe das Bewußtsein. Sein Griff um Chengs Pistolenhand lockerte sich. Wieder sauste die Handkante auf ihn herab, und Daniel wußte, daß sie diesmal sein Gesicht zerschmettern würde wie einen dürren Ast.

KELLY war trotz des heftigen Stoßes, den Cheng ihr versetzt hatte, nicht gestürzt. Kaum hatte sie sich wieder gefangen, griff sie den Chinesen an. Sie rammte ihm die Schulter mit so großer Wucht in die Seite, in die das Bajonett eine tiefe Wunde gerissen hatte, daß Cheng Daniel mit seinem Handkantenschlag verfehlte. Der Chinese taumelte und ließ die Pistole mit einem Schmerzensschrei fallen.

Verzweifelt umklammerte Daniel mit seinem freien Arm Chengs Kopf und zog ihn nach hinten. Sie stürzten die steile Uferböschung hinunter, fielen in den dicken roten Schlamm und versanken völlig darin. Sogleich kamen ihre Köpfe wieder an die Oberfläche, während sie keuchend miteinander rangen.

Cheng war sehr geschickt und zäh, und Daniel wußte, daß er ihn nicht auf Dauer festhalten konnte. Als Kelly sah, daß Daniel in Not war, bückte sie sich. Sie ergriff das Bajonett, sprang mit den Füßen voran die Uferböschung hinab und landete mit hocherhobenem Bajonett im Schlamm.

Cheng schlang von hinten den Arm um Daniels Hals. Er hatte Kelly den Rücken zugewandt, und die Jacke seines Safarianzugs glänzte feucht von rotem Schlamm. Kelly stach so fest zu, wie sie nur konnte, und das Bajonett drang zwischen den Rippen in Chengs Brustkorb ein.

Der Chinese ließ Daniels Hals los und drehte sich zu Kelly um. Das Bajonett steckte in seinem Rücken. Er versuchte Kelly mit beiden Händen zu packen. Sein schlammverschmiertes Gesicht war zu einer teuflischen Grimasse verzerrt.

Daniel holte kurz Atem und stürzte sich auf Cheng. Von hinten packte er ihn an der Kehle und drückte ihn mit seiner ganzen Kraft in den Schlamm. Dort hielt er ihn fest.

Große, blubbernde Blasen quollen aus der roten Brühe und zerplatzten an der Oberfläche, bis Cheng die Luft ausging. Noch lange Zeit danach hielt Daniel den Hals des Chinesen umklammert.

„Er ist tot", flüsterte Kelly schließlich.

Vorsichtig lockerte Daniel seinen Griff. Cheng rührte sich nicht mehr.

Kelly half Daniel, ans Ufer zu klettern. Auf der Böschung knieten sie sich hin und umarmten einander. Dann starrten sie auf den Fluß hinab.

Langsam stieg etwas an die Oberfläche, das aussah wie ein toter Baumstamm. Dicker Schlamm bedeckte Chengs Leiche, so daß sie nicht mehr als menschliche Gestalt erkennbar war.

„Ich habe es vollbracht, Johnny Nzou", flüsterte Daniel.

KELLY streckte die Hand nach ihm aus, bevor sie richtig wach war. An dreihundertzehn aufeinanderfolgenden Morgen war sie so unter dem Moskitonetz aufgewacht, an der Seite von Daniel Armstrong, und noch immer konnte sie nicht glauben, daß dieses Wunder Wirklichkeit war.

Kaum hatte sie sich an seine Brust geschmiegt, als sie das Geräusch, das sie aufgeweckt hatte, erneut hörte – ein leises Kratzen an der Haustür. „Wer ist da?" rief Kelly.

„Ich bin's, Kara-Ki."

„Verschwinde, Sepoo!" Sie fuhr mit der Hand unter dem Moskitonetz hindurch und angelte ihre Armbanduhr vom Nachttischchen. Im dämmrigen Licht schaute sie auf die Leuchtanzeige. „Es ist erst fünf Uhr, du verrückter alter Mann!"

„Ich muß dir etwas zeigen, Kara-Ki", beteuerte er.

„Was denn?"

Sepoo gluckste vor Aufregung. „Ich kann es nicht sagen – nur zeigen, Kara-Ki."

Daniel setzte sich auf und gab Kelly einen Kuß. „Er wird sich nicht wegschicken lassen", murmelte er mit gespielter Verzweiflung. „Am besten, wir geben nach."

Fünf Minuten später, als sie angezogen auf die Veranda kamen, blieben beide unwillkürlich stehen und bestaunten voller Freude die Berge, die jenseits der Lichtung von Gondala am Horizont zu sehen waren. Die Wolken hatten sich verzogen, und die Gletscher glühten im Licht der aufgehenden Sonne.

„Heute wird ein schöner Tag werden", flüsterte Kelly. „Es ist immer so, wenn die Berge so klar hervortreten."

Daniel nahm sie in die Arme. „Jeder Tag ist schön – wenn ich bei dir bin."

„Hier entlang!" rief Sepoo vom Rand der Lichtung aus.

„Warte doch!" entgegnete Kelly, aber er war bereits im Wald verschwunden.

„Komm schon", meinte Daniel, „oder wir verlieren den kleinen Gauner noch aus den Augen."

Eine Stunde später kamen sie zu einer Furt am Fluß. Daniel schöpfte eine Handvoll Wasser und neigte den Kopf, um daran zu riechen. Dann kostete er davon. „Ausgezeichnet – und kristallklar!" bemerkte er, und Kelly lächelte ihn an.

Sie verloren nicht viele Worte darüber. Schon vor sechs Monaten waren die Bagger und das schwere Gerät, das sich Präsident Victor Omeru von Tug Harrison und der Firma BOSS hatte bezahlen lassen, eingetroffen. Die Maschinen wurden bei Aufräumarbeiten flußaufwärts eingesetzt. Ihre Bemühungen trugen allmählich Früchte: Die meisten vergifteten Flüsse waren gereinigt und weite Flächen der Mondlandschaft neu bepflanzt worden.

Sie wateten zum anderen Ufer, wo sie Sepoo leise im Wald singen hörten. Nach einer Weile verstummte er, und Daniel konnte sich nur noch an den kleinen Fußstapfen in der Lauberde orientieren, um zu der Stelle zu finden, wo Sepoo unter einem riesigen Baum auf sie wartete.

„Sepoo –", begann Kelly, aber der kleine Mann bedeutete ihr durch

Gesten, ruhig zu sein. Er nahm sie bei der Hand und führte sie zum nächsten hohen Baum.

Plötzlich blieben alle drei stehen und starrten in das Dunkel des Waldes. Da waren riesige Schatten, und sie bewegten sich rhythmisch schwankend. Kelly zählte vier, dann fünf, und sie wußte, daß es tiefer im Dickicht noch andere gab, da sie das Krachen der Äste hören konnte. „Die Elefanten sind zurückgekommen", flüsterte sie und nahm Daniels Hand.

„Hör!" sagte Daniel. In der Stille des Waldes ertönte ein leises Geräusch. Es kam von den Elefanten und war für ein menschliches Ohr gerade noch wahrnehmbar.

Kelly wandte Daniel das Gesicht zu. Sie hatte Tränen auf den Wangen, glitzernd in der Morgendämmerung, aber sie lächelte. „Was für eine Freude!" murmelte sie. „Das Lied der Elefanten."

Foto: Danielle Smith

Wilbur Smith

Die magische Wirkung, die *Das Lied der Elefanten* auf den Leser ausübt, verdankt das Buch nicht nur Wilbur Smith' außergewöhnlichem Erzähltalent, sondern auch der großen Verbundenheit des Autors mit dem Schwarzen Kontinent, auf dem er im Jahr 1933 das Licht der Welt erblickte. Sein Vater, ein Großfarmer in Nordrhodesien (heute Sambia), weckte in ihm die Tierliebe. Vor allem die Elefanten mit ihrem ausgeprägten Sozialverhalten haben es Wilbur Smith seit seiner Jugend angetan. „Diese majestätischen Tiere verfügen – ähnlich wie die Wale – über eine richtige Sprache, mit der sie sich verständigen", meint der Autor. „Ein paarmal gelang es mir, mich bis auf wenige Meter an eine Herde anzuschleichen, so daß ich ihren Gesang, dieses ständige Grollen, Rumpeln und Quietschen, deutlich vernehmen konnte. Kein Tier verkörpert die afrikanische Wildnis in meiner Vorstellung besser als der Elefant. Deshalb – und weil mir seine Erhaltung sehr am Herzen liegt – habe ich ihm in meinem neuesten Roman ein Denkmal gesetzt."

Auch die Pygmäen hat Wilbur Smith in seiner Jugend selbst kennengelernt; er war gerade zwölf Jahre alt, als ihn sein Vater ins Innere des zentralafrikanischen Urwaldes mitnahm. „Die einfache Lebensweise dieses Naturvolkes hat mich schon damals sehr beeindruckt", erklärt der Schriftsteller. „Leider ist die Kultur der Pygmäen in Gefahr, denn die Segnungen der sogenannten Zivilisation scheinen ihnen nicht gut zu bekommen. Vor allem Alkoholismus und Geschlechtskrankheiten greifen um sich, und langfristig wird sich auch der Raubbau am Regenwald bemerkbar machen, durch den ihr natürlicher Lebensraum zerstört wird."

Wann immer sich Wilbur Smith, der in einem Vorort von Kapstadt wohnt, für längere Zeit in Europa oder Amerika aufhält, überfällt ihn das Heimweh. Dazu der Autor: „Bei uns zu Hause gab es ein geflügeltes Wort: Wer mit Sambesiwasser getauft ist, findet immer wieder nach Afrika zurück. Daran ist bestimmt ein Körnchen Wahrheit."

DIE HERBERGE
ZUR SECHSTEN
GLÜCKSELIGKEIT
Eine Kurzfassung
des Buches von
ALAN BURGESS
Nach der Übersetzung
von Ursula Löffler

Am 15. Oktober 1930 bricht die Engländerin Gladys Aylward in ein Land auf, das Europäern zu dieser Zeit noch weitgehend unbekannt ist: Sie reist nach China. Dort will die ungewöhnliche junge Frau als Missionarin arbeiten. Unendlich fremd erscheinen ihr zunächst die Bergwelt von Shansi und ihre Bewohner. Doch schon bald schließt sie die eigenwilligen Menschen in ihr Herz. Sie hilft ihnen, wo immer sie kann, und wird schließlich als „Ai-weh-deh", die „Schale der Tugend", berühmt. Und eines Tages sucht sogar der mächtige Mandarin ihren Rat.

1. Kapitel

DIE SACHE mit der kleinen Frau interessierte den Oberarzt und bekümmerte ihn zugleich. Ihre Todesnähe rührte ihn. Konnte er diesem ausgemergelten Körper, diesem flatternden Herzen gar nicht mehr helfen, dieser hinfälligen menschlichen Hülle, die der ungeheure chinesische Kontinent an seine Tür geschwemmt hatte? Sollte ihr Abschied so rätselhaft bleiben wie ihre Ankunft? Der Fall beschäftigte ihn über die berufliche Anteilnahme hinaus und nahm sein Denken gefangen.

Ihr Tod war unabwendbar, daran hatte der Arzt keinen Zweifel. Wer diese Frau war, wußte niemand; im China des Jahres 1941, das mühsam dem japanischen Ansturm trotzte, während zugleich die eine Hälfte der Welt in wütendem Gemetzel die andere zu zerstören suchte, nahm kein Mensch das Dahinscheiden einer kleinen, unbekannten Frau wichtig.

Zwei chinesische Bauern hatten sie am Eingangstor der Skandinavisch-Amerikanischen Mission von Hingping in Nordwestchina von ihrem Ochsenkarren abgeladen. Sie kannten weder ihren Namen, noch wußten sie, woher sie gekommen war, aber sie war eine Fremde, das hatten die beiden Männer trotz ihrer chinesischen Kleidung und der chinesischen Bibel bemerkt, und darum fanden sie es schicklicher, wenn sie bei ihren Freunden starb und ihre Seele zu ihren eigenen Göttern gehen konnte. Dann verschwanden die Bauern wieder mit ihrem Karren, und der Pförtner ging ins Haus, um zu melden, das eine Todkranke vor der Tür liege.

Die Skandinavisch-Amerikanische Mission fragte sofort telegrafisch beim Baptistischen Missionskrankenhaus in Sian an, ob man einen Arzt schicken könne, und der Oberarzt nahm den nächsten Zug. Er traf am späten Nachmittag ein und machte sich sogleich an die Untersuchung seiner Patientin. Der Körper der kleinen Frau war mager und unterernährt, und Leiden und äußerste Erschöpfung hatten tiefe dunkle Furchen in ihr Gesicht gegraben. Über ihren Rücken zog sich die frische Narbe einer Schußwunde, und obwohl man es nicht sofort erkennen konnte, litt die Patientin an inneren Verletzungen, die von brutalen, bereits mehrere Monate zurückliegenden Schlägen herrührten.

Sie hatte hohes Fieber, phantasierte pausenlos und war nicht davon abzubringen, daß der Oberarzt ein japanischer Offizier sei. Der Arzt vermutete einen schweren Fall von Rückfallfieber. Die Analyse einer Blutprobe, mit der ein Bote zum Krankenhaus in Sian geschickt wurde, bestätigte die Diagnose. Der Arzt gab der Kranken eine Injektion, die das Fieber innerhalb von zwei Tagen senken würde. Inzwischen war eine Pflegerin eingetroffen, deren Händen er die Patientin anvertraute, so daß er mit dem Gefühl nach Sian zurückkehrte, daß er alles getan hatte, was in seinen Kräften stand.

Fünf Tage später jedoch schrieb man ihm, daß die Unbekannte erneut heftig fieberte. Er fuhr wieder nach Hingping. Die Haut der Patientin wies die kleinen roten Flecken auf, die für Typhus bezeichnend sind. Sie mußte schon infiziert gewesen sein, als sie noch vom Rückfallfieber geschüttelt worden war. Bei einer weiteren Untersuchung stellte der Arzt außerdem eine einseitige Lungenentzündung fest.

Es war ein glücklicher Zufall, daß einer der Missionare, der soeben von einem Urlaub in den USA zurückgekehrt war, in seinem Gepäck zwanzig Tabletten des neuen Medikaments Sulfopyridin mitgebracht hatte. Er bot es dem Oberarzt ohne Zögern an, und mit Hilfe des Medikaments gelang es, der Lungenentzündung Herr zu werden. Doch wenn man das Leben der Patientin retten wollte, so war die rasche Überführung in das Krankenhaus nach Sian unvermeidlich. Man transportierte sie in einem Sonderwagen, der an den Zug gehängt wurde. In Sian erwarteten Träger die Kranke und brachten die bewußtlose Frau ins Krankenhaus. Eine der Ärztinnen hatte ihr eigenes Zimmer geräumt, um der todkranken Frau die Wohltat eines größeren, luftigen Raumes zu gewähren. Vierzehn Tage später ließ dann das Typhusfieber langsam nach, aber die kleine Frau fand noch nicht zu völliger geistiger Klarheit zurück.

Dann begannen die Japaner nach wochenlanger Ruhe plötzlich wieder, Sian zu bombardieren. Der Oberarzt blieb bei seiner Patientin, während die Bomben fielen. Noch immer war sie allen ein Rätsel. Ihr leichter, ausgemergelter Körper zuckte und bäumte sich beim Pfeifen einer jeden niedergehenden Bombe vor Angst auf, und kalter Schweiß lief ihr über das Gesicht und die Glieder. Plötzlich verzerrte ein krampfhafter Schmerz ihr Gesicht, und sie fragte flüsternd: „Meine Kinder?“ Dann stöhnte sie auf. „Wo sind meine Kinder? Die Japaner sind da. Sie werden uns töten!“

Das Flüstern ging in einen Schrei über, und jetzt phantasierte sie in einem eigentümlichen Chinesisch, das niemand verstand. Später erwies es sich als einer der Dialekte, die man in den wilden Bergländern weit oben im Norden spricht.

Das Delirium ließ nach. Ein schwaches Lächeln breitete sich auf dem Gesicht der Leidenden aus. Es war angenehm, hier zu liegen und den Geist durch die Jahre zurücktreiben zu lassen . . . Erfüllte Jahre waren es, die ihr niemand mehr nehmen konnte.

„Wie ist Ihr Name?" fragte der Arzt. Ihr Name? Den kannte doch jeder. In ihrer Provinz, die so groß war wie England, kannte doch jeder ihren Namen! *Ai-weh-deh*, Schale der Tugend! Aber der chinesische Name interessierte sie nicht, sie wollten ihren englischen Namen. Doch den wollte sie ihnen nicht so ohne weiteres verraten. Solche Geheimnisse behielt man in Kriegszeiten besser für sich: Wer man war oder woher man kam, das ging niemanden etwas an.

Ai-weh-deh, ihr chinesischer Name, hatte doch selbst dem Mandarin genügt, diesem imposanten Mann im scharlachroten gestickten Seidengewand, der in seinem *Yamen* dort oben in den wilden Bergen von Shansi residierte. Er hatte nie nach ihrem Taufnamen gefragt, genausowenig wie Sualan, die Hübsche, die von Geburt an dazu bestimmt war, eine lächelnde Sklavin im Gefolge des Mandarins zu sein. Chang fiel ihr ein und der buddhistische Priester, der noch viele Jahre in dem schmutzigen Gefängnis absitzen mußte, und Linnan, der Mann, den sie liebte. Auch er hatte sie niemals bei dem Namen genannt, den sie aus England mitgebracht hatte.

Wieder drang die Stimme an ihr Ohr und redete freundlich auf sie ein. „Sagen Sie uns doch Ihren Namen! Haben Sie keine Angst! Sie brauchen keine Angst mehr zu haben."

Angst! Sie hätte ihnen gerne gesagt, wie weit alle Angst hinter ihr lag. Ja, Angst hatte sie gehabt, als sie im Schnee unter den dunklen russischen Fichten geschlafen hatte oder als der Mann in Vladivostok versucht hatte, sich mit ihr in dem Hotelzimmer einzuschließen. Oder damals in dem furchtbaren chinesischen Gefängnis, als der Irre sich mit der blutigen Axt gegen sie gewandt hatte. Angst, ja – in der Berghöhle, als die Wölfe geheult und ihre grünen Augenlichter sich in der Dunkelheit bewegt hatten. Und als die japanischen Kugeln von den Grabsteinen ringsum abprallten . . .

„Wie heißen Sie?" fragte die leise Stimme eindringlich an ihrem Ohr. „Wie heißen Sie? Wo kommen Sie her?"

Was für eine dumme Frage! Bestimmt wußten sie, daß sie Gladys Aylward hieß. Daß sie in Edmonton, einem nördlichen Stadtteil Londons, geboren war. Die Aylwards waren in die Cheddingtonstraße gezogen, als Gladys noch ganz klein gewesen war. Eine Reihe roter

Backsteinhäuser mit weißen Gardinen an den Fenstern und Ligusterhecken im Vorgarten. Eine glückliche Kindheit! Wenn sie des Vaters feste Postbotenschuhe auf der Straße hörte, dann lief sie ihm entgegen. Mutter machte Tee in der Küche, und Gladys und Violet tobten vor dem Haus mit den anderen Kindern.

Als im Ersten Weltkrieg die Zeppeline über den Kanal kamen und Bomben auf London warfen, hatte sie zum erstenmal ihr Mittel gegen die Angst erprobt. Sie rief alle Kinder von der Straße in die Diele hinein und setzte sie an der Wand entlang. Dann klappte sie das alte Harmonium mit dem Fußantrieb auf, bearbeitete wie wild die Pedale und sang dazu, so laut sie nur konnte, einen Choral gegen das unheimliche Brummen der Silberzigarren über ihnen. Ein gutes, kräftig geschmettertes Kirchenlied stärkt die Moral – diese Überzeugung hatte sie danach nie mehr verlassen.

Wie sehr sich diese Erfahrung, dieser Glaube einmal in China bewähren sollte – das konnte sie damals in London noch nicht ahnen. Hatten sie nicht gesungen, als sie über die wilden Berge marschierten, sie und all die müden Kinder mit wund gelaufenen Füßen, auf dem Weg hinab zum Gelben Fluß? Und dann diese Enttäuschung, als sie ankamen! Sie bezweifelte, daß sie je eine solche Enttäuschung erlebt hatte. Oder doch – vielleicht damals in London bei der China-Inland-Mission. Vielleicht war diese Enttäuschung ähnlich groß gewesen.

Sie konnte sich noch gut an die schwarzen Winteräste erinnern, die draußen vor den Fenstern des Lehrerzimmers hin- und herschwangen. Der Rektor der Missionsschule, ein großer, magerer, gelehrter Mann mit hochgewölbter Stirn, hatte sie über den Tisch hinweg prüfend angesehen. Sie war sechsundzwanzig Jahre alt, eine winzige, schlanke Person mit einem offenen, schmalen Gesicht und dunklem, in der Mitte gescheiteltem Haar, das in einem kleinen, festen Knoten endete.

Er breitete ihre Zeugnisse vor sich aus und kaute auf seiner Unterlippe. „Wie ich sehe, sind Sie nun seit drei Monaten bei uns, Miß Aylward."

„Ja, Herr Rektor."

„Na, und wie steht's mit der Theologie?"

„In Theologie war ich, glaube ich, nicht sehr gut", sagte sie leise.

Er blickte auf. „In der Tat. Sie waren alles andere als gut!"

Oh, sie erinnerte sich, wie sie dagesessen hatte, die Finger auf dem Schoß ineinander verkrampft, und kaum mehr die Stimme vernahm, die die Liste ihrer Fehlleistungen aufzählte. Sie wußte, es gab wenig Hoffnung. Aber es stand unerschütterlich für sie fest, daß sie nach China gehen *mußte!*

„Sehen Sie, Miß Aylward, all diese Wissenslücken sind leider ziemlich ausschlaggebend“, sagte er mitfühlend. „Wir haben Sie in gutem Glauben zur Probe aufgenommen. Falls Sie weiterlernen wollen, müßten Sie viel Zeit und Geld aufs Spiel setzen, um –“

„Ich verstehe schon“, erwiderte sie leise. „Vielen Dank jedenfalls, daß Sie den Versuch mit mir gemacht haben. Es ist ja nicht Ihre Schuld, daß ich die Prüfungen nicht bestanden habe.“

Der Rektor versuchte, sie in ihrer Enttäuschung zu trösten. „Sie dürfen sich diese – hm – Wendung nicht so zu Herzen nehmen. Es gibt auch viel Arbeit hier in England für Menschen wie Sie.“ Er schwieg einen Augenblick. „Haben Sie schon Pläne für die nächste Zeit?“ fragte er dann.

„Nein“, antwortete sie.

Er warf einen Blick auf ihre Papiere. „Wie ich sehe, waren Sie – hm – angestellt, bevor Sie . . .“

Sie hob sehr plötzlich den Kopf, und sie blickten einander in die Augen. „Ich werde auf keinen Fall wieder Stubenmädchen, solange es irgendwie anders geht“, erklärte sie schnell.

„Nun, das kann ich verstehen.“ Er überlegte einen Augenblick. „Es gibt eine andere Möglichkeit. Sie könnten uns helfen, Miß Aylward. Es sind gerade zwei Missionarinnen aus China zurückgekommen, zwei sehr alte Damen, die dringend jemanden brauchen, der für sie da ist. Sie haben ein Haus in Bristol gemietet. Hätten Sie Lust, den Posten anzunehmen?“

Wie niederschmetternd war dieser Vorschlag für sie gewesen! Haushälterin für zwei pensionierte Missionarinnen, die zu alt waren, um sich selbst zu versorgen! Wenn das ihre einzige Möglichkeit war, mit China in Berührung zu kommen, dann war es wirklich besser, sie arbeitete gleich wieder als Stubenmädchen. Als junge Frau von sechsundzwanzig Jahren waren ihre Aussichten nicht gerade rosig.

In den harten Jahren nach dem Ersten Weltkrieg hatte man jede Arbeit angenommen, die man bekommen konnte, und so war Gladys gleich nach der Schule Hausmädchen geworden. Sie hatte ein paarmal die Stellung gewechselt, aber die Arbeitslosigkeit war stets eine unterschwellige Bedrohung geblieben.

Wann ihr zum erstenmal der Gedanke gekommen war, nach China zu gehen, wußte sie selbst nicht mehr. Vielleicht hatte alles an jenem Abend begonnen, an dem sie das Fähnchen bemerkte, das vor dem Portal der benachbarten Kirche zu einem Abend religiöser Erneuerung einlud. Da sie nichts Besseres vorhatte, war sie in die Kirche hineingegangen. Drinnen hatte ein junger Geistlicher kraftvoll seine kleine Zuhörerschaft dazu aufgerufen, Gott zu dienen. Sein Appell hinterließ bei Gladys einen tiefen Eindruck, und sie beschloß, einer evangelischen Vereinigung beizutreten. Ganz allmählich hatte sich dort der innere Drang, nach China zu gehen, stärker herausgebildet. Schließlich war sie von der China-Inland-Mission auf Probe angenommen worden.

Ihre Enttäuschung über ihr Versagen war sehr groß. Sie hatte es damals niemanden merken lassen, doch noch lange liefen ihr bei der bloßen Erinnerung an jenen Tag die Tränen übers Gesicht. Eines war nun klar: Wenn sie nach China wollte – und sie war fest entschlossen hinzugelangen, in welchem Beruf auch immer –, dann mußte sie ihre Fahrkarte selbst bezahlen.

Ihre einzige Möglichkeit, Geld zu verdienen, war allerdings in der Tat, wieder als Hausangestellte zu arbeiten. Durch ein Vermittlungsbüro fand sie eine Stelle im Haus der Younghusbands. Sir Francis Younghusband war ein hervorragender Soldat, Schriftsteller und Forschungsreisender. Lebhaft erinnerte sie sich an ihren Eintritt in diesen Haushalt. Nach der langen Fahrt von London war sie ziemlich niedergeschlagen angekommen, hatte am Eingang des Hauses geläutet und war vom Diener zu ihrem Zimmer geführt worden. Es war klein, sauber und gemütlich – aber es war eben nicht China. Sie setzte sich auf das Bett und betrachtete ihre beiden Koffer, die sie die Treppe hinaufgeschleppt hatte. Sie nahm ihre Bibel heraus und legte sie auf den Nachttisch. Dann holte sie ihr Portemonnaie hervor, das alles Geld enthielt, das sie besaß. Es waren drei Münzen, zwei Pennies und ein Halbpencestück. Sie legte die Geldstücke auf die Bibel und konnte kaum die Tränen zurückhalten. Nun war sie wieder dort, wo sie einst angefangen hatte . . ., und China schien so weit fort wie nie. Plötzlich überkam sie das ganze Bewußtsein ihrer traurigen Lage, und sie rief laut: „O Gott – hier ist meine Bibel! Hier ist mein Geld! Hier bin ich! Kannst du mich denn nicht brauchen, Gott?“

Die Tür wurde geöffnet. Ein junges Stubenmädchen streckte den Kopf herein. „Bist du Gladys?“ fragte sie. „Die gnä' Frau möchte dich im Wohnzimmer sprechen. Sie will die Neuen vom Personal immer sofort kennenlernen.“

Gladys ging langsam die Treppe hinunter. Die Hausherrin erwartete sie schon und betrachtete interessiert die kleine Person, der man die Mutlosigkeit ansah. „Sie sind Miß Aylward, nicht wahr? Ich hoffe, Sie werden sich bei uns wohl fühlen. Aber zuerst: Wieviel hat Sie die Fahrt von daheim bis hierher gekostet?“

„Zwei Shilling neun Pence“, antwortete Gladys, ohne den Sinn der

Frage zu erfassen. Ihre neue Arbeitgeberin nahm ihr Portemonnaie heraus. „Ich bezahle meinen Mädchen immer die Fahrkarte, wenn sie die Stellung antreten", sagte sie. „Hier sind drei Shilling. Die Haushälterin wird Sie später in Ihre Pflichten einweisen."

In ihrem Zimmer legte Gladys fast übermütig die drei Münzen zu den anderen auf die Bibel. Das helle Silber hob sich strahlend von dem dunklen Ledereinband ab. Drei Shilling und zweieinhalb Pence! Sie würde den gesamten Betrag für ihr Fahrgeld nach China zurücklegen. Im Geist war sie schon halb drüben!

Jetzt, hier im Krankenhaus von Sian so viele Jahre später, mußte sie kichern, als sie an ihren ersten Besuch im Reisebüro dachte. Der ältliche Angestellte bei „Millers Reisedienst" am Haymarket war überzeugt gewesen, daß sie nicht ganz richtig im Kopf war. Hatte er nicht mit aller Deutlichkeit gesagt, daß der billigste und schnellste Weg nach Tientsin die Fahrt mit der Transsibirischen Eisenbahn durch Europa, Rußland und Sibirien sei (der Fahrpreis für diese Reise betrug nur siebenundvierzig Pfund und zehn Shilling), daß dieser Weg jedoch bei der augenblicklichen politischen Lage nicht in Frage komme, weil am östlichen Ende der Transsibirischen Eisenbahn ein Krieg zwischen Rußland und China tobe?

„Ich kann wirklich nicht wegen so einem blöden Krieg zu Hause bleiben", hatte sie ihm geantwortet. „Das ist also bestimmt der billigste Weg? Dann ist es genau, was ich brauche. Bitte merken Sie mich für eine Passage vor. Ich gebe Ihnen jetzt drei Pfund als Anzahlung, und jede Woche bringe ich Ihnen soviel, wie ich mir leisten kann."

„Wir schätzen es aber nicht sehr, wenn wir unsere Kunden am Zielort tot abliefern müssen!" hatte der Angestellte des Reisebüros daraufhin entgegnet. Er belehrte sie eingehend darüber, daß die Chinesen den mandschurischen Streckenabschnitt bis hin zur Transsibirischen Eisenbahn in eigene Regie nehmen wollten; um dieses Gebiet war ein inoffizieller Krieg entbrannt. Niemand konnte die Verantwortung für die Sicherheit einer einzelnen jungen Frau übernehmen, selbst wenn sie mit jenem Zauberpapier ausgerüstet war, das ein britischer Paß damals noch darstellte.

Als er seine Rede beendet hatte, sah Gladys ihn mit ihren dunklen braunen Augen ruhig an. Dann schob sie ihm mit ihrer kleinen Hand in dem abgetragenen Handschuh die drei Pfundnoten zu. „Das ist alles sicher längst vorbei, wenn ich das Geld beisammenhabe", sagte sie. „Bestellen Sie mir bitte die Fahrkarte, und ich werde Ihnen jede Woche das Geld bringen, bis alles bezahlt ist. Einverstanden?"

Der ältliche Angestellte sah sie etwas seltsam an. Dann seufzte er, nahm die drei Pfundnoten und griff resigniert nach seinem Quittungsbuch.

Was Gladys eigentlich genaugenommen in China anfangen wollte, wenn sie dort ohne einen Penny in der Tasche ankam und kein Wort Chinesisch verstand – das war ihr selbst noch nicht recht klar. Aber auch wenn sie nicht durch das „theologische Nadelöhr" der China-Inland-Mission gekommen war, so war sie doch überzeugt, daß sie sich zur Predigerin ausbilden konnte. „Ich muß predigen lernen", sagte sie zu sich selbst. „Ich muß lernen, zu den Leuten zu reden."

Entschlossen setzte sie dieses Vorhaben in die Tat um. Von nun an verwendete sie jeden Augenblick ihrer Freizeit dazu, sich am Hydepark hinzustellen, dort auf eine Seifenkiste zu steigen und zu ihrem Publikum zu sprechen, ohne sich davon beirren zu lassen, daß die meisten abweisend vorbeigingen oder sich gar offen über sie lustig machten. Sie ließ sich nicht entmutigen.

Und endlich, eines Tages, schien es, als ob sich vielleicht doch noch ein Weg zu ihrem Glück finden würde. Durch Bekannte hörte Gladys von Mrs. Lawson. „Sie ist eine prachtvolle Person, eine richtige Seele von Mensch. Dreiundsiebzig ist sie jetzt und arbeitet immer noch als Missionarin in China. Neulich hat sie geschrieben, daß sie sich nur noch eines wünsche: eine jüngere Frau, die ihre Arbeit weiterführen könne."

Gladys Aylward brachte nichts weiter hervor als ein geflüstertes: „Das bin ich! Das bin ich!"

Sie schrieb Mrs. Lawson sofort und fragte an, ob sie ihr helfen und nach China fahren dürfe.

Nun mußte sie dringend so schnell wie möglich das Geld für die Eisenbahnfahrt zusammenbekommen. Nichts war ihr dafür zuviel, nichts zu anstrengend. Sie belagerte die Stellenvermittlungen, damit diese ihr für die freien Nachmittage oder über das Wochenende Aushilfstätigkeiten beschafften. Der Angestellte von „Millers Reisedienst" war inzwischen ein guter Bekannter geworden; er wartete schon auf die eifrige junge Frau, die jeden Freitag an seinem Schreibtisch erschien und Beträge brachte, die in Shilling und Pennies ausgezählt und dann aufgerechnet wurden gegen die große, magische Summe – siebenundvierzig Pfund zehn Shilling.

Und dann dieser unvergeßliche Morgen, als der Brief mit den bunten, bizarren chinesischen Postmarken auf den Dielenboden fiel. Wenn sie es ermöglichen könne, nach Tientsin zu kommen, so schrieb Mrs. Lawson, dann werde ein Bote sie dort empfangen und in die Provinz begleiten, wo sie selbst arbeitete.

Das war eine Aufregung! Sie mußte sich sofort ihren Paß beschaffen! Sie mußte ihre Fahrkarte abbezahlen! Sie mußte überlegen, was einzupacken war! „Ich gehe nach China!" sagte sie zu all ihren Freunden und Bekannten. „Ich gehe nach China!"

Oh, was waren das für aufregende Tage! Sie lachte laut in der Erinnerung daran. Erregt versuchte sie, sich in ihrem Krankenhausbett aufzurichten.

Die junge chinesische Pflegerin wandte sich einem Wärter zu. „Sie ist verrückt im Kopf", sagte sie. „Sie ist verrückt im Kopf, die kleine, sterbende Frau hier."

2. Kapitel

DIE „EXPEDITION GLADYS AYLWARD" fand sich am Samstag, dem 15. Oktober 1930, in London auf dem Bahnhof Liverpoolstraße ein. Sie muß zu den am schlechtesten ausgestatteten Expeditionen gerechnet werden, die je Englands Küsten verlassen haben. An Barmitteln verfügte sie über genau neun Pennies in Münzen und zwei Reiseschecks über je ein englisches Pfund. Die beiden Reiseschecks waren sorgfältig in einen alten Hüfthalter eingenäht, den Mutter Aylward zu dem Unternehmen beigesteuert hatte. Man glaubte in London unerschütterlich daran, daß auch die wildesten Ausländer es niemals wagen würden, ein solch intimes und einschüchterndes weibliches Kleidungsstück allzu nahe zu betrachten. So wurde der Hüfthalter zu einer wahren Schatzkammer. Er enthielt außer den Reiseschecks noch Gladys' Bibel, ihren Füllhalter, die Fahrkarten und den Reisepaß.

Gladys küßte Mutter, Vater und Schwester zum Abschied und setzte sich auf ihren Eckplatz III. Klasse. Die Pfeife ertönte, der Zug fauchte, und es ging los. Sie winkte aus dem Fenster, bis die Familie ihrem Blick entschwunden war. Der alte Pelzmantel, den ihr eine Freundin geschenkt und den ihr die Mutter auseinandergeschnitten und zu einer Pelzdecke verarbeitet hatte, lag oben im Netz, ebenso ihre beiden Koffer. Der eine enthielt ihre Kleider, der andere Cornedbeef-, Fisch- und Bohnenbüchsen, Kekse, Zwieback, Kaffee-Extrakt, Tee und hartgekochte Eier. Außerdem besaß sie eine Bratpfanne, einen Wasserkessel und einen Spirituskocher. Der Kessel und die Pfanne waren mit einer Schnur an einem der Koffergriffe angebunden.

Die Stadt und die Vororte lagen bald hinter ihr. Sie betrachtete die englische Landschaft, die an ihr vorbeiflog, mit anderen Augen als sonst. Ob sie die Heimat je wiedersehen würde? Tatsächlich sollten bis zu diesem Wiedersehen zwanzig lange Jahre vergehen.

In Den Haag stieg sie um. Von Holland ging es nach einer nächtlichen Fahrt durch Deutschland und Polen schließlich ratternd hinaus in die weiten Steppen Rußlands. Sie hatte sich in ihre Pelzdecke gewickelt und ließ den Kontinent an sich vorbeiziehen. In Rußland erschreckte sie manches, was sie sah: die Gruppen apathischer Menschen, die auf den unfreundlichen Bahnhöfen warteten, inmitten ihrer Bündel; Frauen, die in Trupps Bauarbeiten verrichteten; Armut in einem Ausmaß, das für sie bis dahin unvorstellbar gewesen war.

Acht Tage, nachdem der Zug England verlassen hatte, fuhr er durch Sibirien. Die Großartigkeit der Landschaft bezauberte Gladys: die mächtigen Berge, die dunklen Gürtel hoher Kiefern und der Schnee, der sich über die endlosen Weiten erstreckte. An einer Station stieg ein Reisender in ihr Abteil, der ein wenig Englisch sprach. Er übersetzte Gladys, was ihr der Zugführer, der die Fahrkarten kontrollierte, klarmachen wollte: Nach Charbin fuhren keine Züge mehr, so daß sie wahrscheinlich an der sibirisch-mandschurischen Grenze hängenbleiben würde. Wenn das stimmte, dann gab es keine Möglichkeit mehr, über Charbin nach Dairen weiterzukommen und mit dem Dampfer nach Tientsin zu gelangen.

Ihre Befürchtungen wuchsen, als von Station zu Station immer mehr Militär in den bereits überfüllten Zug drängte. In Čita verließen außer Gladys sämtliche Zivilisten den Zug. Der Zugführer kam herein und versuchte mit phantasievollen Verrenkungen, Gladys zum Aussteigen zu bewegen. Aber Gladys beharrte darauf, daß jeder Kilometer vorwärts sie einen Kilometer näher an China heranbrachte. Sie blieb sitzen. Der Zug nahm nochmals Soldaten auf und rumpelte weiter. Später in der Nacht hielt er auf einem kleinen Bahnhof. Die Soldaten stiegen aus, traten auf dem Bahnsteig in Reih und Glied an und marschierten ab. Danach ging die Fahrt ohne Licht weiter. Bei einem kurzen Gang durch die dunklen Wagen stellte Gladys fest, daß sie jetzt der einzige Fahrgast war. Der leichte Frostwind trug ein neues Geräusch zu ihr, das sie sofort erkannte, obgleich sie es noch nie zuvor gehört hatte: Artilleriefeuer! Hastig packte sie ihre Habe zusammen. Der ältliche Angestellte bei „Millers" hatte wohl doch recht gehabt: Hier war tatsächlich Krieg!

Plötzlich hielt der Zug. Gladys stieg sofort aus. Schwer beladen mit Koffern und Pelzdecke, ging sie den Bahnsteig entlang bis zu einer kleinen Hütte, in der schon vier Personen um einen prasselnden Ofen kauerten: Lokführer, Heizer, Bahnhofsvorsteher und Zugführer. Sie schenkten ihr eine Tasse starken Kaffee ein und machten ihr durch heftige Gesten klar, daß sie nun am Ende der Bahnlinie angekommen sei.

Der Zug – so erklärten die vier Männer – würde wahrscheinlich tage-, wenn nicht wochenlang hier stehenbleiben, um zur Stelle zu sein, wenn Verwundete in die Lazarette hinter der Front transportiert werden mußten. Sie wiesen mit dem Daumen über die Schulter in Richtung der Gleise, aus der sie gekommen waren. Gladys' einzige Hoffnung bestand darin, nach Čita zurückzugehen.

So hatte sie sich also auf den Weg gemacht, eine schmale Gestalt, über den Schultern die alte Pelzdecke und in jeder Hand einen Koffer. Der sibirische Wind wirbelte ihr den Pulverschnee um die Füße. Kalt glitzernde Sterne am schwarzen Himmel ließen die Gipfel der unnahbaren Berge schwach leuchten.

Vier Stunden später, als Kälte und Erschöpfung sie übermannten, setzte sie sich auf die Schienen. Sie mußte schlafen, wenigstens eine oder zwei Stunden. So stellte sie ihre Koffer als Windschutz zusammen und stopfte die Ritzen mit Schnee zu. Dann wickelte sie sich fest in ihre Pelzdecke und legte sich auf den eisigen Boden. Während des Einschlafens vernahm sie ein fernes Heulen. Erst Jahre später in China wurde ihr klar, daß sie ein jagendes Wolfsrudel gehört hatte.

Es dämmerte über den Bergen, als sie aufwachte, steif gefroren, aber doch erholt. Sie zündete den Spirituskocher an, machte sich mit Schneewasser einen Kaffee und aß einen Zwieback. Dann ergriff sie ihr Gepäck und folgte weiter dem endlosen Schienenstrang. Es war ein langer Weg nach China! Spät am Abend, während sie vor Kälte und Müdigkeit fast besinnungslos dahintaumelte, tauchten die Lichter von Čita auf. Sie kämpfte sich vorwärts, erstieg schließlich mühsam den Bahnsteig, ließ ihre Gepäckstücke aufeinanderfallen und legte sich kurzerhand obendrauf.

Während der Nacht kümmerte sich niemand um sie, und so schlief sie ein wenig unter ihrer Pelzdecke. Früh am nächsten Morgen kamen einige Bahnbeamte, um sie in Augenschein zu nehmen, beredeten sich untereinander, nickten und gingen wieder fort. In der eisigen Kälte harrte Gladys auf ihrem Freiluftlager aus. Niemand schien sich um sie zu kümmern.

Später am Vormittag kam ein Beamter mit roter Mütze den Bahnsteig entlang geradewegs auf sie zu. Drei Soldaten begleiteten ihn. Er machte ihr begreiflich, daß sie verhaftet sei und mit ihm kommen müsse. Nie hatte sie geglaubt, daß sie so glücklich über eine Verhaftung sein könnte! Sie nahm ihr Gepäck und folgte ihm in einen Nebenraum des Dienstgebäudes. Einem Beamten der Geheimpolizei gelang es, ihr klarzumachen, daß er Englisch spreche, doch von allem, was er ihr zu sagen versuchte, verstand sie kaum ein Wort. Am nächsten Tag wurde das „Verhör" fortgesetzt. Die Beamten prüften ihren Paß und diskutierten lange über die Eintragung „Beruf: Missionarin". Sie waren offenbar der Überzeugung, daß dies etwas mit *Maschinistka*, also Maschinistin, zu tun habe. Anscheinend wollten sie wissen, ob es ihr in Rußland gefalle; sie solle doch hierbleiben, Leute wie sie würden dringend gebraucht.

Dieser Irrtum versetzte sie in Schrecken. Sie blätterte erregt ihre bebilderte Bibel auf und zeigte ihnen Illustrationen, die Szenen aus biblischen Zeiten darstellten. Das schien Erfolg zu haben, denn nach einigem Hin und Her übergaben sie ihr ein Papier mit Amtsstempeln, das wie ein neues Visum aussah, sowie ein paar bedruckte Papierschnipsel, die Fahrkarten für die Weiterreise zu sein schienen.

Ihr „Dolmetscher" begleitete sie nachmittags zum Zug. Es gelang ihm, ihr zu erklären, daß sie an einem Ort namens Nikolshissur umsteigen und dort den Anschluß nach Pogranilchnai nehmen müsse, um nach Charbin weiterzufahren.

Schon nach einigen Stunden war sie in Nikolshissur. Der Zug nach Pogranilchnai? Niemand verstand auch nur ein Wort ihrer Frage. Sie ließ sich also wieder auf dem Bahnsteig nieder, um dort eine weitere Nacht zu verbringen. Als der nächste Morgen kam, gab sie ihre Siebensachen im Gepäckraum ab und machte sich auf die Suche nach einem Amtsgebäude.

Sie fand schließlich das Rathaus – jedoch keinen Menschen, der Englisch sprach. Gladys wußte mittlerweile, daß sie ihre Bibel zu Hilfe nehmen konnte, aber plötzlich kam ihr eine neue Idee: Sie zog ein Foto ihres Bruders Laurie hervor, das ihn in voller Uniform als Trommler der britischen Armee zeigte. Für die Russen, die schmucklosere Uniformen gewohnt waren, mußte er wie ein Generalmajor aussehen. Das Foto zeitigte sofortige, geradezu phänomenale Ergebnisse: Ein Beamter brachte sie zurück zum Bahnhof und holte ihr Gepäck, und ihre Fahrkarten wurden umgeschrieben. Ihre Reiseroute ging nun wieder über Vladivostok nach Charbin. Während der Zug durch die unendlichen Weiten Sibiriens rollte, schickte sie ein kleines Dankeschön an ihren Bruder Laurie.

Auf dem Bahnhof von Vladivostok kontrollierte ein Schaffner ihren Fahrschein und ließ sie die Absperrungen passieren. Ihr Blick fiel auf ein Werbeplakat des Intourist-Hotels, und sie beschloß, dorthin zu gehen. Zum Glück befand sich das Hotel ganz in der Nähe des Bahnhofs. Der Hotelangestellte am Empfang füllte ihren Meldezettel aus, während ein untersetzter Mann in zerdrücktem Anzug, der an einem Schreibtisch neben der Rezeption saß, ihren Paß prüfte und ihn dann in seine Jackentasche steckte. Soweit Gladys ihn verstanden hatte, hatte er irgend etwas mit der Polizei zu tun, aber die Abkürzung NKWD, die er erwähnt hatte, sagte ihr nichts.

In der Folgezeit widmete er sich ihr mit einer Freundlichkeit, die Gladys als peinlich empfand. Er bestand darauf, ihr die Sehenswürdigkeiten von Vladivostok zu zeigen. Aber was sie sah, erschreckte sie: die heruntergekommenen, unbefestigten Straßen voller wassergefüllter Schlaglöcher; die langen Schlangen vor den Lebensmittelläden; die klapprigen Straßenbahnen mit ärmlich aussehenden, in Lumpen gehüllten Fahrgästen; die schäbigen, unverputzten Fassaden; die ausgemergelten Frauen, die ihre kleinen Kinder auf dem Rücken trugen. Sie wünschte sich nur noch sehnlichst, diesem Land entfliehen zu können.

Am nächsten Morgen erwartete sie ihr ständiger Begleiter bereits vor der Tür ihres Hotelzimmers. Er war nicht mehr so freundlich wie zu Anfang. Während sie die Treppe hinuntergingen, fragte sie ihn: „Werde ich bald mit dem Anschlußzug nach Charbin weiterreisen können?"

Er sah sie von der Seite an. „Warum wollen Sie denn in das barbarische China fahren? Hier bei uns erwartet Sie eine glänzende Zukunft. Sie sind jung, Sie können hier arbeiten. Wir brauchen Leute wie Sie, die mit Maschinen umzugehen verstehen."

„Maschinen? Ich habe in meinem ganzen Leben noch nie mit Maschinen zu tun gehabt!" protestierte sie. Doch er beachtete ihren Einwand nicht.

Während sie durch die Straßen Vladivostoks gingen, war sie zum erstenmal auf ihrer Reise wirklich beunruhigt. Es war klar, daß dieser Mann Instruktionen empfangen hatte, sie hier festzuhalten. Warum nur? Es gab Millionen Menschen in Rußland. Was wollte man von ihr?

Bei der Rückkehr ins Intourist-Hotel hatte Gladys das Gefühl, als ob jemand dicht hinter ihr ginge. Während der NKWD-Mann wieder auf seinen Schreibtisch zusteuerte, warf sie einen Blick über die Schulter zurück. Es war eine dunkelhäutige, einfach gekleidete junge Frau, die ihr gefolgt war und in diesem Moment neben sie trat. Ohne Gladys anzuschauen, flüsterte sie ihr in gutem, wenn auch stark akzentbehaftetem Englisch zu: „Ich muß Sie sofort sprechen. Es ist wichtig. Kommen Sie mit!"

Wie unter einem Zwang folgte Gladys ihr in den Korridor, der zu den Zimmern führte. Die junge Frau blieb plötzlich stehen, ergriff sie am Arm und zog sie in eine dunkle Ecke. „Ich habe gewartet, bis ich Sie ungestört sprechen konnte", sagte sie.

„Aber warum denn? Wer sind Sie?"

„Das ist jetzt nicht wichtig. Sie wollen doch fort, nicht wahr? Wenn Sie jetzt nicht hier hinauskommen, schaffen Sie es nie mehr."

„Aber ich bin Engländerin! Ich habe meinen Paß!"

„Wo ist er?"

Gladys kramte in ihrer Tasche. Dann erinnerte sie sich. Der Mann hinter dem Schreibtisch hatte ihn eingesteckt und behalten.

Das Mädchen sah sie fest an und schien ihre Gedanken lesen zu können. „Die haben Ihren Paß noch, nicht wahr? Sie müssen ihn unbedingt zurückbekommen! Hier werden dringend geschulte Fabrikarbeiter gesucht. Ihr Begleiter gehört zum russischen Geheimdienst, und wenn man dort beschlossen hat, daß Sie hierbleiben sollen, schickt man Sie irgendwohin in das Innere Rußlands, und man hört nie wieder etwas von Ihnen."

Gladys' Stimme zitterte vor Entsetzen. „Aber was soll ich tun?"

„Ich kann Ihnen helfen. Hören Sie zu: Heute, gleich nach Mitternacht, ziehen Sie sich fertig an und halten Ihr Gepäck bereit. Ein Mann wird an Ihre Tür klopfen. Öffnen Sie und folgen Sie ihm, aber sprechen Sie kein Wort mit ihm. Gehen Sie einfach mit. Haben Sie verstanden? Und verlangen Sie sofort Ihren Paß zurück!"

Gladys nickte schwach. Nachdem die junge Frau gegangen war, blieb sie noch eine Weile benommen in dem dämmrigen Gang stehen. Es fiel ihr schwer, das eben Erlebte zu verarbeiten, aber eines war klar: Sie mußte auf der Stelle ihren Paß wiederhaben. Sie ging zum Tisch des NKWD-Mannes, der gerade eine Zigarette rauchte.

„Ich möchte gern meinen Paß zurückhaben", sagte sie.

Er nahm die Zigarette aus dem Mund und stieß den Rauch aus. „Er wird noch geprüft. Ich werde Ihnen den Paß bringen – heute abend."

„Danke", sagte Gladys und verließ schnell die Halle.

Am Abend saß sie, nachdem sie eine Kleinigkeit gegessen hatte, in ihrem kalten Hotelzimmer und wartete. Es klopfte an der Tür. Sie stand auf und öffnete. Es war der NKWD-Mann; breit grinsend schwenkte er den Paß in seiner Hand und stellte rasch den Fuß zwischen Tür und Schwelle. Gladys riß ihm den Paß aus der Hand und warf ihn hinter sich ins Zimmer. Das merkwürdige Lächeln auf seinem Gesicht erschreckte sie. Er drückte die Tür weiter auf und trat ins Zimmer.

„Wagen Sie es nicht, hereinzukommen! Gehen Sie raus hier! Raus!" rief Gladys entschlossen.

„Ich komme herein, und Sie werden mich wohl kaum davon abhalten können", gab er mit einem kurzen Blick auf das Bett zurück.

Sie starrte ihn an. Eine Überschrift aus einem Frauenmagazin schwirrte ihr durch den Kopf: MANN ERZWINGT NACHTS ZUTRITT ZUM SCHLAFZIMMER EINER FRAU. Sollte das jetzt ihr widerfahren? Sie war wie versteinert, und so gelang es dem Eindringling, drei Schritte näher an sie heranzukommen. Da rief Gladys voller Inbrunst: „Gott wird mich beschützen! Gott wird mich beschützen!"

Der Mann hielt inne und betrachtete verblüfft die überzeugte Verfechterin der Tugend, die dort vor ihm stand. Dann fing er an zu lachen. Feindselig beobachtete Gladys ihn. Plötzlich schlug seine Stimmung um. Er beschimpfte sie wild auf russisch und englisch und ging dann rückwärts in den Gang hinaus. Gladys war mit einem Sprung an der Tür, warf sie zu und schob hastig den Riegel vor. Sie konnte kaum mehr atmen vor lauter Schrecken und Angst. Sie mußte das Hotel verlassen – noch in dieser Nacht!

Sie stürzte sich auf ihren Paß, hob ihn auf und blätterte die Seiten durch. Ihre Hände begannen zu zittern, als sie feststellte, was geschehen war: Das Wort „Missionarin" war geändert worden in „Maschinistin"! Sie stopfte den Paß hastig in ihre Handtasche, zerrte ihre Koffer unter dem Bett hervor und warf ihre Sachen hinein. Währenddessen schickte sie ein Stoßgebet zum Himmel, daß Gott sie erretten möge.

Das Klopfen war so leise, daß sie es kaum bemerkte. Zögernd öffnete sie die Tür. Ein fremder Mann in mausgrauem Regenmantel stand draußen. Sein Gesicht war im Dunkeln kaum zu erkennen. Er gab ihr durch ein Zeichen zu verstehen, sie möge mitkommen, und ging dann voraus, die Treppe hinunter und vorbei an dem Empfangstisch. Sie folgte ihm mit dem Gepäck. Von dem NKWD-Mann war weit und breit nichts zu sehen. Dann waren sie auch schon draußen in der kalten Nacht. Gladys wußte nicht, wo sie sich befand, aber während sie durch die dunklen Seitenstraßen hasteten, glaubte sie die Nähe des Meeres zu spüren, und bald darauf konnte sie die Schatten von Dockanlagen erkennen. Sie stolperten über Eisenbahnschienen, die mitten auf einer Straße aus Kopfsteinpflaster verliefen. Aus einem Winkel, in dem Fässer und Kisten aufeinandergestapelt waren, tauchte plötzlich eine menschliche Gestalt auf. Gladys erkannte die junge Frau aus dem Hotel, setzte ihre Koffer ab und eilte ihr dankbar entgegen.

„Was mache ich jetzt?" flüsterte sie ängstlich.

„Sehen Sie das Schiff dort drüben?" Die Frau wies auf den schwarzen Rumpf eines Dampfers, der sich hinter den Umrissen von Schuppen und Kränen undeutlich abzeichnete. „Das ist ein japanisches Schiff. Morgen ganz früh sticht es in See. Mit dem müssen Sie mit."

„Aber nach Japan? Ich habe doch kein Geld . . ."

„Der Kapitän logiert in dem kleinen Häuschen dort drüben. Gehen Sie zu ihm. Bitten Sie ihn, bedrängen Sie ihn, erklären Sie ihm, daß Sie in größter Not sind. Sie *müssen* mit diesem Schiff fort . . ."

„Gut. Ich werd's versuchen." Zweifel schwang in Gladys' Stimme mit. Die Unbekannte stand vor ihr im Dunkel zwischen den Lagerschuppen, und Gladys wußte nicht, wie sie ihr danken sollte. Sie legte ihr die Hand auf den Arm, dann drehte sich die Fremde auf dem Absatz um und war verschwunden.

Gladys nahm ihre Koffer und ging langsam auf das Häuschen zu. Da sie auf ihr Klopfen keine Antwort bekam, stieß sie die Tür der Hütte auf. Eine nackte Glühbirne hing von der Decke herab und beleuchtete einen Holztisch, der überhäuft war mit Papieren. Hinter ihm saß ein junger Japaner in der Uniform der Handelsmarine und schrieb. Er schaute auf, als sie eintrat.

„Bitte", sagte sie, „sind Sie der Kapitän des Schiffes da draußen? Ich bin Engländerin, und ich muß unbedingt an Bord. Ich muß mit Ihrem Schiff fort von hier!"

Mit unbewegtem Gesicht antwortete er in ausgezeichnetem Englisch: „Guten Tag. Bitte sprechen Sie langsam! Was wünschen Sie?"

„Ich muß mit Ihrem Schiff nach Japan."

„Aha. Haben Sie das Geld, um die Fahrt zu bezahlen?"

„Nein. Ich besitze nichts!"

„Sie sagen, Sie sind britischer Nationalität? Haben Sie einen Reisepaß?"

Gladys zog den Paß aus ihrer Handtasche und reichte ihn dem Kapitän. Er blätterte ihn sorgfältig durch. „Eine Engländerin in Not. Da muß etwas getan werden, nicht wahr? Nun gut, Sie können mitfahren. Hier sind ein paar Papiere, die Sie unterzeichnen müssen – das ist alles. Kommen Sie mit, wir werden eine Kabine für Sie suchen."

Sechs Stunden später, als die Morgendämmerung die kahlen Berghänge des Goldenen Horns rot färbte, steuerte der japanische Dampfer langsam dem offenen Ozean zu und ließ Vladivostok, eingehüllt in rauchigen Dunst, hinter sich. Gladys stand an der Reling. Müde, aber erleichtert sah sie zurück. Ihr war, als habe sie ein Menschenleben gebraucht, um dieses unendlich große Rußland zu durchqueren. Ein Gefühl von Freiheit erfüllte sie. Wer mochte nur das Mädchen gewesen sein, das ihr geholfen hatte? Und der Mann, der an ihre Tür geklopft hatte? Gladys wußte, daß sie beide nie mehr wiedersehen würde, und wünschte den Unbekannten von ganzem Herzen Glück, so wie es ihr selbst mehr als reichlich zuteil geworden war.

Drei Tage später fuhren sie in ihren Bestimmungsort ein, den kleinen Hafen Tsuruga an der japanischen Ostküste. Weiter südlich lag Kobe, und dort, so erklärte ihr der Kapitän, könne sie ein Schiff nach China bekommen. Zunächst solle sie aber noch an Bord bleiben, bis er Verbindung mit dem britischen Konsul oder dessen Vertreter aufgenommen habe.

So erschien denn also, bald nachdem sie angelegt hatten, ein ziemlich fassungsloser, aber außerordentlich höflicher junger Engländer vom Konsulat.

„Und was kann ich nun für Sie tun?" fragte er schließlich, nachdem Gladys seine Fragen beantwortet hatte.

„Mir genügt es, wenn ich erst einmal bis Kobe komme", sagte Gladys fest.

Dem jungen Mann war die Erleichterung auf dem Gesicht abzulesen. „Dann werde ich Ihnen sofort eine Fahrkarte nach Kobe besorgen und Sie an den Zug bringen", erklärte er schnell.

Und wieder ratterten unter ihr die Räder eines Eisenbahnwaggons. Von ihrem Fensterplatz aus sah sie die Landschaft vorübergleiten. Sie schien ihr schön und zart im Vergleich zu der großartigen, wilden Unordnung des Kontinents, den sie eben verlassen hatte. In der Ferne schimmerten hohe, schneebedeckte Berge, die an ihren Flanken in grüne Hänge und fruchtbare Felder übergingen. Sie kamen an schattigen Dörfern vorbei, deren Häuser mit Ziegeln gedeckt waren, in den Gärten blühten die Bäume purpurrot, und Kinder spielten und schrien. An den Stationen stiegen schwatzende Japaner in hellen, sauberen Hemden und Kimonos eilig ein und aus.

Im Missionshaus von Kobe wurde Gladys mit offenen Armen empfangen, und man erklärte ihr, man werde ihr selbstverständlich weiterhelfen.

Und so stand sie drei Tage später an Deck eines kleinen japanischen Dampfers und blickte über einen breiten Streifen trüben gelben Meerwassers hinweg auf eine lange Dunstbank am Horizont. China lag vor ihr – das ersehnte Ziel ihrer Reise!

3. Kapitel

IN TIENTSIN fand Gladys eine große Missionsstation vor, in der viele chinesische Christen unterrichtet wurden. Auch von Mrs. Lawson hatte man dort schon gehört. Soweit man wußte, lebte sie in der Provinz Shansi in Nordchina und leitete in einer Stadt namens Tsehchow ein Missionshaus. Das Gebiet, in das Gladys würde reisen müssen, lag nördlich des Gelben Flusses und war außerordentlich wild und bergig. Um dorthin zu gelangen, brauchte man mehrere Wochen. Mr. Lu, ein ernsthafter junger Mann in dunklem chinesischem Gewand und Filzhut, bot an, sie ein Stück auf der Weiterreise zu begleiten; er hatte in Shansi zu tun. Auch er war Christ. Gladys hatte ihren letzten Reisescheck eingewechselt, um die Gebühr für eine Einreisegenehmigung zu bezahlen, die für die Reise ins Inland gebraucht wurde. Nun besaß sie gerade noch sechs Shilling. Aber das beunruhigte sie nicht weiter.

An einem sonnigen Tag im Spätherbst fuhren sie los in Richtung Peking. Der Zug ruckelte durch die Ebenen, und die abgeernteten Felder leuchteten in sattem Gelb. Bauern, denen ihr dünner schwarzer Zopf auf den blauen Kittel herabfiel, trieben auf den Straßen zottige Mongolenponys an, die schwere zweirädrige Karren zogen. An den letzten Stationen vor Peking warfen Blumenverkäufer rosafarbene oder weiße Lotosblüten durch die offenen Zugfenster. Gladys war entzückt.

Sie übernachteten in Peking; am nächsten Morgen ging die Fahrt weiter. Nach drei Tagen endete die Linie in Yütse. Von hier ab gab es nur noch wacklige alte Omnibusse. Nachts stiegen Gladys und Mr. Lu in einfachen chinesischen Herbergen ab. Hier gab es keinerlei Privatsphäre, alle schliefen auf dem *K'ang,* dem gemeinschaftlichen Backsteinbett, das von unten her durch heiße Luft vom Ofen erwärmt wird. Niemand zog sich aus; mit philosophischer Gelassenheit versuchte man, auf diese Weise wenigstens ein paar Stellen seines Körpers vor hungrigen Flöhen und Läusen zu schützen.

Die Provinz Shansi wird im Süden und Westen vom mächtigen Hwang ho, dem Gelben Fluß, begrenzt und im Norden und Osten von gewaltigen, öden Bergmassiven. Shansi ist die Heimat des chinesischen Ackerbaus, ja der chinesischen Kultur überhaupt. Im Feu-ho-Tal werden seit über viertausend Jahren Hirse, Weizen und Gerste angebaut, Getreidearten, die allesamt wenig Wasser brauchen. Reis wurde erst zur Hauptnahrung der Chinesen, als sie sich bis in das Tal des Yangtse ausgebreitet hatten und lernten, mit seinen Fluten ihre Felder zu bewässern. In Nordchina aber ernähren sich die Menschen noch heute von Getreide. Auch Gladys stellte dies unterwegs in den Gasthäusern fest: Hier bildeten gekochte Teigschnüre die Grundlage jeder Mahlzeit.

Einen Monat nach dem Aufbruch von Tientsin kam sie in Tsehchow an, der Stadt, in der sie nach Auskunft der Tientsiner Mission Mrs. Lawson antreffen sollte. Mr. Lu verabschiedete sich hier von ihr und ließ sie bei zwei etwa siebzig Jahre alten Damen zurück, von

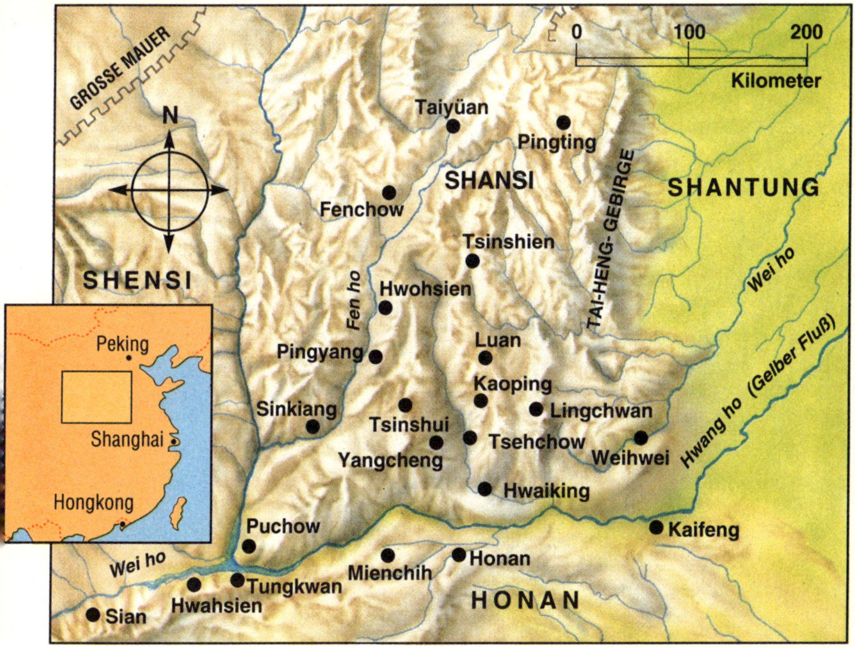

denen eine, Mrs. Smith, die Mission betreute. Mrs. Smiths zartes Gesicht verriet kaum etwas von ihrer außerordentlichen Tüchtigkeit. Eine besondere Begabung für die Schwierigkeiten der chinesischen Sprache und ihrer Dialekte erleichterte ihre Missionsarbeit.

Gladys erfuhr von ihr, daß Mrs. Lawson jetzt in Yangcheng lebe, einer Stadt, die an dem alten Maultierpfad von Honan nach Hopeh gelegen sei.

„Wie komme ich denn dorthin?" fragte Gladys müde.

Mrs. Smith sah Gladys durch ihre Brillengläser lachend an. „Der einzige Weg, meine Liebe, führt durch die Berge – mit dem Maulesel", erwiderte sie. „Einen Tag braucht man bis Chaochun, das ist das erste Dorf, und dann nochmals einen Tag bis Yangcheng."

„Ich möchte gleich morgen aufbrechen, wenn es geht", erklärte Gladys.

Mrs. Smith musterte sie prüfend. „An Ihrer Stelle würde ich nicht in europäischen Kleidern reisen", riet sie ihr freundlich. „Sie müssen wissen, in den Bergen gibt es Räuber, die Sie sofort als Ausländerin erkennen und daher für reich halten. Wir werden Ihnen eine blaue

Jacke und eine blaue Hose geben, wie sie hier jeder trägt. In dem Gebiet, in das Sie gehen, lebt ein sehr einfaches, ursprüngliches Volk. Sie halten jeden Fremden für einen Dämon. Darum ist es klüger, nicht unnötig aufzufallen."

Am nächsten Morgen saß Gladys beim ersten Tageslicht auf ihrem Maultier. Die „Maultiersänfte", auf der sie Platz genommen hatte, war alles andere als bequem; es handelte sich lediglich um eine überdachte kleine Holzfläche, die mit Schnüren und Riemen auf dem Rücken des Tieres befestigt war. Gladys und ihr Treiber erreichten Chaochun vor Einbruch der Dunkelheit und blieben bis zum Morgen.

Als sie im Laufe des nächsten Tages gerade eine Wegbiegung hinter sich hatten, zog der Treiber die Zügel an und deutete mit seinem schmutzigen Zeigefinger nach vorn. „Das ist Yangcheng."

Die kleine Stadt lag auf einer Bergspitze wie ein Schloß aus einem Märchen. Pagoden und Tempel überragten die Mauern. In unendlicher Folge schoben sich Berge und Täler bis in fernste Fernen in- und übereinander. Die Schönheit dieses Anblicks ergriff Gladys so sehr, daß sie alle Müdigkeit vergaß.

Seit Urzeiten thront Yangcheng hier auf dieser Felsspitze. Der Maultierpfad führt zum Osttor hinein und zum Westtor wieder hinaus. Auf drei Seiten fällt das Gelände allmählich ab, und es gibt dort zahlreiche Gasthäuser und Wohnhöhlen. Auf der Südseite hingegen stürzt der Hang senkrecht in die Tiefe. Abends werden alle Tore geschlossen, und Maultierzüge, die zu spät kommen, rasten für die Nacht in einer der Herbergen an den Abhängen des Felsmassivs.

Am Osttor hielt Gladys' Maultiertreiber an und fragte einen der alten Männer, die dort in der Sonne saßen, nach dem Weg. Der Alte wies auf eine schmale Gasse, die vor dem Tor außerhalb der Mauern nach links abbog. Dorthin lenkte der Treiber die beiden Tiere. Nach hundert Metern entlang des Weges, der auf beiden Seiten von Wohnhäusern und Gaststätten gesäumt war, hielt er an und deutete auf ein Gebäude. Die müden Mulis drängten ungeduldig durch die enge Einfahrt in den Hof, und ihre Hufe klapperten laut auf den Steinen.

Eine kleine Frau mit schlohweißem Haar und den blauesten Augen, die Gladys je gesehen hatte, trat aus der Tür des Hauses, um sie zu empfangen. Auch sie trug den landesüblichen blauen Anzug. Sie sah zu Gladys hinauf.

„Wer sind Sie denn?" fragte sie mit barscher Stimme.

„Ich bin Gladys Aylward. Sind Sie Mrs. Lawson?"

„Ja. Also gut, kommen Sie herein."

Der schroffe Empfang konnte Gladys nicht erschüttern – dafür hatte sie unterwegs zuviel erlebt. Der Maultiertreiber half ihr aus dem Sattel, und Gladys folgte Mrs. Lawson ins Haus.

Das zweistöckige Gebäude war nach chinesischem Brauch quadratisch angelegt und von hohen Mauern umschlossen. An der Straßenseite führte eine Tür ins Innere des großen Hofes. Alle Zimmer des ersten Stockes, die zur Straße hin lagen, öffneten sich auf eine Galerie, von der aus man auf den Hof hinabsah. Das Ganze war höchst baufällig, keine Tür ließ sich richtig schließen, viele Steinplatten im Hof waren zerbrochen, Löcher klafften im Ziegeldach, und überall lag Schmutz.

„Ich habe es gerade erst gemietet", erklärte die Missionarin. „Hab's billig gekriegt – wenn es erst einmal aufgeräumt ist, wird es ganz brauchbar."

Nur ein einziger Raum war leidlich bewohnbar; ein Tisch stand darin, ein paar Stühle und mehrere Kisten. Hier lud Mrs. Lawson ihren Gast zum Sitzen ein.

„Haben Sie Hunger?" fragte sie.

„Ich bin fast verhungert", antwortete Gladys schwach.

Mrs. Lawson rief etwas auf chinesisch, und ein alter, kahlköpfiger Mann kam herein. Er wurde Gladys als „Chang, der Koch" vorgestellt.

Chang lächelte sie mit zahnlosem Mund freundlich an, und Gladys schloß ihn sofort ins Herz. Gleich darauf brachte er eine Schüssel mit den unvermeidlichen Teigschnüren, die mit etwas kleingeschnittenem Gemüse gemischt waren. Gladys machte sich gierig darüber her. Nach der Mahlzeit ging sie nach draußen, um ihr Gepäck zu holen und die Aussicht zu betrachten. Als sie den Hof durch die Toreinfahrt verließ und auf die Straße trat, flüchteten ein paar kleinere Kinder heulend vor ihrem Anblick. Mehrere ältere streckten den Kopf über eine Mauer hinweg und verspotteten sie in ungewohnt singendem Tonfall. Zwei Frauen warfen mit Lehmklumpen nach ihr. Bestürzt begab sich Gladys rasch zu Mrs. Lawson.

„Das ist hier immer so, auch wenn ich aus dem Haus gehe", sagte Mrs. Lawson ungerührt. „Wenn ich dann heimkomme, bin ich meistens von Kopf bis Fuß verdreckt von dem Schmutz und dem Lehm, mit dem sie mich bombardieren. Steine haben sie bis jetzt noch nicht genommen, Gott sei Dank. Sie hassen uns. Sie nennen uns *Laoyangkwei*, ‚fremde Teufel'. Daran müssen Sie sich gewöhnen."

Jeannie Lawson war nicht viel größer als Gladys, vierundsiebzig Jahre alt und von zierlicher Gestalt. Aber ihr Äußeres täuschte. Ihr schlohweißes Wuschelhaar war für die Chinesen etwas ganz Ungewöhnliches, und jedermann in Yangcheng war überzeugt, daß sie nicht nur ein fremder Teufel, sondern ein böser Geist sein mußte.

Aber das machte Mrs. Lawson nicht das geringste aus. Sie war schon als ganz junges Mädchen nach China gekommen, hatte die Sprache gelernt und hier einen Missionar geheiratet. Ihren Erstgeborenen hatte das schwarze Fieber dahingerafft, ihre anderen Kinder waren, als sie alt genug waren, in die Welt hinausgegangen, und ihr Mann war schon vor vielen Jahren gestorben.

Sie war Schottin. Ihr Herz schlug leidenschaftlich für den Herrn. Das zahme Christentum in den Ebenen mit seinen Bibelkreisen, Handarbeiten und der Verteilung von Medikamenten war nichts für sie. Viel dringender schien es ihr, den Heiden hier in den Bergen das Licht Gottes zu bringen. Ihre selbstgestellte Aufgabe bestand darin, die Menschen aufzusuchen und sie das Evangelium zu lehren. Liefen ihr auch die frechen chinesischen Rangen in Scharen nach und spuckten sie an, sie ertrug es. Eines Tages würde sie sie schon noch „zu fassen kriegen". Eine Christin, die den Überzeugungskampf für ihren Glauben freudiger bejahte als Jeannie Lawson aus den Bergen von Shansi, war wohl kaum zu finden.

Die arme Gladys brauchte in den ersten Wochen ihre ganze Kraft, um den Mut nicht zu verlieren. Mit nur sechs Shilling in der Tasche, Tausende von Kilometern von der Heimat entfernt in einem Land, wo sie kein Wort verstand und angespuckt wurde, wenn sie nur das Haus verließ – da kam sie so manches Mal tränenüberströmt zurück ins Haus.

Eines Morgens, als Gladys sich dem Marktplatz näherte, bemerkte sie dort eine Menschenansammlung. In diesem Augenblick begegnete ihr die Chinesin, die im Nachbarhaus wohnte. Die Frau winkte ihr aufgeregt, und Gladys, froh über diese unerwartete Freundlichkeit, eilte mit ihr durch die Menge in die vordere Reihe der Neugierigen.

Zunächst begriff Gladys nicht recht, was da vor sich ging. Ein Mann stand dort; sein Schädel war kahlgeschoren bis auf den Zopf, der ihm um die Stirn geschlungen war. Er hielt sich nach vorn gebeugt, und seine Schultern schienen seltsam gekrümmt. Ein Soldat hatte, mit dem Rücken zu Gladys, dicht neben ihm Aufstellung genommen. Verwirrt sah sie plötzlich ein krummes Hinrichtungsschwert einen Augenblick lang hoch erhoben in der Sonne funkeln. Dann sauste es nieder, ein Strahl roten Blutes schoß empor, senkte sich im Bogen herab und spritzte auf die Steinplatten. Ein kurzes Aufstöhnen unterdrückter Erregung stieg aus der Menge auf, als der Kopf dumpf auf das Pflaster fiel und ein Stück weiterrollte. Gladys drehte sich um, drängte sich mit verzweifelter Kraft durch die Zuschauer und rannte zum Haus hinunter.

Mrs. Lawson saß am Tisch und schrieb ihren Tagesbericht, als Gladys hereinstürzte.

„Was ist denn los?“ fragte sie.

„Ich habe etwas Furchtbares gesehen“, erklärte Gladys schluchzend. „Auf dem Marktplatz haben sie einen Mann öffentlich hingerichtet. Sie haben ihm den Kopf mit einem Schwert abgeschlagen!“

Bedächtig legte Mrs. Lawson den Bleistift nieder. Mit ihren rund fünfzig Jahren Chinaerfahrung sah sie Gladys ruhig an. „Das ist hier die gesetzliche Strafe für bestimmte Verbrechen. Vermutlich war es ein Räuber oder ein Mörder, der vor dem Mandarin verklagt worden ist. Wer für schuldig befunden wird, dessen Kopf wird sofort abgeschlagen, das ist nichts Neues.“

„Aber das ist doch grauenhaft!“

„Haben Sie denn gedacht, hier gehe es so zu wie in England?“

„Nein, aber –“

„Jetzt hören Sie mir einmal zu, Gladys Aylward. Sie sind nicht nach China gekommen, um hier die Gesetze zu ändern. Man wird die Leiche den Bergabhang hinunterwerfen, und dort unten wird sie von Wölfen und Raubvögeln gefressen werden. Eine christliche Beerdigung gibt's da nicht. Der Kopf wird auf der Stadtmauer aufgespießt“, fuhr sie schonungslos fort. „Jeder soll ihn sehen können.“

„Wie barbarisch das alles ist!“

„Ja, das ist es. Manchmal gibt es monatelang keine Hinrichtung; dann stecken wieder die Köpfe reihenweise auf der Mauer. Es wäre gut, wenn Sie sich daran gewöhnten. Man muß sich in China an mancherlei gewöhnen. Wir können versuchen, dies alles durch die Liebe und Weisheit Jesu Christi zu ändern, indem wir Verständnis wecken für Wahrheit und Gerechtigkeit, aber wir werden wenig erreichen, wenn wir nach Hause laufen und uns die Augen ausheulen.“

Gladys antwortete nicht, aber sie vergaß nie mehr das Grauen, das sie auf dem Marktplatz gepackt hatte.

Die erste Zeit in Yangcheng diente der Eingewöhnung. Mrs. Lawson erklärte ihrer neuen Gehilfin die finanzielle Lage ihrer Mission. Sie verfügte über ein kleines, aber regelmäßiges Einkommen aus privatem Vermögen. Die Miete belief sich auf zweieinhalb Shilling im Jahr. Hirse, Weizen und Gemüse kosteten nur wenige *Käsch*, wie die Landeswährung hieß, kleine Kupfermünzen mit einem Loch in der Mitte, die man in Bündeln auf eine Schnur gereiht bei sich trug. Zweihundert Käsch waren ein chinesischer Dollar, der zu dieser Zeit einem Shilling und zwei Pence entsprach. So war ihnen eine bescheidene Existenz gesichert; aber was nutzte diese Sicherheit, wenn sie keine Gelegenheit zu der Arbeit fanden, um derentwillen sie beide in China waren?

Eines Tages kam ihnen eine glänzende Idee. Sie waren eben auf dem Rückweg von einem kleinen Ausflug in die Umgebung, erstiegen die Anhöhe, die zum Westtor hinaufführte, und gingen durch die enge Hauptstraße, vorbei am *Yamen,* dem Rathaus, in dem der Mandarin residierte und wo die Stadtgeschäfte abgewickelt wurden. Schmale Gassen zweigten nach allen Richtungen von der Hauptstraße ab, und überall pulsierte das geräuschvolle Leben der Stadt.

Über den Gassen spannten sich Schriftbänder, auf denen rote, blaue und goldene Zeichen prangten. Durch die Menge schritten würdig die Priester: Buddhisten im hellen Gelb, Taoisten im roten Gewand; sie wohnten in den vielen dunklen Steintempeln am Weg. Frauen standen schwatzend in kleinen Gruppen beieinander und ließen die Seiden- und Baumwollstoffe, die ballenweise in den engen Geschäftsstraßen auslagen, durch die Finger gleiten. Die Lebensmittelverkäufer, alte Männer mit dünnen weißen Bärten, kauerten zwischen ihren flachen schwarzen Schüsseln, bliesen Holzkohlen, die darunter glühten, zu helleren Flammen an und mischten in kleinen Eßschalen Gemüse mit Hühnerfleisch, Mais und Öl. Der Kunde schaufelte sich dann seine Mahlzeit mit Hilfe von Eßstäbchen in erstaunlichem Tempo in den Mund.

Gerade kamen die ersten Maultierkarawanen zu den Toren herein, um Nachtquartier in einem der Gästehäuser innerhalb der Stadtmauer zu finden. Yangcheng lebte schon seit Jahrhunderten von seiner Lage an einer der wichtigsten Handelsstraßen Chinas. Als sicherer, befestigter Platz war es Stützpunkt für einzelne Reisende und ganze Maultierkarawanen, denn gleich welche Himmelsrichtung man einschlug, man brauchte nur eine Tagereise bis zum nächsten Dorf. Der Verkehr war so groß, daß sich auch außerhalb der Stadtwälle Herbergen angesiedelt hatten. Ein Maultierzug bestand meist aus sieben Tieren mit zwei Treibern; oft schlossen sich noch bis zu zwanzig Kulis an, von deren Tragestangen rechts und links die Lasten herabbaumelten.

Während die Maultiere an den beiden heimkehrenden Missionarinnen vorbeizogen, meinte Gladys nachdenklich: „Wenn wir nur zu diesen Männern sprechen könnten – sie würden unsere Botschaft durch die ganze Provinz zu Hunderten von Menschen tragen.“

Jeannie Lawson ging, ohne zu antworten, ein paar Schritte weiter. Dann wandte sie sich plötzlich zu Gladys um. „Genau das ist es", sagte sie. „Wir machen eine Herberge auf."

Gladys starrte sie an. „Eine Herberge aufmachen?" wiederholte sie ungläubig.

„Natürlich! Warum habe ich daran nicht eher gedacht! Unser Haus war ja ursprünglich eine Herberge. Wir haben viele Zimmer. Drei K'angs sind noch vorhanden, sogar ziemlich große, so daß eine Menge Leute darauf schlafen können – zwei von ihnen befinden sich im Erdgeschoß, einer in dem großen Raum oben. Wir müssen das Dach flicken lassen, dann können wir fünfzig Männer mit ihren Tieren gut unterbringen. Und einen Koch haben wir auch."

„Aber wir sind doch nicht hergekommen, um Herbergswirtinnen zu spielen", warf Gladys ein.

„Verstehen Sie denn nicht?" fragte Mrs. Lawson ungeduldig. „Wenn wir sie erst einmal in unserem Haus haben, können wir ihnen die heilige Geschichte erzählen. Alle Chinesen hören gern Geschichten. Die anderen Gasthäuser bieten ewig das gleiche; wir können zwar auch nur den amtlichen Preis von zwei Käsch je Nacht nehmen, aber als Zugabe hören sie von uns Geschichten aus der Bibel. Eine ausgezeichnete Idee ist das." Sie begann weiterzugehen. „Das Dach müssen wir als erstes reparieren lassen. Dann müssen wir Lebensmittel besorgen . . ."

Gladys ließ sich von Mrs. Lawsons Begeisterung anstecken. Das Dach wurde ausgebessert, der große Hof aufgeräumt, die Zimmer bekamen neue Türen und die Galerie des ersten Stocks eine neue Balustrade. Außerdem wurden die Fenster erneuert, was nicht allzu schwierig war, da die Scheiben nur aus undurchsichtigem Papier bestanden. Im Keller stapelte Chang einen großen Vorrat an Hirse, Mais und Gemüse.

„Jetzt brauchen wir noch einen Namen", erklärte Mrs. Lawson. „Wir müssen ein Schild vor das Haus hängen wie alle hier. Ich hab's!" rief sie gleich darauf lachend. „Ich weiß einen wunderbaren Namen: ‚Herberge zur Sechsten Glückseligkeit'. Ist das nicht gut?"

„Es klingt bestimmt passender als der ‚Grüne Baum', das muß ich zugeben", sagte Gladys etwas zaghaft.

Mrs. Lawson und Gladys konnten sich nie ganz einigen, welche sechs Glückseligkeiten gemeint sein sollten. Mrs. Lawson war für Liebe, Tugend, Toleranz, Wahrheit, Schönheit und Demut. Gladys war sich aber sicher, daß einige ihrer Kunden harte Arbeit, willige Maultiere und einen vollen Magen wählen würden. Jedenfalls paßte der Name ausgezeichnet zu einer Herberge inmitten der Wildnis und Einsamkeit von Shansi.

Ein Schreiber, der in einem schmalen Gäßchen bei der Hauptstraße wohnte, wurde damit beauftragt, ein Schild zu malen, und wenig später prangte das schmale gelbe Band mit den roten und blauen Schriftzeichen vor ihrem Haus.

Ein paar Tage darauf wurde die Herberge offiziell geöffnet. Verführerischer Essensgeruch drang aus Changs Küche. Nun mußte man nur noch geduldig auf die ersten Kunden warten. Die Treiber und Träger aber stapften vorbei, ohne daß ein einziger Anstalten machte, im Haus der „fremden Teufel“ einzukehren. Ganz offensichtlich mied man sie.

Mrs. Lawson, Gladys und Chang hielten Kriegsrat. Sie kamen zu der Überzeugung, daß einschneidende Maßnahmen ergriffen werden mußten.

„Sie“ – Mrs. Lawson deutete energisch mit dem Zeigefinger auf Gladys – „müssen die Kunden hereinziehen.“

„Hereinziehen?“ Gladys’ Stimme war vor Erregung mindestens um eine Oktave höher als sonst. Mrs. Lawson wechselte rasch einige Sätze auf chinesisch mit Chang. Er nickte zustimmend mit seinem kahlen Kopf. „Ai-ai“, sagte er.

In Yangcheng gab es eine spezielle Art, neue Kunden zu gewinnen. Wenn ein Mann mit seinen Tieren die Straße entlangkam und dabei rechts und links nach den Gasthausschildern schaute, dann war er bestimmt neu in Yangcheng. Damit war er „rechtmäßige Beute“! Plötzlich wurde der Wirt, der ihn, an seine Hofeinfahrt gelehnt, entdeckt hatte, lebendig. In dem Augenblick, in dem das Leittier an ihm vorbeizog, sprang er vor, packte es beim Kopf und zwang es, in Richtung des Hofeingangs zu laufen. Da alle Tiere aneinandergeseilt waren, mußten sie dem Leittier folgen. Nach einem harten Tag auf den Bergpfaden hatten die armen Vierbeiner am Abend ohnehin nur noch eines im Sinn: ihre Last loszuwerden und an die Futterkrippe zu kommen. Daher gaben sie willig jedem Ruck am Zügel nach, wenn es nur in einen Innenhof ging. Diese handgreifliche Methode der Kundenwerbung sollte nun in Zukunft Gladys’ Aufgabe sein.

„Wenn die Maultiere mich aber beißen?“ jammerte Gladys.

„Nehmen Sie doch Vernunft an!“ entgegnete Mrs. Lawson. „Sie sind die Jüngste und Beweglichste. Ich bin zu alt, und Chang hat mit dem Essen zu tun. Folglich ist das Ihre Sache.“

Also stand Gladys bereits am nächsten Abend ziemlich trübsinnig in der Hofeinfahrt ihrer Herberge und wartete auf „Arbeit“. Chang hatte ihr geduldig einen Werberuf beigebracht, den sie den Maultiertreibern zuschreien sollte: *„Muyo bietsch – muyo gudso – hau – hau – hau – lai –*

lai – lai!" Das bedeutete: „Wir haben keine Wanzen, wir haben keine Flöhe, gut, gut, gut, kommt, kommt, kommt!"

Die Hände in den weiten Ärmeln ihrer Jacke verborgen – die angestammte Haltung aller chinesischen Herbergswirte, die auf Gäste warteten –, probierte Gladys ihren Lockruf bei den ersten drei Maultierzügen aus, die an ihr vorbeiklapperten. Aber weder Tiere noch Treiber nahmen auch nur die geringste Notiz von ihr. Voller Schrecken stellte sie fest, daß tatsächlich ohne einen gezielten Überfall nichts zu machen war.

Angespannt wartete Gladys in der Toreinfahrt. Jetzt kam ein Maultierzug langsam die Gasse entlang. Der Treiber war augenscheinlich müde, denn er schlurfte ein bis zwei Meter hinter seinem Leittier drein. Dann war das Maultier auf gleicher Höhe mit der Toreinfahrt – und Gladys sprang vor und griff zu! Es war ein solch schwungvoller Satz nach vorn, daß der Treiber, der in ihr trotz des Dämmerlichts sofort einen „fremden Teufel" erkannte, vor Entsetzen aufschrie. Da aber der Leitzügel fest um sein Handgelenk geschlungen war, konnte er zum Glück nicht fortlaufen. Gladys stürzte sich auf den Maulesel, packte ihn am Kopf und fühlte sich im selben Augenblick, über der Nase des Tieres hängend, in den Torweg hineingeschoben. Die übrigen Tiere folgten nach und zogen den Treiber mitsamt seinem Seil hinterdrein. Hufe schlugen scharf auf die Steinplatten, Dampf stieg von den schwer atmenden Flanken auf, und die müden Tiere drängten sich zu einer dichten Gruppe zusammen.

Gladys sah die Tiere schüchtern an. Noch nie im Leben war sie dem Kopf eines Maulesels so nahe gewesen, nicht einmal auf der Herreise von Tientsin. Sie streckte die Hand aus und streichelte über eines der weichen Mäuler. Sie ganz allein hatte einen Maultierzug gefangen! Leider war nur ein einziger Mann dabei. Die anderen waren alle davongelaufen.

In diesem Augenblick kamen Mrs. Lawson und Chang aus der Küche.

„Gut gemacht!" rief Mrs. Lawson. „Gut gemacht, wahrhaftig!"

Der Treiber hatte sich inzwischen furchtsam im Innenhof umgesehen. Chang beruhigte ihn und erklärte, daß die „fremden Teufelsdamen" saubere Räume und gutes Essen böten, zum üblichen Preis von zwei Käsch je Nacht, und obendrein würden sie als besondere Attraktion ihren Gästen Geschichten erzählen, gratis! Gab es irgendwo in der ganzen Provinz Shansi ein so günstiges Angebot? Lebte er nicht selbst, ein alter und angesehener Chinese, mit den „fremden Teufeln" zusammen? Von Zauberei könne keine Rede sein! Der

Maultiertreiber solle nur einmal eine Nacht in der Herberge bleiben und dann selbst über die erstklassige Unterbringung urteilen.

Dem Treiber schien es das vernünftigste zu sein, sich an die guten Seiten der Sache zu halten. Er holte also seine Genossen, sie schnallten die Traglasten ab, tränkten und fütterten die müden Tiere und stapften dann in den großen unteren Raum, wo der geheizte K'ang, der sich über die Länge einer ganzen Wand erstreckte, auf sie wartete. Chang brachte den dampfenden Kessel herein. Sie griffen hungrig zu und lobten das Essen; als aber bald darauf Mrs. Lawson und Gladys eintraten, rückten alle schleunigst in der äußersten Ecke zusammen.

Mrs. Lawson ließ sich davon jedoch nicht beeindrucken. Sie hatte ihre Zuhörer, das war die Hauptsache. „Ihr braucht keine Angst zu haben", sagte sie munter. „Ich erzähle euch eine Geschichte, die euch sicher gefällt. Alle Geschichten, die in der ‚Herberge zur Sechsten Glückseligkeit' erzählt werden, sind gratis." Die Männer sahen jetzt ein bißchen zugänglicher aus, und so setzte sich Mrs. Lawson auf den Schemel, den sie mitgebracht hatte. „Die Geschichte, die ich euch heute abend erzählen werde, handelt von einem Mann namens Jesus Christus. Er lebte vor langer Zeit im Lande Palästina . . ."

Die Herberge war geöffnet. Das Geschichtenerzählen hatte begonnen.

4. Kapitel

IHR ERFOLG als Wirtinnen fiel den beiden Frauen nicht in den Schoß. Abend für Abend stand Gladys im Torweg und tat ihr Bestes, um Maultierzüge zu „erbeuten". Später, nachdem der Ruf der Herberge sich erst einmal verbreitet hatte, wurde alles leichter, da füllte sich der Hof jeden Tag, meistens in der Dämmerung, mit sechs oder sieben Maultiergruppen. In den ersten Wochen aber mußte Gladys die Kundschaft handgreiflich in den Hof hineinzerren.

Auch das Erlernen der chinesischen Sprache erwies sich als eine überaus mühselige Angelegenheit. Der gute Chang gab Gladys bereitwillig Unterricht. Er führte sie in der Küche herum, benannte jeden Gegenstand mit seinem chinesischen Namen, und Gladys mußte wiederholen: Tisch, Eßstäbchen, Feuer, Topf, Eier. Tag für Tag, eine Stunde nach der anderen übte Gladys Chinesisch.

Seitdem ihre Nachbarn es aufgegeben hatten, sie mit Erdklumpen zu bewerfen, wagten sich Gladys und Mrs. Lawson auch über die Stadtgrenzen hinaus. Sie wanderten durch das Hinterland von

Yangcheng zu einsam gelegenen Dörfern, wo man sie zunächst mit höhnischem Geschrei und wütenden Schmähungen empfing. Die Erfahrung zeigte jedoch, daß man nur abzuwarten brauchte; merkten die Dorfbewohner, daß sie sich umsonst bemühten, die „fremden Teufel" zu vertreiben, so gewann ihre natürliche Neugierde die Oberhand. Sie umringten die beiden Fremden und hörten zu, wenn Mrs. Lawson sprach. Ja, schon nach kürzester Zeit zeigten sich besonders die Frauen so interessiert, daß sie begannen Fragen zu stellen. Dabei starrten sie staunend und etwas verlegen die großen, nicht bandagierten Füße ihrer Besucherinnen an.

Gladys hatte bald ein paar biblische Geschichten auf chinesisch auswendig gelernt und löste Mrs. Lawson abends beim Erzählen ab. Sogar Chang bestand darauf, seinen Teil im Programm zu übernehmen, wenngleich er die einzelnen Erzählungen hoffnungslos durcheinanderwarf. Mehr als einmal hörten sie ihn begeistert beschreiben, wie Jesus alle seine Tiere in eine Arche verlud und mit ihnen über die Fluten ins sichere Bethlehem davonfuhr!

Gladys war glücklich darüber, wie gut sie mit Mrs. Lawson zurechtkam, auch wenn die alte Missionarin mit den Jahren etwas rechthaberisch und stur geworden war. Aber Gladys liebte Yangcheng und ihre Arbeit und ordnete sich daher Mrs. Lawsons Wünschen gern unter.

Sie gewöhnte sich daran, bei Morgendämmerung aufzustehen, denn die Treiber machten sich früh auf den Weg. Die erste Stunde des erwachenden Tages begeisterte sie auf eine Weise, wie sie es nie zuvor gefühlt hatte. Es war kühl, und Nebel verschleierte noch die Täler und zog in leichten Girlanden um die Hügel. Schon bald würden sich wieder die Hitze und der Staub bemerkbar machen, und in den Stadtmauern würde der Lärm erwachen, aber in diesen frühen Stunden entfaltete die Landschaft eine Schönheit, die Gladys immer wieder verzauberte.

Im Laufe der Zeit lernte sie auch die Treiber, die Träger und die Kulis besser kennen und verstehen. Gebeugt gingen die Kulis unter der Last ihrer Tragestangen, mit denen sie auf jeder Seite fünfundzwanzig Kilo Getreide schleppten. Getreide wurde nicht mit Maultieren befördert, weil es deren Geruch annahm; es mußte daher von den Menschen selbst über die Berge getragen werden. Die Männer hatten dunkle, sonnenverbrannte Gesichter mit engen Schlitzaugen und zottiges blauschwarzes Haar; die meisten von ihnen waren groß wie alle Nordchinesen, dabei hager und kräftig. Die Berge und die Maulesel waren ihre Welt; von dem Land hinter dem Gebirge wußten sie kaum, daß es da war. Es waren zufriedene, einfache Menschen, denen am Ende des Tages eine Schüssel voll Essen und ein Platz auf dem warmen Backsteinbett ausreichten, um zufrieden zu sein.

In Yangcheng schien Gladys das Dasein ein einziges, nie endendes Abenteuer. Doch dann kam es zu dem Streit mit Jeannie Lawson.

Es war ein unsinniger Streit. Gladys hatte sich in den acht Monaten seit der Eröffnung der „Herberge zur Sechsten Glückseligkeit" an Mrs. Lawsons rasche Zornausbrüche gewöhnt und wußte, daß es am besten war, der alten Dame aus dem Weg zu gehen, bis ihre Wut verraucht war. Diesmal war der Anlaß der kleine Spaziergang, den Mrs. Lawson nachmittags gern unternahm und bei dem ihr Gladys oft Gesellschaft leistete. Doch in den letzten Wochen hatte Gladys sich mit aller Energie auf das Studium der chinesischen Sprache geworfen. Als Mrs. Lawson an diesem Tag kam, um sie zum Spaziergang abzuholen, bat Gladys, sie diesmal zu entschuldigen.

Mrs. Lawson wurde augenblicklich fuchsteufelswild. Wenn sie sich nicht die Mühe machen wolle, ein paar Schritte mit ihr zu gehen, dann brauche sie gar nicht bei ihr zu bleiben! Ganz im Gegenteil, je eher sie gehe, desto besser, am liebsten jetzt sofort! Ob sie dabei Hilfe brauche? Die könne sie haben! Mrs. Lawson stürmte davon und kehrte im nächsten Moment wieder, auf dem Arm einen schnell zusammengerafften Haufen von Gladys' Sachen, die sie nach ihr warf.

Weinend rettete Gladys sich in die Küche zu Chang. Der Koch war ehrlich betrübt. Als Chinese war er dazu erzogen worden, das Alter zu ehren, und Jeannie Lawson hatte längst diese Würde erreicht.

„Tun Sie lieber, was sie verlangt", riet er. „Gehen Sie für eine kurze Zeit fort. Besuchen Sie die Mission in Tsehchow. Ich werde einen Freund von mir bitten, Ihnen sein Maultier zu leihen und Ihnen einen Mann als Begleitung mitzuschicken."

In diesem Augenblick flog einer von Gladys' abgenutzten Koffern über die Balustrade auf die Steinfliesen und rutschte dort noch ein paar Meter über den Hof.

Chang wiegte beruhigend den Kopf. „Die ehrwürdige alte Dame hat in Kürze alles vergeben und vergessen. Sie hat Sie gern und braucht Sie dringend. Es ist vielleicht gar nicht schlecht, wenn sie das in Ihrer Abwesenheit einmal spürt."

„Also gut", sagte Gladys und trocknete sich die Augen. „Ich werde gehen."

Mrs. Lawson hatte sich in ihr Zimmer zurückgezogen. Gladys nahm ihren Koffer und packte ihre paar Habseligkeiten ein, und Chang trug das leichte Gepäck die Straße hinunter zu seinem Freund mit dem Maultier. Für ein paar Münzen war der Handel perfekt, und Gladys, die immer noch mit den Tränen kämpfte, zog sich auf den harten Holzsattel hinauf. Es war keine fröhliche Reise, und nicht einmal der alten Mrs. Smith in Tsehchow gelang es, Gladys aufzumuntern.

„Ach, Miß Aylward, man muß Jeannie Lawson einfach nehmen, wie sie ist. Ein oder zwei Tage ist sie völlig aus dem Häuschen, und nachher ist alles wieder vergessen. Genießen Sie Ihre Urlaubstage, meine Liebe, und dann gehen Sie wieder zurück."

„Aber wenn sie mich nun nicht mehr bei sich haben will?" fragte Gladys, und man merkte ihrer Stimme an, daß dies insgeheim ihre größte Furcht war. „Nach England will ich nicht zurück."

Drei Tage später, am frühen Morgen, kam ein Bote vom Yamen der Stadt. Aufgeregt haspelte er seine Botschaft herunter, und Gladys bemerkte, daß Mrs. Smith plötzlich sehr ernst wurde. „Die Geschichte hört sich ziemlich sonderbar an", erklärte sie besorgt. „Anscheinend hat Jeannie Lawson einen Unfall erlitten. Der Bote sagt, daß man sie verletzt auf der Straße gefunden hat und daß sie im Sterben liegt. Ich weiß nicht so recht, was ich davon halten soll."

„Aber wo ist sie denn?" rief Gladys außer sich.

Mrs. Smith stellte dem Boten rasch ein paar Fragen, aber er zuckte nur die Achseln. Er konnte nur wiederholen, was von gleichgültigen und ungenau berichtenden anderen Boten übermittelt worden war.

Gladys brach in Tränen aus. „Ich hätte sie nicht verlassen sollen!"

„Machen Sie sich nicht allzu viele Sorgen", sagte Mrs. Smith ruhig und freundlich. „Wir suchen gleich ein Maultier und einen Führer, dann können Sie unverzüglich abreisen und nach ihr sehen."

Nach der Botschaft, die Gladys in Tsehchow erreicht hatte, mußte sie annehmen, daß Mrs. Lawson sich in den Bergen befand. Der Treiber schlug deshalb eine Nebenstrecke ein, die zwar ein Umweg war, aber durch mehrere Dörfer führte. Überall fragte Gladys, ob man von einer alten Dame gehört habe. Am vierten Tag ritten sie in der Abenddämmerung auf das Städtchen Tsinshui zu. Vor dem Tor der Stadtmauer begegneten sie einem Mann, der soeben die Stadt verließ, und auch ihn hielten sie mit der Frage an, die sie nun schon hundertmal auf ihrer Reise gestellt hatten. Ja, bestätigte er, er habe von der alten fremden Frau gehört. Sie liege schwer krank in einer Herberge in Tsinshui.

Gladys und ihr Maultiertreiber eilten in die Stadt und fragten sich dort weiter durch. Die Herberge, in der die „fremde Teufelin" lag, war nicht schwer zu finden, denn um Mrs. Lawsons Unfall drehten sich fast alle Gespräche im Ort. Als Gladys und ihr Begleiter durch den Torweg der Herberge traten, entdeckten sie Mrs. Lawson. Im Innenhof, direkt unter der Galerie, lehnte sie neben einem Kohlenhaufen halb aufrecht an der Hausmauer. Ihr Anblick erschreckte Gladys. Sie war schwarz von Blut und Kohlenstaub, und Gladys glaubte zunächst, eine Tote vor sich zu haben. Aber als sie aufgeregt zu ihr lief und „Mrs. Lawson! Mrs. Lawson!" rief, wandte die schwerverletzte Frau ein wenig den Kopf, und ihre Lippen bewegten sich. „Sind Sie es, Gladys?" flüsterte sie. „Gott sei Dank, daß Sie gekommen sind."

Gladys versuchte, es Mrs. Lawson etwas bequemer zu machen. Es war schon fast dunkel. Sie stand auf und rief gebieterisch: „Bringt Laternen, damit ich etwas sehen kann! Sofort, hört ihr?"

Als die Diener den energischen Befehl der zweiten „fremden Teufelin" hörten, kam Leben in die Herberge. Papierlaternen schaukelten durch die Dunkelheit heran, und man brachte heißes Wasser. Gladys reinigte Mrs. Lawsons offene Schnittwunden, und allmählich gelang es ihr, sich aus den Worten der halb Bewußtlosen ein Bild davon zu machen, was geschehen war. Offenbar hatte Mrs. Lawson einen Tag nach Gladys' Abreise die Herberge in Changs Obhut gelassen, ein Maultier gemietet und sich nach Westen auf den Weg gemacht. Sie war bis Tsinshui gekommen und hatte hier in dem alten Gasthaus ein Zimmer im ersten Stock gemietet. In der Dunkelheit war sie dann auf den Balkon hinausgetreten, um dem Koch eine Bestellung hinunterzurufen. Dabei hatte sie die Hand ausgestreckt, um sich, wie sie es in Yangcheng gewohnt war, auf die Balustrade zu stützen. Hier aber gab es keine Balustrade mehr, sie war längst abgefault. Mrs. Lawson hatte das Gleichgewicht verloren, war nach unten gestürzt und auf dem Kohlenhaufen im Hof bewußtlos liegengeblieben.

Ihren Aufschrei beim Fallen hatten die Chinesen in der Herberge gehört und waren herbeigeeilt, um ihr zu helfen. Sie hatten sie von dem Kohlenhaufen gehoben und unter die Veranda gelegt. Sonst hatten sie nicht so recht gewußt, was sie noch hätten unternehmen sollen, und auch die „Alte mit dem weißen Haar" konnte ihnen, völlig betäubt vom Schock und vor Schmerz, keine Anweisungen geben. Im übrigen waren die Chinesen überzeugt, daß die Fremde rasch sterben würde, und so kümmerten sie sich nicht weiter um sie. Von Zeit zu Zeit gaben sie ihr etwas Wasser, aber nichts zu essen. Welchen Sinn sollte es haben, Nahrungsmittel an einen sterbenden „fremden Teufel" zu verschwenden?

Als Gladys Mrs. Lawson wusch und mit Stoffstreifen verband, die sie von ihrer Unterwäsche abgerissen hatte, erkannte sie erst, wie schwer die Verletzungen waren. Die arme Frau hatte alle Finger gebrochen, und offenbar war das Rückgrat verletzt, denn jede noch so geringfügige Bewegung verursachte ihr rasende Schmerzen. Nun zweifelte auch Gladys nicht mehr daran, daß Mrs. Lawson sterben mußte. Sie tat alles, was sie konnte, um die Lage der Kranken zu erleichtern. Der nächste europäische Arzt war in Luan, sechs Tagereisen von hier; doch bei Mrs. Lawsons Zustand und in ihrem Alter schien eine Überführung dorthin völlig unmöglich.

Gladys blieb sechs Wochen bei ihr im Gasthaus, aber eine Besserung war kaum zu bemerken. Sie faßte den Entschluß, sie nun doch auf irgendeine Weise in das Krankenhaus von Luan zu schaffen. Der Koch der Herberge und ein ortsansässiger Kaufmann besorgten ihr zwei Maultiere. Gladys ließ zwischen beiden Tieren eine dicke Decke spannen, legte darauf eine Unterlage aus Stroh und packte dann das Bettzeug obendrauf – so hatte Mrs. Lawson eine bequeme Sänfte. Sie machten sich in Begleitung eines Treibers auf die lange Reise nach Luan. Nach zwei Nächten in chinesischen Herbergen am Maultierpfad erreichten sie Yangcheng und die „Herberge zur Sechsten Glückseligkeit".

Erfreut stellten sie fest, daß Chang das Gasthaus als Herbergswirt mit Erfolg geleitet hatte. Sie blieben über Nacht, und Gladys hörte Chang beim abendlichen Geschichtenerzählen zu. Mit Erstaunen erfuhr sie, daß Noah die Brote und Fische an die Fünftausend verteilte, als er in seiner Arche an der Küste des Sees von Galiläa entlangfuhr. Chang hatte nun einmal eine Schwäche für Noah, und warum sollte sein Held nicht ab und zu ein Wunder vollbringen? Er hörte Gladys' Berichtigung ernsthaft und mit zustimmendem Kopfnicken an – aber sie hatte das Gefühl, wenn sie ihm nur den Rücken kehrte, würde er Noah gleich wieder in seine alten Ehren einsetzen. Mrs. Lawsons Unglück nahm er mit dem Fatalismus auf, der Chinesen eigen ist. Die Götter hatten es so gewollt. Bald würde sie in Frieden zu ihren ehrwürdigen Ahnen gehen. Er erklärte sich sofort bereit, bis zur Wiederkehr der beiden Frauen die Herberge zu führen.

Als sie im Krankenhaus von Luan eintrafen, wurde Mrs. Lawson sofort aufgenommen, und auch Gladys stellte man ein Zimmer zur Verfügung. Sie blieb weitere vier Wochen an Mrs. Lawsons Krankenbett. Der Arzt gab auf ihre besorgten Fragen offen Auskunft. „Ihr Rückgrat ist verletzt, und wir können leider wenig für sie tun. Sie ist immerhin vierundsiebzig Jahre alt. Allmählich wird die Lähmung immer mehr Teile des Körpers befallen und schließlich zum Tode führen. Der Zeitpunkt ist schwer vorauszusehen, es kann einige Wochen oder auch ein paar Monate dauern. Aber sie hat ein langes, erfülltes Leben hinter sich. Sie brauchen nicht zu klagen."

Am selben Abend saß Gladys wieder am Bett der alten Freundin und hielt ihre Hand. Es schien einer der lichten Augenblicke der Kranken zu sein. Eindringlich flüsterte sie: „Gladys, können wir nicht nach Yangcheng zurück? Ach bitte, bringen Sie mich nach Hause!"

Gladys blickte in das zerfurchte Gesicht der Frau, die ihr die Tore Chinas geöffnet hatte und ihre Lehrmeisterin geworden war. Dieser Frau, die jetzt alt war und im Sterben lag, war das Land, in dem sie geboren war, so fremd geworden, daß sie eine kleine Felsenstadt in Südshansi als ihre Heimat betrachtete!

„Ich bringe Sie heute noch heim, Mrs. Lawson", sagte Gladys, über sie gebeugt. „Ich sehe jetzt gleich nach einer Maultiersänfte. Wir gehen nach Hause."

Drei Stunden später brachen sie auf.

Chang freute sich, als er seine beiden Herrinnen wiedersah. Wie viele Freunde sie in ihrer Stadt hatten, erkannte Gladys heute zum erstenmal: Alle kamen herbei, um die Zurückkehrenden zu begrüßen. Mrs. Lawson war glücklich, in Yangcheng zu sein, doch ihr Zustand verschlimmerte sich langsam, aber stetig.

In der letzten Nacht im November brach sie in wilde Fieberphantasien aus, während sich das Licht des Vollmonds durch das offene Fenster ergoß. Gladys trat auf die Galerie hinaus. Sie wußte, daß Mrs. Lawson im Sterben lag. Vor sieben Tagen schon hatte sie einen einfachen schwarzen Sarg bestellt, der nun unten im Hof stand. Gladys blickte auf ihn hinab. Früher hätte ihr diese chinesische Sitte, den Sarg kommen zu lassen, ehe ein Leben erloschen war, Schrecken eingejagt. Aber jetzt nahm sie es als etwas Selbstverständliches hin. Wie sehr mich dieses eine Jahr verändert hat! dachte sie.

Hier hinter ihr im Zimmer lag nun Jeannie Lawson im Todeskampf. Wenn sie starb, blieb Gladys allein in dieser wilden Bergprovinz zurück. Trotzdem spürte sie in diesem Augenblick keine Angst, sondern nur eine große innere Ruhe. Sie wünschte nur, daß Mrs. Lawson nicht jetzt in den dunklen Stunden heimginge: Im Licht des Tages würde es erträglicher sein, und Gladys wußte, daß es Mrs. Lawson so lieber sein würde.

Sie hörte die Sterbende innig und ergeben sagen: „Kommet her zu mir alle, die ihr mühselig und beladen seid, ich will euch erquicken. Nehmet auf euch mein Joch und lernet von mir, denn ich bin sanftmütig und von Herzen demütig; so werdet ihr Ruhe finden für eure Seelen. Denn mein Joch ist sanft, und meine Last ist leicht."

Der Morgen kam, die Sonne hob sich triumphierend über die Bergspitzen. Um die Mittagsstunde starb Jeannie Lawson.

Chang legte sie in den Sarg und verschloß ihn. Weil dies eine ernste

Angelegenheit war, holte er den alten Mann mit der Plattenkamera aus der Stadt, um ein Bild zu machen. Gladys und Chang versammelten sich mit den Maultiertreibern, einigen Nachbarn, den chinesischen Christen der Stadt und einigen Kindern, die gern fotografiert werden wollten, im Hof um den Sarg. Der Verschluß klickte, und der alte Mann eilte davon, um das Bild zu entwickeln. Das Foto existiert noch, denn Gladys schickte es wenig später ihrer Mutter in London. Hätte sie es bei sich behalten, wäre es mit Sicherheit verlorengegangen.

Als erstes mußte Gladys nun die finanzielle Lage mit Chang besprechen. Die Miete war auf ein Jahr vorausbezahlt, doch die wenigen Käsch, die sie jede Nacht durch die Maultierzüge einnahmen, deckten gerade die laufenden Ausgaben; zum Leben reichte es kaum. Aber da war die Mission, die Gladys um keinen Preis aufgeben wollte. Und mit der chinesischen Sprache ging es täglich besser; die Bergdialekte von Yangcheng sprach sie schon fast fließend.

Doch die Situation wurde von Tag zu Tag schwieriger, und es schien so, als ob nur ein Wunder Gladys und Chang noch vor einer Katastrophe bewahren konnte.

DER MANDARIN von Yangcheng war ein mächtiger Mann. Im gebirgigen Süden der Provinz Shansi war Tsehchow die bedeutendste Stadt, um die sich vier kleinere Schwesterstädte etwa kreisförmig gruppierten, jede mehrere Tagereisen von Tsehchow entfernt: Yangcheng, Tsinshui, Kaoping und Lingchwan, sämtlich kleine, mauerbewehrte Zitadellen im Hochgebirge. In Yangcheng regierte der Mandarin über Stadt und Distrikt im Namen des Gouverneurs von Taiyüan, der weit im Norden gelegenen Hauptstadt von Shansi, während der Gouverneur seinerseits der nationalistischen, antikommunistischen Regierung unterstellt war.

Aber Yangcheng lag mitten im tiefsten Gebirge, und Befehle und Anweisungen dorthin brauchten so lange wie der Bote, der sie brachte. Der Mandarin besaß als Oberster Richter die Gewalt über Leben und Tod aller Menschen in seinem Distrikt. In dieser althergebrachten, streng hierarchisch aufgebauten Gesellschaft war er der Alleinherrscher, dem seine Untertanen zu huldigen hatten.

Daher war es im höchsten Maße überraschend, daß dieser hohe Würdenträger von sich aus Anstalten machen sollte, Kontakt zu der seltsamen Frau aufzunehmen, die sich aus freien Stücken in seinem Herrschaftsgebiet niedergelassen hatte.

Mehrere Wochen nach Mrs. Lawsons Tod arbeitete Gladys gerade in einem der oberen Zimmer, als sie eine Unruhe im Hof vernahm.

Sie trat auf den Balkon hinaus, lehnte sich über die Balustrade und sah Chang zum Eingangstor laufen. Er rief zu ihr hinauf: „Der Mandarin kommt! Der Mandarin kommt!"

Seine Stimme klang furchtsam. Gladys schob ihren Haarknoten zurecht, glättete rasch ihre nicht gerade saubere blaue Jacke und lief die Treppe hinunter in den Hof, während eben das Gefolge des Mandarins begann, sich dort aufzustellen. Dieser Anblick war so unerhört prächtig, daß sie vor lauter Staunen innehielt. Kulis trugen eine lackierte Sänfte herein, deren Inneres durch Vorhänge geschützt war, und zu beiden Seiten der Sänfte schritten die Sekretäre des Mandarins in glatten dunkelblauen Seidengewändern. Gelehrt aussehende Herren mit enganliegenden Käppchen hatten sich dahinter in respektvollem Abstand versammelt. Einer der Sekretäre öffnete behutsam die Tür der Sänfte. Der Mandarin erschien. Er war groß und schwarzhaarig; vom bleichen Elfenbeinton seines Gesichts hob sich ein schwarzer Schnurrbart ab, dessen Enden im Bogen von den Wangen herabhingen. Sein Gewand fiel weich herab bis auf die spitzen schwarzen Schuhe. Ein langer, schwarzglänzender Zopf hing ihm über den Rücken.

Als er Gladys mit seinen schwarzen Augen ansah, schloß sie schnell ihren offenen Mund und schluckte; dann verbeugte sie sich tief. Als sie sich endlich wieder aufrichtete, um Luft zu holen, stand er noch immer regungslos da und blickte auf sie herab – mit einem leicht bekümmerten Ausdruck, wie ihr schien. Hinter ihm hatte sich sein Gefolge gruppiert. Gladys verbeugte sich noch einmal. Sie zählte bis fünf, entschied dann, daß sie nun selbst für einen hochgeborenen Mandarin genug Untertanengeist bezeigt habe, und kehrte wieder in die Senkrechte zurück.

„Ich komme, um Ihren Rat zu hören", begann der Mandarin dann.

„Oh!" erwiderte Gladys nur.

„Es wird Ihnen nicht neu sein", fuhr er fort, „daß in unserer Provinz seit Generationen die Sitte herrscht, die Füße der Frauen so klein wie möglich zu halten."

Er sprach ein wundervolles Chinesisch, und Gladys war sehr zufrieden mit sich, daß sie ihn so gut verstand.

„Die Füße der Mädchen werden bei uns bald nach der Geburt fest eingebunden", setzte er hinzu. „Aber nun hat die Zentralregierung vor kurzem angeordnet, daß dieser Brauch sofort zu verbieten ist. Jemand muß die Einhaltung dieser Vorschrift überwachen, und diese Arbeit kann natürlich nicht von einem Mann übernommen werden, sondern nur von einer Frau mit großen Füßen. In unserer Provinz haben jedoch alle Frauen eingebundene Füße. Sie haben, wie ich hörte, Bekannte in anderen Provinzen – sicher kann uns einer von ihnen eine geeignete Frau nennen. Wäre es Ihnen möglich, an Ihre Freunde zu schreiben und sie zu fragen?“

„Selbstverständlich, gern“, antwortete Gladys automatisch.

„Die Bezahlung ist allerdings bescheiden“, erklärte der Mandarin, „die Löhnung besteht in einem Maß Hirse täglich und vier Käsch für Gemüse. Ein Maultier für die Reisen zu den einsamen Dörfern wird gestellt, außerdem zwei Wachsoldaten als Begleitung der Frau. Würden Sie mir bitte eine solche Frau suchen? Wir brauchen sie dringend.“

„Ich werde mein Bestes tun“, entgegnete Gladys und verbeugte sich. Es war besser, die Landessitten zu respektieren, und ihr schien es immer, als verbeuge sich hier jeder vor jedem. Jedenfalls hatte sich die ganze Szene in vollendeter Höflichkeit abgespielt.

Der Mandarin nahm wieder in seiner Sänfte Platz, und die Deputation bewegte sich zum Tor hinaus. Gladys blieb etwas atemlos zurück.

In den nächsten Tagen schrieb Gladys in redlichem Bemühen, eine Fußinspektorin zu finden, Briefe in alle Gebiete Chinas: an die Missionen in Tientsin, Luan, Hongkong, Schanghai – an alle Plätze, wo sich eine christliche Gemeinde vermuten ließ. Aber die Antworten waren fast gleichlautend: Erstens beherrschte keine Frau, die geeignet gewesen wäre, den Hochgebirgsdialekt von Yangcheng; zweitens konnte oder wollte niemand seine Tage auf dem Maulesel verbringen; drittens fand sich keine Frau, die wünschte, eine Hirsediät durchzuhalten.

Ungefähr zwei Monate später bog der Mandarin, wieder in Begleitung seines vollzähligen Gefolges, zum zweitenmal in den Torweg der „Herberge zur Sechsten Glückseligkeit“ ein.

„Sie haben keine Frau gefunden?“ fragte er vorwurfsvoll.

Gladys hatte beschlossen, diesmal die Verbeugung wegzulassen. „Ich bemühe mich noch immer“, sagte sie unterwürfig.

Dann setzte sie ihm alle Gründe auseinander, die von den Missionen angegeben worden waren: eine konnte, eine andere wollte nicht Maultier reiten; wieder eine andere wollte nicht von Hirse leben; noch eine andere fand Yangcheng zu weit fort –

Der Mandarin schlug kurz mit dem Fächer auf seine Handfläche. „Gut, dann werden Sie Fußinspektorin“, entschied er. „Sie sind in der Provinz die einzige Frau mit großen Füßen. Also müssen Sie die Kontrolle durchführen.“

Bestürzt sah Gladys plötzlich auf ihre Schuhe nieder. In England galten Schuhe mit der Nummer sechsunddreißig als besonders klein, aber hier in China wurden sie als wahre Ungeheuer angestaunt. „Aber

ich bin Christin – keine Chinesin. Ich weiß gar nicht Bescheid mit Füßen . . ."

„Es ist ganz einfach. Sie werden von Dorf zu Dorf reisen und den Leuten den Regierungsbefehl bekanntgeben. Dann werden Sie die Frauen auf dem Marktplatz oder in einem Haus zusammenrufen und sich ihre Füße zeigen lassen. Wenn Sie kleine Mädchen finden, deren Füße verschnürt sind, werden Sie die Bandagen lösen. Jeder Widerstand von seiten eines Dorfältesten ist mir zu melden; das Weitere übernehme ich selbst. Sie handeln mit meiner Vollmacht und haben mir persönlich Bericht zu erstatten. Die Zentralregierung legt größten Wert auf die Abschaffung dieser Unsitte. Sie müssen also sofort an Ihre Aufgabe gehen. Sind Sie einverstanden?"

Gladys blieb während der langen Rede Zeit genug, ihre Gedanken zu ordnen. Warum hatte sie nur nicht eher daran gedacht? Ein Maultier, um in die fernsten Dörfer zu reiten . . ., eine Wache zu ihrem Schutz . . . Das war ja eine unvergleichliche Gelegenheit, jeden Winkel der ganzen Provinz zu besuchen! Und überall konnte sie das Christentum predigen, wenn ihre amtliche Aufgabe erledigt war. Nur: Würde der hohe Herr das erlauben?

„Verehrter Mandarin", begann sie, „ich muß Sie darauf aufmerksam machen, daß ich, wohin ich auch käme, versuchen würde, die Menschen zum Christentum zu bekehren."

Eine kurze Stille folgte. Dann sagte der Mandarin leise: „Ihre Religion und Ihre Predigten sind mir nicht wichtig. Jeder mag sich nach seinem eigenen Gewissen verhalten. Wichtig ist mir nur, daß Sie den amtlichen Auftrag übernehmen. Die Zentralregierung ist ungeduldig!"

Gladys kannte die Gepflogenheiten der chinesischen Verwaltung gut genug, um zu ahnen, daß die Zentralregierung wahrscheinlich schon länger auf Zahlen und Statistiken aus dieser Bergprovinz gedrängt hatte. Sie freute sich schon auf ihren Brief nach Hause: Gladys Aylward ist beim Mandarin von Yangcheng als Fußinspektorin angestellt worden!

Sie verbeugte sich tief. „Es ist mir eine Freude, Ihnen behilflich zu sein. Ich nehme die Stellung gern an."

Als sie sich aufrichtete, um wieder Luft zu bekommen, bemerkte sie ein leicht amüsiertes Lächeln in seinen Augen. „Danke", sagte er. „Das Maultier und die Soldaten werden morgen früh zu Ihrer Verfügung stehen. Ich wünsche Ihnen viel Erfolg."

Alle verneigten sich und lächelten. Der neuerdings wichtige „fremde Teufel", der übers Meer nach China gekommen war, hatte zugestimmt, als Repräsentantin des Mandarins zu arbeiten. Man war nun in der Lage, dem lästigen Untersekretär dort hinter den Bergen in Taiyüan eine kurze, bestimmte Antwort zu geben. Die Krise war abgewendet. Jeder hatte sein Gesicht gewahrt. Die Deputation verabschiedete sich.

Chang trat aus seiner Küchentür, um Gladys zu betrachten. „Was für eine bedeutende Dame sind Sie geworden!" sagte er. „Sie sind Angestellte des Yamen, des Mandarins persönliche Dienerin!" Er verbeugte sich tief. „Die persönliche Fußinspektorin des Mandarins!"

Plötzlich kam ihr die ganze überwältigende Komik der Situation zum Bewußtsein, und sie brach in lautes Lachen aus. Chang starrte sie fassungslos an. Dann kehrte er achselzuckend zu seinen Kochtöpfen zurück.

Bevor Gladys die Reisen in entferntere Dörfer antrat, hatte sie noch viel Arbeit mit Inspektionen in Yangcheng selbst sowie in den Häusern und Wohnhöhlen außerhalb der Stadtmauern. Chang hatte recht gehabt: die offizielle Vollmacht des Yamen und dazu die Anwesenheit zweier übrigens recht schlampig wirkender Soldaten verliehen ihr Wichtigkeit. Die Leute standen auf, wenn sie mit ihnen sprach, und Kinderfüße wurden im Rekordtempo ausgewickelt, wenn sie es verlangte.

Das erste Dorf, in das sie als amtliche Fußinspektorin kam, blieb ihr unvergeßlich. Es lag an einem reißenden Fluß, der durch eine enge Schlucht herabdonnerte. Die Häuser waren einstöckig aus Felsbrocken und Lehm gebaut und mit grünen Ziegeln gedeckt. Ringsum erhoben sich gefährlich steil aufragende Berge, aber vor den Häusern blühten Pflaumen- und Pfirsichbäume und kleine Felder mit gelbem Senf, und an der südlichen Bergseite bedeckten schmale Terrassen mit dunklen Baumwollstauden und hellgrüner Hirse den Hang.

Neugierig und aufgeregt liefen die Leute zusammen, als Gladys zum Tor hereinritt. Die Soldaten fragten nach dem Dorfältesten, der sofort herbeieilte. Er war Bauer, ein schrumpeliger alter Mann mit dünnem Ziegenbart. Während ihm die Soldaten den Befehl des Mandarins mitteilten, nickte er eifrig und befahl dann sogleich dem Ausrufer, die Dorfbewohner zusammenzutrommeln. Als alle versammelt waren, teilte ihnen der Älteste mit hoher, brüchiger Stimme mit, daß das Füßebinden von heute an verboten sei. Auch Kindern, deren Füße sich noch erholen könnten, sollten die Bandagen abgenommen werden. Das sei ein Befehl des Mandarins. Die Soldaten erklärten unmißverständlich, daß jeder, der nicht gehorche, sofort ins Gefängnis wandern werde.

Hierauf gaben sie Gladys einen Wink, sie möge nun mit der Inspektion beginnen. Gladys wußte nicht recht, wie es weitergehen sollte, aber um sich keine Blöße zu geben, schritt sie entschlossen über den Platz auf das nächste kleine Haus zu. Die Menge drängte sich hinter ihr her, und Gladys war insgeheim froh über die Gegenwart ihrer beiden Soldaten, als sie nun durch die offene Tür in das Haus eintrat. Ihre Wache postierte sich vor der Haustür.

Drinnen war es ordentlich und sauber. Möbel gab es nicht, nur ein paar Kochtöpfe und etwas Geschirr standen herum, und auf dem K'ang, dem steinernen Bett der Familie, lag ein Haufen gesteppter Wattedecken. Ein schwarzäugiges Mädchen von etwa drei Jahren klammerte sich an seine Mutter. Ein kurzer Blick genügte, um zu erkennen, daß die Füße des Kindes bandagiert waren.

„Die Kleine da", sagte Gladys und versuchte, ihrer Stimme Autorität zu verleihen, „bindet ihre Füße auf!"

Zwei Nachbarinnen und die Großmutter waren inzwischen hereingekommen. Die Mutter nahm das Kind auf den Schoß, und die vier Frauen begannen, die Binden abzuwickeln.

„So ist's recht. Nur weiter! Beeilt euch ein bißchen! Wenn Gott gewollt hätte, daß kleine Mädchen scheußlich kurze, dicke Füße hätten, dann hätte er sie doch gleich so erschaffen, glaubt ihr das nicht auch? Füße sind zum Gehen da und nicht, um damit schwerfällig über den Boden zu schlurfen. Es ist mir gleich, ob eure Männer damit einverstanden sind oder nicht. Sie sollen es nur eine Zeitlang selbst ausprobieren, wie es ihnen gefallen würde, mit solch kleinen Klumpfüßchen umherzuhumpeln. Und wenn euch irgendein Mann dazu überreden will, diese Unsitte wiederaufzunehmen, kommt er sofort ins Gefängnis. Das ist von nun ab Gesetz . . ."

Die Binden fielen ab, und ein Paar winzige weiße Füße kamen zum Vorschein, deren Zehen scharf nach unten abgebogen und in die Sohlen hineingedrückt waren.

„Seht doch nur diese Füße an!" rief Gladys aus. „Das ist ja abscheulich! Eine Schande ist das! Wie soll denn das arme Kind jemals ordentlich laufen können!"

Sie kniete nieder und bog sanft die Zehen nach oben. Das Kind sah ihr mit runden, ängstlichen Augen zu. Sie massierte vorsichtig den Fuß. Plötzlich stieß die Kleine einen hellen, kurzen Quiekser aus und wand sich vor Vergnügen.

Damit war das Eis gebrochen. Die Frauen kamen näher und plauderten unbefangen. Später lernte Gladys diese Gebirgsfrauen als einen unabhängigen, mutigen Menschenschlag kennen.

„Ja, es ist ein gutes Gesetz", sagten sie. Alle wollten nun bei der Fußmassage helfen und Gladys von den Schmerzen und der Behinderung erzählen, die ihnen ihre Füße von Kindheit an bereitet hatten.

Die Nachbarinnen liefen in die nächsten Häuser und erklärten dort, was zu tun war, so daß die Nachricht sich in Windeseile im ganzen Dorf verbreitete.

In den folgenden Häusern stellten ihr viele der Frauen schon gehorsam alle ihre kleinen Mädchen mit ungebundenen Füßen vor. Wieweit die aufmunternd wiederholte Forderung der beiden Soldaten: „Füße aufbinden oder Gefängnis!" nachhalf, ließ sich schwer feststellen – aber jedenfalls waren alle äußerst zuvorkommend. Und auch in den Dörfern, die Gladys anschließend besuchte, ging alles erstaunlich glatt vonstatten.

Die Besuche der neuen Fußinspektorin waren natürlich aufregende Ereignisse im Leben eines Dorfes; sie bedeuteten Neuigkeiten von „draußen", und besonders abends, wenn Gladys mit Erzählen anfing, fand sie bewundernde und hingebungsvolle Zuhörer. Die Kinder lärmten um ihr altes graues Maultier, wenn sie durch das Tor ins Dorf trabte, und die Soldaten riefen und winkten Freunden zu, während sie miteinander zur Herberge oder zum Haus des Ältesten ritten, wo sie Aufenthalt zu nehmen gedachten. Abends strömten die Dorfbewohner zusammen, um Gladys' Geschichten zu hören. Sie handelten alle von einem Mann namens Jesus Christus, dessen „ehrwürdiger Ahne" der große Gott war, der über den Wolken thront. Dieser Jesus schien in einer genauso einfachen Gemeinschaft gelebt zu haben wie sie selbst. Jesus Christus war eine mitreißende Persönlichkeit, und offenbar ging der amtlichen Fußinspektorin der Vorrat an Geschichten, die von ihm erzählt wurden, niemals aus.

Es waren befriedigende Jahre für Gladys. Mittelpunkt ihres Lebens blieben die „Herberge zur Sechsten Glückseligkeit" und die kleine christliche Gemeinde, die sich langsam um sie bildete. Von diesem sicheren Ausgangspunkt aus unternahm sie ihre Maultierreisen, auf denen ihr immer neue Abenteuer begegneten.

Allmählich lernte sie das Leben der Menschen hier kennen, das seinen Sinn und Rhythmus durch den Gang der Jahreszeiten erhielt. Im Winter kam alles zum Stillstand: Die Menschen sammelten sich um die Öfen, flickten ihre Kleider, stopften und nähten, fertigten neue Schuhe an und machten Pläne für das Frühjahr. Man fühlte sich geborgen in dieser winterlichen Welt; man hatte Korn genug gelagert, um durchzukommen, und wartete geduldig, bis die Schneemassen wegtauten.

Und dann endlich kam der Frühling. Die Welt war erfüllt von leuchtendem, innigem Leben, und Gladys spürte tief in sich die Gewißheit, daß nur ein Gott unendlichen Erbarmens, ein Gott der Liebe und der Sanftmut sie so erdacht haben konnte.

In dieser Gegend mit ihren hohen Bergen und tiefen Tälern, wo das Leben hart und einfach war, konnte ein Mensch wie Gladys sich ganz entfalten. Die Religion, die sie ihren Bauern predigte, war schlicht. Sie lehrte, Kraft aus Demut zu gewinnen, Weisheit aus der Liebe und ewiges Leben aus dem Glauben.

5. Kapitel

IN IHREM zweiten Jahr in Yangcheng stand Gladys eines Tages im Hof, als ein Bote hereinstürmte. Er schwenkte ein rotes Papier in der Hand. Es war eine amtliche Vorladung vom Yamen. Im Männergefängnis war eine Meuterei ausgebrochen.

„Sie müssen sofort kommen!" drängte der Bote aufgeregt. „Es ist wichtig."

Gladys sah ihn erstaunt an. „Was hat eine Meuterei im Gefängnis mit mir zu tun?"

„Sie müssen sofort kommen!" wiederholte der Bote. „Das ist ein amtlicher Befehl!"

„Also gut", gab Gladys nach. „Ich komme schon."

Sie hasteten die Straße hinauf und durch das Westtor in die Stadt. Gleich dahinter begannen die kahlen Außenmauern des Gefängnisses, über die ein wüster Lärm bis auf die Straße drang; über allem erhob sich ein furchtbares, gewalttätig klingendes Brüllen und das Zetern von Männerstimmen.

Der Gefängnisdirektor empfing sie am Eingang. Er sah bleich aus. Etwa ein halbes Dutzend seiner Mitarbeiter umringte ihn aufgeregt.

„Wir freuen uns, daß Sie gekommen sind", sagte er schnell. „Im Gefängnis ist ein Aufstand ausgebrochen, und die Männer schlagen einander tot."

„Das hört man", bestätigte Gladys gelassen. „Aber was soll ich dagegen tun? Ich bin nur eine Missionarin. Warum setzen Sie nicht Ihre Soldaten ein, um der Sache ein Ende zu machen?"

„Unter den Gefangenen sind Mörder, Banditen und Diebe", erklärte der Direktor. „Die Soldaten haben Angst, weil sie in der Minderheit sind."

„Das verstehe ich", entgegnete Gladys. „Aber was erwarten Sie von mir?"

„Sie müssen hineingehen und den Kampf beenden!"

„Ich soll . . .?" Gladys blieb der Mund offenstehen. „Ich? Dort hinein? Sind Sie verrückt? Wenn ich da reingehe, erschlagen die mich!"

„Was soll Ihnen denn passieren? Sie erzählen den Leuten immer, daß Sie gekommen sind, weil der lebendige Gott in Ihnen wohnt. Sie predigen das doch in allen Städten und Dörfern. Wenn es die Wahrheit ist, daß Ihr Gott Sie vor allem Leid bewahrt, dann können Sie der Meuterei ein Ende machen."

Gladys starrte ihn an. Es war eine fast übermenschliche Herausforderung. Wie konnte sie sich in dieses Gefängnis hineinwagen? Dem tobenden Lärm nach, der inzwischen sogar noch angeschwollen war, ging es da drinnen zu wie in der Hölle. „Ich muß es versuchen", sagte Gladys Aylward zu sich selbst, „ich muß es versuchen. O Gott, gib mir Kraft!"

Sie blickte in das schreckensbleiche Gesicht des Gefängnisdirektors und wußte, daß sie ebenso blaß aussah wie er. „Also gut", sagte sie. „Machen Sie die Tür auf."

Einer der Wärter brachte einen riesigen eisernen Schlüssel. Langsam schwang die schwere, eisenbeschlagene Tür auf. Drinnen war alles dunkel. Die Tür schloß sich hinter ihr, und sie hörte, wie sich der Schlüssel im Schloß drehte. Vor ihr lag ein langer, finsterer Gang, der sich nach etwa zwanzig Metern in einen Hof zu öffnen schien, und in dem schwachen Licht vor ihr sah sie Gestalten umherrennen. Mit stockenden Schritten ging sie vorwärts; am Ende des Ganges aber blieb sie mit einem Ruck stehen, starr vor Entsetzen.

Der Hof maß nur etwa zehn Meter im Quadrat und war auf allen vier Seiten von großen, käfigartigen Zellen eingefaßt. In diesem engen Geviert tobte eine wütende Schlacht unter den Insassen. Ein paar leblose Körper lagen hingestreckt auf den Steinplatten; einen Toten, dem noch das Blut aus einer klaffenden Kopfwunde sickerte, entdeckte sie ganz in ihrer Nähe. Alles war voller Blut. Auch in den Zellen wurde gekämpft, aber der größte Teil der Männer beobachtete im Hof gebannt einen Gefangenen, der eine große, blutbefleckte Axt schwang. Während Gladys zu ihm hinsah, stürzte er sich plötzlich auf die Gruppe, die jetzt angsterfüllt nach allen Seiten des kleinen Platzes auseinanderstob. Niemand nahm im geringsten Notiz von ihr. Der Mann griff wieder an, die anderen flohen erneut. Jetzt verfolgte er einen einzelnen Gefangenen. Mit erhobener Axt rannte er ihm nach, der Flüchtende aber lief auf Gladys zu und wich dann, sich blitzschnell duckend, zur Seite aus. Der Irre mit der Axt hielt kurz vor Gladys inne. Ohne darüber nachzudenken, ja ohne zu wissen, was sie weiter tun sollte, trat sie ihm mit einem zornigen Schritt entgegen.

„Gib mir die Axt!" verlangte sie wütend.

Der Mann wandte sich ihr zu. Einen stummen Moment lang waren seine blutunterlaufenen Augen auf sie gerichtet. Plötzlich streckte er ihr demütig die Axt entgegen. Mit einer schnellen Bewegung nahm sie ihm die Waffe ab und hielt sie neben sich. Sie wußte, daß das Mordinstrument Blutflecken auf ihrer Hose hinterlassen würde, aber sie achtete nicht darauf. Die anderen Gefangenen, etwa fünfzig oder sechzig Männer, beobachteten den Vorgang mit atemloser Spannung. In diesem Moment höchster Dramatik schien alles Leben erstarrt. Gladys fühlte, daß dies ihre Chance war und daß sie sofort handeln mußte.

„Ihr alle!“ rief sie. „Kommt sofort hierher! Kommt her, und stellt euch hier vor mir auf!“

So schrill hatte ihre Stimme noch nie geklungen. Sie schrie die Männer an wie ein wütender Offizier. „Los – alle hintereinander! Du da, komm hierher! Stell dich mit den anderen hier vor mir auf!“

Gehorsam schlurften die Gefangenen herbei: ein Haufen in Lumpen gekleideter Gestalten, die sich jetzt in mehreren Reihen halbkreisförmig um Gladys versammelten. Sie sah die Menge funkelnd an. Alle schwiegen. Und erst jetzt verging ganz plötzlich ihre eigene Angst, und an ihrer Stelle fühlte sie ein ungeheures, herzbewegendes Mitleid, das ihr die Tränen in die Augen trieb. Wie elend sahen diese Menschen aus. Sie waren lumpenbehängt, schmutzverkrustet und von Läusen bedeckt. Ausgemergelte Gesichter mit scharfen Backenknochen, verkniffene Lippen; Gesichter, die von Verlassenheit, Unwissenheit und Hunger gezeichnet waren. Schwarze Augen voll Furcht und Verzweiflung blickten sie an. Sie hätte am liebsten geweint. Daß es so elende Menschen auf der Erde geben mußte! Mit Mühe riß sie sich zusammen. Ihre Angst war verschwunden, ja, aber sie brauchte ihre ganze Energie, um sich weiterhin durchzusetzen.

„Ihr solltet euch schämen!“ rief sie und schimpfte mit ihnen wie eine erzürnte Mutter mit ihren ungezogenen Kindern. „So ein Krach! Und wie habt ihr euren Hof zugerichtet!“ Sie wies auf die Leichen und das Blut. „Der Direktor hat mich zu euch geschickt, um nachzusehen, was hier eigentlich los ist. Wenn ihr euren Hof saubermacht und mir versprecht, euch in Zukunft besser zu benehmen, werde ich ihn bitten, diesmal Milde walten zu lassen.“ Sie bemühte sich, nicht auf die regungslosen Gestalten der Toten zu sehen. Sie fühlte, daß es wichtig war, die Aufmerksamkeit ihrer Zuhörer zu fesseln. „Also, was sollte das hier alles?“ fragte sie energisch. „Warum habt ihr euch geschlagen?“

Es kam keine Antwort.

„Dann wollen wir es so machen, daß ihr einen Sprecher wählt, und der soll mir sagen, was das hier sollte. Und ihr könnt währenddessen gleich anfangen, den Hof zu säubern. Jetzt geht alle hinüber in die Ecke dort und bestimmt euren Sprecher. Ich warte hier."

Die Gefangenen scharten sich in der Ecke zusammen, die sie ihnen gezeigt hatte, und beratschlagten sich. Nach wenigen Minuten näherte sich ihr einer der kräftigeren und größeren unter den Männern. Er war wie die anderen in Lumpen gehüllt.

„Ich heiße Feng", sagte er. „Ich bin ihr Sprecher."

Während die anderen den blutbefleckten Steinboden mit Lumpen reinigten und die Leichen ordentlich nebeneinanderlegten, hörte Gladys Feng zu. Später erfuhr sie, daß Feng einmal buddhistischer Priester gewesen war. Wegen eines Diebstahls hatte man ihn zu acht Jahren Gefängnis verurteilt. Er erklärte Gladys, daß eigentlich niemand mehr recht wisse, wie der Aufruhr angefangen habe. Das „Hackmesser" – er deutete auf die Axt, die Gladys noch immer hielt – werde ihnen jeden Tag eine Stunde lang zur Verfügung gestellt, um ihre Mahlzeit zu zerkleinern. Während des Essens habe einer Streit angefangen, und andere hätten sich eingemischt; so sei es plötzlich, ohne daß sie genau gewußt hätten, warum, zu diesem „Vulkanausbruch" gekommen. Vielleicht liege es daran, daß ein Teil der Männer schon viele Jahre hier eingeschlossen sei. Die Zustände hier seien furchtbar. Man müsse Hunger leiden, wenn nicht Freunde oder Verwandte Lebensmittel brächten, und wenn man hungere, sei es sehr schwer zuzusehen, wie sich andere satt äßen. Gelegentlich werde einer aus ihren Reihen vom Henker in den Hof hinausgeführt und dort hingerichtet. Viele von ihnen lebten ständig mit dieser furchtbaren Aussicht. Die Mauern seien hoch und das Tor stark; sie sähen niemals etwas von der Außenwelt, nie die Berge, keinen blühenden Baum und kein freundliches Gesicht. Das alles erzeuge einen unerträglichen Druck, der sich manchmal in einem solch wilden, gewaltsamen Ausbruch Luft mache. Das, so meinte Feng, sei nun geschehen. Es tue ihnen allen sehr leid.

„Was tut ihr hier den ganzen Tag?" fragte Gladys.

„Was wir hier tun? Hier gibt es nichts zu tun."

„Ihr habt überhaupt keine Beschäftigung?"

„Keine!"

„Aber ein Mensch muß doch Arbeit haben, er muß irgend etwas tun. Ich werde mit dem Direktor darüber sprechen."

In diesem Augenblick merkte sie, daß der Gefängnisdirektor und sein Stab hinter ihr standen. Sie hatten angenommen, daß sie nun ohne große Gefahr hereinkommen konnten, und wollten beim „Friedensvertrag" ein Wort mitreden.

Der Direktor verbeugte sich vor Gladys. „Das haben Sie ganz ausgezeichnet gemacht“, sagte er. „Wir sind Ihnen zu großem Dank verpflichtet.“

„Es ist eine Schande“, entgegnete sie bitter. „Die Männer sind hier Woche um Woche, Jahr für Jahr eingesperrt und haben nichts zu tun. Sie müssen unbedingt dafür sorgen, daß sie eine Beschäftigung haben.“

Der Direktor war völlig verdutzt. „Eine Beschäftigung?“ wiederholte er.

„Es ist unbedingt nötig, daß man ihnen Arbeit gibt. Wir müssen Werkzeuge anschaffen, zum Beispiel Webstühle, damit sie Stoffe weben können. Wir müssen ihnen so viele solcher Tätigkeiten wie möglich anbieten, damit sie ein wenig Geld verdienen und sich etwas zu essen kaufen können. Auf diese Weise gewinnen sie ihre Selbstachtung wieder.“

Der Direktor nickte. „Wir werden uns später darüber unterhalten“, sagte er zweideutig.

„Ich habe den Gefangenen versprochen, daß keine Vergeltung geübt wird“, betonte Gladys.

Der Direktor nickte wieder. Wegen ein paar Leichen würde kaum eine offizielle Nachforschung in die Wege geleitet werden. „Wenn es nicht wieder vorkommt“, antwortete er, „werden wir den Vorfall vergessen.“

„Das freut mich“, erwiderte Gladys. Sie wandte sich an Feng. „Ich gehe jetzt, aber ich komme wieder. Ich werde alles tun, was ich kann, um euch zu helfen.“

„Danke!“ sagte er. „Danke, Ai-weh-deh.“

Da sie nicht wußte, was die Worte „Ai-weh-deh“ bedeuteten, erkundigte sie sich abends bei Chang.

„Ai-weh-deh?“ meinte er. „Das heißt: ‚Schale der Tugend‘.“

Und als Ai-weh-deh wurde sie fortan in Nordshansi bekannt während all der Jahre, die sie noch in China wirken sollte.

SEIT ihrer Heldentat im Gefängnis war Gladys’ Ansehen in Yangcheng außerordentlich gestiegen. Kaufleute verbeugten sich höflich, wenn sie an ihrem Laden vorbeiging, und ihre beiden Wachsoldaten waren über ihr Abenteuer im Gefängnis fast so erbaut, als ob sie eine Lohnerhöhung erhalten hätten.

Gladys vergaß nicht, was sie den Gefangenen versprochen hatte. Der Direktor war im Grunde ein freundlicher Mann, und er wurde in den folgenden Jahren einer ihrer besten Freunde. Durchgreifende Reformen waren zwar nicht möglich, aber es gelang Gladys, wenigstens ein paar alte Webstühle und eine Lieferung Garn aufzutreiben. Außerdem beschaffte sie einen Mühlstein, mit dem die Männer Getreide mahlen und durch diese Arbeit einige Käsch verdienen konnten. Sie besuchte das Gefängnis regelmäßig, unterwies die Gefangenen in den einfachsten Grundlagen der Hygiene und las ihnen Geschichten vor. Aber Gladys' höchster Triumph war, als ein alter Schulfreund des Direktors, ein angesehener Gelehrter, Yangcheng besuchte.

„Er ist ein Christ", sagte der Gefängnisdirektor bedeutungsvoll. „Vielleicht kann ich ihn dazu überreden, in Ihrer Mission zu predigen."

„Ein guter Gedanke!" stimmte Gladys sofort zu. „Und da fällt mir gleich noch etwas ein: Wir könnten Ihre Gefangenen herführen, damit sie ihm zuhören können."

Der Direktor war ganz verstört. „Das ist unmöglich!"

„Warum ? Sie könnten sie bewachen lassen. Manche der Gefangenen haben diesen Hof seit zehn Jahren nicht verlassen. Das wäre ein großer Tag für sie alle. Es täte ihnen sicher gut. Und für Ihren Freund wäre das sehr schmeichelhaft – wenn er ein guter Christ ist."

Der Direktor betrachtete Gladys mit einer gewissen Ehrfurcht, seit sie im Gefängnis die Meuterei beendet hatte. Damals jedenfalls hatte sich ihr Glaube glänzend bewährt – der seine hingegen nicht. So gab er, wenn auch widerstrebend, nach längerem Zureden seine Einwilligung, die Gefangenen für einen Nachmittag aus den Mauern zu entlassen.

Der Sonntag, an dem die Gefangenen zum Gottesdienst kamen, blieb für Gladys stets unvergeßlich. Mit schweren Ketten aneinandergefesselt, hatte man sie durch die ganze Stadt und zum Westtor hinausgeführt. Die Einwohner säumten die Straßen, um sie anzugaffen. Außerhalb des Tores blieb der Gefangenenzug auf einen Schlag wie angewurzelt stehen – die Männer starrten verblüfft auf die Berge ringsum. Die Wachsoldaten gönnten ihnen ganze zwei Minuten, um die Aussicht zu genießen und einen Blick auf die Freiheit zu werfen. Dann marschierten sie weiter durch die schmale Gasse zur „Herberge zur Sechsten Glückseligkeit", zogen im Gänsemarsch in den Innenhof ein und versammelten sich schließlich in dem großen Raum, der als Missionssaal diente.

Sie saßen alle auf dem Boden, während der vor Begeisterung strahlende Freund des Direktors drei Stunden mit aller Inbrunst predigte. Es war vielleicht der bewegendste Gottesdienst, der je in der Provinz Shansi abgehalten worden war. Zum Schluß dankte der Sprecher der Gefangenen Gladys im Namen aller Anwesenden dafür, daß sie ihnen diesen Nachmittag ermöglicht hatte – und mit rasselnden Ketten marschierten sie wieder zurück in ihr Gefängnis.

In diesem zweiten Jahr in Yangcheng geschah es auch, daß Gladys zum erstenmal einen kleinen Streit mit dem Mandarin hatte.

Sie war eben von einer Fußinspektion in den Bergen zurückgekehrt und ging die Hauptstraße entlang, als sie eine Frau erblickte, die auf dem Pflaster saß. Schwere silberne Ringe baumelten von ihren Ohrläppchen herab, in ihrem Haar steckten Schmucknadeln aus Silber und Jade, und sie trug eine silberne Halskette und Armreifen aus getriebenem Silber. Ihre bauschige Hose war an den Knöcheln mit hellgrüner Borte eingefaßt.

Als Gladys näher trat, bemerkte sie das Kind, das am Knie der Frau lehnte: ein kränkliches kleines Ding, in ein schmutzstarrendes Stückchen Lendentuch gewickelt, mit Beinchen wie dürre Stöcke, einem geschwollenen Bauch und Schorf an Kopf und Körper.

Gladys war entsetzt. „Frau, du hast kein Recht, hier auf der Straße herumzusitzen, wenn es deinem Kind so schlecht geht!" sagte sie ernst. „Wenn du es noch länger dieser Hitze aussetzt, wird es sterben!"

„Was hat das mit dir zu tun, ob es stirbt oder nicht?" schnaubte die Frau. „Wenn es tot ist, bekomme ich andere, so viele ich will."

Gladys blickte sie aufmerksam an. Aus den Worten der Frau schloß sie, daß sie nicht die Mutter des Kindes war. Sie erinnerte sich, daß man ihr von Kinderhändlern erzählt hatte, Leuten, die Kinder kauften und verkauften.

Die nächste Bemerkung der Frau bestärkte sie in ihrer Vermutung. „Willst du es haben?" fragte sie höhnisch. „Es kostet zwei Dollar."

Gladys war sich sogleich klar, daß dieser Preis, verglichen mit den bei diesem Gewerbe üblichen Summen, als niedrig zu bezeichnen war. Aber wer sollte wohl an diesem kranken, schwächlichen Geschöpf Interesse haben?

„Ich habe keine zwei Dollar", antwortete sie. „Außerdem ist das Kind krank und wird vermutlich sterben, und es kostet dann nochmals zwei Dollar, um es zu begraben – das wären schon vier Dollar."

Die Frau zog eine Grimasse. Ihr Blick war kalt. „Also gut, du kannst es für eineinhalb Dollar haben."

„Ich habe auch keine eineinhalb Dollar, und ich will das Kind sowieso nicht haben." Gladys ging, und das höhnische Lachen des Weibes klang hinter ihr her.

Gladys wurde von einer Welle des Zorns erfaßt, und sie begab sich unverzüglich zum Yamen. Wie üblich, mußte sie eine Stunde warten, ehe ihr eine Audienz beim Mandarin gewährt wurde. Als endlich der Gong ertönte und die Soldaten die große Tür zum Audienzzimmer aufstießen, fieberte sie vor Eifer, ihm von der Kinderhändlerin zu erzählen. Sie kannte aber chinesische Sitten genügend, um zu wissen, daß man einem Mandarin auf keinen Fall sofort mit einer Klage kommen durfte, ganz gleich, wie ernst die Angelegenheit war. Erst kamen die Komplimente. Sie verbeugte sich tief vor der ehrfurchtheischenden Gestalt, die in ein leuchtend scharlachrotes Gewand mit hohem Kragen und weiten herabhängenden Ärmeln gehüllt war und eine scharlachrote Kappe trug, begrüßte ihn und brachte ihm ihre guten Wünsche dar, wie es seit alten Zeiten das Zeremoniell den kleinen Beamten gegenüber Hohen und Mächtigen vorschrieb.

„Sie haben mir etwas zu sagen?" fragte er.

„Was tun Sie gegen Kinderhändler?" antwortete Gladys.

Der Mandarin hob leicht die dunklen feinen Augenbrauen. „Ich verstehe Sie nicht."

„Wenige Meter vom Yamen entfernt, hat eine Frau versucht, mir ein Kind für zwei Dollar zu verkaufen. Was wird gegen solche Leute unternommen?"

Gladys hatte das Gefühl, als ärgere sich der Mandarin über ihre Frage. Er schritt zum Ende des Zimmers und zurück, ehe er antwortete. „Wir tun nichts", sagte er dann. „Wenn es sich wirklich um eine Kinderhändlerin handelt, dann gehört sie einer dieser verwegenen und rücksichtslosen Banden an, die auf jede Einmischung mit furchtbaren Verbrechen reagieren. Ich rate Ihnen, vergessen Sie das alles. Es ist nicht Ihre Angelegenheit."

„Aber, Mandarin –"

„So, nun erzählen Sie mir, was Sie im Distrikt von Chaochun ausgerichtet haben."

Das war ein Befehl. Gladys strich die Frau, die sie gesehen, und die Worte, die sie gesprochen hatte, in ihrem Geist aus. Ihr Arbeitsbericht dauerte eine halbe Stunde. Als sie geendet hatte, nickte der Mandarin, nahm einen kleinen Hammer auf und schlug gegen einen Gong. Auf dieses Signal hin öffneten sich die Türen, und die Audienz war beendet. Als Gladys sich umwandte, um hinauszugehen, gab er ihr zu verstehen, daß er ihr noch etwas zu sagen habe. „Was die Kinderhändlerin betrifft, so sagt das Gesetz, daß Ai-weh-deh auf sie nicht zu achten, sondern auf die andere Straßenseite hinüberzugehen hat. Und sie wird über meine Worte Stillschweigen bewahren. Gehen Sie!"

Gladys war zutiefst enttäuscht. Kurz vor den Türen drehte sie sich noch einmal um. „Ich muß Ihnen leider gestehen, Mandarin, daß ich nicht nur nach China gekommen bin, um die hiesigen Gesetze zu beachten. Ich kam um der Liebe Jesu Christi willen, und nach seiner Lehre werde ich handeln, was auch immer Sie dazu sagen mögen."

Ehe der überraschte Mandarin Zeit zu einer Antwort fand, war sie draußen. Viele Monate später, als ihr Verhältnis zu ihm vertrauter geworden war, erinnerte er sie an diese Besprechung und gestand ihr, daß sie damals mit ihrer Entschlossenheit seine Achtung und seine Freundschaft gewonnen habe. Es sei das erste Mal seit dem Beginn seiner offiziellen Tätigkeit gewesen, daß eine Person, sei es Mann oder Frau, es gewagt habe, seine Autorität als Mandarin in Frage zu stellen. Ganz gewiß aber war es das erste Mal in seinem Leben, daß eine Frau ihm gegenüber ihre Meinung in dieser selbständigen Weise vertreten hatte.

Gladys ging mit schnellen Schritten die Hauptstraße hinunter. Die Kinderhändlerin saß immer noch dort. Als sie Gladys sah, rief sie: „Dame mit dem Herzen voll Erbarmen! Da bist du ja wieder. Komm, ich verkaufe dir das Kind für einen halben Dollar."

Gladys blieb stehen und sah sie nachdenklich an. „Ich habe keinen halben Dollar. Und was soll ich mit dem Kind anfangen?"

„Aber du willst es doch gerne, nicht wahr?"

Eben wollte Gladys ihr eine scharfe Antwort geben, da hielt sie inne. Die Frau hatte recht. Sie wollte das Kind tatsächlich haben.

„Was willst du geben?" fragte die Kinderhändlerin.

Gladys suchte in ihrer Jackentasche. Sie hatte ein paar Käsch darin, nach englischer Währung etwa neun Pence. Sie kramte das Geld heraus.

„Ich gebe dir dies hier."

Die Frau streckte die Hand aus, um das Geld zu nehmen. „Es gehört dir", sagte sie, stand auf und ging eilig davon. Gladys blickte auf das Kind hinab. Sein Alter war unbestimmbar, es mochte zwischen vier und sechs Jahren alt sein.

„Komm mit mir", sagte sie. Das Kind rührte sich nicht. Gladys faßte es am Arm und führte es zur Herberge. Im Wohnraum lief es sofort in die dunkelste Ecke, wo es zitternd vor Furcht hocken blieb. Gladys holte Chang herein, um ihm zu zeigen, was sie mit nach Hause gebracht hatte.

Schweigend betrachtete er ein paar Sekunden lang das halbnackte kränkliche Häuflein Elend.

„Das haben Sie ja wunderbar gemacht", bemerkte er dann ironisch. „Was wollen Sie denn mit einem solchen Kind? Das wird in kurzer Zeit sterben."

„Gib ihm etwas zu essen!" sagte Gladys. „Das arme Ding sieht aus, als wäre es halb verhungert."

Chang brachte eine Schale Hirse und setzte sie auf den Boden neben das Kind. Mit hungrigen Augen sah es danach, sauste dann blitzschnell zu der Schale, ergriff sie und flitzte wieder in seine Ecke, wo es sich erneut zusammenkauerte, um gierig den Inhalt zu verschlingen.

„Mit dem Kind werden wir noch viel Ärger haben", orakelte Chang. Aber Gladys stellte mit Befriedigung fest, daß er wenigstens „wir" gesagt hatte, und ihr wurde etwas leichter ums Herz.

Drei Wochen lang verhielt sich das Kind wie ein wildes Tier; niemand durfte es anfassen, es biß und kratzte und schrie gellend, wenn Gladys versuchte, das kleine Wesen zu waschen, anzuziehen oder auch nur zu streicheln. Bei der ersten Gelegenheit lief es aus dem Haus und war nicht wieder hereinzubekommen. Es schien lieber auf dem Hof in einer Ecke zu essen und zu schlafen. Gladys gab langsam die Hoffnung auf, daß jemals etwas Menschenähnliches aus diesem armseligen Bündel werden könnte. Es war ein Mädchen, ein dunkeläugiges, von der Menschheit ausgestoßenes Geschöpf, das nur von zwei Gefühlen beherrscht wurde: Hunger und Angst.

Nach drei Wochen vergeblicher Mühe kehrte Gladys eines Spätnachmittags zu ihrer Herberge zurück. Unterwegs kam sie an einer jungen Frau vorbei, die weinend auf der Schwelle ihres Hauses saß und ihr totes Neugeborenes auf dem Schoß hielt.

Gladys blieb plötzlich vor ihr stehen und sah sie an. Impulsiv sagte sie zu der Weinenden: „Ich habe ein Kind, dem du helfen kannst. Es nützt nichts, nur das tote Kind zu beweinen."

Die Frau blickte sie mit geröteten Augen an. „Ich verstehe nicht", flüsterte sie.

„Gib mir dein totes Kind, ich will es für dich begraben", erklärte Gladys. „Das andere Kind ist in der ‚Herberge zur Sechsten Glückseligkeit'. Geh hin und sieh es dir an."

Die Frau wehrte sich nicht, als Gladys ihr das tote Kleine aus dem Schoß nahm und fortging. In Yangcheng machte man wenig Umstände mit dem Begraben neugeborener Kinder. Man suchte sich ein Loch im Berghang, schob den Leichnam hinein und verstopfte den Eingang mit Steinen und Erde, das genügte.

Als Gladys in die Herberge zurückkehrte, wartete dort bereits die Frau auf sie. Chang stand hinter ihr und strahlte über das ganze Gesicht. Die Frau hielt Ninepence – so hatte Gladys das Kind im Scherz nach seinem Kaufpreis genannt – an der Hand. Sie erkannte es kaum wieder: Es war sauber gewaschen und trug frische Kleider. Gladys machte ein erstauntes Gesicht. Die Frau lächelte sie an, führte das kleine Mädchen ein paar Schritte vorwärts und legte das Kinderhändchen in Gladys' Hand.

„Dies ist Ihr Kind", sagte sie. „Die Kleine wird Ihnen Ihre Liebe vergelten, wenn sie erst einmal versteht, was Sie an ihr getan haben."

Gladys schaute hinab auf das kleine Wesen an ihrer Seite. Ninepence hatte sich entschlossen, bei ihr zu bleiben.

OBGLEICH das Mädchen wenig später auf den chinesischen Namen Mei-en, „Liebliche Schönheit", getauft wurde, blieb ihr Kosename immer „Ninepence". Sie entpuppte sich schon nach kurzer Zeit als überaus niedlich. Und ihr war es zu verdanken, daß die Missionsfamilie weiterwuchs.

Eines Nachmittags kam sie in den Hof gerannt, ihre schwarzen Augen blitzten vor Aufregung.

„Ist das Essen fertig?" rief sie zu Gladys hinauf.

„Ja, fast!" Sie pflegten ihre Abendmahlzeit am späten Nachmittag einzunehmen, um damit fertig zu sein, wenn die Maultiertreiber kamen.

Ninepence sah sehr ernst zu ihr auf. „Wenn ich heute ein bißchen weniger essen würde, würdest du dann auch ein bißchen weniger essen?"

Gladys hatte keine Ahnung, worauf sie hinauswollte. „Ja, natürlich."

„Und wenn wir dann die beiden ‚Weniger' in eine Schüssel täten, nicht wahr, dann hätten wir doch genug für eine Person mehr? Da draußen steht ein kleiner Junge vor dem Tor, der hat nicht einmal ‚*ein* kleines Wenig' in der Schüssel."

Gladys blickte hinab auf die winzige, blau gekleidete Gestalt mit dem ernsten Gesicht.

„Ninepence", sagte sie, „wenn du ein bißchen weniger ißt, tue ich es auch. Geh nur und hole ihn."

Ninepence rief etwas, worauf sich ein kleiner Kerl, etwa acht Jahre alt, durch das Tor hereintrollte. Ninepence hatte ihn bettelnd auf der Straße angetroffen. Er aß seine Mahlzeit mit Vergnügen und blieb die nächsten zehn Jahre bei ihnen. Sein Spitzname aber war „Less" – das englische Wort für „weniger".

Er war alt genug, um Gladys von sich erzählen zu können. Banditen hatten sein Heimatdorf in der Provinz Horbay geplündert, die Männer erschlagen und die Frauen mitgenommen. Die Mutter von Less war schwanger gewesen. Ihre Wehen hatten auf dem Gewaltmarsch eingesetzt, und die Banditen hatten sie in einem Graben liegenlassen. Ob der Kleine verstanden hatte, wie groß die Qualen seiner Mutter gewesen sein mußten, konnte Gladys nicht sagen, aber er hatte sie sterben sehen, und nachdem er immer wieder vergeblich an ihren Kleidern gezupft hatte, ließ er die Tote allein und ging zu seinem Dorf zurück. Dort lag alles in Schutt und Asche. So wanderte er in die Berge, schloß sich Maultiertreibern auf ihren Reisen über die Hochgebirgsstraßen an und landete schließlich in Yangcheng in der „Herberge zur Sechsten Glückseligkeit". Er war das zweite Kind, das im Herzen von Ai-weh-deh seinen Platz fand.

Das nächste Kind fand sich im Frühling des darauffolgenden Jahres ein. Sie hatten die ersten freundlichen Sonnentage zur großen Kleiderwäsche ausgenutzt, denn im Frühling wusch die ganze Stadt Kleider auf den Felsbrocken am Flußufer einige hundert Meter vor dem Osttor. Gladys hieb gerade gewaltig mit einem Holzknüppel auf die nassen Kleidungsstücke ein, als sie Ninepence und Less hinter sich am Ufer ihren Namen rufen hörte. Sie drehte sich nach ihnen um und sah sie mit einem etwa dreijährigen Kind auf sich zukommen, das sie beide an den Händchen gefaßt hielten. Es hatte sich verirrt. Obwohl sie überall nach den Eltern suchten, fanden sie niemanden, dem das Kind gehört haben könnte. Am nächsten Tag wurden Plakate an den Stadttoren angebracht, die die Auffindung eines Kindes bekanntgaben, und der Mandarin ließ den Stadtausrufer die Runde machen; aber es führte zu nichts – niemand meldete sich.

So hatte Gladys nun die Verantwortung für drei Kinder: Bao-Bao, Kostbares Bündel, hatte sich zu Gladys' Familie gesellt. In den folgenden Jahren sollte sie noch zweimal offiziell „Mutter" werden. Im Jahr 1936, als der Gelbe Fluß das Land ringsumher überflutet hatte und Tausende von Obdachlosen in den Bergen Zuflucht suchten, blieb in der Herberge ein kleiner Junge namens Francis zurück, der zu niemandem gehörte und den keiner wollte. Und schließlich kam noch das Mädchen Lan-Hsiang dazu, die sozusagen ein „Überbleibsel" aus einem Prozeß war, den der Mandarin geleitet hatte. Das achtjährige Kind hatte keine Eltern mehr, und dem Mandarin schien es eine glänzende Lösung, daß Gladys das Kind übernehmen sollte.

„Habe ich denn nicht schon genug Kinder?" fragte Gladys etwas verärgert.

„Es gibt niemanden, der geeigneter wäre, sich um das Kind zu kümmern", erklärte der Mandarin in einem sanften Ton, der keinen Widerspruch zuließ.

Ein Problem war, daß es in Yangcheng keine öffentlichen Schulen gab; die Kinder wurden, wenn überhaupt, zu Hause unterrichtet. Hilfe kam diesmal von dem Gefängnisdirektor, der selbst drei Kinder hatte. „Wir müssen in Yangcheng eine Schule eröffnen", sagte er.

„Einen Lehrer können wir aus Luan bekommen, wenn alle Eltern sich verpflichten, einen kleinen Beitrag für sein Gehalt beizusteuern."

So nahm die Schule ihren Betrieb auf.

FÜNF Jahre später. Eines Abends berichtete Less Gladys, daß drei Tage hintereinander ein Mann außerhalb der Schule auf Ninepence gewartet und versucht hatte, mit ihr zu sprechen. Less war sehr aufgeregt.

Auch Gladys war beunruhigt. Sie wußte nicht, was sie tun sollte, und so ging sie – wie immer in solchem Fall – zum Mandarin, den sie mittlerweile als „alten Freund" betrachtete.

„Von morgen ab soll ein Soldat jeden Tag in der Nähe der Schule Wache halten", sagte der Mandarin nachdenklich. „Und wenn dieser Mann sich nochmals an das Mädchen heranmacht, dann soll es schreien, und wir werden ihn festnehmen."

Gleich am nächsten Tag ging der Bursche ganz unbekümmert in die Falle. Als Ninepence durch das Schultor hinaus auf die Straße trat, ergriff er sie beim Arm und versuchte, sie mit sich zu ziehen. Less, der sich im Hintergrund gehalten hatte, stürzte sich plötzlich auf ihn wie ein wütender Hund und grub seine Zähne in den Arm des Mannes. Lärm und Geschrei brachen los, und der Soldat rannte herbei. Nur unter erheblichen Schwierigkeiten konnte er Less bewegen, den Burschen loszulassen. Der Unbekannte wurde verhaftet, und am nächsten Tag eröffnete der Mandarin die Untersuchung. Es kam allerlei recht Interessantes zutage. Der Mann, der versucht hatte, Ninepence zu entführen, hatte im Auftrag eines heimtückischen Onkels gehandelt. Offenbar war Ninepence' Mutter mit ihrem Mann und dem kleinen Töchterchen einmal sehr glücklich gewesen. Bald aber war ihr Mann gestorben, und ihre Schwiegermutter, der weibliche Nachkommenschaft unerwünscht gewesen war, hatte die junge Frau wieder verheiratet, um Mutter und Tochter aus der Familie zu entfernen. Nun starb jedoch auch Ninepence' Mutter, und so blieb ihr Kind als lästiges weibliches Glied einer Familie zurück, mit der es keinerlei Blutsverwandtschaft verband. Man gab Ninepence aus dem Haus, und sie ging durch viele Hände, ehe Gladys der Kinderhändlerin in der Hauptstraße von Yangcheng begegnet war.

Die Nachricht, daß Ninepence sich in der Obhut des „fremden Teufels" befand, gelangte bald bis zu der Großmutter, der eine Bergfarm viele Kilometer entfernt von Yangcheng gehörte. Sie unternahm aber nichts, um das Kind zurückzuholen. Ein Mädchen! Unnützer und lästiger Anhang! Die Geburt eines weiblichen Kindes sah man in China als ein Unglück an.

Dann starben Großvater und Großmutter und hinterließen Geld und einen Bauernhof. Es gab nur zwei Erben, den Onkel und Ninepence. Was wäre mit Ninepence geschehen, wenn die Entführung gelungen wäre? Es ist beklemmend, auch nur daran zu denken. Aber jetzt, nachdem der Anschlag vereitelt war, beabsichtigte der Onkel, vor Gericht Gladys' Ansprüche auf das Kind anzufechten.

Der Mandarin hatte Gladys informiert, daß sie vor Gericht erscheinen mußte, um ihre Ansprüche zu verteidigen.

„Eine chinesische Gerichtsverhandlung ist für mich etwas vollkommen Unbekanntes", wandte Gladys ein. „Wie soll ich da etwas erreichen?"

Milde blickte der Mandarin in Gladys' Augen. „Bevor Sie bei Gericht sprechen, bitte ich Sie, mich anzusehen", sagte er höflich. „Sie dürfen nur ja oder nein sagen. Wenn ich den Kopf leicht schüttele, müssen Sie nein sagen, wenn ich leicht nicke, sagen Sie ja. Verstehen Sie?"

„Ja, ich verstehe. Ich darf Ninepence nicht verlieren! Ich habe seit Jahren für sie gesorgt, und ich habe sie lieb."

„Sie wird Ihnen nicht genommen werden", entgegnete der Mandarin ruhig. „Ich habe als Richter in diesem Streit zu entscheiden und kann Ihnen das versprechen. Aber die Sache muß ordnungsgemäß verhandelt werden. Wenn Sie vor das Gericht gerufen werden, kommen Sie bitte, und verhalten Sie sich genau so, wie ich es Ihnen gesagt habe."

Dann kam der Verhandlungstag. Gladys folgte aufmerksam den langen juristischen Argumenten der Rechtsanwälte, die die Sache des Onkels vertraten. Sie selbst mußte viele Fragen beantworten und achtete dabei sorgfältig auf jede noch so unauffällige Kopfbewegung des Mandarins.

Die Verhandlung zog sich zwei Wochen hin; schließlich verkündete der Mandarin sein sorgfältig bedachtes Urteil.

Ai-weh-deh wurde zum offiziellen Vormund für Ninepence bestimmt. Ninepences Großeltern hatten Land und Geld hinterlassen, und das Erbe sollte nun geteilt werden: eine Hälfte bekam Ai-weh-deh als rechtmäßiger Vormund, die andere Hälfte der Onkel. Ai-weh-deh durfte wählen, welchen Anteil sie vorzog, Land oder Geld. So lautete die Entscheidung des Mandarins, mit der auch der habgierige Onkel zufrieden schien. Mit dem Land konnte Gladys nichts anfangen, aber das Geld – fast zweihundert Dollar – bedeutete ein kleines Vermögen. Es wurde für Ninepence zurückgelegt; ein Teil wurde für ihre Ausbildung verwendet, der Rest war für den Fall ihrer Heirat als Mitgift bestimmt.

6. Kapitel

FRIEDVOLL und in innerer Ruhe gingen für Gladys die ersten Jahre in Yangcheng dahin. Sie hatte genügend Zeit zum Denken, zum Schlafen und für das Gebet.

Doch auch in dieser für sie so befriedigenden Zeit gab es ein paar einschneidende dramatische Ereignisse, die sie sehr bewegten. Einmal, im Frühjahr, trat der Hwang ho, der gewaltige Gelbe Fluß, der die Westgrenze von Shansi bildet, über seine Ufer; in seinen ungeheuren Wassermassen ertranken Hunderte von Menschen, und Tausende wurden obdachlos. Die Menschen flüchteten vor dieser zerstörenden Gewalt in die Berge und zogen in Strömen durch Yangcheng und von dort aus weiter nach Tsehchow und anderen Städten der Provinz.

Dann kam der „Dreimäntelwinter", der kälteste, an den man sich erinnern konnte. In China beurteilt man die Härte eines Winters nach der Zahl der wattierten Mäntel, die man übereinanderziehen muß, um sich vor der schneidenden Kälte zu schützen. Ein normaler Dreimäntelwinter läßt den Tee in der Kanne gefrieren.

Dieser Winter verwandelte sogar die Wasser des Gelben Flusses in Eis. Kommunistische Truppen aus Jenan nutzten die Gelegenheit und überschritten die Eisdecke.

Heftige Kämpfe um die Hauptstadt Taiyüan weit im Norden brachten Unruhe ins Land; kommunistische Einheiten gelangten über die Pässe, sogar bis in das weit südlich gelegene Yangcheng. Das Vorrücken der Kommunisten war kaum mehr als ein Aufklärungsmanöver gewesen; in der Stadt hatten die Truppen keinerlei Schäden angerichtet, obgleich sie in anderen Orten furchtbare Verwüstungen hinterlassen hatten. Erst beim Eintreffen der Japaner sah man sie wieder.

Im Jahr 1936 beschloß Gladys, die chinesische Staatsangehörigkeit zu erwerben. Nichts sollte sie mehr vom chinesischen Volk trennen. Mit Hilfe des Mandarins sandte sie ihre Papiere ein, erledigte alle Formalitäten und wurde naturalisierte Chinesin.

Ein trauriges Ereignis fiel in dieses Jahr: Gladys' alte Bekannte, Mrs. Smith von der Tsehchow-Mission, wollte ihr einen Besuch abstatten, doch sie erkrankte auf halbem Weg zwischen Tsehchow und Yangcheng. Als die alte Dame abends in Yangcheng ankam, hatte sie hohes Fieber und starb noch in derselben Nacht, ohne das Bewußtsein wiedererlangt zu haben. Gladys war mit Mrs. Smith recht eng befreundet gewesen und vermißte sie sehr. Ein Jahr nach ihrem Tod wurde der vakante Missionarsposten wieder besetzt, und Gladys machte sich auf die Reise, um das neue Missionarsehepaar, Mr. und Mrs. Davis, in Tsehchow willkommen zu heißen.

Sie genoß diese gelegentlichen Ausflüge nach Tsehchow. Die Stadt war nur zwei Tagereisen entfernt, lag in der Ebene und war viel größer als Yangcheng. Als Mittelpunkt von Südshansi war sie Endstation für Karawanen kleiner braungoldener Kamele, die Stoffe, Seide und Tabak von Peking und den nördlichen Gebieten brachten und auf ihrer Rückreise Kohle und Eisenwaren, Porzellan und Baumwolle mitnahmen, die auf Maultierrücken aus dem Gebirge und vom Gelben Fluß in die Stadt transportiert worden waren.

Gladys kam diesmal im Frühling, als rund um Tsehchow die Aprikosen- und Pflaumen-, Pfirsich- und Dattelbäume blühten. Jean Davis, eine sympathische Schottin, würde wohl niemals ihre erste Begegnung mit Gladys vergessen. „Vor mir stand ein winzig kleines, dünnes Ding mit großen, dunklen, staunenden Augen“, erinnerte sie sich später. „Sie plapperte im Shansidialekt drauflos, als ob sie in diesem Distrikt geboren wäre.“

Es stellte sich als großes Glück für Gladys heraus, daß das Ehepaar Davis mit seinem kleinen Sohn die Leitung der Mission übernommen hatte. David Davis war ein schlanker, muskulöser junger Waliser, der ebenso wie Gladys die einsamsten Dörfer aufsuchte, um christliche Gemeinschaften zu gründen. Ihre ähnliche Auffassung von der Missionsarbeit und zahlreiche gleiche Interessen führten dazu, daß sie sich oft trafen, und bald entwickelte sich eine herzliche Freundschaft.

Die Jahre vergingen. Gladys führte ein genügsames, glückliches Leben, ohne zu ahnen, daß der Krieg in kurzer Zeit über sie hereinbrechen würde. Sie wußte nicht, daß die Japaner in der Mandschurei an die Macht gelangt waren und bald über die uralten Heerstraßen der mongolischen Eroberer ins Land dringen würden. Man hatte in Yangcheng gehört, daß draußen in der Welt Streit entstanden war, aber wer sollte schon Interesse daran haben, um ein Bergstädtchen wie Yangcheng zu kämpfen?

Die Maultiertreiber, die Neuigkeiten und Klatsch mitbrachten, kannten sich in politischen Fragen nicht aus. Erst als man sich in den Karawanen, die südwärts zogen, zuraunte, daß die Einwohner von Luan einen japanischen Angriff befürchteten, erfuhren die Leute von Yangcheng, daß die Japaner in Nordshansi eingefallen waren. Doch selbst als sie von Schlachten hörten, die im Norden geschlagen wurden, glaubte in Yangcheng immer noch niemand daran, daß die Kämpfe bis zu ihnen vordringen könnten. So war es auch an jenem

Frühlingsmorgen des Jahres 1938, als die kleinen silbernen Flugzeuge über die Berge herangeflogen kamen. Jeder lief aus seinem Haus, um sie anzuschauen, denn viele der Einwohner hatten noch nie ein Flugzeug gesehen. Und die silbernen Vögel waren so hübsch, als sie aus dem sonnigen Himmel gerade auf die Stadt herniederstießen!

Gladys war nicht aus dem Haus getreten, weil sie eben mit Chang und vier Neugetauften ihre Andacht hielt. Die Menschen von Yangcheng standen immer noch rufend und winkend in den Straßen, als spitze Metalldinger aus den Bäuchen der Flugzeuge fielen und auf die Stadt herunterkrachten, und die staunenden Rufe verwandelten sich in Schreie der Qual und der Angst, als Geschoßsplitter durch die Luft pfiffen und Trümmer umherflogen. In geringer Höhe flog das Geschwader einmal über die Stadt hinweg und wieder zurück. Eine Bombe, die die Innenstadt verfehlt hatte, traf eine Ecke des Dachs der „Herberge zur Sechsten Glückseligkeit“. Neun Menschen, die draußen auf der Straße gestanden hatten, waren sofort tot. In dem Zimmer im Obergeschoß, in dem Gladys und die anderen beteten, neigte sich der Boden plötzlich nach einer Seite, und sie glitten und fielen mitten in einem prasselnden Durcheinander von Balken, Steinen, Staub und Mörtel in das darunterliegende Zimmer, wo sie unter den Trümmern begraben wurden.

Gladys wußte nachher nicht mehr genau, ob sie ohnmächtig geworden war. Sie erinnerte sich später nur daran, daß sie undeutlich Stimmen vernommen und langsam festgestellt hatte, daß sie mit dem Gesicht nach unten lag und ein ungeheures Gewicht auf ihrem Rücken spürte. Die Schmerzen waren erträglich, aber das Atmen fiel ihr schwer. Dann hörte sie die Stimmen ganz in der Nähe: „Lobet den Herrn, lobet den Herrn!“, und es fuhr ihr durch den Sinn: Das ist nicht der Moment, um den Herrn zu loben! Warum tun sie nicht lieber etwas, um mich herauszuholen?

Eine Stimme, die ihr bekannt vorkam, rief plötzlich: „Hier müssen sie sein, ich bin sicher, daß sie hier sind! Unter den Trümmern!“

Ihr schienen es Stunden, bis sie endlich merkte, daß der Schutt abgetragen wurde. Schließlich wurde sie gefunden. Ein schwerer Balken hatte sie niedergeworfen, und es war ein Wunder, daß er sie nicht erschlagen hatte. Sie fühlte sich zerschunden und elend, klopfte aber sogleich ihre Hose ab und half, den Koch und die anderen Verschütteten aus den Trümmern herauszuziehen. Alle hatten Schürfungen und Schnittwunden davongetragen, doch keiner war ernstlich verletzt. Obwohl die Flugzeuge inzwischen abgedreht hatten, herrschten immer noch überall Panik und Verwirrung.

Ein Mann sprang wie geistesgestört von einem Fuß auf den anderen. „Drinnen in der Stadt ist es grauenvoll!" schrie er. „Man kann nirgends durch, alle sind tot, es ist grauenvoll, es ist grauenvoll!"

„Dann müssen wir sehen, ob wir helfen können", sagte Gladys grimmig. „Hören Sie auf mit dem Gezeter, kommen Sie lieber mit, und helfen Sie anpacken!" Im Schlafzimmer stand ihr Arzneiköfferchen; es enthielt eine große Flasche Lysol, eine Flasche mit Kaliumpermanganatkristallen, eine Büchse Borsäuresalz und Watte. Schnell riß sie ihre beiden Bettlaken in Streifen, etwa so breit wie Mullbinden, und machte sich auf den Weg zum Osttor.

Für den Anblick, der sich ihr nun bieten sollte, hatte nichts in ihrem bisherigen Leben sie vorbereitet. Die Wälle und das Tor hatten kaum Schaden genommen, aber das Stadtinnere schien gänzlich verwüstet. Da die Straßen zum Zeitpunkt des Angriffs voller Menschen gewesen waren, lagen überall Tote und Sterbende, Verwundete und vom Luftdruck Niedergeworfene. Auf der Hauptstraße türmten sich die Trümmer kniehoch und höher und begruben die Opfer unter sich. Menschen, die sich nicht befreien konnten, schrien um Hilfe. Sekundenlang zögerte Gladys am Tor. Was sollte sie hier anfangen mit ihren paar Binden, ihrer Flasche Kaliumpermanganat und ihrem Borsäuresalz? Aber das Gefühl der Hilflosigkeit verging so schnell, wie es gekommen war. Einem schwatzenden Haufen von Zuschauern am Tor wandte sie sich sogleich energisch und bestimmt zu.

„Ich brauche euch alle!" fuhr sie sie barsch an. „Ihr zwei, räumt einmal dort den Trümmerhaufen fort, es liegt jemand darunter! Ihr drei geht und holt Eimer mit heißem Wasser! Ihr dort – eins, zwei, drei, vier, fünf –, ihr macht die Hauptstraße frei, so daß man durchkommen kann! Alle Toten tragt ihr hinaus und legt sie außerhalb der Tore hin! Verstanden? Also los – an die Arbeit!"

Dem Chaos aus Schutt, Trümmern und menschlichen Schmerzen versuchte Ai-weh-deh mit einem Gemisch aus „Erster Hilfe" und gesundem Menschenverstand beizukommen. Die Verwundeten lagen so dicht gedrängt, daß Gladys allein auf einer Strecke von zehn Metern zwölf Menschen zu verbinden hatte. Inzwischen hatte man ihr Eimer mit heißem Wasser gebracht, und sie ließ einige Kristalle aus ihrer kostbaren Kaliumpermanganatflasche hineinfallen. Diese Flüssigkeit diente ihr als einfaches Desinfektionsmittel, mit dem sie die Wunden betupfte.

Überall traf sie auf vor Schreck gelähmte Menschen, die sie zum Handeln bewegte oder durch ihre Energie mitriß. Ihre durchdringende Stimme hallte zwischen den Ruinen: „Ihr drei Männer, klettert einmal in das Loch da drüben! Es ist bestimmt jemand drin. Hört ihr die Leute nicht rufen? – Und ihr anderen – durchsucht hier dies Gebäude, seht nach, ob sich jemand darin befindet, der Hilfe braucht!"

Ihr Gesicht war verschmutzt von Staub, Tränen und Blut, ihr Mund nur noch eine verkniffene Linie, ihre blaue Jacke blutbefleckt – so arbeitete sie unentwegt weiter, verband und schiente und trug ihren Eimer mit sich herum, um die Wunden zu reinigen. Am späten Nachmittag, als sie endlich einen Augenblick innehielt, mußte sie feststellen, daß sie bis jetzt erst drei Viertel der Verletzten entlang der Hauptstraße hatte versorgen können. Auf den Stufen des Yamen saß ein alter Mann, den Kopf in die Hände gestützt. Als Gladys über den Schutt kletterte, schaute er auf und sah sie mit stumpfen Augen an.

„Du lebst ja noch", krächzte er, „also lebt dein Gott wohl auch noch?"

„Ihn kann niemand töten, er ist unsterblich", entgegnete sie etwas gereizt. „Aber warum sitzen Sie hier herum, alter Mann, wenn es so viel zu tun gibt?"

„Ich habe die ganze Zeit mit angepackt", gab er müde zurück. „Da drüben sind sie alle immer noch an der Arbeit."

Gladys wandte den Blick in die Richtung, in die er zeigte. An einer Hausecke sah sie zwischen zerborstenem Mauerwerk ihren alten Freund, den Gefängnisdirektor, stehen und ging zu ihm hinüber. Er war erschöpft und schmutzig.

„Ai-weh-deh?" sagte er matt. „Ich dachte mir gleich, wenn Sie nicht tot sind, dann stecken Sie sicher da irgendwo mittendrin."

„Sie haben Leute gefunden, die zu helfen versuchen?" fragte Gladys.

„Es sind alles Gefangene", erwiderte der Direktor. „Sie machen ihre Sache ausgezeichnet."

Während er sprach, bog Feng, der einstige buddhistische Priester, um eine Ecke. Er trug einen Verwundeten aus einem zerstörten Haus.

„Wir legen die Verletzten in den Yamen", erklärte der Direktor niedergeschlagen. „Aber es sind so viele. Wie lange werden wir wohl noch so weitermachen?"

„Bis alles getan ist", warf Gladys ungeduldig ein. „Aber wir sollten die Arbeit besser organisieren. Die Verwundeten müssen unter ein Dach kommen, die Toten begraben und die Stadt aufgeräumt werden. Wo ist der Mandarin?"

„Im Yamen. Er hilft mit."

„Wir wollen mit ihm sprechen."

Sie bahnten sich einen Weg durch die Trümmer. Der Mandarin, noch in seinem scharlachroten Gewand, beriet sich gerade mit einer

Gruppe ängstlich aussehender Beamter, doch als er Gladys sah, entließ er sie und wandte sich ihr zu. Er war mit allem einverstanden, was sie vorschlug, und eine halbe Stunde später war ein Hilfskomitee aufgestellt und bereits an der Arbeit. Überkrustet mit Staub, Schweiß und Blut saßen die Mitglieder um einen Tisch und entwarfen einen Plan. Es fehlte ihnen jegliche Erfahrung, denn keine Katastrophe in der Geschichte Yangchengs war mit dieser zu vergleichen. Die Stadtmauern, die vor vielen Jahrhunderten zum Schutz vor Eindringlingen von außen errichtet worden waren, hatten zu einer dichten Besiedlung geführt, und wenn die Japaner ihre Bomben nur genau in die Mitte warfen, dann konnten sie sicher sein, daß sie furchtbare Verheerungen anrichten würden.

„Die Maultiertreiber müssen mit anpacken!" forderte Gladys. „Wir werden sie vor den Stadttoren anhalten; sie sollen ihre Tiere draußen unterbringen, so gut sie können, und uns dann helfen, den Schutt aufzuräumen. Es liegen noch immer Menschen unter den Trümmern, die müssen wir herausholen."

„Wir haben Hunderte von Obdachlosen und unendlich viele Verwundete", bemerkte der Gefängnisdirektor und seufzte verzagt.

„Der Tempel Lang Quai und der Buddhatempel in der Mitte der Stadt sind verschont geblieben", erwiderte der Mandarin. „Der eine kann die Obdachlosen aufnehmen, in den anderen bringen wir die Verwundeten."

„Wir müssen die Lebensmittelvorräte zentral lagern und eine Gemeinschaftsküche einrichten. Die Köche, die überlebt haben, sollen die Stadt mit Essen versorgen", sagte Gladys. „Außerdem sollte der Ausrufer herumgehen und das alles bekanntgeben. Er könnte auch gleich verkünden, daß jeder, der Verwandte auf dem Lande hat, zu ihnen gehen und vorerst dort bleiben soll."

Der Mandarin nickte. „Ich habe noch weitere beunruhigende Nachrichten erhalten", erklärte er. „Mir wurde berichtet, daß die Japaner Luan besetzt haben und sich Tsehchow nähern. Von Tsehchow werden sie mit größter Wahrscheinlichkeit nach Yangcheng weitermarschieren. Nach allem, was ich gehört habe, kennen sie kein Erbarmen mit der Bevölkerung."

„Immerhin haben wir noch einige Tage vor uns, bis sie kommen", warf Gladys ein. „Wir dürfen jetzt keine Zeit mehr verlieren."

Bald darauf begannen die neuorganisierten Räumungskommandos mit der Arbeit. Die Verwundeten wurden zum Buddhatempel getragen; dort war Gladys mit vielen Helferinnen am Werk, Wunden auszuwaschen, gebrochene Glieder behelfsmäßig zu schienen, Laken in

Binden zu reißen, Sterbenden beizustehen, so gut es ging, und an die Verwandten der transportfähigen Verwundeten Boten zu schicken. Vor dem Westtor in der Nähe eines alten Friedhofs wurde eine riesige Grube ausgehoben, in der man die Toten begrub. Chang hatte die Leitung der Gemeinschaftsküche übernommen; mit ein paar Köchen aus den benachbarten Herbergen sorgte er dafür, daß niemand zu hungern brauchte. Hunderte flackernder Lampen brannten bis tief in die Nacht hinein innerhalb der Mauern von Yangcheng, während die Arbeit weiterging, und die Leute schufteten, bis sie vor Erschöpfung zu wanken begannen. Es herrschte ein außergewöhnlicher Geist der Kameradschaft, eine Verbrüderung in der schlimmsten Not, aus der eine ungeahnte Stärke erwuchs.

Die Sonne erhob sich in rotgelbem Glanz über den Bergspitzen, und die Luft war rein und kühl. Aber der Rauch, der an diesem Morgen langsam in den klaren Himmel hinaufstieg, stammte nicht von den Herdstellen: Es war der Rauch schwelender Häuser. Und die Trümmer qualmten noch immer, als fünf Tage später die siegreichen Truppen Nippons in ihren leichten Khakiuniformen die Bergstraße von Tsehchow aus heranmarschierten und die verödete Stadt durch das Osttor betraten.

Die Japaner fanden eine verlassene Stadt vor, denn Geschichten über ihre Grausamkeit waren ihnen vorausgeeilt. Die Bewohner waren in die einsamen Dörfer und Berghöhlen geflüchtet und hatten soviel von ihrer Habe mitgenommen, wie sie tragen konnten. Der Direktor des Gefängnisses hatte die Gefangenen in Ketten antreten und in ein Bergdorf abmarschieren lassen. Auch der Mandarin war mit seiner ganzen Familie in einen nahen, in der Bergwildnis verborgenen Ort ausgewichen, und Gladys hatte ihre kleine christliche Schar von etwa vierzig Menschen nach Bei Chai Chuang geführt, ein winziges, von einer Mauer geschütztes Dorf von acht Häusern, das zehn Kilometer abseits der großen Maultierstraße am Hang eines hohen Berges lag wie ein Schwalbennest auf einem schrägen Dach. Keine Straße führte dort hinauf. Hier, in windgeschützten Tälern, pflanzten die Bauern Hirse und Mais, Baumwolle und Leinsamen. Sie hielten Hühner und Schweine, Schafe und Kühe und fingen in Fallen Rebhühner und Bergfasane. Kein japanischer Soldat hatte je Bei Chai Chuang entdeckt; er hätte es auch nicht überlebt, denn jeder Bauer hier war ein Partisan und hätte wenig Erbarmen mit diesen Eindringlingen gehabt, die er als Zerstörer seines Vaterlandes ansah.

Gladys hatte viele alte Freunde in diesem Dorf. Hier war sie immer willkommen, und die Bauern bewiesen auch diesmal ihre Gastfreundschaft, obgleich Gladys viele Menschen mitbrachte, deren Hunger gestillt werden mußte. Mit Schrecken hörten die Dorfbewohner die Berichte von dem Bombenangriff. Gladys und die Ihren blieben über eine Woche hier, bis die Männer, die täglich Erkundungsgänge in Richtung Yangcheng unternahmen, endlich mit guten Nachrichten zurückkamen. Sie hatten die Tore offen gefunden, und der Stadtausrufer war die Straße außerhalb der Stadt entlanggezogen, hatte seinen Gong geschlagen und gerufen: „Alle Bürger sollen zurückkommen und ihre Höfe säubern!"

Gladys' kleine Gefolgschaft freute sich. Offenbar hatten die Japaner sich nach Tsehchow zurückgezogen; nun konnten sie wieder nach Hause. Nur Gladys war weniger zuversichtlich. Sie bestand darauf, daß alle zunächst im Dorf blieben, bis sie selbst Erkundigungen angestellt habe. Zusammen mit einer Frau aus Bei Chai Chuang ging sie über die Berge. Vom Gebirge aus blickte sie hinunter auf die alten Stadtmauern und bekam plötzlich Angst. Nichts bewegte sich, kein Geräusch war zu hören, kein aufsteigender Rauch zu sehen, keinerlei Leben zu spüren. Sie ahnte, daß dort unten Entsetzliches auf sie wartete.

Das Westtor stand offen, und die Frauen gingen langsam unter seinem Bogen hindurch. Sie fanden eine Stadt der Toten vor! Leichen lagen aufeinandergestapelt überall in den Straßen und Gassen; die meisten von ihnen waren niedergemetzelt worden. Auf allen Plätzen, in den Tempeln, in den Basaren lagen die Toten – auch Frauen und Kinder waren darunter. Die Luft roch nach Tod. Mit versteinerten Gesichtszügen ging Gladys die Hauptstraße entlang. Das Gefühl versagte vor diesen Leichenbergen. Der Befehl des Stadtausrufers hatte ihr von Anfang an nicht gefallen: „Säubert eure Höfe!" Jetzt wußte sie, warum.

Eine kleine Gruppe von Menschen drängte sich vor dem Yamen zusammen. Gladys bahnte sich einen Weg, und in einem der inneren Zimmer fand sie den Mandarin. Sein Gesicht war aschfahl.

„Wir müssen sie begraben", sagte sie bedrückt.

Er nickte und strich sich mit der Hand über die Stirn. Wie Gladys war auch er erst an diesem Morgen von seinem Bergdorf nach Yangcheng gekommen, nachdem er von den Ereignissen gehört hatte. Von den Japanern war nichts mehr zu sehen. Einige Bewohner waren nach Yangcheng zurückgekehrt, um ihr Leben hier wiederaufzunehmen. Doch dann hatten sich chinesische Truppen auf ihrem Rückzug vor den Japanern in der Stadt verschanzt. Daraufhin hatten die Japaner Yangcheng umzingelt, die Tore zerstört und waren in die Stadt eingefallen. Hier hatten sie alle Männer, Frauen und Kinder niedergemacht, die sie fanden. Nicht einmal Dschingis-Khan hätte gründlichere Arbeit leisten können.

Außerhalb des Westtors wurde ein tiefer Graben für die Toten ausgehoben. Gladys fand auch im Hof der „Herberge zur Sechsten Glückseligkeit" drei Leichen, die sie mit Hilfe anderer am Berghang begrub. Bis zum späten Nachmittag blieb sie noch in der Stadt, aber übermannt vom Entsetzen über die Tragödie, die sich hier abgespielt hatte, hielt sie es plötzlich nicht mehr länger aus und beschloß, nach Bei Chai Chuang zurückzukehren.

Von den Bergen aus sah sie zurück auf die Stadt, die ihr in langen Jahren zur geliebten Heimat geworden war. Die Stadtmauern ragten noch immer stolz und trotzig empor. Man konnte von hier aus glauben, eine unversehrte Stadt zu erblicken, eine Bergstadt voller Frieden und Schönheit, die ein wehrhaftes Volk sich in alter Zeit klug und mit weiser Voraussicht aufgebaut hatte. Aber Gladys wußte, daß der Schein trog, daß das, was sie erblickte, nur eine Schale, eine Hülse war – zwei kurze Wochen hatten genügt, um Yangcheng zu vernichten.

Die Zeit des Friedens war vorbei. Sie konnte wohl zurückkehren, konnte das Dach ihrer Herberge erneuern; aber nie mehr würde es dasselbe sein. Das abgelegene, vom Wind gepeitschte Bergland, das sie so geliebt hatte, war zum Schlachtfeld geworden. Mit einem tiefen Seufzer wandte sie sich um und ging den steinbesäten Weg weiter, kletterte langsam über die Berge, dem Dorf Bei Chai Chuang entgegen.

DER VORSTOSS der Japaner im Frühjahr entlang der uralten Mauleselpfade bis zum Gelben Fluß war offensichtlich nur eine erste vorbereitende Offensive gewesen. Im Herbst wurden die japanischen Truppen aus Tsehchow abgezogen und nach Luan verlegt.

Die Zeit vom Herbst 1938 bis zum Frühling 1939 verbrachte Gladys zum Teil in Bei Chai Chuang, zum Teil in Yangcheng und in denjenigen Dörfern der Provinz, in denen kleine christliche Gemeinden entstanden waren.

Ihre Arbeit als Fußinspektorin war überflüssig geworden. Es gab nun Wichtigeres zu tun, als Füße zu untersuchen. Die „Herberge zur Sechsten Glückseligkeit" war wie ausgestorben: Der Handel entlang des alten Maultierpfades hatte aufgehört, denn seit Luan in Feindeshand war, konnte man nicht mehr über Tsehchow hinausgelangen. Nur noch wenige ihrer alten Freunde unter den Maultiertreibern suchten die Herberge auf. Hinzu kam, daß Chang, der Koch, verschwunden war, und mit ihm viel von dem alten Geist, der das Haus erfüllt hatte. Als die Japaner in Yangcheng eingedrungen waren, war er in sein Heimatdorf in den Bergen geflohen und nicht zurückgekommen. Gladys erfuhr nie, was mit ihm geschehen war; sie erhielt nur irgendwann die Nachricht von seinem Tod. Sie trauerte sehr um Chang; er war immer ein zuverlässiger Freund gewesen, wenn sie Freundschaft am nötigsten gebraucht hatte.

Das Geld wurde knapp in diesen Tagen. Von Zeit zu Zeit sandte Gladys' Mutter eine telegrafische Überweisung, und aufgrund des günstigen Wechselkurses konnte sie mit wenigen Shilling monatelang auskommen. Geld war für sie allerdings nicht mehr besonders wichtig, denn sie und ihre Verdienste waren inzwischen in der Region weithin bekannt, und in diesen schlimmen Jahren war es bei den Chinesen üblich, daß jeder, der Nahrung und Unterkunft hatte, beides mit den anderen teilte. Im Frühling 1939 verbreitete sich wie ein Lauffeuer die Nachricht, daß die Japaner sich wieder dem Hochland näherten. Eine Woge der Panik erfaßte Yangcheng. Trotzdem verließen die Einwohner Haus und Hof nur widerstrebend; immer noch hofften sie, der japanische Vormarsch könnte durch ein Wunder aufgehalten werden. Aber die Befehle des Kommandeurs der chinesischen Nationalarmee zerstörten alle Illusionen. Sie waren eindeutig: Er ordnete eine „Strategie der verbrannten Erde" an. „Zündet eure Ernte an! Zerstört eure Häuser! Die Angreifer dürfen hier nirgends einen Unterschlupf finden!" Verzweifelt sahen die Bauern, wie die Hirse- und Maisfelder, von denen doch ihre ganze Existenz abhing, in Brand gesteckt wurden. „Was sollen wir tun?" fragten sie. „Wie sollen wir ohne Getreide leben?"

„Geht in die Berge", lautete die Antwort. „Wohnt in den Höhlen und an den Abhängen, sät euer Getreide in die Spalten und Klüfte, überall dort, wo ihr noch eine Krume guter Erde findet. Seid den Eindringlingen gegenüber wie Heuschrecken! Laßt keinen Halm stehen! Stehlt ihre Vorräte! Tötet die Männer! Nehmt die Gewehre der Toten, und gebraucht sie gegen den Feind. Nur so können wir China retten!"

Gladys sah kummervoll zum klaffenden Dach der Herberge hinauf. Die Bomben und das Winterwetter hatten die „Strategie der verbrannten Erde" bereits in die Wege geleitet.

Der Mandarin hatte ebenfalls Probleme und bat Gladys, ihn zu besuchen. „Diese ‚Strategie der verbrannten Erde' ist schwer durchzuführen", begann er. „Wir haben fast alles getan, was die Soldaten forderten – aber ich weiß nicht, was mit der Pagode des Skorpions geschehen soll . . ."

„Was ist damit?“ fragte Gladys. „Es ist doch ein häßliches altes Ding!“

„Sie wissen vielleicht, daß sich an diesen Tempel eine Legende knüpft. Vor Hunderten von Jahren, so wird erzählt, suchte ein Riesenskorpion unsere Berge heim und tötete viele Menschen. Doch während er schlief, schleppte das Volk große Steinblöcke herbei und errichtete eine Pagode über dem Skorpion, so daß er für immer festsaß. Nun fürchten die Stadtbewohner, daß der Skorpion entkommt, wenn sie sein Gefängnis niederreißen.“

Gladys zog die Brauen zusammen. „Glauben Sie etwa an diese Altweibergeschichte?“

Er lächelte. „Nein, ich glaube nicht daran. Darum wünsche ich, daß Sie und Ihre Christen den Befehl zur Zerstörung ausführen.“

„Mit dem größten Vergnügen“, entgegnete sie kurz. „Ich werde auch die Leute von Bei Chai Chuang herbringen, und gleich morgen früh werden wir uns diesen gräßlichen Heidentempel vornehmen.“

„Wenn ihr damit fertig seid“, fuhr der Mandarin fort, „gebe ich ein Fest, und ich möchte gern, daß Sie daran teilnehmen. Es wird wohl das letzte Fest sein, das jemals in Yangcheng gefeiert wird. Ich möchte meinen Gästen etwas mitteilen, das Sie hören sollen.“

Am nächsten Morgen machten sie sich an die Arbeit, und es dauerte nicht lange, dann waren die Steine der Pagode auseinandergeschlagen und das Bauwerk dem Erdboden gleichgemacht.

Als das Fest des Mandarins gefeiert wurde, machte Gladys eine überraschende Feststellung. Zwar war sie wie gewöhnlich die einzige Frau unter den Anwesenden – dieses Privileg genoß sie seit vielen Jahren –, aber dieses Mal befand sich ihr Platz direkt neben dem des Mandarins – es war der Ehrenplatz zu seiner Rechten.

Alle bedeutenden Persönlichkeiten von Yangcheng waren zugegen: der Gefängnisdirektor, zwei reiche Kaufleute, mehrere Beamte – alles in allem zwölf Gäste. Das Essen war einfach, im Gegensatz zu den üppigen Mahlzeiten bei den Festen, denen sie in früheren Jahren beigewohnt hatte.

Gegen Ende des Festes stand der Mandarin auf und hielt eine Ansprache. Er erinnerte daran, wie Ai-weh-deh nach China gekommen war, wie sie für alle hier gearbeitet hatte, was sie für die Armen getan hatte, für die Kranken und die Gefangenen. Er sprach von dem neuen Glauben, dem Christentum, den sie hier verkündet und über den er bei vielen Gelegenheiten mit ihr diskutiert hatte. Gladys fühlte sich etwas verwirrt. Das alles klang so sehr wie die Rede eines Vereinsvorstandes drüben in England, daß sie sich, fast ein wenig übermütig, fragte, ob er ihr zum Schluß wohl eine Ehrenurkunde oder eine silberne Teekanne als besondere Auszeichnung überreichen würde. Doch am Ende der Rede wandte sich der Mandarin ihr sehr ernst zu und sagte feierlich: „Ai-weh-deh, ich möchte Ihren Glauben annehmen. Ich möchte Christ werden!"

Ein Gemurmel der Überraschung erhob sich am Tisch. Gladys war so erstaunt, daß sie kein Wort hervorbrachte. Sie stand auf und brachte stammelnd ihre Überraschung, ihre Freude und ihren Dank zum Ausdruck. Sie erkannte, daß ihr in diesem Moment die wichtigste Bekehrung seit ihrer Ankunft in China geschenkt worden war.

Das Gespräch wandte sich nun wieder dem Vormarsch der Japaner zu. Der Gefängnisdirektor hatte seine eigenen Sorgen. Als der Feind das erstemal erwartet worden war, hatte er seine Gefangenen fesseln und in das Land hinaus abmarschieren lassen. Damals hatten sie, aneinandergekettet, die Zeit in einer Berghöhle abgewartet. Es war allerdings äußerst schwierig gewesen, sie zu bewachen und außerdem mit Essen zu versorgen, und er bezweifelte, daß er diese Aufgabe noch einmal auf sich nehmen könne. Sollte er nun die Gefangenen freigeben oder sie hinrichten lassen? Die Anwesenden diskutierten diese schwierige Frage, und man schien sich rasch einig, daß die Hinrichtung der sicherste Weg sei. Immerhin befanden sich Mörder und verwegene, skrupellose Burschen unter den Häftlingen. Nur Gladys protestierte. Es müsse sich doch eine menschlichere Lösung finden lassen! Warum könne man die Gefangenen nicht in den Gewahrsam von Freunden und Verwandten entlassen, die für ihr weiteres Verhalten verantwortlich gemacht werden müßten? Der Mandarin war einverstanden, und auch der Gefängnisdirektor nickte bedächtig. Er wolle es versuchen, erklärte er.

Und so waren am nächsten Tag am Ost- und Westtor Plakate angeschlagen, die verkündeten, Freunde und Verwandte von Gefangenen könnten die Häftlinge bei sich aufnehmen, wenn sie eine Bürgschaft für ihr Verhalten übernähmen und zum Zeichen ihres guten Willens einen festgelegten kleinen Betrag zahlten. Der Stadtausrufer zog durch die Straßen und gab ebenfalls diesen Beschluß bekannt.

Gladys suchte am nächsten Abend das Gefängnis auf, um sich nach dem Verlauf der Aktion zu erkundigen. Das Resultat war recht zufriedenstellend, aber es gab immer noch ein paar Männer, die von niemandem abgeholt worden waren. Als Gladys den engen Hof betrat, kamen zwei Häftlinge auf sie zu, um sie zu begrüßen. Es waren Feng, der einstige buddhistische Priester, und ein zweiter Mann namens Sheng-Li, mit dem sie schon des öfteren lange Gespräche geführt hatte. Gemessen an den örtlichen Verhältnissen war Sheng-Li ein gebildeter Mann. Er konnte lesen und schreiben und verstand sich ausgezeichnet auf Geldgeschäfte. Dieses Gebiet beherrschte er wohl eher zu gut: Er hatte nämlich einen *Tucheng* gefälscht, ein Steinsiegel, das von wohlhabenden Leuten benutzt wurde, um wichtige Papiere zu unterzeichnen, und durch seinen gelegentlichen Gebrauch ansehnliche Einkünfte bezogen, bis sein Vergehen entdeckt worden war.

Er war ein fröhlicher kleiner Mann, und Gladys hatte ihn sehr gern. Voller Mitleid erbot sie sich daher, für ihn zu bürgen. Doch als sie sich anschickte, den Hof zu verlassen, folgte ihr Fengs Blick so niedergeschlagen, daß sie sich zurückwandte und erklärte, sie wolle auch für ihn zahlen und die Bürgschaft übernehmen. Feng strahlte vor Glück und Dankbarkeit. Gefolgt von den beiden Befreiten ging Gladys zurück zur „Herberge zur Sechsten Glückseligkeit", um mit den Vorbereitungen für ihre Umsiedlung nach Bei Chai Chuang zu beginnen.

Früh am nächsten Morgen nahm sie Abschied vom Mandarin und vom Gefängnisdirektor. Der Direktor war sehr beunruhigt, denn für acht seiner „Schützlinge" hatte sich kein Bürge gefunden.

„Hm", machte Gladys und ging, um die übriggebliebenen Gefangenen in Augenschein zu nehmen. Sie alle hatten nur Verwandte in weit abgelegenen Dörfern. „Ich kann nicht für jeden von ihnen bezahlen, soviel Geld besitze ich nicht", erklärte Gladys. „Aber sie können mit mir kommen. Ich bürge für sie. Sobald ich in Bei Chai Chuang angekommen bin, werde ich Boten zu ihren Verwandten in den Dörfern schicken."

Der Gefängnisdirektor nickte zustimmend. Inzwischen war er fest davon überzeugt, daß jede von Ai-weh-dehs Entscheidungen richtig war.

Auch bei dem für Frauen zuständigen Gerichtshof, der zum Yamen gehörte, gab es ein Problem, mit dem sich der zuständige Beamte an Gladys wandte. Er machte sich Sorgen um ein junges Sklavenmädchen, das dort lebte und arbeitete. Es handelte sich um eine hübsche und fröhliche junge Frau namens Sualan, die schon fast das heiratsfähige Alter erreicht hatte, und nun, da der Yamen aufgelöst wurde, wußte der Beamte nicht, was mit ihr geschehen sollte. Alle Beamten waren verheiratet und hatten Konkubinen, und die Zeit reichte nicht, um für Sualan einen Ehemann zu finden.

„Also gut", erklärte Gladys erschöpft, „sie kann mit mir und den Gefangenen mitkommen. Das wird bestimmt eine ganz neue Erfahrung für sie werden. Für mich übrigens auch", fügte sie noch hinzu.

So machten sie sich auf nach Bei Chai Chuang: Gladys, das Sklavenmädchen Sualan und die christliche Gemeinde, gefolgt von den glücklichen Gefangenen. Es gab unterwegs keinerlei Probleme, und sobald sie im Dorf angekommen waren, wurden Boten ausgesandt zu den Angehörigen der Gefangenen, damit diese die Verantwortung für ihre Verwandten übernahmen und sie abholten. Zum Schluß waren nur noch Feng und Sheng-Li übrig, und sie sollten lange bei Gladys bleiben.

GLADYS hielt sich noch in Bei Chai Chuang auf, als ihr in den ersten Frühlingstagen die Botschaft überbracht wurde, daß Banditen ein Mitglied einer ihrer christlichen Gemeinden in einem Dorf nahe der Stadt Tsinshui überfallen hatten. Obgleich er nur ein armer Bauer war, hatte sich das Gerücht verbreitet, daß er Gold verborgen halte. Die Räuber waren aus den Bergen gekommen, hatten sein Haus überfallen und ihr Opfer gefoltert, um von ihm das Versteck des Goldes zu erfahren. Mit einem ihrer Kinder, dem neunjährigen Waisenjungen Timothy, und der siebzehnjährigen Wan Yü, die aus einem Dorf nicht weit von Tsinshui stammte und ihre Eltern besuchen wollte, machte Gladys sich auf den Weg. Nur mit Bettzeug und leichtem Gepäck zogen sie los, um zu sehen, ob der Bauer Hilfe brauchte. Sie fanden ihn in seinem Haus. Es ging ihm sehr schlecht; die Bande hatte ihn mit rotglühenden Eisen fürchterlich zugerichtet. Gladys verband seine Wunden und versuchte, seine Schmerzen zu lindern, so gut sie konnte. Es war ein ruhiges Dorf in einem versteckten Tal, und auf den Feldterrassen leuchtete der Frühlingsmais in sattem Grün. Sie blieben länger als eine Woche, und alles schien so friedlich und heiter, daß Gladys die Tage bei dem Kranken wie Ferien genoß. Der Krieg erschien hier fast unwirklich. Tsinshui war zweieinhalb Tagereisen entfernt, Yangcheng sogar noch weiter.

Die friedliche Zeit aber war schnell vorbei. Von der kleinen christlichen Mission, die Gladys in Tsinshui eingerichtet hatte, kam ein Bote geeilt. Die Japaner hatten ein zweites Mal Yangcheng eingenommen, und man rechnete täglich damit, daß sie Tsinshui überfallen könnten. Die Mission hatte zweihundert Flüchtlinge aufgenommen. Der Bote hatte den Auftrag, Ai-weh-deh zu fragen, ob sie sofort kommen und helfen könne.

Mit Timothy und Wan Yü machte sie sich auf den Weg. Am nächsten Morgen kamen sie an. Der Anblick, der sie erwartete, war ihnen schon allzu vertraut. Alle Bewohner hatten sich in einem großen Tempel im Mittelpunkt der Stadt versammelt, wo der Mandarin von Tsinshui eine Ansprache hielt. Die Stadt war bombardiert worden; man mußte also in Kürze mit der Ankunft des Feindes rechnen. Alle

Einwohner sollten die Stadt noch vor Anbruch des nächsten Tages verlassen.

Während Gladys dem Mandarin zuhörte, prägte sich ihr die Szenerie fest ein: die große, schlanke Figur im Mandaringewand auf den grauen Steinstufen des Tempels, die Pagodendächer und die dunkle Stadtmauer, alles eingefaßt von dem heißen blauen Sommerhimmel und den Bergen. Sie fragte sich, wie oft im Laufe der Jahrhunderte sich diese Szene wohl schon wiederholt haben mochte. Die Eindringlinge kamen fast immer von Norden und brachten Tod und Zerstörung. Dann floh die Bevölkerung in die Berge, und wenn der Feind abgezogen war, kehrte sie zurück, um ihre Toten zu begraben und ihre Häuser wiederaufzubauen. Von Generation zu Generation hatte sich immer wieder das gleiche abgespielt.

Gladys kam bei diesen Überlegungen zu dem Schluß, daß Gott in diesen „Bergmenschen" prächtige Geschöpfe erschaffen hatte. Sie waren unverwüstlich wie das Leben selbst: Ob man versuchte, sie zu verbrennen oder sie auszurotten – sie hatten den längeren Atem. Gladys würde sie niemals vergessen können; sie waren zu einem Teil ihres Lebens geworden.

In einem Brief, den Gladys in diesem Jahr ihrer Mutter auf einen Fetzen Papier hinkritzelte, schrieb sie: „Wünscht mich nicht aus all diesem heraus, und versucht nicht, mich auf irgendeine Weise von meinem Werk abzuhalten, wie lange auch die Prüfung dauern möge, denn ich will nicht fliehen vor dieser Heimsuchung. Diese Menschen sind mir von Gott anvertraut, und ich will mit ihnen leben oder sterben für Ihn und Seinen Ruhm."

7. Kapitel

IN DIESER Nacht, im Hof des kleinen Missionshauses in Tsinshui, faßte Gladys ihren Entschluß. Sie mußte rasch fliehen, ehe der Feind weiter vordrang. Yangcheng war schon von den Japanern überrannt. Also mußte sie versuchen, mit Timothy und Wan Yü so schnell wie möglich wieder nach Bei Chai Chuan zu gelangen, wo ihre Freunde und die anderen Kinder auf sie warteten.

Ganz früh am nächsten Morgen wanderten Gladys, Wan Yü und Timothy durch das östliche Stadttor, ihre Bündel unter dem Arm. Sie waren noch keine zehn Minuten gegangen, als Gladys eine unbehagliche Erregung in sich aufsteigen fühlte. Nur noch ein Marsch von gut drei Kilometern lag vor ihnen, ehe sie den Schutz der Felsen und

Berghänge erreicht haben würden. Doch ihr Instinkt warnte sie.

Besorgt blickte sie Timothy und Wan Yü an. „Wir gehen zurück!" sagte sie.

Erstaunt sahen die beiden Gladys an. „Aber warum?" protestierte Wan Yü.

„Ich weiß nicht. Ich habe nur so ein Gefühl, daß es zu gefährlich ist, wenn wir gerade jetzt versuchen, nach Bei Chai Chuang zu kommen", entgegnete Gladys. Sie ergriff Timothys Hand, drehte sich auf dem Absatz um und marschierte zurück zu den Stadttoren, wobei sie den Jungen hinter sich herzog.

„Können wir nicht zu meinem Dorf gehen und dort bleiben?" fragte Wan Yü eifrig, während sie hinterherhastete. „Es liegt in einem Tal draußen vor dem Westtor. Mein Bruder wird für uns sorgen, er tut das sicher gern."

„Also gut, dann machen wir das", entschied Gladys.

Sie liefen durch das Osttor zurück. Die Straßen wimmelten nur so von Menschen. Männer, Frauen und Kinder, alle mit Haushaltsgeräten bepackt, strömten durch die Gassen zum Westtor. Als die drei so inmitten der Menge dahineilten, hörte Gladys eine Stimme hinter sich rufen: „Ai-weh-deh! Ai-weh-deh!" Sie sah sich um. Es war der Postmeister, ein kleiner, eifriger, wichtigtuerischer Kerl, den sie nur flüchtig kannte. Er schleppte ein braun verpacktes und mit Bindfaden zusammengehaltenes Paket.

„Hier sind Briefe für Sie", schnatterte er und versuchte vergeblich, sich durch die Menge näher an sie heranzurudern. „Ihre Post aus Yangcheng! Alle –"

Er verstummte mitten im Satz. Im selben Moment hörten sie vom Tor aus, durch das sie soeben in die Stadt zurückgekehrt waren, das Knattern von Maschinengewehrsalven und die Schreckensschreie der Menschen. Die japanische Vorhut! Wenn Gladys nicht eine innere Stimme gewarnt hätte, wären sie mitten in die feindlichen Truppen hineinmarschiert. Sofort entstand eine Panik. Pakete und Bündel wurden in dem wilden Durcheinander weggeworfen, und alles rannte in wilder Flucht in Richtung des Westtors.

Auch der Postmeister vergaß seine Verantwortung, warf Gladys das Paket vor die Füße und lief um sein Leben. Sie hob es auf, legte es oben auf ihr Bettzeug, umfaßte das Ganze mit beiden Armen und kämpfte sich weiter, fest entschlossen, die kostbaren Briefe von zu Hause nicht zu verlieren. Timothy und Wan Yü rannten neben ihr her.

Die Straße außerhalb des Westtors verlief parallel zu dem schnell dahinplätschernden Chin ho. Dreihundert Meter vom Stadttor entfernt konnte man ihn über eine Furt durchqueren. Wan Yüs Dorf lag hoch oben in einem steil ansteigenden Tal jenseits des Flusses. Die meisten der Stadtleute hasteten zu der Furt, und inmitten eines Schwarms von Flüchtenden durchwateten auch Gladys, Timothy und Wan Yü den Fluß. Die Kleider klebten den dreien am Körper, als sie das andere Ufer erreichten. Sofort begannen sie, den Berghang hinaufzuklettern, angespornt vom Knattern des Gewehrfeuers hinter ihnen in den Straßen der Stadt.

Wege gab es hier nicht. Den ganzen Tag hindurch kletterten sie weiter und nahmen sich kaum Zeit für eine Ruhepause. Der wirre Lärm unter ihnen wurde allmählich schwächer. Das Tal dehnte sich über viele Kilometer aus, und ringsum ragten Berge empor. Wan Yüs Dorf war das letzte und höchstgelegene in diesem Tal. Zu jeder anderen Zeit hätten sie den idyllischen Ausblick genossen, der sich von hier oben bot: Vom Dorf lief das Tal sanft hinab zum Chin ho, der sich in der Ferne wand wie ein sonnenbeglänzter Silberstreifen, und dort, wo das Tal sich mit der tiefen Schlucht des Flußbettes vereinigte, erhoben sich die Mauern der Stadt, die sie eben verlassen hatten und die nun in die Hände der Japaner gefallen war.

Vor ihnen ragten die Gipfel der Berge steil empor in den Himmel. Es war Hochsommer, und auf den geschützten Talterrassen blühten die Rosen. Schweine und Hühner scharrten im harten, sonnenverbrannten Erdreich. Es schien unvorstellbar, daß unterdessen die Eroberer aus Nippon entlang der Flußufer und den niederen Hängen des Tals brandschatzten, plünderten und mordeten. Von der alten Stadt Tsinshui ausgehend, unternahmen sie täglich räuberische Vorstöße ins Land hinein. Sie verbrannten die Ernte auf den Feldern, vergewaltigten alte Frauen und junge Mädchen, stahlen Lebensmittelvorräte und schossen Stadtbewohner und Bauern nieder, wo sie ihren Weg kreuzten.

In Wan Yüs Haus lebten ihre alte Mutter, ihr Bruder und seine Frau. Bald aber gesellten sich noch andere dazu, Menschen, die vor den Japanern geflüchtet waren. Zwei blinde alte Männer fanden hier Unterschlupf, vier schwangere Frauen, ein halbes Dutzend Kinder und mehrere Mütter mit Säuglingen.

Gladys half, wo immer sie nur konnte, und schon nach kurzer Zeit verwarf sie ihr Vorhaben weiterzuziehen, sobald der Feind näher rückte. Zu viele Menschen hier waren auf sie angewiesen, und es war undenkbar, mit einer solchen Gruppe durchs Gebirge zu ziehen. Einige von ihnen waren verwundet, und so verwandelte sie wieder ein Haus in eine improvisierte Sanitätsstation und Pflegestätte, wenn diese auch nur mit dem Allernötigsten versehen war. Angesichts dieser Zustände blieb Gladys nur zu beten, daß Gott die Japaner fernhalten möge.

Die Japaner kamen nicht. Woche um Woche verging, und im Spätsommer zogen sie ab von Tsinshui, marschierten den Maultierpfad entlang nach Yangcheng und weiter nach Tsehchow, wo sie ihr Winterlager aufschlugen. Als die Nachricht von ihrem Abzug Gladys erreichte, ging sie mit Wan Yü und Timothy zurück nach Tsinshui, weiter über die Berge nach Bei Chai Chuang und dann den Maultierweg entlang nach Yangcheng zur „Herberge zur Sechsten Glückseligkeit".

Ein trauriger Anblick erwartete sie. Noch immer klaffte ein Loch im zerstörten Dach, und den Missionssaal hatten die Japaner als Pferdestall benutzt. Alles starrte vor Schmutz, aber Gladys machte die Räume rasch wieder bewohnbar.

Die meisten Einwohner kehrten nun aus den Berghöhlen und Bergdörfern heim und besserten die Schäden an ihren Häusern aus. Die alte Stadt erwachte langsam zu neuem Leben. Der Mandarin und seine Beamten zogen wieder in den Yamen ein, und auch der Gefängnisdirektor kam mit den Wächtern zurück. Von Süden her trafen die ersten Maultierzüge ein, und ein paar Kaufleute öffneten ihre Läden mit einem verschwindend kleinen Warenvorrat. Aber erst als der schwere Winterschnee die Pässe unbegehbar machte, fühlten sich die Menschen sicher.

Im Februar, als der Schnee zu weichen begann, beschloß Gladys, die Familie Davis in Tsehchow zu besuchen, obwohl sie wußte, daß die Stadt von den Japanern besetzt war. Sie war beunruhigt, weil sie seit Monaten nichts von ihnen gehört hatte. Immerhin waren Nachrichten durchgesickert, daß die Einwohner von den Japanern gut behandelt würden. Das Missionsgelände in Tsehchow lag vor dem Stadtwall, und obgleich die Stadttore von den Japanern ziemlich streng bewacht wurden, konnten und wollten sie über das dauernde Hin und Her von Flüchtlingen und Bauern außerhalb der Mauern keine Kontrolle ausüben.

Gladys glaubte, daß es ihr gelingen würde, als einfache chinesische Bäuerin durchzukommen, und da sie in Tsehchow nachts eintraf, als selbst die mutigsten Japaner sich schon hinter der Stadtmauer verbarrikadiert hatten, erreichte sie ihr Ziel ohne Hindernisse.

Jean und David bereiteten ihr einen herzlichen Empfang. Sie bestätigten ihr, daß sich die Japaner im allgemeinen erträglich verhielten. Es war das zweite Mal, daß sie unter japanischer Besatzung lebten, und bisher waren sie selbst noch nie von ihnen belästigt worden.

Ab und zu wurde die Mission von den Besatzungstruppen durchsucht, doch dabei war es bislang nie zu ernsthaften Zwischenfällen gekommen. Nach Davids persönlichen Erfahrungen erwiesen sich viele japanische Offiziere als sympathische Menschen, von denen sich sogar einige, auch wenn sie nicht Christen waren, zu seiner Überraschung für ein Gespräch über das Christentum interessierten.

Manchmal besuchte sogar eine Gruppe Soldaten seine Gottesdienste. Trotzdem ermahnte er Gladys, vorsichtig zu sein.

Das Gebiet von Shansi war immer mehr zum Schlachtfeld geworden. Partisanen versteckten sich in den Bergen, und die Truppen des örtlichen Kommandeurs hatten sich mit den Nationalisten Tschiang Kai-scheks vereinigt. Wie ein gereiztes Stachelschwein seine Stacheln aufrichtet zum Kampf, so starrte das ganze Gebiet von Widerstandsnestern. Zeitweilig wurde das Kriegsbild noch verwickelter, wenn kommunistische Truppen von Szechwan angriffen und die chinesischen Nationalisten ebenso emsig attackierten wie die Japaner. Es war ein verzweifelter, alle Kräfte erschöpfender Krieg für die Beteiligten.

Wie sich herausstellte, traf es sich gut, daß Gladys gerade jetzt nach Tsehchow gekommen war.

David und Jean wollten nämlich in ein paar Wochen zwei ältere europäische Damen, die in Tsehchow verblieben waren, aus der Gefahrenzone bis nach Chefoo an der Ostküste geleiten, was eine Reise von etwa zwei Monaten bedeutete. Sie fragten Gladys, ob sie die Leitung der Mission übernehmen könne, solange sie abwesend seien, und Gladys erklärte sich sofort dazu bereit.

In der Folgezeit überwand Gladys bei ihren Besuchen in Tsehchow ihre Scheu vor den Japanern, und von den Quartiermeistern erhielt sie auf ihre Bitte hin sogar Lebensmittel für ihre Schutzbefohlenen. Die meisten japanischen Soldaten liebten Kinder. Eines Tages erschien eine große Gruppe nach dem Dienst auf dem Missionsgelände und brachte pralle Säcke voll Zucker mit, deren Inhalt sie an die jubelnden Kinder austeilten. Gladys war dankbar für diese freundliche Geste, an die sie gerne zurückdachte – ansonsten blieben nur wenige glückliche Erinnerungen an die Japaner.

Kurze Zeit vor David Davis' Reise an die Küste ereignete sich auf dem Missionsgelände ein furchtbarer Vorfall, bei dem Gladys schwere Verletzungen davontrug, unter denen sie noch jahrelang zu leiden hatte. Das Missionsgelände in Tsehchow war groß und unübersichtlich; Männerhof und Frauenhof lagen weit auseinander. Die Familie Davis wohnte nahe dem Männerhof, Gladys hingegen in nächster Nähe des Frauenhofs. Sie war deshalb die erste, die die Schreie und

Rufe hörte, als ein Trupp japanischer Soldaten und Offiziere die Türen der Frauenräume von der Hofseite her einzuschlagen begann. Mindestens hundert Frauen hatten hier Unterkunft gefunden, Flüchtlinge, getaufte und ungetaufte Obdachlose aus den Dörfern ringsum.

Gladys eilte sofort nach draußen. Als sie in den Hof einbog, sah sie ein japanischer Offizier. Er schrie einem Soldaten, der mit dem Gewehr im Anschlag dastand, ein kurzes Kommando zu. Wortlos hob der Soldat den Gewehrkolben und ließ ihn auf Gladys' Kopf niedersausen. Sie stürzte hin, halb bewußtlos, fühlte, wie der Kolben noch einige Male in ihren Körper hineinstieß, spürte, wie Soldatenstiefel sie bearbeiteten, bis dunkle Bewußtlosigkeit sie umfing. Als David Davis, der den Tumult gehört hatte, den Frauenhof erreichte, lag Gladys wie ein schlaffes Bündel am Boden.

Entsetzt starrte David auf die Szene. Mehr als dreißig Japaner standen da, die offensichtlich nichts anderes im Sinn hatten, als Frauen zu vergewaltigen. Was konnte er, unbewaffnet, wie er war, unternehmen, um dreißig Soldaten an ihrem entsetzlichen Vorhaben zu hindern? Instinktiv tat er das wohl einzig Mögliche.

„Betet!" rief er den Frauen zu. „Betet alle!"

Der japanische Offizier drehte sich blitzschnell zu ihm herum und zischte einen wilden Fluch zwischen seinen dünnen Lippen hervor. Dann zog er die Pistole, zielte kurz und drückte ab. Sein waffenloser Gegner war aus dieser Nähe nicht zu verfehlen. David hörte das „Klick", als der Japaner den Abzug betätigte, das „Klick-klick-klick", als der Offizier den Hahn wütend immer wieder zurückriß. Ob die Pistole eine Ladehemmung hatte oder ob sie überhaupt ungeladen war – David Davis erfuhr es nie. Er blieb jedenfalls unverletzt. Fluchend packte der Offizier die Pistole am Lauf und hieb David den Griff brutal ins Gesicht. David sank ob der Gewalt dieses Schlages zu Boden. Seine Wange und sein Mund waren blutig. Doch bereits nach wenigen Sekunden erhob er sich mühsam auf die Knie. Blut rann über seine Jacke, als er mit letzter Kraft rief: „Betet! Betet, ihr alle!"

Alle Frauen und Mädchen warfen sich auf die Knie, falteten die Hände und beteten laut. Es war ein Anblick, der selbst den wildesten und rücksichtslosesten unter den Eindringlingen Einhalt gebot. Die japanischen Soldaten blickten verdutzt drein und wußten nicht recht, was sie tun sollten. Der Offizier brüllte ihnen etwas zu, doch sie blieben betreten stehen. Nach einem zweiten Befehl erst wandten sie sich ab und schlenderten aus dem Hof. Der Offizier schritt hinterdrein. Eine Frau lief hinter ihnen her und schloß das Tor. Die meisten der Frauen weinten vor Erleichterung.

David Davis erhob sich. Die Frauen trugen Gladys ins Haus und brachten sie mit kalten Kompressen langsam zu Bewußtsein. Am nächsten Morgen stand sie schon wieder auf, fühlte sich aber zerschlagen und wund und konnte sich an das Geschehene kaum noch erinnern.

Obgleich sie monatelang unter quälenden Schmerzen litt, ließ sie sich dadurch von ihrer Arbeit nicht abhalten. Als wenig später das Ehepaar Davis seine Reise an die Küste antrat, kümmerte sie sich um die Mission, besuchte aber trotzdem regelmäßig Yangcheng und all jene einsamen Bergdörfer, in denen sie begonnen hatte, kleine christliche Gemeinschaften zu gründen. Nach dem chinesischen Kalender hat die Woche nur sechs Tage, es gibt also keinen Sonntag. So bildete sich die Gewohnheit heraus, den Tag von Gladys' Ankunft als Sonntag zu feiern, an dem alle sich zum gemeinsamen Gebet versammelten und Choräle sangen. In den kleinen Dörfern hoch oben in den Bergen spürte man nicht viel vom Näherrücken des Krieges, nur wenige Nachrichten vom Kampfgeschehen waren bis hierher durchgesickert. Aber in den Orten näher bei Tsehchow waren die Menschen stets auf die Flucht vorbereitet und hatten ihre gepackten Bündel bereitliegen.

Im Frühling des Jahres 1940 kam es rund um Tsehchow zu schweren Gefechten. Die Nationalisten zogen mit hoher Truppenstärke in die Schlacht, und die Japaner wichen in Richtung Luan zurück. Nationalistische Truppen rückten jetzt in die Stadt ein. Zwei oder drei Wochen danach kamen vier vornehme Herren zur Mission und baten um eine Unterredung mit Gladys.

Sie eilte nach draußen. Die vier Herren in Zivilkleidung standen bereits vor ihrer Tür. Sie waren jung und verbeugten sich in höflichem Zeremoniell.

Schroff fuhr Gladys sie an: „Es tut mir leid, aber Sie haben dieses Grundstück widerrechtlich betreten! Dies ist Missionsgelände, und wir müssen unsere Neutralität wahren. Sie müssen sofort gehen."

Der Führer der vier war ein junger Chinese, dessen natürliche Würde sie an die Haltung des Mandarins erinnerte. Diese aufrechte Gestalt, dieses beherrschte Gesicht drückten eine Autorität aus, die sie bislang nur selten gefunden hatte.

„Es war nicht unsere Absicht, Ihnen lästig zu fallen", sagte er. „Wir glaubten, Sie könnten uns helfen."

Gladys sah ihn zornig an. „Wie können Sie von mir Beistand erwarten? Sie führen Krieg! Und dieses Land gehört niemandem außer Gott! Würden Sie nun bitte gehen?"

Der junge Mann neigte ein wenig den Kopf. Gladys fiel das dunkle, glänzende Haar über der hohen, blassen Stirn auf, die dunklen langgeschlitzten Augen unter schwarzen Augenbrauen, die reine goldfarbene Haut.

„Es tut uns wirklich sehr leid, Ihr Mißfallen zu erregen", sagte er ruhig, „aber als wir in Chungking waren, riet uns unser Oberbefehlshaber: ‚Wenn Sie jemanden brauchen, dem Sie vertrauen können, dann wenden Sie sich an die christliche Mission.' "

Gladys warf ihm einen scharfen Blick zu. „Was haben Sie mit dem Oberbefehlshaber zu tun?"

„Wir sind seine Repräsentanten. Wir glaubten, Sie stünden auf der Seite Chinas."

Der sanfte Vorwurf in seiner ruhigen Stimme war nicht zu überhören. Einen Augenblick zögerte sie. „Vielleicht sprechen wir doch besser drinnen weiter – wenn die anderen drei Herren draußen vor der Mission warten können."

Er lächelte. „Danke sehr." Seine Begleiter entfernten sich durch das Tor.

Als sie sich in der Mission gegenübersaßen, erklärte er ihr, daß er und die drei anderen zum Nachrichtendienst Tschiang Kai-scheks gehörten. „Die Situation in Shansi ist verwickelt, und wir haben den Auftrag zu erforschen, was hier eigentlich vor sich geht. Für die Verteidigung Chinas ist dies ein lebenswichtiges Gebiet, und wenn wir irgendwo die scharfen japanischen Attacken zurückschlagen können, dann am ehesten hier, wo das Terrain dem besser ausgerüsteten Feind wenig Hilfe bietet, wo Verbindungslinien leicht abzuschneiden sind und wo am Fuß der Berge der Gelbe Fluß eine mächtige Barriere bildet. Die Eroberung der Berge durch die Japaner könnten wir hier allein durch den Einsatz kleiner, aber qualifizierter Einheiten verhindern. Ai-weh-deh, wollen Sie China helfen?" fragte er dann ganz offen und direkt.

Gladys atmete tief. „Ich bin Chinesin – naturalisierte Chinesin", sagte sie langsam, zögernd. „Ich bin schon lange in großer Sorge um dieses Land."

„Besteht Ihr Gott auf Neutralität in allen Dingen?" fragte er ernst. „Ist er nicht gegen alles Böse?"

„Ja . . ., aber . . ."

„Die Absichten der Japaner in China sind böse, nicht wahr?" fuhr er fort. „China kämpft bis zum letzten Blutstropfen, um die Verbreitung des Bösen zu verhindern. China *muß* diesen Krieg gewinnen."

Gladys hatte nie so ernsthaft über die ethischen Hintergründe des Kampfes nachgedacht. Es war seltsam, daß dieser junge Mann mit der sanften Stimme sie zur inneren Auseinandersetzung mit diesen Fragen zwingen sollte!

„Ich will Ihnen helfen, soweit es mein Gewissen erlaubt", sagte sie schließlich.

Er stand auf und verbeugte sich. „Das ist sehr freundlich von Ihnen", erwiderte er liebenswürdig. „Wenn ich darf, würde ich gern wiederkommen und mich weiter mit Ihnen unterhalten."

Es dauerte eine Woche, bis er sich wieder einfand. Die nationalistischen Truppen hatten mittlerweile die Japaner viele Kilometer in Richtung Luan zurückgetrieben und starke Kampfverbände rund um Tsehchow zusammengezogen. Der chinesische Oberbefehlshaber und sein Stab hatten ihr Hauptquartier in der Stadt errichtet. Unter einem harmlosen Vorwand kam der junge Mann bei Gladys vorbei und bat um Erlaubnis für seine Leute, dem Gottesdienst in der Mission beizuwohnen.

Gladys antwortete, sie würde sich über ihren Besuch freuen. Auch mehrere japanische Christen seien regelmäßig zum Gottesdienst gekommen, als die Stadt von ihren Truppen besetzt gewesen sei. Sie sah, wie ihr Gegenüber die Augenbrauen hob, bemerkte das zornige Blitzen seiner Augen, und – sie spürte ihr eigenes Erröten.

„Ich bin nach China gekommen, um die Lehre Christi zu predigen!" sagte sie etwas heftig.

Er neigte den Kopf wie zu einer kleinen entschuldigenden Verbeugung. Dann begann er, sich mit ihr zu unterhalten. Er stellte ihr viele Fragen, erzählte auch von sich selbst, wie er in Peking erzogen und auf der Staatlichen Militärakademie in Nanking ausgebildet worden sei, wie er ganz China bereist habe, und vor allem, wie leidenschaftlich er sich nach einem starken, freien, von unbestechlichen Männern geführten Reich sehne.

Als er sich zum Abschied verbeugte und bat, wiederkommen zu dürfen, um mit ihr zu plaudern, spürte sie plötzlich, daß er nur gekommen war, um *sie* zu sehen. Nachdem er gegangen war, blieb sie vor dem gesprungenen Spiegel in der Ecke des Zimmers stehen und betrachtete ihr Spiegelbild. Ihre Augen waren groß und dunkel, und obgleich ihre Haut von der Sonne tief gebräunt war, hatten die Jahre doch nur wenige schwache Linien in ihr schmales Gesicht gezeichnet. Aber wie düster sah sie in dieser dunkelblauen, hochgeschlossenen Baumwolljacke aus! Gedankenverloren nahm sie eine weiße Blüte aus einer Vase in der Ecke und steckte sie sich ins Haar. Und sie freute sich auf seinen nächsten Besuch . . .

Er kam an einem Abend, als sie gerade ihre Vorbereitungen für eine

Reise zu drei abgelegenen Dörfern tief in den Bergen beendet hatte. Nur einige einsame und schwierige Pfade führten dorthin.

„Treiben sich nicht Banditen in dieser Gegend herum?“ fragte er.

„Ja, ziemlich viele sogar.“

„Und Sie wollen allein gehen?“

„Aber ich bin fast immer allein unterwegs!“

„Das ist doch viel zu gefährlich für Sie! Und die Pässe sind hoch und steil. Wenn Sie stürzen und sich ein Bein brechen oder sich sonst irgendwie verletzen, können Sie tagelang liegen, ohne daß Sie jemand findet.“

Gladys sah fast verlegen zu ihm auf. In all den Jahren in China hatte sie noch nie erlebt, daß jemand sich um sie sorgte, und nun kam dieser nette junge Mann und schien ihretwegen ernsthaft beunruhigt. Das war für sie ein ganz neues Erlebnis. Wie wohl das tat!

„Es wird mir schon nichts passieren“, sagte sie. „Ich bin's gewöhnt, für mich selbst zu sorgen.“

„Seien Sie trotzdem vorsichtig“, bat er.

Eine Woche war sie unterwegs in dem bergigen Gebiet, und als sie zurückkam, wartete Linnan – seinen Namen hatte er ihr beim letzten Mal gesagt – schon auf sie. Offen ließ er sie seine Erleichterung und Freude spüren.

„Aber ich habe solche Reisen doch schon hundertmal gemacht!“ protestierte Gladys verwundert. Daß der junge Hauptmann des Nachrichtendienstes besorgt war wegen eines so unbedeutenden Persönchens wie Ai-weh-deh, machte ihr Spaß. Und es schmeichelte ihr ein wenig.

Seine Besuche wurden nun immer häufiger, und sie wurden gute Freunde. Sie waren beide gleich alt und besaßen beide einen scharfen Verstand. Abends gingen sie oft zusammen durch die engen Straßen von Tsehchow, vorbei an den dunklen, von chinesischen Laternen nur schwach beleuchteten Geschäften, an den Wahrsagern und Geschichtenerzählern, den kleinen Imbißbuden, den Seidenhändlern und den lachenden und lästernden Soldaten. Manchmal wanderten sie über die Felder rund um die alte, mauerbewehrte Stadt und sahen den Mond hinter den großen Tempeln und den mit Ziegeln gedeckten Pagoden untergehen. Er erzählte ihr von China und vertiefte ihren Einblick in das Wesen eines Landes, das sie genau zu kennen geglaubt hatte.

Jedesmal, wenn sie in den kommenden Wochen zusammenkamen, schien der ungeheure Abgrund zwischen ihren Welten ein wenig zu schwinden. Seine Stimme bezauberte sie, in seinen Augen war ein Verstehen, eine Vertrautheit, wie sie sie noch nie zuvor erlebt hatte.

Sie fragte sich zum erstenmal, ob sie wohl attraktiv sei. Sie war Missionarin – sie hatte sich Gott geweiht. Aber Gott hatte sie auch als Frau geschaffen. Wenn sie Liebe für einen Mann empfand, so konnte das nicht gegen den Willen Gottes sein.

Als sie eines Tages von einer langen Fahrt in die Berge zurückkehrte, sah sie sich plötzlich erneut vor die große Frage gestellt, wie ihr Verhältnis zu China aussah und wie sie ihrer selbstgewählten Heimat helfen sollte. In zwei der Dörfer, die sie besucht hatte, waren japanische Truppen einquartiert gewesen. Nach ihrer Rückkehr erzählte sie Linnan davon. Er war sehr interessiert und fragte genau nach der Zahl der Soldaten, ihren Waffen sowie über die Art ihrer Unterbringung. Sie beschloß, beim nächsten Mal noch aufmerksamer zu sein, und als sie bald darauf wieder das von den Japanern besetzte Gebiet bereiste, merkte sie sich die Regimentsnummern und die Art der Bewaffnung sorgfältiger, weil sie wußte, daß er Wert auf ihren Bericht legte. In diesen Monaten ihrer Freundschaft hatte er sie zu einer glühenden Patriotin für China gemacht. Wenn sie für die nationalen Truppen spionieren und Informationen von militärischem Wert unbeobachtet und ungehindert durch die japanischen Linien bringen konnte, dann wollte sie es tun. Wieviel bei dieser Tätigkeit ihrem Verlangen zuzuschreiben war, Linnan gefällig zu sein, und wieviel ihrem Wunsch, China zu dienen – sie wußte es nicht, und sie versuchte auch nicht, ihre Beweggründe auseinanderzuhalten. Sie wußte lediglich, daß sie sich in diesem furchtbaren Krieg bisher an einen Glauben gehalten hatte – und daß nun auch ein Ziel dazugekommen war.

ALS DAVID DAVIS und seine Frau Jean nach Tsehchow zurückkehrten, fiel ihnen auf, daß Gladys sich verändert hatte. Obgleich sie Linnan kannten und gern hatten, vermuteten sie nicht, daß die Zusammenkünfte der beiden mit etwas anderem als reiner Freundschaft zu tun haben könnten. Allerdings glaubte David, aus Gladys' Heiterkeit einen Anflug von Hysterie herauszuhören. Sie wird überarbeitet sein, dachte er.

„Sie brauchen dringend eine Erholungskur", meinte er. „Und ich weiß zufällig genau das Richtige dafür. In Lingchwan halten die Christen in der nächsten Woche eine kleine Konferenz ab. Wollen Sie nicht hingehen und ihnen helfen? Es ist eine sehr reizvolle kleine Stadt, ähnlich wie Yangcheng, und Sie werden sich dort wohl fühlen."

Gladys war mit dem Vorschlag einverstanden. Es war ihr inzwischen klargeworden, daß sie Linnan liebte. Diese Liebe war vor allem eine Vertrautheit im Geistig-Seelischen und stärker als jede körperliche

Begegnung. Sie nahm diese „Ferientage des Herzens" als von Gott geschenkt hin.

Wohlgemut brach sie nach Lingchwan auf. Begleitet wurde sie von ihren beiden Schützlingen Timothy und Sualan, die schon einige Zeit zu Besuch in Tsehchow weilten. Ihre Sachen hatten sie auf einen zweirädrigen Karren gepackt, vor den sie ein Maultier gespannt hatten – der gute Zustand der Wege bei Tsehchow machte den Gebrauch dieses Vehikels möglich –, und nun trieben sie das Tier munter über die Ebene. Spät am Nachmittag, die Stadt war noch fünf bis sechs Kilometer entfernt, und die Sonne glitt schon hinter den Gebirgskamm, ließ ein allzu bekanntes Geräusch sie zusammenfahren. Sie sahen die silbernen Vögel am Himmel, hörten das Heulen der Bomben. Die Japaner bombardierten Lingchwan. Keine Rede mehr von Frieden und Erholung!

Ungefähr fünfzehn Minuten brauchten die Geschwader, um ihre Last abzuwerfen; dann flogen sie davon. Gladys trieb ihr Maultier vorwärts.

Es war dunkel, als sie die Stadt erreichten. Der Schaden war geringer, als sie erwartet hatten. Die christliche Mission war unbeschädigt geblieben, nur einige Scheiben waren eingedrückt, und dem Koch war der Teig für das Abendbrot zum Fenster hinausgeschleudert worden; er war sehr entrüstet und nicht vom Klagen abzubringen, daß ihm der Teig gestohlen worden sei.

Trotz des Bombardements fanden sich die Leute aus den Dörfern zur Konferenz ein, und am nächsten Vormittag begann die Bibelarbeit. Jeden Tag etwa um die gleiche Stunde erschienen japanische Flugzeuge und ließen ihre Bomben fallen, aber die Konferenz nahm trotzdem ihren Lauf; die Mission blieb weiterhin unbeschädigt. Am letzten Abend – es war schon spät – verbreitete sich wie ein Lauffeuer das Gerücht, eine fremde Armee sei im Anmarsch auf die Stadt. Japaner? Partisanen? Kommunisten? Niemand wußte es. Die Konferenz war ohnehin zu Ende, und die Dorfältesten, die die Mehrheit der Teilnehmer ausmachten, beschlossen, am nächsten Morgen bei Tagesanbruch auseinanderzugehen.

Alle legten sich, das Gepäck griffbereit zur Hand, für ein paar Stunden nieder. Gladys fand jedoch keine Ruhe. Unruhig wälzte sie sich auf ihrem Lager hin und her. Sie mußten unbedingt die Stadt beim ersten Morgengrauen verlassen. Auf keinen Fall durfte sich wiederholen, was sie in Tsinshui erlebt hatte. Ihre Befürchtungen bedrängten sie immer mehr, und als sie ihre innere Unruhe schließlich nicht mehr länger ertragen konnte, weckte sie Timothy und Sualan.

„Wir verlassen Lingchwan", sagte sie leise. „Und zwar jetzt sofort! Unser Gepäck samt Maultier und Karren lassen wir hier. Wir nehmen nur Getreide als Verpflegung, zwei Kochtöpfe und unsere Trinkschalen mit."

Ein chinesischer Prediger aus Tsehchow, der mit Frau und Kindern zu der Konferenz erschienen war, erwachte von dem Geflüster.

„Sie werden nicht hinauskommen", erklärte er. „Die Stadttore sind noch geschlossen und werden vor Sonnenaufgang nicht geöffnet."

„Dann sind wir die ersten, die draußen sind", erwiderte sie entschlossen.

Als die kleine Gruppe aus dem Missionshaus auf die dunkle, nachtkühle Straße hinaustrat, war sie noch um einige Personen gewachsen: Zwei Bauern aus benachbarten Dörfern sowie ein junger chinesischer Arzt mit seiner alten Mutter, seiner Frau und ihrem Säugling hatten sich angeschlossen. Sie gingen zu Fuß zu dem schweren Tor, dessen Pagodendach mit grünen Ziegeln gedeckt war.

Schon füllte sich die Straße hinter ihnen mit einer unruhigen Menge, die die Stadt nach Öffnung der Tore eiligst verlassen wollte. Endlich schwangen die schweren Flügel zurück, und die Straße zu den Bergen lag offen vor ihnen. Fünf Kilometer lang zog sich die Straße durch flaches Land dahin, zu beiden Seiten von Weizenfeldern flankiert; dann schwenkte sie in steiler Kurve hinauf in die schützenden Berge.

Gladys fühlte sich auf wunderbare Weise erleichtert, als sie mit Timothy und Sualan dahinmarschierte. Ein Strom von Flüchtenden bewegte sich aus dem Stadttor hinaus ins Freie. Sie waren etwa einen Kilometer gelaufen, als sie sahen, daß hinter ihnen der Flüchtlingsstrom nach beiden Seiten der Straße auswich. Einen entsetzlichen Augenblick lang glaubte Gladys, der Feind wäre schon hinter ihnen her, dann aber erkannte sie, daß die Reiter, die in Richtung Berge galoppierten, chinesische Kavalleristen waren, der Stolz der Nationalarmee. Es war ein prachtvolles Bild, eine ganze Schwadron in grauen Uniformen und mit Schirmmützen. Gladys wunderte sich über den grimmigen und entschlossenen Gesichtsausdruck der Reiter. Offenbar hatten sie einen Auftrag von großer Wichtigkeit auszuführen. Dann plötzlich wußte sie, warum sie es so eilig hatten: Der Lärm der galoppierenden Hufe auf der harten Erde wurde übertönt von dem schrillen Ton von Flugzeugen im Sturzflug.

Für den Bruchteil einer Sekunde wollten Gladys' Beine ihr den Dienst versagen. Dann aber rief sie den Kindern zu: „In die Felder! Rennt, rennt! In die Felder! Werft euch auf die Erde!"

Sie stieß und drängte Timothy und Sualan über den niedrigen Steinwall, der die Straße einfaßte, und trieb sie außer sich vor Angst vor sich her, als plötzlich das metallische Stottern der Maschinengewehre das Brüllen der Motoren durchbrach. Sie warf sich auf den Boden und barg den Kopf in den Armen, um die Schreckensszene nicht mit ansehen zu müssen. Die Erde erbebte, und überall ertönten entsetzliche Schreie des Schmerzes und der Angst, als die Maschinen über die Reihen der Flüchtenden und der Reiter hinwegdonnerten und alles unter sich niedermachten. Pferde ohne Reiter jagten irrsinnig vor Schrecken durch das Weizenfeld. Diese Schreie, diese Panik waren schrecklicher als alles, was Gladys jemals zuvor erlebt hatte. Über der Stadt und entlang der Straße, auf der überall bizarr verdrehte Körper lagen, flogen die Maschinen wieder und wieder ihre dröhnenden Runden. Gladys' Finger gruben sich tief in die Erde; diese entsetzliche Spanne Zeit verrann so langsam wie ein ganzes Menschenleben. Dann flogen die silbernen Teufel noch einen letzten Bogen und entschwanden in der Ferne.

Zitternd erhob sich Gladys. Selbst in ihrer wildesten Phantasie hätte sie sich die Hölle nicht grauenerregender vorstellen können. Tote Pferde, tote Männer, Frauen und Kinder; aufgeplatzte Bündel, deren Inhalt überall auf dem Feld umherlag, in das die Menschen gerannt waren, um Deckung zu suchen; reiterlose Pferde, die ziellos über das Gelände galoppierten. Timothy und Sualan waren herangekommen und klammerten sich an Gladys' Jacke, ohne ein Wort zu sagen. Über die Hügel lebloser menschlicher Körper hinweg konnte man das Chaos am Tor erkennen. Menschenleichen und Tierkadaver lagen aufeinandergehäuft und versperrten den Eingang; im Stadtinnern schrien die Leute und wollten nach draußen. Stumm stand Gladys da. Hunderte von Verwundeten waren ohne Hilfe. Das Tor mußte so schnell wie möglich geräumt werden!

Mit einem tiefen Atemzug versuchte Gladys sich zu beruhigen; dann zwang sie sich zu handeln. Sie schaute sich um. Ihre Gruppe hatte Glück gehabt, niemand war verletzt. Sie entschied, daß es am vernünftigsten war, wenn die anderen sich in Sicherheit begaben, während sie selbst den Verwundeten half.

Sie wandte sich den beiden Bauern zu. „Kümmert euch um die Frauen und Kinder, und bringt sie in die Berge! Dort wartet ihr auf uns. Der Doktor und ich bleiben hier. Heute abend werden wir uns oben in den Bergen treffen." Sie sah den jungen Arzt an, während sie sprach. Nervös nickte er. Gemeinsam eilten die beiden die Straße zurück auf das Stadttor zu. Unterwegs sprach Gladys jeden unverletzten Mann an, den sie fand, munterte die Menschen auf, drohte und schalt, und so gelang es ihr tatsächlich, eine kleine Gruppe zusammenzubringen, die das Tor freimachen sollte. Schreckensbleich und noch ganz benommen folgten ihr die Menschen.

Sie erreichten schließlich das Tor. Menschliche Leichen, Pferdekadaver und Gepäckstücke bildeten, hoch aufeinandergeschichtet, eine groteske Barrikade, über die die Stadtbewohner hinwegzuklettern versuchten. Angesichts der Aufgabe, die sie vor sich sah, hatte Gladys schnell ihre Entschlossenheit wiedergefunden; sie lief herum und schrie ihren Helfern Befehle zu. Zunächst zogen sie die Leichen zur Seite, so daß ein Durchgang frei wurde. Dann wandte sie sich den Verwundeten zu, und sie und der Arzt kümmerten sich um sie. Soldaten, die selbst unverletzt geblieben waren, halfen mit, und am späten Nachmittag erschien eine weitere Truppe. Gladys und der Arzt hatten seit der Morgendämmerung alles getan, was in ihren Kräften gestanden hatte. Völlig erschöpft beschlossen sie, den Ihren in die Berge zu folgen.

Halb betäubt, blutbefleckt und erschöpft gingen Gladys und der junge Doktor wieder langsam den Weg hinauf zu den Bergen. Im Schutz einer Wegkehre fanden sie alle versammelt: die Frau des Arztes mit dem Kind und seine Mutter, den Prediger mit Frau und Kindern sowie Timothy und Sualan.

Gladys wußte, daß in dieser Situation der einzig sichere Platz in den Bergen war, weitab von jeder Siedlung. Das Getreide, das sie als Verpflegung bei sich hatten, reichte für mehrere Tage.

Müde und zutiefst niedergeschlagen stapfte die kleine Gruppe weiter, abseits vom Weg und immer höher hinauf in die Berge. Als es dunkelte, krochen sie alle unter einen Felsvorsprung. Am nächsten Tag suchten sie sich einen Weg, der sie tiefer in das Gebirge hineinführte. Am Vormittag zogen Gewitterwolken am Himmel auf, und als sie am Nachmittag auf halber Höhe eines steilen Abhangs eine große trockene Höhle entdeckten, beschlossen sie, hier vorerst zu bleiben. Kaum waren sie hineingekrochen, brach ein Sturm los. Gladys saß zusammengekauert da, die Arme um die Knie geschlungen, und beobachtete, wie der Regen gleich einer Wand aus Glas vor dem Eingang der Höhle hing. Einer plötzlichen Eingebung folgend, ergriff sie den eisernen Kochtopf, den sie mitgenommen hatte, und stellte ihn hinaus, um Wasser zu sammeln. Auf dem Boden der Höhle fand sie trockene Äste und alten Tierdung. Sie zerbrach das Reisig und schichtete es mit dem Dung zwischen zwei niedrige Felsbrocken, dann setzte sie den inzwischen gefüllten Topf darauf und zündete das

Brennmaterial an. Über der hochlodernden Flamme begann das Wasser schnell zu kochen. Gladys warf Teeblätter hinein, und nach wenigen Sekunden saßen alle eng beieinander und nippten an ihren Schalen mit der dampfenden, aromatischen Flüssigkeit. In einem zweiten Topf kochte Gladys ihre Ration Hirse, und sie spülten den körnigen Brei mit brühheißem Tee hinunter. Hunger und Durst waren nun gestillt, sie wurden müde, und als es draußen immer dunkler wurde, legten sie sich nieder und schliefen auf dem warmen, sandigen Boden ein.

Sechs Wochen lang blieb diese Höhle ihre Wohnung; die nächste Wasserstelle war acht Kilometer entfernt, und ganz in der Nähe befand sich ein Dorf, wo sie Eier und Getreide kauften. Ihre schlimmsten Feinde waren nicht Hunger und Durst, sondern die Wölfe, die hier heimisch waren. Gladys, der Arzt und der Prediger hielten abwechselnd Wache. Meist genügte ein gutgezielter Steinwurf, um sie davonzujagen; nur wenn zu viele kamen oder wenn sie frecher waren als gewöhnlich, zündete man ein Feuer an.

Unten in Lingchwan war Linnan inzwischen eingetroffen, ohne daß Gladys davon wußte. Die Stadt war noch immer nicht von den Japanern eingenommen worden. Kaum hatte Linnan von dem Überfall gehört, war er in die Stadt geeilt. Er wußte, daß Gladys die Mission besucht hatte, doch dort konnte man ihm nichts weiter sagen, als daß Gladys am frühen Morgen die Mission verlassen hatte und seitdem nicht mehr gesehen worden war. Linnan war sehr besorgt. Er entsandte Boten in die nahen Dörfer, um sich nach ihrem Verbleib zu erkundigen, und bei jeder sich bietenden Gelegenheit forschte er selbst nach ihr.

Gladys wußte nichts von alledem. Schon drei Wochen lebten sie hier in ihrem Unterschlupf, und sie genoß das Gefühl des Geborgenseins. Oft kletterte sie ein wenig die Abhänge hinauf, suchte sich einen geschützten Platz in der Sonne und las stundenlang in ihrer Bibel.

Eines Nachmittags saß sie so, bequem angelehnt an einen Felsbrocken, etwa einen Kilometer von ihrer Höhle entfernt, als sie plötzlich eine Bewegung in ihrer Nähe hörte. Erschrocken sah sie auf. Ein Bauernjunge von etwa fünfzehn Jahren stand da. An seinem Arm hing ein Korb mit einem halben Dutzend Eier. Der Bursche sah sie an.

„Was willst du hier?“ fragte sie scharf.

„Ich möchte Eier verkaufen“, antwortete er.

Gladys kniff die Augen zusammen bei dieser offensichtlichen Lüge. „Du willst hier, mitten in den Bergen, Eier verkaufen? Warum?“

Er blickte sie mit stumpfem Gesichtsausdruck an. „Ich weiß nicht.“

„Du kannst nach Hause gehen und den Leuten, für die du herumspionierst, berichten, daß wir alle hier sind", sagte sie wütend.

Hatte vielleicht ein Banditenführer oder eine kommunistische Gruppe Wind davon bekommen, daß Fremde in der Nähe kampierten, und hatten sie diesen Jungen geschickt, um Näheres zu erfahren? Gladys beobachtete ihn, als er über die Hänge davonkletterte, dann eilte sie zur Höhle zurück. Die anderen hörten ihren Bericht niedergeschlagen an. Da es schon spät am Nachmittag war, sagte sie: „Wir müssen morgen in aller Frühe aufbrechen und ein neues Versteck suchen."

Beim ersten Morgenlicht drängte sie die anderen, die Höhle zu verlassen, aber die trödelten, und der Aufbruch verzögerte sich immer mehr. Die Mutter des Arztes wollte überhaupt nicht gehen und protestierte, die Arztfrau mußte erst ihr Kleines an die Brust legen, und der Prediger suchte unendlich langsam seine Siebensachen zusammen.

Schließlich riß Gladys die Geduld. „Also gut", sagte sie, „dann gehe ich voraus und warte am Ende des Tals auf euch. Bitte, beeilt euch!"

Sie machte sich mit Timothy und Sualan auf den Weg. Als sie das Ende des Tales erreicht hatten, kletterten sie dort eine kleine Anhöhe hinauf. Oben blieb Gladys abrupt stehen. Vor Schreck erstarrt sah sie eine Gruppe von Reitern, die über die Breite des Tales ausgeschwärmt waren und geradewegs auf sie zukamen. Für Gladys war es sofort klar: Sie suchten nach ihr und den anderen Flüchtlingen. Gladys befahl Timothy und Sualan, zu den Zurückgebliebenen zu laufen und ihnen zu sagen, sie sollten dem Tal soweit wie möglich in der entgegengesetzten Richtung folgen und sich dann verstecken. Dann wartete sie mutig auf die Reiter. Sobald sie sich bis auf Rufweite genähert hatten, rief sie ihnen zu: „Falls ihr *mich* suchen solltet – hier bin ich!"

Der Wind trug ihre Stimme bis zu ihnen, und gleich darauf zeigte der Führer der Reiter mit der Hand zu ihr hinauf und zwang sein Pferd zum Galopp hangaufwärts. Als er es ein paar Meter vor ihr in einer Wolke von Staub und mit stampfenden Hufen zum Halten brachte, sich aus dem Sattel schwang und auf sie zulief, erkannte sie – Linnan!

Einen Augenblick lag sie in seinen Armen. Dann erzählte er ihr aufgeregt, was geschehen war – wie er überall in der Umgebung der Stadt die Leute aufgefordert hatte, nach ihr zu forschen, und eine Belohnung für Angaben über Ai-weh-dehs Verbleib ausgesetzt hatte. Der Bauernbursche hatte ihm schließlich die heißersehnte Kunde gebracht.

Sie gingen miteinander zur Höhle, wo sie die kleine Gesellschaft im Aufbruch fanden. Linnan konnte ihnen einen genauen Bericht über die Lage in der Umgebung liefern: Überall flackerten noch sporadisch Kämpfe auf, und es war daher zunächst sicherer, in der Höhle zu bleiben. Er werde von Zeit zu Zeit einen Boten mit Lebensmitteln schicken und ihnen Bescheid geben, wenn die Situation es erlaube, nach Tsehchow oder Yangcheng zurückzukehren.

Zu dieser Zeit wurde um diese beiden Städte noch wild und erbittert gerungen. Schließlich aber waren es doch die Japaner, die weichen mußten, und als Gladys mit den Ihren nach Tsehchow zurückkehrte, war die Stadt noch immer fest in chinesischer Hand.

8. Kapitel

Die Chinesen hielten das Gelände um Tsehchow mit grimmiger Zähigkeit während des ganzen Herbstes und Winters und bis in den beginnenden Frühling des Jahres 1940 hinein.

Für Gladys war es eine abwechslungsreiche und aufregende Zeit. David Davis hatte Tsehchow im vorigen Herbst verlassen, um seine Frau, die Kinder und einige Europäer an die Küste zu bringen. Er wollte so bald wie möglich zurückkehren. Gladys hielt sich teils in Yangcheng, teils in Bei Chai Chuang auf und durchstreifte das ganze Gebiet. Wenn sie ihre kleinen christlichen Gemeinden auf dem Lande und in den Bergen aufsuchte, nutzte sie ihre Fahrten zielbewußt dazu, Informationen für die chinesischen Truppen zu sammeln.

Während dieser Monate schloß Gladys Freundschaft mit dem chinesischen General, der in der Stadt sein Hauptquartier errichtet hatte. Linnan führte sie dort ein, und bald war sie ein willkommener Gast in seinem Hause; nach einigen ihrer erfolgreichen Erkundungen übergab er ihr sogar die Kennmarke, die sie den Soldaten der Feldtruppe gleichstellte. Oft aß sie mit ihm und seinen Offizieren zu Abend. Er war älter als Linnan, ein weiser, gutherziger Mann, voller Rücksicht auf seine Truppen und voller Verachtung für die Korruption seiner Vorgesetzten in der Kuomintang, der chinesischen Nationalpartei.

Gladys und Linnan versuchten sich so oft wie möglich zu sehen. Es haben sich sicher wenige Liebesgeschichten unter so außergewöhnlichen Umständen abgespielt wie die ihre: Sie trafen sich unter den unwahrscheinlichsten Bedingungen mitten in den Bergen, in ausgebombten Dörfern, in zerstörten Städten. Sie sprachen miteinander in den sonderbarsten Situationen zwischen Schlachten und Taufen. Sie tauschten Zettel und Nachrichten aus, nahmen schnell miteinander eine Mahlzeit ein und träumten von Chinas Zukunft, an der sie gemeinsam arbeiteten. Auch über ihre Heirat sprachen sie: Er drängte auf eine sofortige Verbindung, ob es nun Krieg war oder nicht, doch Gladys sagte nein. Erst müsse der Krieg gewonnen sein. Die Heirat, das persönliche Glück, müsse bis dahin warten.

Als der Frühling kam, rückten die Japaner jeden Tag näher an Tsehchow heran, das für sie von großer strategischer Bedeutung war. In den Feldern und den Dörfern in der Umgebung leisteten die chinesischen Truppen heldenhaften Widerstand. Flüchtlinge drängten sich in der Mission und zogen täglich zu Hunderten durch die Hauptstraße. Die Japaner führten immer neue Verstärkung heran und gingen unaufhaltsam gegen die Verteidigungslinie vor. Der Lärm des Gewehr- und Artilleriefeuers riß nicht mehr ab.

Und trotzdem war Gladys entschlossen, ihren Posten nicht zu verlassen. Sie hatte nun schon so oft unter japanischer Besatzung gelebt, daß sie es richtiger fand, ihren Leuten gegen die schlimmsten Ausschreitungen der japanischen Truppen beizustehen. Nur die Kinder machten ihr Sorgen. Die Mission in Tsehchow hatte sich von ihrer Gründung an in besonderem Ausmaß der Waisen angenommen. Ihre Zahl hatte sich jedoch in den letzten Monaten schnell vergrößert, und jetzt waren über zweihundert kleine Chinesen zu versorgen.

Gladys wußte, daß Tschiang Kai-scheks Frau Sung Meiling in der weit entlegenen Provinz Shensi eine Stiftung für Kriegswaisen ins Leben gerufen hatte. Waisenkinder aus den vom Krieg verwüsteten Gegenden wurden in die Hauptstadt Sian gebracht; sie fanden dort Unterkunft, bekamen Essen und Kleidung und erhielten sogar etwas Schulunterricht. Bereits im Winter hatte Gladys bei den Behörden der Provinz Shensi angefragt, ob sie mit ihrer Unterstützung rechnen könne. Sie erhielt die Antwort, daß man gern für die Kinder sorgen werde, wenn eine Möglichkeit bestünde, sie dorthin zu bringen. Gladys beschloß, die Hälfte der Kinder sofort, die zweite Hälfte später zu schicken, und übertrug Tsin Pen Kuang, einem Christen der Gemeinde von Tsehchow, diese Aufgabe. Mit Geld und Lebensmitteln ausgestattet, machte er sich mit hundert Kindern auf den Weg zum Gelben Fluß, den sie überqueren und danach die Eisenbahn nach Sian nehmen wollten.

Die Reise verlief ohne Zwischenfälle, und fünf Wochen später hörte Gladys, daß alle gut angekommen waren. Tsin Pen Kuang hatte ihr mitgeteilt, daß er sofort zurückreisen werde, so daß er die restlichen hundert Kinder anschließend ebenfalls begleiten konnte. Gladys erwartete ungeduldig seine Ankunft, denn die Verhältnisse in der Mission waren immer schwieriger zu meistern. Sie wartete umsonst – erst Monate später erfuhr sie, daß die Japaner ihn gefangengenommen und wahrscheinlich erschossen hatten.

Als David Davis von der Reise an die Küste zurückkehrte, kniete Gladys gerade, eine Schüssel mit heißem Wasser neben sich, auf dem Boden des Missionshofes bei einem Verwundeten. Sie hörte eine Stimme hinter sich und erkannte sie sofort. Seit David seine Familie und die letzten Europäer in Sicherheit wußte, waren seine Gedanken nur noch bei der Mission gewesen. Und nun fand er sie bei seiner Ankunft vollgepackt mit Flüchtlingen und verwundeten Soldaten; nicht weit von der Stadt kämpfte eine japanische Division, und es herrschte überall ein heilloses Durcheinander.

Sie fanden nur Zeit, ein paar Worte zu wechseln; Zeit war kostbar, denn Gladys hatte beschlossen, daß die übrigen hundert Kinder sofort in Sicherheit gebracht werden mußten. Sie hatte bereits Vorbereitungen getroffen, sie noch am selben Tag auf die Reise nach Yangcheng zu schicken. Einige Missionshelferinnen, die den Transport begleiten sollten, hatten ihre Schützlinge schon zu einer langen Prozession aufgestellt. Gladys kontrollierte flüchtig, ob auch alle ihr Bettzeug aufgerollt bei sich trugen und ihre Eßstäbchen und Schüsseln nicht vergessen hatten. Vom Missionstor aus winkte sie ihnen nach – einem langen Zug singender, lärmender Kinder, der sich über die Ebene bewegte, den Bergen und der vergleichsweise sicheren Stadt Yangcheng zu.

Am Abend hielt Gladys eine kurze Gebetsstunde in der Missionskapelle ab. Die Andacht war früh beendet, die Zuhörer zerstreuten sich, nur ein junger Soldat – zu den Gottesdiensten kamen häufig Soldaten – zögerte noch. Er blieb im Türrahmen stehen und drehte seine Mütze in den Händen. Gladys kannte ihn – er arbeitete im Stab des Generals.

„Ich muß Sie allein sprechen", sagte er geheimnisvoll. „Ich bringe eine Botschaft vom General." Er zog einen Brief aus der Brusttasche und übergab ihn Gladys. Sie riß den Umschlag auf und las.

> Die chinesischen Streitkräfte von Tsehchow sind im Begriff, sich zurückzuziehen. Der General schlägt Ihnen vor, sich der Armee anzuschließen, die Sie an einen sicheren Ort geleiten wird. Wenn Sie diesem Ordonnanzoffizier folgen, wird er Ihnen ein Pferd zur Verfügung stellen und Sie zu einer Besprechung mit dem General führen.

Irgendwie ärgerte sie dieser Brief. War es nicht anmaßend vom General, anzunehmen, daß sie sich beim ersten Anzeichen von Gefahr Hals über Kopf in Sicherheit bringen würde? Obgleich David von der Reise zurück war und offiziell wieder die Führung der Mission übernommen hatte, war sie der Ansicht, daß ihre Pflichten in Tsehchow noch nicht erfüllt seien. Sie ließ sich von dem jungen Offizier einen Bleistift geben und kritzelte auf die Rückseite des Briefes: „CHI TAO TU PU TWAI – Christen ziehen sich niemals zurück!"

„Bringen Sie das Ihrem General!" sagte sie mit Nachdruck.

Er grüßte förmlich und verschwand mit großen Schritten in der Dunkelheit. Die Evakuierung der Stadt Tsehchow wurde während des gesamten folgenden Tages durchgeführt. Am Abend war alles Leben in den Straßen erstorben.

Gladys hatte nicht einmal Zeit gefunden, die Botschaft des Generals mit David zu besprechen, so viel hatten sie zu tun. Die Mission war mit Flüchtlingen vollgestopft; es mußten etwa tausend Menschen sein, die sich innerhalb des Missionsgeländes zusammendrängten, und David versuchte, eine gewisse Ordnung herzustellen.

Tagelang hatten das Knattern von Handfeuerwaffen und Maschinengewehren und der dumpfe Donner der Artillerie die Menschen im Wachen wie im Schlafen begleitet. Plötzlich, spätabends, wurde es ruhig. Gladys öffnete das Fenster – die Fenster der Mission waren nicht aus Papier wie bei ihr in Yangcheng, sondern aus richtigem Glas – und sah hinaus auf den dunklen Hof. Die völlige Stille hatte etwas Bedrohliches an sich. Schlimme Vorahnungen plagten Gladys, und sie fühlte sich äußerst unbehaglich. Sie legte sich aufs Bett, wie immer in den Kleidern, und schlummerte ein. Als sie Kieselsteine an ihr Fenster prasseln hörte, fuhr sie erschrocken auf. Benommen rappelte sie sich hoch und ging zur Tür. Das Rizinusöllämpchen auf dem Tisch brannte noch und erfüllte den Raum mit einem schwachen Licht. „Wer ist da?" rief sie mit scharfer Stimme. Die Antwort konnte sie nicht verstehen, erkannte aber die Stimme des Ordonnanzoffiziers. Sie öffnete die Tür. Der junge Soldat, der vor ihr stand, zeichnete sich als dunkler Schatten gegen den helleren Himmel ab. Er klang aufgeregt.

„Ich bin gekommen, Ai-weh-deh, um Sie nochmals zu bitten, sich unverzüglich unserem Rückzug anzuschließen!" sagte er hastig.

Weil sie innerlich gegen ihre Angst ankämpfte, fiel ihre Antwort gereizt aus: „Ich habe Ihnen schon erklärt, daß ich nicht mit der Armee gehe!" fuhr sie ihn an. „Warum müssen Sie mich jetzt mitten in der Nacht damit behelligen?"

„Wir haben sichere Informationen erhalten, daß die Japaner auf Ihren Kopf einen Preis ausgesetzt haben."

„Eine Kopfprämie auf Gladys Aylward!" Sie versuchte zu lachen. „Wem sollte ich wohl etwas wert sein! Schon der Gedanke ist unsinnig!"

Wortlos kramte der Ordonnanzoffizier in seiner Jackentasche, zog ein Stück Papier heraus und reichte es Gladys. „Diese Zettel sind in allen Dörfern rund um Tsehchow angebracht. Morgen werden sie auch hier an den Türen kleben!"

Sie ging mit dem Zettel zu ihrer Lampe. Unter der Überschrift HUNDERT CHINADOLLAR BELOHNUNG! hieß es da: „Hundert Chinadollar Belohnung zahlt die japanische Armee für Informationen, die zur Ergreifung der untengenannten drei Personen führen."

Gladys kniff die Augen zusammen, um im Halbdunkel die Namen der Gesuchten zu entziffern. Der erste war der Mandarin von Tsehchow; der zweite ein angesehener Geschäftsmann, der für seine Zusammenarbeit mit den Nationalisten bekannt war. Die dritte Zeile lautete einfach: „Die kleine Frau, bekannt als Ai-weh-deh"!

Das Ganze war völlig unglaublich. Hundert Chinadollar! „Die haben den Verstand verloren!" rief sie aus. „Für mich hundert Dollar zu bieten!"

Die dunkle Gestalt im Türrahmen bewegte sich nicht. „Sie müssen die Stadt am frühen Morgen verlassen, Ai-weh-deh, sobald die Sonne aufgeht."

„Ich danke Ihnen für die Nachricht", sagte sie langsam. „Ich muß mich nun entscheiden. Aber ich weiß noch nicht, was ich tun werde."

„Ich wünsche Ihnen alles Gute, Ai-weh-deh", sagte der Ordonnanzoffizier ernst. Dann war er verschwunden. Sie sah ihn niemals wieder.

Gladys schloß die Tür hinter ihm, trat an den Tisch und betrachtete den kleinen Zettel noch einmal genau. Hundert Chinadollar! Für die meisten Bewohner von Tsehchow war das eine ungeheure Summe. Ohne Bitterkeit sagte sie sich, daß es wohl sehr viele gab, die sie auch für die Hälfte verraten würden. Die Luft im Zimmer schien ihr drückend, und sie ging und öffnete das Fenster. Dunkelheit hing draußen, dick und undurchdringlich; es war sehr still.

Die Japaner mußten erfahren haben, daß sie den Nationalisten Informationen geliefert hatte. Irgend jemand hatte sie verraten. Der Feind würde nicht zögern, die Rechnung zu begleichen, und daß sie eine Frau war, würde keine Rolle spielen. Und doch zögerte sie noch immer, die Mission zu verlassen. So vieles in ihr wehrte sich dagegen, ihren Posten vor dem Feind zu räumen: ihre Lebenseinstellung, ihr

Herz und ihr Geist. Und doch: wieviel Furchtbares hatte sie in den letzten Jahren gesehen! In ihrem Kopf mahnte eine Stimme: „Wenn du bleibst, wirst du sterben. Du kennst ein Gebet – ein chinesisches Gebet –, erinnere dich."

Ja, sie kannte das Gebet, viele Male schon hatte sie es sich vorgesprochen: „Wenn ich sterben muß, laß mich ohne Furcht sterben, aber gib, o Gott, meinem Tod einen Sinn."

Die flüsternde Stimme gab keine Ruhe: „Siehst du einen Sinn darin, demütig wie ein Schaf auf den Metzger zu warten, zu warten, bis die Japaner kommen und dich holen? Du bist Chinesin geworden. Du bist weit fort von deinem Geburtsland. Einen Schutz gibt es nicht mehr. Gott will nicht, daß du bleibst."

Ein plötzliches Verlangen ließ sie nach ihrer Bibel greifen. Sie schlug sie rasch aufs Geratewohl auf und las: *Fliehe, fliehe in die Berge! Wohne an den tief verborgenen Stätten, denn der König von Babylon hat einen Plan wider dich gefaßt!*

Wenn sie wirklich auf ein Zeichen wartete – war es nicht dies? „Fliehe, fliehe!" Ja, nun wußte sie, daß sie sich beim ersten Tageslicht aufmachen mußte. Sie trat zu dem Holzkasten auf dem Regalbrett in der Ecke, in dem sie ihre Papiere und Briefe verwahrte, und begann alles herauszunehmen. Sie wollte sämtliche Unterlagen verbrennen, ehe sie ging. Nicht das geringste Beweismaterial durfte hier in der Mission verbleiben. Als es draußen zu dämmern begann, war sie noch immer damit beschäftigt, hatte aber das Wichtigste erledigt. Die Sonne war schon aufgegangen, als sie aus dem Haus trat, in der Hand die Bibel und den Zettel, und zum Haupttor ging. Mao, der Pförtner, schaute gerade durch das kleine Guckloch nach draußen, als sie zu ihm trat.

„Mao", sagte sie, „ich muß sofort gehen. Würden Sie mir bitte so schnell wie möglich ein Maultier satteln lassen?" Sein rundes Gesicht mit dem Doppelkinn wandte sich ihr langsam zu. Meist war sein lustiges Gesicht in lauter Lachfalten verzogen, jetzt aber sah es ernst aus. Seine engsitzende, runde schwarze Kappe schien seine Stirn zusammenzudrücken.

„Sie sollten erst einmal einen Blick nach draußen werfen", sagte er. „Es wäre gefährlich, jetzt zu gehen."

Gladys trat an das Tor und legte ein Auge an das kleine Guckloch. Sie sah einen Teil der Straße, der rechts um die Stadtmauer herumlief und auf das Haupttor zuführte. Ein Trupp japanischer Soldaten marschierte eben durch das Stadttor. Gladys machte einen Schritt zurück und mußte ihre ganze Kraft zusammennehmen, um eine aufsteigende Panik zu unterdrücken. Dann drehte sie sich um und begann denselben Weg zurückzugehen, den sie gekommen war, quer über das Missionsgelände. Sie fiel in Trab, dann plötzlich lief sie, so schnell sie konnte. Ihr Ziel war das hintere Tor, jenes Tor, durch das man, seit die Mission bestand, die Toten hinaustrug. Es war offen, und sie rannte hindurch. Hier draußen war der Friedhof der Fremden, Brachland, unterbrochen von Grabhügeln. Dahinter zog sich der flache, grasüberwachsene Graben, der um die ganze Stadt lief, und zu ihrer Rechten erstreckte sich ein grünes Weizenfeld, dessen Halme zwar noch nicht ihre volle Länge erreicht hatten, aber doch hoch genug waren, um sie zu verbergen.

Während sie durch das Tor lief, wurde ihr bewußt, daß sie einen verhängnisvollen Fehler gemacht hatte. Ihr Fluchtweg konnte von jedem, der sich auf der großen Landstraße näherte, leicht eingesehen werden. Auf dieser Seite marschierten jetzt hinter der Militäreinheit, die sie bereits vorne entdeckt hatte, in regelmäßigen Abständen weitere Kompanien in die Stadt. Gladys war genau in ihr Blickfeld gelaufen. Eine der Einheiten war höchstens noch hundert Meter von ihr entfernt.

Sie kannte die Taktik der Militärs, erst zu schießen und dann festzustellen, wen sie erwischt hatten. Jeder, der vor ihnen davonlief, zog eine Salve auf sich. Aber sie konnte nun nicht mehr zurück. Sie hörte die Rufe der Soldaten hinter sich, dann das Knallen der Gewehre, das Pfeifen und Abprallen der Kugeln an den Grabsteinen und Felsbrocken rings um sie. Sie fühlte einen Schmerz in der Brust, und der Schweiß lief ihr in die Augen. Der Rand des Weizenfeldes war nur noch wenige Meter entfernt! Sie wollte eben zu einem letzten, entscheidenden Endspurt ansetzen, da erhielt sie einen Schlag in den Rücken, so kräftig wie ein Fausthieb. Plötzlich lag sie der Länge nach im hohen Gras. Sie spürte keinen Schmerz, nur ein ungläubiges Erstaunen.

Sie wußte, daß sie von einer Kugel getroffen war. Ich sterbe, dachte sie. So also ist der Tod? Zwischen ihren Schulterblättern flammte nun ein brennender Schmerz auf, der sie schlagartig ernüchterte. Sie erkannte, daß es jetzt beileibe noch nicht ans Sterben ging, daß aber jede Sekunde den Tod bringen konnte, denn überall in ihrer Nähe prallten Kugeln von den Felssteinen ab.

Sie griff nach den Tuchschlingen, die ihren dick wattierten Mantel von oben bis unten schlossen, und öffnete sie. Ihre Bibel war zu Boden gefallen, Gladys fühlte sie unter sich liegen. Es gelang ihr, sich aus ihrem Mantel herauszuarbeiten und ihn wie eine abgestreifte Schlangenhaut hinter sich gleiten zu lassen; dann rutschte sie vorwärts, wobei sie sich mit den Zehen abstieß und mit den Händen an Gras und Erde nach vorn zog. Keuchend erreichte sie den flachen Graben und rollte sich hinein. Ihr Herz hämmerte wild, als sie hinter sich die Kugeln hörte, die den verlassenen Mantel zerfetzten. Ihr Erfolg gab ihr neue Kraft. Sie kroch, so schnell es ging, den Graben entlang, bis das Getreide so hoch stand, daß es über ihrem Kopf zusammenschlug. Vorsichtig robbte sie Schritt für Schritt rückwärts und richtete dabei die Halme wieder auf, damit nichts ihren Fluchtweg verriet.

Hier, mitten im Feld, fühlte sie sich einigermaßen sicher. Nur daß sie ihren Mantel verloren hatte, war unangenehm, denn nun trug sie nichts weiter als den dünnen Baumwollanzug. Die Schußverletzung im Rücken machte sich mit stechenden Schmerzen bemerkbar. Ihre prüfenden Finger entdeckten eine schmale, tiefe Schramme im Fleisch. Die Kugel mußte den gepolsterten Mantel durchschlagen und ihr Schulterblatt gestreift haben, aber die Wunde hatte nur wenig geblutet; sie brauchte sich also keine Sorgen zu machen. Die Augenlider wurden ihr schwer, und sie fühlte sich plötzlich so schwach, als ob ihre gesamte Willenskraft sie verlassen hätte. Ihr fiel ein, daß sie in der vergangenen Nacht kaum geschlafen hatte. In den Büschen am Rande des Feldes sangen Vögel – sonst war kein Laut zu hören. Sie rollte sich zusammen und schloß die Augen.

Als sie aufwachte, stellte sie überrascht fest, daß die Sonne schon hoch am Himmel stand. Es schien tollkühn, in einer solchen verzweifelten Lage zu schlafen, aber sie fühlte sich jetzt bedeutend wohler. Nicht einmal Angst spürte sie mehr. Bei Einbruch der Finsternis würden sich die Japaner hinter den Stadttoren einschließen; darum mußte sie warten, bis die Sonne unterging, bevor sie es wagen konnte, ihren Weg in die Berge fortzusetzen.

Sobald es dunkel genug war, verließ sie ihr Versteck und ging über die Felder auf das Bergland zu.

Zwei Tage brauchte sie, um Yangcheng zu erreichen, und als sie endlich ankam, wußte sie, daß sie nur eines tun konnte: Sie mußte weiter, mußte diesen Teil von Shansi endgültig verlassen. Nach den schweren Kämpfen der letzten Monate würden die Japaner jeder mißliebigen Person gegenüber rücksichtslos vorgehen. Wenn sie erfuhren, daß Gladys Aylward alias Ai-weh-deh sich noch in diesem Gebiet aufhielt, würden sie vielleicht Geiseln nehmen, um ihre Auslieferung zu erzwingen. Der Gedanke war ihr unerträglich. Sie wollte die Kinder – alle Kinder – über die Berge nach Sian führen und dort Unterschlupf suchen. Diesen Entschluß faßte sie, während sie die schmale Straße zur Herberge hinunterging.

Die Kinder jubelten, als sie Gladys wiedersahen. Sie liefen im Hof zusammen, lachten und schwatzten. Die beiden Missionsgehilfinnen, die sich um sie gekümmert hatten, erzählten, daß sie den Mandarin um Getreide gebeten hätten, und da dieser ihren Wunsch erfüllt habe, seien alle gut ernährt und munter. Gladys hatte die ganze Schar wieder um sich, ein wogendes Feld von dunkelhäutigen, lächelnden, schlitzäugigen, schmutzigen Kindern, die sie als ihre wirkliche Mutter ansahen.

„Ai-weh-deh!" riefen sie. „Ai-weh-deh ist wiedergekommen und bleibt bei uns!"

„Heute abend", sagte sie, „müßt ihr alle früh zu Bett gehen. Morgen wollen wir einen langen Ausflug über die Berge machen. Einen langen, langen Marsch!"

Sie brachen von neuem in Jubel aus. Ein langer Marsch, egal, wohin, war immer ein Abenteuer.

„Ich müßt früh aufstehen, euer Bettzeug zu einer Rolle zusammenbinden und eure Eßschalen und Stäbchen mitnehmen. Und denkt daran: früh ins Bett!"

Die Kinder verschwanden, jedes in seinem „Loch" oder seiner „Ecke", und Gladys mußte, als sie traurig das zerstörte Dach und den schiefhängenden Balkon betrachtete, feststellen, daß das Haus wirklich nur noch aus Löchern und baufälligen Winkeln bestand. Seufzend ging sie vors Tor. Alle Häuser entlang der kleinen Gasse, die zu ihrer Herberge führte, waren schwer beschädigt. Sie schritt hinauf zum Osttor, und als sie in die Hauptstraße einbog, mit der so viele Erinnerungen für sie verbunden waren, überwältigte sie fast die Trauer um die zerstörte Stadt. Die Stufen des Yamen waren im Schutt versunken. In seinem ersten Hof fiel ihr die frühere Pracht ein, all der Pomp und das jahrtausendealte ehrwürdige Zeremoniell, das ihren ersten Begegnungen mit dem Mandarin vorangegangen war. Ein einziger Wachsoldat stand jetzt noch da. Er erkannte Gladys, lächelte breit, stieß die Tür auf und schrie begeistert: „Sie kommt!"

Als Gladys an ihm vorbeiging, dachte sie daran, daß in früheren Zeiten eine solche Formlosigkeit ihn den Kopf gekostet hätte.

Der Mandarin trat auf sie zu, um sie zu begrüßen. Er trug einen einfachen blauen chinesischen Anzug und eine schwarze Kappe. Voll Kummer dachte Gladys einen Augenblick an seine wunderbaren Gewänder in Rot und Gold. Sogar sein langer, schimmernder Zopf war jetzt zu einem kurzen, steifen Schwänzchen gestutzt; dies ging auf einen Befehl der Nationalisten zurück, dem alle chinesischen Männer zu folgen hatten, denn die Japaner fanden es über alle Maßen komisch, einen Mann mit Hilfe seines eigenen Zopfes zu erhängen. „Ai-wehdeh, wie gut es ist, Sie wiederzusehen!" sagte er freundlich.

„Auch Ihnen wieder zu begegnen ist eine Freude", antwortete sie.

Er war älter geworden. Wie sie selbst, wie alle Menschen hier in Südshansi, hatte er in den letzten Jahren unter dem Druck ständiger Angst und Unsicherheit gelebt. Weder Kommunisten noch Japaner machten mit Mandarinen viel Federlesens, und so hatte er in dauernder Lebensgefahr geschwebt. Aber er lächelte Gladys zu und erkundigte sich nach ihrer Gesundheit sowie dem Befinden ihrer Eltern und wollte ihr unbedingt helfen. Ihren Bericht und ihren Entschluß, sich mit den Kindern durchzuschlagen, hörte er ernst an. Sie spürte, wie stark ihn dieser Plan beunruhigte.

„Ich habe heute erfahren, daß die japanische Armee über die Bergpässe kommt und bereits den Hwang ho, den Gelben Fluß, erreicht hat. Sie müßten also das von ihr besetzte Terrain überqueren. Das wäre außerordentlich gefährlich."

„Wir haben vor, uns von den bekannten Wegen fernzuhalten", erwiderte sie. „Wir gehen auf Pfaden, die die Japaner niemals finden werden."

„Mit hundert Kindern?"

„Mit hundert Kindern", gab sie entschlossen zurück. „Ich wage es nicht, auch nur ein einziges zurückzulassen in dieser gefährdeten Stadt."

„Sie haben recht", sagte er traurig. „Und Sie haben genug Geld und Lebensmittel für die Reise?"

„Keines von beiden."

Er lächelte zunächst, dann lachte er leise. „Ai-weh-deh, Sie haben eine Gabe, das Schlimmste mit einer Sicherheit und einer Ruhe in Angriff zu nehmen, um die ich Sie all die Jahre hindurch beneidet habe, seit Sie nach Yangcheng gekommen sind."

„Ich habe Ihnen so oft gesagt, Mandarin: ‚Gott wird helfen.' Glauben Sie es nun endlich?"

„Lassen Sie wenigstens bei dieser Gelegenheit den Mandarin von Yangcheng als seinen Beauftragten handeln. Ich kann Ihnen zwei Dhan Hirse zur Verfügung stellen, dazu zwei Mann als Träger für den ersten Teil der Reise. Sie werden mehrere Wochen brauchen, um Sian auf wenig begangenen Wegen zu erreichen – darüber sind Sie sich doch im klaren?"

„Ja. Morgen bei Tagesanbruch gehen wir los."

„Gott möge Ihnen helfen", sagte er. „Möge Ihnen das Glück beschieden sein, das Sie verdienen."

Sie verbeugten sich tief voreinander – zwei alte Freunde, die Abschied nahmen.

Gladys ging durch die nächtliche Stadt zur Herberge zurück. Die K'angs, einst Lager der Maultiertreiber, waren voller Kinder. Von den Resten des Balkons aus blickte Gladys auf zu dem sternübersäten Himmel und den vertrauten Bergen. Sie ahnte, daß sie Yangcheng, wenn nicht für immer, so doch für eine sehr lange Zeit verließ.

9. Kapitel

Bei Sonnenaufgang waren die Kinder angezogen und spielten im Hof. Die älteren mußten Gladys helfen, die Kleinen herauszufischen und zu füttern. Etwa zwanzig Mädchen und sieben Jungen waren im Alter zwischen dreizehn und fünfzehn – auch Ninepence und Sualan zählten dazu –, alle anderen waren vier bis acht Jahre alt. Kurz darauf trafen die zwei vom Mandarin gesandten Kulis ein; an jedem Ende ihrer Tragestangen hing ein Korb voll Hirse. Gladys nahm Abschied von den beiden Missionshelferinnen und einigen Freunden, die sich eingefunden hatten, und nach einem letzten Blick auf die „Herberge zur Sechsten Glückseligkeit" zog die Schar ab.

Sie folgten zunächst dem Maultierpfad in südlicher Richtung. Gladys hatte eine Pfeife eingesteckt, die ihr vor Monaten ein japanischer Soldat gegeben hatte; mit dieser pfiff sie die Waghalsigen unter den Buben zurück, wenn sie allzu halsbrecherische Kunststücke auf den Felsen vollführten. Zweimal rief sie mit der Pfeife alle zusammen und zählte, ob keines ihrer Schäfchen fehlte.

Am Ufer eines Flusses hielten sie an, um Hirse in dem eisernen Topf zu kochen, den Gladys trug; jedem der Kinder füllte sie dann nacheinander den dampfenden Getreidebrei in seine Schüssel. Als das letzte Kind versorgt war, fand sich im Topf nicht mehr viel für sie selbst. Und so sollte es von nun an Tag für Tag gehen.

Es war bereits dunkel, als sie ein Bergdorf erreichten, das Gladys kannte und in dem sie für die Nacht eine Unterkunft zu finden hoffte. Hilfe nahte von unerwarteter Seite: Ein alter buddhistischer Priester in safrangelbem Gewand stand gerade auf den Stufen des Tempels, als die „Rattenfängerin von Yangcheng" mit ihrer Schar vorüberzog.

„Wo wollen Sie denn hin?" rief er Gladys zu.

„Wir sind Flüchtlinge auf dem Weg nach Sian."

Er kam die Stufen herab. Seine kleinen Augen waren in dem zerfurchten Gesicht voller Falten kaum zu sehen. „Aber, Frau, was haben Sie denn mit all diesen Kindern vor?" Fast klang es ärgerlich.

„Ich suche gerade einen Platz, wo wir heute nacht schlafen können."

„Dann könnt ihr im Tempel bleiben", sagte er kurz. „Alle meine Priesterbrüder sind fort, es gibt also Platz genug. Sagen Sie den Kindern, sie sollen hereinkommen. Wärmer als in den Bergen ist es auf jeden Fall."

Die Kinder brauchte man nicht erst zu überreden. Dies hier war für sie ein weiteres Abenteuer. Im Tempel war es dunkel, und überall gab es düstere Winkel, in denen Steinfiguren des „Buddhas mit den halb geschlossenen Augen" thronten. Alle umringten erwartungsvoll den eisernen Topf, als Gladys die Hirse fertiggekocht hatte, und nachdem alles verteilt und gegessen war, rollten sich die Kinder auf ihren Matten zusammen und schliefen sogleich ein.

Gladys konnte nicht so schnell Ruhe finden. Zum einen wimmelte der Tempel von Ratten, die in der Dunkelheit pfiffen und über die Schlafenden hinwegliefen. Außerdem begann ein leiser, schleichender Zweifel sie zu quälen – ein Zweifel, ob es nicht unüberlegt gewesen sei, diese Reise mit so vielen Kindern zu unternehmen. Überschätzte sie nicht doch ihre Fähigkeiten? *Allein* die Berge zu durchqueren – das war eine Sache; aber mit hundert Kindern unterschiedlichsten Alters – das war etwas anderes. Schon der erste Tag hatte Schwierigkeiten gebracht, und dabei waren jetzt alle Kinder noch ausgeruht, und ihr Weg führte sie durch eine Gegend, die Gladys genau kannte. Die größeren Mädchen hielten sich tapfer, doch hatte Gladys wohl bemerkt, daß einigen der Marsch schwerfiel. Sie waren das Wandern nicht gewöhnt; manche hatten noch eingebundene Füße gehabt, und selbst wenn die Füße schon seit mehreren Jahren von den Bandagen befreit waren, so konnte man sie doch nicht mit gesunden Gliedern vergleichen, die fähig und gewohnt waren, steinige Bergpfade zu begehen. Gladys lag nachdenklich auf dem harten Boden; über ihr wurde gerade das unbewegte Antlitz eines Buddhas von einem Mondstrahl erhellt. Je mehr sie über ihre unmittelbare Zukunft nachdachte, desto beklommener wurde ihr zumute. Aber es gab nun kein Zurück mehr: Sie mußten weiter.

Der zweite Tag verlief genauso wie der erste. Das nächste Abenddunkel überfiel sie fern jeder Behausung. Sie drängten sich im Schutz einer Felsgruppe zusammen, die den Wind abhielt. Die Nacht brachte dichten Nebel, und die Kinder rollten sich fröstelnd unter ihren feuchten, gesteppten wattierten Decken zusammen, die am nächsten Morgen bei Sonnenaufgang dampften und nur langsam trockneten.

Nachmittags trafen sie einen Mann auf einem Maultier. Er reiste in die gleiche Richtung wie sie und erklärte, wenn sie in sein Dorf kommen wollten, so würde er sich freuen, sie alle bei sich aufzunehmen. Dankbar ging Gladys auf das freundliche Angebot ein. In seinem Hof suchte sich jedes der Kinder ein Plätzchen, und anschließend schaufelten alle mit ihren Stäbchen die Hirse in sich hinein, bis sie ihre Bäuche gefüllt hatten. Dazu tranken sie viele Schalen heißen Tees und fanden noch immer, daß alles ein herrliches Abenteuer sei. Gladys hingegen verspürte ein tiefes Gefühl der Erleichterung, daß ein weiterer Tag hinter ihnen lag und der Gelbe Fluß um einen Tag näher herangerückt war. Sie nahm ihre Trinkschale zwischen beide Hände, genoß das bißchen Wärme, das sie spendete, und plauderte mit den älteren Mädchen.

„Wie viele Tage brauchen wir denn noch, bis wir am Gelben Fluß sind, Ai-weh-deh?" fragte Sualan schüchtern.

Obwohl Gladys noch nie bis zum Hwang ho gekommen war, konnte sie die Frage sofort beantworten. „Die Treiber auf dem normalen Maultierpfad rechnen fünf Tage. Wir gehen mitten durchs Gebirge. Etwa zwölf, würde ich sagen."

„Und treffen wir unterwegs auch bestimmt keine japanischen Soldaten?" fragte Ninepence.

„Ich hoffe nicht", antwortete Gladys.

Während ihrer Unterhaltung betrachtete sie die beiden Mädchen – das eine, das sie für neun Pence gekauft hatte, und das Sklavenmädchen aus dem Yamen. Beide waren reizende Geschöpfe mit reiner heller Haut und glänzendem, tief blauschwarzem Haar. Wie absurd es war, daß sie sich hier durch die Berge kämpfen mußten, um ihr Leben zu retten!

Schließlich wickelte sich Gladys müde in ihre wattierte Decke und legte sich nieder, um zu schlafen.

Am Morgen mußten die beiden Hirseträger nach Yangcheng zurückkehren; sie hatten die Grenze ihrer Provinz erreicht. Aber der fremde Mann, den sie in den Bergen getroffen hatten, gab ihnen einen anderen Kuli mit, der den Rest der Hirse tragen sollte. Es sah allerdings aus, als ob der übriggebliebene Vorrat kaum noch für zwei Tage reichen würde, selbst wenn man ihn bis zum äußersten rationierte.

Die nächsten beiden Nächte verbrachten sie unter freiem Himmel. Die Gegend war Gladys jetzt unbekannt, doch zeigte ihr der Stand der Sonne, daß sie genau südwärts gingen. Sie wurden alle sehr von Durst gequält, denn die Hitze war groß, und nur in den Dörfern gab es Brunnen. Morgens, wenn der schwere Bergnebel sich als Tau niedergeschlagen hatte, sammelten sie jeden Tropfen, der an den Felsen hing, und befeuchteten ihre Zungen damit. Da die Hirse aufgezehrt war, kehrte der Träger zu seinem Dorf zurück. Nun hatten sie nichts mehr zu essen, und vor ihnen erstreckten sich unabsehbare Berge, wild, abweisend und kaum bewohnt. Oft, wenn es über schwierige Felsstrecken ging, waren die Hänge so steil, daß sie eine menschliche Kette den Abhang hinunter bilden mußten, um die Kleineren von Hand zu Hand weiterzugeben. Diese weinten, wenn sie fielen, und sie weinten, wenn sie müde waren. Zwischendurch versuchte Gladys, sie mit einem Kirchenlied aufzumuntern; wenn es über ebenes Gelände ging, marschierten alle tapfer im Takt und sangen den Refrain mit. Gladys und die Älteren hatten es längst übernommen, das Bettzeug der Kleinen zu tragen, und oft ließen sie einen der Fünf- bis Sechsjährigen eine kurze Strecke huckepack reiten. Selten gab es einen Augenblick, in dem nicht eine kleine Hand sich an Gladys' Jacke festhielt.

Sieben Nächte nach dem Aufbruch von Yangcheng kampierten sie mitten in einer Hochgebirgsregion. Es war noch nicht dunkel, doch sie waren alle zu erschöpft, um weiterzugehen. Die dünnen, selbstgemachten Tuchschuhe, die sie alle trugen, waren samt und sonders zerschlissen. Die Fußsohlen der großen Mädchen bluteten. Eine trockene Schmutzkruste bedeckte jeden der müden Wanderer, und der Hunger quälte sie sehr.

Auf einmal sah Gladys, wie Teh und Liang, zwei Jungen, die stets als Pfadfinder vorausgingen, im Laufschritt zurückkamen.

„Männer!“ riefen sie. „Soldaten!“

Gladys schnürte die Angst für einen Augenblick die Kehle zu. Während noch die beiden großen Jungen keuchend auf sie zustolperten, sah sie die Soldaten weiter unten schon um einen Felsvorsprung herumkommen. Mit einem tiefen Seufzer der Erleichterung erkannte sie, daß es nationalistische Truppen waren. Auch die Kinder hatten sie entdeckt. Alle Müdigkeit war mit einem Schlag vergessen, und sie sprangen über die Felsen hinab, um die Ankommenden zu begrüßen.

Die Einheit, etwa fünfzig Mann, sollte als Verstärkung zu einer weiter nördlich operierenden Einheit von Nationalisten stoßen. Die Soldaten beschlossen, ihr Nachtlager gleich hier aufzuschlagen, und luden Gladys und ihre „Bande“ ein, bei ihnen zu bleiben und ihre Mahlzeit zu teilen. Das war ein Fest! Lebensmittel kamen zum Vorschein, die man in Shansi seit Jahren nicht mehr gesehen hatte. Die Kinder saßen um die kleinen Feuer und stopften sich voll, bis sie zu platzen drohten. Sogar Gladys konnte sich zum erstenmal auf dieser Reise satt essen. Als die Soldaten in der Morgendämmerung aufbrachen, winkten die Kinder ihnen wehmütig nach.

Jeder neue Tag wuchs sich zu einem schlimmeren Alptraum aus.

Merkwürdigerweise kamen die kleinen Kinder erstaunlich gut zurecht. Sie waren an karge Nahrung gewöhnt, und nachts schliefen sie, ganz gleich, wie hart der Boden war, und wachten erfrischt wieder auf, um sogleich zu spielen und umherzuspringen. Sie kletterten aus purem Übermut die Berge hinauf, verloren ihre Eßschalen und -stäbchen, weinten oft und beschwerten sich bitterlich – aber sie blieben gesund. Die älteren Mädchen dagegen befanden sich in einem bedauernswerten Zustand. Ihre Lippen waren von der Sonne aufgesprungen, und ihre Haut war verbrannt. Ihre Füße, deren Muskeln und Sehnen durch jahrelanges Einschnüren gelitten hatten, verursachten ihnen unerträgliche Schmerzen. Sie konnten immer nur ein paar hundert Meter weit humpeln und mußten dann eine Pause einlegen. Und auch Gladys selbst fühlte eine nie gekannte Müdigkeit.

Aber trotzdem hielten alle durch, und langsam bewegte sich der Zug weiter durch das Gebirge. Am zwölften Tag kamen sie aus den Bergen heraus in das Hügelland am Gelben Fluß.

„Seht mal, da unten!" rief Gladys. „Da liegt das Dorf Yüankü, und dahinter, seht, das ist der Hwang ho! Schaut nur, wie er in der Sonne leuchtet! In dem großen Dorf werden wir zu essen bekommen, und dann sind wir bald am Gelben Fluß. Und wenn wir den überquert haben, dann sind wir alle in Sicherheit. Jetzt wollen wir ein Lied singen, wenn wir ins Dorf einmarschieren!"

Die zwölf Tage, seit sie Yangcheng verlassen hatten, waren lang und schwer gewesen; nun endlich war alles überstanden!

Sie folgten der Straße von den Hügeln hinab bis in das Dorf Yüankü. Überall waren hier Spuren schwerer Bombenangriffe zu sehen, Schutt und Trümmer lagen in den Straßen, und die meisten Häuser hatten keine Dächer mehr. Es herrschte eine merkwürdige, unheimliche Ruhe. Gladys' Kinder liefen von Haus zu Haus, ihre hohen Stimmen hallten in den Höfen wider – aber niemand antwortete. Das Dorf war völlig verlassen. Schließlich berichteten Liang und Teh, die treuen Pfadfinder, daß sie einen alten Mann gefunden hätten. Gladys eilte zu ihm. Er saß gegen einen Baum gelehnt in der Sonne, auf dem Kopf einen spitzen Strohhut; einige wenige lange weiße Haare sprossen auf seinem Kinn. Dünne Beine ragten aus seinen blauen Baumwollhosen. Er hatte geschlafen und war ärgerlich über die Störung.

„Alter Mann", redete Gladys ihn an, „wo sind all die Leute? Warum ist das Dorf verlassen?"

„Sie sind fortgerannt. Die Japaner werden kommen, und da sind alle fortgerannt."

„Warum sind Sie nicht mitgegangen, sondern hiergeblieben?"

„Ich kann nicht so schnell laufen. Ich schlafe lieber hier, bis die Japaner kommen, und dann werde ich sie anspucken."

„Wohin sind die Leute geflohen?"

„Über den Gelben Fluß, weg von den Japanern."

„Dann müssen wir auch dorthin. Wo gibt es Boote?"

„Boote gab es einmal. Ich glaube, ihr kommt zu spät." Mit trübem Blick betrachtete er die Kinder, die sich um ihn versammelt hatten. „Woher kommen denn all die Kinder? Wohin wollen sie?"

„Wir sind Flüchtlinge auf dem Weg nach Sian", sagte Gladys.

Seine Lippen kräuselten sich verächtlich, als er zu ihr aufsah. „Sie haben wohl den Verstand verloren, sich mit all den Kindern herumzuplagen! Die Götter lassen die Weiber für eine Handvoll Kinder sorgen, aber nicht für eine Armee!"

Solche Argumente hatte Gladys in China schon oft zu hören bekommen. Sie ging nicht darauf ein. „Wie weit ist es zum Fluß?"

„Fünf Kilometer. Folgt dem Weg der Fähre. Aber ein Boot findet ihr dort nicht. Die Japaner kommen, da läßt niemand sein Boot am Ufer liegen. Geh zurück in die Berge, Frau. Das ist die einzige sichere Zuflucht."

„Wir gehen nach Sian", antwortete Gladys einfach. Sie blies in ihre Pfeife, und alle Kinder liefen zu ihr. „Wenn wir an den Fluß kommen, wollen wir gleich baden und unsere Kleider waschen", sagte sie. „Und dann suchen wir uns ein Boot und fahren auf die andere Seite, wo wir sicher sind. Leb wohl, alter Mann, und alles Gute!"

Er schaute ihnen nicht einmal nach, als sie gingen, sondern ließ den Kopf auf die Brust sinken und war eingeschlafen, noch ehe sie um die Straßenecke verschwunden waren.

Der lange Zug aus müden, hungrigen Kindern zog sich den staubigen Weg zum Fluß hinunter. Am Ufer wuchs Schilf, aber dazwischen gab es kleine sandige Buchten, wo die Kinder plätschern und über flachem Grund herumpaddeln konnten. Der Fluß war über einen Kilometer breit und in der Mitte reißend und tief. Aber Boote – Boote waren nirgends zu sehen.

„Wo sind die Boote, Ai-weh-deh?" fragte Sualan.

„Ab und zu kommen bestimmt welche herüber", antwortete sie. „Heute ist es vielleicht schon zu spät. Wir wollen die Nacht hier am Ufer verbringen, dann sind wir morgen früh gleich da, um ins Boot zu steigen."

An einer geschützten, etwas tiefer gelegenen Uferstelle kuschelten sie sich alle zusammen, um zu schlafen. Ein gelber Mond erhob sich über dem Fluß. Es war sehr schön, aber Gladys war von Angst erfüllt.

Wo waren die Boote? Hatte der alte Mann recht gehabt? War wirklich alles über den Fluß geflohen, um den Japanern zu entgehen? Saß sie mit den Ihren nun in der Falle, vor sich das breite Wasserband, das sie nicht überqueren konnten? Schließlich fiel sie in einen tiefen, aber unruhigen Schlaf.

Als sie am Morgen aufwachte, spielten die Kinder schon am Fluß. Die Jüngsten schrien sofort: „Ai-weh-deh, wir haben Hunger! Wann bekommen wir denn etwas zu essen, Ai-weh-deh?"

„Bald!" rief sie. „Bald!"

Sie versammelte die älteren Jungen um sich. „Wir müssen unbedingt etwas zu essen auftreiben. In Yüankü werden die Einwohner sicher ein paar Reste zurückgelassen haben. Ihr müßt alle Häuser durchsuchen. Seht überall gründlich nach! Wir können nicht länger hungern."

Die Jungen zogen los, während der größte Teil der Kinderschar noch immer in den sandigen Buchten spielte. Gladys saß am Ufer und konnte nichts tun, als zuzusehen, wie die Sonne am Himmel höher stieg. Wenn doch nur ein Boot käme! dachte sie. Wenn nur ein Boot käme!

Drei Stunden später kehrten die Jungen triumphierend zurück. Sie hatten die meisten Häuser von Yüankü durchstöbert, und jeder brachte etwas mit – ein paar Pfund muffige Hirse auf dem Grund eines faulenden Korbes, einige staubig aussehende, flache, harte Teigklumpen, die unter einer Ladentheke gelegen hatten, und anderes mehr. Das alles wurde im großen Topf zusammen gekocht, und das Resultat wurde dann sorgfältig in die vielen Schüsselchen verteilt, die Gladys entgegengestreckt wurden. Für sie selbst, Sualan und die größeren Jungen gab es nicht viel, aber die Kleinen waren wenigstens satt.

Die Sonne stand hoch, und noch immer zeigte sich kein einziges Boot auf der weiten Wasserfläche. Die Jungen zogen noch einmal los, um etwas Eßbares zu suchen, diesmal in den wenigen Häusern, die verstreut am Ufer lagen. Gladys saß still da und sah nach den Kindern, mit halbem Ohr auf ein fernes Gewehrfeuer horchend, das den Feind ankündigen würde. Die Jungen kehrten mit ein paar eßbaren Bissen zurück, die Gladys für den nächsten Tag aufhob.

Wieder rollten sich die Kinder am Flußufer zum Schlafen zusammen. Ihr Gewimmer schnitt Gladys ins Herz. Sie hatten Hunger. Sie tröstete sie, so gut sie konnte. Kalt und weiß stieg in jener Nacht der Mond über dem anderen Ufer auf. Ein leichter, kühler Wind wisperte im Schilf, und Fetzen grauweißen Nebels trieben über das Wasser. Man hörte den Strom dahinfließen, leise, geheimnisvoll.

Gladys lag auf dem Rücken und sah zu den Sternen hinauf. Nachts erschien ihr alles etwas leichter. Im Sonnenschein lastete die harte

Wirklichkeit als eine fast nicht mehr zu tragende Bürde auf ihr, aber nachts verlor alles ein wenig an Schärfe, und sie erhielt ein paar Stunden des Vergessens geschenkt, bevor der heiße Sonnenball sich über den Horizont erhob und der Kinderschwarm zum Wasser hinabrannte, um mit viel Geschrei und Wasserspritzen den neuen Tag zu begrüßen. Und schließlich konnte morgen schon alles anders sein. Morgen kam vielleicht ein Boot.

An diesem dritten Tag am Ufer des Gelben Flusses verzehrten sie die letzten spärlichen Essensreste. Die Sonne stieg empor, und die Kinder hatten genug vom Herumtollen am Wasser. Gladys erzählte ihnen Geschichten und sang mit ihnen Lieder; ihre Augen taten schon weh vom ewigen Starren über das gleißende Wasser auf der Suche nach einem Boot. Als die Sonne wieder unterging, krochen alle dicht zu ihr heran. Am Morgen des vierten Tages hockten schließlich auch die Kleinen nur noch trübsinnig herum.

Aber Sualans Glaube war nicht zu erschüttern. „Ai-weh-deh", sagte sie, „erinnerst du dich nicht, was du uns von Moses erzählt hast? Wie er die Kinder Israels an die Wasser des Roten Meeres führte? Und wie Gott dem Wasser befahl, sich zu öffnen, und das Volk Israel sicher hinüberkam?"

„Doch, ich erinnere mich", sagte Gladys leise.

„Warum teilt dann Gott die Wasser des Hwang ho nicht für uns, damit wir hinüberkönnen?"

Gladys blickte müde in das hübsche, kindliche Gesicht, in die großen, fragenden Augen. „Ich bin nicht Moses, Sualan", sagte sie.

„Aber Gott ist immer Gott, Ai-weh-deh. Du hast uns das hundertmal gesagt. Wenn er Gott ist, kann er den Hwang ho für uns auftun."

Einen Augenblick lang wußte sie nicht, was sie antworten sollte. Wie konnte sie einem hungrigen Kind am Ufer eines gewaltigen, reißenden Flusses sagen, daß Wunder nicht immer nach Wunsch eintreten? Daß sie vielleicht eines Wunders nicht wert waren? Wie sollte sie erklären, daß niemand, und sei er einem sterblichen Feind gegenüber noch so tapfer, dieses gewaltige Wasser zu öffnen vermöge? Daß ihnen keine andere Kraft blieb als die Kraft des Glaubens?

„Du und ich, wir wollen beten, Sualan", sagte sie. „Und vielleicht wird unser Gebet erhört."

DER OFFIZIER der Nationalarmee, der seine Patrouille auf dem „falschen" Ufer des Flusses anzuführen hatte, scheuchte eine Fliege von seiner schweißbedeckten Stirn. Seine umherschweifenden Gedanken wurden plötzlich unsanft in die Wirklichkeit zurückgerissen.

Ein Geräusch! Ein sonderbares Geräusch! Ein entfernter hoher Laut, schwankend und unsicher. Klang das nicht fast wie Gesang? Es war nur schwach zu vernehmen, hoch und eintönig wie das helle Piepsen von Kinderstimmen.

Er stieg auf eine kleine Anhöhe am Ufer, und dort entrang sich ihm ein Laut fassungslosen Erstaunens. Er griff ungläubig nach seinem Fernglas. Ein verblüffender Anblick bot sich ihm: In einem weiten Rund saß laut singend eine Gruppe von Kindern! Ein paar kleinere vergnügten sich lärmend im flachen Wasser am Uferrand.

Er gab seinen Leuten ein Zeichen zurückzubleiben. „Wartet hier!" befahl er. „Das kann eine Falle sein. Paßt gut auf."

Die Japaner hatten bei ihren Angriffen schon oft Flüchtlinge vor sich her getrieben. Und wo kamen diese Kinder her? Alle Flüchtlinge hatten schon vor Tagen dieses Gebiet verlassen, der Fluß war für Zivilisten gesperrt. Normalerweise wurde die Gegend von japanischen Flugzeugen überwacht, aber in der letzten Woche war es hier seltsam ruhig gewesen. Als er am Ufer entlangging, konnte er erkennen, daß es tatsächlich chinesische Kinder waren, denn als die Jüngsten ihn sahen, liefen sie auf ihn zu und jubelten und schrien vor Freude.

„Ai-weh-deh", riefen sie, „hier kommt ein Soldat! Ein Soldat!"

Nun erst bemerkte der junge Offizier die kleine Frau, die auf der Erde saß. Sie war mager und wirkte recht ausgehungert. Als er herankam, stand sie auf.

„Sind Sie verrückt?" fragte er. „Was tun Sie hier?"

„Wir sind Flüchtlinge und wollen nach Sian", entgegnete sie einfach.

Sie sprach ausgezeichnet Chinesisch, wenn auch mit dem schweren Tonfall des Nordens; sie war klein und zierlich wie die Frauen seines Landes, ihr Haar so dunkel wie das der Chinesinnen – und trotzdem bemerkte er sofort, daß sie eine Ausländerin war.

„Wo Sie jetzt herumsitzen, wird bald ein Schlachtfeld sein, wissen Sie das nicht?" fragte er.

„Ganz China ist ein Schlachtfeld", gab sie müde zurück.

„Sind Sie für diese Kinder verantwortlich?"

„Ja. Wir versuchen, über den Fluß zu kommen."

Er sah sie genauer an. Sie war noch ziemlich jung. Ihr dunkles Haar war straff zurückgekämmt zu einem festen Knoten, ihre Kleidung alt und verschmutzt; dunkle Ringe lagen unter ihren Augen, und ihr Gesicht sah hohlwangig und ungesund aus. Und für eine Ausländerin hatte sie sich eine reichlich seltsame Beschäftigung ausgesucht.

„Ich glaube, ich kann ein Boot für Sie besorgen", sagte er. „Allerdings müßte man dreimal fahren, um euch alle hinüberzubringen, und gefährlich ist es auch. Wenn ein japanisches Flugzeug kommt und ihr seid gerade mitten auf dem Fluß, dann ist es aus."

„Wir *müssen* über den Fluß!"

„Vermutlich werden Sie in dem Dorf auf der anderen Seite etwas zu essen bekommen. Die Leute verlassen nicht gern die Häuser, auch wenn die Japaner anrücken."

„Das kenne ich", sagte sie. „So war es bei uns in Yangcheng auch."

Er trat an das Ufer, steckte zwei Finger in den Mund und pfiff dreimal laut und auf eine besonders durchdringende Weise. Von der anderen Seite des Flusses kamen drei Pfiffe zur Antwort. Zwei kleine Gestalten weit drüben auf dem anderen Ufer schoben ein Boot ins Wasser und begannen, über den Fluß zu rudern.

„Ich kann Ihnen nicht genug danken", sagte Gladys. „Ohne Ihre Hilfe wären wir hier alle umgekommen."

Der Offizier bemerkte, daß sie schwankte, als eines der Kinder sie anstieß.

„Sie sind krank", stellte er fest. „Sie müssen sich behandeln lassen. Die nationalistischen Truppen auf der anderen Seite haben einen Arzt."

„Kein Grund zur Sorge", entgegnete sie. „Wenn ich erst einmal in Sian bin, geht es mir bestimmt besser."

Mit begeistertem Geschrei stürmten die Kinder in das Boot, und die Soldaten ruderten sie mit schnellen Schlägen auf die andere Seite. Das wiederholte sich noch einmal, und als schließlich die dritte und letzte Gruppe bereit zum Abfahren war, half der Offizier der fremden Frau beim Einsteigen. Seine Kameraden waren ebenfalls nachgekommen, um behilflich zu sein. Als das Boot sich vom Ufer entfernte, gab er seinen Männern das Kommando „Stillgestanden!" und grüßte ernst. Über das Wasser klang sein Ruf zu ihr: „Viel Glück, Ausländerin!"

Er ging am Ufer entlang auf seinen Posten zurück. Sonderbar war das mit dieser Fremden. Über ein Schlachtfeld zu wandern mit einer ganzen Armee von zerlumpten chinesischen Kindern – das war wirklich sonderbar.

10. Kapitel

AUF DER anderen Seite des Flusses kamen sie nach drei bis vier Kilometer Wanderung in ein Dorf, dessen Einwohner sie freundlich empfingen. Obwohl schon Hunderte von Flüchtlingen hier durchgezogen waren, teilten sie trotzdem ihre Mahlzeit mit den Fremden. Gladys blieb mit den Kindern, allerdings nur so lange, bis sie gegessen hatten, dann ging es gleich weiter. Sie brachten die Nacht in den Feldern zu und setzten dann am nächsten Morgen ihren Weg zur Stadt Mienchih fort. Auch dieser Ort war von Bomben schlimm getroffen worden, aber sie erfuhren, daß es eine Flüchtlingsorganisation gab, die in einem alten Tempel Unterschlupf gesucht hatte. Hier gab es große Kessel mit dampfendem Essen, und sie wurden freundlich aufgenommen.

Dann aber erschien die Polizei. Ein kleiner dicker, geschäftiger, vor Wichtigkeit aufgeblasener Polizist stolzierte auf Gladys zu. „Wie ich höre", begann er, „geben Sie an, gestern den Hwang ho, den Gelben Fluß, überquert zu haben."

„Ja."

„Dann sind Sie verhaftet", fuhr der Beamte fort. „Sie können den Hwang ho gar nicht überquert haben."

„Verhaftet! Aber weshalb denn? Was wirft man mir vor?"

„Sie haben behauptet, Sie hätten den Hwang ho überquert."

„Ja."

„Und niemand war dabei, als Sie übergesetzt haben?"

„Nein – nur die Kinder."

„Niemand kann den Fluß überqueren. Wie wollen Sie also herübergekommen sein?"

Gladys schüttelte verständnislos den Kopf. „Wir haben einen Soldaten getroffen, der ein Boot für uns herbeirief."

„Es gibt drüben keinen Soldaten, der ein Boot rufen kann. Sie sind verhaftet!" Mit amtlicher Strenge kniff er die Lippen zusammen. Hier war er offensichtlich dem interessantesten Verbrechen auf der Spur, das in seinem Gebiet seit Jahren vorgekommen war.

„Glauben Sie denn, daß ich drüben stillsitzen und warten wollte, bis die Japaner kamen?" fragte Gladys hitzig. „Außerdem, wenn Sie mich verhaften, müssen Sie auch sämtliche Kinder festnehmen."

Bei dieser Komplikation zog eine kurze Wolke des Ärgers über sein glattes Beamtengesicht. „Sie wollen doch nicht behaupten, daß Sie für so viele Kinder verantwortlich sind?"

„Doch. Es ist ja sonst niemand da, der für sie sorgt." Sie war müde, es war spät, und sie brauchte Ruhe. „Dürfen wir nicht wenigstens heute nacht hierbleiben? Morgen früh gehe ich in den Yamen oder komme zur Polizeistation, sobald Ihr Dienst anfängt – dann können Sie mich ja verhaften."

Der dicke, kleine Polizist sah zweifelnd drein. „Ich muß Sie aber vor dem Mandarin verhören", sagte er dann selbstgefällig.

„Nun, mit so vielen Kindern kann ich Ihnen wohl kaum davonlaufen, oder? Ich komme gleich morgen früh in den Yamen, und Sie können mich alles fragen, was Sie wollen."

Damit mußte er sich zunächst zufriedengeben. Mit markigen Schritten verschwand er in der Abenddämmerung, und Gladys breitete todmüde ihr Bettzeug auf dem Boden aus. Den Japanern oder dem Amtsschimmel zu entkommen ist offenbar fast gleich schwer, dachte sie.

Am Morgen ließ sie die Kinder auf dem Weg zur Polizeistation vor sich hermarschieren. Eingelassen wurde allerdings nur sie allein, und die Kinder blieben aufgeregt und ängstlich zurück, weil sie meinten, ihrer Ai-weh-deh drohe Gefahr. Dicht gedrängt standen sie vor der Tür des Yamen, und sobald Gladys im Gebäude verschwunden war, war von draußen ein vielstimmiger Chor zu hören, der vernehmlich forderte: „Laßt sie raus! Laßt sie raus!"

Der Mandarin war ein gütig aussehender älterer Mann, dem man anmerkte, daß er den eifrigen Polizisten nicht allzu ernst nahm. Der aber blieb starrköpfig bei seiner Anklage. „Sie behaupten noch immer, daß Sie den Hwang ho überquert haben?"

„Ja."

„So. Und wie konnten Sie das – ohne Boot?"

„Wir wurden mit einem Boot übergesetzt! Ein Soldat rief es von der anderen Seite herüber!"

„Dann haben Sie ein Verbrechen begangen. Wollen Sie bitte dieses Dokument zur Kenntnis nehmen." Auf ein Zeichen des dicken Polizisten hin reichte ihm ein Unterbeamter eine bedeutend aussehende Rolle, die er an Gladys weitergab.

Sie überflog das Schriftstück. Zwischen Siegeln und imposanten Stempeln stand da, daß auf Befehl des Nationalistischen Oberkommandos der Hwang ho für allen zivilen Verkehr gesperrt sei. Niemand dürfe ihn überqueren oder befahren. Der Befehl war vor fünf Tagen erlassen worden.

„Also das war der Grund, warum kein Boot aufzutreiben war!" rief Gladys.

„Sie geben jetzt also zu, daß Sie dieses Verbrechens schuldig sind?" donnerte sie der Polizist an.

„Natürlich bin ich über den Fluß gefahren!" gab Gladys zornig zurück. „Wir sind Flüchtlinge aus Shansi und wollen nach Sian. Ich bin mit hundert Kindern unterwegs. Sie nehmen doch wohl nicht an, daß ich auf der anderen Seite warte, bis der Feind uns erwischt?"

Von draußen hörte man das Rufen der Kinder. Ein Dutzend kleiner Gesichter drückte sich ans Fenster, und ein Dutzend kleiner Hände patschte immer wieder gegen die Scheibe.

Der Mandarin hatte genug gehört. „Es liegt auf der Hand", sagte er, „daß das Vergehen dieser Frau, wenn überhaupt eines vorliegt, von der geringfügigsten Art ist." Er lächelte Gladys an. „Wenn Sie Ihre Kinder für einen Augenblick zum Schweigen bringen würden, dann könnte ich Ihnen wohl helfen."

Sie ging hinaus. Nach ein paar energischen Worten kehrte Ruhe ein. Als sie in das Amtszimmer zurückkehrte, stellte sie fest, daß der Polizist inzwischen verschwunden war.

„Jeden Morgen", begann der Mandarin, „verläßt ein Zug Mienchih und fährt am Fluß entlang in Richtung Sian, zwar nicht ganz bis dorthin, weil mit der Strecke irgend etwas nicht in Ordnung ist, aber der Zug kann Sie doch wenigstens ein gutes Stück mitnehmen."

„Wir haben aber leider keine Fahrkarten und auch kein Geld dafür", wandte Gladys schüchtern ein.

Der Mandarin zerstreute schnell ihre Bedenken. „Heutzutage sind alle Züge in Honan Flüchtlingszüge, da werden von niemandem Fahrkarten verlangt. Gehen Sie einfach morgen früh mit Ihren Kindern auf den Bahnhof, und steigen Sie ein."

Gladys dankte ihm und ging mit ihrer Horde zum Tempel zurück. Nachmittags führte sie die Kinder zu einem Teich am Rande der Stadt, wo sie versuchten, wenigstens den schlimmsten Schmutz von ihren Kleidern und Körpern abzuwaschen. Am Abend versammelten sich alle im Hof des Tempels.

„Ihr wißt doch alle, was ein Zug ist, nicht wahr?" fragte sie.

Die Frage löste ein aufgeregtes Geschnatter aus. Nein, die meisten wußten nicht, was ein Zug ist. Sie hatten noch nie etwas von einem Zug gehört.

Gladys machte die Geräusche einer Lokomotive nach, was begeisterte „Ohs" und „Ahs" auslöste. Die großen Kinder versuchten, trotz der bevorstehenden neuen Erfahrung gelassen zu wirken, innerlich aber waren auch sie furchtbar aufgeregt.

„Morgen früh tretet ihr alle mit sauberen Händen und Gesichtern an. Mit schmutzigen Händen oder verschmiertem Gesicht wird niemand in den Zug gelassen." Nach dieser kleinen Ansprache zerstreuten sich die Kinder wieder, um zu spielen und eifrige und endlose Gespräche über das unglaubliche Ereignis zu führen, das ihnen bevorstand.

Schon in der Morgendämmerung waren sie auf den Beinen und hatten sich in erstaunlicher Geschwindigkeit bereits in einer langen Schlange aufgestellt, ehe Gladys ihr eigenes Bettzeug fertig zusammengebunden hatte.

Sie bedankte sich herzlich bei den Frauen, die die Flüchtlingsorganisation leiteten, blies in ihre Pfeife, und mit Lachen und Jubel brachen sie auf zum Bahnhof. Die Station bestand nur aus einem Betonfundament oberhalb der Gleise; wenn je ein Dach vorhanden gewesen war, so hatten es die Bomben längst weggefegt. Im Westen, kaum hundert Meter hinter dem Bahnhof, verschwanden die Gleise in einer Kurve außer Sichtweite. Und da es geheißen hatte, daß der Zug aus dieser Richtung kommen werde, richteten sich nun auf diese Kurve hundert Augenpaare.

Die Spannung war atemberaubend, und schon nach wenigen Minuten hörte man, noch ganz fern, das Rattern des Zuges! Hundert Kinder machten lange Hälse, wenn auch insgeheim ihre Herzen vor Angst heftig klopften. Das waren ja schreckliche Geräusche! Schon aus der Entfernung klang es wie das Brüllen des obersten Drachengroßvaters. Und der Lärm wurde immer schlimmer! Bremsen quietschten, Puffer stießen aufeinander, und dann – qualmend und prustend, häßlich, schwarz und furchterregend – kam das eiserne Untier um die Ecke! Ein einziger lauter Schreckensschrei entrang sich der Kinderschar. Bündel, Schüsseln und Eßstäbchen flogen in die Luft, und ihre Besitzer flohen in alle Himmelsrichtungen. Als der Zug schließlich zum Stehen kam, sah man kein einziges Kind mehr auf dem Bahnsteig.

Die Lokomotive gab nun nur noch ein schweres, dampfendes Ächzen von sich. Unter Kisten und Ballen mußte Gladys die Kinder hervorziehen; sie steckten im Umkreis von fast zweihundert Metern in den unvorstellbarsten Schlupfwinkeln und Verstecken. Grüppchen um Grüppchen konnte sie wieder auf den Bahnsteig zurückführen, und es war ein Glück, daß es dem Zug nicht im geringsten wichtig zu sein schien, an diesem Tag weiterzukommen.

Die Waggons waren nichts weiter als große Holzkästen mit einem Dach darauf. Sitze gab es nicht, viele andere Flüchtlinge mit ihren Bündeln und Schüsseln kauerten und standen schon darin. Es gelang Gladys, alle ihre Kinder in einem langen Waggon unterzubringen, und als der Zug sich nach endlosem Stehen schwerfällig holpernd in Bewegung setzte, fingen die Kleinen schon an, das Abenteuer zu genießen.

Vier Tage lang blieben sie in dem Zug. Manchmal hielt er für ein paar Stunden, dann stiegen die Passagiere aus und lockerten die steifen Glieder. Von Zeit zu Zeit stand neben den Gleisen ein aus Kisten und Brettern zusammengenagelter Imbißstand für Flüchtlinge, an dem Hirsebrei und Tee bereitgehalten wurden. Gladys brachte den größten Teil der Zeit im Halbschlaf zu. Fast drei Wochen waren sie nun unterwegs. Sie hatte kaum einmal ruhig geschlafen und nur selten genug gegessen. Konnte sie da erwarten, so fragte sie sich, daß sie sich so wohl fühlte wie früher?

In dem kleinen Dorf Tien Shan hielt der Zug; hier war für sie die Reise zu Ende, weil eine wichtige Brücke in die Luft gesprengt worden war. Die wellige Ebene hörte hier auf, und Berge stiegen steil vor ihnen zum Himmel auf. Diese Berge galt es zu überwinden. Ein schmaler Flüchtlingsstrom wand sich die felsigen Pässe hinauf – alte Männer, junge Frauen, Väter, Mütter, Familien, mit ihren Bündeln beladen; sie alle flohen vor den Japanern westwärts. Die Kinder erbettelten sich unten im Dorf etwas Nahrung, aber Gladys konnte die ganze Zeit über den Blick kaum von den Bergen abwenden. Sie erschreckten sie. Gladys mochte nicht weitergehen, sie wollte bleiben, wo sie war, und ausruhen. Aber das ging nicht. Ihre einzige Hoffnung war Sung Meilings Flüchtlingsheim in Sian. Die Stadt war noch immer viele Tagereisen entfernt, doch Gladys mußte unbedingt so viel Kraft aufbringen, um noch bis dorthin zu gelangen. Aber diese hohen, grausamen Berge!

Nach einer Ruhepause ging es weiter. Vier Stunden lang arbeiteten sie sich hangaufwärts, die jüngeren Kinder voran, die älteren Mädchen langsam hinterher. Von einer hohen Bergkuppe aus sahen sie zum letztenmal die Ebene, dann senkte sich der gewundene Weg, und die Gipfel schlossen sie ein.

Am späten Nachmittag kehrten Lian und Teh, die beiden unentbehrlichen Pfadfinder, zur Gruppe zurück und berichteten von einem Dorf, das sie versteckt in einem engen Tal entdeckt hatten. Als Gladys und die Mädchen schließlich dort ankamen, tranken die Kinder schon gierig viele Schüsselchen *mentang*, das mehlige Wasser, das übrigbleibt, wenn man Hirse kocht, und die Dorfbewohner verteilten Reiskuchen und die Reste ihrer Mahlzeiten. Gladys trank Tee und fühlte sich sofort besser. Die Leute waren freundlich. Sie erklärten Gladys, daß sie mit den Kindern noch zwei Tage brauchen würde, um über die Berge hinweg Tungkwan zu erreichen, und unterwegs konnten sie noch in einigen anderen Dörfern etwas zu essen bekommen. Zunächst aber erhob sich vor ihnen eine hohe Gipfelkette. Gladys überlegte, daß sie in dem nächsten Tal übernachten könnten, wenn sie dieses Hindernis hinter sich gebracht hätten. Nach einer Stunde Anstieg hingen schon wieder die Fünfjährigen an ihrem Ärmel. Ein paar vierzehnjährige Jungen erboten sich, die kleineren Kinder abwechselnd zu tragen. Auch Gladys nahm eines der müden Kinder auf den Rücken. Die großen Mädchen konnten nicht mehr helfen; sie waren völlig erschöpft und brauchten ihre ganze Kraft, um nicht zurückzubleiben. Die Sonne begann unterzugehen, noch ehe sie die Höhe erreicht hatten, und Gladys erkannte, daß sie nicht vor Einbruch der Dunkelheit über die Bergkette kommen würden. Es gab nur eine Möglichkeit: eine geschützte Stelle zu finden und dort die Nacht zuzubringen.

Schnell kroch die Finsternis aus den Tälern heran und umhüllte sie. Ein überhängender Fels versprach ein wenig Schutz, und sie drängten sich darunter eng zusammen, um sich gegenseitig zu wärmen. Die Kleineren waren so müde, daß sie – kaum waren sie in ihre gesteppten Decken eingewickelt – sofort einschliefen. Es wurde schnell kalt, und Gladys zitterte am ganzen Körper, aber erschöpft, wie sie war, übermannte dann auch sie bleierner Schlaf.

Sobald es hell wurde, packten sie ihr Bettzeug zusammen und machten sich auf den Weg. Die Kleineren liefen wieder voraus. Als die Sonne aufging, hatten sie den Bergsattel hinter sich. Sie schauten sich um. Auf allen Seiten waren sie von zahllosen kahlen Gipfeln umgeben – ein einschüchternder und trostloser Anblick. Und dann, am Nachmittag, als sie alle auf verstreuten Felsbrocken eine der nun immer häufigeren Rastpausen machten, erlosch Gladys' Energie mit einem Schlag.

Ihr Gesicht voller Gebirgsstaub, über den der Schweiß in Rinnsalen geflossen war, ihre Augen weit aufgerissen – so saß sie da und starrte die Kinder ringsum an. Die Acht- und Neunjährigen sahen noch halbwegs kräftig aus, aber die Kleineren hockten mit jämmerlichem Gesichtsausdruck um ihre Ai-weh-deh herum und waren schon zu matt, um noch viel nach Essen und Trinken zu fragen oder danach zu drängen, getragen zu werden. Die Mädchen hatten sich voller Verzweiflung auf den felsigen Boden geworfen; selbst Lian und Teh, die Pfadfinder, saßen mit stumpfen Gesichtern da, das Kinn in die Hände gestützt, vom Tragen der Kleinsten übermüdet.

Plötzlich fühlte Gladys etwas Nasses ihre Wange hinabfließen. Sie versuchte, die Tränen mit dem Finger wegzutupfen, aber sie flossen immer schneller, und bald schluchzte sie laut und überließ sich ihrem Kummer und fand keinen Halt mehr; sie schluchzte, weil sie ihre Tränen nicht aufhalten konnte, schluchzte vor Schwäche und Erschöpfung, schluchzte in grenzenlosem Schmerz um all die Kinder, um China, um die Welt. Sie hatte den Mut verloren weiterzugehen, und sie war überzeugt, daß sie hier in diesen Bergen den Tod finden würden. Sie trug für all diese Menschen die Verantwortung, und sie hatte versagt. Die Kinder schluchzten mit ihr. Minutenlang hallte das Echo ihres jämmerlichen Schluchzens von den Talwänden wider. Als es vorbei war, wischte Gladys das Gesicht mit dem Jackenärmel ab und schniefte erleichtert. Die Tränen hatten befreiend auf sie gewirkt, hatten die öde Verzweiflung fortgespült, ein wenig auch von der schmerzenden Müdigkeit mitgenommen, die ihre Kraft und ihren Willen gelähmt hatte. Sie lächelte matt zu Sualan hinüber, die zu ihr herankroch.

„Einmal ordentlich ausweinen, das tut gut", sagte sie tapfer. „So, das genügt jetzt, hört ihr? Wir wollen nun ein schönes Lied singen, und während wir singen, marschieren wir den Weg bergabwärts bis zu dem großen Felsvorsprung da unten. Kommt, auf mit euch, und nicht mehr geheult! Jetzt wollen wir einmal ausprobieren, wer am lautesten singen kann! Eins . . . zwei . . . drei . . ."

Diese Gipfel mochten in ihren langen Jahren zwischen Wind und Regen schon so manches Seltsame gesehen haben; doch es darf bezweifelt werden, ob sie je etwas so Ungewöhnliches und Heldenhaftes erlebt hatten wie diesen Zug von Kindern, in dessen Mitte eine kleine Frau mit tränenverschmiertem Gesicht ging und dabei mit heller Stimme und verzweifelter Entschlossenheit ein Kirchenlied anstimmte, während sie ihre Schützlinge anführte.

Kurz vor Sonnenuntergang kamen sie zu einem Dorf, und hilfsbereite Menschen durchstöberten ihre Häuser nach Eßbarem für die vielen Kinder. Der Dorfälteste sagte gutmütig: „Sie haben viele Mäuler zu stopfen – wer könnte da nein sagen.“ Und alle Kinder freuten sich auf die kommende Nacht: Sie durften in einer leeren Vorratshöhle am Rande des Dorfes schlafen, mit gefülltem Magen und unter festem Dach.

Der dritte Tag brachte erneut Schwierigkeiten. Endlos schleppten sich die Stunden dahin, und als es Abend wurde, hatten sie weder ein freundliches Dorf noch etwas zu essen gefunden. Müde und hungrig rollten sie sich zwischen den Felsen inmitten dichten Nebels zum Schlafen zusammen. Die Jüngeren schlummerten tief und fest, aber Gladys und die Jungen gingen umher und sammelten in den Schüsseln Wassertropfen, die von den Felsen herabliefen, damit sie am nächsten Morgen beim Aufwachen wenigstens einen Schluck zu trinken hatten.

Der nächste Tag führte sie nun endlich aus den Bergen hinaus in die Ebene. Bis Tungkwan waren es zwar viele Kilometer, doch sie erreichten die Stadt noch vor Einbruch der Dunkelheit. Sie war heftig bombardiert worden, und die meisten Häuser waren zerstört. Aber eine Frau wies ihnen den Weg zu einer Flüchtlingsküche im Hof einer größeren Ruine. Zwei Frauen standen dort an den dampfenden Töpfen und wurden von den Kindern sofort mit freudigem Geschrei umzingelt.

Gladys erfuhr von den Frauen, daß es zwar eine Eisenbahnlinie von Tungkwan nach Hwahsien gab, daß aber keine Züge mehr verkehrten, denn die Schienen liefen an einem Fluß entlang, dessen jenseitiges Ufer die Japaner besetzt hielten. Sie mußten also von hier aus zu Fuß weiter. Diese Nachricht versetzte sie furchtbar in Wut, obwohl ihr das natürlich nichts half. Als bald darauf zwei Männer in den Hof kamen und ihr allerlei Fragen stellten – woher sie kämen, was sie noch vorhätten und so weiter –, erhielten sie nur kurze und wenig freundliche Antworten. Schließlich fuhr sie sie gereizt an: „Laßt mich doch endlich zufrieden, ich bin müde!“

„Wir wollen Ihnen helfen“, erklärten die Männer. „Die Frauen hier haben uns von Ihnen erzählt.“

„Wie könnten Sie mir helfen?“

„Ab und zu fährt hier doch ein Zug nach Hwahsien. Er besteht allerdings nur aus Kohlenwagen. Um Mitternacht fährt er ab und passiert noch bei Dunkelheit die japanischen Stellungen am anderen Ufer. Freilich ist es schon öfter vorgekommen, daß er beschossen wurde.“

„Und Sie meinen, er würde uns mitnehmen?“ fragte Gladys eifrig und lebte bei diesem Gedanken sichtlich auf. „Wann fährt er denn wieder?"

„Heute nacht, in wenigen Stunden."

Sie blickte um sich auf all die kleinen Gestalten im Hof, die, eingewickelt wie in Kokons, in festem Schlaf lagen. Und wenn ein Erdbeben käme – man würde sie nicht wach bekommen. Ihre Hoffnung sank.

„Wie weit ist es denn bis zum Bahnhof?" fragte sie.

„Er ist gleich hier hinter der nächsten Ecke, die Straße entlang, keine hundert Meter entfernt."

Sie wurde wieder zuversichtlicher. „Ob wir die Kinder wohl zu den Kohlenwagen tragen könnten – glauben Sie, daß das geht?"

Die beiden Männer erboten sich sofort, nach Kräften zu helfen. Aufgeregt rief Gladys die älteren Kinder zusammen, Liang, Teh, Sualan, Ninepence, Timothy und Less. Sie erklärte ihnen, was sie vorhatte, und befahl ihnen, sich sofort schlafen zu legen – wenn es soweit wäre, würden sie alle geweckt. Dann wollten sie eine Kette bis zur Station hinunter bilden und so die Kleineren von einem zum anderen weiterreichen.

Die Männer erklärten, sie würden wiederkommen und ihr Bescheid sagen, wenn der Zug in Sicht sei. Gladys legte sich daher ebenfalls hin und schlief sofort ein. Ein Rütteln an ihrer Schulter ließ sie auffahren: Die Männer waren wieder da. Der Zug würde in kurzer Zeit abfahren, es war keine Zeit zu verlieren. Gladys machte die Runde und weckte die größeren Kinder. Alle bemühten sich, nur im Flüsterton zu sprechen, aber man hörte ihren Stimmen die Aufregung an. Vor der Ruine stellten sie sich in einer Reihe auf. Die beiden Männer gingen zum Zug, um das Verladen der Kinder in die Kohlenwaggons zu überwachen. Ein Kind nach dem anderen wurde so zum Zug hinunterbefördert, dann rollte Gladys das Bettzeug zusammen, und auch dieses wanderte über die Kette bis hinein in den Zug.

Endlich ging sie selbst zum Bahnhof. Die schlafenden Kinder lagen oben zwischen großen Kohlenbrocken. Die Männer hatten vorsichtshalber Kohlen um sie herum aufgetürmt, damit sie nicht herunterrollten. Gladys kommandierte je zwei ältere Kinder für jeden Waggon ab; sie sollten auf die Kleinen achtgeben, wenn sie aus dem Schlaf erwachten.

Dann kletterte Gladys selbst auf einen Waggon. Sie riß sich dabei das Knie an einem eisernen Haken blutig, dann aber fühlte sie die krümeligen Kohlen unter ihren Händen. Sechs der kleineren Kinder waren auf ihrem Waggon; sie schienen alle sicher zu liegen. Einer der

Männer rief von unten herauf, er werde jetzt dem Lokführer sagen, daß alle verfrachtet seien. Gleich darauf fuhr der Zug mit Rütteln und Schütteln an.

„Leb wohl, Frau! Gute Reise!" rief der zweite Mann aus der Dunkelheit des Bahnsteigs hinauf.

„Leb wohl, Freund!" rief sie zurück. „Vielen Dank für eure Hilfe! Und Gott segne euch!"

Der Zug fuhr nun schneller, und der Wind strich ihr kühl über das Gesicht – nicht kalt wie in den Bergen, sondern wohltuend und milde. Die Sterne glitten über ihr vorbei – eine langsam sich drehende Lichterlandschaft. Gladys streckte sich aus, den Kopf auf einem Kohlebrocken. Welches Jahr hatten sie? 1940? Ja, April 1940. Sie ahnte nichts vom Krieg in Europa, wußte nur, daß sie hier und jetzt auf einem alten Kohlenwaggon durch China ratterte, und wurde von einem Gefühl der Zufriedenheit erfüllt, daß der Zug unter ihr dem fernen Ziel Sian entgegenrumpelte. Und schon war sie eingeschlafen.

Als Gladys erwachte, dämmerte es. Die Kinder wurden ebenfalls munter, und sie hörte ihre begeisterten Rufe aus allen Waggons. Alle Gesichter waren über Nacht ganz schwarz geworden. War das nicht lustig?

Gladys fühlte sich für einen Augenblick erfrischt, konnte sich aber über die lähmende Schwäche, die sie immer mehr ergriff, nicht hinwegtäuschen. Der gelbe Staub Honans lag nun schon hinter ihnen, und sie fuhren durch eine sanft gewellte Landschaft mit Obstgärten, die in voller Blüte standen. Ab und zu tauchte ein geschwungenes Pagodendach hinter mächtigen grünen Bäumen auf. Am frühen Nachmittag erreichten sie Hwahsien, eines der Bergheiligtümer Chinas; trotz Bombardement war es noch immer prachtvoll anzusehen. Am Berghang lagen viele Pagoden und Tempel, und in einem von ihnen hatten die Nationalisten eine Flüchtlingsstation eingerichtet.

Gladys und die Kinder durften sich satt essen, und Gladys konnte endlich wieder einmal ruhig schlafen. Merkwürdigerweise fühlte sie sich in dieser sanften Landschaft mit ihrer lieblichen, milden Luft nicht wohl; dieses Klima war ihr fremd. Sie war ein Bergmensch geworden, und es verlangte sie nach der scharfen, klaren Luft Shansis. Gutmütig nahm sie die Arznei, die ihr die Kinder brachten. Buddhistische Priester hatten eine Kräutermischung zusammengestellt; der Sud schmeckte bitter, tat ihr aber gut.

Wie viele Tage sie eigentlich in Hwahsien verbrachten, hätte Gladys nicht angeben können. Sie wußte nur, daß sie im März von

Yangcheng abmarschiert waren, und jetzt war es Mitte April. Die Züge nach Sian verkehrten in regelmäßigen Abständen. Sie solle sich jetzt keine Sorgen machen, sagte die Leiterin der Flüchtlingsstation. Ein paar Ruhetage täten ihr gut, und dann könnten sie mit dem nächsten passenden Zug weiterfahren. Die freundliche junge Frau war eine der jungen Chinesinnen, die im Geiste der Gruppe „Neues Leben" arbeiteten, einer nationalen Frauenbewegung, die unter der Führung von Sung Meiling ganz China eroberte.

Dann, eines Morgens, ging es weiter. Man half Gladys, die Kinder in den Zug hineinzubugsieren, und auch für Lebensmittel war gesorgt, da die Reise mehrere Tage dauern würde. Unterwegs spielten, schrien und zankten die Kinder wie immer, und die Landschaft zog lieblich im Licht der Aprilsonne an ihnen vorbei.

Eines Mittags fiel Gladys plötzlich eine ungewöhnliche Lebhaftigkeit unter den anderen Flüchtlingen auf. Sie rappelte sich auf und erblickte jetzt einen Bahnhof inmitten vieler kleiner Vorstadthäuser und dahinter die Wälle und Pagoden einer Stadt. Die Kinder waren ausgestiegen und drängten sich schon alle auf dem Bahnsteig. Sie mußte nun wohl folgen. Sie waren in Sian! Vor dem Bahnhof stellte sie ihre Schar zur gewohnten Riesenschlange auf.

„Wenn wir durch die Tore von Sian marschieren, wollen wir einen Choral singen!" kündigte sie an.

Ein alter Chinese, der ihre Worte gehört hatte, hob den Kopf. „Nach Sian kommen Sie niemals hinein. Die Tore sind geschlossen. Es ist streng verboten, noch mehr Flüchtlinge in die Stadt einzulassen!"

Sie glaubte ihm nicht – sie konnte ihm nicht glauben. Die Gesichter der Kinder blickten sie verständnislos an. All die langen Wochen hatte sie sie mit diesem Ziel aufrechterhalten: mit dem Bild der rettenden Stadt Sian.

„Wohin sollen wir denn gehen?" rief sie verzweifelt.

Der alte Mann zeigte über seine Schulter. „Da unter dem Stadtwall ist ein Flüchtlingslager. Dort bekommt ihr etwas zu essen."

Es stimmte. Sie führte die Kinder in das Lager und überließ sie dort den Helferinnen von der Gruppe „Neues Leben". Dann ging sie allein, zwischen Hoffen und Verzweiflung hin und her gerissen, die Straße zur Stadt hinauf. Sian war weit größer als Yangcheng, und die Mauern waren hoch und mit Wachttürmen bewehrt. Über den Wällen konnte sie die hohen, mit grünen Ziegeln gedeckten Dächer der Pagoden sehen. Aber die massiven Holztore waren geschlossen und verriegelt. Ein Posten oben auf der Mauer rief: „Frau! Gehen Sie fort da! Die Stadt ist mit Flüchtlingen überfüllt. Es kommt niemand in die Stadt . . ., gehen Sie fort, Frau!" Sie lehnte ihr Gesicht gegen das harte, rauhe Holz des Tores und weinte. Diese lange, lange Reise! Und nun dies!

LANGSAM ging sie wieder zurück zu den Kindern und wußte nicht, was sie ihnen sagen sollte. Die Kinder aber hatten Neuigkeiten für sie. Vertreterinnen der Gruppe „Neues Leben" hatten schon mit ihnen gesprochen und ihnen erklärt, daß sie nicht in Sian bleiben konnten, denn zur Zeit sei die Stadt für Flüchtlinge unwiderruflich geschlossen. Man hatte mit Fufeng, einer nahen kleineren Stadt, Verbindung aufgenommen, wo die Kinder einstweilen versorgt werden sollten. Dort gab es ein Waisenhaus und eine Schule. Alle Kinder, die Tsin Pen Kuang aus Tsehchow gebracht hatte, waren schon dort untergebracht.

„Wie kommen wir dorthin?" fragte Gladys. „Wir sind nun schon einen ganzen Monat unterwegs."

„Mit dem Zug", sagten sie. „Morgen setzen wir uns in den Zug nach Fufeng. Es sind nur ein paar Tage bis dorthin."

„Tage!" wiederholte Gladys matt. „Ein paar Tage!"

„Vielleicht sind wir in zwei Tagen schon da, wenn der Zug schnell fährt."

Sie hatte zuviel mitgemacht, als daß sie noch Kraft zum Widerstand gehabt hätte. An die Reise nach Fufeng konnte sie sich später nicht mehr erinnern, nur an freundliche junge Frauen mit Essen auf dem Bahnsteig und an Mädchen der Gruppe „Neues Leben", die sie mitfühlend anlächelten und dann die Kinder mit einem ermunternden „So, nun wollen wir alle vergnügt sein!" zum Marsch in das Lager zusammentrommelten.

Die Tore der altehrwürdigen Stadt Fufeng standen offen. Die Straßen waren vollgestopft mit Maultieren, Karren, Händlern und Bettlern. Es war heiß hier, feucht und sehr schmutzig, und es stank. Gladys wurde von plötzlicher Sehnsucht nach der Bergluft Yangchengs ergriffen. Ein riesiger verlassener Konfuziustempel beherbergte die Waisen des „Neuen Lebens"; die Kinder erhielten neue Kleidung und Schuhe, wurden gewaschen und gefüttert und bekamen Schlafplätze zugewiesen. Vom Essen waren sie nicht sehr begeistert, denn in der Provinz Shensi aß man Brot und nicht Hirse.

Gladys gab man ein eigenes kleines Zimmer im Tempel; die Kinder strömten herein und wieder hinaus, um ihre neuen Kleider zu zeigen oder Trost zu suchen für ein aufgeschlagenes Knie oder einfach, um „Mutter" das Neueste zu berichten. Sie nahm das alles kaum wahr. Vor den Toren der Stadt war die Landschaft sehr schön, und ein Gang zum Flußufer blieb ihr in Erinnerung – sie hatte in dem klaren, strömenden Wasser ihre Kleider gewaschen und sich dabei bemüht, alle Läuse zu töten. Danach hatte sie sich in die Sonne gesetzt, um zu warten, bis die Kleider getrocknet waren. Sie überlegte. Was sollte sie nun tun? Die Kinder waren abgeliefert, für sie war gesorgt – aber Gladys' eigene Welt war zusammengebrochen. Um leben zu können, mußte sie sich nach neuer Arbeit umsehen.

So suchte sie die beiden chinesischen Frauen auf, die in Fufeng eine kleine christliche Mission leiteten und sich bei dem Gedanken, in Gladys eine Hilfe zu bekommen, sehr erfreut zeigten. Da sie gerade am selben Nachmittag ein nahes Dorf besuchen wollten, fragten sie Gladys, ob sie Lust habe, sie zu begleiten und dort vielleicht eine kurze Predigt zu halten.

Nichts, meinte Gladys, würde ihr mehr Freude machen. In der heißen Nachmittagssonne auf der staubigen Landstraße zeigte sich allerdings, daß mit ihren Füßen etwas nicht stimmte; es schien irgendwie schwierig, sie immer gleichmäßig und geradeaus aufzusetzen. Als die drei Frauen endlich das Dorf erreicht hatten, wurden sie in einem Haus zu einer Schüssel Reis gebeten. Wie merkwürdig – sie konnte den Reis nicht in den Mund hineinbekommen. Sie hatte Appetit auf den Reis und konnte ihn doch nicht essen. Warum die beiden anderen sie wohl so sonderbar ansahen? Sie hatte Kopfschmerzen. Die Frauen schlugen ihr vor, sich eine Weile hinzulegen. Sie führten sie zu einem kleinen, abseits gelegenen Zimmer. Sie solle sich nur richtig ausruhen, in ein oder zwei Stunden sei immer noch Zeit für die Predigt.

Leise stöhnend streckte sich Gladys auf dem harten Bett aus, ihre Bibel neben sich. Ich werde aus dem Johannesevangelium predigen, dachte sie. Ihr war heiß. Sie wollte sich an den schmerzenden Kopf greifen – aber die Hand ließ sich nicht heben. Weiter . . . das Evangelium des Johannes . . . *Im Anfang war das Wort, und das Wort war bei Gott, und Gott war das Wort. Dasselbe war im Anfang bei Gott. Alle Dinge sind durch dasselbe gemacht, und ohne dasselbe ist nichts gemacht, was gemacht ist. In ihm war das Leben, und das Leben war das Licht der Menschen. Und das Licht scheint in die Finsternis, und die Finsternis hat's nicht begriffen.*

Unheimliche Lichtgarben erschienen vor ihren Augen und verschwanden wieder, dann fiel sie, fiel in schwarze Dunkelheit. Als die Frauen sie holen wollten, wurde Gladys von wilden Fieberphantasien geschüttelt.

WAHRSCHEINLICH hatten die beiden chinesischen Bauern auf Veranlassung der Familie Wei die Kranke in ihren Ochsenkarren gelegt und nach Hingping mitgenommen, um sie bei der Skandinavisch-Amerikanischen Mission abzuliefern. Nach den Bombenangriffen auf Sian bat der Oberarzt einen Freund, die Fremde in seinem Wagen mit hinauszunehmen zu seinem Privathaus auf dem Land.

Das Befinden der kleinen Frau besserte sich zwar langsam, aber da die Bombenangriffe sich wiederholten, transportierte man sie zur Mission nach Hingping zurück. Ein Ehepaar, Mr. und Mrs. Fisher von der China-Inland-Mission am Fuß des heiligen Berges T'ai Pei, nahm sich ihrer an und pflegte sie, bis ihr Gesundheitszustand einigermaßen befriedigend war. Gladys verließ danach die freundlichen Eheleute und fuhr nach Sian zurück. Häufige Ohnmachten und vorübergehende geistige Störungen blieben jedoch.

Aber Gladys wollte auf keinen Fall länger von fremder Wohltätigkeit leben. Sie mußte sich ihren Lebensunterhalt selbst verdienen und für ihre fünf Adoptivkinder sorgen, die Fufeng verlassen hatten, zu ihr nach Sian gekommen waren und hier die Schule besuchten. Häufig vermißten sie ihre „Mutter" beim Nachhausekommen und machten sich auf die Suche, bis sie sie irgendwo in der Stadt auf dem Pflaster sitzend fanden, ohne zu wissen, wer sie war oder wo sie wohnte. Die Kinder nahmen sie dann sanft beim Arm und führten sie nach Hause. Erst im Laufe der Monate wurden diese Anfälle seltener.

In Sian fand sie bald Freunde und konnte etwas Geld verdienen: Sie arbeitete für die Gruppe „Neues Leben" und gab einigen Polizisten und Yamen-Beamten englischen Sprachunterricht. Außerdem hatten ihr ihre Eltern aus England ein paar Pfund geschickt. Als zwei christliche Männer aus Shansi sich in der Stadt niederließen, richtete sie mit ihnen in einer unbenutzten Fabrik eine Kirche für Flüchtlinge ein. Am Schluß der Gottesdienste stellten sie eine Sammelbüchse auf, aus deren schmalen Erträgen sie ein äußerst bescheidenes Leben fristen konnten.

Eines Tages kam Linnan nach Sian, um sie zu besuchen. Er versuchte auf jede erdenkliche Weise, sie zu einer Heirat zu überreden. Irgendwie aber mußte sich ihre Beziehung zueinander, fern von ihrem Bergland, verändert haben. Die innere Fröhlichkeit, die ihnen ihr tägliches Beisammensein einst geschenkt hatte, wollte sich nicht mehr einfinden. Und all die praktischen Bedenken, die einer Mischehe entgegenstanden, traten immer stärker in den Vordergrund.

Aber das war es nicht allein. Ihr Gefühl ihm gegenüber schien verändert. Hätte der Krieg sie nicht aus Shansi vertrieben, wäre sie längst Linnans Frau geworden, das war sicher, und ihr Leben wäre anders verlaufen. „Warte noch“, hatte sie damals zu ihm gesagt, „wir wollen nicht heiraten, solange dieser sinnlose Krieg wütet, der uns zwingt, unsere Aufgaben und Schicksale getrennt auf uns zu nehmen.“ Er hatte gewartet, und nun war es zu spät. An die Stelle jenes inneren Glücks war eine fast ermüdende Beflissenheit getreten, es in jedem Fall Gott, ihren Kindern und dem Mann, den sie liebte, recht zu machen.

Unter Tränen bemühte sie sich, Linnan dies alles verständlich zu machen – Linnan, der in seiner verzweifelten Liebe alle Einwände beiseite zu schieben und zu zerreden suchte. Er tröstete sie und sich mit der Hoffnung, daß alles anders würde, wenn sie erst wirklich gesund sei. In Chungking, sagte er, sei er ein angesehener Mann in hoher Stellung; sie würden ein schönes Haus haben und glücklich sein, und die Kinder könnten zur Schule gehen. Aber es war vergeblich. Es galt, so viel Arbeit zu tun für den Herrn, ihren Gott, und sie, die kleine Frau, seine Jüngerin, hatte ihren Teil an dieser Arbeit zu erfüllen.

Auf dem Bahnhof vor den Mauern von Sian sagte sie ihm Lebewohl, und als sie durch die schmalen Straßen heimwärts ging, ließ sie der nagende Zweifel nicht zur Ruhe kommen, ob sie an diesem Mann, der die einzige Liebe ihres Lebens gewesen war, richtig gehandelt hatte oder nicht. Der Krieg wurde sein Schicksal, und sie sah ihn niemals wieder.

DIE JAPANER rückten näher an Sian heran. In nächster Zeit mußte mit einem Angriff gerechnet werden, und Gladys beschloß deshalb, mit ihren Kindern weiter nach Westen zu gehen. Sie lebte von nun an mit den Kindern in Paoki in der westlicher gelegenen Provinz Kansu. Der Ort wurde eines der großen Widerstandszentren der Nationalisten.

Ihre fünf Kinder waren meist in der Schule. Ninepence heiratete bald nach Beendigung ihrer Ausbildung, und Gladys blieb viel allein. Da hörte sie, daß eine amerikanische methodistische Mission im westlichen Kansu, fast an der Grenze Tibets, Tausende von Flüchtlingen aus dem Norden betreue und darum eine Missionarin suche, die den Shansidialekt sprach. Gladys bewarb sich in einem chinesisch geschriebenen Brief um diesen Posten. Nie hat sie den Blick sprachlosen Erstaunens vergessen, mit dem sie der amerikanische Missionar, Dr. Olin Stockwell, bei ihrem ersten Zusammentreffen begrüßte: Er hatte eine *chinesische* Predigerin erwartet! Sie übernahm die verschiedensten Aufgaben, und Dr. Olin Stockwell und seine Frau wurden ihre guten Freunde.

Gladys unternahm einsame Reisen in das Land hinaus, aber sie war immer noch krank. Die Schläge der Japaner damals im Frauenhof von Tsehchow hatten innere Verletzungen hinterlassen, deren Folgen sich im Laufe der Jahre immer bedenklicher auswirkten. Die europäischen Ärzte, die sie konsultierte, rieten ihr dringend, nach England zurückzukehren, denn die einzige Möglichkeit einer Besserung bestand in einer Operation durch einen guten Chirurgen. Aber das war ganz unmöglich. Woher sollte sie das Geld nehmen? Ihre größte Hoffnung war vielmehr, eines Tages wieder in Yangcheng leben zu können.

In dieser Zeit wurde sie mit einer Dienstreise in die Provinz Shensi betraut; eine methodistische Missionsstation sollte dort einer Gruppe von Amerikanern übergeben werden, die aus Nordshansi vertrieben worden waren und hier im Westen ihre Arbeit fortsetzen wollten. Als sie mit einem dieser Herren plaudernd die Straße zur Mission hinaufging, begegnete ihnen eine Flüchtlingsfrau aus Shansi, die Gladys kannte. Die Frau rief ihr im Shansidialekt einen Gruß zu, und Gladys antwortete in der gleichen Mundart. Der Amerikaner sah sie interessiert an.

„Sie sind in diesem Teil von China gewesen?“ fragte er.

„Ja“, bestätigte Gladys, „ich war in Shansi tätig.“

„Dann haben Sie wohl nicht zufällig von der Missionarin gehört, die Ai-weh-deh genannt wurde – die sich vor Jahren hinter den japanischen Linien durchgeschlagen hat? Haben Sie sie vielleicht sogar einmal kennengelernt? Muß ja eine beeindruckende Frau gewesen sein.“

„Doch, ich habe sie gekannt“, sagte Gladys leise. „Das war ich.“

Der Amerikaner riß vor Erstaunen die Augen auf. „Ist das möglich!“ rief er. „Das ist kein Scherz? Ai-weh-deh – es ist mir eine Ehre, Sie kennenzulernen!“

Sie unterhielten sich noch lange, und er fragte, wann sie das letztemal zu Hause gewesen sei. Sie verstand nicht ganz, was er meinte.

„In England“, setzte er erklärend hinzu.

Sie lächelte. „Wie kann jemand, der nicht weiß, woher das Essen für den nächsten Tag kommen wird, daran denken, eine Reise nach England zu machen?“

Er zog die Augenbrauen hoch. „Wie lange sind Sie denn schon in China?“

„Siebzehn Jahre.“

„Donnerwetter!" rief er aus. „Da möchten Sie aber sicher endlich nach Hause, nicht wahr?"

„Ach ja, es wäre wohl schön, alle dort einmal wiederzusehen", erwiderte sie nachdenklich. „Aber es ist wirklich nicht möglich."

Die Unterhaltung wandte sich anderen Dingen zu, und sie hatte das kleine Intermezzo bald vergessen – nicht aber der Amerikaner. Er kehrte kurz darauf zu seiner Frau nach Schanghai zurück, die dort eine Stiftung zur Rückführung deutscher Waisen und Missionare in ihre Heimat verwaltete. Sie waren alle auf den Weg nach Hause gebracht, und von dem Fonds waren noch einige hundert Dollar übrig. Nun war ihm klar, wie die Restsumme gut zu verwenden war, und er sagte sehr ernst zu seiner Frau: „Hör zu, Liebes, ich weiß, wem du mit deinen Dollars helfen könntest. Weder einer Waise noch einem Deutschen, sondern einer kleinen Frau mit Namen Gladys Aylward . . ."

Gladys selbst erfuhr von dieser großzügigen amerikanischen Gabe durch einen alten chinesischen Mann; der lustige, freundliche Alte kam herauf in das Bergdorf, in dem sie wohnte. Er schlenderte die Dorfstraße entlang, und als er sie vor der Tür der Mission stehen sah, winkte er ihr mit einem Brief zu und rief: „Ich soll Sie suchen! Sie dürfen zurück nach England!"

Verständnislos sah sie ihn an. „Was meinen Sie?" fragte sie.

Sein Gesicht verzog sich zu einem breiten Grinsen. „Sie brauchen bloß noch nach Shanghai zu fahren, dort wird Ihnen Ihr Fahrgeld bis nach England bezahlt, und dann gehen Sie heim. Ja, warum weinen Sie denn, Frau? Freut Sie die Nachricht denn gar nicht?"

Nachwort des Herausgebers

GLADYS brach nicht sofort nach England auf. Es vergingen noch drei Jahre körperlicher Leiden und harter Arbeit, drei Jahre voll Unschlüssigkeit und Heimweh, ehe Gladys Aylward sich endlich auf den Weg nach England machte.

Es fiel ihr nicht leicht, von China fortzugehen; alles, was sie liebte, war hier, England hingegen fremd und fern. Und obgleich ihre fünf vor dem Gesetz adoptierten Kinder jetzt junge Männer und Frauen waren, die ihre eigenen Wege gingen, konnte sie sich doch nur schwer zu der Fahrt entschließen. Alle die Kinder, die sie von Yangcheng durch die Berge geführt hatte, betrachteten sie noch immer als ihre Mutter, holten sich immer wieder bei ihr Rat und Hilfe und besuchten sie, ganz gleich, in welchem Teil Chinas sie gerade lebten. Erst

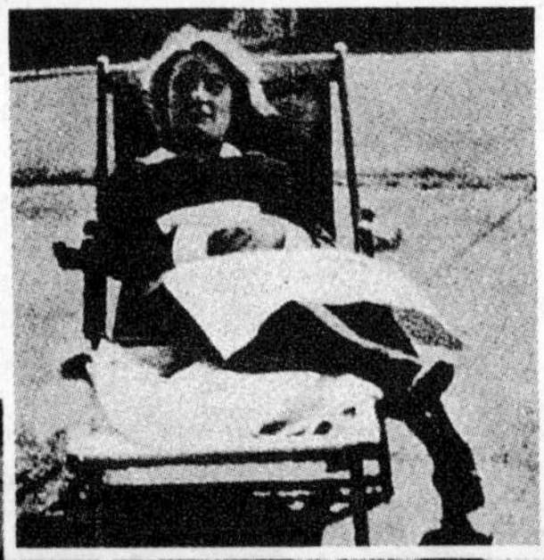

Gladys Aylward als Hausmädchen in London

Gladys und chinesische Christen aus Yangcheng versammeln sich um Mrs. Lawsons Sarg.

Insassen eines Ge fängnisses lausche andächtig einer Bibelgeschichte.

Ein kleiner Teil der Kinder, mit denen Gladys sich auf den Weg nach Sian machte

Der Obstmarkt in Yangcheng

Gladys nach zwanzig Jahren als Missionarin in China

nach langem Schwanken und Überlegen kam sie zu der Überzeugung, es sei Gottes Wille, daß sie zurück nach England sollte. Und darum beschloß sie, nun zu gehen.

Als Gladys Aylward in England eintraf, besaß sie nur sehr wenig Geld und hatte nicht die leiseste Ahnung, wann sie in der Lage sein würde, in ihre Wahlheimat zurückzukehren: In China tobte mittlerweile überall der Kampf zwischen nationalistischen und kommunistischen Armeen. Aber es gab auch hier vorerst genug für sie zu tun. Sie reiste durch Großbritannien und hielt Vorträge und Predigten in Schulen und Missionsniederlassungen. Sie unterstützte Studenten aus Hongkong und Singapur und sammelte Kleidung für Flüchtlinge in Kowloon.

Unterdessen hatte der Schriftsteller Alan Burgess in einer kurzen Zeitungsmeldung gelesen, daß eine Missionarin namens Gladys Aylward nach zwanzigjähriger Tätigkeit in China nun nach England zurückgekehrt sei. Zu dieser Zeit veröffentlichte er gerade eine Serie wahrer Geschichten, die das Schicksal ungewöhnlich tapferer Frauen und Männer im Zweiten Weltkrieg behandelten und von der BBC unter dem Titel „Die Unbesiegten" als Hörspielreihe gesendet wurden. Er beschloß, ihren Aufenthaltsort ausfindig zu machen, und im Jahre 1949 klopfte er dann an die Tür ihres Heims in London. Was dann geschah, beschrieb Burgess Jahre später folgendermaßen:

Gladys Aylward öffnete, und ich brachte mein Anliegen vor. Aber Gladys schüttelte sehr ernsthaft den Kopf und meinte, daß ihr ganz gewiß nichts widerfahren sei, was man für ein Hörspiel verwenden könnte.

„Aber sicherlich haben Sie doch in diesen zwanzig Jahren in China vieles Interessante gesehen und erlebt", wandte ich ein.

„Oh, das schon", erwiderte Gladys, „aber es wird die Leute kaum interessieren. Etwas Aufregendes ist eigentlich nicht passiert."

Mindestens eine Viertelstunde verging, bis sie wenigstens zugab, einmal „einige Kinder über die Berge mitgenommen zu haben".

Ich bohrte weiter. Die lakonischen Antworten Gladys' werde ich nie vergessen.

„Über die Berge? Wo war denn das?"

„In Shansi in Nordchina; wir gingen von Yangcheng über die Berge nach Sian."

„So? Wie lange brauchten Sie dazu?"

„Oh, einen Monat ungefähr."

„Hatten Sie genug Geld bei sich?"

„O nein, Geld hatten wir überhaupt nicht."

„So? Wovon lebten Sie denn? Wie bekamen Sie etwas zu essen?"

„Der Mandarin gab uns zwei Körbe voll Hirse mit, aber die hatten wir bald aufgegessen."

„So. Wie viele Kinder waren es denn?"

„Beinahe hundert."

Ich merkte, daß ich ziemlich oft und töricht „So" sagte. Es war auch alles sehr unklar. Klar war nur das eine: daß ich hier fast zufällig in die weitaus packendste Geschichte hineingestolpert war, die mir je begegnet war.

Gladys Aylwards Haltung hatte nichts von falscher Bescheidenheit. Es war ihr einfach noch nicht eingefallen, daß ihre eigenen Erlebnisse es wert waren, festgehalten zu werden. Mir dagegen schienen die Geschichten, die sie mir nach und nach erzählte, zu den großartigsten der Welt zu gehören, weil sie direkt aus den Seiten des Neuen Testaments aufzusteigen schienen.

Aus mehreren langen Interviews entstand zunächst eine erfolgreiche Rundfunkdokumentation, aus der dann Burgess' Buch hervorging und zu einem internationalen Bestseller wurde. Später wurde es eindrucksvoll mit Ingrid Bergman in der Hauptrolle verfilmt.

Der Ruhm, der damit Gladys Aylward zuteil wurde, veränderte sie nur in einer Hinsicht. Er brachte ihr genügend Geld ein, so daß sie wieder in ihr geliebtes China zurückkehren konnte – wenn auch nicht in das mittlerweile kommunistisch besetzte Festland, denn in der Frühzeit der kommunistischen Herrschaft wurden christliche Missionare hier verfolgt und sogar getötet. Statt dessen begab sie sich nach Formosa, wo sie zum erstenmal Sung Meiling, der Frau Tschiang Kaischeks, begegnete. Zu ihrer „Organisation zur Betreuung von Kriegswaisen" hatte Gladys 1940 die Kinder gebracht, und sie war von ihrer Ausstrahlung sehr beeindruckt. „Ihre Schönheit überstrahlt alles", schrieb Gladys damals, „denn sie kommt von einem friedvollen Herzen im Einklang mit Gott, das voller Liebe zu den Menschen ist."

Auf Formosa, dem heutigen Taiwan, wurde Gladys von vielen ihrer Schützlinge empfangen, die sie vor vielen Jahren in Sicherheit gebracht hatte. Sie alle führten ein zufriedenes, erfülltes Leben und waren überglücklich, Gladys wiederzusehen.

Obwohl es mit Gladys' Gesundheit immer noch nicht zum besten stand, begann sie sogleich wieder umherzureisen und zu predigen. Außerdem gründete sie auf Formosa ein Waisenhaus, und hier erhielt sie zum erstenmal in ihrem Leben staatliche Unterstützung: Großbritannien rief die „Gladys-Aylward-Wohlfahrtsstiftung" ins Leben, aus deren Mitteln das Waisenhaus finanziert wurde.

Unermüdlich führte Gladys ihr Werk bis ins Jahr 1970 fort. Nach einem zweistündigen Vortrag vor taiwanischen Frauen, den die mittlerweile Achtundsechzigjährige unbedingt halten wollte, obwohl ihr

Arzt wegen einer „leichten Lungenentzündung" davon abgeraten hatte, ging Gladys zu Bett und starb friedlich im Schlaf.

Im Nachwort der ein Jahr vor ihrem Tod erschienenen Neuauflage des Romans stellte der Autor abschließend fest:

„Gladys ist eine der eindrucksvollsten Frauen unserer Generation. Sie besitzt eine innere Kraft, die nicht durch Widrigkeiten, Folter und Mühsal gebrochen werden kann, weil sie die natürliche Frucht eines starken Glaubens in unserem glaubensschwachen Zeitalter ist.

Ich bin Miß Aylward dankbar dafür, daß sie mir ihre Geschichte erzählt hat und mir gestattete, sie niederzuschreiben. Ich kann nur hoffen, daß es mir gelungen sein möge, dem großen Charakter der kleinen Frau gerecht zu werden."

Foto: Tom Blau/Camera Press, London

Alan Burgess

Der 1915 in Birmingham geborene Alan Burgess hatte bereits früh einen ausgeprägten Hang zum Abenteuer. Mit zwanzig schloß er sich der Mannschaft einer Dreimastbark an, mit der er zwei Jahre lang die Welt umsegelte. Anschließend arbeitete er als Bergführer in den Neuseeländischen Alpen und befuhr ein Jahr die Südsee, ehe er nach Großbritannien zurückkehrte und kurz nach Ausbruch des Zweiten Weltkriegs zur Handelsmarine ging. Im Jahr 1941 wechselte er dann zu den britischen Streitkräften über.

Nach Kriegsende studierte Burgess an der Londoner Universität Geschichte und arbeitete danach als Journalist und Schriftsteller, Tätigkeiten, die er mit häufigen Reisen zu verbinden wußte. Neben einer Reihe von Büchern schrieb er vor allem für den Rundfunk- und Fernsehsender BBC zahlreiche Filmskripte und Hörfunksendungen. Bekannt wurde er durch die dokumentarisch angelegte BBC-Hörspielreihe *The Undefeated* („Die Unbesiegten"), die Frauen und Männer porträtierte, die während des Zweiten Weltkriegs besonderen Mut bewiesen hatten. Bei den Recherchen zu dieser Serie erfuhr er von Gladys Aylward und verarbeitete ihr Schicksal zunächst in einem Hörspiel und dann in einem Buch, das 1957 in England und noch im selben Jahr auch in Deutschland erschien. Es wurde ein so großer Erfolg, daß sich der Regisseur Mark Robson, der mit Filmen wie *Schmutziger Lorbeer* und *Die Brücken von Toko-Ri* von sich reden gemacht hatte, dieses Stoffes annahm und 1958 Gladys Aylwards Schicksal mit Ingrid Bergman als Gladys und Curd Jürgens als Linnan verfilmte.

Alan Burgess verfaßte in der Folgezeit noch weitere Bücher über Personen, die auf uneigennützige Weise ihren Mitmenschen halfen, wie etwa die walisische Ärztin Helen Roseveare, die in den sechziger Jahren im Kongo ein Krankenhaus errichtete. Einen großen Erfolg bescherte ihm das Jahr 1990: Seine Biographie über Ava Gardner, die er mit Unterstützung der Schauspielerin geschrieben hatte, wurde nach deren Tod ein Bestseller in den USA. Alan Burgess lebt heute mit seiner Frau abwechselnd in Epsom in der englischen Grafschaft Surrey und in Texas.

EINE KURZFASSUNG DES BUCHES VON

BERNARD CORNWELL

INS DEUTSCHE ÜBERTRAGEN VON PETER VON WIESE

SCHNEE
IN DER
KARIBIK

Mysteriöse Vorfälle ereignen sich in der Nähe der Insel Murder Cay. Eine Jacht, die von Schüssen aus einem Maschinengewehr fast versenkt wurde, treibt herrenlos dahin. An Bord findet Skipper Nick Breakspear eine Seekarte mit einem eingezeichneten Kurs, der kurz vor Murder Cay abbricht. Doch die Polizei interessiert sich nicht für den Fall – im Gegenteil, sie gibt ihm zu verstehen, daß es besser für ihn ist, wenn er sich nicht zu sehr um die Geschäfte der Inselbewohner kümmert. Nick beherzigt diese Warnung und geht seiner Wege. Doch dann nimmt er einen lukrativen Auftrag an, der ihm unversehens genau die Schwierigkeiten beschert, die er vermeiden wollte . . .

Kapitel 1

DEM TOD kann man kein Schnippchen schlagen. Er ist kein Trugbild, das sich in Luft auflöst. Der Tod kommt leise in der Nacht und zeigt sein wahres Gesicht erst in der ersten Morgendämmerung.

Auf den Bahamas ging gerade die Sonne auf, als ich die belgische *Hirondelle* entdeckte. Einst war sie eine stolze Hochseejacht gewesen, eine schöne 12-Meter-GFK-Slup, doch jetzt trieb sie im Wasser der Bahamas dahin und war nur noch Schrott. Jemand hatte der wunderschönen Jacht schlimm mitgespielt.

Das Wrack lag so tief im Wasser, daß ich es beinahe übersehen hätte. Ich war erst aufmerksam geworden, als im trägen Auf und Ab der Wellen etwas aufgeblitzt war – so als ob blankes Metall die ersten Sonnenstrahlen reflektierte. Ich hob meinen Feldstecher an die Augen und erkannte ein totes Etwas, das auf den Wellen schaukelte.

An Bord war niemand zu sehen. Offenbar war das Schiff verlassen und aufgegeben worden. Deswegen wollte ich auch eigentlich abdrehen und einfach daran vorbeisegeln. Doch Neugier und Verantwortungsgefühl waren stärker. Es war immerhin möglich, daß noch ein verletzter Segler an Bord war.

Das Wetter meinte es gut mit mir. Bei der leichten Morgenbrise war es kein Problem, beizudrehen und an Bord des bis zur Hälfte vollgelaufenen Wracks zu gehen. Mit dieser lieblichen Morgendämmerung ging eine perfekte Tropennacht zu Ende, in deren Verlauf ich weit nach Norden gesegelt war.

Die *Wavebreaker*, die stattliche Jacht, mit der ich unterwegs war, muß in diesem zauberhaften Sonnenaufgang herrlich ausgesehen haben – bis zu dem Moment, als ich in den Wind schoß und auf die Schalter der Elektromotoren drückte, die die Rollsegel einzogen. Ich hatte mich immer noch nicht daran gewöhnt, einen voll mechanisierten, elektrifizierten und computerisierten Schoner zu segeln. Das entsprach eigentlich weder meinem Geschmack noch meinem Geldbeutel, doch das Schiff gehörte mir nicht – ich war nur der Skipper. Die *Wavebreaker* war eine Charterjacht der Luxusklasse, und die Leute, die solche Schiffe chartern, erwarten den technischen Standard eines Raumschiffes.

An jenem Morgen befand sich die *Wavebreaker* auf einer sogenannten „Leerfahrt", das heißt, an Bord befand sich nur die Mannschaft. Wir waren zu dritt und hatten gerade vier Wochen vor der Bahamainsel Andros hinter uns. Dort war die *Wavebreaker* gechartert worden, um einen Werbespot für Katzenfutter zu drehen. Ein älterer Schauspieler hatte mich verblüfft angestarrt, als er zum erstenmal an Bord gekommen war. Obwohl er mich noch nie im Leben gesehen hatte, hatte er zur Begrüßung liebevoll die Arme ausgebreitet und gerufen: „Sir Tom!" Das war der Name meines Vaters. Ich hatte etwas mühsam gelächelt und bekannt, ich sei in der Tat Tom Breakspears Sohn. „Das ist auch eindeutig", erwiderte der Schauspieler aus New York. „Sie sind ihm wie aus dem Gesicht geschnitten."

Meinen Vater kannte jeder. Und von jedem mußte ich mir anhören, wie ähnlich ich ihm sei. Aber welche von den vielen Frauen meines Vaters mich in die Welt gesetzt hatte, das zu fragen getrauten sich die wenigsten.

Im Augenblick war die *Wavebreaker* auf der Rückfahrt nach Grand Bahama, von wo sie zu ihrer letzten Charterfahrt in dieser Saison aufbrechen sollte. Und jetzt tauchte die *Hirondelle* auf und verdarb uns diesen schönen Morgen.

Ich war allein an Deck, als ich das Wrack bemerkte. Ellen und Thessy lagen beide noch in ihren Kojen und schliefen, doch das Kreischen der Rollsegelmotoren scheuchte Thessy an Deck. Verblüfft starrte er auf das Wrack, das neben uns auf den Wellen schaukelte.

Irgend etwas Schreckliches mußte der *Hirondelle* und ihrer Mannschaft zugestoßen sein. Sie war nur noch ein Schrotthaufen, hatte keinen Mast mehr, und die Takelage war ein einziger Wirrwarr. Kajütendach und Deck wiesen zahllose Löcher auf. Es war eindeutig, daß die *Hirondelle* von einem Maschinengewehr durchsiebt worden war. Sie war nur deshalb nicht gesunken, weil zwischen den Glasfiberschichten ihres Rumpfes Schaumstoff eingeschweißt war, der das Wrack nun über Wasser hielt.

„Komm, hilf mir mit dem Dingi", sagte ich zu Thessy.

„Glaubst du, da ist jemand an Bord?" fragte er beklommen. Mir war genauso unbehaglich zumute wie ihm. Was für schreckliche Überraschungen mochten in der dunklen Kajüte der *Hirondelle* auf uns warten?

Wir machten das Dingi vom Heckdavit der *Wavebreaker* los. Ich kletterte hinein; Thessy setzte die elektrischen Motoren in Betrieb und ließ mich hinunter auf die träge schwappenden Wellen.

Als ich gerade ablegte, erschien Ellen an Deck. Auf ihrem T-Shirt, das ihr als Nachthemd diente, prangte Pu der Bär. Sie gähnte und runzelte beim Anblick der belgischen Jacht die Stirn.

„Guten Morgen!" rief ich ihr fröhlich zu.

Sie blickte mich stirnrunzelnd an, sagte aber nichts.

Ich ließ den Außenbordmotor des Bootes an und tuckerte zur *Hirondelle* hinüber. Beim Näherkommen bemerkte ich, daß auch der Rumpf von Kugeln durchsiebt war. Die stammten allerdings aus dem Inneren des Schiffes, denn alle Splitter zeigten nach außen.

Ich vertäute das Boot an einer der Klampen der *Hirondelle*, kletterte aufs Vordeck und hob vorsichtig den Lukendeckel, um in die Kabine zu blicken. Eigentlich erwartete ich, eine Leiche zu finden, doch nur dunkles Wasser schwappte ein paar Zentimeter unterhalb des Decks. Nachdem ich mich zum hinteren Teil des Schiffes vorgearbeitet hatte, stieg ich ins überflutete Cockpit hinunter. Ich faßte mir ein Herz und blickte in die Kajüte, doch auch hier erwartete mich keine Horrorvision – sie war leer.

„Was ist mit ihr passiert?" rief Ellen von der *Wavebreaker* herüber.

„Weiß der Teufel!" Ich fischte die Reste einer Seekarte aus dem Wasser und stieg wieder an Deck.

„Sollen wir sie bergen?" Ellen stand über die Reling gebeugt. In der Morgensonne sah ihr rotes Haar aus, als stünde es in Flammen.

„Da gibt's nichts mehr zu bergen!" rief ich zurück. Das Schiff war nicht nur von Kugeln durchlöchert worden. Klaffende Risse an Deck verrieten, daß hier auch jemand mit einer Axt am Werk gewesen war. Ein Vandale hatte versucht, dieses wunderschöne Schiff zu versenken.

Ich warf die durchweichte Seekarte ins Dingi und sah mich noch einmal um, ob es etwas gab, was auf den Besitzer schließen ließ oder auf den Grund der Zerstörung. Außer einer Handvoll Patronenhülsen im Cockpit konnte ich nichts finden. Einige waren aus Messing, doch die meisten waren aus grünlackiertem Stahl. Es handelte sich um 7,62-mm-Patronen militärischer Herkunft. Aus den friedlichen Tagen bei der Marine erinnerte ich mich daran, daß es grüne Stahlpatronen nur in einigen osteuropäischen Ländern gab.

Das war alles höchst seltsam. Ein belgisches Schiff mit osteuropäischen Patronen in den Gewässern der Bahamas! Eines war mir klar: Jemand hatte mit einem Maschinengewehr in die Kajüte gefeuert, um den Schiffsboden zu durchlöchern, weil er die *Hirondelle* versenken wollte. Doch sie schwamm noch.

Ich warf die Patronen ins Dingi und durchsuchte das überflutete Deck der *Hirondelle*. Am anderen Ende fand ich einen Spinnakerbaum, der heil geblieben war. In der Kajüte hatte ich ein rotes Hemd gesehen, das ich um das eine Ende des Ausstellbaumes knotete. Das andere Ende rammte ich in eines der Einschußlöcher, damit das gefährliche Wrack für andere Schiffe gut sichtbar war. Deprimiert kletterte ich wieder in mein Dingi. Ein so schönes Schiff – sinnlos zerstört.

Ich fuhr zur *Wavebreaker* zurück und rief über Sprechfunk die königlichen Streitkräfte auf den Bahamas. Ich gab unsere Position durch, meldete, die *Hirondelle* sei eine Gefahr für die Schiffahrt, berichtete von den Einschußlöchern und Patronenhülsen und äußerte den Verdacht, daß die Mannschaft des belgischen Schiffs einem Verbrechen zum Opfer gefallen sei. Der Mann, mit dem ich sprach, schien das alles nicht besonders interessant zu finden.

Ellen kam dazu und hörte meine letzten Worte. „Reine Zeitverschwendung", sagte sie bitter.

„Warum?" Ich hatte es längst aufgegeben, mich über Ellens Sarkasmus zu ärgern. Sie war Amerikanerin, hatte aber eine irische Mutter und einen polnischen Vater – das Ergebnis war ein Mädchen von frappierender Schönheit und explosivem Temperament.

„Was, glaubst du wohl, ist mit dem Schiff passiert?" fragte sie giftig. „Glaubst du, es handelt sich um einen simplen Versicherungsbetrug?" Sie wartete auf meine Antwort, und als keine kam, sagte sie nur: „Drogen."

„Das wissen wir doch gar nicht", protestierte ich.

„Mein Gott, Nick! Du britischer Sturkopf!" rief sie fassungslos. „Wir sind hier auf den Bahamas! Derjenige, der auf dem Schiff war, war dumm genug, sich mit der Drogenmafia einzulassen. Und das heißt, daß du diese Karte und diese Patronen über Bord werfen mußt. Sofort."

„Ich werde sie den zuständigen Behörden übergeben", erwiderte ich störrisch.

„Gott schütze mich vor männlichen Schwachköpfen." Sie wandte sich zur Kombüse. „Möchtest du einen Kaffee?" Sie setzte Wasser auf. „Die königlichen Streitkräfte haben nur eine einzige Funktion" – sie klopfte mir mit einem Teelöffel auf die Brust, um ihren Worten Nachdruck zu verleihen –, „nämlich so zu tun, als seien sie intensiv mit Drogenabwehr beschäftigt, damit die amerikanische Regierung nicht mißtrauisch wird und den Fremdenverkehr abwürgt."

„Vielen Dank für die Erklärung, Frau Doktor", sagte ich sarkastisch.

Miß Ellen Skandinsky, Doktor der Philosophie, hatte es gar nicht gern, wenn man sie daran erinnerte, daß sie eine vielversprechende Universitätskarriere aufgegeben hatte, um zur See zu fahren. Ellen selbst behauptete steif und fest, ihr einziges Ziel sei, Schriftstellerin zu werden. Die Verfolgung dieses Ziels hatte ihr bisher drei Dinge eingebracht: eine Einzimmerwohnung in einem heruntergekommenen Viertel von Freeport, einen unbezahlten Job bei einem Alphabetisierungsprojekt und einen bezahlten als Schiffsköchin.

Die Akademikerin und überzeugte Feministin wunderte sich manchmal selbst, daß ihr diese Arbeit Spaß machte – und daß sie sich ausgerechnet mit einem Seemann wie mir angefreundet hatte. Wir waren nichts weiter als gut befreundet, aber immerhin gut genug, um zusammen einen großen Segeltörn zu planen. Nicht mit der *Wavebreaker*, sondern mit meinem eigenen Schiff, das freilich erst einmal repariert werden mußte, bevor wir damit in Richtung Südsee segeln konnten.

Das Jaulen eines Hilfsmotors sagte mir, daß Thessy die Selbststeueranlage eingeschaltet hatte. Er kam die Kajütstreppe herunter, in der Hand die Seekarte, die ich aus der *Hirondelle* gerettet und auf unserem Deck zum Trocknen ausgelegt hatte. „Nick, weißt du, wo die vor zwei Tagen waren?" fragte er mit dem typischen Akzent der Bahamaer. Er war siebzehn, mager wie eine nasse Katze, und er war der Erste Maat auf der *Wavebreaker*. Auch der einzige. Sein richtiger Name war Thessalonich, nach dem Brief des Paulus an die Thessalonicher aus dem Neuen Testament. Thessy stammte aus einer sehr religiösen Familie. „Hier, siehst du, Nick?" Er deutete auf die Karte. „Da waren sie noch vor zwei Tagen."

Der Kapitän der *Hirondelle* war offenbar ein äußerst gewissenhafter Navigator gewesen. Eine Bleistiftlinie lief von der Biscayne Bay, südlich von Miami, nach Westen zu den Bahamas und endete bei einer winzigen Insel zwischen den Bimini- und den Berry-Inseln mit dem wenig einnehmenden Namen „Murder Cay". Das Ende der Linie war durch einen winzigen Kreis mit einem Punkt darin markiert, und daneben hatte der Navigator Datum und Uhrzeit der Ankunft notiert. Die *Hirondelle* war vor genau zwei Tagen vor Murder Cay gewesen.

Trotz seines bemerkenswerten Namens war mir das Inselchen noch nie aufgefallen. Es war nichts weiter als ein winziger Fleck, etwa zwanzig Seemeilen südöstlich von unserer gegenwärtigen Position. Strömung und Wind hatten das Wrack der *Hirondelle* hierhergetrieben.

Im Seehandbuch schlug ich Murder Cay nach. Da stand, es sei eine der kleinsten bewohnten Inseln der Bahamas – nur fünf Kilometer lang und nirgends mehr als einen Kilometer breit. Die Insel war umgeben von gefährlichen Korallenriffen mit dem schönen Namen „Perlenkette des Teufels". Der einzige Zugang von See war eine gekrümmte und unmarkierte Fahrrinne im Westen der Insel. Am besten hielt man sich beim Navigieren an einen hohen, dünnen Sendemast mit roten Warnlampen genau gegenüber dem Eingang der Passage. Aber man konnte nicht nur per Schiff auf die Insel, sondern es gab auch eine primitive Start-und-Lande-Piste. Der östliche Teil der Lagune bot offenbar guten Schutz; das Seehandbuch vermerkte allerdings, daß Besucher mit ihren Jachten nirgends anlegen konnten. Das hieß im Klartext, daß Fremde auf der Insel nicht erwünscht waren. Doch die Bleistiftlinie auf der Karte führte geradewegs nach Murder Cay und endete dort. „Vielleicht nur ein Zufall", sagte ich ohne große Überzeugung.

„Mr. McIllvanney hat uns übrigens davor gewarnt, die Insel anzulaufen", sagte Thessy. Matthew McIllvanney war unser Arbeitgeber und Eigner der *Wavebreaker*. Thessy bückte sich und zog aus dem Fach unterm Kartentisch einen Bogen grünes Papier, wie es McIllvanney benutzte. Darauf stand: „An alle Seeleute. Die königlichen Streitkräfte der Bahamas haben wiederholt darauf aufmerksam gemacht, daß die neuen Besitzer von Murder Cay keine Fremden auf der Insel oder in ihrer Nähe wünschen. Alle Charterschiffe müssen sich infolgedessen mindestens fünf Seemeilen von Murder Cay entfernt halten."

Ein Sicherheitsgürtel von fast zehn Kilometern um die Insel . . . Ich mußte an die Einschußlöcher im Rumpf der *Hirondelle* denken. Die Jacht war zu nahe an die Insel herangesegelt. „Glaubst du, die neuen Besitzer haben etwas mit Drogen zu tun?" fragte ich Ellen.

Ellen seufzte und rollte mit den Augen. Meine Frage zeugte offensichtlich von meiner hoffnungslosen Beschränktheit. „Denkst du, sie schmuggeln Autoteile, Nick? Natürlich sind sie im Drogengeschäft. Und deshalb solltest du das alles sofort vergessen und diese Karte samt den Patronen über Bord schmeißen."

Ellen meinte es gut, doch ich konnte die *Hirondelle* nicht vergessen. Das Böse war in diesem Paradies palmenbedeckter Inseln aufgetaucht, und ich wollte unbedingt, daß die Behörden diese feuchte zerfetzte Karte bekamen und feststellten, was am Ende der Bleistiftlinie lag.

Westlich von uns sah ich am Horizont eine Reihe grauer Kriegsschiffe. Es war die US-Marine bei einem Manöver mit dem bezeichnenden Namen „Stingray". Beim Anblick der Flottille mußte ich an meine eigene Zeit bei der königlichen Marine denken. Ich beneidete die US-Soldaten, die in dieser herrlichen Umgebung trainieren durften. Ich hatte das Geschäft des Tötens im norwegischen Eis und im schottischen Schnee gelernt. Doch jetzt war ich ein freier Mann. Nur noch ein einziger Segeltörn als Skipper, dann konnte ich mein eigenes Schiff reparieren und in die Südsee segeln.

Kapitel 2

GEGEN Mittag hatten wir Grand Bahama erreicht und legten an. Es war brütend heiß. McIllvanneys Bootswerft war wie ausgestorben, weil die Saison für das Chartergeschäft eigentlich schon vorbei war. Sein Büro war, wie oft außerhalb der Saison, verschlossen, also mußte ich in der Stadt eine Telefonzelle suchen. Als ich eine gefunden hatte, rief ich die Polizei an, berichtete über die *Hirondelle* und meldete auch meinen Karten- und Patronenfund. Der Polizist, mit dem ich sprach, schien sich zu wundern, daß ich mir überhaupt die Mühe machte. Ich wanderte zur Bootswerft zurück und kam mir ein bißchen töricht vor.

Ellen hatte für meine Gewissenhaftigkeit nur Spott übrig. „Nachdem du nun im Alleingang den Drogenkrieg gewonnen hast, tust du vielleicht mal was Nützliches und schrubbst das Deck", meinte sie. Wir hatten nur einen Tag, um die *Wavebreaker* für die nächste Charterfahrt herzurichten. Sie mußte vollgetankt werden, Verpflegung mußte an Bord geschafft, die Kombüse makellos gewienert, das Deck geschrubbt und alle Messingteile poliert werden.

Am Nachmittag tauchte Bernie auf. Bernie war McIllvanneys rechte Hand. Einen Moment lang dachte ich, er wolle uns helfen, doch da hatte ich mich geirrt. Es hätte auch nicht zu ihm gepaßt. Bernie war ein durchtriebener, selbstsüchtiger Bursche, den ich nicht besonders leiden konnte. Er teilte mir nur mit, daß eine der Charterjachten in Schwierigkeiten sei. „Der Mann hat uns über Funk gerufen, seine Maschine sei kaputt. Er hat keinen Skipper dabei, darum muß ich ihn mit der *Starlight* abschleppen." Gleichzeitig grinste er vor Vergnügen bei dem Gedanken, mit McIllvanneys funkelnagelneuem Sportboot in See zu stechen. Die mitternachtsblaue *Starlight* war eines der schnellsten Schiffe der Insel; das drei Tonnen schwere Motorboot fuhr fast siebzig Knoten, ungefähr hundertdreißig Stundenkilometer, ein richtiges Geschoß und McIllvanneys liebstes Spielzeug.

„McIllvanney erwartet dich heute abend bei sich zu Hause", sagte Bernie feixend. Er schien etwas zu wissen, was ich nicht wußte, und sah mich so an, als ob das Treffen kein Vergnügen für mich werden würde.

„Warum ist er denn heute nicht hier?" fragte ich.

„Mr. Mac muß ein Schiff nach Miami bringen und hat mir die Schlüssel für die *Starlight* gegeben." Er ließ die Schlüssel verführerisch vor meiner Nase herumbaumeln.

„Du bist ein Glückspilz", sagte ich, doch er hörte schon nicht mehr zu. Ein langer weißer Lincoln mit dunkel getönten Fenstern war plötzlich auf dem Hafengelände aufgetaucht. Fast geräuschlos glitt er an den dicht beieinanderliegenden Jachten vorbei und hielt direkt vor dem Pier der *Wavebreaker*.

Die hintere Tür öffnete sich, und ein sehr großer dunkelhäutiger Mann stieg aus. Bernie riß die Augen auf, fluchte leise und verdrückte sich rasch zum Ponton der *Starlight*.

Der Mann aus dem Lincoln war viel zu warm angezogen für so einen heißen Tag – er trug einen dunkelblauen Anzug mit Weste, ein weißes Hemd und eine Krawatte. Gelassen sah er sich um, setzte eine verspiegelte Sonnenbrille auf und schlug die Wagentür zu.

Bernie hatte, so schnell er konnte, die Leine der *Starlight* gelöst und ließ bereits die Maschinen an. Der Lärm der Zwillingsmotoren klang wie Geschützfeuer, und Ellen kam aus der Kombüse, um zu sehen, wer diesen Höllenlärm verursachte. Bernie warf noch einen letzten Blick auf den eleganten Mann, der jetzt langsam auf uns zukam; dann rauschte das dunkelblaue Sportboot aufs Meer hinaus, als sei der Teufel hinter ihm her.

„Ein schlechtes Gewissen ist nichts Angenehmes." Schmunzelnd kam der Schwarze über die Laufplanke an Deck der *Wavebreaker*. Dann blieb er stehen, um Ellen zu bewundern. Sie trug zwar nur alte Shorts und ein verwaschenes T-Shirt, aber sie sah auch in diesem Aufzug einfach wunderbar aus. Er nahm die Sonnenbrille ab, als wollte er sie genauer inspizieren, doch plötzlich wandte er sich mir zu. Sein Blick war kalt und zynisch. „Sie müssen Breakspear sein."

„Stimmt."

„Ich bin Chefinspektor Deacon Billingsley", sagte er, als müsse ich den Namen kennen.

Offenbar hatte man meinen Telefonanruf ernst genommen. Das Auftauchen von Deacon Billingsley hätte mich eigentlich mit tiefer Befriedigung erfüllen müssen, doch ich wurde das Gefühl nicht los, daß nichts Gutes bevorstand. „Was taten Sie gerade, als Sie die *Hirondelle* gefunden haben, Breakspear?"

„Ich war auf Fahrt."

„Sie waren auf Fahrt." Er lächelte spöttisch. Dann zog er eine Zigarre aus der Tasche und ließ sich viel Zeit zum Anzünden. Erst schnitt er die Spitze ab, dann verbrauchte er eine ganze Reihe von Streichhölzern, die er achtlos auf das frisch geschrubbte Deck der *Wavebreaker* fallen ließ. Schließlich hob er den Blick und starrte mir ins Gesicht. „Also, Breakspear, wo ist die Karte, die Sie auf der *Hirondelle* gefunden haben?"

„Unten."

„Herholen!" befahl er.

Mit dem Mann war nicht zu spaßen, also gehorchte ich. Billingsley sah die Karte nicht einmal an, sondern faltete sie langsam und sorgfältig zusammen.

„Die habe ich auch gefunden", sagte ich und hielt ihm die Patronenhülsen hin.

Er ignorierte meine ausgestreckte Hand. „Was haben Sie bei Murder Cay gemacht, Breakspear?"

Die Frage überraschte mich. Ich hatte Murder Cay der Polizei gegenüber mit keinem Wort erwähnt. Den Streitkräften gegenüber auch nicht. Billingsley hatte von sich aus die *Hirondelle* mit der mysteriösen Insel in Verbindung gebracht. „Ich habe Sie gefragt, was Sie bei Murder Cay zu suchen hatten", wiederholte er drohend.

„Wir waren noch nicht mal in der Nähe", protestierte ich. „Das können Sie nachprüfen. Ich habe die Koordinaten durchgegeben, wo wir die *Hirondelle* gefunden haben. Zwanzig Seemeilen nordwestlich von Murder Cay. Näher sind wir nicht dran gewesen."

Ein paar Sekunden lang sagte er nichts, und mir kam es vor, als hätte ich ihn verunsichert. Er hatte offenbar angenommen, daß die *Wavebreaker* bei Murder Cay gewesen war, und war deshalb hergekommen. Dabei waren wir nicht einmal in Sichtweite der Insel gewesen.

Doch eines war klar, Billingsley wußte über den Besuch der *Hirondelle* auf Murder Cay Bescheid. Langsam dämmerte es mir, daß er nicht hier war, um ein Verbrechen aufzuklären, sondern um eines zu vertuschen.

Die Besitzer der *Hirondelle*, erklärte er mir leichthin, hätten den Heimflug angetreten. Sie hätten gar nicht erst versucht, die Jacht zu verkaufen, da der Markt zur Zeit ohnehin schlecht sei, sondern sie einfach aufgegeben. Offenbar habe jemand das herrenlose Schiff als Zielscheibe für Schießübungen benutzt. „Vielleicht die Amerikaner", meinte Billingsley abschließend. „Sie wissen ja, da draußen findet ein Marinemanöver statt. Vielleicht haben die das Schiff mit ihren Maschinengewehren durchsiebt."

„Aber das sind keine amerikanischen Patronen", erwiderte ich und hielt ihm noch einmal die grünlackierten Hülsen hin. Ich hätte meinen Mund halten sollen. Deacon Billingsley fühlte sich durch meinen Zweifel an seiner hergesuchten Erklärung herausgefordert. Er packte mich mit hartem Griff am Handgelenk und schüttelte sich die Hülsen in die hohle Hand. Dann warf er sie eine nach der anderen über Bord. „Sie haben doch auch ein Schiff in den Gewässern der Bahamas." Es war keine Frage, sondern eine einfache Feststellung. „Eine Ketsch, die *Masquerade*. Im Moment liegt sie auf Straker's Cay herum."

„Sie liegt nicht herum", erwiderte ich empört. „Sie wird dort überholt und instand gesetzt."

Er ignorierte meinen Einwurf. „Und wie wollen Sie Ihr Schiff reparieren, Breakspear, oder es zumindest wegholen, wenn ich Ihren Namen auf die Stoppliste setze? Sie wissen, was die Stoppliste ist, Breakspear?"

Das wußte ich nur zu gut. Es ist die Liste unerwünschter Ausländer, die nicht mehr in die Bahamas einreisen dürfen. Wenn mein Name darauf auftauchte, sah ich mein Schiff nie wieder. Er hatte mich in der Hand.

„Haben Sie mich verstanden?" fragte Billingsley und warf die letzte Patronenhülse über Bord.

„Ja." Ich fühlte mich gedemütigt.

„Finden Sie also die Umstände, unter denen Sie die *Hirondelle* entdeckt haben, immer noch verdächtig?" Er bestand darauf, mich weiter zu demütigen. Mein Fehler, daß ich seine Lügen nicht geglaubt hatte!

„Nein", sagte ich. Ich haßte es zu lügen, doch ich dachte an mein Schiff, das nun auf Straker's Cay aufgebockt war, dachte an all die Liebe, all die Sorgfalt und all die Zeit, die ich hineingesteckt hatte. Ich sah die *Masquerade* vor mir, wie sie unter tropischer Sonne verrottete, sah, wie die Farbe abblätterte, die Deckplanken aufplatzten, sah schon die Termiten am Werk. Darum log ich.

Billingsley hob die rechte Hand und tätschelte mir väterlich die Wange, so daß ich seine goldenen Ringe spürte. „So ist's brav", sagte er spöttisch. „Und Bernie können Sie ausrichten, daß ich weiß, wo sein Bruder ist, und ich ihn mir jederzeit schnappen kann." Dann wandte er sich abrupt ab und ging. Die Laufplanke wippte unter seinen Schritten. Er ging den Kai hinunter, ohne sich noch einmal umzublicken. Kurz vor seinem Wagen blieb er stehen, nahm demonstrativ die verräterische Karte, zerriß sie sorgfältig und warf die Schnipsel in den warmen Wind.

Damit waren die *Hirondelle* und ihre Mannschaft für mich gestorben, und ihr Schicksal würde wohl für immer im dunkeln bleiben.

DIE *Masquerade* ist nicht irgendein Schiff. Sie ist mein Schiff. Eine Schönheit, eine 12-Meter-Ketsch aus Mahagoni und Eiche. Wahre Meister ihres Faches hatten sie vor dem Zweiten Weltkrieg gebaut. Doch als man begann, Schiffe aus Fiberglas zu bauen, waren Schiffe aus Holz aus der Mode gekommen, und die *Masquerade* hatte man auf einer Bootswerft an der Exe in der englischen Grafschaft Devon ihrem Schicksal überlassen.

Als ich die *Masquerade* entdeckte, war ich Ausbilder bei der königlichen Marine und arbeitete im Lympstone Camp in Devon. Ich kaufte sie für einen Apfel und ein Ei und gab ein Vermögen aus, um sie zu restaurieren. Als meine Dienstzeit abgelaufen war, wurde die *Masquerade* mein neues Heim. Ein paar Jahre schipperte ich im Mittelmeer herum; dann segelte ich über den Atlantik. Diese Fahrt war die erste Etappe einer Weltumseglung, aber weiter war ich bisher nicht gekommen, denn die *Masquerade* wurde in den Florida Keys von ihrem Ankerplatz gestohlen. Zehn Tage später fand man sie gestrandet auf einem Korallenriff in den Bahamas, wo sie aufgelaufen war. Ihre Steuerbordaußenhaut war halb zerfetzt. Die Diebe wurden nie gefaßt.

Inzwischen war ein Jahr vergangen. Nach einer aufwendigen Bergung durch Thessys Vater, einen Fischer, stand die *Masquerade* sauber aufgebockt im sandigen Hinterhof von Thessys Haus. Sie war reparaturbedürftig, und sie brauchte liebevolle Zuwendung. Sie brauchte mich. Nur darum hatte ich mich Deacon Billingsleys Drohung gebeugt; ich wollte sie nicht verlieren.

Kurz vor Sonnenuntergang holte ich das Klappfahrrad aus dem Verschlag am Heck der *Wavebreaker* und strampelte bald darauf die Midshipman Road entlang zu der schicken Wohnanlage, in der unser hochgeschätzter Boß wohnte.

Matthew McIllvanney war nicht der eigentliche Boß der „Cutwater Charter Ltd. (Bahamas)“. Sie gehörte einem pensionierten Theaterbesitzer, der auf den Bermudas lebte. Doch McIllvanney war verantwortlich für das tägliche Chartergeschäft. Er hatte aber auch noch ein paar andere Einnahmequellen, die vermutlich ergiebiger waren als das Verchartern von Schiffen. Matthew McIllvanney konnte sich neben den pensionierten Amerikanern, die auf den Bahamas lebten, durchaus sehen lassen – er war ein reicher Mann.

Ich schloß das Fahrrad an den schmiedeeisernen Zaun vor McIllvanneys Wohnanlage an, ließ mich von dem Portier anmelden und fuhr mit dem Aufzug zum obersten Stock direkt in sein Penthouse. Eine große, blonde, aufregend schöne junge Frau empfing mich, als ich aus dem Aufzug trat. „Hallo“, begrüßte sie mich übertrieben freundlich. „Sie müssen Nick Breakspear sein. Matt wartet schon auf Sie. Er ist da draußen.“ Sie war nur mit hochhackigen Schuhen und einem sehr knappen Bikini bekleidet. Graziös wies sie auf den überdachten Balkon mit Meerblick. „Möchten Sie etwas trinken, Nick?"

„Ja, danke. Irischen Whiskey", antwortete ich. „Kein Eis, ein bißchen Wasser."

„Keine Ursache. Ich heiße übrigens Donna." Nach einem schlaffen Händedruck begab sie sich mit schwingenden Hüften zur Hausbar.

Die Wohnung war mit extravaganter Perfektion eingerichtet. Sie gefiel mir sehr, vielleicht weil sie überhaupt nichts mit McIllvanney zu tun hatte. McIllvanney war ein vierschrötiger Kerl aus dem nordirischen Belfast, der durch die harte Schule des Bürgerkriegs gegangen war, sein rücksichtsloses Gebaren in der britischen Armee vervollkommnet hatte und es jetzt nutzbringend auf den Bahamas einsetzte.

„Gehen Sie doch einfach durch", sagte Donna. „Ich bringe Ihnen und Matt gleich die Gläser."

Ich schob die schwere Glastür beiseite und trat hinaus auf den Balkon. Dort, in der feuchten Wärme, hockte McIllvanney in einem Korbsessel und starrte düster aufs abendliche Meer hinaus.

„Setzen Sie sich", knurrte er. „Hat Bernie die *Starlight* zurückgebracht?"

„Unversehrt sogar."

„Der wird langsam größenwahnsinnig." McIllvanney war ein großer, pockennarbiger, aber trotzdem gutaussehender Mann. Er war sehr kräftig, konnte brutal, aber auch enorm gesellig sein und hatte einen unerschöpflichen Vorrat von Geschichten, die er wirkungsvoll zu erzählen wußte. Meistens jedoch zog er es vor, dumpf brütend über die Ungerechtigkeiten des Lebens nachzusinnen.

Donna servierte uns mit strahlendem Lächeln die Drinks. Ihre Zähne waren ein Triumph der Zahntechnik, ihr Haar ein perfektes Produkt aus Gel und Spray und ihr Körper das Ergebnis gesunder Ernährung und täglichen Trainings.

Ich wartete, bis sie auf ihren lächerlich hohen Absätzen wieder hinausgestakst und außer Hörweite war. „Ist das Ihre Neueste?"

Er schüttelte den Kopf. „Sie ist nur eines von den Mädchen. Würde Sie zweitausend Dollar pro Tag kosten, Breakspear, dazu kommen noch Flugkosten, Essen im Restaurant und ein Geschenk. Ich mußte sie heute aus Miami abholen, weil die dumme Kuh nicht fliegen will. Deswegen mußte ich sie mit der *Junkanoo* herschaffen." Die *Junkanoo* war eines von McIllvanneys Schiffen, fraglos bezahlt aus dem Gewinn seiner Callgirlagentur in Miami. McIllvanney arrangierte Besuche seiner Mädchen bei seinen Kunden auf den Bahamas und garantierte ihre Sicherheit während ihres Aufenthalts dort.

„Ich höre, Billingsley, das Aas, hat Sie heute in die Mangel genommen." McIllvanney genoß die Situation. Er konnte mich nicht leiden. Ich war der Sohn eines reichen und berühmten Mannes, und deswegen mißtraute er mir.

„Woher wissen Sie, daß Billingsley heute bei mir war?" fragte ich.

„Na, woher wohl? Er hat's mir erzählt."

Ich hätte mir denken können, daß auf einer so kleinen Insel wie Grand Bahama zwei Männer wie McIllvanney und Billingsley einander kannten. Seine Informationen über die *Masquerade* hatte Billingsley natürlich von McIllvanney. Gott sei Dank, dachte ich, hast du nur noch eine Charterfahrt für die Cutwater Charter Ltd. vor dir, dann bist du die beiden Typen los.

„Also, was hat Billingsley Ihnen erzählt?" McIllvanney schien mein Schweigen zu belustigen. „Daß die Besitzer die Schnauze voll hatten vom Segeln und heimgeflogen sind?"

„Ja."

„Billingsley ist ein Lügner, jawohl. Diese belgischen Idioten haben wahrscheinlich irgendwas gesehen, was sie nicht hätten sehen sollen, also hat ihnen jemand das Maul gestopft."

„Sie behaupten, sie sind umgebracht worden?"

„Ich weiß nicht, was mit ihnen passiert ist", sagte McIllvanney gleichgültig. „Ich glaube nur, daß Billingsley und seine Freunde sich um sie gekümmert haben. Also vergessen Sie's, und wenn Sie sich, Thessy und Ellen was Gutes tun wollen, dann hat keiner von Ihnen das belgische Schiff je gesehen." Er starrte mich drohend an.

„Deacon Billingsley steckt also mit drin?" fragte ich.

McIllvanney sah mich an, als sei ich ein kompletter Idiot. „Natürlich steckt er mit drin. Er hat alle zehn Finger im Drogengeschäft. Der hat sogar ein Haus auf Murder Cay. Also legen Sie sich mit ihm nicht an, der hat nämlich Freunde, die Sie mit Wonne an die Haie verfüttern würden. Jetzt aber etwas anderes. Ich habe einen Job für Sie."

Ich runzelte die Stirn. „Einen Job? Was für einen?"

„Eine extra Charterfahrt mit der *Wavebreaker* natürlich."

„Kann ich nicht machen, das wissen Sie", erwiderte ich bestimmt. „Ich will mit der *Masquerade* nach Süden, bevor hier die Zeit der Hurrikans anfängt, und deshalb brauche ich den Rest des Sommers, um sie zu reparieren. Natürlich würde ich Ihnen gerne helfen, aber –"

„Der Job ist lukrativ", fuhr McIllvanney fort. Er sah mich nicht mehr an, sondern starrte aufs Meer hinaus. „Der Kunde bietet neben den normalen Chartergebühren fürs Schiff hundertfünfzehn Dollar pro Tag für den Skipper, das bedeutet über zehntausend für Sie. Ellen kriegt achttausend und Thessy über drei."

Ich überschlug es blitzschnell im Kopf, und das Ergebnis war so irre, daß ich noch mal rechnen mußte. „Drei Monate?" fragte ich ungläubig. „Der Kunde will das Boot für drei Monate! Das ist unmöglich. Ich muß die *Masquerade* reparieren."

„Der Kunde sagt, er ist ein Bewunderer von Ihnen." McIllvanney grinste. „Er will Sie und keinen anderen. Erinnern Sie sich an Senator Crowninshield?"

„Natürlich." Ich erinnerte mich sehr gut an George Crowninshield. Er und seine Frau waren meine allerersten Kunden an Bord der *Wavebreaker* gewesen. George Crowninshield war eines der Glanzlichter in Washington. Wenn sein Name in einem Zeitungsartikel auftauchte, dann wurde neuerdings immer wieder darüber spekuliert, ob er vielleicht der nächste Präsident der Vereinigten Staaten sein würde. Er war nicht unbedingt der heißeste Favorit fürs Weiße Haus, würde aber bestimmt einen stattlichen Präsidenten abgeben.

Ich mochte ihn. Einen amerikanischen Senator hatte ich mir ungefähr so aufgeblasen wie ein britisches Parlamentsmitglied vorgestellt, doch George Crowninshield war, wie sich herausstellte, umgänglich und nett. Er war ein Bewunderer meines Vaters, hatte aber Verständnis dafür, daß ich mit dem Theater nichts zu tun haben wollte. Mein Vater, Sir Tom, war einer der drei berühmtesten Männer der britischen Bühne, einer der ganz großen Schauspieler der Theatergeschichte. Er hatte erwartet, daß ich ebenso wie seine anderen Kinder in seine Fußstapfen treten würde. Statt dessen war ich von zu Hause weggelaufen, zur Marine gegangen und noch nicht einmal Offizier geworden. Das schlimmste war, daß ich ihm so ähnlich sah. Ich, das einzige seiner Kinder, das nicht zur Bühne gegangen war, hatte das berühmte Breakspear-Auge geerbt, die stattliche Breakspear-Größe, die charakteristischen Breakspear-Backenknochen und die geheimnisvolle Ausstrahlung, mit der mein Vater die Herzen unzähliger Frauen gebrochen hatte.

Trotzdem – ich war nicht mein Vater. Der Illusionswelt meines Vaters zog ich die Realität und den gesunden Menschenverstand vor. Ich brauchte solide Wahrheiten, um mein Leben darauf aufzubauen. Für meines Vaters Illusionen hatte ich keine Zeit. Durch Illusionen konnte man keine Positionen mit einem Sextanten bestimmen und nicht bei rauher See mit einem klatschnassen, vom Wind gepeitschten Segel fertig werden. Andere beneideten mich um meine Herkunft und um meine Kindheit, doch mein geheimer Stolz war, daß ich beides abgeschüttelt hatte, um ein einfacher, prosaischer Zeitgenosse mit gesundem Menschenverstand zu werden.

George Crowninshield hatte Verständnis für die Probleme von Kindern berühmter Väter. Er hatte selbst einen Sohn und eine Tochter und hoffte wohl, in meinem Leben eine Antwort auf die Probleme seiner eigenen Familie zu finden. „Wie kann ein US-Senator einfach drei Monate Ferien machen?" fragte ich McIllvanney ungläubig.

„Der Senator will das Schiff nicht für sich selbst", erklärte McIllvanney. „Er will es für seine beiden Sprößlinge. Die süßen Kleinen sind vierundzwanzig, alle beide. Zwillinge – ein Junge und ein Mädchen."

Eine dreimonatige Charterkreuzfahrt auf der *Wavebreaker* kam mir reichlich großzügig vor, auch für einen so reichen Mann wie George Crowninshield.

„Tut mir leid", sagte ich und stand auf. „Die Zeit hab ich nicht."

„Ellen wird sehr enttäuscht sein", sagte McIllvanney listig. „Die hat für Geld viel übrig . . ."

„Die spart doch nur", verteidigte ich Ellen, „damit sie was zum Leben hat, wenn sie ihren ersten Roman schreibt."

„Wenn sie so scharf aufs Sparen ist, dann wird sie nicht kapieren, daß sie Ihretwegen auf acht Tausender verzichten soll."

„Sie müssen sich jemand anderen suchen", erklärte ich. „Fragen Sie doch Sammy Meredith. Der wird begeistert sein." Auch Sammy war Skipper bei der Cutwater Charter Ltd., und ein guter dazu.

„Crowninshield hat aber ausdrücklich nach Ihnen verlangt", sagte McIllvanney. „Wie wär's mit hundertfünfundzwanzig Dollar am Tag?"

„Die Antwort bleibt nein", sagte ich.

McIllvanney gab schließlich achselzuckend auf. Ich verabschiedete mich, ging ins Zimmer zurück und drückte auf den Aufzugknopf. Donna war gerade am Telefon. Sie lächelte, warf mir ein Küßchen zu und machte winke, winke, bis sich die Aufzugtüren schlossen.

Ich fuhr mit meinem Fahrrad zurück in die abendliche leere Bootswerft. Ellen war in ihrer Wohnung in der Stadt, und Thessy lag in seiner Kabine und las die Bibel. Also saß ich allein auf dem Deck der *Wavebreaker* und verspeiste ein etwas freudloses Abendbrot, bis die Mücken mich in meine Kabine vertrieben.

AM NÄCHSTEN Morgen war der Himmel klar, der Wind stetig, und das Barometer stand hoch. Alles war für die Gäste vorbereitet, die Betten gemacht, die Kombüse wohlversorgt, dazu Sonnenöl in jeder Kabine. Es konnte losgehen.

McIllvanney machte seine übliche Inspektion. Die *Wavebreaker* war das Prunkstück seiner Flotte und mußte vor jeder Fahrt auf Hochglanz gebracht werden. Er wischte einen unsichtbaren Fleck von der polierten Reling und wandte sich listigen Blickes an Thessy. „Ich nehme an, Onkel Breakspear hat dir von dem Angebot erzählt, das Crowninshield gemacht hat – oder, Thessy? Klar, daß du enttäuscht bist. Soviel Geld bekommt man schließlich nicht jeden Tag angeboten. Aber natürlich, dein Vater heißt nicht Sir Thomas Breakspear und ist auch nicht so steinreich. Du brauchst das Geld, aber Seine Heiligkeit hier kann darauf verzichten." McIllvanney beehrte mich mit einem tückischen Lächeln.

Zwischen Neugier und Loyalität zu mir hin- und hergerissen, schüttelte Thessy schließlich den Kopf. „Ich weiß von keinem Angebot."

McIllvanney tat erstaunt. „Hab ich was Falsches gesagt? Ist ja furchtbar. Vergiß, daß ich überhaupt den Mund aufgemacht habe." Er linste zu Ellen hinüber, die natürlich alles mitgehört hatte. Dann schrie er Bernie zu, ein Boot klarzumachen. „Also bis in einer Woche." Noch ein hämisches Grinsen, und weg war er.

„Was für ein Angebot?" fragte Ellen eisig, als McIllvanney außer Hörweite war. „Und wer ist Crowninshield?"

Mir blieb nichts anderes übrig, als Ellen und Thessy alles zu erzählen.

„Warum hast du abgelehnt?" wollte Ellen wissen.

„Ich habe nicht grundsätzlich abgelehnt. Ich habe nur für mich selbst gesprochen. Ich habe McIllvanney vorgeschlagen, an meiner Stelle Sammy Meredith anzuheuern." Wenn der einsprang, kamen Ellen und Thessy auch ohne mich zu ihrem Geld. „Crowninshield will einfach seine zwei verwöhnten Rotznasen auf Ferienfahrt schicken. Dem ist es egal, wer das Schiff führt."

„Vielleicht auch nicht", meinte Thessy zweifelnd, und Ellen starrte mich vorwurfsvoll an.

„Herrgott noch mal", sagte ich ärgerlich, „ihr kommt ja beide zu eurem Geld! Sammy Meredith läßt sich die drei Monate Arbeit nicht entgehen. Ich kann nicht, klar? Ich muß mein Boot reparieren." Ich wandte mich ab, um weiteren Diskussionen auszuweichen. „Thessy? Zieh die Flaggen auf."

Die Flaggen waren das Tüpfelchen auf dem i. Die *Wavebreaker* war auf den Kanalinseln registriert und segelte also unter britischer Flagge. Doch die Flagge der Bahamas flatterte zum Zeichen der Freundschaft an der Steuerbordsaling. Ich wartete, bis die Flaggen sich im warmen

Wind entfaltet hatten, dann machte ich mich an meine eigene Inspektionstour.

Wir waren soweit. Auch der Orangensaft und die gekühlte Flasche Wodka standen bereit. „Alles tipptopp", bestätigte ich meiner Mannschaft.

Und dann kam auch schon das Taxi vom Flughafen mit einer Salve von Fehlzündungen und schwarzen Rauchwolken angefahren. Thessy legte eine Kassette ein und wartete neben der Stereoanlage auf mein Signal.

Wir wußten nicht viel mehr über unsere Gäste, als daß es sich um zwei Anwälte und einen Chirurgen handelte, die aus Georgia stammten und mit ihren Frauen Urlaub machen wollten. Natürlich waren wir gespannt, was uns bevorstand.

Der erste, der ausstieg, trug blau-grüne Bermudashorts, ein rosa Hawaiihemd und eine Schirmmütze mit der Aufschrift „Auf geht's".

„Jetzt!" signalisierte ich, und Thessy ließ die Kassette abfahren. Eine Blaskapelle dröhnte aus den Lautsprechern des Cockpits und bereitete unseren Gästen einen launigen Empfang. Die standen blinzelnd im grellen Sonnenlicht neben ihren zahllosen teuren Koffern. Ellen, Thessy und ich gingen mit unserem strahlendsten Lächeln auf sie zu, um sie wohlgeübt willkommen zu heißen.

Meine letzte Charter hatte begonnen. Noch eine Woche Dienst, dann zurück zur *Masquerade* und danach hinaus in die Winde der Südsee, die ans Ende der Welt und damit direkt ins Glück führten.

Kapitel 3

DIE *Wavebreaker* war zwar von geradezu ätherischer Schönheit, aber zum Kreuzen in den Bahamas nicht eben ideal. Sie hatte zuviel Tiefgang, und die Bahamas sind zum größten Teil relativ seicht und gespickt mit messerscharfen Korallen. Flache Boote können sich dort verhältnismäßig sicher bewegen, doch die *Wavebreaker* mußte mit äußerster Sorgfalt gesteuert werden. Für Gäste, die die Lagunen und Untiefen erforschen wollten, gab es ein Beiboot, ein sogenanntes Skiff. Unsere Passagiere aus Georgia benutzten es zum Fischen; den Rest ihres Urlaubs verbrachten sie bei Wodka und Orangensaft entspannt an Deck. Sie genossen ihre Ferien und waren nette Gäste.

Die Woche ging schnell vorüber, und am Ende waren sie alle braun gebrannt, gut erholt und sehr zufrieden. Als wir wieder in McIllvanneys Bootswerft angelegt hatten, schleppten Thessy und ich ihr

Gepäck zu dem Taxi, das bereits in der sengenden Hitze auf sie wartete. Zum Abschied überreichten sie uns drei Umschläge, die ein stattliches Trinkgeld enthielten.

Nach der Abfahrt unserer Gäste waren wir noch etwa eine Stunde beschäftigt, um die *Wavebreaker* von Müll und Schmutzwäsche zu befreien, sie an das Stromnetz im Hafen anzuschließen und Dieselöl und Frischwasser zu bunkern. Als alles erledigt war, schulterte ich meinen alten Seesack, um mich auf den Weg zu machen, doch Ellen lauerte mir auf dem Pier auf.

„Sehe ich dich in einer Woche, Nick?" fragte sie.

Ich schüttelte den Kopf. „Nein, das weißt du doch. Ich muß mein Schiff reparieren." Ich wollte an ihr vorbei, doch sie versperrte mir den Weg mit ihrem Fahrrad. „Sammy Meredith kann den Job doch übernehmen."

„In einer Woche bist du wieder hier, Nick, oder du siehst mich nie wieder!"

Sie redete weiter auf mich ein, doch Thessy wartete schon am Tor, wo unser Taxi stand, und ich hörte nicht mehr zu. Ich wollte die *Masquerade* reparieren und mein Leben leben, notfalls auch ohne Ellen. Ich stieg ein, und wir fuhren mit knatterndem Auspuff ab. Mein Sklavendienst war zu Ende. Ich war frei.

ALS DIE *Masquerade* gestohlen wurde, war ich gerade in New York gewesen. Ich war von Florida extra dorthin gefahren, weil mein Vater mich darum gebeten hatte. Er gab am Broadway seinen berühmten King Lear. Er sei alt, sagte er mir, und spüre es auch.

Ich ging in die Premiere, und das Publikum feierte ihn enthusiastisch. Hinterher überredete er mich, noch zwei Tage zu bleiben. Es vergingen also drei Tage, bevor ich entdeckte, daß die *Masquerade* verschwunden war. Weitere sieben Tage vergingen, bevor man sie auf einem Korallenriff nördlich von Straker's Cay mit zerfetzter Steuerbordseite fand. Hector Straker, Thessys Vater, vermutete, daß Jugendliche das Schiff gestohlen hatten. Die Diebe hatten eine Bootsladung teurer Geräte mitgehen lassen, darunter das Chronometer, den Sextanten, das Sprechfunkgerät und das Barometer, außerdem Ersatzsegel, Leinen und Fender. Mein bestes Ölzeug hatten sie auch gestohlen, aber den Webleyrevolver, den ich in der Bilge versteckt hatte, hatten sie nicht entdeckt. Er diente mir nur zur Abschreckung, denn das Ding war über siebzig Jahre alt, aber es sah imponierend und sehr einschüchternd aus.

Hector Straker hatte die *Masquerade* geborgen und in seinem Hinterhof aufgebockt, ohne Geld dafür von mir zu verlangen. Er galt als einer der besten Kenner der Fischgründe rund um die Bahamas, betätigte sich aber nur ein paar Wochen im Jahr als „Fischführer" für reiche Touristen, weil er fürchtete, seine Familie könnte vom rechten Weg abkommen, wenn er zu lange fort war. In der übrigen Zeit fing er Muscheln oder Hummer und sorgte sich um das Seelenheil seiner leichtfertigen Kinder, die alle nach Büchern der Bibel benannt waren. Ich hatte großes Glück gehabt, als mir Hector Straker über den Weg gelaufen war.

Er sah mir gespannt zu, wie ich die Reparaturen an der *Masquerade* besichtigte, die er in meiner Abwesenheit erledigt hatte.

„Hervorragende Arbeit", sagte ich respektvoll.

„Ich wäre schon weiter, Sir, hab aber zuviel anderes am Hals." Hector strich mit der Hand über die aufgerissenen Kanten der Kupferplattenbeschläge, die der *Masquerade* noch geblieben waren. „Wo soll ich bloß das Kupfer herkriegen?"

„Ich lass' es aus England kommen, auch ein paar Bronzenägel. Teer und Packpapier können wir doch sicher hier bekommen?" Mit geteertem Packpapier wurde das Kupferblech auf dem Holz unterlegt.

Hector lächelte zuversichtlich. „Teer und Papier – das schaffen wir, Sir."

Thessy, der neben uns auf dem Boden hockte, blickte auf, als ein kleines zweimotoriges Flugzeug im Tiefflug über uns hinwegdonnerte. Die Maschine gehörte dem Amerikaner John Maggovertski, der auf den Bahamas alle möglichen Geschäfte betrieb. Eines davon war ein Lufttaxi, mit dem er Touristen das Fürchten lehrte, die naiv genug waren, seine Dienste in Anspruch zu nehmen. Wir beobachteten, wie das Flugzeug auf der schmalen Landepiste von Straker's Cay landete.

Da ich nicht annahm, daß Johns Besuch etwas mit mir zu tun hatte, zog ich mein Hemd aus und fing mit der Arbeit an, während Thessy und sein Bruder Philemon mit ihrem Vater in einem ziemlich ramponierten Holzboot auf die Lagune hinausfuhren. Ich begann damit, die ramponierten Planken der *Masquerade* abzuschleifen. Zwei braune Meerespelikane flogen mit schwerem Flügelschlag vorbei. Die Sonne brannte mir auf den Rücken, aber es ging ein angenehmer Südostwind, und ich arbeitete zufrieden und still vor mich hin, bis ich einen Wagen auf der Schotterstraße hörte, die vom einzigen Ort der Insel zu den Hütten der Straker-Familie führte. Ein betagtes Taxi hielt an, und ein hochgewachsener Weißer stieg aus. Er trug karierte Hosen, Cowboystiefel und einen Cowboyhut. Unsicher blinzelte er ins Licht.

MASQUERADE

Als er mich sah, winkte er und kam langsam auf mich zu. Ich war so verblüfft, daß ich nicht gleich reagierte. George Crowninshield, Senator und möglicherweise künftiger Präsident der Vereinigten Staaten, war ganz allein nach Straker's Cay gekommen. „Hallo, Nick." Lächelnd streckte er mir die Hand entgegen.

George Crowninshield war ein gutaussehender Mann mit einem ausdrucksstarken Gesicht und dichtem schwarzem Haar. Er war sicher schon über fünfzig, doch mit seinem jungenhaften Charme wirkte er nicht einen Tag älter als fünfunddreißig. Dieser Charme war sein größtes Kapital in der Öffentlichkeit.

Nicht jeder war beeindruckt von George Crowninshield. Ellen zum Beispiel hielt ihn für ein politisches Leichtgewicht, mehr Schauspieler als Staatsmann. Viele sahen in ihm einen Politiker ohne Programm, einen richtigen Populisten. Auch wegen seines Reichtums wurde er angegriffen; die Kritiker behaupteten, er habe seine Karriere nur den enormen Geldsummen zu verdanken, die er in seine Wahlkämpfe investierte. Ich dagegen hielt ihn für einen besonnenen, integren Menschen, der zu seiner Überzeugung stand.

Er klopfte mir leicht auf die Schulter. „Gut sehen Sie aus, Nick, wirklich gut."

„Danke, gleichfalls."

„Das will ich hoffen, wenn ich bedenke, wieviel Geld ich im Monat für meinen Fitneßklub und meinen Ernährungsberater ausgebe . . ." Er lachte.

„Wie haben Sie mich gefunden?" fragte ich.

„Einer von meinen Leuten hat mit diesem McIllvanney gesprochen. Ich mußte sowieso nach Nassau und dachte, ich schaue mal nach Ihnen. Ich habe einen bestimmten Grund, warum ich mit Ihnen sprechen will."

„Hat Maggovertski Sie hierhergeflogen?"

Er nickte lachend. „Ich kenne ihn von früher, als er noch für die ‚New York Giants' Football spielte. So, wie er damals die Gegner in die Mangel nahm, so fliegt er jetzt seine Maschine."

John hatte Football gespielt, bis er eines Tages bei hundertzwanzig Stundenkilometern von seiner Harley-Davidson gestürzt war und sich am linken Knie verletzt hatte. Wenn er betrunken war, traktierte er mich gelegentlich mit Geschichten aus seiner sportlichen Vergangenheit. Wurden mir seine Anekdoten zu langweilig, dann erzählte ich ihm meinerseits Geschichten vom Kricket, bis er endlich den Mund hielt. Aber wir mochten einander, und es gefiel mir, daß Crowninshield ihn auch mochte.

Er folgte mir in den Schatten der *Masquerade* und blickte an ihr hinauf. „Das also ist Ihr berühmtes Boot?"

„Was davon übrig ist."

„Sie ist eine richtige Schönheit." Er ging zum Bug, wo ihr Name in goldenen Buchstaben prangte. „Und Sie reparieren Ihr Boot, anstatt meine Zwillinge mit auf Kreuzfahrt zu nehmen?"

„Genau. Jemand anderer wird sich um Ihre Kinder kümmern. Da gibt es einen Skipper namens Sammy Meredith, der seine Sache genauso gut macht wie ich."

„Ich will aber Sie."

Als ich nicht antwortete, wandte er sich ab und starrte auf die weißen Wellenkämme, die in der Ferne am Korallenriff aufschäumten. „Ich brauche Ihre Hilfe, Nick, denn mein einziger Sohn ist dabei, sich umzubringen, und meine einzige Tochter wird bald seinem Beispiel folgen. Ich brauche eine starke Persönlichkeit, um sie zu retten."

„Ihr Sohn will sich umbringen?" fragte ich verständnislos.

„Rickie ist drogenabhängig."

„O verdammt!" Mir wurde klar, daß die nächsten Minuten außerordentlich schwierig werden würden.

„Genaugenommen ist Rickie kokainabhängig", fuhr der Senator fort, „aber er ist nicht besonders wählerisch. Er nimmt Crack und Kokain und Amphetamine, dann wieder Crack und noch mehr Kokain, und manchmal setzt er noch einen ‚Cocktail' drauf. Wissen Sie, was ein Speedball ist, Nick?"

„Nein."

„Eine Injektion aus Kokain und Heroin zugleich. Wirklich was für Kenner." Seine Stimme klang bitter. „Jetzt ist meine Tochter Robin-Anne ebenfalls kokainsüchtig geworden, und es wird nicht lange dauern, dann raucht sie auch Crack und versucht es mal mit Speedballs."

Natürlich hatte McIllvanney mir verschwiegen, daß Rickie und Robin-Anne Crowninshield drogenabhängig waren, wohl wissend, daß ich den Job dann auf gar keinen Fall angenommen hätte. „Es muß doch Kliniken für so was geben", sagte ich.

Er nickte. „Natürlich gibt es die, und die beiden werden zur Zeit auch ärztlich überwacht, aber ich glaube, sie brauchen besondere Hilfe." Er schwieg einen Moment. „Hilfe von einem ganz besonderen Menschen, Nick. Von Ihnen."

„Ich bin aber kein besonderer Mensch", sagte ich nur.

„Doch, das sind Sie. Sie waren bei einer Spezialeinheit der Marine. Außerdem sind Sie Segelexperte, und das brauche ich, weil Sie so meine Zwillinge mit aufs Meer hinausnehmen und dort mit ihnen bleiben können, bis sie kuriert sind. Mir ist es egal, was die beiden durchmachen müssen. Mir ist es egal, wenn man sie am Mast festbinden muß. Und mir ist es egal, ob sie weiße Mäuse oder sonstwas sehen, aber von einem Schiff können sie nicht einfach hinunterspringen und nach Hause schwimmen."

Ich sagte nichts, sondern dachte an die vielen Stunden Arbeit, die die *Masquerade* noch brauchte. Crowninshield starrte mich lange an. „Nick", sagte er schließlich, „mein Sohn ist in spätestens einem Jahr tot, wenn ich jetzt nicht etwas unternehme. Er ist bereits auf dem linken Auge blind, weil das Kokain die Durchblutung der Retina zerstört hat. Das nächste Mal sind vielleicht die Herzarterien dran oder das Gehirn. Oder es trifft Robin-Anne. Ich kann doch nicht einfach untätig zusehen, wie meine Kinder sterben. Wenn ich ehrlich bin, muß ich mir eingestehen, daß ich als Vater versagt habe. Nicht wegen Mangel an Liebe, aber ich frage mich oft, was in ihren Köpfen vorgeht."

Die Qual stand ihm ins Gesicht geschrieben. Doch ich wollte mich nicht in seine Probleme hineinziehen lassen.

„Haben Sie je Drogen genommen?" fragte Crowninshield.

„Nein." Mein Vater hatte mich oft animiert, mit ihm Marihuana zu rauchen, doch ich hatte immer abgelehnt.

„Da können Sie von Glück sagen", erwiderte er. „Sie sind doch ein glücklicher, zufriedener Mensch, nicht wahr, Nick? Darum will ich, daß niemand anderer mit meinen Kindern in See sticht als Sie. Ich möchte, daß Ihre Selbstsicherheit und Ihre Lebensart ein bißchen auf sie abfärben."

Ich konnte nur verlegen die Achseln zucken. „Eins verstehe ich nicht", sagte ich schroff, um weiteren Komplimenten vorzubeugen. „Warum geben Sie Ihren Kindern überhaupt so viel Geld, daß sie sich Drogen leisten können?"

„Sie haben ihr eigenes Geld. Ihre Großmutter hat es ihnen hinterlassen. Die beiden können nur über die Zinsen verfügen, das Kapital wird von Barbara und mir kontrolliert. Aber in ein paar Wochen wird das alles anders. An ihrem Geburtstag. Da erben sie jeder ungefähr sechs Millionen Dollar."

„Großer Gott!" Ich starrte ihn an. „Und über die Zinsen dürfen sie frei verfügen? Obwohl sie sie für Drogen verschleudern?"

„Die Alternative ist viel, viel schlimmer."

„Welche Alternative?"

Crowninshield sah mich nicht an, sondern starrte aufs Meer hinaus. Seine Stimme war unendlich traurig. „Ein Drogenabhängiger schreckt vor nichts zurück, um seine Sucht zu befriedigen. Er stiehlt, bettelt, verpfändet Erbstücke, da gibt es keine Grenze. Ich lasse ihnen das Geld für Drogen, damit sie nicht kriminell werden" – er stockte – „oder sich prostituieren. Ich will nicht, daß meine Kinder wegen des weißen Pulvers in der Gosse landen."

Seine Trauer und seine Verzweiflung waren herzerweichend, aber ich konnte mich trotzdem nicht entschließen mitzumachen. Ich schlenderte ans Wasser. Eine Kokosnußschale schaukelte auf den winzigen Wellen. „Sind Sie sicher, daß Sie die beiden nicht nur aus dem Weg haben wollen? Schließlich sind Ihre Aussichten, Präsident zu werden, nicht gerade rosig, wenn die Wähler herausbekommen, daß Ihre Kinder drogensüchtig sind."

„In der Tat." Crowninshield nahm die Herausforderung an. „Es ist sogar noch viel schlimmer. Vor zwei Monaten ist Rickie wegen Drogenhandels verhaftet worden. Die Verhandlung ist im Dezember. Bis dahin hat man ihn gegen Kaution freigelassen." Er zögerte. „Es wird behauptet, daß ich in drei Jahren Präsident der Vereinigten Staaten sein könnte, aber mir ist das egal. Ich will nur, daß meine Kinder von den Drogen loskommen."

Das kam so von Herzen, daß ich ihm glaubte. „Sie können diesen Sommer ein Vermögen ausgeben", erklärte ich, „aber wenn Rickie mit dem Selbstmord auf Raten nicht aufhören will, dann wird er's auch nicht tun. Woher wollen Sie wissen, ob er in dem Moment, wo er die Verhandlung hinter sich hat, nicht wieder anfängt, sich mit Drogen vollzustopfen?"

„Das kann ich nicht wissen", gab er sofort zu. „Aber Rickie weiß, daß er in der Tinte steckt. Darum hat er ja vorgeschlagen, sich auf See zu isolieren."

„Das war Rickies Idee?" fragte ich überrascht.

„Mich hat das auch erstaunt", bekannte Crowninshield. „Rickie nennt das seine Segelkur. Ich bin nicht sicher, ob er sich über alle Konsequenzen im klaren ist, aber er weiß, daß er die Drogen aufgeben muß, wenn er segeln geht. Unser Anwalt hat dem Gericht diesen Plan vorgetragen, und der Richter hat daraufhin die Kautionsbedingungen geändert, damit Rickie diesen therapeutischen Segeltörn machen kann. Auf einem Schiff kann er nicht in Versuchung kommen."

Ich warf ihm einen zynischen Blick zu. „Auf den Bahamas gibt es massenhaft Versuchungen. Die Inseln sind mit Drogen überschwemmt."

„Dann verlängern Sie die Reise. Fahren Sie nach England! Genießen Sie das warme Bier dort, von dem Sie mir immer vorgeschwärmt haben."

„Es ist nicht warm, und so einfach ist das alles nicht." Ich versuchte, neue Argumente zusammenzuklauben.

„Es kann doch nicht allzu lange dauern, die *Wavebreaker* für eine lange Reise vorzubereiten, oder?" drängte Crowninshield.

„Es wäre zu schaffen", gab ich zu, „aber nicht vor nächster Woche. Und wenn die *Wavebreaker* über den Atlantik segeln soll" – ich versuchte es jetzt mit den praktischen Schwierigkeiten –, „dann braucht sie eine gute Besatzung. Sie braucht mindestens noch drei zusätzliche Wachen."

„Sie bekommen alles, was Sie wollen", versprach Crowninshield.

Doch dann rief ich mir energisch in Erinnerung, daß ich andere Pläne für den Sommer hatte. „Ich will nur eins", erwiderte ich und deutete auf die *Masquerade*. „Mein Schiff soll repariert und neu ausgerüstet werden, damit ich damit in See stechen kann."

„Schreiben Sie genau auf, was alles gemacht werden muß, und ich garantiere Ihnen, daß sie in die beste Werft Amerikas kommt."

„Aber ich weiß doch gar nicht, wie man mit Abhängigen umgeht!"

„Das erwarte ich auch nicht." Er hatte sich auf alle Einwände vorbereitet. „Ich habe einen Assistenzarzt von der Rinkfelsklinik engagiert, der mit Ihnen fahren wird. Um die Gesundheit der Zwillinge brauchen Sie sich also nicht zu kümmern."

Jetzt hatte er mich endgültig in die Enge getrieben. „Sie könnten noch heute nach Grand Bahama zurückfliegen", fuhr er fort. „Die Zwillinge könnten dann am Sonntag zu Ihnen stoßen."

„Aber ich bin gerade erst hierhergekommen", protestierte ich, doch mein Widerstand war gebrochen.

„Ich mache Ihnen einen Vorschlag. Sie gehen mit meinen Kindern zwei Wochen lang segeln, und wenn Sie danach überzeugt sind, daß die Segelkur nicht wirkt, dann schicken Sie sie nach Hause. Ich verlange ja nicht, daß Sie Erfolg haben, aber ich möchte, daß Sie es versuchen."

Senator Crowninshield hatte, bei aller Verbindlichkeit, doch seinen Stolz, und ich wußte, wieviel Überwindung es ihn kostete, mich um Hilfe zu bitten. Und ich – ich brachte es gar nicht fertig, ihn abblitzen zu lassen. Darum war er auch persönlich hierhergekommen. „Ich sollte mich darauf eigentlich nicht einlassen", meinte ich schließlich.

Er lächelte. „Aber ich bin froh, daß Sie es tun, Nick, und ich danke Ihnen." Er hielt mir die Hand hin.

Ich dachte an all die wunderbaren Dinge, die ich mit dem Geld für die *Masquerade* kaufen konnte, doch der wahre Grund für meine Zusage lag tiefer. Crowninshield gab mir die Möglichkeit, den edlen

Ritter zu spielen, den Drachentöter – die Herausforderung war unwiderstehlich für mich. Ich hätte gründlicher nachdenken sollen, bevor ich zusagte, doch Idealismus und Torheit liegen oft nahe beieinander. Crowninshield streckte mir immer noch die Hand entgegen. Und ich schlug ein.

Kapitel 4

MAGGOVERTSKI wartete schon bei der Startbahn auf uns. Er begrüßte mich grinsend mit einer ironischen Verbeugung, die sich auf die vornehme Gesellschaft bezog, in der ich mich befand. Dann half er uns in seine Maschine.

Es grenzte an ein Wunder, daß John in sein kleines Flugzeug überhaupt hineinpaßte, denn er war ein wahrer Hüne – fast zwei Meter groß und über zwei Zentner schwer, aber ohne ein Gramm Fett am Leib. Er trug einen dichten schwarzen Bart, hatte dunkle Augen und immer verwuschelte Haare. Seine Arme waren die eines Gewichthebers – lieblich verziert mit Tätowierungen von Schlangen und nackten Damen.

John hatte für den Senator den Rücksitz und für mich den Platz des Copiloten vorgesehen. Als wir uns angeschnallt hatten, ließ er die Motoren an, und ich fragte mich beunruhigt, wo wohl die Instrumente geblieben waren, die einst die runden Löcher im Armaturenbrett geziert hatten. Doch rasch verscheuchte ich solche Gedanken, denn immerhin lag ein langer Flug in John Maggovertskis Maschine vor mir. Wir sollten zuerst nach Nassau fliegen, wo der Senator einen Termin hatte, dann wollte John mit mir allein nach Grand Bahama weiterfliegen. Dort wohnte er. Und dort wartete die *Wavebreaker* auf mich.

Wir rollten los zum Start und ließen die windschiefe Hütte hinter uns, die den stolzen Namen „Straker's Cay Airport Terminal eins" trug. John, der nie einen Sicherheitsgurt anlegte, schob die Gashebel vorwärts. Mir brach der Schweiß aus, als die kleine Maschine über die Piste donnerte. „Gift für die Reifen, Senator Crowninshield!" brüllte John über die Schulter.

„Was?" brüllte Crowninshield zurück.

„Pisten aus Korallenkalk. Kann sein, daß ein Reifen platzt und wir uns überschlagen; dann bleibt von uns nicht viel mehr übrig als drei Fettflecke in einem ausgebrannten Flugzeugwrack."

Crowninshield erbleichte, und John zog voller Genugtuung am

Steuerknüppel. Das Flugzeug hob ab, und auf einmal spürten wir einen herrlich kühlen Luftzug aus den Ventilationsschlitzen.

Die Maschine kletterte höher, und John erging sich in ausführlichen Schilderungen eines Footballspiels, aus dem er ruhmreich hervorgegangen war.

Doch warum Crowninshield zu mir nach Straker's Cay gekommen war, darüber verlor er kein Wort. Sogar John konnte taktvoll sein. Er wartete, bis wir den Politiker in Nassau abgesetzt hatten, aber als dieser gegangen war, wollte er alles wissen. Ich erklärte es ihm, und er runzelte die Stirn. „Also du machst den Babysitter für reiche Fixer?"

„Genau."

„Wow!" Wir hatten Nassau verlassen und drehten nach Norden ab. Unter uns pflügten drei amerikanische Kriegsschiffe durchs schäumende Wasser. Ich machte für jeden von uns ein Bier auf, und da ich nichts weiter zu tun hatte, entfaltete ich die Flugkarte, die zwischen unseren Sitzen steckte.

„Du wirst nicht viel Spaß haben mit den zwei Fixern", sagte John plötzlich. „Kokain ist das Schlimmste."

„Das hat Crowninshield mir auch gesagt."

„Da gibt's keine Wunderpille dagegen." John wirkte ungewohnt düster. Er zündete sich eine Zigarette an. „Ich hasse Kokain. Hab mal 'n Mädchen gekannt, das von dem Zeug nicht loskam. Aerobic-Lehrerin in 'nem Fitneßklub. Stand von einem Tag auf den andern in Hot pants an Straßenecken in New York. Du hast ja keine Ahnung, was wir alles versucht haben, um sie von dem Zeug loszukriegen."

„Mit Erfolg?"

Er schüttelte den Kopf. „Als ich sie das letzte Mal sah, hat sie bei einer Peep-Show in Pittsburgh gearbeitet. Die wollte nix als Kokain."

Er klang unendlich traurig – das Mädchen war offensichtlich mehr für ihn gewesen als eine Gelegenheitsbekanntschaft. Doch ich wollte ihn nicht ausfragen und starrte stumm auf die Flugkarte. Plötzlich entdeckte ich die winzige Insel, vor der die *Hirondelle* verschwunden war.

„Bist du je nach Murder Cay geflogen?" fragte ich.

John runzelte die Stirn und sog an seiner Zigarette. „Ein Dreckloch, Nick. Vergiß es."

„Und wer wohnt da?" beharrte ich.

„Die Drecksäcke, denen die Insel gehört, natürlich." Er nahm einen Schluck Bier. „Noch vor zwei Jahren war's da richtig nett, aber die neuen Besitzer haben ein großes gelbes Kreuz auf ihre Landepiste gemalt. Weißt du, was ein großes gelbes Kreuz auf 'ner Landepiste heißt? Es heißt, ‚hau ab, wenn dir dein Leben lieb ist'."

„Die neuen Besitzer, haben die was mit Drogen zu tun?“ versuchte ich es noch einmal.

„Aber klar!“

Auf der Karte sah ich, daß die Insel nicht weit ab von unserem Kurs lag. „Hast du Lust, mal einen Blick darauf zu werfen?“

Er lachte. „Bist du lebensmüde?“

„Nur neugierig“, meinte ich so unschuldig, wie es ging. „Aber wenn du Angst hast –“

„Ach, du spinnst wohl“, knurrte er und drehte nach Westen ab. Er schnappte sich die Karte und sah nach, welchen Kurs er ungefähr nehmen mußte. „Und warum interessiert dich die Insel?“

Ich berichtete ihm von der *Hirondelle* und von Deacon Billingsleys Lügen über ihr Schicksal.

„Billingsley ist ein Mistkerl. Mit dem sollte man besser nichts zu tun haben.“

„McIllvanney behauptet, daß Billingsley ein Haus auf Murder Cay hat.“

„Das paßt“, sagte John düster. „Die Schweine wissen genau, wie sie sich die Amerikaner am besten vom Leibe halten. Kaufen einfach die hiesigen Behörden.“

Die Bahamas waren schon immer ein Schmugglerparadies gewesen. Der ideale Ort zur Lagerung von Kokain, bevor es über die enge Floridastraße auf den amerikanischen Markt gelangte. Die Regierung der USA hatte die Bahamas unter Druck gesetzt, um die Drogenhändler auszurotten, doch das Geschäft blühte weiter, bis die Amerikaner schließlich auf einer eigenen Küstenwache in diesen Gewässern bestanden.

„Aber das hat auch nicht viel gebracht“, meinte John mürrisch. „Ein Schiff auf See können sie anhalten, aber sie können keinen Fuß an Land setzen ohne offizielle Erlaubnis. Ich wette, Billingsley sorgt dafür, daß niemand Murder Cay durchsuchen darf oder, wenn doch, daß die Kerle auf der Insel längst vorher Bescheid wissen.“ Er zündete sich wieder eine Zigarette an, dann deutete er durch die zerkratzte Windschutzscheibe. „Schätze, da ist deine Insel, Nick.“

Weit voraus lag in flimmernder Hitze ein heller grüner Fleck, umgeben von einem weißen Ring schäumenden Wassers. John bückte sich nach seiner Kameratasche und zog eine zerbeulte Nikon und einen Film heraus. Eine seiner Nebenerwerbstätigkeiten war es, Luftaufnahmen von Häusern auf den Bahamas zu machen. „Mach ein paar Bilder für mich. Vielleicht kommt mal ein Kunde, der gerne einen Schnappschuß von Murder Cay hätte.“

Als ich den Film eingelegt hatte, waren wir schon ziemlich nahe an dem Riff, das „des Teufels Perlenkette" genannt wurde. Wir überflogen die Insel, die ungefähr die Form eines Ankers hatte. Auf der Start- und-Lande-Piste mit dem unfreundlichen gelben Kreuz waren zwei Lastwagen geparkt, so daß man nicht landen konnte. Die überraschend großen Häuser standen alle auf der Westseite der Insel. Man konnte viele Palmen und hellblaue Swimmingpools sowie einen langen, schmalen Golfplatz erkennen. Etwa ein Dutzend Jachten ankerten in der Bucht östlich der Insel.

John brachte die Maschine in Schräglage, damit ich ein Foto von der Fahrrinne machen konnte, die von Westen durch das Korallenriff zur Insel führte. Wir flogen über einen Sendemast hinweg, und ich starrte auf die prunkvollen Häuser hinunter. Nichts bewegte sich da unten. Über das nördliche Riff flogen wir wieder aufs Meer hinaus.

„Können wir noch mal?" fragte ich John.

„Warum nicht?"

Einen Augenblick später waren wir wieder über dem Riff. John starrte angespannt auf die Häuser und suchte nach Zeichen von Gefahr. Dann zog er eine enge Schleife und peilte die Südspitze der Insel an.

Wir rasten der Länge nach über die Insel zum Ankerplatz. Bei unserem Tempo konnte man keine Details der dort liegenden Schiffe erkennen, doch ich knipste einfach und hoffte auf einen Zufallstreffer. In diesem Moment brachte John die Maschine in Schräglage und gab Gas. „Halt dich fest!" brüllte er.

Wir glitten seitwärts ab und stürzten mit dröhnenden Motoren der Erde entgegen. Ich hatte Mühe, mich festzuhalten, brachte aber dennoch ein paar Fotos zustande. John brüllte, riß den Knüppel zurück, und unser rechter Tragflügel hob sich wieder. Plötzlich donnerten wir direkt über die Ziegeldächer. Ein kleiner Satz über das letzte Haus im Norden, dann über den Strand und wieder hinaus aufs offene Meer.

„Verdammt, was ist?" brachte ich gerade noch hervor.

„Die feuern auf uns! Leuchtspurgeschosse!" Er hatte überhaupt keine Angst, das Abenteuer schien ihn zu reizen. Er wandte den Kopf und starrte zur Insel zurück. „Das muß ich mir noch mal genauer ansehen!"

John zog die Maschine hoch, flog eine Kurve und begann wieder einen tollkühnen Anflug auf die Insel.

Auf der Suche nach dem Feind flog er jetzt Schlangenlinien. „Da!" schrie er plötzlich, flog wieder einen geraden Kurs und ließ die

Maschine nach vorne abkippen. In einer Staubwolke auf der Schotterstraße unter uns gewahrte ich einen Jeep mit einem darauf montierten Maschinengewehr. Schon begannen die roten Leuchtspurgeschosse aufzusteigen. Ich machte noch schnell ein Foto und duckte mich dann in Erwartung eines Volltreffers.

John fluchte laut. Ich blickte aus dem Seitenfenster und sah Palmenwipfel mit über zweihundertfünfzig Stundenkilometern über uns vorbeiflitzen. Über uns! John stieß einen Freudenschrei aus, riß den Knüppel zurück, und die Maschine schoß in den offenen blauen, kugelfreien Himmel hinauf. Laut lachend schlug er mir auf die Schulter. „War das nicht einfach erstklassig? Ich hab den Jeep glatt von der Straße gefegt! Mann, den Hornochsen da unten hab ich's gezeigt!"

„Du bist verrückt", teilte ich John Maggovertski höflich mit.

Er lachte wieder. „Wer wollte denn die Insel sehen?" Wir flogen jetzt in weitem Bogen nach Norden, nach Grand Bahama. „Also – jetzt hast du sie gesehen."

ALS WIR in der Abenddämmerung auf Grand Bahama landeten, wollte ich gleich mit der Arbeit an der *Wavebreaker* anfangen und fuhr daher sofort mit dem Bus zu McIllvanneys Bootswerft. Natürlich war niemand da und das Tor verschlossen. Als mein Arbeitsverhältnis mit Cutwater Charters endete, hatte ich meinen Schlüssel abgegeben. Über den Stacheldrahtzaun konnte ich auch nicht klettern, also mußte ich mir Ellens Schlüssel ausleihen.

Im Hof von Ellens Apartmenthaus scheuchte ich eine Schar streunender Katzen auf. Wuchernde Schlingpflanzen verdunkelten die offene Treppe, und in den Fenstern der kleinen Apartments flackerten die Fernsehgeräte. Ich stieg zwei Treppen hoch und gelangte über einen etwas baufälligen offenen Balkongang zu Ellens Wohnung. In einer Wohnung schrie ein Kind. Zwei Hunde kämpften knurrend im trostlosen Gelände hinter dem Haus. Doch plötzlich wurden diese Geräusche von Ellens Stimme übertönt. „Nein, nein und nochmals nein!" rief sie.

Ich lief zu ihrer Wohnung. Die Gardinen waren nicht geschlossen, und ich blieb vor dem Fenster stehen. Eine nackte Glühbirne erleuchtete das Zimmer. Ellen stand vor Matthew McIllvanney, dessen Bösartigkeit das ganze Zimmer zu füllen schien. „Du sollst doch nur mal darüber nachdenken", hörte ich ihn mit ruhiger Stimme sagen.

„Hab ich schon, und die Antwort ist nein."

„Sechshundert." McIllvanney ließ Ablehnung oder Widerstand einfach nicht gelten. „Und ich nehme noch nicht mal die übliche

Kommission, du kannst alles behalten. Und außerdem: Es gibt immer ein Trinkgeld. Gibt's nicht immer ein Trinkgeld, Bernie?"

„Aber sicher, Miß Ellen." Ich hörte, wie Bernie lachte, aber ich konnte ihn nicht sehen, weil er hinter der Tür stand.

„Nein!" schrie Ellen wieder.

„Er geht vielleicht auf siebenhundertfünfzig", sagte McIllvanney, als ob Ellen nur mit der Bezahlung nicht einverstanden wäre.

Ich stieß die Tür auf, die nur angelehnt war, und beendete damit die Konversation. Alle drei starrten mich überrascht an. „Ich hatte keinen Schlüssel zur Bootswerft", verkündete ich und ließ meinen Seesack auf den Boden fallen. „Da wollte ich mir den von Ellen leihen. Ich störe doch nicht, oder?"

„Nein, im Gegenteil, Nick, nein!" Ellen flog auf mich zu und verblüffte mich mit einem warmen Kuß.

„Was zum Teufel machen Sie hier?" fragte McIllvanney verstimmt.

„Sie haben doch selbst George Crowninshield zu mir geschickt. Und er kam, sah und siegte. Ich habe zugesagt. Mann, bin ich hungrig."

Ellen hängte sich an meinen Arm. „Laß uns essen gehen", sagte sie schnell. „Ich mach mich nur eben fertig." Sie verschwand, und ich war allein mit McIllvanney und Bernie.

„Wenn der Vorschlag, den ich gerade gehört habe", sagte ich zu McIllvanney, „so gemeint war, wie ich glaube, daß er gemeint war, dann machen Sie ihn nicht noch mal."

Doch McIllvanney amüsierte sich nur über meinen Zorn. „Wer soll mich daran hindern?"

„Ich, ganz einfach."

Er baute sich dicht vor mir auf, um mich einzuschüchtern, und blies mir Zigarettenrauch in die Augen. „Ich mache meine Geschäfte, wie es mir paßt, mit wem es mir paßt und wann es mir paßt, Nicholas Breakspear. Niemand zwingt das Mädchen, ja zu sagen. Ich habe ihr nur ein geschäftliches Angebot gemacht."

„Raus hier!" sagte ich nur.

McIllvanney starrte mich noch eine Weile schweigend an, dann wandte er sich um, nickte Bernie zu, und fort waren sie.

Ellen war der Appetit vergangen, sie wollte nicht mehr essen gehen. „Ich dachte, ich könnte mit so was umgehen", meinte sie, „aber ich habe mich wahnsinnig aufgeregt."

„Ich mich auch", erklärte ich und setzte mich aufs Bett.

Ellen konnte sich nicht beruhigen. Sie lief im Zimmer hin und her und erklärte mir voller Zorn, was passiert war. Ein Kunde hatte ein Auge auf sie geworfen und McIllvanney beauftragt, sie zu kaufen.

„O Nick", sie ließ sich plötzlich neben mich aufs Bett fallen, „du bist so nett, und manchmal denke ich, wie schön es wäre, mit einem richtig netten Mann zusammenzusein."

„Ich bin frei."

Sie küßte mich auf die Nase, doch dann stand sie rasch auf, als habe sie es sich anders überlegt. „Wenn du was essen willst, im Schrank ist Margarine und alter Käse. Ein bißchen Brot ist auch noch da."

„Bist du sicher, daß du nicht essen gehen willst?"

Sie nickte. „Ich möchte mir Notizen machen."

„Über das, was heute abend passiert ist?" fragte ich überrascht.

„Klar, warum nicht? Aber zuerst gehe ich unter die Dusche." Sie verschwand also im Bad, und ich machte mir mein Abendessen selbst – zwei Scheiben Gummibrot und alter Käse dazwischen. Das mampfte ich auf dem Rückweg zur *Wavebreaker*. Allein.

ELLEN und ich hatten die ganze Woche über viel zu tun, um die *Wavebreaker* für den Atlantiktörn herzurichten. Als Belohnung hörten wir am Samstag, dem letzten Tag, an dem wir allein waren, mittags mit der Arbeit auf, fuhren mit dem Bus zu „Mama Sipcott's Café" am Strand, aßen Hummer, stießen an auf den Segeltörn über den Atlantik und tranken zuviel süßen Weißwein. Es war Ellens erste Atlantiküberquerung.

Doch ich hatte Bedenken, was die *Wavebreaker* anging, denn die beste Zeit für eine Reise nach Osten war schon vorbei. In nördlichen Breiten mußte man auch im Sommer mit Nebel, Regen und Kälte rechnen, und ich versuchte, Ellens Erwartungen zu dämpfen.

„Wenn wir die nördliche Route nehmen, dann sehen wir wahrscheinlich wochenlang keine Sonne. Hoffentlich bekommen wir keinen Nebel, denn in diesen Breiten dümpeln wir dann tagelang herum und kommen nicht voran."

Ellen nahm den Engländer zur Hand, den verstellbaren Schraubenschlüssel, den es bei Mama Sipcott anstelle einer Hummerzange gab. „Spiel jetzt nicht den alten Seemann, Nicholas Breakspear." Sie knackte eine Hummerschere und zog das Fleisch heraus. „Wenn wir im Nordatlantik keinen Wind und Nebel haben, dann schalten wir das Radargerät und den Satellitennavigator ein, gehen auf Selbststeuerung und lassen die Motoren an. Wir leben schließlich im zwanzigsten Jahrhundert." Sie lächelte und schob mir ein Stück Hummer in den Mund. „Gott weiß, warum ich dich so gern habe, Nick."

„Weil meine Beine so sexy sind."

Ihr Lachen machte sie noch schöner. Schönheit, dachte ich, hat auch viel mit dem Charakter zu tun. „Ich glaube, ich mag dich“, sagte Ellen nachdenklich, „weil du ohne Falsch bist.“

„Tausend Dank.“

Sie schnitt eine Grimasse. „Wärst du lieber ein Schurke?“

Ich nickte. „Ich wäre lieber ein mysteriöser, düsterer Typ, einer, bei dessen Anblick die Mädchen in Ohnmacht fallen.“

„Quatsch. Gib dir keine Mühe. Du hast ein offenes Gesicht, Nick, und du bist viel zu ehrlich und gutmütig. Als Schurke wärst du eine glatte Fehlbesetzung.“

Ich sah sie an, ihr hübsches Gesicht mit den Sommersprossen, den hohen Wangenknochen, den klugen grünen Augen, ihre roten Haare, und plötzlich mußte ich an McIllvanney denken. „Hat McIllvanney –“, begann ich zögernd.

„O ja“, unterbrach sie mich. „Stell dir vor, er hat sein Angebot auf tausend Dollar erhöht. Aber ich habe ihm gesagt, sobald ich mit den Crowninshield-Zwillingen fertig bin, segle ich in die Südsee“ – sie stieß mit mir an – „mit dir.“ Zum erstenmal hatte sie es klar und deutlich ausgesprochen. Es war mir offensichtlich anzusehen, wie sehr ich mich freute, denn Ellen lachte. „Aber natürlich komme ich mit, Nick! Glaubst du, ich würde mir so ein Abenteuer entgehen lassen?“

Mein viel zu ehrliches Gesicht war mir plötzlich ganz egal. Ich war Nick, der Glückspilz, und sie war die hübsche Ellen, also bestellte ich noch eine Flasche von dem süßen Weißwein, und wir überließen uns unseren Träumen von der Südsee.

Kapitel 5

VOM CAFÉ fuhren wir mit dem Bus zurück zu Ellens Wohnung und packten ihre Sachen. Sie zog wieder an Bord der *Wavebreaker*, denn am nächsten Tag sollte es losgehen.

Als wir in der Bootswerft angekommen waren, lief Ellen voraus. An der Ecke zum Dock blieb sie stehen. „Mein Gott, was ist das denn? O nein!“ Sie rannte weiter.

Einen Augenblick später verstand ich ihre Aufregung. Eine große Motorjacht hatte längs der *Wavebreaker* festgemacht. Sie war schlampig vertäut, schabte an der Bordwand der *Wavebreaker* und hatte bereits lange, häßliche Kratzer in dem strahlenden Weiß hinterlassen.

Noch häßlicher als diese Kratzer war das Boot, das sie verursacht hatte. Es war schnittig und sehr elegant, doch der lange, kraftvolle Rumpf und die Aufbauten waren mit Tarnfarbe gestrichen – scheußliche Zickzackmuster in Blau, Schwarz, Silber, Grün und Weiß. Das Boot hieß *Dream Baby* und war offensichtlich ein teures Spielzeug. Alle möglichen Stangen, Antennen und Ausleger ließen es aussehen wie ein riesiges fremdes Insekt. Am Bug prangte die Nummer 666 in schwarzen Zahlen mit Silberrand – es erinnerte mich an die Registrierungsnummern von Kriegsschiffen.

Ellen war schon auf der *Wavebreaker* und hatte zwei Fender hervorgeholt. Geschickt sprang sie hinüber aufs grelle Deck der *Dream Baby* und schob sie zwischen die beiden Schiffskörper.

„Wie schlimm ist es?" rief ich zu ihr hinüber, als ich an Deck der *Wavebreaker* kam.

„Abgeschabt bis aufs Metall."

„Ich muß es gleich nachstreichen." Der Rumpf der *Wavebreaker* war aus Stahl, und Kratzer mußten sofort ausgebessert werden, ehe sich Rost festsetzen konnte.

Ellen sah sich auf der Motorjacht um. „Man sollte meinen, daß jemand, der genug Geld für so ein Spielzeug hat, sich auch ein paar Fender leisten kann."

„Dem ist wahrscheinlich alles egal. Schneide das Boot doch einfach los", sagte ich rachsüchtig, doch Ellen ignorierte meine Anweisung.

Ich holte mir einen Topf weiße Ölfarbe. Als ich mich gerade an die Reparatur machen wollte, hörte ich hinter mir eine Stimme. „Ah, da sind Sie ja." Eine mir unbekannte Männerstimme, gedehnt und etwas träge.

Ich fuhr herum. Im grellen Sonnenlicht sah ich zunächst nur die Silhouette eines Mannes, der aussah, als ob er einen langen Morgenrock anhätte. Er stand auf der Kajütstreppe der *Wavebreaker*, und ich sah zwar, daß er groß und schlank war und sein Haar zum Pferdeschwanz gebunden hatte, konnte aber sein Gesicht nicht erkennen. „Wer zum Teufel sind Sie?" fuhr ich ihn an.

Der Mann beachtete mich nicht, sondern ging auf Ellen zu, die wieder hochgeklettert war und gerade ihre langen Beine über die Reling der *Wavebreaker* schwang. „Sei ruhig, mein pochend Herz." Der Mann hatte eine starke, schmeichelnde Stimme und den erotischen, breiten Akzent der amerikanischen Südstaaten. „Teuerste, Allerteuerste, fast hätte ich mein Leben gelebt, ohne Euch je erblickt zu haben. Euer Diener, Euer ganz ergebener Diener."

Ellen, die sonst nicht auf den Mund gefallen war, stand wie angewurzelt da und starrte den eleganten Fremden an. Der blieb einen Schritt vor ihr stehen, nahm ihre Hand und beugte sich darüber. Zu meinem Erstaunen überließ ihm Ellen ihre Hand. Er richtete sich wieder auf und lächelte sie an. „Mein Name", er streichelte sie geradezu mit seiner Stimme, „ist Jesse Isambard Sweetman. Und wer, himmlisches Wesen, sind Sie?"

Ellen brachte immer noch keinen Ton heraus. Ich war inzwischen nicht mehr geblendet und konnte Sweetman genauer betrachten. Was ich sah, gefiel mir gar nicht. Sein Gesicht war gleichzeitig alt und jung, sein Ausdruck zynisch und wissend – ein Mann, der die Gemeinheit der Welt kannte und seine eigene an ihr maß. Ich schätzte ihn auf vierzig, doch auch unter Zwanzigjährigen hätte er eine blendende Figur gemacht. Er schien das genau zu wissen, denn er machte einen sehr selbstbewußten, wenn nicht überheblichen Eindruck. Mit süffisantem Lächeln hielt er Ellens Hand fest, bis ihr plötzlich klar wurde, was er sich da herausnahm. Rasch entzog sie sich ihm.

Jesse Sweetman wandte sich mir zu. Der Morgenrock entpuppte sich als modischer, knöchellanger leichter Mantel aus weißer Baumwolle. Darunter trug er ein schwarzes Hemd, eine schwarze Hose und schwarze Stiefel. Er sah aus wie aus einem exzentrischen Modemagazin. Das einzige, was nicht zu seiner Aufmachung paßte, war ein roter Button einer Antidrogenkampagne, den er am Hemd trug und auf dem in gelber Schrift zu lesen war: SAG EINFACH NEIN! „Sie müssen Nicholas Breakspear sein", sagte er leise. Dann schenkte er mir ein überhebliches Lächeln. „Sie sehen genau aus wie Ihr Vater. Richtig unheimlich."

„Warum haben Sie keine Fender benutzt, als Sie neben uns festgemacht haben?" Ich deutete auf die *Dream Baby*.

Er seufzte angeödet. „Ich habe keine Fender benutzt, Breakspear, denn ich hasse Vorsichtsmaßnahmen. Sie verraten einen kleinen und ängstlichen Geist." Dann, als gehöre ihm die *Wavebreaker*, stieg er ins Mittelcockpit hinunter, wo er auf einem der weißgepolsterten Sitze Platz nahm – nicht ohne vorher mit der Hand darüber zu wischen. „Also, wie hoch sind die Charterkosten für eine Woche?"

„Da müssen Sie mit Matthew McIllvanney sprechen", antwortete ich. „Sein Büro ist da drüben."

Sweetman zog eine Spiegelsonnenbrille aus der Hemdtasche und setzte sie auf. „Sie sind nicht gerade besonders hilfsbereit", sagte er nach einer Pause. „Versuchen wir's also noch mal, oder? Würden Sie mir bitte sagen, wie hoch der Preis für eine Woche in der Hochsaison ist?"

Ellen antwortete, bevor ich ablehnen konnte. „Eine Woche in der Hochsaison kostet zehntausend Dollar für zwei Personen, und jede weitere Person kostet noch einmal fünfhundert." Ihre Stimme klang kalt. „Dazu kommen noch die Kosten für Kraftstoff und Wartung."

„Die wären?" fragte Sweetman lässig.

„Ziemlich hoch“, sagte Ellen trocken. „Kraftstoff, Essen und Getränke, plus die Kosten für Spielzeug, wie Taucherausrüstung, Schnorchel, Wasserski und dergleichen.“

Sweetman ließ sich Zeit, als er einen langen Zigarillo aus einem Etui nahm und mit einem schlanken goldenen Feuerzeug ansteckte. Dann lächelte er Ellen lässig an. „Und sage mir, bezauberndes Wesen, zählst du auch als Spielzeug? Oder bist du in den zehntausend Dollar schon inbegriffen?“

„Verlassen Sie sofort das Schiff!“ zischte ich.

„Sie sind hier nur angestellt, Breakspear, also halten Sie den Mund!“ Er sah mich herausfordernd an.

Ich war überrascht, daß er keine Angst vor mir hatte. Ich bin nicht gerade klein und auch kein Schwächling. Doch der dünne Sweetman erschrak nicht einmal, als ich ins Cockpit hinuntersprang und mich vor ihm aufbaute. Dort wurde mir klar, warum er sich so sicher fühlte. Aus der Tasche seines eleganten Mantels brachte er eine winzige 6-mm-Pistole zum Vorschein, die er auf mein Gesicht richtete. „Eine Damenpistole“, erklärte er, „aber auf kurze Entfernung bemerkenswert effektiv.“

„Nick!“ rief Ellen warnend.

Doch ich war entschlossen, Kleinholz aus ihm zu machen. Sweetman bluffte nur, und ich war nicht umsonst bei der Marine gewesen.

Sweetman stand auf. Er schien jetzt doch etwas beunruhigt zu sein und richtete die Pistole auf meine Augen. Wollte er am Ende wirklich abdrücken?

„Schluß jetzt! Alle beide!“ kreischte Ellen so laut, daß wir uns nach ihr umsahen. Sie bedrohte uns mit einem der schweren Feuerlöscher der *Wavebreaker*. Wenn sie das Ding in Gang setzte, dann waren Sweetman und ich im Nu unter einer Lawine übelriechenden Schaumes begraben. „Zurück, Nick!“ Ellens Stimme klang wieder ganz normal.

„Aber ich will ihn doch nur kaltmachen“, protestierte ich.

„Zurück, Nick!“ wiederholte sie und richtete die Düse des Feuerlöschers auf mich. Ich wußte, wozu Ellen fähig war, und gehorchte. Ellen zielte auf Sweetman. „Verschwinden Sie!“ befahl sie.

Er setzte sein bestes überhebliches Lächeln auf. „Verehrteste, ich möchte doch nur –“

Ellen zog am Hebel, doch der Feuerlöscher rülpste bloß, und aus der Düse kamen nur ein paar Tropfen einer weißgelben Flüssigkeit. Sweetman lachte laut auf, aber er lachte zu früh, denn der Feuerlöscher funktionierte doch. Eine volle Ladung weißen Schaumes landete auf Sweetmans Brust, er stolperte rückwärts, stürzte fast auf das

Cockpitsüll, kletterte eilig an Deck und zur Reling. Ellen folgte ihm, spritzte ihm das Zeug aufs Haar und hinter ihm her aufs Deck der *Dream Baby*, als Sweetman in Panik über unser Dollbord sprang. Er warf die Leinen los, rettete sich ins Innere, ließ die Maschinen an, gab Gas und raste davon. Ellen konnte sich vor Lachen kaum halten. „Das Ding läßt sich gar nicht abstellen", japste sie.

„Wirf's über Bord."

Ellen schleuderte den Feuerlöscher über die Reling, doch selbst im Wasser hörte er nicht auf, Schaum zu speien.

„Hab ich das nicht gut gemacht?" fragte sie stolz.

Ich mußte lachen. „Großartig."

„Er hatte eine Pistole." Es klang erschrocken, als werde sie sich der Gefahr erst jetzt richtig bewußt.

„Für eine Pazifistin hast du deine Waffe aber toll dagegen gesetzt. Gratuliere."

Ich brauchte zwei Stunden, um den Schaden, den Sweetman an unserer Schiffswand angerichtet hatte, wieder zu überpinseln. Ellen wusch in der Zwischenzeit den Schaum vom Teakdeck und durchsuchte die Kabinen der *Wavebreaker*, um sicherzugehen, daß Sweetman nichts hatte mitgehen lassen. Immerhin war er ja zuerst bei der *Wavebreaker* angekommen. Es fehlte nichts, und außer dem Schloß der Tür zur Kajütstreppe war auch nichts beschädigt.

Bis zum Abend dachte ich nicht mehr an Jesse Sweetman. Doch als ich Ellen gerade zeigte, wie man mit dem Sextanten umgeht, mußte ich wieder an die *Dream Baby* denken. „Hat sechs sechs sechs eigentlich irgendeine bestimmte Bedeutung?" Es waren die Ziffern, die am Bug des Motorbootes prangten.

„Aber sicher. Das stammt aus der Bibel, aus der Offenbarung, und ist die Zahl des Tieres, des Antichristen, der Personifizierung des Bösen."

„Im Ernst", sagte ich, „das bedeutet wirklich was?"

Ellen sah mich an. „Das ist kein Witz, Nick. Du kannst Thessy morgen fragen. Es ist eine Unglückszahl."

Es war zwar ein sehr warmer Abend, doch plötzlich begannen wir beide zu frösteln.

IM GEGENSATZ zu Samstagnachmittag herrschte in McIllvanneys Bootswerft am Sonntagvormittag Hochbetrieb. Thessy kam als erster. Fünf Minuten später trottete Bernie mit einer Dose Farbe, Lappen und Pinseln den Ponton entlang. Er baute seine Sachen am mitternachtsblauen Bug der *Starlight* auf. „Mr. Mac hat gesagt, ich soll einen Stern hier vorne hinmalen", erklärte er.

Zehn Minuten später kam Mr. Mac persönlich und warf einen skeptischen Blick auf die *Wavebreaker*. „Scheint in Ordnung zu sein", sagte er mürrisch, bevor er an Deck ging, um die Jacht genauer zu inspizieren. „Guten Urlaub gehabt?" fragte er Thessy.

„Ja, Sir, danke, Sir."

„Ist aber jetzt vorbei, und unser Kunde will drei Taucherausrüstungen an Bord haben." Er warf Thessy die Lagerschlüssel zu. „Also mach!"

„Taucherausrüstungen?" fragte ich, während Thessy zum Lager rannte.

„Rickie Crowninshield hat Spaß am Tauchen", sagte McIllvanney säuerlich. „Guten Morgen, Ellen." Er starrte Ellen böse an. Sie erwiderte seinen Gruß mit kühlem Nicken.

Einem Impuls folgend, fragte ich McIllvanney, ob er einen Mann namens Jesse Sweetman kenne.

Doch er schüttelte nur den Kopf. „Was ist denn das für ein Tuntenname, ‚Jesse'?"

„Er stammt aus den Südstaaten", erklärte ich. „Außerdem fährt er in einer Motorjacht mit Tarnanstrich herum. *Dream Baby*."

„*Dream Baby?*" Der Name schien ihm bekannt zu sein, denn er runzelte kurz die Stirn. Doch dann zuckte er die Achseln. „Ich kann's nicht unterbringen."

„Sweetman und die *Dream Baby* waren gestern hier", sagte ich. „Er hat unsere Bordwand angekratzt und die Tür zur Kajütstreppe aufgebrochen."

„Er ist in das Schiff eingebrochen?" Eines mußte man ihm lassen, McIllvanney hielt sein Unternehmen tadellos in Schuß, und jegliche Art von Vandalismus brachte ihn auf die Palme. „Bernie", brüllte er übers Wasser, „weißt du was von einem Sportboot namens *Dream Baby?*"

Bernie, der schon eifrig mit seiner Malerei beschäftigt war, dachte kurz nach. „Sagt mir nichts, Boß!" rief er dann.

„Wenn du's siehst, fahr's über den Haufen!" brüllte McIllvanney wütend. Doch bevor er seinem Ärger weiter Luft machen konnte, rollte eine lange silbergraue Limousine majestätisch in den Hof. McIllvanney blickte ihr finster entgegen, denn er hatte nicht gern direkt mit seinen Kunden zu tun, und in dieser Staatskarosse konnte niemand anderer sitzen als die Crowninshield-Zwillinge.

Ellen trat neben mich. Wir waren nervöser als sonst, wenn Kunden eintrafen, denn wir hatten beide noch nie mit Drogenabhängigen zu tun gehabt.

Rickie Crowninshield wirkte ganz normal, als er aus der Limousine ausstieg. Ich hatte erwartet, daß er angeschlagen und matt wäre, doch statt dessen kam er frisch und munter auf uns zu und streckte mir die Hand entgegen. „Du mußt Nick sein", sagte er fröhlich. „Dad hat mir von dir erzählt. Er sagt, du bist ein Pfundskerl." Sein Händedruck war warm und fest. „Ich weiß auch, wer du bist. Ellen Skandinsky." Er lächelte sie voll Bewunderung an und sah dabei seinem Vater sehr ähnlich, dessen schwarzes Haar er geerbt hatte.

„Hallo." Ellen wirkte etwas kühl und distanziert. Ich machte Rickie mit McIllvanney bekannt, der ein gequältes Lächeln zustande brachte und dann in sein Büro entfloh.

„Ein tolles Schiff, Nick! Wirklich!" Rickie sah sich begeistert an Deck der *Wavebreaker* um. Er hatte eine Zigarette zwischen den Fingern, die gelb von Nikotin waren. Er war sehr dünn, und die leichte Verfärbung seines linken Auges verriet dessen Blindheit, doch im übrigen wirkte er fit. Er war sonnengebräunt und schien von einer manischen Energie erfüllt zu sein. Offensichtlich wollte er die *Wavebreaker* und uns alle großartig finden. Er wandte sich einem Schwarzen zu, der langsam übers Dock ging. „He, Jackson!" rief er. „Das haut dich um hier! Wirklich!"

Der Mann, der jetzt auf die *Wavebreaker* kam, war groß, breitschultrig und muskulös wie ein Zehnkämpfer. Er hatte ein markantes Gesicht, kleine, wachsame Augen und war um die Vierzig.

„Das ist Jackson Chatterton", stellte Rickie ihn vor. „Mein Leibwächter."

Chatterton trug zwei Koffer. Er schenkte dem manischen Rickie keine Beachtung, der ein Schattenboxen mit ihm begann, sondern setzte die Koffer ab und wandte sich an mich. „Chatterton", stellte er sich kurz vor. „Ich bin Assistenzarzt in der Rinkfelsklinik, in der Rickie betreut wird."

„Mein Name ist Breakspear", stellte ich mich meinerseits vor. „Willkommen an Bord." Chatterton hatte mir keine Hand angeboten und schien meine, die ich ihm hinhielt, nicht zu bemerken. „Sie waren Soldat", sagte ich. Es war keine Frage, sondern eine Feststellung. Er sah einfach so aus.

„Luftwaffe", bestätigte Chatterton. „Sergeant."

„Vietnam?"

„Ja, Sir! Und stolz darauf."

Ellen wollte etwas sagen, unterließ es aber glücklicherweise.

„Und Sie?" fragte Chatterton in typischer Militärmanier.

„Königliche Marine. Sergeant." Ich gab ein Stenogramm meiner militärischen Karriere.

Chatterton nickte beifällig und deutete dann auf die Koffer. „Nicht meine, für die Zwillinge. Wohin?"

„Ellen wird es Ihnen zeigen."

Ellen warf mir einen giftigen Blick zu. Der militaristische Chatterton mißfiel ihr offensichtlich, doch ich hatte keine Zeit, mir darüber den Kopf zu zerbrechen, denn jetzt näherten sich ein dünnes Mädchen und eine schicke Frau dem Schiff. „Das ist Robin-Anne", erklärte mir Rickie, „mit Denise."

Ich ging den beiden entgegen. Rickie folgte mir und tanzte buchstäblich um mich herum. „Warst du wirklich bei der Marine?"

„Ja."

„Wirklich? Er ist ein Killer, Robbie!" rief er seiner Schwester zu. „Wirklich! Im Ernst! Er war bei der Kriegsmarine! Respekt, Respekt!"

Robin-Anne Crowninshield, die genauso dünn war wie ihr Bruder, streckte mir scheu die Hand entgegen. Obgleich die beiden Zwillinge waren, sahen sie sich überhaupt nicht ähnlich, denn Robin-Anne hatte helles Haar und das gute Aussehen ihrer Mutter geerbt. „Es ist sehr heiß", meinte sie.

„Auf See wird's kühler", versicherte ich ihr. Dann wandte ich mich an ihre Begleiterin, eine frische, hübsche Schwarze.

„Denise Harriman", stellte sie sich vor. „Ich bin Referentin von Senator Crowninshield."

„Sie kommt aus Washington", erklärte Rickie wichtigtuerisch. Dann sah er mich plötzlich voller Panik an. „Hat dieses Schiff eine Stereoanlage?"

Ich nickte. „Klar. Für Kassetten und für CDs."

Er wirkte unendlich erleichtert. „Echt? Auch für CDs? Komm, Robbie!" Mit neuem Schwung ergriff er die Hand seiner Schwester und zerrte sie aufgeregt mit sich.

Denise Harriman nahm einen dicken großen Umschlag aus ihrem Aktenkoffer. „Hier drin sind die Papiere der Zwillinge, Mr. Breakspear." Sie übergab mir den Umschlag und nahm einen zweiten aus dem Koffer. „Dies hier sind die Unterlagen für Ihr eigenes Schiff." Sie öffnete den Umschlag und gab mir die Formulare, die der Senator brauchte, um die *Masquerade* reparieren zu lassen.

Ich unterschrieb alles, und Denise Harriman steckte den Umschlag wieder ein. Dann warf sie einen giftigen Blick auf Rickie, der auf dem Deck der *Wavebreaker* herumturnte. *„Bon voyage!"* rief sie ihm zu, und man hörte ihr an, wie erleichtert sie war, die Verantwortung für die Zwillinge los zu sein. Sie verabschiedete sich und stieg wieder in die Limousine.

Während Thessy und ich alles für die Abfahrt bereitmachten, testete Rickie unsere Stereoanlage mit einer Kassette voll mißtönender Rockmusik. Robin-Anne floh in eine stille Ecke, Jackson Chatterton blickte finster vor sich hin, Ellen war sprachlos vor Empörung, und Thessy wirkte völlig verstört. Ich ließ die Motoren an, stieß mit Hilfe des Bugstrahlruders vom Kai ab und stach mit meiner traurigen Ladung in See.

Kapitel 6

DEN GANZEN ersten Tag segelten wir bei konstantem Südostpassat nach Süden. Die Sonne schien, und die Wellen glitzerten. Zum Mittagessen erschienen die Zwillinge kurz an Deck. Rickie rührte fast nichts an, während Robin-Anne über die belegten Brote herfiel, als sei sie am Verhungern. Danach ging sie zum Bug und starrte eine Weile in das schäumende Wasser hinunter.

„Was hältst du von ihr?" fragte ich Ellen am Nachmittag.

Ellen lächelte milde. „Man kann sich schwer vorstellen, daß sie bald sechs Millionen Dollar ihr eigen nennen wird. Aber sonst ist nicht viel dran an ihr." .

Ich schmunzelte. „Ist sie wirklich so schlimm?"

„Sie ist ziemlich einfach gestrickt, und in ihrem Kopf ist immer nur Platz für jeweils einen Gedanken. Und der gilt im Augenblick dem Kokain. Sie ist besessen von dem Gedanken, ihre Sucht verstehen zu wollen. Sie hat mir erzählt, sie müsse das Rauschgift verstehen, um es überwinden zu können."

„Und was stört dich daran?"

„Es wäre sinnvoller, wenn sie sich erst mal über sich selbst ein paar Gedanken machen würde", sagte Ellen scharf.

„Und Rickie?"

„Er ist genau so, wie ich ihn mir vorgestellt habe", antwortete Ellen ungehalten. „Er erinnert mich an deinen Freund John Maggovertski, nur ist Rickie wesentlich hübscher."

„Sieh an!"

Sie lachte über die Eifersucht, die aus meinen Worten klang. „Ja, Nicholas, das ist er. Aber er ist nicht so süß wie du."

WIR SOLLTEN weder Wein noch andere alkoholische Getränke an Bord der *Wavebreaker* haben. Die Zwillinge durften keinerlei Alkohol bekommen, damit seine enthemmende Wirkung nicht den Erfolg der

Entziehungskur gefährdete. Ich hatte trotzdem etwas irischen Whiskey im Motorraum versteckt und schien nicht der einzige zu sein, der an einen kleinen Notvorrat gedacht hatte. Spätabends kam Chatterton mit einer Flasche in der Hand an Deck. „Bourbon", erklärte er lakonisch. „Auch einen?"

„Na, und ob."

Er grinste, brachte zwei Pappbecher zum Vorschein und goß ein. Wir waren allein an Deck, allerdings nicht die einzigen, die noch munter waren. Aus der Kajüte drangen Rickies und Ellens Stimmen. „Prost", sagte ich.

Chatterton hob seinen Becher in schweigendem Einverständnis. „Wie sind Ihre Pläne für die nächsten paar Tage?" fragte er.

Ich hatte nichts Besonderes geplant, wollte erst einmal hinaus aufs offene Meer, obwohl die Gefahr bestand, in einen tropischen Sturm zu geraten. Das erklärte ich Chatterton und fügte hinzu, wenn wir in Schwierigkeiten kämen, würde ich sofort abdrehen und irgendwo Schutz suchen.

Er bezog den Ausdruck „Schwierigkeiten" auf die Zwillinge und wurde auf einmal sehr gesprächig. „In den nächsten ein, zwei Tagen werden sie keinen Ärger machen", sagte er. „Jetzt, wo sie nicht an Kokain herankönnen, werden sie einfach zusammenklappen."

Ich schnitt eine Grimasse. „Heißt das, sie sehen grüne Affen und blaue Schlangen oben im Takelwerk?"

„Beim Kokainentzug läuft das anders. Zunächst werden sie nichts weiter wollen als essen und schlafen." Er schwieg einen Moment. „Schwierig wird es zwei oder drei Tage später. Dann wird's richtig höllisch."

„Mir ist aufgefallen, daß Rickie heute fast nichts gegessen hat."

Chatterton nickte. „Rickie hat vielleicht schon ein oder zwei Tage früher mit dem Kokain aufgehört. Das heißt, er ist wahrscheinlich über die erste Phase hinweg. Eines kann ich Ihnen versprechen – er hat nichts von dem Zeug an Bord gebracht. Ich habe ihn und sein ganzes Gepäck durchsucht, und er war sauber." Er lachte. „Das will ich ihm auch geraten haben! Das kleine Miststück hat nur eine einzige Chance, am Gefängnis vorbeizukommen – er muß dem Richter beweisen, daß er reinen Tisch gemacht hat, daß er clean ist."

„Woher wissen wir, daß Robin-Anne nichts an Bord geschmuggelt hat?"

„Das würde sie nicht tun", sagte Chatterton mit Überzeugung. „Dem Mädchen ist es ernst mit dem Entzug, wirklich ernst. Sie hat sich intensiv mit der Droge und allem, was damit zusammenhängt, beschäftigt. So wie man einen Feind genau studiert, bevor man angreift."

„Also, wie stehen die Chancen der Zwillinge?"

„Hängt einzig und allein von ihrer Willenskraft ab. Vom Kokain loszukommen ist das Schwerste, was es überhaupt gibt, das kann ich Ihnen versichern. Die können von Glück sagen, daß sie einen reichen Papi haben, der Leute dafür bezahlt, ihnen bei dieser Tortur Händchen zu halten."

Ich starrte Chatterton an und ahnte, was er hinter sich hatte, welche Erfahrungen sich hinter seiner ruhigen Sicherheit verbargen. „Warum haben Sie die Armee verlassen?" fragte ich nach einer langen Pause.

„Können Sie sich das nicht denken?" fragte er.

„Hat Ihnen die Armee beim Entzug geholfen?"

„Sie hat es versucht, aber damals wollte ich keine Hilfe."

„Und Sie sind trotzdem vom Kokain losgekommen? Ganz allein?"

„Schließlich doch, ja." Seine Augen funkelten im roten Licht des Kompasses. „Das war wohl das Schwerste, was ich je im Leben gemacht habe. Und danach habe ich geschworen, daß ich anderen dabei helfe."

„Auch den Steinreichen?" fragte ich provozierend.

„Das reiche Pack zahlt gut, Mr. Breakspear. So kann ich meine Freizeit dem armen Pack widmen."

„Sind die Zwillinge Pack?" fragte ich und sah ihn genau an.

Er antwortete nicht gleich und schüttelte dann ganz leicht den Kopf. „Sie ist in Ordnung. Aber er?" Sein Lachen war ansteckend. „Diesen Rickie Crowninshield hätte ich gern mal in meiner Kompanie gehabt. Nur für fünf Minuten."

Ich lachte ebenfalls. „Schön, daß Sie mit an Bord sind."

„Gar nicht so übel hier." Er hielt mir die Hand hin, und ich schlug ein.

Um Mitternacht war ich allein an Deck. Ich segle sehr gern nachts allein, allein mit den Sternen, allein mit der mondbeglänzten See.

Kurz nach Mitternacht änderte ich den Kurs. Ellen war immer noch wach und unterhielt sich in der Kajüte mit Rickie, doch alle anderen schienen zu schlafen. Ich hatte eben das Backbord-Stagsegel eingeholt, als irgend etwas explodierte. Jedenfalls klang es wie eine Explosion, und ich ging instinktiv neben der Reling in Deckung.

Der Krach ging in ein fürchterliches Geräusch über, das klang, als ob ein Tier qualvoll verendete. Der Schmerzenslaut wurde von metallischem Dröhnen begleitet. Während ich das Deck entlangrannte, wurde es noch lauter.

Ich riß die Tür zur Kajütstreppe auf, hielt mich mit beiden Händen am Geländer fest und war mit einem Satz in der Kajüte. Ich stürzte zur Stereoanlage, drückte auf den Ausknopf und wurde mit himmlischer Stille belohnt.

„He!“ Rickie sprang von der Couch auf. „Ich höre das gerade!“

Ellen saß grinsend auf der anderen Couch. „Thessy schläft; er hat Frühwache“, sagte ich vorwurfsvoll. Es war mir schleierhaft, warum sie es zugelassen hatte, daß Rickie um diese Zeit so einen Heidenlärm machte.

„Wir haben nur Musik gehört.“ Rickie wurde plötzlich böse und hob die Fäuste, als wolle er mich angreifen.

„Rickie!“ rief Ellen warnend.

Doch Rickie hatte schon eingesehen, daß er gegen mich keine Chance hatte, denn er lächelte versöhnlich. „Der Sound müßte dir doch gefallen, Nick“, meinte er fröhlich. „Ist ’ne englische Band.“

Ich nahm die Kassette aus dem Recorder. Eine Aufnahme von den Sex Pistols. „Neue Regel“, erklärte ich. „Keine englische Musik auf diesem Schiff, außer ganz leise oder mit Kopfhörern.“ Ich warf Rickie die Kassette zu. Er versuchte sie zu fangen, erwischte sie aber nicht.

Er bückte sich, um sie aufzuheben. „Heißt das, ich darf hier meine Musik nicht hören?“ Er war plötzlich wieder aufsässig.

„Wenn der Skipper sagt, du sollst nicht so viel Krach machen, dann gehorchst du auch, ist das klar?“ Jackson Chatterton stand in einem kanariengelben Pyjama am Fuß der Treppe und hatte die Situation sofort im Griff. Rickie murmelte noch etwas von einer kleinen Nachtmusik für Ellen, gab aber schließlich nach.

„Tut mir leid, Nick“, sagte Ellen, doch es klang nicht sehr überzeugend.

„Vergiß es.“ Mein Ärger war noch nicht verflogen. Deshalb ging ich ohne ein weiteres Wort an Deck, um mich wieder ums Schiff zu kümmern. Fünf Minuten später erlosch das Licht in der Kajüte.

Die *Wavebreaker* ging auf neuen Kurs Richtung Osten, und in den frühen Morgenstunden hatten wir die Lichter von Grand Bahama weit hinter uns gelassen. Wir waren auf offener See, und auch die *Wavebreaker* schien ihre neue Freiheit zu genießen, denn sie tauchte wie jubelnd in ein Wellental und sprühte weißschäumendes Wasser hoch über ihren Bug. Ich lachte laut auf vor Vergnügen. Dann tat ich etwas, was ich oft tat, wenn ich allein auf See war: ich begann, Verse von Shakespeare aufzusagen. Vieles, was ich in meiner Kindheit von meinem Vater gelernt hatte, konnte ich immer noch auswendig – es war der einzige Schatz, den er mir mit auf meinen Lebensweg gegeben hatte.

Es schien mir die richtige Nacht zu sein für die Verse aus dem 2. Teil von „Heinrich IV.", mit denen der neue König, Heinrich V., die Freundschaft Falstaffs zurückweist:

„Ich kenn' dich, Alter, nicht; an dein Gebet!
Wie schlecht steht einem Schalksnarrn weißes Haar!
Ich träumte lang von einem solchen Mann,
So aufgeschwellt vom Schlemmen, alt und ruchlos;
Doch, nun erwacht, veracht' ich meinen Traum."

Ich hielt abrupt inne. Hinter mir hatte sich etwas bewegt, und ich fuhr herum. Wie ein Geist stand Robin-Anne Crowninshield in einem weißen Nachthemd an der Kajütstreppe.

„Das war wirklich gut", sagte sie. Sie zitterte etwas.

„In der Backskiste unten an der Treppe ist Ölzeug", sagte ich, „und in der Kombüse steht eine Thermoskanne mit Kaffee."

Sie nickte ernsthaft und verschwand nach unten. Fünf Minuten später erschien sie wieder mit einem Becher Kaffee und einer viel zu weiten Windjacke über dem Nachthemd.

Sie setzte sich auf die Bank an der Ecke des Cockpits und zog den Kopf ein, so daß ich über dem dicken Kragen der Jacke nur noch ihre großen Augen sah, die im Mondschein glänzten, und ihr helles schimmerndes Haar. Sie gähnte. „Wann wird es hell?"

„In einer Stunde. Konntest du nicht schlafen?"

„Ich habe den Wecker gestellt. Mami hat gesagt, ich soll mir die Morgendämmerung auf See nicht entgehen lassen." Sie hob den Blick und starrte durch die Takelage hinauf in den Sternenhimmel. „Machst du noch weiter mit deinen Versen?"

„Nein."

„Deine Stimme und wie du's vorgetragen hast", sagte Robin-Anne begeistert. „Das war toll."

„Nur eine Imitation", meinte ich geringschätzig und mußte plötzlich daran denken, daß mein Vater immer gesagt hatte, die ganze Schauspielerei sei nur Imitation. Doch der Wind war real! Das Ruder bewegte sich, und auf der polierten Spake in meiner Hand war jetzt viel mehr Druck. Ich drückte dagegen und trieb den Bug der *Wavebreaker* noch stärker gegen See und Wind. Ein neuer Schauer weißer Gischt sprühte über die Reling.

„Was hältst du von uns?" fragte Robin-Anne unvermittelt.

Ich wußte nicht, was ich dazu sagen sollte, und blickte etwas verlegen aufs Meer hinaus.

„Ich fühle mich wirklich mies, verstehst du? Ich komme mir vor wie ein Tier im Zirkus. Ihr wartet alle darauf, daß ich ein Kunststück mache, aber ich bin nicht sicher, ob ich's schaffe."

„Was für ein Kunststück?"

„Mit dem Kokain aufhören natürlich." Sie runzelte die Stirn. „Ihr beobachtet mich alle und seid bereit, mir zu applaudieren." Ein paar Sekunden blieb sie stumm. „Hast du schon mal Kokain genommen?"

„Nein."

Sie starrte auf die gekräuselte See hinaus und lächelte. „Da hast du Glück. Es gibt nichts auf diesem Planeten, was so süchtig macht."

Ich reagierte mit einem skeptischen Achselzucken. „Heroin? Alkohol? Nikotin?"

„Ein Versuchstier im Labor kannst du mit diesen Drogen nicht so leicht süchtig machen wie mit Kokain."

Das Vorliek der Fock hatte zu killen begonnen, und ich ließ das Schiff ein wenig abfallen.

„Kokain ist deswegen so gefährlich", fuhr Robin-Anne leise fort, „weil es Euphorie erzeugt. Kokain regt das Gehirn zur Produktion einer Substanz namens Dopamin an, verstehst du?" Sie klang sehr ernst. „Ich weiß, es ist unheimlich", fuhr sie fort, „aber Glücksgefühl ist nur das Ergebnis natürlicher chemischer Prozesse im Gehirn, und Kokain kann diese Prozesse gewaltig anfachen. Ich habe alles über Kokain gelesen. Ich wollte, daß Rickie damit aufhört, darum habe ich soviel darüber gelernt, wie ich nur konnte."

„Und lernen hat auch ausprobieren bedeutet?"

Sie nickte. „Ja."

„Und so hast du die Euphorie entdeckt?"

Sie nickte wieder. „Und die Euphorie, die macht süchtig. Wenn man erst mal im Himmel war, kommt einem die wirkliche Welt sehr öde vor. Also nimmt man mehr Kokain und bald noch mehr, und wenn man endlich wieder im Himmel ist, dann will man nicht wieder raus und nimmt eben noch mehr Kokain."

Sie hielt inne. Ich widmete mich dem Ruder und wartete.

„In diesem Himmel sitzt man in der Falle", fuhr sie fort, „denn das Gehirn schreit nach mehr Dopamin, und man nimmt immer höhere Dosen, denn daß die Droge nicht mehr richtig wirkt, kann man einfach nicht akzeptieren, und dann fangen die Nebenwirkungen an. Das Kokain verengt die Arterien; darum ist Rickie auf dem linken Auge blind."

Ich wußte nichts Sinnvolles beizutragen und brummte nur verständnisvoll.

„Aber das schlimmste am Kokain", fuhr Robin-Anne fort, „ist folgendes: wenn alles Dopamin im Gehirn aufgebraucht ist, dann bleibt ein schwarzes Loch zurück, die Depression. Das ist die Hölle, die wahre Hölle. Natürlich produziert das Gehirn irgendwann wieder neues Dopamin, und nach einem oder zwei Tagen kann das Kokain wieder wirken. Es ist eine Achterbahn, Nick, rauf und runter, vom Himmel in die Hölle und wieder zurück."

„Also denk an die Hölle", sagte ich, „vielleicht willst du dann nicht mehr zurück."

„Aber es gibt noch eine andere Hölle." Robin-Annes Stimme wurde leiser. „Das ist der Entzug. Ich bin noch in der leichten Phase – die ersten paar Tage, wo man nur schläft und ißt –, aber bald komme ich in die richtige Hölle."

Ich blickte an Robin-Anne vorbei, dahin, wo jetzt das erste Licht des Tages erschien. „Die Morgendämmerung", sagte ich und versuchte, hoffnungsvoll zu klingen.

Aber Robin-Anne achtete nicht auf den Anbruch des neuen Tages. Statt dessen weinte sie. Ich hätte neben ihr knien, meine Arme um sie legen und ihr Mut und Trost zusprechen sollen, doch ich kannte sie nicht gut genug, um sie einfach in die Arme zu nehmen, und so ließ ich sie, während die Sonne strahlend im Osten aufging, einfach weinen.

ICH WECKTE Thessy mit einer Tasse Tee. Als er das Ruder übernahm, legte ich mich hin und schlief sofort ein. Gegen Mittag wachte ich wieder auf. Wir segelten immer noch nach Osten. Ellen zeigte Rickie Crowninshield gerade all das elektronische Spielzeug, das es auf dem Schiff gab: die Radios, Funkgeräte, Radaranlagen, Wetter-Faxgeräte, Satellitenempfänger. Rickie folgte ihr überraschend aufmerksam und freundlich, doch als ich auftauchte, blickte er finster drein und schob sich einen Kopfhörer über die Ohren. Ellen zuckte nur die Achseln. „Wie wird das Wetter?" fragte ich sie.

„Keine Veränderung."

Ich blickte durchs Bullauge und stellte fest, daß der Himmel strahlend blau und die See glatt und leer war. „Hast du eine Fax-Wetterkarte bekommen?" fragte ich.

„Natürlich." Ellen reichte mir ein Stück graues Papier mit der synoptischen Karte, die sie vor ein paar Minuten aus Florida bekommen hatte. Östlich von uns gab es nicht einmal die Andeutung eines Tiefdruckgebiets. Das war beruhigend, denn Tiefdruck im Osten konnte sich leicht zu einem ausgewachsenen Sturm entwickeln.

„Guten Morgen, Rickie“, sagte ich laut, um zu demonstrieren, daß ich ihm sein Benehmen von letzter Nacht nicht übelnahm.

„Morgen“, antwortete er mürrisch. Dann wollte er wissen, ob es stimmte, daß wir in den nächsten Tagen keine Insel anlaufen würden.

„Ja, das ist richtig“, sagte ich.

„Aber ich wollte doch tauchen!“

„Du bekommst noch Gelegenheit dazu, das verspreche ich dir.“

„So ein Mist!“ schimpfte er und wandte sich abrupt ab. Ich sah Ellen an, zog ein Gesicht und ging nach oben. Im Moment war die Selbststeueranlage angeschaltet. Thessy und Chatterton saßen auf halber Höhe des Großmastes mit Rollen von Drahtrigg, aus dem Thessy einen Satz Steuerbordwanten herstellte. Ich wollte das gesamte stehende Gut der *Wavebreaker* verdoppeln, damit wir gerüstet waren für die Atlantiküberquerung. Chatterton kam aufs Deck heruntergeklettert und berichtete, daß Robin-Anne ein riesenhaftes Frühstück verdrückt habe.

„Und Rickie?“

„Er hat nur darin herumgestochert.“ Chatterton runzelte die Stirn. „Er muß aus der ersten Phase raus sein; das heißt, er wird jetzt immer schwieriger.“

Offenbar hatte Jackson Chatterton recht, denn wir wurden alle Zeugen von Rickies schrecklicher Metamorphose. Als er an Bord kam, war er ein strahlender Bursche voller Frohsinn gewesen, doch inzwischen war er unbeschreiblich verdrossen. Mittags wollte er noch nicht einmal ein Sandwich essen, sondern zündete sich statt dessen eine Zigarette an und nippte an seiner Coladose. „Gibt's denn auf diesem Schiff kein Bier?“ fragte er plötzlich.

„Nein“, antwortete Ellen freundlich. „Der Arzt hat's verboten.“

„Der soll zur Hölle fahren.“ Doch niemand reagierte, und das ärgerte ihn erst recht. Er starrte seine Schwester an. „Magst du das Zeug, Robbie?“

Robin-Anne nickte nur, denn sie war vollauf mit Essen beschäftigt. Dann murmelte sie mit vollem Mund, die Cola sei echt Klasse.

„Ich finde, sie schmeckt zum Kotzen.“ Um uns zusätzlich zu provozieren, pfefferte er die Dose quer übers Deck.

Ellen warf mir einen Blick zu. Ich betrachtete die klebrige Flüssigkeit, die sich über die Teakholzplanken ausbreitete. „Wisch es auf!“ sagte ich ganz ruhig.

„Wisch es doch selber auf. Das sind unsere Ferien. Ich bin hier nicht auf diesem blöden Boot, um Putzfrau zu spielen.“

„Wisch es auf!“ wiederholte ich.

Rickie nahm Thessys Dose und warf sie hinterher. „Und jetzt? Was machst du jetzt? Mich auspeitschen?" Er lachte und blickte beifallheischend zu Ellen.

Sie hütete sich, ihn zu ermutigen. Robin-Anne aß stur weiter, und der arme Thessy war richtig entsetzt. Nur Jackson Chatterton schien Rickies Benehmen nicht zu beeindrucken. „Der Skipper hat gesagt, wisch es auf", sagte er ruhig. „Also wisch es auf!"

Aber Rickie war vollkommen außer sich. „Das ist ein Urlaub!" brüllte er mich an. „Ich will endlich einen Strand sehen! Einen Strand – weißt du, was ein Strand ist? Sand? Surfen? Ich will endlich tauchen!"

Ich ignorierte ihn und holte einen Schrubber und einen Eimer und knallte beides Rickie vor die Füße. „Das Deck muß geschrubbt werden, Rickie, also los!"

Er starrte mich an und holte tief Luft, um etwas zu sagen, doch ich kam ihm zuvor. „Entweder schrubbst du jetzt das Deck, Rickie, oder ich werde richtig ungemütlich."

„Ich helfe dir", sagte Ellen zu Rickie und drückte ihm sanft den Schrubber in die Hand. „Na los!" sagte sie freundlich.

Rickie begann lustlos zu schrubben, während seine Schwester immer noch aß. Und weiter segelte das Schiff auf seiner lustigen Kreuzfahrt.

Kapitel 7

RICKIE war ein großes Problem. Der Segeltörn war zwar seine Idee gewesen, aber er kooperierte einfach nicht. Seine Laune schwankte ständig zwischen Selbstmitleid und Aggressivität. Als ich Chatterton fragte, wie lange Rickies unsoziale Phase wohl dauern werde, lächelte er. „Für immer", meinte er.

„Für immer?"

„Ich glaube, er ist einfach so", sagte Chatterton achselzuckend. „Er wird nie vernünftig."

Da war Robin-Anne weit besser zu haben. Allerdings war sie inzwischen vollkommen apathisch geworden. Sie hatte ihren Riesenappetit verloren und stocherte nur noch lustlos im Essen herum. Sie wirkte völlig introvertiert und war fast so jähzornig wie ihr Bruder, doch gab sie sich viel mehr Mühe, nett zu sein. Als sich einmal ein halbes Dutzend Delphine entschlossen hatte, der *Wavebreaker* Gesellschaft zu leisten, sah sie den schönen Tieren voller Freude beim Tauchen und Springen zu – ein seltenes Zeichen von Lebensfreude. Für Thessy empfand sie besondere Sympathie. Die beiden saßen oft zusammen und redeten stundenlang miteinander. Auf die Frage, worum es in diesen Gesprächen ging, sagte Thessy, er wolle ihr den Weg zu Christus zeigen, doch das Evangelium stoße bei Robin-Anne auf taube Ohren. Für sie gebe es nur das Thema Kokain.

Ich lächelte. „Ich weiß."

Robin-Anne hatte es sich zur Gewohnheit gemacht, jede Nacht an Deck zu kommen und mir alles über ihr Thema Nummer eins zu erzählen. Ich erfuhr, daß viele Süchtige, wenn sie in der Hölle der Depression sind, zu Alkohol oder zu Barbituraten greifen, um das schreckliche schwarze Loch des Dopaminmangels zu stopfen. Sie schilderte mir die Paranoia, die den Süchtigen beherrscht, der raubt und stiehlt, um seine Sucht zu befriedigen. „Wenn man genug Geld hat, um den anderen Kokain zu kaufen, dann hat man immer viele Freunde." Robin-Anne lächelte.

Das war ihr letztes Lächeln gewesen. Mit jeder Nacht sackte sie tiefer in die Abstinenzphase, wie Jackson Chatterton es nannte. Es war eine Zeit der Schlaflosigkeit und der qualvollen, alles beherrschenden Erinnerung an die herrlichen Zeiten der Euphorie. Für eine einzige kleine Prise Kokain hätte sie alles gegeben.

„Und wie lang dauert die Abstinenzphase?" wollte ich wissen.

„Wenn ich Glück habe, drei Monate. Habe ich Pech, zwei Jahre." Ihre großen Augen schimmerten feucht und reflektierten das rötliche Licht aus dem Kompaßhaus.

„Und was passiert, wenn sie vorbei ist?"

„Dann bin ich geheilt und wieder lebendig wie du und Ellen und Thessy."

„Ich drücke dir die Daumen", sagte ich, doch Robin-Anne reagierte nicht auf meinen frommen Wunsch. Ohne ein weiteres Wort stand sie auf und ging nach unten. Als ich ein paar Minuten später ebenfalls hinunterging, um Kaffee zu holen, hatte sie die Kopfhörer aufgesetzt und saß vor dem Kassettenrecorder. Sie bewegte sich so intensiv zum Rhythmus der Musik, daß es aussah, als wolle sie den Dämon aus ihrem Leib austreiben.

Eine Stunde später löste Thessy mich ab. Ich gab ihm den Kurs an, teilte ein Schinkenbrot mit ihm und ging unter Deck, um zu schlafen.

ELLEN weckte mich kurz vor Sonnenaufgang. Sie schob die Vorhänge zurück, und graues Tageslicht flutete in die enge Kabine. „Es gibt Ärger, *o Captain, my Captain*", deklamierte sie fröhlich.

„Mist!" Ich setzte mich auf. Ellen zeigte mir eine Wetterkarte, aus der hervorging, daß wir geradewegs in ein Tiefdruckgebiet segelten. Das Zentrum des Tiefdruckgebiets lag zwar noch weit entfernt im Osten, doch solche Wetterlagen können sich sehr schnell zu ausgewachsenen Stürmen entwickeln. Ich strich mir das Haar aus dem Gesicht und starrte stirnrunzelnd auf die Karte. Das Barometer war über Nacht tief gefallen. „Wir müssen uns beeilen“, sagte ich und sprang aus dem Bett. „Gibt's Kaffee?“

„Auf dem Herd, großer Meister.“

„Sag Thessy, er soll auf Westkurs gehen. Die genaue Route folgt gleich.“

Ich rieb mir den Schlaf aus den Augen und zog mich schnell an. Dabei spürte ich, wie das Schiff halste. Eine Woge klatschte gegen den Baum, und die Segel schlugen laut. Dann hatte Thessy das Boot wieder sauber auf Kurs. Ich mußte lächeln bei dem Gedanken, was für ein guter Seemann er war und was für ein guter Mensch dazu. Rasch holte ich mir einen Kaffee und begann, einen Kurs auszuarbeiten, der uns zu einem Unterschlupf führen würde.

Nachdem ich einen Kurs nach San Salvador ausgearbeitet hatte, ging ich nach oben und gab ihn Thessy. Der Wind war abgeflaut, frischte aber jetzt wieder auf – es versprach ein aufreibender Tag zu werden. Der Himmel bewölkte sich rasch, und die Wellen wurden höher.

Thessy fierte das Großsegel auf und lachte, als der Bug der *Wavebreaker* in eine hohe Welle krachte und die Gischt aufspritzte. Der lange Rumpf erzitterte. Eine Woge grünen Wassers spülte über das Deck und klatschte ans Cockpitsüll. Thessy schrie ausgelassen vor Begeisterung. Für ihn war Segeln so das reinste Vergnügen.

Am Nachmittag hatte sich der Himmel verdunkelt, und die Wellen waren wie riesige graue Monster, die an uns vorbeidonnerten. Es bestand keine unmittelbare Gefahr, denn der richtige Sturm lag noch etliche Kilometer hinter uns. Ellen machte Brote für alle, doch nur Chatterton, Thessy und ich hatten Appetit. Die Zwillinge schenkten dem Essen ebensowenig Beachtung wie dem grandiosen Naturschauspiel draußen. Robin-Anne lümmelte teilnahmslos auf dem Sofa in der Kajüte herum, und als Rickie eine Zeitlang verschwand, dachte ich nicht ohne Genugtuung, daß er wahrscheinlich seekrank war und sich übergeben mußte.

Ich brachte Thessy, der am Ruder stand, einen Becher Tee. „Wann können wir mit Landkennung rechnen, Nick?“ fragte er.

„In einer halben Stunde vielleicht.“

Das war zu optimistisch geschätzt. Als wir uns nach fünfundvierzig Minuten San Salvador näherten, behinderten starke Regenfälle unsere

Sicht, und es war hoher Seegang. „Willst du einen Regenmantel?" schrie ich Thessy zu. Er schüttelte den Kopf und strahlte vor Vergnügen. Im Gegensatz zu ihm war ich erschöpft und hatte das Bedürfnis, mir trockene Sachen anzuziehen. Also ließ ich Thessy am Ruder und machte, daß ich in die Kajüte kam, wo Robin-Anne gerade den Fernseher einschalten wollte.

Sie nickte mir geistesabwesend zu und schrie auf einmal angstvoll auf. Rickie stand mit blutender Nase auf der Kajütstreppe.

„Chatterton!" brüllte ich und lief zu Rickie, der am Schott lehnte. „Was ist passiert? Bist du gestürzt?"

„Laß mich in Ruhe!" Sein linkes Auge war glasig, und die Pupille war stark erweitert. Er kam aus der Toilette, denn die Schwingtür war noch in Bewegung, und der Toilettenrand war blutverschmiert. Vermutlich hatte er in die Toilette gekotzt und sich dann bei einem Ruck des Schiffes die Nase angestoßen.

„Komm schon, Rickie." Ich versuchte, ihn auf einen Sessel zu ziehen, doch er stieß mich fort.

„Ich hab gesagt, laß mich in Ruhe!" Seine Stimme war heiser. Blut tropfte ihm vom Kinn auf den Teppich.

Jackson kam aus der Kombüse gerannt und bremste seinen Schritt, als er Rickie sah. „Was hast du gemacht?" fragte er scharf.

Rickie weinte jetzt mit zitternden Schultern.

„Ich muß hingefallen sein", sagte er.

Chatterton warf mir einen Blick zu. Seine Augen blitzten vor Zorn. „Von wegen hingefallen. Der Junge ist high. Ein Blutgefäß ist geplatzt." Er packte Rickie bei den Haaren und riß seinen Kopf zu mir herum. „Schauen Sie!" Chattertons Stimme war haßerfüllt.

Tränen strömten über Rickies Gesicht. Er schluchzte wie ein kleines Kind und konnte sich kaum auf den Beinen halten.

„Schauen Sie sich die Nasenlöcher von dem Mistkerl genau an!" schrie Chatterton.

Rickie hatte noch immer Nasenbluten, doch an den Nasenflügeln entdeckte ich Spuren eines weißen Pulvers.

„Du mieser Fixer!" Chatterton zerrte Rickie zu dessen Kabine.

„Wieso hat er Kokain an Bord?" fragte ich naiv.

„Er hat uns reingelegt." Chatterton legte Rickie aufs Bett. Er ging jetzt behutsamer mit ihm um, und ich begriff, daß er hauptsächlich auf sich selbst wütend war, weil er nicht besser aufgepaßt hatte.

Robin-Anne kauerte sich verschreckt auf dem Sofa zusammen. Die ganze Woche hatte sie voll verzweifelter Hoffnung gegen ihre Abstinenzphase angekämpft, Rickie aber hatte es nicht einmal versucht, sondern irgendwo an Bord der *Wavebreaker* seinen Kokainvorrat versteckt.

Ich stand in der Tür von Rickies Kabine und sah zu, wie Chatterton das Blut stillte und die Nase vorsichtig mit einer Flüssigkeit betupfte.

„Was tun Sie da?“ fragte ich.

Chatterton hielt eine kleine Flasche hoch. „Ein Anästhetikum. Man braucht nur genug Kokain zu schnupfen, Breakspear, dann frißt einem das Zeug die Nasenscheidewand weg, bis man überhaupt keine Nase mehr hat. Und was ist mit deiner?“ Die letzte Frage war an den heulenden Rickie gerichtet. „Du wirst aussehen wie ein Leprakranker, mit nur noch einem verfaulten Loch als Nase.“ Er spie Rickie die Worte geradezu ins Gesicht, doch er verarztete ihn weiterhin sehr vorsichtig. „Also, wo hast du's versteckt, Rickie?“

„Hau ab!“ kreischte Rickie und versuchte, Chatterton mit der Faust ins Gesicht zu schlagen.

Doch das war ein Fehler. Chatterton stieß Rickie zurück aufs Bett und beugte sich dicht über ihn. „Mann, Kleiner, dir steht vielleicht was bevor! Du mit deinem Spatzenhirn! Wenn du erst mal im Knast sitzt, dann gnade dir Gott. Weißt du, was die Knastbrüder mit so einem reichen Arsch wie dir anstellen?“

Rickie konnte sich nicht bewegen und starrte ihn nur entsetzt an.

Ellen war neben mir in der Tür aufgetaucht. Sie runzelte verständnislos die Stirn, und ich verkündete ihr die frohe Botschaft – daß Rickie eine Überdosis genommen hatte und daß an Bord Kokain versteckt war.

„Ich hab sein Gepäck durchsucht“, erklärte Chatterton, während er weiter Rickies Nase behandelte. „Er kann unmöglich genug von dem Zeug an Bord geschmuggelt haben, um sich so zuzurichten.“

„Hat er vermutlich auch nicht.“ Ellen blickte ungerührt Rickie an. „Das hat wahrscheinlich jemand anders für ihn erledigt.“

Mir fiel auf einmal ein großer, gutaussehender Mann ein, ein Amerikaner aus den Südstaaten mit einem Button, auf dem stand: SAG EINFACH NEIN! „Sweetman“, sagte ich laut. Ich kam mir vor wie ein Idiot. Wir waren arglos in See gestochen, und Rickie hatte sich die ganze Zeit ins Fäustchen gelacht, denn Jesse Sweetman hatte ihn bestens mit Koks versorgt.

Wir mußten das Zeug nur noch finden.

AM ABEND gingen wir im Schutz der Lagune von Sea Rat Cay vor Anker. Sea Rat Cay ist eine flache, gesichtslose und unbewohnte Insel mit ein paar Palmen und Kiefern und ansonsten nur spärlicher Vegetation. Die Lagune hat einen sandigen Grund, in dem sich gut ankern läßt, und ist tief genug für ein Schiff wie die *Wavebreaker*. Als es Nacht wurde, nahm der Wind zwar zu, doch Thessy und ich waren sicher, daß er gegen unsere drei Anker nicht ankommen würde.

Nachdem ich den Barometerstand ins Logbuch eingetragen hatte, ging ich wieder in die Kajüte. Jackson Chatterton war gerade dabei, systematisch die ganze Einrichtung auseinanderzunehmen. Er hatte schon die Kabine durchsucht, die er mit Rickie teilte, aber nichts gefunden.

Ellen stand mit gefalteten Armen dabei und sah ihm zu, während Rickie mit Tränen in den Augen lautstark protestierte. „Ich habe keins! Überhaupt keins! Warum glaubt ihr mir nicht?"

„Wenn ich auf diesem Schiff Drogen versteckt hätte", meinte Ellen plötzlich, „dann hätte ich sie da versteckt, wo man allein sein kann."

Chatterton runzelte die Stirn und blickte mich fragend an.

„In den Toiletten", sagte ich und wunderte mich, daß ich nicht früher darauf gekommen war.

„Der Teufel soll euch alle holen!" sagte Rickie verzweifelt.

Wir hatten sein Kokain gefunden.

Chatterton entdeckte den ersten Beutel im Papierhalter, hinter der Feder, die den Deckel auf die Rolle drückte. Ein zweiter Beutel war unter dem Waschbecken hinter dem Abflußrohr mit Klebeband befestigt, ein dritter steckte hinter der Täfelung. Mehr fanden wir nicht, doch Chatterton warnte uns vor der Gerissenheit Drogensüchtiger. „Ich suche weiter", versprach er.

Ich brachte die drei Plastiksäckchen mit dem harmlos wirkenden Pulver in die Kajüte. Robin-Anne starrte auf die Beutel, fuhr sich mit der Zunge über die Lippen und wurde noch blasser, als sie ohnehin schon war.

Ich tippte Rickie auf die Schulter. Er hockte vor der Stereoanlage und preßte mit beiden Händen die Kopfhörer an die Ohren. Er wich mir seitwärts aus, doch ich riß ihm die Hörer vom Kopf. „Du kommst jetzt mit."

„Hau ab, Breakspear!"

Ich gab ihm eine kräftige Ohrfeige, und sein Kopf flog zur Seite. Er öffnete den Mund, um zu schreien, doch bevor er einen Laut herausbrachte, packte ich ihn beim Hemd und zog ihn hoch. Er schnappte nach Luft. „Noch einen Ton", zischte ich ihm ins angstverzerrte Gesicht, „und du erkennst dich nicht mehr wieder!"

„Nick?" sagte Ellen erst zögernd, dann lauter und mit deutlicher Warnung. „Nick!"

„Misch dich nicht ein", warnte ich sie. Jackson Chatterton, der von der Toilettentür aus zusah, nickte zustimmend.

Ich zerrte Rickies Gesicht dicht vor das meine. „Du kommst jetzt mit mir an Deck."

Er nickte und beeilte sich, mir über die Kajütstreppe nach oben zu folgen.

Ich zog ihn zur Reling. Der Wind heulte im Takelwerk und peitschte den Regen übers Wasser. „Paß gut auf", sagte ich.

Rickie sah wimmernd zu, wie ich die drei Beutel einzeln aufriß und das Pulver in den Wind streute. Die Schlüssel zum Himmelreich flogen einfach ins Meer. Ich hatte keine Ahnung, wieviel das Kokain wert war, aber Rickie Crowninshields hemmungsloses Schluchzen sprach Bände.

„Wenn ich noch mehr davon finde", erklärte ich ihm, „dann prügle ich dich windelweich." Ich haßte ihn von ganzem Herzen in diesem Augenblick. Ich haßte seine Schwäche, seine Tränen, den ständigen Mißbrauch seiner Privilegien, seine Tücke und seine vollständige Nutzlosigkeit. „Also, wie war das mit Sweetman?" fragte ich. „Hat er das Zeug an Bord gebracht?"

„Ja, hat er. Ja."

„Wer ist er?"

„Er beliefert uns."

„Er beliefert euch? Du meinst, zu Hause?"

„Ja, klar."

„Und was treibt er dann hier unten?

„Weiß ich nicht." Rickie heulte jetzt hemmungslos.

„Mach, daß du wegkommst." Ich konnte meinen Abscheu nicht verbergen, und er hatte es eilig, sich zu verkriechen.

Ich blieb an Deck, weil ich keine Lust hatte, nach unten zu gehen und den verheulten Rickie und seine apathische Schwester aus der Nähe zu sehen.

Ellen tauchte auf der Kajütstreppe auf. Sie warf mir eine Öljacke zu. „Was hast du denn von Rickie erwartet?"

„Ich weiß es nicht." Ich zog mir die Jacke um die Schultern und rückte zur Seite, um ihr auf der Ruderbank Platz zu machen.

Ellen setzte sich. Sie hatte eine Flasche von meinem irischen Whiskey und zwei Gläser mitgebracht. „Deine Flaschen waren nicht so gut versteckt wie Rickies Kokain." Sie goß ein und reichte mir das Glas. „Was hast du von ihm erwartet?"

„Daß er sich ein bißchen Mühe gibt", sagte ich. „Dieser ganze Segeltörn war doch seine Idee."

Ellen goß sich auch einen Whiskey ein. „Ich vermute", sagte sie nach einer Weile, „du hast vor, dem alten Crowninshield zu sagen, daß wir mit Rickie nicht fertig werden?"

„Ich ertrage ihn einfach keine drei Monate", erwiderte ich heftig.

„Du haßt ihn, weil er dich an dich selbst erinnert."

„Mach dich nicht lächerlich."

„Er ist wie du", sagte Ellen einfach. „Er verweigert sich der Welt seines berühmten Vaters. Genau wie du."

„Ich habe mit Rickie nichts gemein", erklärte ich nachdrücklich.

„Du bist ein Rebell", sagte Ellen, „nur deine Rebellion hat sich anders geäußert. Warum bist du zur Marine gegangen?"

Mir fiel keine Ausrede ein, also sagte ich die Wahrheit. „Weil – mein Vater hat immer gesagt, er haßt alles Militärische. Also . . ." Ich zuckte die Achseln.

Ellen lächelte. „Mein süßer, hübscher Nick." Es klang sehr liebevoll. „Hättest du denn das Talent gehabt, um Schauspieler zu werden?"

„Nein."

„Vermutlich wärst du gern einer gewesen, aber hast dich dem großen Vorbild deines Vaters nicht gewachsen gefühlt. Ähnlich geht es jetzt Rickie. Rickie hat sich wahrscheinlich sein ganzes Leben lang minderwertig gefühlt, und jetzt, wo er in unsere Obhut kommt, ist da dieser entsetzlich kompetente Engländer, der ihm auch wieder das Gefühl vermittelt, vollständig nutzlos zu sein. Ist doch kein Wunder, daß es ihm schlechtgeht."

Ich runzelte die Stirn.

Ellen lächelte. „Sei nett zu ihm. Finde was, wofür du ihn loben kannst."

„Was soll ich denn machen?" protestierte ich. „Ihm sagen, was für schönes Haar er hat?"

„Nein", erwiderte Ellen bestimmt. „Er ist doch fasziniert von all der Elektronik auf unserem Schiff, und er kann damit umgehen; warum lobst du ihn nicht dafür?"

Ich sagte etwas nicht ganz Druckreifes, um anzudeuten, was ich von solchen Vorschlägen hielt.

Ellen seufzte. „Gib ihm noch eine Chance. Du hättest ihn nicht schlagen sollen. Gewalt hat noch nie ein Problem gelöst." Sie schwieg einen Moment. „Drei Monate, Nick. Länger brauchst du dich nicht mit ihm abzugeben, und danach nehmen wir unsere dicken Schecks in Empfang und segeln mit deinem Boot ins Paradies. Abgemacht?"

„Fährst du auch wirklich mit?"

Sie tat so, als müsse sie darüber nachdenken, dann nickte sie. „Ich mag dich, Nick Breakspear, denn du bestätigst meine Vorurteile gegen die Männer."

Ich lächelte. „Das ist wohl nicht als Kompliment gemeint?"

„Nein." Ellen erwiderte mein Lächeln. „Es heißt zwar, eine Frau ohne Mann ist wie ein Fisch ohne Fahrrad, aber ich bin wohl die Ausnahme von dieser Regel, der eine Fisch, der eine Schwäche für altmodische, solide Fahrräder hat." Sie lachte, warf mir eine Kußhand zu und ging.

Ich fühlte mich gleich viel besser, überzeugte mich noch, daß unsere drei Anker sicher hielten, und ging zu Bett.

In meiner Kabine warf ich einen letzten Blick durchs Bullauge. Der Wind hatte nachgelassen und der Regen offenbar aufgehört. Hinter Sea Rat Cay klaffte ein heller Spalt zwischen den Wolken. „Der Sturm ist so gut wie vorbei", sagte ich zu Thessy. „Morgen früh segeln wir weiter."

„So Gott will." Er sah von seiner Bibel auf.

„Thessy, Ellen meint, wir sollten uns doch auf drei Monate einstellen."

Er runzelte die Stirn. Dann nickte er ernst. „Ich denke, wenn Gott wollte, daß wir aufgeben, Nick, dann hätte er uns gar nicht anfangen lassen."

Das leuchtete mir ein. „Das stimmt, Thessy."

„Schlaf gut, Nick."

Und überraschenderweise tat ich das auch. Ich träumte von der *Masquerade* und von weit entfernten nördlichen Meeren, die so kalt waren wie Stahl. Ich träumte von zu Hause.

Kapitel 8

ICH WACHTE früh auf und hörte den Wind in den Wanten singen und die Palmen auf Sea Rat Cay rauschen. Ohne auf den Windmesser zu sehen, wußte ich, daß der Sturm abflaute. Ich zog mir ein Paar Shorts an und ging an Deck. Der Morgen dämmerte, und blasses, wäßriges Licht sickerte durch den wolkigen Himmel. Das Barometer war gestiegen, und es gab keinen Grund, warum wir uns nicht demnächst wieder auf den Weg machen sollten.

Ich ging wieder unter Deck, machte mir einen Becher Nescafé, goß den Rest des heißen Wassers in meine Rasierschale und ging damit zurück nach oben. Ich lehnte einen Spiegel gegen das Kompaßgehäuse und begann gut gelaunt, mich zu rasieren. Doch plötzlich wunderte ich mich darüber, wie still es war, obwohl immer noch ein starker Wind ging. Wieso war es so ruhig?

Dann wurde mir klar, welche Stimme im Morgenkonzert der *Wavebreaker* fehlte: das Scheppern von Drahtseilen, die gegen die Metallmasten schlugen. Ich sah auch sofort den Grund dafür – wir hatten keine Fallen mehr. Mit den Fallen werden die Segel aufgeholt und in der Takelung gehalten. Am Abend zuvor hatten wir noch welche gehabt; jetzt waren sie verschwunden.

Nachdem ich eine Weile verständnislos die Takelung angestarrt hatte, ging ich zum Fuß des Hauptmastes, zerrte die Abdeckung vom Großsegelhals und entdeckte ein Drahtende an der Segelspitze. Der Draht war glatt durchgeschnitten.

Fassungslos blickte ich mich um. Die Fallen waren alle verschwunden, jede einzelne. Am Bug, wo ich Fock, Stagsegel und Sturmfock mit Karabinerhaken am Bugkorb gesichert hatte, lag nichts mehr außer einem Bolzenschneider, der eigentlich in die Werkzeugkiste gehörte und auf dem Vorschiff nichts zu suchen hatte. Ich war fest davon überzeugt, daß Rickie ihn benutzt hatte, um die Takelage der *Wavebreaker* zu zerstören. Es konnte nur Rickie gewesen sein.

Ich fluchte über diesen sinnlosen, stupiden Vandalismus. Weil ich Rickie geschlagen hatte, hatte er sich an unserem Schiff gerächt und sich ins Fäustchen gelacht angesichts des zu erwartenden Chaos.

Doch er hatte sich verrechnet. Falls er in der Lagune hatte bleiben wollen, dann hatte er Pech gehabt, denn die *Wavebreaker* konnte mit ihren zwei Motoren in See stechen. Rickies Vandalismus war grober Unfug, aber keine Katastrophe für das Schiff. Bis zum Abend konnte man alles wieder reparieren.

Ich schaltete den Dieselgenerator ein, der das Schiff mit Strom versorgte. Meine Wut auf Rickie hatte sich in grimmige Entschlossenheit verwandelt. Ich wollte mich von ihm nicht unterkriegen lassen.

Thessy kam gähnend aus der Kajüte. „Ich brauche dich", erklärte ich ihm energisch. „Ich möchte, daß Hilfsleinen durch jeden Fallenblock gezogen werden. Sieh mal zu, daß du ein paar dünne Leinen findest, und ich suche nach den Reservefallen. Es gibt Arbeit."

Thessy starrte mich an, als sei ich verrückt geworden. „Fallen?" Er blickte zum Hauptmast, dann wieder auf mich. „Was ist passiert?"

Ich zeigte ihm ein durchtrenntes Drahtende. „Unser Freund Rickie."

Thessy runzelte die Stirn. „Du glaubst, Mr. Crowninshield hat das gemacht?"

„Wer sonst?"

Thessy schien tief betrübt über dieses Zeichen menschlicher Schlechtigkeit. Er blickte zu den Wolkenfetzen auf, die über die Lagune fegten. „Das wird heute frisch da draußen“, sagte er vergnügt.

„Je frischer, desto besser.“ Ich wollte mit Rickie hinaus auf den sturmbewegten Ozean und ihn dort an Deck zum Arbeiten zwingen. „Ich habe es ganz falsch angefangen“, erklärte ich Thessy. „Ich habe die Zwillinge rumhängen lassen, als wäre dies ein Freizeitspaß. Ist es aber nicht. Was die brauchen, ist Arbeit und . . .“ Ich verstummte, denn der Generator hatte einen Takt lang ausgesetzt, dann noch einen, und als ich mich zu der kleinen Maschine umwandte, gab sie ein gräßliches Ächzen von sich und erstarb. „O nein!“

„Ist der Tank leer?“ fragte Thessy.

Nur zu gern hätte ich das auch geglaubt, aber bei Treibstoffmangel hätte sie nicht so gräßlich geächzt. Ich riß die Luke auf und ließ mich in die stahlverkleidete Generatorkammer hinab. Ich öffnete den Tankverschluß und entdeckte kleine weiße Kristalle am Rand. Eine Sekunde lang dachte ich, Rickie hätte Kokain in den Treibstofftanks versteckt. Doch dann wurde mir klar, was es war.

„Dieser verdammte Idiot“, sagte ich. „Es ist Zucker.“

Der Generator war nicht mehr zu gebrauchen. Rickie hatte Zucker in die Tanks geschüttet, und jetzt hatte der Motor einen Kolbenfresser.

„Immerhin haben wir nur den Generator angeworfen und nicht die Schiffsmotoren.“ Thessy sah das Ganze von der positiven Seite. Natürlich hatte er recht, doch ohne Treibstoff waren die Schiffsmotoren nutzlos, und unser gesamter Treibstoff war mit Zucker verseucht.

„Ich bring ihn um!“ Ich stemmte mich aus der Luke hoch und verpaßte dem Generator noch einen wütenden Tritt. „Weißt du, was mich tröstet?“ sagte ich zu Thessy und riß eine Backskiste auf. „Jetzt sitzen wir hier fest, und das bedeutet totalen Entzug. Ich hoffe, er geht auf dem Zahnfleisch!“

Doch bevor wir uns an die Arbeit machten, briet ich mir erst mal ein paar Spiegeleier und machte für Thessy sein Lieblingsfrühstück, einen Brei aus Brot und Bananen. Danach gingen wir frisch gestärkt ans Werk. Rickie bekamen wir den ganzen Tag nicht zu Gesicht.

Da wir unsere Batterien nicht aufladen konnten, mußten wir Strom sparen. Ich nahm mir also den Sicherungskasten vor und unterbrach sämtliche Leitungen bis auf den Sprechfunk.

Robin-Anne war entsetzt über die Tat ihres Bruders. Als sie wissen wollte, wie es jetzt weitergehen sollte, erklärte ich ihr, wir würden erst einmal zurück nach Grand Bahama segeln, um den Generator und die Benzinleitung reparieren zu lassen.

Robin-Anne runzelte die Stirn. „Dann ist es jetzt aus mit dem Segeltörn?"

„Ich habe keine andere Wahl."

„Und was wird aus mir?" wimmerte sie.

„Du hältst dich prima", versicherte ich ihr.

„Ich schaffe es nur hier auf dem Schiff." Ihre Augen füllten sich mit Tränen. Ich bemerkte, daß Ellen uns beobachtete, und da ich nicht wußte, was ich sagen sollte, wandte ich mich einfach ab und murmelte nur etwas von weitermachen.

Gegen Nachmittag hatten wir alle Fallen ersetzt. Die meiste Arbeit hatte Thessy gemacht, während ich versucht hatte, eine neue Treibstoffleitung zu improvisieren. Den Rest des Nachmittags verbrachten wir damit, neue Treibstoffzuleitungen durch die Bilge zu führen. Die letzte Verbindung mußte unter dem Maschinenraum gemacht werden. Ich schlängelte mich unter die Bodenbretter, um die letzte Schelle anzubringen. Thessy hielt die Stablampe, während ich behutsam den Schraubenzieher ansetzte. „Wenn mir der Schraubenzieher aus den Fingern fällt, dann weiß ich, daß es keinen Gott gibt", verkündete ich.

Genau in diesem Moment schlug etwas dumpf gegen den Rumpf der *Wavebreaker*. Ellen, die natürlich dachte, ich hätte tatsächlich den Schraubenzieher fallen lassen, mußte lachen.

„Das war nicht ich", protestierte ich. Die Schelle saß jetzt fest an ihrem Platz. „Hat einer von euch das Motorboot zu Wasser gelassen?"

Doch Thessy und Ellen versicherten beide, daß das Skiff vorhin noch da gehangen hatte, wo es hingehörte. „Wahrscheinlich Treibholz", meinte Ellen. „Die Lagune ist voll davon."

„Vermutlich." Ich packte gerade mein Werkzeug zusammen, als plötzlich der ganze Rumpf erdröhnte wie eine gewaltige Glocke. Dann hörten wir, wie etwas Schweres an der Schiffswand entlangkratzte. „Wir haben Besuch", sagte ich überrascht.

Ellen übernahm es, nachzusehen, was los war. Über uns an Deck hörte ich Schritte, dann rief eine Männerstimme etwas auf spanisch. Ellen blieb auf halber Kajütstreppe stehen und schrie auf.

„Verdammt noch mal, was ist . . .", begann ich, doch als ein Mann oben auf den Stufen erschien, verstand ich, warum Ellen geschrien hatte. Der Mann trug ein Schnellfeuergewehr, eine Kalaschnikow.

Rickie war schlauer gewesen als ich und hatte das Match gewonnen. Er hatte die *Wavebreaker* lahmgelegt, weil er wußte, daß seine

Kokainlieferung nach Sea Rat Cay unterwegs war, und er verhindern mußte, daß wir vorzeitig abfuhren. Jetzt wurde mir klar, warum er sich so brennend für die elektronische Ausrüstung interessiert hatte. Er hatte von Anfang an vorgehabt, mit seinen Drogenfreunden in Kontakt zu treten.

Ich griff nach einem großen Schraubenschlüssel – eine aussichtslose Geste angesichts einer Kalaschnikow. Der Fremde stand bereits am Fuß der Treppe. Er trug einen schwarzen Drillichanzug und war jung und braun gebrannt. Zahlreiche Narben am Kinn und ein dumpfer, tierischer Blick verliehen ihm ein beängstigendes Aussehen. Er riß

den Lauf der Kalaschnikow nach oben, um uns anzudeuten, daß wir alle drei an Deck kommen sollten, und bedeutete mir, den Schraubenschlüssel fallen zu lassen. Ich gehorchte, und unsere Niederlage war besiegelt.

Der Mann trat einen Schritt zur Seite, um mich aus dem Maschinenraum herauszulassen. Während ich Ellen und Thessy folgte, hielt er den Lauf des Sturmgewehrs ständig auf meinen Bauch gerichtet.

Sea Rat Cay lag friedlich in der Abendsonne. In wenigen Minuten würde es dunkel sein. An Deck erwartete uns, wie ein Piratenkapitän auf einem geenterten Schiff, Jesse Sweetman mit weißem Mantel und Pferdeschwanz. Er verbeugte sich vor Ellen. „Balsam meiner Seele“, begrüßte er sie. „Bei unserer letzten Begegnung hast du eine Flamme in mir entfacht, so stark, daß du sie löschen mußtest. Womit, mein Prachtstück, wirst du meine Glut diesmal löschen?"

Ellen sagte nichts.

Hinter Sweetman standen zwei bewaffnete Männer und musterten uns feindselig. Neben der *Wavebreaker* lag die *Dream Baby* mit Tarnbemalung und der magischen Zahl des Antichristen am scharfen Bug und zerschrammte die Bordwand. Rickie kam aus seiner Kabine und jubelte vor Begeisterung.

MIT SWEETMAN waren sie zu viert, und alle vier waren bewaffnet. Ich erkannte zwei Kalaschnikows, eine amerikanische M 16, zwei Pistolen, ein Repetiergewehr und eine israelische Uzi. Zwei von den Männern waren Schläger, die Muskelpakete fürs Grobe, während der dritte, den Sweetman mit Miguel anredete, offensichtlich etwas zu sagen hatte. Er gab den Schlägern Befehle, und Sweetman behandelte ihn mit Respekt. Miguel hatte einen brutalen Zug um den Mund und vollkommen ausdruckslose Augen.

Sie waren zu viert, und wir waren zu viert. Ellen, Chatterton, Thessy und ich mußten uns im Cockpit aufstellen, während uns einer der Schläger von vorn, einer von hinten in Schach hielt. Die Zwillinge standen dicht bei Sweetman, und ich sah, wie Rickie seiner Schwester erklärte, was eigentlich los war. Plötzlich riß sich Robin-Anne von ihrem Bruder los, rannte zu mir und warf die Arme um mich. Ich legte ihr schützend die Hand auf die schmale Schulter, als sie ihrem Bruder zurief: „Ich gehe nicht mit!"

Sweetman lachte über ihren Protest, während Rickie das Drama offensichtlich genoß. Als er an Deck gekommen war, hatte er als erstes eine Prise Kokain verlangt. Sweetman hatte ihn bereitwillig aus einem Fläschchen versorgt, aus einer schwarzen Ledertasche, die er am Gürtel trug. Gierig hatte Rickie das Pulver aufgeschnupft, und schon Sekunden später konnte ich eine erstaunliche Wandlung seiner Gemütsverfassung beobachten. Plötzlich fühlte er sich stark und unbesiegbar und führte sich dementsprechend auf.

Miguel war unter Deck gegangen, um das Schiff zu durchsuchen. Dabei stieß er offensichtlich auf die herausgeschraubten Sicherungen, denn auf einmal tauchten die Decksleuchten das ganze Deck der *Wavebreaker* in strahlendes Licht. Sweetman starrte die zitternde Robin-Anne an, die mich immer noch umschlungen hielt. „Komm her!" sagte er plötzlich.

„Nein", stieß Robin-Anne hervor. „Nein, nein, nein, nein!"

„Arme Robin-Anne." Sweetman lächelte sie an und zog aus seiner Tasche das schimmernde schwarze Fläschchen, aus dem er schon Rickie mit Kokain versorgt hatte. Spöttisch lächelnd sah er Robin-Anne an, als er die Verschlußkappe abschraubte. Er trat neben das Mädchen, bückte sich und streute das weiße Pulver in einer Linie auf den Fußboden und über das Teaksüll bis hin zu Rickie, der weiter vorn auf dem Deck stand. Ein kleines Vermögen hatte er ausgestreut, um Robin-Anne zu verführen.

Sweetman verschloß das Fläschchen wieder, brachte einen kurzen weißen Strohhalm zum Vorschein und warf ihn Robin-Anne verächtlich vor die Füße. „Komm, meine Süße", lockte er mit seiner tiefen, wohlklingenden Stimme. „Komm zu mir, Robin-Anne. Du weißt doch, wonach du dich sehnst. Du weißt doch, wie sehr es dir gefehlt hat. Hier ist es. Umsonst."

Ich hielt sie fest und drückte sie an mich, doch ich spürte, wie sie sich zu winden begann, während sie auf die weiße Spur starrte.

„Robin-Anne!" rief Ellen warnend. „Tu's nicht!"

„Halt durch, bitte", bat Jackson Chatterton.

„Das ist der Stoff, aus dem die Träume sind, Robin-Anne." Sweetman deutete auf die Kokainspur. „Bester Stoff aus Bolivien, rein wie Eis und duftet nach dem Paradies. Denn dahin gehen wir jetzt, Robin-Anne, mein Schatz – ins Land der himmlischen Freuden. Also komm, mein Liebling, komm."

„Nein!" rief ich.

„Hör nicht auf ihn." Sweetman lächelte immer noch. „Komm zu mir", fuhr er fort, „du bist eine von uns."

„Nein, Robin-Anne", beschwor ich sie, doch sie ließ mich los und schob meine Hand von ihrer Schulter. Mit aufgerissenen Augen starrte sie auf die Pulverspur. Ich trat einen Schritt vor, um sie wieder festzuhalten, doch sofort riß der Kerl vor mir seine Kalaschnikow hoch und zielte mir direkt ins Gesicht. Mir gefror das Blut in den Adern.

Robin-Anne hatte die Waffe gar nicht bemerkt, weil sie nichts als das Pulver sah. Sie stöhnte auf, fiel dann plötzlich auf die Knie und griff nach dem Strohhalm. Sweetman lachte.

Robin-Annes magerer Rücken zeichnete sich deutlich durch ihr dünnes Kleid ab, und es schien, als ob sie weinte. Als ich mich bückte, um sie hochzuziehen, feuerte der Schläger einen Warnschuß ab. Die Kugel zischte über meinen Kopf hinweg, doch der Schuß genügte, um mich innehalten zu lassen.

Robin-Anne holte tief Luft und riß plötzlich den Kopf hoch. Ihr

Gesicht war tränenüberströmt, doch sie lachte erleichtert. Endlich war ihr entsetzliches Martyrium vorbei. Sie stand auf und trat zu ihrem Bruder ins grelle gelbe Licht.

„Es ist alles in Ordnung." Robin-Anne wandte uns ihr Gesicht zu. „Es ist in Ordnung, Nick. Ich versprech's."

Sweetman deutete mit einladender Geste auf das Kokain. „Möchte noch jemand meinen Zauberstoff probieren? Meine Holde?" Das galt Ellen. „Warum kommst du nicht her?"

„Das ist doch lächerlich", sagte Ellen sachlich. „So können Sie nicht mit uns umspringen."

Sweetman schien das Wort zu gefallen. „Umspringen? Allerschönstes Wesen, vielleicht lade ich dich ein, in meinen Armen den Himmel kennenzulernen, aber mit dir umspringen? Nicht um die Welt."

„Du Dreckskerl!" Ellens besonnene Haltung löste sich in nichts auf, als unter Deck ein Schuß losging. Sie schrie auf. Ich hörte, wie Miguel nachlud und noch einmal feuerte.

„Die Funkgeräte, nehme ich an", erklärte Sweetman hilfsbereit. Er sicherte seine Uzi, hängte sie über die Schulter und steckte sich einen seiner Zigarillos an. „Wir sperren euch ein", erläuterte er sein weiteres Vorgehen, „und morgen früh verlassen wir euch. Rickie wird uns begleiten. So ersparen wir ihm die Torturen eines Gerichtsverfahrens. Nicht wahr, mein lieber Junge?"

Alles war genau durchdacht und vorbereitet worden. Rickie hatte den Segeltörn vorgeschlagen, weil er so seinen Paß wiederbekommen hatte und auf die Bahamas reisen konnte, wo sein Freund Sweetman ihn vor dem Richter „retten" wollte. Ich hatte Rickies Pläne durchkreuzt, indem ich aufs offene Meer hinausgefahren war, wo Sweetman uns nicht so ohne weiteres finden konnte. Rickie hatte niemals vorgehabt, die Droge aufzugeben und sich vor einem Gericht zu verantworten. Im Gegenteil, er wollte sich mit Kokain vollpumpen, in ewige Euphorie versinken, und Sweetman hatte alles arrangiert. Bestimmt hatte Rickie ihm dafür einen Teil seines Erbes versprochen, vielleicht sogar alles.

„Doch bevor ich euch für die Nacht verwahre . . ." Sweetman zog an seinem Zigarillo und wandte sich an Rickie. „Belohne Mr. Breakspear für seine treuen Dienste, Rickie."

Rickie lachte auf und sprang ins Cockpit hinunter. Er kam sehr langsam auf mich zu und versuchte, seine Nervosität zu verbergen. „Nur zu, mein lieber Junge", ermutigte Sweetman ihn. „Schlag ihn."

Rickie schlug zu. Er legte seine ganze Kraft in diesen ersten Schlag, doch er tat nicht sehr weh. Der Junge begann, mit den Fäusten auf mich einzuschlagen, aber er hatte weder genug Übung noch genug Kraft. Als ihm dämmerte, daß er nichts bei mir ausrichten konnte, drehte er durch. Er setzte zu einem Tritt in meine Leistengegend an, verpaßte mich aber und landete auf dem Boden.

Und da saß er dann und keuchte. Der Schläger vor uns zeigte grinsend seine Goldzähne, und Sweetman schüttelte in gespielter Verzweiflung den Kopf. „Ich muß dir wohl zeigen, wie man das macht, Rickie."

„Nein!" protestierte Ellen. „Nein!"

Sweetman nahm seine Uzi in die Hand und sprang hinunter ins Cockpit. Er hob die Waffe und zielte genau auf meinen Bauch. Ich erwartete, daß er sie mir in den Solarplexus rammen würde, doch statt dessen riß er Ellen zu sich her und preßte sie mit dem Rücken an sich.

Sie schnappte nach Luft, während Sweetman mich selbstgefällig über ihre Schulter hinweg angrinste. Sie versuchte sich aus seiner Umklammerung zu lösen, doch er trat einfach einen Schritt zurück und zog sie mühelos mit.

„Du möchtest doch nicht die Nacht im Spind verbringen, oder, meine Süße?" fragte Sweetman. „Würdest du dich in meinen Armen nicht wesentlich glücklicher fühlen?" Er begann, unter ihrem T-Shirt herumzufummeln. „Wenn du sehr lieb zu mir bist, mein Schatz, behalte ich dich sogar für mich, statt dich mit meinen Freunden zu teilen."

Diese Drohung gab Ellen neue Kräfte. Sie rammte Sweetman ihren rechten Ellenbogen in die Rippen, trat ihm mit dem Absatz ans linke Schienbein und dann mit voller Kraft auf den Fuß. Der eine Schläger versuchte, Sweetman zu helfen, während der andere sich über Ellens verzweifelte Gegenwehr amüsierte. Sweetman stöhnte und fluchte. Ellen trat wieder zu und brachte ihn diesmal aus dem Gleichgewicht. Er schrie auf, nicht nur vor Schmerz, sondern weil er sah, daß ich mich bewegte. Jackson Chatterton setzte sich ebenfalls in Bewegung, so daß unsere Feinde nicht wußten, auf wen sie zuerst schießen sollten. Er zog Thessy mit sich, weg von dem Schläger hinter uns.

Der Schläger vor uns richtete seine Kalaschnikow auf mich, doch er konnte nicht schießen, weil Rickie, der immer noch auf dem Boden saß, versuchte, mich aufzuhalten. Ich riß Sweetman die Uzi aus der Hand und stürzte mich auf ihn.

Rickie schrie. Chatterton brüllte. Ein Schuß ging los. Sweetman versuchte vergeblich, mir die Uzi zu entreißen. Ellen trat ihm zwischen die Beine, und plötzlich gehörte die Uzi mir. Alles, was ich beim Militär gelernt hatte, fiel mir wieder ein. Ich rollte zur Seite, sprang auf, drehte mich um und hatte bereits den Finger am Abzug. Der Schläger zu meiner Rechten versuchte, Sweetman zu Hilfe zu kommen. Als ich zielte und abdrückte, ging hinter mir ein weiterer Schuß los, und Blut schoß mir übers Gesicht. Der Schläger, auf den ich geschossen hatte, lag am Boden, und Sweetman, der meiner Attacke ausweichen wollte, suchte auf der Kajütstreppe Schutz.

Der zweite Schläger hatte am Heck der *Wavebreaker* Deckung gesucht und konnte mich nicht sehen, weil das Cockpitsüll ihm die Sicht nahm. „Nick! Lauf!" schrie Ellen, die jetzt wieder frei war. Sie rannte zur Reling und sprang über Bord, einen Sekundenbruchteil bevor Kugeln das Holz dort zersplitterten, wo sie eben noch gestanden hatte.

„Nick! Schnell!" Das war Jackson Chatterton. Auch er rannte im Schatten hinter den Deckslichtern nach vorn und sprang am Bug über Bord. Ich hörte, wie es klatschte, als er im Wasser landete.

Da Thessy nicht mehr zu sehen war, war er wohl mit Chatterton über Bord gesprungen. Sweetman war unter Deck verschwunden, und Miguel war nicht mehr zu sehen. Rickie wimmerte, und Robin-Anne kauerte weinend am Hauptmast. Der tote Schläger lag steuerbord im Speigatt.

Auf der Kajütstreppe bewegte sich etwas, und ich feuerte sofort einen Schuß in die Richtung ab. Das Geräusch verstummte. „Thessy!" brüllte ich, und sofort kam ein einzelner Schuß vom Heck. Ich hörte Stimmen unter Deck, zog Rickie einen Schuh vom Fuß und warf ihn an Deck. Der Schläger feuerte in die Richtung, aus der das Geräusch kam.

Ich sprang auf und sah, daß das Mündungsfeuer neben dem Container mit den Schwimmwesten aufblitzte. Nur Kopf und Schultern konnte ich von dem Schläger erkennen. Als er mich sah, schwang seine Kalaschnikow in meine Richtung, doch ich war schneller. Ich drückte ab, traf, und plötzlich war er verschwunden, rückwärts ins Meer gestürzt. Hinter mir klirrte das Oberlicht der Kajüte. Ich fuhr herum und sah Miguels Gewehrlauf durch die zerbrochene Scheibe ragen. Ein letztes Mal drückte ich auf den Abzug der Uzi, doch ich hatte meine Munition verschossen.

Sweetman brüllte von der Kajütstreppe her etwas, was ich nicht verstand. So schnell ich konnte, rannte ich zur Reling. Er feuerte, doch da war ich schon am Dollbord und ließ mich mit meiner leergeschossenen Waffe ins warme Wasser fallen. Und auf einmal war alles totenstill.

Kapitel 9

JACKSON CHATTERTON packte mich und zerrte mich in den Schutz des stählernen Rumpfes der *Wavebreaker*, wo auch Ellen schon war. Im Augenblick waren wir sicher, denn selbst wenn Miguel und Sweetman sich über die Reling der *Wavebreaker* beugten, waren wir durch die Rundung des Rumpfes geschützt. Das Problem war jedoch, wie wir vom Schiff wegkommen sollten, denn sie würden natürlich sofort auf uns schießen.

Ellen schwamm wassertretend neben mir. „Wo ist Thessy?" fragte ich.

„Er war bei mir", antwortete Chatterton. Eine Salve peitschte ins Wasser, keinen halben Meter neben seinem Kopf. „Wir müssen hier raus!" rief er.

„Ihr zuerst, ich suche noch nach Thessy!" rief ich Ellen und Chatterton zu. „Tief Luft holen, dann nach einer Ankerkette tauchen. Klar? An der Kette zieht ihr euch vom Schiff weg. Möglichst weit hinaus ins Dunkle schwimmen, bevor ihr wieder hochkommt, dann dürfte eigentlich nichts passieren." Doch eine erneute Salve führte mir deutlich vor Augen, daß es keinen Sinn hatte, jetzt nach Thessy zu suchen. Vielleicht hatte er sich schon in Sicherheit gebracht.

Wir schwammen los und hielten uns zunächst dicht am Schiff. Am Bug tauchten wir nacheinander nach der nächsten Ankerkette. Sweetman und Miguel hatten unsere Spur offenbar verloren, denn sie feuerten weiter ziellos ins Wasser. Sie machten so viel Krach mit ihrer Schießerei, daß sie alle unsere Geräusche, die uns hätten verraten können, übertönten.

Ich tauchte als letzter, stieß mich vom Boot ab und schwamm so tief, daß sich die Ankerkette als schwarzer Strang über mir gegen die etwas hellere Wasseroberfläche abhob. Ich ergriff eines ihrer schlüpfrigen Gelenke und zog mich dann mit beiden Händen weiter, bis meine Lungen zu bersten drohten. Erst dann ließ ich los und schwamm an die Oberfläche. Keuchend stellte ich fest, daß der Schein der Decklampen der *Wavebreaker* mich nicht mehr erreichte. Ellen schwamm dicht neben mir, und Chatterton war schon fast am Ufer.

Auf einmal erloschen die Lichter auf der *Wavebreaker*. Robin-Anne hatte hysterisch zu schreien begonnen, hörte aber plötzlich wieder auf. Wahrscheinlich hatte Sweetman ihr eine kräftige Ohrfeige verpaßt.

Wir schwammen im Schutz der Dunkelheit zum Ufer, während

Sweetman und Miguel noch ein paar Salven über die Lagune feuerten, die uns jedoch nicht mehr gefährlich werden konnten. Erst als wir an Land krochen und uns geräuschvoll einen Weg durchs Gestrüpp bahnten, wußten die Schützen wieder, wo wir waren.

Nach ein paar weiteren Salven hörten wir, wie der Motor der *Dream Baby* angeworfen wurde. Eine Zeitlang fuhr das Schiff am Ufer entlang. Sie suchten mit Scheinwerfern Büsche und Palmen ab. Doch sie fanden uns nicht und kamen auch nicht an Land.

Wir überquerten Sea Rat Cay und schlugen uns in der Dunkelheit durch dürres Gebüsch, bis wir einen schmalen Strand auf der anderen Inselseite erreichten. Erst als wir uns keuchend in den Schutz eines mächtigen Felsbrockens warfen, erfuhr ich, wie ernst unsere Lage wirklich gewesen war.

Denn Thessy war tot.

Ellen schnappte nach Luft, als sie es erfuhr. Mit einemmal zitterte sie am ganzen Körper und begann zu schluchzen. Ich drückte sie an mich, während Jackson Chatterton uns berichtete, was passiert war.

Thessy war bereits in den ersten Sekunden des Kampfes gestorben. Chatterton hatte noch versucht, ihn zu retten. Er hatte ihn außer Schußweite zerren wollen, doch der Schütze am Heck des Schiffes hatte gefeuert und Thessy getroffen.

„Sind Sie ganz sicher, daß er tot ist?" fragte ich.

„Mausetot. Er hat zwei Treffer ins Kreuz bekommen und einen hier." Chatterton legte seine flache Hand auf seinen Schädel, um das Ausmaß von Thessys Wunde anzudeuten. Also war es Thessys Blut gewesen, das von hinten über mich gekommen war. Ich schloß die Augen und schluckte. „Er kann nichts gespürt haben", fuhr Chatterton düster fort. Wenigstens dafür konnte man dankbar sein. Das war aber auch der einzige Trost. Thessy war ein anständiger Junge gewesen und schuldlos in die Schießerei geraten – sein Tod riß ein gewaltiges Loch in meine Welt.

Wir waren so erschöpft, daß wir trotz gelegentlicher Gewehrsalven von der *Wavebreaker* doch einnickten. Ich hatte schlimme Alpträume.

Gegen Morgen wurde ich jäh aus dem Schlaf gerissen, als von der *Wavebreaker* die harten Klänge von Rickies Lieblingsband in voller Lautstärke ertönten. Die Vögel der Insel stoben kreischend aus den Bäumen.

„Ich begrüße den neuen Tag mit einem Schwur. Ich bringe sie alle um", war meine Reaktion.

„Amen", brummte Jackson Chatterton. „So sei's." Und über der spiegelglatten See ging langsam die Sonne auf.

DIE *Wavebreaker* sah wunderschön aus, wie sie da im Morgenlicht der Lagune vor Anker lag. Wir waren von der anderen Inselseite wieder ein Stück zurück ins Inselinnere gekrochen, um unsere Feinde von dort aus zu beobachten.

Eine Stunde nach Sonnenaufgang ließ Miguel die Maschinen der *Dream Baby* an. Offensichtlich wollten sie abfahren, denn Rickie und Sweetman luden alle möglichen Gegenstände von der *Wavebreaker* auf die *Dream Baby* um. Manches davon nahmen sie mit, weil sie es wirklich brauchen konnten, wie etwa den Außenbordmotor des Beibootes. Den Rest sammelten sie ein, weil es ihnen in die Augen stach – den Fernseher, Lampen, Bilder, sogar die Teppiche aus der Kajüte.

Rickie kletterte an Deck der Motorjacht, während Sweetman die Leiche des einen Revolverhelden zum Dollbord der *Wavebreaker* zerrte und sie einfach aufs Deck der *Dream Baby* hinunterstieß. Den eigenen Toten nahmen sie mit, doch um Thessys Leiche kümmerten sie sich nicht. Plötzlich hegte ich die törichte, hilflose Hoffnung, Thessy könnte doch noch am Leben sein.

Sweetman kam mit der Kalaschnikow an Deck und stupste Robin-Anne mit dem Lauf in den Rücken. Sie drehte sich um, und er deutete mit der Waffe auf die *Dream Baby*. Einen Augenblick lang hoffte ich, Robin-Anne würde wenigstens ein bißchen zögern, doch sie kletterte bereitwillig hinüber. Ihr Lachen klang hell und deutlich übers Wasser, und mir wurde klar, daß sie in ihrem Rausch jeden Widerstand aufgegeben hatte.

Nur Sweetman blieb an Bord der *Wavebreaker*. Er verschwand etwa fünf Minuten lang unter Deck, kam dann zurück und schwang seine langen Beine über die Reling. Dann zündete er sich einen Zigarillo an, nahm die Kalaschnikow von der Schulter und feuerte eine Salve nach der anderen hinüber zur Insel. Die Kugeln zerfetzten das Buschwerk, und die Einschläge kamen immer näher. Ich schlang den Arm um Ellens Schulter und drückte sie auf den Boden. Gerade noch rechtzeitig, denn schon zischte die nächste Salve dicht über unsere Köpfe hinweg. Doch dann hörte die Schießerei plötzlich auf. Die Maschinen der *Dream Baby* heulten auf, das Motorboot entfernte sich von der *Wavebreaker* – und diese ging langsam unter.

Sweetman hatte offensichtlich die Bodenventile des Schiffes geöffnet, während er unter Deck war. Der Schoner legte sich langsam auf die Seite, und es war abzusehen, daß er innerhalb kurzer Zeit auf dem Grund der Lagune liegen würde.

Die *Dream Baby* zog gemächlich an der Insel entlang. Miguel stand am Ruder und Sweetman auf dem Kabinendach, von wo er in das grüne Uferdickicht spähte. Miguel lenkte das Boot vorsichtig zu einem Kieselstrand, der etwa sechzig Meter entfernt links von uns lag. Sweetman hatte die Kalaschnikow weggelegt und stand jetzt mit einem Bootshaken am Bug der *Dream Baby*. Er fischte im Wasser nach der Leiche des zweiten Schützen.

Sie hatten Mühe, den Toten an Deck zu hieven. Als das geschafft war, drehte die *Dream Baby* endlich ab. Jackson Chatterton atmete erleichtert auf, und Ellen begann leise zu weinen.

Sweetman hob die Kalaschnikow noch einmal und feuerte eine letzte Salve ins Gebüsch. Dann gab Miguel Vollgas. Während sich das Kielwasser der *Dream Baby* noch in der Einfahrt zur Lagune brach, stand ich auf, ging hinunter zum Strand und sah zu, wie die *Wavebreaker* versank.

Es dauerte zwanzig Minuten, bis schließlich ihre Masten elegant zur Seite kippten und sie auf der Steuerbordseite liegenblieb. Ich wartete noch ein paar Minuten, um sicherzugehen, daß sie nicht absackte, schwamm dann hinaus, kletterte auf das fast senkrechte Deck und klammerte mich etwa einen Meter über dem Wasserspiegel an die Reling. Ellen und Chatterton waren mir gefolgt. „Ich glaube nicht, daß wir sie wieder flottmachen können!" rief ich ihnen zu. Eine Bergung war zwar möglich, denn die *Wavebreaker* war kaum beschädigt, doch im Moment waren wir für so ein Unternehmen nicht ausgerüstet. „Wir müssen Hilfe rufen."

Ellen kletterte vorsichtig auf die Reling und setzte sich neben mich. Sie blickte sich nervös um – offensichtlich hatte sie Angst, Thessys Leiche zu entdecken, aber die war nirgends zu sehen.

„Was machen wir jetzt?" fragte sie düster.

„Jetzt suchen wir hier erst mal nach Trinkwasser und etwas Eßbarem. Dann hauen wir ab." Ich bemühte mich um einen optimistischen Ton, aber Chatterton und Ellen schienen zu deprimiert zu sein, um meine Aufmunterung zu bemerken. Ich ließ mich von der Reling hinunter ins Wasser und schwamm am Deck entlang bis zu den riesigen Spinden unten am Schwimmdeck. Ich öffnete einen Spind, zerrte eine Schnorchelmaske heraus und setzte sie auf. Dann schwamm ich zur Kajütstreppe hinüber, holte tief Luft und tauchte am Heck hinunter zur Rettungsinsel. Ich zog an der Reißleine, und das orangefarbene Schlauchboot füllte sich rasch mit Luft. Es hatte ein Sonnendach und enthielt außerdem eine eiserne Verpflegungsration und Trinkwasser. Aber vor allem hatte es eine Notfunkboje.

Ich zog die Antenne heraus und warf die Boje ins Wasser, damit sie begann, Notsignale auszusenden. „In etwa fünf Minuten“, erklärte ich Chatterton, „weiß die US-Küstenwache in Nassau, daß wir hier sind, und schickt Hilfe.“

Zwei Stunden später warteten wir noch immer auf unsere Rettung, als Ellen plötzlich an ihre Notizbücher dachte, die noch an Bord der *Wavebreaker* waren. „Ich muß sie wiederhaben“, erklärte sie entschlossen.

Es handelte sich um Notizen für ihre schriftstellerische Arbeit, die sehr wertvoll für sie waren und die sie in einem wasserdichten Behälter in der Heckkabine verwahrt hatte. Um an den Behälter heranzukommen, mußte sie jedoch tauchen, und das war gefährlich, denn es war ein weiter Weg von der Kajütstreppe zur Heckkabine.

Ellen schlug vor, die Fenster einzuschlagen.

„Dazu brauchen wir etwas Schweres“, meinte ich nachdenklich. Dann fiel mir der Bolzenschneider ein, den ich vor vierundzwanzig Stunden an Deck gefunden und in einem der großen Spinde deponiert hatte. Ich legte die Schnorchelmaske wieder an, tauchte hinunter und zog den schweren Metallriegel des Spindes zurück.

Und da trieb Thessy mir entgegen.

Ich schnappte nach Luft, schluckte Wasser, würgte und strampelte verzweifelt an die Oberfläche. Neben mir trieb Thessys Leiche mit furchtbarer Trägheit ebenfalls nach oben.

Ellen schrie.

Über uns ratterte plötzlich ein Hubschrauber der US-Küstenwache. Die Funkboje hatte ihre Schuldigkeit getan. Für Gerechtigkeit freilich war es zu spät, denn die *Dream Baby* war längst verschwunden.

Uns blieb nur, Thessys Leiche zu bergen, Ellens Notizen in Sicherheit zu bringen und abzufliegen.

THESSY wurde auf Straker's Cay beerdigt, neben der kleinen Kirche, in der er in seinem kurzen Leben immer gebetet hatte. Das Kirchlein hatte ein rotgestrichenes Blechdach, einen weißen hölzernen Glockenturm, blaugestrichene Wände und große unverglaste Fenster mit Schattenspendern aus Palmenblättern. Das Gestühl bestand aus alten Parkbänken, und jeder Platz war bei diesem Begräbnis besetzt. Neben Thessys Sarg türmten sich die Blumen. Ellen und ich waren die einzigen Weißen, und es gab niemanden, der nicht Tränen in den Augen hatte. Wir sangen, bis wir heiser waren.

Singend trugen wir den Sarg hinüber zu dem sandigen Friedhof mit den bemalten Holzkreuzen und dem Blick auf die weite See, die der begeisterte Segler Thessy so geliebt hatte. Thessys Vater hatte mich gebeten, als Sargträger zu fungieren, und als wir nebeneinander am Grab knieten, legte er mir den Arm um die Schultern und bedankte sich in Thessys Namen für meine Freundschaft, aber ich konnte nur daran denken, daß ich Thessy hatte sterben lassen. In Strömen liefen mir die Tränen über die Wangen. Das Meer rauschte, und ich war froh, daß dieses Geräusch Thessy in die Ewigkeit begleitete.

Während wir langsam zum Haus von Hector Straker zurückgingen, zog Ellen mich beiseite. „Ich muß mit dir sprechen“, sagte sie. Seit unserer Rettung von der *Wavebreaker* hatten wir uns nicht gesehen, denn ich hatte der Polizei Rede und Antwort stehen müssen. Sie und Chatterton waren zusammen mit der Morgenfähre aus Grand Bahama gekommen. Ich hatte sie, als sie an Land kam, zuerst gar nicht erkannt, weil sie ein Kleid trug. Es war dunkelrot und hatte einen langen, weiten Rock. Sie sah fremd, aber wunderschön darin aus.

Doch wir konnten nicht unter vier Augen miteinander reden, denn schon gesellte sich Denise Harriman zu uns, George Crowninshields rechte Hand, die anstelle des Senators zur Beerdigung gekommen war. Neben ihr ging ein hochgewachsener Mann mit scharfgeschnittenem Gesicht, der nicht am Gottesdienst teilgenommen hatte. „Das ist Warren Smedley“, stellte Denise Harriman ihn vor. „Mr. Smedley ist von der DEA, der Antidrogenbehörde.“

Smedley nickte uns zu, bot uns aber nicht die Hand zur Begrüßung. „Der Senator hat Mr. Smedley gebeten, mit Ihnen zu sprechen.“ Denise Harriman wartete, ob Smedley etwas sagen wollte, doch der Beamte starrte nur hinaus auf die See.

„Wußten Sie eigentlich, daß Robin-Anne im Büro ihres Vaters angerufen hat?“ fragte Denise Harriman plötzlich.

„Nein“, antwortete ich. „Sollte er sie wegholen, oder warum?“

„Ganz im Gegenteil. Sie hat gesagt, ihr und ihrem Bruder gehe es glänzend und nach Hause würden sie noch nicht kommen. Ziemlich dumme Kinder, die beiden.“

„Alles war genau geplant“, sagte ich müde. „Rickie wollte den Segeltörn nur machen, um seinen Paß zurückzubekommen und seine Drogenfreunde wiederzusehen. Er hat uns alle reingelegt.“

„Besonders seinen Vater“, sagte Denise Harriman kühl. „George Crowninshield hat eine halbe Million Dollar als Kaution für seinen Sohn hingelegt.“

„Rickie kann meinetwegen zum Teufel gehen“, knurrte ich, denn ich dachte an Thessys Vater, der einen viel größeren Verlust erlitten hatte als Crowninshield.

Smedley wandte sich plötzlich an mich. „Wissen Sie, wo Rickie Crowninshield sich im Augenblick aufhält?"

„Natürlich nicht." Seine schroffe Art ging mir auf die Nerven, und ich hatte nicht die Absicht, mich gefällig zu zeigen.

„Im Augenblick suchen wir nach Crowninshields Kindern", fuhr Smedley ungerührt fort. Mein Ärger schien ihn nicht zu beeindrucken. „Wir werden sie wohl am besten finden, wenn wir Jesse Sweetman auf die Spur kommen. Was können Sie mir über ihn erzählen?"

Ich sagte, ich wisse nur, daß Sweetman Amerikaner aus den Südstaaten und offensichtlich Rickies Dealer sei.

Warren Smedley machte sich Notizen. „Haben Sie Ihrer polizeilichen Aussage irgend etwas hinzuzufügen, Mr. Breakspear? Oder Sie, Miß Skandinsky?" fragte er dann.

„Nein", antworteten Ellen und ich wie aus einem Munde. Wir waren beide von der Polizei der Bahamas ausführlich verhört worden. Wir hatten zahllose Fotos durchgesehen, um die Männer, die die *Wavebreaker* geentert hatten, zu identifizieren, doch weder wir noch Jackson Chatterton hatten Miguel oder die beiden von mir erschossenen Scharfschützen erkannt. Die Polizei hatte mich zwei Tage lang in „Schutzhaft" gehalten. Ich war ziemlich sicher, daß Deacon Billingsley hinter dieser Maßnahme steckte, und ich erwartete eigentlich eine Mordanklage. Doch die ganze Sache verpuffte. Niemand wurde angeklagt, schon gar nicht des Mordes, weil man keine Leichen gefunden hatte und weil kein Kläger da war. Der Mord an Thessy, der ja nicht zu bestreiten war, wurde von der Polizei keineswegs verfolgt. Man beließ es bei „einem oder mehreren unbekannten Tätern".

Man hatte mich sang- und klanglos aus dem Gefängnis entlassen und mir meinen Paß zurückgegeben. Crowninshield, oder zumindest Denise Harriman, schien mit diesem mangelnden Interesse von seiten der Polizei offenbar sehr zufrieden zu sein. „Wir würden es begrüßen", instruierte sie Ellen und mich, „wenn Sie sich in dieser Angelegenheit zurückhaltend verhielten. Glücklicherweise haben die Medien bisher kein großes Interesse gezeigt. Ich hoffe, Sie verstehen mich."

„Vollkommen", antwortete ich bitter. „Wir sollen die Schnauze halten."

„Genau." Denise Harriman belohnte mich mit einem kühlen

Lächeln. Dann sah sie auf die Uhr, machte noch ein paar passende Bemerkungen über die traurigen Ereignisse dieses Tages und verabschiedete sich. Ich dachte, damit sei die Sache erledigt, aber Warren Smedley hatte noch eine Überraschung für uns. „Wir haben die Pflicht und Schuldigkeit, Sie auf die Möglichkeit eines Vergeltungsschlages aufmerksam zu machen."

Ich starrte ihn an. Ellen runzelte die Stirn. „Wie bitte?" fragte sie.

„Der Mann in Jesse Sweetmans Gesellschaft wird den Tod seiner beiden Kumpane wahrscheinlich rächen wollen. Drogenhandel wird hauptsächlich von Familien getragen, die dem Gedanken der Blutrache nahestehen. Deshalb rate ich Ihnen, die Bahamas zu verlassen."

Doch Smedleys Warnung flößte mir keine besondere Angst ein. Sweetman und Rickie hatten schließlich erreicht, was sie wollten, und würden wahrscheinlich keinen Ärger mehr machen. „Ich werde die Augen offenhalten", meinte ich gelassen.

„Sie täten besser daran, die Inseln zu verlassen", wiederholte Smedley und wandte sich ab. Denise Harriman, die auf ihn gewartet hatte, nickte uns eisig zu und beeilte sich, dem Beamten zu folgen.

Ellen starrte hinter den beiden her. „Glaubst du wirklich, die werden versuchen, sich zu rächen?" fragte sie.

Ich zuckte die Achseln. „Möglicherweise."

„Also, was hast du vor?"

„Ich laufe nicht davon. Ich muß mein Schiff reparieren. Crowninshield wird es nicht für mich machen, denn wir waren ja keine zwei Wochen mit den Zwillingen auf See. Aber du solltest gehen."

Ellen lächelte. „Nick, du alter Chauvi. Dich kann man nicht ändern, was? Du bleibst da, aber ich soll weglaufen."

„Ich bin kein Pazifist wie du", erwiderte ich.

„Als ich vergewaltigt werden sollte, war ich keine Pazifistin mehr." Ihr Ton war grimmig. „Aber ich kann sowieso nicht in Freeport bleiben."

„Nicht?" Ich konnte meine Enttäuschung nicht verbergen.

„Das Alphabetisierungsprojekt sucht jemanden, der auf Great Inagua Feldstudien macht. Dort wäre ich sicher."

„Dort wird es dir gar nicht gefallen", sagte ich heftig. „Da gibt's nichts als Salinen und riesige Moskitos."

Sie schnitt eine Grimasse. „Die Alternative ist, für Marge und Barry den Boatsitter zu machen." Marge und Barry Steinway unterrichteten an derselben Universität wie Ellen und besaßen einen 11-Meter-Katamaran, mit dem sie zwischen den Florida Keys und den Bahamas umhersegelten. „Sie haben mich gebeten, ein paar Wochen auf die

Addendum aufzupassen. Ich habe mir gedacht, ich segle vielleicht damit zu den Florida Keys. Wäre doch eine gute Übung, oder?"

„Für eine Pazifiküberquerung?" fragte ich voller Hoffnung.

„Wofür denn sonst?" Ellen lächelte mich an. „Außerdem, vor Florida bin ich sicher, denn kein Mensch wird wissen, wo ich bin."

„Ja, da bist du gut aufgehoben."

„Momentan habe ich also die Wahl zwischen der *Addendum* oder Great Inagua."

„Du könntest auch hierbleiben", schlug ich vor.

„Hier gibt es nichts für mich zu tun, Nick." Sie nahm meine Hand und zog mich weiter. „Und du willst an der *Masquerade* arbeiten?"

„Ja, genau."

Sie runzelte die Stirn. „Werden sie dich hier nicht suchen?"

„Ich pass' schon auf." Wir gingen langsam am Meer entlang.

„Wann brechen wir auf?" fragte Ellen plötzlich. „Ich meine, zu unserer Reise."

„Irgendwann Ende September", antwortete ich.

Sie blieb stehen und umschloß mein Gesicht mit ihren warmen Händen. „Bis dann, Nick. Paß auf dich auf."

„Natürlich."

„Denn ich möchte mit dir bis ans Ende der Welt segeln." Sie lächelte, und mir wurde plötzlich bewußt, wie sehr ich sie liebte.

„Paß du auch auf dich auf", sagte ich.

„Mach ich", antwortete sie. Dann ließ sie mich los, denn Jackson Chatterton gesellte sich zu uns.

Kapitel 10

DIE TRAUERGÄSTE waren immer noch in der Bootswerft und sangen Totenlieder, während ich Ellen und Chatterton zum Pier brachte. Es war schon fast dunkel, aber von der Fähre war nichts zu sehen. „Warte nicht", sagte Ellen zu mir. „Wir kommen schon klar."

„Es kommt mir so sinnlos und dumm vor, daß es so enden soll."

„Denk an Thessy, für den ist es viel schlimmer ausgegangen", sagte Ellen, und Tränen liefen ihr über die Wangen, als sie mich zum letztenmal umarmte.

Ich preßte sie fest an mich und riet ihr noch einmal, nicht nach Great Inagua zu fahren, sondern lieber mit der *Addendum* zu den Florida Keys zu segeln.

„Das werde ich wohl machen", schniefte sie.

Ich küßte sie; dann schüttelte ich Jackson Chatterton die Hand. „Gute Heimreise", sagte ich zu ihm. „Und passen Sie auf Ellen auf."

„Geht klar, Breakspear."

Allein wanderte ich zur *Masquerade* zurück. Der Abend war sternenklar und warm. Bei den Strakers brannten die Petroleumlampen, die Insekten summten herum, doch ich wollte allein sein und ließ das Haus links liegen.

Im Dunkeln war die *Masquerade* nur eine große schwarze Masse. Ich erklomm die drei Meter hohe Holzleiter und warf die Plane zurück. Die schweren Balken, zwischen denen die *Masquerade* aufgebockt war, knackten, als ich die Luke aufklappte und mich in die Kabine hinuntergleiten ließ.

Unter Deck war es drückend heiß. Ich zündete eine Kerze an und steckte sie in den Glaszylinder einer Lampe. Es war ein eigenartiges Gefühl, wieder in meinem Boot zu sein.

Der Schweiß lief mir in Strömen den Rücken hinunter. Doch plötzlich wurde mir eiskalt, denn draußen war jemand auf der Leiter. Ich hörte das scharrende Geräusch eines Schuhes auf einer Sprosse. „Wer ist da?" rief ich.

Keine Antwort – nur ein Knacken der Leiter, als mein Besucher zum Cockpit der *Masquerade* hinaufkletterte. Ich dachte sofort an einen Racheakt der Drogenhändler, riß die Klappe im Boden auf, griff tief in die Bilge hinein und tastete mit zitternden Händen nach meinem Revolver.

Als ich die Waffe endlich gefunden hatte, stand der Eindringling schon oben auf der Kajütstreppe, verdunkelte die Sterne und starrte hinunter zu mir in die spärlich erleuchtete Kajüte.

„Ich wollte doch nicht wegfahren", sagte die Gestalt, und das dunkelrote Kleid raschelte, als sie zu mir herunterkletterte. Ich ließ das Schießeisen wieder in die Bilge fallen und stand auf, um sie in die Arme zu schließen. Vor Freude schloß ich die Augen, bevor ich sie küßte.

„Heiß hier drin", flüsterte sie.

„Ja", antwortete ich, „ja, wirklich."

Raschelnd glitt das Kleid auf den Boden. Hoch über der *Masquerade* funkelten die Sterne, und ich blies die Kerze aus.

AM NÄCHSTEN Morgen fand ich Ellen bei der Lagune. Sie saß im Sand, hielt ihre Knie mit den Armen umschlungen und sah aufs Meer hinaus. Ihr rotes Haar hatte sie hochgesteckt. Sie hatte ein Paar alte Shorts und ein T-Shirt von mir gefunden, die ihr viel zu groß waren.

Ich fand, daß sie hinreißend aussah. Lächelnd ging ich ihr entgegen. Sie lächelte zurück, nahm einfach meine Hand und drückte einen sanften Kuß darauf; Worte waren überflüssig.

Ich machte auf einem Spirituskocher Kaffee und bot ihr ein Stück von dem ewig haltbaren Rosinenkuchen an. In der Ferne flogen weiße Silberreiher aus den Mangrovensümpfen auf.

„Was hast du eigentlich gedacht, als du diese Männer auf der *Wavebreaker* umbringen mußtest?" fragte Ellen und sah mich ernst an.

„Überhaupt nichts. Ich hatte nur Angst."

„Angst?" Sie runzelte ungläubig die Stirn.

„Angst und Abscheu", gab ich zu. „Ich bin ein sehr unerfahrener Killer, verstehst du." Ich schlug einen flapsigen Ton an, obwohl ich immer noch Alpträume hatte, wenn ich an Sweetmans Uzi dachte und daran, was alles hätte passieren können.

DER ANLASS, der uns einander so nahegebracht hatte, war traurig – trotzdem wurde es ein wunderschönes Wochenende. Ich arbeitete ein bißchen an der *Masquerade*, doch die meiste Zeit gingen wir spazieren oder schwammen oder redeten miteinander. Der beste Tag war der Sonntag, Ellens letzter Tag auf Straker's Cay. Wir segelten mit dem Boot von Thessys Vater zu einer der einsamen Inseln, auf denen es nichts gab außer dem Meer, den Vögeln und den Palmen. Wir schwammen in einer Lagune, und ich fragte mich, ob ich je wieder so glücklich sein würde.

Nach diesem herrlichen Tag segelten wir zur *Masquerade* zurück, ich brachte den Herd in Gang und kochte frische Meeräschen zum Abendessen. Der Revolver lag neben mir, als wir aßen, doch Ellen konnte den Anblick nicht ertragen. „Smedley hat nicht ausdrücklich gesagt, daß Sweetmans Freunde sich rächen würden", erklärte sie nachdrücklich. „Er hat nur gesagt, es wäre möglich. Außerdem, wenn sie uns wirklich umbringen wollten, dann hätten sie es längst versucht."

Ich nahm die Sache nicht so leicht wie Ellen. Auf Straker's Cay fühlte ich mich zwar einigermaßen sicher, weil die Insel klein war und kein Fremder unbemerkt hätte landen können. Doch Ellen wollte am nächsten Tag nach Freeport zurückkehren. Ich versuchte wieder, sie zum Bleiben zu überreden.

Doch sie schüttelte den Kopf. „Hier gibt's keine vernünftige Arbeit für mich, Nick. Ich möchte das Gefühl haben, daß ich zu etwas nütze bin."

„Ich kann dir das Tischlern beibringen."

„Nein, danke“, sagte sie mit Entschiedenheit. „Mach dir keine Sorgen. Ich segle die *Addendum* zu den Florida Keys und verstecke mich dort wie ein Kaninchen in seinem Bau.“

„Dann laß mich dich wenigstens zur *Addendum* begleiten“, drängte ich.

Sie wandte den Kopf und sah mich an. Das Feuer war fast heruntergebrannt und warf magische Schatten auf ihr Gesicht. „Ich brauche kein Kindermädchen, Nicholas Breakspear.“

„Ich will doch nur, daß dir nichts passiert“, erklärte ich.

„Das will ich auch“, sagte sie kurz. „Und überhaupt – du hast doch gar keinen Grund, nach Freeport zu fahren.“ Sie beugte sich vor und stocherte im Feuer. „Ich bin eine erwachsene Frau und kein Baby mehr.“ Ihr Entschluß stand fest, deshalb schlich ich mich mitten in der Nacht ohne ihr Wissen in den Ort und rief John Maggovertski an. Ich bat ihn um einen Gefallen, und John war entgegenkommend wie immer.

„Aber sag Ellen nichts“, warnte ich ihn.

„Kein Wort“, schwor er.

ICH SCHLIEF schlecht in dieser Nacht. Immer wieder sah ich im Traum Thessys Leiche aus dem Spind treiben. Als ich aufwachte, war ich todmüde. Nach dem Frühstück arbeitete ich an der *Masquerade*, während Ellen im Schatten des aufgebockten Rumpfes ein Buch las. Die Fähre ging erst am Abend. Doch gegen Mittag kam, wie versprochen, John mit seiner Maschine angeknattert. Ellen runzelte die Stirn, als das Flugzeug hinter den Palmen landete. „Ich hoffe nur, das ist nicht der, an den ich jetzt denke.“

„John Maggovertski?“ fragte ich. „Der ist doch gar nicht so übel.“

„Ich finde ihn fürchterlich.“

Zwanzig Minuten später kam John auf uns zuspaziert. Er trug ein entsetzliches grellbuntes Hawaiihemd und hatte sein unschuldigstes Gesicht aufgesetzt. Er behauptete, er sei nur zufällig vorbeigekommen, und tat sehr überrascht, Ellen hier bei mir zu finden. Ein dreckiges Grinsen konnte er sich freilich nicht verkneifen. „Habt ihr's schön hier“, säuselte er.

Ellen knallte ihr Buch zu und wollte weggehen. Es gelang mir, sie aufzuhalten, indem ich so tat, als hätte ich plötzlich einen brillanten Einfall. „Fliegst du nach Freeport zurück?“ fragte ich John scheinheilig.

„Aber klar, Nick.“

„Dann ist es Quatsch, daß du die Fähre nimmst“, erklärte ich Ellen.

„Mit ihm kommst du doch viel schneller nach Hause. Und sparst Geld. Du nimmst ihr doch nichts ab, John, oder?"

„Keinen Cent", sagte er wie vereinbart. Er hatte mir am Telefon versprochen, Ellen nicht nur nach Freeport zu fliegen, sondern sie auch zu ihrer Wohnung zu fahren und von dort zu dem Hafen, in dem die *Addendum* lag. Ob sie wollte oder nicht, Ellen stand unter seinem Schutz.

Sie zögerte, das Angebot anzunehmen, doch schließlich nickte sie und brachte es sogar fertig, ihm höflich zu danken. „Wirklich sehr nett von Ihnen, Mr. Maggovertski."

„Ist mir ein Vergnügen, mein Herzblatt. Und sag doch John zu mir. Alle nennen mich so."

Doch die Anrede „Herzblatt" gefiel Ellen nicht besonders. „Außer mir, Mr. Maggovertski, außer mir." Sie stakste davon.

Als sie außer Hörweite war, bedankte ich mich überschwenglich bei ihm. Am Telefon hatte ich ihm angedeutet, daß ich gewisse Probleme hatte. Nun wollte er die ganze Geschichte hören.

„Hast du die *Dream Baby* je gesehen?" fragte ich, als ich mit meinem Bericht fertig war. Auf einem seiner Flüge über die Insel mußte er das auffällig bemalte Schiff doch gesichtet haben.

Er schüttelte den Kopf. „An ein Schiff mit Tarnfarbe würde ich mich bestimmt erinnern."

Eine Stunde später gingen wir zu dritt hinüber zu seiner Maschine, die in der brütenden Hitze schmorte. Sie sah entsetzlich aus, ölverschmiert und dreckig. Ellen schauderte bei ihrem Anblick. „Ist das Ding auch sicher?" wollte sie wissen.

„Aber ja", versicherte ihr John. Er kletterte auf den Flügel und öffnete den Einstieg. Ich half Ellen hinauf. Als sie im Flugzeug saß, warf sie mir eine Kußhand zu. „Ich schreibe dir aus Florida!" rief sie.

Die Motoren erwachten donnernd zum Leben, und die Propeller wirbelten eine Wolke aus Grashalmen und Korallenstaub auf. Ich trat zurück, die Maschine setzte sich in Bewegung, raste die Piste entlang und hob schließlich sanft ab. Ich wandte mich um und ging zurück zur *Masquerade*. Ich fühlte mich sehr einsam. Und sehr verliebt.

ABER dann mußte ich doch nach Freeport fahren.

Nachdem Ellen abgeflogen war, ging ich zur Post, wo ein Brief von McIllvanneys Bootswerft für mich lag. McIllvanneys Sekretärin Stella entschuldigte sich darin, daß ich meinen Lohn noch nicht bekommen hatte, aber McIllvanney bestehe darauf, daß ich zuerst die notwendigen Versicherungs- und Bergungsformulare für die *Wavebreaker* unterzeichnete.

Da mein Geld allmählich zur Neige ging, hatte ich keine Wahl – ich mußte fahren. Zwei Tage später bestieg ich also die Fähre, nicht ohne sicherheitshalber mein Schießeisen mitzunehmen. Zwei Nächte und einen Tag später war ich in Freeport und nahm den Bus hinaus zu McIllvanneys Bootswerft. McIllvanney stand auf einer schwimmenden Plattform neben der *Junkanoo*, einer eleganten 13-Meter-Motorjacht. Auf dem Achterdeck lag Gepäck herum, das wohl kaum sein eigenes war, denn rosa leuchtete ein Kleidersack, und ein Koffer war lavendelblau. „Was wollen Sie denn hier, Breakspear?" blaffte er mich an.

„Ich sollte was unterschreiben", erklärte ich höflich. „Und da bin ich."

Er machte die Heckleine der *Junkanoo* fest und sprang dann an Bord, um den Motor der Jacht abzustellen. Im selben Augenblick öffnete sich die Tür zur Hauptkabine, und Donna, die blonde Schönheit, die ich schon einmal in McIllvanneys Apartment getroffen hatte, trat aufs Achterdeck. Sie begrüßte mich mit einem strahlenden Lächeln. „Nick! Wie schön, Sie wiederzusehen. Kommen Sie an Bord? Wir haben Champagner im Kühlschrank."

„Nein, er kommt nicht an Bord. Er kommt mit mir." McIllvanney sprang auf die Plattform. „Du wartest auf mich, Mädchen."

„Es war nett, mal wieder mit Ihnen zu plaudern, Nick!" rief Donna hinter uns her.

„Mißbrauchen Sie etwa das Firmeninventar?" fragte ich McIllvanney, als wir außer Hörweite waren.

Er blieb verärgert stehen. „Ich bringe das Mädchen zu einem Kunden, und wenn er mit ihr fertig ist, dann hole ich sie wieder ab."

McIllvanney nahm zwei Stufen auf einmal, und ich folgte ihm ins Büro. Stella legte gerade die notwendigen Papiere auf McIllvanneys Schreibtisch bereit. „Bei den Bleistiftkreuzen unterschreiben!" befahl McIllvanney.

Ich begann erst einmal, das oberste Blatt zu lesen.

„Wollen Sie das etwa Wort für Wort durchlesen, bevor Sie unterschreiben?" schimpfte er.

„Ja."

Er knurrte wütend, konnte aber nichts machen. Stella lächelte nervös, verdrückte sich aus dem Büro und ließ mich mit McIllvanney allein, der verdrossen aus dem Fenster starrte, während ich gründlich das Kleingedruckte der verschiedenen Formulare durchlas. Abgesehen von einer grauenhaften Kanzleisprache waren die Papiere in Ordnung, ich unterschrieb also. „Ich höre, Sie wollen die *Wavebreaker* bergen?“ fragte ich dann.

„Morgen abend haben wir sie wieder oben“, antwortete er widerstrebend.

„Wenn Sie Thessys Bibel finden, heben Sie sie bitte auf. Stella soll sie seinem Vater schicken.“

Er nickte kurz und schob die Formulare in einen Umschlag. Dann schrieb er mir einen Scheck aus und warf ihn mir über den Schreibtisch zu. Ich lächelte ihn strahlend an, bedankte mich und ging.

VON MCILLVANNEYS Büro begab ich mich direkt zur Bank, um den Scheck einzulösen, bevor er ihn womöglich sperren ließ. Dann suchte ich eine Telefonzelle und rief John an. Ich wollte Gewißheit haben, daß er Ellen sicher auf der *Addendum* abgeliefert hatte.

Aber damit war es nichts. Ich bekam nur den Anrufbeantworter, der mir empfahl, nach dem Piepton zu sagen, was ich auf dem Herzen hatte. Ich tat wie geheißen und sagte, ich würde später noch einmal anrufen.

Dann kaufte ich mir eine Zeitung, und zwar den *Nassau Guardian*, machte es mir in einer Kneipe bequem und las bei einem Glas Bier die neuesten Nachrichten über den Bau eines Krankenhauses auf Great Exuma. Ich erfuhr außerdem, daß die Leiche, die man vor den Bahamas an der Ostküste der Insel Andros gefunden hatte, inzwischen identifiziert war und daß es sich dabei um einen amerikanischen Touristen namens Jackson Chatterton handelte. Ich starrte auf die Zeitung, und meine Hand begann zu zittern.

Das Blatt berichtete, Chatterton sei ertrunken und seine Leiche habe bis zu ihrer Entdeckung längere Zeit im Wasser gelegen. Es war nur ein Füller auf der Lokalseite, doch er jagte mir Angstschauer über den Rücken.

Ich schloß ganz fest die Augen, doch das nützte nichts, also öffnete ich sie und starrte wieder auf die Zeitung. Vermutlich hatten Chattertons Killer an der Fähre auf ihn gewartet. Sie mußten ja annehmen, daß wir nach Thessys Beerdigung alle drei Straker's Cay mit dem nächsten Boot verlassen würden. Doch sie hatten nur Jackson Chatterton angetroffen, und das bedeutete, daß sie immer noch nach Ellen und mir suchten. Auf einmal fühlte ich mich sehr verwundbar in der heißen, grellbunt gestrichenen Kneipe.

Ich riß die Notiz aus der Zeitung heraus und steckte sie in die

Tasche. Mein Herz pochte wild vor Angst. Ich konnte immer noch nicht fassen, was ich da gerade gelesen hatte.

Jackson Chatterton war tot. Der große, starke, liebenswerte Mann war tot, und in mir stieg eine ohnmächtige Wut auf seine Mörder auf. Die nahmen nicht nur Rache für ihre beiden Revolverhelden; sie beseitigten systematisch alle Zeugen des Mordes an Thessy.

Was, wenn ich der einzige noch lebende Zeuge war? Was, wenn Ellen gar nicht abgefahren war? Ich ließ den Rest meines Bieres stehen und trat auf die belebte Straße hinaus. Ich drängte mich durch die Menge und sah mich angstvoll um. Obwohl ich nichts Verdächtiges bemerkte, hielt ich doch lieber ein Taxi an. Erleichtert stieg ich ein und ließ mich zu dem Hafen fahren, in dem die *Addendum* gelegen hatte. Das Tor stand offen und war unbewacht. Ich rannte zu den Pontons, wo ich zahlreiche Boote und die übliche Ansammlung schimmernder Motorjachten entdeckte, aber keinen einzigen Katamaran. Doch als ich gerade aufatmen wollte und mein Puls sich beruhigte, entdeckte ich die *Addendum*.

Der große weiße Katamaran lag am letzten Ponton. Also war Ellen doch nicht abgereist, war nicht in Sicherheit. Ich hatte Mühe, die Fassung zu bewahren. Rasch kletterte ich an Bord der *Addendum* und sah gleich, daß seit Tagen niemand auf dem Schiff gewesen war. Der Wind hatte Papierfetzen ins Cockpit geweht, und eine Spinne hatte ein großes weißes Netz über den Lüftungsschlitzen der verschlossenen Kabinentür gesponnen.

Ich lugte durchs Fenster in die große Kajüte. Sie war leer. Ellen war nicht da, war offenbar nie hiergewesen. Ich sprang auf den Ponton zurück und sah mich hilflos um. Neben dem Tor gab es ein kleines Büro, dessen Tür offenstand. Als ich dort ankam, stellte ich fest, daß es leer war, aber es gab ein Telefon. Also versuchte ich noch einmal, John anzurufen, bekam aber wieder nur den Anrufbeantworter. Diesmal hinterließ ich keine Nachricht.

Dann rief ich in der Schule in Freeport an, die das Alphabetisierungsprojekt betreute. Von einer Sekretärin erfuhr ich, daß Ellen am Anfang der Woche vorbeigekommen sei, um zu sagen, sie werde nicht nach Great Inagua mitkommen, sondern nach Florida segeln.

Ich wußte bereits, daß sie das nicht getan hatte.

Ellen war verschwunden. Jackson Chatterton war tot. Thessy lag in seinem Grab. John war nicht zu erreichen. Und ich hatte Angst. Ich rannte durch die Straßen zu Ellens kleinem Apartment und hämmerte an die Tür.

Keine Antwort. Unten im Hof weinte ein Kind, und eine Ziege

meckerte. Eine Frau schimpfte, und auf der Straße quietschten die Bremsen eines Lasters.

Ich trat mit dem Fuß gegen Ellens gelbgestrichene Wohnungstür. Etwas Farbe blätterte ab, aber die Tür ging nicht auf. Ich versuchte, die Tür aufzubrechen, doch das winzige Schloß war stabiler, als es aussah. Aber schließlich gab es doch nach, und die Tür flog auf.

Ellen war offenbar schon lange fort. Die Wohnung war verlassen, und nichts ließ auf einen Kampf schließen; das Bett war gemacht, und alle Möbel standen an ihrem Platz.

Ich blickte in alle Schränke und Schubladen, ohne genau zu wissen, was ich eigentlich suchte. Ein schwacher Trost war, daß ihre kostbaren Notizbücher nicht da waren; doch viel bedeutete das nicht. Von der Schulsekretärin wußte ich, was Ellen vorgehabt hatte – nämlich nach Freeport zu fliegen, ihr Gepäck aus ihrer Wohnung zu holen, sich vom Projektteam zu verabschieden und loszusegeln. Aber im Hafen war sie nicht angekommen.

Ich mußte unbedingt telefonieren. Die Telefonzelle vor dem Apartmentblock war das Opfer von Vandalen geworden, also ging ich wieder zurück zu McIllvanneys Bootswerft.

„Hallo, da sind Sie ja", begrüßte Stella mich fröhlich. „Möchten Sie eine Tasse Tee?"

„Ja, gern. Danke. Kann ich mal telefonieren?" fragte ich. „Kein Ferngespräch."

„Von mir aus können Sie auf dem Mond anrufen. Ich muß die Rechnung ja nicht bezahlen."

Wieder rief ich John an, aber er war immer noch nicht zu Hause. „John", sprach ich aufs Band. „Hier ist Nick. Ich habe Ellen aus den Augen verloren, und ich muß mit dir sprechen. Wenn du heimkommst, geh nicht wieder weg, bevor wir miteinander geredet haben. Ich rufe wieder an." Ich legte auf.

Stella hatte alles mit angehört. „Ellen ist verschwunden?"

Ich nickte. „Sie ist nicht in ihrer Wohnung, sie ist nicht auf dem Boot ihrer Freunde, und sie arbeitet nicht an dem Alphabetisierungsprojekt." Ich zuckte die Achseln. „Ich weiß einfach nicht, wo sie ist."

Stella reichte mir eine Tasse Tee. „Ich weiß, daß er am Sonntag versucht hat, sich mit Ellen zu treffen." Mit „er" meinte sie McIllvanney.

„Tatsächlich?" Ich fragte, ob Bernie McIllvanney begleitet hatte.

Stella zuckte die Achseln. „Keine Ahnung." Plötzlich runzelte sie die Stirn. „Als Sie heute früh hier waren, um die Formulare zu unterschreiben, da hat Bernie unten telefoniert. Es ging um Sie. Ich hörte, wie er Ihren Namen nannte."

„Was hat er sonst noch gesagt?"

„Das habe ich nicht verstanden." Sie lächelte mich arglos an. „Aber Sie können ihn ja fragen. Er sitzt in der Segelwerkstatt und spielt Poker." Bevor ich sie daran hindern konnte, hatte Stella die Tür geöffnet und rief in den Hof hinunter: „He, Bernie, du wirst gebraucht. Setz deine faulen Knochen in Bewegung!"

Ich hätte ihn lieber auf meine Art angesprochen, doch Stella war mir zuvorgekommen. Ich ging ihr nach und trat auf die Außentreppe, als Bernie gerade mit finsterem Blick aus der Segelwerkstatt kam.

„Was ist denn los?" brüllte er. Dann sah er mich. „Du?" stieß er hervor und deutete mit dem Finger auf mich. „Was willst du?"

„Du sagst ihm, was er wissen will, Bernie, verstanden?" befahl Stella.

„Du hältst den Mund!"

„Hör zu", sagte ich, „nur eine Frage –"

„Du hast überhaupt nichts zu fragen! Verschwinde hier, aber sofort!" Blitzschnell zog er ein Messer aus dem Gürtel. Es war ein großes Ding mit breiter Klinge, das er auf mich richtete. „Also, Mann, wenn du unbedingt Ärger willst –" Bernie nahm zwei Stufen auf einmal.

Was sollte ich machen? Ich zog meinen Revolver.

Stella schrie auf, flüchtete ins Büro und knallte die Tür hinter sich zu.

Einer von Bernies Pokerfreunden war aus der Segelwerkstatt gekommen und rief ihm eine Warnung zu. Doch das war überflüssig, denn Bernie war beim Anblick des Revolvers wie angewurzelt stehengeblieben. „Nein!" keuchte er nur.

„Eine Frage –", begann ich wieder im gleichen freundlichen Ton.

„Nein! Nein!" Bernie tat einen Schritt zurück, stolperte und flog die Treppe hinunter. Er landete auf dem Bauch im Hof.

„Hör jetzt endlich zu!" brüllte ich.

„Du bist verrückt! Total verrückt!" Er rappelte sich auf und rannte auf die Pontons zu. Sein Freund hatte sich bereits dünngemacht.

„Halt!" schrie ich. Ich rannte hinter ihm her, konnte ihn aber nicht mehr einholen. Er war schon dabei, die Cockpitabdeckung der *Starlight* aufzureißen. Mit seinem Messer durchschnitt er die Leinen und stieß das Boot vom Ponton ab. Er ließ die Motoren an und gab so abrupt Gas, daß die *Starlight* sich förmlich aufbäumte, bevor sie sich in Bewegung setzte. Bernie schnappte sich das Ruder, das Wasser schäumte auf, und das Schiff legte ab. Bernie wußte etwas, davon war ich jetzt überzeugt.

Stella erschien wieder auf der Treppe vor dem Büro. Ich ging auf sie zu. „Tut mir leid, Stella. Tut mir wirklich leid."

Ich bat sie, Ellen, falls sie sich meldete, zu sagen, sie möchte John anrufen. Ich gab ihr seine Adresse und Telefonnummer, ohne mir viel davon zu versprechen. Mir kam alles ziemlich hoffnungslos vor.

Kapitel 11

DANK McIllvanneys Scheck hatte ich genug Geld, um die lange Taxifahrt zu Johns Haus zu bezahlen. Ich schickte ein Stoßgebet zum Himmel, er möge zu Hause sein. Er war an dem Tag, als Ellen verschwunden war, mit ihr zusammengewesen. Wenn jemand wußte, was mit ihr passiert war, dann er.

Johns Haus lag am Rande eines heruntergekommenen, verlassenen Industriegebietes, voll von Autowracks, verfallenen Gebäuden und Giftmüll. Ein schmutziger Fluß schlängelte sich durch diese deprimierende Landschaft, in der man sicher nicht besonders gesund lebte. Johns Haus war einst ein Warenlager für Tiefkühlkost gewesen, und nur in den ehemaligen Büros im oberen Stock gab es ein paar Fenster, von denen man einen Blick auf den Fluß hatte. Ansonsten bestand das Gebäude aus meterdicken Betonwänden mit schweren Eisentüren. John hatte sich eine Veranda gebaut, von der aus er einen wunderbaren Blick auf die alten Öltanks am gegenüberliegenden Ufer des Flusses hatte.

Das Taxi hielt vor einem hohen Drahtzaun, der dies elegante Anwesen umsäumte. Keine Spur von dem roten Firebird, den John fuhr. Überhaupt keine Spur von Leben.

„Sieht irgendwie verlassen aus", sagte der Taxifahrer stirnrunzelnd. „Sind Sie sicher, daß Sie hier bleiben wollen?"

Das Gelände sah mehr als verlassen aus; die Stille hatte etwas Bedrohliches. Aber ich wollte John unbedingt sprechen, deshalb bezahlte ich, stieg aus und schickte das Taxi fort. Das Tor im Zaun war mit einer Kette und einem Vorhängeschloß gesichert, doch ich wußte, wo ein Schlüssel zu finden war, nämlich unter einem Betonklotz nahebei. Ich schloß auf und ging zur Veranda des Hauses. Von dort sah ich die *Bronco Buster*, Johns Fischerboot, das am Ende einer kurzen Betonmauer vertäut lag.

Ein zweiter Schlüssel war hinter einem Balken an der Veranda versteckt. Ich schloß die Küchentür auf, nahm mir ein Bier aus dem Eisschrank und eine Dose Thunfisch aus dem Regal. Dieses Festmahl trug ich auf die Veranda, zog mein Schießeisen aus dem Hosenbund und deponierte es auf dem Rattantisch. Ich setzte mich in Johns Lieblingssessel, der aus dem Cockpit einer Boeing B-52 stammte und herrlich bequem war.

Ein Lastwagen ratterte auf der Straße hinter dem Haus vorbei, danach bewegte sich eine Stunde lang nichts. Ich saß in meinem Pilotensitz und starrte auf die Öltanks am anderen Flußufer.

Angenommen, Ellen war tot. Angenommen, John war mit ihr umgekommen. Vielleicht hatte man sie überfallen, vielleicht mit der Waffe bedroht und entführt. Angenommen, sie war am Leben und . . . Ich schloß die Augen und versuchte, die scheußlichen Gedanken zu verdrängen. Nachdenklich goß ich den letzten Rest Bier hinunter und versuchte mir einzureden, John werde bald nach Hause kommen, lebenssprühend wie immer und mit der Nachricht, Ellen habe plötzlich ihre Pläne geändert und sei in die Vereinigten Staaten geflogen.

Plötzlich wurde mir klar, wohin es mich zog. Wenn John nicht bald zurückkam, dann würde ich mit der *Bronco Buster* nach Straker's Cay zur *Masquerade* segeln. Wohin hätte ich mich sonst wenden sollen? Auf Grand Bahama war ich nicht sicher vor Sweetman, und hier gab es auch nichts, was mich gehalten hätte. Keine Ellen.

Plötzlich hörte ich zu meiner Rechten ein Geräusch, als ob jemand gegen den Drahtzaun geschlagen hätte. Ich wandte mich um, konnte aber nichts sehen. Dann klang es, als ob jemand versuchte, den Zaun zu durchbrechen, aber er war außerhalb meines Sichtfeldes hinter der Hausecke. Ich schnappte meinen Revolver, warf mich auf den Boden und kroch zur Ecke der Veranda.

Das Gelände hinter dem Zaun war ein Autofriedhof. Hunderte von Chromteilen glänzten in der Sonne, aber ich konnte niemanden sehen. Doch plötzlich ging zwischen den Autowracks ein Schuß los. Der Schütze feuerte ein zweites Mal, lud durch, feuerte wieder und wieder. Die Schüsse gellten durch die verpestete Luft. Einer von ihnen traf die Sturmlampe über der Veranda, aber sonst wurde kein Schaden angerichtet. Ich suchte in meiner Hosentasche nach Patronen und lud alle sechs Kammern meiner Webley. Ich spannte die Waffe, rollte mich auf den Rücken, setzte mich auf und zielte auf die Treppe am anderen Ende der Veranda. Ich vermutete, daß die Geräusche am Zaun meine Aufmerksamkeit dorthin lenken sollten, meine Feinde aber von der anderen Seite angreifen wollten.

Ich hatte zwar Angst, aber ich hatte eine Waffe, und meine Hände waren ganz ruhig, obwohl mein Herz raste. Wahrscheinlich hatte ich es mit den Männern zu tun, die Ellen entführt oder umgebracht hatten, und ich konzentrierte mich ganz auf den sonnenbeschienenen Fleck am oberen Ende der Treppe. Wer mich angreifen wollte, mußte diese Stelle passieren und sich selbst zur Zielscheibe machen. Dieser Gedanke gab mir Selbstvertrauen.

Aber es kam anders. Sie warfen eine Handgranate.

Ich sah sie durch die Luft kommen und wußte, daß ich verloren hatte.

Der helle Fleck an der Treppe ging plötzlich krachend in Flammen auf. Das Segeltuchdach der Veranda blähte sich und zerriß. Ein heißer Luftstrom traf mich mit erschreckender Gewalt. Der schwere Pilotensessel glitt ein paar Meter auf mich zu, der Tisch flog zur Seite, doch wie durch ein Wunder blieb ich unverletzt. Das Petroleum aus der zerschossenen Lampe fing Feuer, die Flammen flackerten über die Veranda und setzten die Strohmatten auf dem Boden in Brand. Ich war noch halb taub von der Explosion, als meine Angreifer bereits die Treppe heraufgestürmt kamen.

Einer von ihnen schoß um sich wie ein Verrückter und schrie irgend etwas. Ich hörte zwar nur eine Stimme, aber die Schritte von zwei Stiefelpaaren. Mein Vorteil war, daß sie mich nicht sofort sehen konnten, denn ich saß im Schatten, und die Veranda war ein Chaos aus umgestürzten Möbeln, Flammen und Rauch.

Da tauchte der erste Mann auf; der, der immerzu schrie. Er war jung, kurzhaarig, muskulös und trug eine Kalaschnikow. Er begann, die Veranda mit Kugeln zu durchsieben. Doch mir war klar, was ihre Taktik war. Der erste sollte mich ablenken; der zweite war der, der mich abknallen sollte. Ich richtete die schwere Webley ein kleines Stück nach rechts und wartete auf das Erscheinen des zweiten Mannes. Als er auftauchte, schwenkte er seine Maschinenpistole, sah mich und rief seinem Kumpan, der mich noch nicht entdeckt hatte, eine Warnung zu. Ich war außer mir vor Angst, aber meine Ausbildung machte sich bezahlt. Ich drückte ab. Die Kugel zerfetzte dem zweiten Mann die Kehle. Der erste Mann richtete seine Waffe auf mich. Ich wußte, er würde sich nach rechts fallen lassen, um meinem Schuß auszuweichen, und feuerte in diese Richtung. Ich sah den dunklen Fleck, wo meine Kugel ihn in die Brust getroffen hatte. Die Wucht des Schusses warf ihn gegen die Betonmauer, wo er liegenblieb.

Stille. Das Petroleum brannte mit bläulicher Flamme. Schweiß lief mir in die Augen, und meine Hände zitterten. Wie hatten sie mich gefunden? Die Frage war nicht schwer zu beantworten, denn ich hatte ja allen möglichen Leuten erzählt, daß man mich bei John erreichen könne. Außerdem wußten diese Männer sicher schon seit dem frühen

Morgen, daß ich auf der Insel war. Mit wem hatte Bernie wohl telefoniert? Mit Billingsley?

Für den Augenblick hatte ich nichts mehr zu befürchten. Der erste Mann war die Stufen hinuntergefallen, der andere lag zusammengesunken am Fuß der Mauer.

Die Hitze der brennenden Strohmatten wurde unerträglich, der Rauch immer dicker, also stand ich auf und hielt mich mit dem Rücken zur Hauswand. Nichts bewegte sich auf dem Autofriedhof. Sie waren wohl wirklich nur zu zweit gekommen.

Ich lief hinunter zur *Bronco Buster* und kletterte aufs Achterdeck. Als ich gerade die Luke zum Maschinenraum öffnen wollte, hörte ich das Tor kreischen. Ich blickte auf. John kam endlich nach Hause. Er war aus seinem roten Firebird gestiegen und gerade dabei, das Tor zu öffnen. Ich sprang vom Boot, lief auf ihn zu und gab einen Warnschuß ab, um mich bemerkbar zu machen. John sprang sofort wieder in seinen Wagen, gab scharf Gas und fuhr mit kreischenden Reifen in seinen Hof. Neben der Veranda kam er schleudernd zum Stehen und rannte mit dem Feuerlöscher aus seinem Wagen die Treppe hinauf. „Verdammt noch mal, was ist passiert?" brüllte er mir zu, während er den Brand löschte.

„Wo ist Ellen?" brüllte ich zurück.

„Ellen?" John sah mich verständnislos an. „Die ist doch bei dir, oder? Sie hat gesagt, sie will zu dir. Wir sind zu ihrer Wohnung gefahren. Sie hat ihre Sachen geholt, dann hat sie gesagt, sie hat doch keine Lust, nach Florida zu segeln, sondern sie will zurück zu dir. Also habe ich sie bei der Fähre abgesetzt."

„Dort hast du sie allein gelassen?"

„Natürlich. Sie hat gesagt, sie komme schon klar." John sah man sein schlechtes Gewissen an. „Ich mußte drei Venezolaner nach Disneyland fliegen. So ein gutes Geschäft konnte ich mir doch nicht entgehen lassen", verteidigte er sich.

Es war unfair, John die Schuld in die Schuhe zu schieben. Er hatte sein Bestes getan.

„Ellen ist nie in Straker's Cay angekommen", erklärte ich ihm. Plötzlich fiel mir etwas ein. „Es sei denn, sie ist jetzt dort. Vielleicht ist sie erst angekommen, als ich schon fort war", sagte ich voller Hoffnung.

Doch John schüttelte den Kopf. „Ich komme gerade von da, weil ich dich gesucht habe." Er war neben dem Toten am Fuß der Treppe in die Hocke gegangen und durchsuchte dessen Taschen. „Der Senator will dich sprechen."

„Was?"

Doch John antwortete nicht, sondern fluchte laut und warf mir eine Brieftasche zu, die er dem Toten aus der Tasche gezogen hatte. Sie war voller Geld. Aber nicht das hatte seine Aufmerksamkeit erregt, sondern ein Dienstausweis. Der Tote war ein Polizist.

„Billingsley hat sie geschickt." Als ich ihn verblüfft anstarrte, fuhr er fort: „Verdammt noch mal, Nick, denk doch nach! Du bist ein Zeuge für den Mord an Thessy. Sie wollen alle Zeugen loswerden. Früher oder später schicken sie jemand anderes hierher. Wir müssen sofort weg!"

Er lief ins Haus und zerrte ein paar grüne Seesäcke auf die Veranda. Ich sollte sie in seinem Wagen verstauen. Die Säcke waren sehr schwer, und der Inhalt klirrte metallisch. Es sah so aus, als ob John seine Waffensammlung in Sicherheit brachte. „Was jetzt?" fragte ich.

Er zögerte eine Sekunde. „Ich packe. Wir fahren zu Crowninshield." Die Haustür hatte er offengelassen. Er warf zwei Plastiksäcke mit Kleidung und eine Aktentasche in den Kofferraum. Das silbergerahmte Foto einer bildhübschen Brünetten im Gymnastikanzug gab er mir. Wir stiegen ein.

Ich hielt immer noch das Foto in Händen, als John den Motor anließ und den Wagen auf die Straße fuhr.

Ich betrachtete das Porträt. Das Mädchen war zierlich, hatte braunes Haar, helle Augen und ein geradezu unverschämt fröhliches Lächeln. „Aus Pittsburgh?" fragte ich.

„Mhm."

„Sie ist sehr hübsch", sagte ich bewundernd.

„Tja – das ist gemacht worden, bevor sie Kokain entdeckt hat", erklärte er grimmig.

Ich schloß die Augen und dachte an Ellen. Sie hatte die Fähre nehmen wollen, um zu mir zurückzukommen, doch es war alles schiefgegangen.

WIR VERSTAUTEN unsere Ladung in Johns Flugzeug. „Muß vor dem Start noch eine Flugerlaubnis holen. Warte hier." Er verschwand in Richtung Flughafengebäude.

Ich kletterte in die Maschine und ließ mich auf den Nebensitz fallen. Sie stand in der prallen Sonne, und ich kam mir vor wie in einem türkischen Bad. Der Schweiß rann mir in Strömen herunter.

Ellen war verschwunden, und die *Masquerade* würde ich wohl auch nicht wiedersehen. Mein Fehler. Sie hatte mich gewarnt, mich nicht mit den Drogenhändlern einzulassen. Ich hatte nicht auf sie gehört, und jetzt war sie, wie Thessy und Jackson Chatterton, wahrscheinlich tot. Ich begann zu zittern.

Ein Streifenwagen fuhr auf den etwa hundert Meter entfernten Parkplatz, und ein Polizist stieg aus. Er starrte zu mir herüber, gähnte und reckte sich. Wenn der wüßte, was wir in der Maschine haben, dachte ich voller Unbehagen, würde er uns umgehend wegen Waffenschmuggels festnehmen. Immerhin hatten wir eine Kalaschnikow an Bord, die aus Kuba stammte. Es war mir schleierhaft, wo John sie herhatte und wozu er die ganzen Waffen überhaupt brauchte.

Endlich wandte sich der Polizist ab und ging auf das Flughafengebäude zu. Staubwolken wirbelten über die Piste. Ich dachte an Ellen und kam mir vollkommen hilflos vor.

Als John wiederkam, schlenderte er fröhlich und unbekümmert um die Maschine herum und inspizierte in aller Ruhe Tragflächen und Heckflosse. „Alles heil", versicherte er mir beim Hineinklettern, „und wir haben Starterlaubnis nach Fort Lauderdale. Nicht, daß wir dahin fliegen, natürlich. Ich dachte, wir machen mal einen Besuch bei Coffinhead Porter."

Porter war ein Bürger der Bahamas, der durch Schmuggel steinreich geworden war. Unlängst hatte er sich vom Geschäft zurückgezogen und betrieb von einer kleinen Marina auf den Berry Islands aus eine Flotte von Fischer- und Tauchbooten. „Und was sollen wir bei Coffinhead?" fragte ich.

„Uns mit Crowninshield treffen, natürlich", antwortete er. „Also halt deine Wäsche fest, denn jetzt wollen wir mal sehen, ob die Mühle überhaupt fliegt."

Sie flog, und wir stiegen hinauf in den Himmel und die einstweilige Sicherheit. Ich starrte hinunter aufs türkisblaue Meer und versuchte mir einen Reim auf alles zu machen, was geschehen war. „Was um alles in der Welt macht denn Crowninshield bei Coffinhead?" wollte ich wissen.

Er sah mich an, als sei ich verrückt geworden. „Was glaubst du wohl, was er da macht? Er will seine Kinder wiederhaben, und dabei sollen wir beide ihm helfen."

„Weiß er, wo die beiden stecken?"

„Natürlich." John schien nicht zu begreifen, warum ich überhaupt fragte.

Das war für mich ein kleiner Hoffnungsschimmer. Wo die Zwillinge waren, da war zweifellos auch Jesse Sweetman, und wo Jesse Sweetman war, da war auch Ellen, wenn sie noch am Leben war. „Wie hat der Senator denn das herausgekriegt?" fragte ich.

„Er hat gar nichts herausgekriegt. Das war dein Werk.“ John bog nach Süden ab und flog jetzt gegen die Sonne.

„Wieso das denn?“ Ich verstand die Welt nicht mehr.

„Da.“ John deutete auf den Rücksitz, wo zwischen seinen Papieren und Waffen ein brauner Umschlag lag.

Ich öffnete ihn und stellte fest, daß er eine Reihe Fotos enthielt. Es waren die Aufnahmen, die ich von Murder Cay gemacht hatte, als ich das letztemal mit John unterwegs gewesen war. Die meisten waren schrecklich unscharf, doch es gab ein passables Foto von der Fahrrinne und ein sehr gutes von zwei Häusern auf der Insel mit riesigen Swimmingpools, Tennisplätzen, Terrassen und Parabolantennen. Das letzte Bild im Stapel war der Schnappschuß, der mir eben noch gelungen war, bevor John dem Maschinengewehr ausweichen mußte. Das Bild war entsprechend schief, und eine Ecke war unscharf. Ich hatte versucht, die Boote am Ankerplatz zu fotografieren, aber nur eine Segeljacht und ein weißes Fischerboot erwischt. Die Schatten der Boote zeichneten sich schwarz gegen den hellen Sandboden der Lagune ab. „Und?“ fragte ich. Ich verstand nicht, wieso man von diesen Fotos auf den Aufenthalt der Zwillinge schließen konnte.

„Schau dir das letzte Bild noch mal an.“ Ich tat es. Es war das schiefe Foto mit der Jacht und dem Fischerboot. „Wie viele siehst du?“ fragte er mich vergnügt.

„Zwei.“

„Und wie viele Schatten in der Lagune?“

Ich zählte. „Großer Gott!“ rief ich verblüfft.

„Du Blitzmerker.“ John grinste über das ganze Gesicht. „Zwei Boote, drei Schatten.“

Ich starrte auf das Foto. Auf den ersten Blick schienen wirklich nur zwei Boote darauf zu sein, doch woher kam der dritte Schatten? Und da erkannte ich auch schon das dritte Boot. Es war eine Motorjacht mit Tarnbemalung: die *Dream Baby*.

„Du hast die *Dream Baby* gefunden“, sagte John. „Jetzt ist sie natürlich nicht mehr da, aber sie war da, als wir über Murder Cay geflogen sind. Wetten, daß dein Freund Sweetman da wohnt?“

„Woher weißt du, daß die *Dream Baby* jetzt nicht mehr da ist?“

„Weil Crowninshield vor zwei Tagen neue Fotos bekommen hat. Sie sind in der blauen Mappe.“

Die Mappe trug das Prägesiegel der DEA, der amerikanischen Antidrogenbehörde. Ich zog die Fotos heraus. Sie waren alle farbig und von verblüffender Schärfe. Das erste war eine Gesamtaufnahme der ankerförmigen Insel, die auch die Korallenriffe zeigte. Auf dem zweiten waren acht Prunkvillen zu sehen, die auf der Westseite des schmalen Landstreifens standen; die Osthälfte nahm ein langer, schmaler Golfplatz ein. Daneben war ein Sendemast zu erkennen. Neben verschiedenen Detailaufnahmen gab es noch ein Bild von einem Jeep mit einem aufmontierten Browningmaschinengewehr.

„Man muß Drogenhändler oder Gangster sein, um sich eins von diesen Häusern leisten zu können", erklärte John grimmig. „Die Insel gehört einer kolumbianischen Familie, den Colons. Sie stellen Kokain her und schmuggeln es auf die Bahamas. Sweetman arbeitet für die *Narcotraficantes*, und Crowninshield glaubt, daß ihm eins von den Häusern gehört. Wir wissen, daß Deacon Billingsley ein Haus auf der Insel besitzt, ebenso ein Kabinettsmitglied. Das größte Haus gehört der Familie Colon. Miguel Colon kennst du bereits. Das war der Charmeur, der Sweetman geholfen hat, die *Wavebreaker* zu versenken."

Die Amerikaner würden nichts lieber tun, als Murder Cay zu durchsuchen, doch ohne Erlaubnis der Regierung der Bahamas konnten sie nichts unternehmen. Die Familie Colon wiederum hatte einen hohen Polizeibeamten und einen Minister in ihrem Sold, so daß es sehr unwahrscheinlich war, daß die Amerikaner die Erlaubnis je bekommen würden.

„Der Senator will also einen Alleingang machen?"

„Nein." John grinste. „Er will, daß wir mitgehen."

„O nein", murmelte ich. Ich dachte an das Maschinengewehr auf dem Jeep.

John grinste immer noch. „Crowninshield zahlt sehr gut."

Das Geld war für mich nicht ausschlaggebend. Doch vielleicht war Ellen noch am Leben und wurde von Sweetman dort gefangengehalten.

GEORGE CROWNINSHIELD erwartete mich in dem palmwedelgedeckten Büro von Porters Privatmarina. Er war ganz allein, und man merkte ihm an, daß es für ihn ungewohnt war. Ohne seinen Schwarm von Beratern und Hilfskräften schien er sich nicht recht wohl zu fühlen. „Ich bin nicht in meiner Funktion als Senator hier", erklärte er sofort, „sondern als Privatmann." Er schüttelte mir die Hand. „Danke, daß Sie gekommen sind, Nick. Wirklich, vielen Dank."

Ich zuckte nur die Achseln und fragte, was genau er eigentlich von mir wolle. „Ich möchte keinen Ärger, Nick. Alles, was ich will, ist, heute abend nach Murder Cay zu fahren, mit meinen Kindern zu reden und zu versuchen, sie von dort wegzuholen." Er starrte aus dem

Fenster und beobachtete John, der gerade seine Seesäcke aus dem Kofferraum des Taxis holte. „Es wäre einfach großartig, wenn Sie mitkommen und mir helfen würden."

Ich dachte an die Familie Colon und ihr Waffenarsenal. „Warum rufen Sie Ihre Kinder nicht einfach an?" fragte ich ihn.

„Das habe ich ja versucht. Es gibt nur eine Leitung auf die Insel, und der Mann, der sich dort meldet, behauptet, er verstehe mich nicht. Eine meiner Mitarbeiterinnen, die Spanisch kann, hat es für mich versucht, aber sie ist auch nicht weitergekommen. Wir haben Glück gehabt", fügte er unvermittelt hinzu.

„Glück?" Ich konnte seinem Gedankensprung nicht folgen.

„Daß Sie das getarnte Boot fotografiert haben." Schweißperlen zeigten sich auf Crowninshields Stirn. „Wir vermuten, daß Rickie eines von den leerstehenden Häusern kaufen will. Dort könnte er in einem Drogenparadies leben, verstehen Sie? Aber er erbt das Geld erst nächste Woche."

„Ist das der Grund, warum Sie nach Murder Cay wollen?" provozierte ich ihn. „Um Ihr Familienvermögen zu retten? Und um die halbe Million Dollar für Rickies Kaution nicht zu verlieren?"

Crowninshield wurde rot und wirkte verärgert. „Vermutlich", gab er zu. „Und warum nicht? Meinen Sie, ich sollte das Geld einfach abschreiben?"

Ich schwieg. Crowninshield runzelte die Stirn und suchte nach neuen Argumenten. „Es geht nicht nur um das Geld, Nick. Auch wenn überhaupt kein Geld im Spiel wäre, würde ich hinfahren. Ich will nichts weiter als mit meinen Kindern reden, um sie zu überzeugen, es doch noch einmal ohne Drogen zu versuchen. Ich bin einfach ein Vater, der seine Kinder retten will."

Die Tür ging auf, und John kam mit breitem Grinsen ins Büro, gebeugt unter der Last mehrerer Maschinenwaffen, Munitionsmagazine und kugelsicherer Westen. Er lud alles auf Coffinheads Tisch ab.

„Ich dachte, Sie wollten keinen Ärger", meinte ich besorgt zum Senator, als ich die Waffen sah.

„Aber wir sollten auf alles gefaßt sein", meinte Crowninshield zaghaft.

„Und wie wollen Sie dorthin kommen?" fragte ich.

„Nicht mit dem Flugzeug", mischte sich John ein. „Die Landepiste haben sie ja mit Lastern blockiert. Nein, wir mieten uns von Porter ein motorisiertes Schlauchboot."

„Und darum brauchen wir Ihre Hilfe. Sie sollen für uns navigieren." Crowninshield sah mich aufmerksam an.

Die Idee mit dem Schlauchboot war vernünftig. Die Boote sind schnell und aufgrund ihres Materials auf dem Radarschirm kaum wahrzunehmen. Mir kamen trotzdem Bedenken. „Das wird eine dunkle Nacht heute. Kaum Mondlicht. Wie sollen wir denn da die Fahrrinne finden?"

„Damit." John lächelte breit und hielt ein Nachtsichtgerät in die Höhe.

„Ich glaube, wir sind auf die meisten Schwierigkeiten vorbereitet", sagte Crowninshield bescheiden und zog ein großes Foto hervor, das die ganze Insel zeigte. „Unser Landeplatz ist hier." Er deutete auf einen schmalen Strand unweit des Sendemastes und ganz in der Nähe der Fahrrinne. „Wir hoffen, Sie sind damit einverstanden, Nick, beim Boot zu bleiben, während wir versuchen, Rickie und Robin-Anne aufzuspüren." Er zögerte. „Sie können sich darauf verlassen, daß wir uns auch nach Ellen umsehen, und wenn wir feststellen, daß sie gegen ihren Willen festgehalten wird, dann rufen wir Sie zu Hilfe."

„Moment. Woher wissen Sie, daß sie vermißt wird?"

„Ich hab's ihm gesagt." John grinste.

Es gab eine peinliche Pause. Eine Brise wehte durchs unverglaste Fenster, und draußen schaukelte Porters kleine Flotte friedlich auf den Wellen.

„Das größte Problem sind die Wachen", erklärte Crowninshield. „Immerhin lagert auf der Insel Kokain im Wert von mehreren Millionen Dollar. Wir vermuten die Zwillinge in dem Haus am Nordende, denn einer von meinen Leuten hat mit einem Vergrößerungsglas eine Musikkassette auf einer unserer Luftaufnahmen entdeckt. Hier – wenn Sie genau hinschauen, können Sie die Kassette sehen." Er legte eine Aufnahme des Hauses auf den Tisch und deutete auf eine Liege auf der Terrasse.

Ich hörte ihm nicht mehr zu, denn ich hatte noch etwas anderes auf dem Foto entdeckt. Etwas, das mir vorher entgangen war.

Das Haus am Nordende hatte wie alle anderen Häuser auf Murder Cay eine eigene Anlegestelle, die in die Lagune hinausragte. Im Schatten der Palmen lag ein Boot, das ich auf den ersten Blick nicht gesehen hatte, doch jetzt erkannte ich den Stern am Bug. Die *Starlight*. Mir stockte der Atem. Die *Starlight* hatte also am Tag nach Ellens Verschwinden auf Murder Cay gelegen. Hatte Bernie sich darum heute morgen so merkwürdig aufgeführt? Hatte er gewußt, daß McIllvanney Ellen nach Murder Cay gebracht hatte?

„Helfen Sie uns, Nick?" unterbrach Crowninshield meine Gedanken.

Statt einer Antwort zog ich eine Kalaschnikow aus Johns Waffensammlung, klappte den Kolben auf, rammte ein Magazin hinein und knallte die Waffe wieder auf den Tisch. „Natürlich komme ich mit", erklärte ich.

Crowninshield hielt mir die Hand hin. „Vielen Dank, Breakspear."

„Nichts wie los!" brüllte John und hielt triumphierend den Daumen in die Höhe. Einer der wenigen vernünftigen Ratschläge meines Vaters war gewesen, mich nicht zu sehr von Emotionen leiten zu lassen. Doch seit ich wußte, daß Matthew McIllvanney mit Murder Cay in Verbindung stand, war ich für vernünftige Ratschläge nicht mehr zugänglich. McIllvanney hatte Ellen gekidnappt und nach Murder Cay verschleppt, und ich hatte nur einen Wunsch: mit dem russischen Schnellfeuergewehr auf Murder Cay Amok zu laufen.

Ich nahm die Kalaschnikow wieder an mich und packte sechs Magazine ein sowie ein paar Rauchbomben. Außerdem nahm ich noch eine Skorpion-Maschinenpistole mit.

Crowninshield wollte wegen seines Amtes als Senator keine Waffe tragen, während John eine M16 und zwei amerikanische Ingrams wählte. Zusammen schleppten wir die Waffen hinunter zum Dock und verstauten sie in einem Schlauchboot. Porter persönlich betankte unser Boot.

Als wir alles verstaut hatten, schlenderten John und ich zusammen zum Ende des Docks und blickten durch die enge Ausfahrt aufs offene Meer hinaus. Das Licht der untergehenden Sonne verzauberte die Landschaft, und man konnte sich nur schwer vorstellen, daß die kommende Nacht wahrscheinlich alles andere als friedlich werden würde.

John zündete sich eine Zigarette an. „Ich bin froh, daß du mitkommst", sagte er leise.

„Das tue ich für Ellen", antwortete ich bitter. „Aber warum du dich darauf einläßt, verstehe ich nicht."

„Ich tue es aus demselben Grund wie du", erklärte er. „Ich habe damals in Pittsburgh geheiratet. Sie hieß Wendy und war für mich die Sonne und der Sternenhimmel zugleich, Nick." Seine Stimme war voll Trauer und Bitterkeit.

„Tut mir leid, John", murmelte ich, obwohl es nicht besonders gut paßte.

„Sie konnte die Menschen zum Lachen bringen, verstehst du?" Er starrte aufs goldene Wasser hinaus. „Wenn sie ins Zimmer kam, dann war es, als hätte man 'ne Extralampe angezündet. Ein Kerl, der in ihrem Fitneßklub trainierte, hat ihr das erste Kokain gegeben. Und dann wollte sie auf einmal nur noch Kokain, dann immer mehr

Kokain, und als ich ihr kein Geld mehr dafür gab, hat sie mich verlassen, um es selbst zu verdienen.“ Die Trauer in seiner Stimme wurde immer intensiver. „Jetzt kommt sie nie mehr zu mir zurück. Sie wird daran sterben, ganz einfach. Aber heute nacht nehme ich Rache an den Schweinen, die sie mir weggenommen haben.“

Kapitel 12

DIE NACHTSICHTGERÄTE tauchten die Welt in ein flüssiges smaragdgrünes Licht. Ich nahm mit unserem Schlauchboot Kurs auf den Sendemast der Insel, der sich wie ein dunkelgrünes Skelett vom blasseren Grün des Himmels abhob. Auch die Korallenriffe, zwischen denen wir hindurchfuhren, waren in grünes Licht getaucht; nur Murder Cay lag als drohende schwarze Silhouette vor uns. Ich stellte unseren Motor auf Leerlauf und ließ das Boot treiben, während ich angestrengt nach einer Wache Ausschau hielt. Doch keine Schiffe patrouillierten in der Lagune, und keine Jeeps bewegten sich auf der einzigen Straße der Insel. „Was ist los?“ fragte Crowninshield nervös. Er fummelte an dem einen von zwei batteriebetriebenen Funksprechgeräten herum, die er mitgenommen hatte für den Fall, daß wir Hilfe rufen mußten.

„Ich bin nur vorsichtig“, sagte ich. Es war noch dunkel in diesen frühen Morgenstunden, und der Mond stand als schmale Sichel tief am südöstlichen Himmel. Bisher war alles gutgegangen. Zehn Seemeilen von Murder Cay entfernt hatte Coffinhead Porter das Schlauchboot zu Wasser gelassen. Jetzt, vierzig Minuten später, waren wir nur noch eine halbe Meile von den Korallenriffen vor der Insel entfernt.

„Alles in Ordnung“, meinte ich schließlich und beschleunigte langsam das große Schlauchboot. John kauerte vorn am Bug und schob die Kalaschnikow übers Dollbord.

Das Wasser schwappte gegen die Korallen, brach sich und schäumte. Ich bemerkte eine kleine Boje, die die Fahrrinne durch das Riff markierte, ging in die Kurve und fuhr mit leichter Beschleunigung auf den Kieselstrand am Fuß des Sendemastes zu.

Plötzlich ging die Sicherheitsbeleuchtung an den Häusern an.

John fluchte und riß das Nachtsichtgerät herunter, um nicht geblendet zu werden, während Crowninshield hoch aufgerichtet dasaß und nervös auf die hellerleuchtete Insel starrte. Doch trotz der Scheinwerfer bewegte sich dort nichts; keine Wachen waren zu erkennen. Einen Moment später gingen die Lichter wieder aus. Nur ein heller Scheinwerfer brannte in dem Turm eines Hauses – wahrscheinlich hielten sich dort die Wachen auf.

„Diejenigen, die Wache haben, haben noch keinen Verdacht geschöpft. Vermutlich haben sie Anweisung, die Scheinwerfer jede Stunde einmal für ein paar Minuten einzuschalten." Ich zog mir die Nachtsichtbrille wieder über die Augen, gab Gas und nahm Kurs auf den Fuß des Sendemastes.

John hatte die Kalaschnikow weggelegt und schob ein Magazin in die M16. Er trug, ebenso wie Crowninshield und ich, eine kugelsichere Weste.

„Bereit machen", flüsterte ich.

Ich gab noch einmal Gas, denn ich wollte das Boot möglichst weit den Strand hinaufbringen, und schaltete dann den Motor aus. „Festhalten."

Wir trafen auf den Strand auf. Es gab ein scharrendes Geräusch, das uns in der Stille der Nacht entsetzlich laut erschien; dann kamen wir plötzlich zum Stehen. „Los! Los!" zischte ich.

John lief voran. Seine Schuhe knirschten auf den Kieseln, als er auf den gewaltigen Betonsockel des Mastes zurannte. Er schleppte die M16 und die beiden Ingram-Maschinenpistolen, außerdem noch einen Sack voll Munition und Rauchbomben. Es dröhnte dumpf, als er den Sack im Schatten des Sockels fallen ließ. „Alles klar", zischte er leise.

„Los, Crowninshield!" befahl ich. „Viel Glück."

Crowninshield nahm das Funkgerät, kletterte umständlich aus dem Boot und stolperte den Strand hinauf.

Ich zerrte die Kalaschnikow, die Skorpion und so viel Munition, wie ich tragen konnte, an Land, dann machte ich das Boot fest. Meine Mitstreiter überquerten auf ihrer Suche nach den Zwillingen bereits den Golfplatz.

Ich postierte die Kalaschnikow an der Ecke des Betonsockels, der etwa einen Meter zwanzig hoch und drei Meter breit war, also einen guten Schutz gegen Gewehrfeuer aus den Häusern jenseits der Straße bot. Ich legte mich auf den Boden, schob ein Magazin ein und entsicherte die Waffe. Die Nachtinsekten summten laut um mich herum, sonst war das einzige Geräusch das dumpfe Brummen des Stromgenerators der Insel.

Doch plötzlich begann irgendwo jenseits des Golfplatzes ein Hund zu bellen.

Wieder flammten die Scheinwerfer auf. Fast gleichzeitig vernahm ich einen Schreckensschrei, das Knattern einer Maschinenpistole und Hundegebell, das mit einem Jaulen abbrach. Ein schweres Maschinengewehr, das auf dem Turm mit den Wachen postiert war, eröffnete das Feuer. Ich sah das Mündungsfeuer in einem Fenster, entsicherte die Kalaschnikow und antwortete mit einer Salve. Das Maschinengewehr verstummte abrupt.

Auch ich hörte auf zu feuern. Adrenalin begann wohlig durch meine Adern zu strömen. Ich hörte Schreie, dann wieder Schüsse aus der Maschinenpistole; ein Scheinwerfer wurde getroffen und erlosch. Auch ein zweiter ging unter Johns Schüssen aus; trotzdem blieben noch genug übrig, um die Insel für jeden Eindringling zur Todesfalle werden zu lassen.

Dann zerriß eine Explosion die Nacht. Eine riesige grelle Stichflamme schoß zum Himmel. Mir wurde klar, daß John den Treibstofftank des Generators in die Luft gejagt hatte, denn zwei Sekunden nach der Explosion verloschen alle Scheinwerfer auf der Insel. Ich holte ein paar Rauchbomben aus dem Sack, entzündete eine und warf sie, so weit ich konnte, in Richtung des Golfplatzes. Orangefarbener Rauch quoll auf und verdichtete sich schnell. Ich wartete, bis ich ganz von Rauch umschlossen war, dann ließ ich meine Kalaschnikow vorübergehend im Stich und rannte auf die Rauchbombe zu. Ich schleuderte noch eine zweite, so weit wie möglich, um den Rauch noch zu verdichten und einen Fluchtkorridor für John und Crowninshield zu schaffen, und noch eine dritte. Dann wollte ich zum Mast zurückkehren. Mehrere Salven durchsiebten den Rauch, und links von mir hörte ich, wie Motorboote angelassen wurden.

„John!“

„Ich bin hier, Nick!“

Ich beeilte mich, zurück zum sicheren Betonsockel zu gelangen, wo John und Crowninshield bereits auf mich warteten. „Was ist passiert?“ brüllte ich.

„Wachhund!“ brüllte John zurück. „Hat uns angefallen; ich mußte ihn abknallen. Dann habe ich eine Leuchtrakete in den Treibstofftank geschmissen.“

„Gut gemacht.“

Obwohl Crowninshield direkt neben mir stand, konnte er sich wegen der Schießerei nur schreiend verständlich machen. „Habe das Funkgerät verloren. Wo ist das andere?“

„Im Boot!“ rief ich.

Er wandte sich zum Strand, doch der Raum zwischen uns und

unserem Boot stand unter dauerndem Beschuß. Er begann, vor Angst zu zittern. Ich konnte es ihm nicht verdenken.

„Wir brauchen keins!" brüllte ich ihm zu. „Sobald es ein bißchen stiller wird, hauen wir von hier ab. Denen muß doch mal die Munition ausgehen."

„Wir brauchen das Gerät!" Der Senator war kurz davor durchzudrehen. „Verstehen Sie denn nicht, Nick, wir müssen es holen!"

„Nein, müssen wir nicht. Wir müssen hier nur raus."

Unsere Chance, von Murder Cay zu verschwinden, kam ein paar Sekunden später. Nacheinander verstummten die Gewehre und Maschinenpistolen. Wahrscheinlich hielt man uns für tot. Ich wartete noch ein paar Sekunden, dann gab ich dem Senator ein Zeichen, zum Boot zurückzurennen. „Gebückt laufen. Warten Sie auf uns."

Ich legte mich hinter meine Kalaschnikow, um ihm notfalls Feuerschutz zu geben. Der orangefarbene Rauch war zwar dünner geworden, bot ihm aber immer noch genügend Schutz. Sobald er das Boot erreicht hatte, klopfte ich John auf die Schulter. „Jetzt du", sagte ich. „Los!"

Doch da zischten auch schon wieder Kugeln über unsere Köpfe hinweg. John war Gott sei Dank noch in Deckung. Wir kauerten dicht nebeneinander.

„Nick!" schrie der Senator vom Strand.

Ich fuhr herum und sah, daß ein Motorboot um die Südspitze der Insel herumgefahren war und nun versuchte, uns den Rückzug abzuschneiden. Eine Leuchtrakete flammte plötzlich auf und tauchte unser Boot in erbarmungsloses weißes Licht.

Die Männer auf dem Motorboot begannen zu feuern, und ihre Leuchtspurgeschosse zischten übers Wasser. Crowninshield kam mit vor Entsetzen aufgerissenem Mund zu uns zurückgerannt. Doch der Schütze auf dem Motorboot zielte nicht auf ihn. Er zielte auf unser Schlauchboot. Ich hörte, wie Kugeln einschlugen und die Luft entwich.

Ich eröffnete wieder das Feuer. Als die Männer auf dem Motorboot das merkten und Gas gaben, war es zu spät für sie. Die Bleigeschosse meiner Kalaschnikow hatten den Rumpf des Bootes durchschlagen. Sie verpaßten die Fahrrinne und fuhren mit Vollgas auf eine unter Wasser liegende Korallenbank. Das Motorboot bäumte sich auf, ein Mann stürzte über Bord, das ganze Boot drehte sich und stürzte kieloben krachend aufs Wasser zurück. John brüllte, als ob wir einen Sieg errungen hätten, doch wir hatten keinen Grund zur Freude, denn wir hatten unser Boot verloren.

Ich lief hinunter zum Schlauchboot. Da unsere Gegner jenseits des Golfplatzes noch durch die Leuchtrakete geblendet waren, konnte ich für ein paar Sekunden meine Deckung verlassen. Unser Boot war zerstört. Es hatte sieben separate Luftkammern, aber nur eine war noch unversehrt. Doch unserer Munition war nichts passiert, und ich warf die Säcke ans Ufer.

Crowninshield tauchte neben mir auf und zog mit einem Triumphschrei das zweite Funksprechgerät aus den Trümmern. Er riß die Antenne heraus und duckte sich. „Stingray, Stingray“, stieß er hervor. „Mayday, Stingray. Bitte melden.“ Er war ganz heiser vor Aufregung, lächelte mich aber zuversichtlich an. „Alles in Ordnung, Nick. Wir kriegen bald Hilfe.“ Irgend etwas kam mir spanisch vor. Der Senator hatte Stingray gerufen, also die US-Flotte. War es doch kein Alleingang von ihm, hatte er etwa Rückendeckung?

„Was machen wir jetzt?“ fragte John, der neben uns auftauchte. Crowninshield fummelte weiter an seinem Funkgerät herum.

„Wir schlagen uns nach Süden durch“ – ich deutete auf die Büsche am Rand der Landebahn – „und klauen bei der Ankerstelle ein Boot.“ Ich grinste breit, um Selbstsicherheit vorzutäuschen.

„Nick! Nick!“ rief Crowninshield. „Das Gerät funktioniert nicht!“

Ich nahm es ihm ab und entdeckte sofort ein sauberes Loch in der Hülle. Es war von einer Kugel getroffen worden und wertlos. „Aber wir brauchen es!“ Der Senator starrte mich schreckensbleich an.

„Das können Sie vergessen!“ Ich schob ihm einen Sack mit Reservemunition zu. „Nehmen Sie den. Wir kommen durch, ich versprech's. Gehen wir.“

Wir ließen unser zerschossenes Boot zurück und hasteten nach Süden. Unsere Feinde schienen uns vorübergehend aus den Augen verloren zu haben, doch wenn sie merkten, daß wir die Deckung des Betonsockels verlassen hatten, würden sie ihre Waffen aufs Innere der Insel richten, wo es fast keine Deckung gab. Unsere einzige Chance war, solange es dunkel war, ein Schiff aufzutreiben und Reißaus zu nehmen.

Im Schutz der Büsche überquerten wir die Insel. Gelegentlich peitschten noch Schüsse über den Golfplatz, aber sie waren zurückhaltender geworden. Waren unsere Gegner verwirrt, weil wir nicht zurückschossen? Oder hatten sie andere Probleme, zum Beispiel das Feuer im Generatortank, das jetzt wild loderte?

Wir waren inzwischen schon weit entfernt vom hellen Schein des Feuers und liefen weiter, bis wir endlich den Ankerplatz der Lagune erreichten. Ein Dutzend Boote schaukelte auf dem Wasser. „Wir müssen zum nächsten Boot schwimmen, die Sicherung einschalten und nach Hilfe rufen", erklärte ich.

„Mach ich", sagte John bereitwillig.

„Nein", widersprach Crowninshield. „Ich mache das."

„Ihr geht beide", entschied ich. „Ich gebe euch von hier aus Feuerschutz." Ich hatte immer noch die Skorpion, und John gab mir seine Kalaschnikow. „Macht keinen Lärm im Wasser. Keine Planscherei. Wenn ihr an Bord seid, bleibt dort. Falls ich nicht nachkommen kann, versucht, allein rauszukommen."

John runzelte die Stirn. „Ich bleib bei dir, Nick."

„Ich brauche keinen Aufpasser", erwiderte ich gereizt. „Auf, geht! Je eher wir alle auf dem Schiff sind, um so besser. Also los!" Ich wandte mich ab und richtete die Maschinenpistole auf das nächstgelegene Haus. Es war noch immer dunkel.

John und der Senator streiften ihre Schuhe und die kugelsicheren Westen ab, wateten in die Lagune hinaus und schwammen durchs schwarze Wasser auf eine Motorjacht zu, die nur etwa fünfzig Meter entfernt lag.

Ich sah ihnen einen Augenblick nach und wandte mich dann wieder dem Feuer zu. Stingray. Das war das Wort, das der Senator benutzt hatte. Stingray war der Name des US-Manövers in den Gewässern um die Bahamas. Noch etwas fiel mir ein: Als der Senator mich auf Straker's Cay besucht hatte, war er auf dem Weg zur amerikanischen Botschaft in Nassau gewesen. Hatte er sich dort mit Offizieren der US-Flotte getroffen? John hatte ihn damals nach Straker's Cay gebracht. Damit stellte sich noch eine Frage: Wieso kannten die beiden sich eigentlich? Doch nicht nur vom Football?

Die beiden Schwimmer hatten gerade das Heck des großen Sportfischerbootes erreicht. Dann sah ich Johns massige Gestalt auf der Strickleiter, und ein paar Sekunden später hörte ich, wie er die Tür aufbrach.

Crowninshield hatte inzwischen auch die Strickleiter erreicht. Bis jetzt hatte noch keiner der Inselbewohner bemerkt, was sich in der Lagune abspielte. Mir war klar, daß meine Mitstreiter gerade dabei waren, einen Funkspruch an die US-Flotte durchzugeben; aber was wurde hier eigentlich gespielt?

„Nick", hörte ich Johns Stimme. „Alles in Ordnung. Komm rüber!"

Offenbar war der Funkruf beantwortet worden, und das klügste wäre für mich gewesen, zu den beiden Amerikanern hinüberzuschwimmen. Doch mir dämmerte allmählich, daß Crowninshield mich belogen hatte. Man hatte mich unter falschen Voraussetzungen nach Murder Cay und in dieses Abenteuer gelockt. Ellen war außer mir allen anderen völlig gleichgültig. Aber mir waren Crowninshields Pläne egal. Ich war hier, um Ellen zu retten.

Deshalb ignorierte ich Johns Aufforderung. Statt dessen stand ich auf, warf mir den Munitionssack über die Schulter, nahm meine Waffen und machte mich auf die Suche nach Ellen.

Kapitel 13

Ich hörte Johns Rufe, die mich beschworen, an Bord zu kommen, doch ich drehte mich einfach um und ging weg. Vor lauter Ärger war ich unvorsichtig und versuchte erst gar nicht, mich zu verbergen. Ich ging einfach den Strand entlang; die Kalaschnikow und die Skorpion schleppte ich mit.

In dem am nördlichsten gelegenen Haus vermutete ich Ellen, weil ich annahm, daß es Jesse Sweetman gehörte. Die Munition, die Skorpion und die Kalaschnikow waren schwer, doch ich stapfte unbeirrt weiter, und als ich zu Sweetmans Haus kam, überquerte ich einfach die marmorgepflasterte Terrasse, als sei ich ein Gast des Hauses. Niemand sah mich; niemand wollte etwas von mir; niemand schoß auf mich.

Im Haus war es dunkel und still. Ein kleiner Teich neben der Terrasse schien im Mondlicht mit geschmolzenem Silber gefüllt. Eine Schiebetür stand offen, und ich betrat ungehindert das Haus meines Feindes. Von einem langen, mit eleganten, gepolsterten Korbmöbeln ausgestatteten Raum führten weitere Glastüren in den Innenhof und zum Swimmingpool. Weiter hinten im Haus sah ich einen schwachen Lichtschein.

Irgendwo im Inneren des Hauses hörte ich, wie eine Tür geöffnet wurde, und vernahm Schritte. Durch einen langen Korridor kam jemand auf mich zu. Die Person trug eine Kerze und hielt eine Hand schützend davor, damit der Zug sie nicht auslöschte.

Es war Rickie – ganz allein.

Er schwankte leicht beim Gehen. Als er die Mündung der Kalaschnikow vor sich sah, hob er langsam den Kopf. Die Kerze fiel zu Boden und verlosch.

„Hallo, Rickie", sagte ich leise.

Sein Gesicht lag jetzt im Dunkeln, aber was ich davon gesehen hatte, gefiel mir gar nicht. Er sah vollkommen fertig aus. „Sie haben gesagt, du bist tot", sagte er und trat ein paar Schritte zurück.

„Dein Vater ist hier, Rickie. Er will dich holen."

Rickie zog sich weiter zurück und wich in ein großes, von Kerzen erleuchtetes Zimmer aus. Jetzt sah ich ganz deutlich, wie bleich und krank er wirkte. Sein gesundes Auge war blutunterlaufen, und an seinen Nasenflügeln klebte getrocknetes Blut.

„Du bist doch tot", wiederholte er wimmernd und breitete abwehrend die Hände aus, als dürfe ich nicht weiter in das Zimmer eindringen. Die Geste machte mir klar, was sich in dem großen, hohen Raum befand.

Das neue Gold Amerikas, das weiße Gold – Kokain.

In zahllosen Plastikballen lagerte hier das weiße Pulver und wartete auf seinen Transport.

Auf einem Tischchen neben Rickie lag Geld, daneben ein Messer. Ich ergriff das Messer, trat an die gestapelten Ballen und begann die Plastikhüllen aufzuschlitzen. Unermeßlicher Reichtum rieselte auf den Boden. „Sie haben gesagt, sie bringen dich um." Rickie sprach wie ein kleines Kind, das noch Mühe mit der richtigen Silbenfolge hat.

„Sie haben es versucht", antwortete ich und zerstach den nächsten Ballen. Noch mehr Kokain ergoß sich auf den Boden. „Wo ist Ellen?"

„Ich muß Bescheid sagen, daß du da bist, damit sie dich umbringen können", sagte er ganz nüchtern.

„Aber natürlich. Aber erst sagst du mir, wo Ellen ist."

„Du bist ein Geist! Du bist tot!" Rickie wurde plötzlich hysterisch. Aus seiner Nase tropfte Blut, und er begann zu weinen. „Du bist tot!" schrie er mir entgegen. „Ich hasse dich!" Voller Abscheu spuckte er mich an.

Ich rammte das Messer ins Kokain und zielte mit der Kalaschnikow auf Rickies Kopf. „Wo ist Ellen?" fragte ich noch einmal.

Er kauerte sich auf dem Boden zusammen. „Sie sind alle nebenan", wimmerte er. „Alle Frauen sind nebenan, in Billingsleys Haus. Dort hat man sie in Sicherheit gebracht. Ich kann Billingsley nicht leiden, und er kann mich nicht leiden. Niemand kann mich leiden." Er weinte jetzt hemmungslos, doch ich kümmerte mich nicht weiter darum. Ich schloß ihn im Zimmer ein und lief auf die Terrasse zurück. Nachdem ich über ein kleines Mäuerchen geklettert war, bewegte ich mich vorsichtig einen grasbewachsenen Abhang hinunter auf Deacon Billingsleys Haus zu. Das Haus des Polizeichefs war in drei Flügeln um einen Innenhof herumgebaut, in dem sich ein großer Swimmingpool befand.

Ich kletterte, so leise ich konnte, zur Terrasse hinauf, doch als ich oben ankam, flammte in meiner Nähe ein Zündholz auf. Ich erstarrte. Einen Moment später roch ich Zigarettenrauch, und dann kam eine bewaffnete Wache aus dem Innenhof geschlendert. Der Mann schaute nicht in meine Richtung, sondern starrte nach Süden, wo Flammen in den Himmel schlugen. Über der rechten Schulter trug er eine Maschinenpistole.

„Laß die Waffe fallen! Sofort!" zischte ich. Der Mann fuhr herum, wollte die Uzi von seiner Schulter reißen, hielt aber inne, als er die Kalaschnikow auf sich gerichtet sah. Er stieß unzusammenhängende Laute hervor.

„Runter!" Ich unterstrich meinen Befehl mit dem Lauf der Waffe. „Runter!" wiederholte ich. Er ließ sich flach auf den Bauch fallen. Wieder stammelte er irgend etwas. Er lag etwa fünf Meter von mir entfernt, die Uzi war dicht neben seiner rechten Hand. Zu dicht.

„Wirf die Waffe ins Wasser!" befahl ich. Er reagierte mit einem kurzen Redeschwall, der wie ein Gebet auf spanisch klang.

„Ins Wasser!" Ich deutete mit dem Lauf meiner Waffe zum Swimmingpool, doch er schien vor Entsetzen wie gelähmt.

Ich schlich zur Hauswand und sah mich um. Nichts bewegte sich. Auch der Mann am Boden wagte keine Bewegung. Meine Spannung ließ langsam nach. Die Wache war allein.

Ich trat zu ihm und beförderte die Uzi mit einem Fußtritt ins Schwimmbecken. Doch als sie ins Wasser klatschte, eröffnete irgendwo im Dunkel des Innenhofs eine zweite Wache mit einer Maschinenpistole das Feuer.

Fünf Kugeln trafen meinen Brustkorb. Oder besser gesagt, sie hätten ihn getroffen, hätte die kugelsichere Weste sie nicht abgehalten. Aber die sechste Kugel durchschlug meinen linken Oberarm.

Es war, als hätte mich ein Pferd getreten. Ich schnappte nach Luft und ging zu Boden. Einen Moment lang herrschte Stille. Dann hörte ich, wie der Mann, der mich niedergeschossen hatte, mit der Zunge schnalzte und das Magazin wechselte.

Ich war auf die Kalaschnikow gefallen. Beim Versuch, mich auf die Seite zu rollen, wurde ich vor Schmerzen fast ohnmächtig. Die Skorpion war mir von der linken Schulter gerutscht, und ich versuchte sie mit der rechten Hand zu erreichen. Doch der Mann stand bereits rechts neben mir und beförderte die kleine Skorpion mit einem verächtlichen Fußtritt aus meiner Reichweite.

„Sie sind ein Witzbold, Breakspear", sagte der Schütze mit dem mir wohlbekannten lässigen, trägen Akzent der Südstaaten. „Ich kann Witzbolde nicht ausstehen." Er richtete seine Uzi direkt auf meine

Stirn, und ich begriff, daß mein Leben in der Hand von Jesse Sweetman lag.

Es war nicht zu übersehen, wie sehr er seinen Sieg genoß.

„Wo ist Ellen?“ fragte ich mit schmerzverzerrter Stimme.

Er zögerte und grinste dann. „Sie werden es nie erfahren.“

„Bitte“, brachte ich nur heraus.

„Wie unvorsichtig von Ihnen, sie einfach zu verlieren.“ Wieder zögerte er, beobachtete mich und lachte leise. „Besonders an mich.“

„Schwein!“ Ich versuchte mich aufzurichten, doch er trat lächelnd einen Schritt zurück und richtete die Waffe wieder auf mich.

„Einen schönen Gruß an den lieben Gott.“ Er drückte ab. Doch die Kugeln verfehlten ihr Ziel und zischten an meinem linken Ohr vorbei, denn Sweetman brach zusammen, noch während er feuerte.

Der Mann, den ich entwaffnet hatte, rappelte sich auf und richtete ein Stoßgebet an die Jungfrau Maria. Doch dann ertönten wieder Schüsse, der Mann wurde getroffen und kippte in den Swimmingpool.

„Seit das Ding mal naß geworden ist, will es keine richtigen Salven mehr feuern“, meinte John und kam aus seiner Deckung. „Warum bist du nicht zu uns aufs Schiff gekommen?“

Ich versuchte mich aufzurichten, schaffte es aber nicht, weil mir schwindlig war. Außerdem bedrückte der Gedanke an Ellen mich über alle Maßen. Ich hatte Tränen in den Augen – nicht nur ihretwegen, sondern auch wegen der infernalischen Schmerzen in meinem Arm.

John zog mich hoch, drückte mir die Skorpion in die rechte Hand, warf seine M16 fort und schnappte sich die Kalaschnikow. „Ich muß dich sofort hier rausbringen, Nick.“ Sanft drehte er mich um zum Meer.

„Nein.“ Ich riß mich los und konnte nur mühsam einen Schmerzensschrei unterdrücken. Unter Aufbietung aller Kräfte strebte ich auf Billingsleys Haus zu. Ellen war dort, und das war alles, was zählte.

„Ich geh da rein“, erklärte ich ihm und deutete auf das Haus des Polizeichefs.

„Aber wir haben ein Funkgerät auf dem Schiff gefunden“, erwiderte John. „Alles kommt in Ordnung. Hilfe ist unterwegs.“

„Geh zum Teufel!“ murmelte ich. Plötzlich waren laute Stimmen zu hören. Drei Männer rannten hinten auf dem Grundstück über einen Tennisplatz auf uns zu. „Los!“ rief ich John zu, der hinter mir hergelaufen kam. Kugeln zischten über uns hinweg, und wir brachten uns an der Hauswand in Sicherheit.

Auch hier stand eine Glastür offen, und ich betrat das Haus. Hinter mir begann John wieder zu schießen. Er stand mit dem Rücken zu mir, und ich nahm an, daß Männer aus den Nachbarhäusern aufmerksam geworden waren und sich jetzt auf Billingsleys Terrasse einfanden.

Ich ging auf eine Tür zu, unter der Licht hervordrang. Sie lag am Ende eines langgestreckten Flures.

Plötzlich war John an meiner Seite. Ich hielt ihm die Skorpion hin. „Stell sie auf Einzelfeuer um, bitte."

„Klar, Nick." Er bediente den Sicherungshebel, so daß nicht gleich die erste Salve das ganze Magazin entleeren konnte.

„Jetzt mach die Tür auf." Ich deutete auf den Lichtschein. John legte die Hand auf die Klinke, zögerte einen Moment und stieß dann die Tür auf. Ich ging in Schußposition und zielte mit meiner Waffe in ein von Kerzen erleuchtetes Zimmer voller aufgescheuchter Frauen.

„Nick!" rief eine Frauenstimme.

„Ruhe! Köpfe runter! Runter! Alle! Runter! Runter!" Während ich meine Befehle brüllte, suchte ich den Raum ab. Keine Wachen – nur Frauen, die sich schutzsuchend zusammendrängten, unter ihnen auch Robin-Anne. Ellen war nicht zu sehen. John war immer noch im Flur, als ich plötzlich draußen Motorengeräusch hörte.

Es war der Jeep mit dem aufmontierten Maschinengewehr. Sie eröffneten das Feuer auf uns. Auf einmal waren die Fenster verschwunden, einfach weggesplittert. Mit der schweren Browning durchsiebten sie mühelos die Ziegelwand. Die Frauen kreischten und heulten, doch der Schütze hatte zum Glück zu hoch gezielt. Niemand war verletzt worden.

Ich stolperte durch das Zimmer zum Fenster. Der Jeep stand keine zehn Meter entfernt. Der Schütze entdeckte mich im Fenster und schwenkte die schwere Browning zu mir herum, doch ich hatte meine kleine Skorpion schon auf dem zersplitterten Fensterbrett und drückte ab. Es war, als schösse ich mit Erbsen auf eine Kanone. Ich feuerte ein zweites Mal, und auf einmal war der Schütze verschwunden. Das Hämmern des Maschinengewehrs war verstummt, und in der plötzlichen Stille war nur noch eines zu hören – mein Stöhnen.

„Nick?" Neben mir stand eine junge Frau. Es war weder Robin-Annes Stimme noch Ellens. „Nick?" sagte sie wieder.

Ich wandte mich nicht um, sondern beobachtete den Fahrer des Jeeps, der hinter dem Motorblock Deckung gesucht hatte. Er durfte auf keinen Fall an das Maschinengewehr heran.

„Nick!“ Das Mädchen neben mir war hartnäckig. Ich drehte mich um und erkannte Donna. Sie sah ziemlich blaß aus, trotzdem lächelte sie. „Guten Abend, Nick. Wie geht es Ihnen?“

„Donna?“ fragte ich verständnislos. Ich begriff nicht, was die blonde Schönheit hier zu suchen hatte.

Ich blickte wieder aus dem Fenster und erkannte plötzlich den Fahrer. Der Mann starrte nach oben, wo Hubschrauberlärm zu hören war. Es war Matthew McIllvanney.

„Hat McIllvanney Sie hierhergebracht?“ fragte ich Donna.

„Natürlich“, antwortete sie fröhlich.

„Und was macht er jetzt hier?“

„Er holt mich zurück nach Nassau“, erklärte Donna.

Ich starrte auf die zerschossenen Wände, auf die Mädchen, die offensichtlich hier waren, um die Drogenhändler bei Laune zu halten, auf John, der jetzt erst zu begreifen schien, in welcher Gesellschaft er sich hier befand, dann auf Robin-Anne, die aussah wie eine arme Waise unter lauter Prinzessinnen. „Hast du hier irgendwo eine rothaarige junge Frau namens Ellen gesehen?“ fragte ich Donna.

„Nein.“ Donna mußte nicht einmal nachdenken, bevor sie antwortete.

Ich blickte wieder aus dem Fenster. McIllvanney hatte sich aufgerichtet und hielt die Hände hoch. Die Lichter eines der Helikopter waren direkt über ihm, und der Rotor wirbelte Staub auf. „Bleib hier, John!“ brüllte ich.

Ich schrie vor Schmerz, als ich aus dem zerbrochenen Fenster kletterte und beim Sprung auf die Erde mit dem linken Arm an die Mauer stieß. Sofort erfaßte mich ein Suchscheinwerfer von oben. Die Männer im Hubschrauber konnten nicht wissen, daß ich einer von den guten Jungs war, für sie war jeder da unten verdächtig. „Lassen Sie die Waffe fallen!“ befahl eine amerikanische Stimme. „Heben Sie die Hände hoch, und bleiben Sie stehen!“

Ich überhörte den Befehl und ging weiter. Die Skorpion hielt ich in der rechten Hand, Blut und Staub überzogen meinen linken Arm, und mein Brustkorb schmerzte wie verrückt. „Lassen Sie die Waffe fallen!“ befahl die metallische Stimme erneut.

Ich starrte geblendet in den Wirbel aus Wind, Staub und Licht. Doch dann drehte der Hubschrauber ab, um auf dem offenen Gelände weiter hinten zu landen, und ich sah, wie McIllvanney die Flucht ergriff. Ich rannte hinter ihm her, während der Hubschrauber landete und Soldaten heraussprangen.

McIllvanney suchte Schutz in einer Sandmulde. Ich ließ mich

neben ihm in den Sand gleiten. „Wo ist Ellen?“ fragte ich und richtete die Skorpion auf sein Gesicht.

Unweit von uns landete ein zweiter Hubschrauber, der wieder Sand aufwirbelte. Männer mit Helmen, blauen Uniformen und Sturmgewehren sprangen heraus, während vom Meer weitere Hubschrauber einflogen.

„Wo ist sie?“

„Ich weiß es nicht!“ schrie McIllvanney. „Ich weiß es nicht!“

„Du hast sie hergebracht!“ Ich brüllte wie ein Besessener, um mich herum Maschinenlärm, Treibstoffgestank und gellende Befehle. „Du lügst!“ Ich stieß die winzige Mündung der Skorpion ins weiche Fleisch unterhalb von McIllvanneys rechtem Auge. „Wo ist sie?“

„Ich weiß es nicht!“ Er war in Panik. „Ich hab sie nicht hergebracht! Ehrenwort, ich nicht!“ Er starrte mich an mit einer Mischung aus Entsetzen und grenzenlosem Erstaunen. „Ich habe Ellen nicht gesehen, seit du mit den Zwillingen mit der *Wavebreaker* in See gestochen bist.“

Ich starrte ihn an. Allmählich begriff ich, was passiert war. „Also ist sie nicht hier?“ fragte ich, diesmal eine Spur freundlicher.

„Nein. Die Männer haben nach ihr gesucht, genauso, wie sie nach dir gesucht haben. Billingsley wollte wissen, wo sie steckt; er hat mir Geld für eine Nacht mit Ellen angeboten. Und Sweetman will sie haben. Jetzt fragst du auch noch, und ich habe keine Ahnung, wo sie ist. Ich kann sie doch nicht einfach herzaubern.“

Sweetman hatte gelogen, als er behauptet hatte, daß Ellen in seiner Gewalt war. Es hatte ihm einfach Spaß gemacht, mich in Verzweiflung sterben zu sehen, und beinahe wäre es ihm gelungen. Doch wer steckte hinter diesem Täuschungsmanöver?

Unter Schmerzen stand ich auf. Ein Soldat brüllte mir zu, die Hände hochzunehmen, ein anderer sprang hinzu und richtete eine M16 auf meinen Bauch, während ein dritter, ungeachtet meiner Schmerzensschreie, mir Handschellen um die Handgelenke legte.

„Keine Bewegung!“ schrie mich einer der Soldaten an und stieß mich mit dem Gesicht voran neben McIllvanney auf den Boden. Auch der trug mittlerweile Handschellen.

Ein amerikanischer Offizier blieb am Rand unserer Sandkuhle stehen und sprach in ein kleines Funkgerät. „Stingray Alpha, Stingray Alpha, hier spricht Stingray Dolphin, Stingray Dolphin. Alles hier unter Kontrolle. Ich wiederhole, alles hier unter Kontrolle. Dolphin Ende.“ Der Mann streifte uns nur mit einem Blick und ging dann weiter.

Da plötzlich war mir alles klar. Das eine Wort „Stingray" hatte meinen Verdacht bestätigt. Der Senator hatte versucht, Stingray zu erreichen. Und jetzt war Stingray da, denn Stingray war von Anfang an mit im Spiel gewesen, und das bedeutete, daß Ellen in Sicherheit war.

Die Guten hatten sie, nicht die Bösen. Die Guten hatten Ellen entführt und mich ermuntert, durch einen Angriff auf Murder Cay Rache für ihr Verschwinden zu nehmen. Der Grund war ganz einfach. Auf legalem Wege hätten die Amerikaner nie auf der Insel landen können, weil die Polizei der Bahamas ihnen die Genehmigung verweigert hätte. Doch ein amerikanischer Senator auf der Suche nach seinen vermißten Kindern, das war etwas ganz anderes. Wenn dieser die amerikanischen Streitkräfte, die ganz zufällig in der Nähe Manöver abhielten, zu Hilfe rief, konnte ihm das keiner verübeln. Das war von Anfang an der Plan gewesen. Hätten die Funkgeräte nicht versagt, wäre uns die Armee längst vor dem Schußwechsel zu Hilfe gekommen. Was das bedeutete, war klar. Ich war auf eine solche Weise mit einbezogen worden, daß diese Operation wie eine Rettungsmission aussah. Da ich mit von der Partie war, konnte der Verdacht, dies alles sei in Washington an höchster Stelle geplant worden, gar nicht erst aufkommen.

Und John?

John war todsicher ein Agent der DEA oder der Zollbehörde.

Plötzlich vernahm ich seine Stimme schräg hinter mir. „Den da können Sie ruhig erschießen. Das ist nur ein streunender Engländer. Den kann sowieso keiner brauchen." Dann lachte er.

„Du Vollidiot!" rief ich. John nahm mir die Handschellen ab, half mir behutsam auf und brachte mich zu einem Sanitäter, der meine Wunde notdürftig säuberte und verband. Dann gingen wir miteinander den Strand entlang, denn ich wollte mit ihm reden, bevor ich die Insel verließ. „Wer bist du?" fragte ich ihn.

„Du weißt, wer ich bin, Nick." Er grinste über das ganze Gesicht. „John Maggovertski. Gescheiterter Footballspieler, gescheiterter Geschäftsmann, mittelmäßiger Pilot, Meister im Biertrinken, Waffensammler, Frauenheld, erstklassiger Tennistrainer –"

„Drogenfahndung?" setzte ich die Liste für ihn fort. „Zoll? CIA?"

„Bei manchen Fragen bin ich ein bißchen schwerhörig, Nick. Aber du würdest staunen, wenn du wüßtest, wie viele Leute mich ins Vertrauen ziehen, wenn's darum geht, Rauschgift nach Amerika zu schmuggeln."

„Also, wo ist Ellen?"

„Soviel ich weiß, Nick, ist sie in einem Gästehaus der US-Botschaft in Nassau. Man hat sie gut behandelt – auch wenn sie anderer Meinung ist. Wir halten sie zu ihrem eigenen Schutz dort fest, und sie dankt es uns mit unglaublichen Beschimpfungen."

Ich mußte lächeln. „Hast du sie nach Nassau gebracht?"

„Das hat Smedley gemacht. Ich hab's nur, gewissermaßen, arrangiert." John hatte immerhin soviel Anstand, mir einen verzeihungheischenden Blick zuzuwerfen. „Tut mir leid, Nick. Aber schließlich hast du mich um Hilfe gebeten. Die Versuchung war einfach zu groß."

Sehr clever, dachte ich, sehr, sehr clever. „Aber warum konntest du mir nicht einfach die Wahrheit sagen?" fragte ich dann.

„Denk doch mal nach. Hättest du gewußt, daß das Ganze von der Regierung ausgebrütet und finanziert war, hättest du dann deine Haut für uns zu Markte getragen?"

„Nein", gab ich wahrheitsgemäß zu.

„Und du warst einfach ideal für uns", sagte John mit feinschmeckerischem Zungenschnalzen. „Nicht nur ein ausgebildeter Soldat, sondern auch der Sohn des großen Sir Thomas Breakspear! Wir haben Sir Toms teuren Sohn vor den *Narcotraficantes* gerettet – da konnten auch die Briten nichts dagegen –"

„Aber warum mußte ich töten?" unterbrach ich ihn bitter.

Ein paar Schritte gingen wir schweigend nebeneinanderher. „Dies ist ein Krieg gegen Drogenhändler, Nick, und den können wir nur gewinnen, wenn wir genauso grausam und mitleidlos kämpfen wie die *Narcotraficantes*. Wir haben nicht damit gerechnet, daß es hier Tote geben würde. Wir haben uns das anders vorgestellt."

„So läuft es doch immer", sagte ich nur.

„Egal, jetzt ist es vorbei." John war nicht wohl bei diesem Gespräch, und er wechselte das Thema. „Ich denke, wir schulden dir Dank, Nick, großen Dank."

Am Horizont zog die Dämmerung herauf. Ich starrte ihm in die listigen kalten Augen. „Wann ist das alles ausgebrütet worden? Nach Sweetmans Überfall auf Sea Rat Cay?"

„Sicher. Aber wir haben auch schon vorher vermutet, daß Rickie was im Schilde führte. Es war ja seine Idee, auf die Bahamas zu fahren. Crowninshield hat seit Monaten mit den Behörden zusammengearbeitet, weil er etwas für Rickie tun wollte. Aber ich war mir nie sicher, ob die Sache klappt, sogar gestern noch hatte ich meine Zweifel."

John wandte sich um und blickte zu den Häusern hinüber. Das

Feuer war gelöscht, und an seiner Stelle brannte grellweißes Licht – die Scheinwerfer eines Fernsehteams. „Zufälligerweise ist die Presse bereits da", erklärte er. „Einige Journalisten sind eingeladen worden, eine nächtliche Operation des Manövers Stingray zu beobachten."

„Zufällig eingeladen – von Crowninshield?" fragte ich.

„Ja, ich glaube, sein Pressebüro hatte was damit zu tun." Er zündete sich eine Zigarette an. „Die Reporter werden natürlich alle mit dir sprechen wollen."

Die Hubschrauber mit den Presseleuten waren im Norden der Insel gelandet. Es ging um die Sensationsmeldung des Tages: Der mutige Versuch eines Senators, seine Kinder zu retten, hatte zur Zerschlagung eines lateinamerikanischen Kokainringes geführt. Gut hatte über Böse triumphiert, ein Politiker hatte für seine Sache gefochten, Amerika bekam sein Traumbild – und die Drogen würden auf anderen Routen weiterfließen.

Die Toten sahen die Reporter natürlich nicht. Eine Leiche war Deacon Billingsley, aber er war wie die anderen in einen grünen Leichensack verpackt worden.

Rickie wurde auf einer Bahre zu einem Hubschrauber getragen. Robin-Anne ging neben ihm und hielt seine Hand. „Bei den Reichen ist immer alles anders", bemerkte John säuerlich, als er sah, wie behutsam man mit den Zwillingen umging. „Andere bekommen Handschellen und Tritte in den Hintern, aber die Reichen fliegen erster Klasse in eine teure Drogenklinik. Und natürlich erzählt man dem Richter, daß Rickie bei der Aktion mitgeholfen hat, und damit ist er fein raus."

Die Gefangenen wurden abgeführt, und die Reporter durften ihre Aufnahmen machen. Ich erkannte Miguel Colon, der mit versteinertem Gesicht, aber würdevoll, in Handschellen von Smedley abgeführt wurde. Der Mann von der DEA grinste wie ein Honigkuchenpferd. „Fürs erste", verkündete er großspurig, „erheben wir Anklage nur gegen die Bewohner der Insel, nicht gegen ihr Personal oder ihre Gäste."

„Das heißt überhaupt nichts", sagte John zu mir, als Smedley außer Hörweite war. „Morgen um diese Zeit ist jeder von denen gegen Kaution frei, dafür sorgen die Anwälte, und wir können froh sein, wenn wir nur einen an die USA ausliefern können." Er blickte nach Westen, von wo sich ein einsamer Hubschrauber Murder Cay näherte. „Ich schätze, du weißt, was du der Presse zu erzählen hast, Nick?" fragte er mich, als wir auf die Landebahn zugingen.

„Die Wahrheit?"

„Die ist meistens gefährlich." Er schwieg einen Moment. „Warum sagst du nicht, daß ihr beide, du und Crowninshield, allein und unbewaffnet auf die Insel gekommen seid und eure Schießeisen zwei unvorsichtigen Wachen weggenommen habt, die mit ihrem Jeep verunglückt sind. Wir haben den Jeep extra für euch umgekippt; die Geschichte klingt also glaubwürdig. Du sagst auf keinen Fall, daß der Senator vor Angst gezittert hat. Statt dessen plauderst du überzeugend von seinen gigantischen Führungsqualitäten. Und natürlich habt ihr beide nur in Notwehr geschossen."

Ich lächelte. „Natürlich."

Er grinste und hielt mir seine Pranke hin. „Sehen wir uns noch, bevor wir uns im Jenseits treffen?"

Ich ergriff seine Hand. „Warum nicht? Viel Glück, John."

„Dir auch, mein Freund." Er rannte auf den wartenden Hubschrauber zu, blieb aber noch einmal stehen, um mir etwas zuzurufen. „Sag Ellen, ich bin Trauzeuge bei eurer Hochzeit. Das wird eine Riesenfete!"

Ich lachte und wandte mich ab. Mehrere Reporter liefen auf mich zu. Es war Zeit, die Heldentaten des Senators öffentlich zu bestätigen.

Da hörte ich jemanden nach mir rufen. Ich wandte mich um und vergaß alles um mich herum. Ellen war mit dem Hubschrauber angekommen, mit dem John jetzt abflog. Ihr Haar leuchtete rot und golden in der aufgehenden Sonne, und ihre Schönheit nahm mir fast den Atem. Ich lief ihr entgegen und hielt meinen heilen Arm auf. Sie rannte auf mich zu, und wir umarmten uns, so gut es ging. Wir lachten, sie drückte mich an sich, mein Arm schmerzte wie verrückt, aber das war nicht so wichtig.

„Sie wollten mich nicht zu dir lassen", erklärte sie atemlos, „weil sie Angst hatten, ich könnte der Presse die Wahrheit sagen, aber ich habe gesagt, wenn sie mich nicht herbringen, dann würde ich der ganzen Welt die Wahrheit sagen, und hier bin ich also." Sie lachte und weinte gleichzeitig. „Alles in Ordnung, Nick?"

„Jetzt ja", sagte ich und küßte sie. „Jetzt ja." Die Reporter hatten uns umzingelt. Ein unglaublicher Schmerz durchzuckte meinen Arm, als Ellen ihren Kopf darauf legte.

„Mr. Breakspear! Was ist passiert?" ertönte es da auch schon.

Ich riß mich zusammen. Die Reporter hechelten wie Hunde, die das Wild gestellt haben. Ich hob die Hand. „Ich will Ihnen die Wahrheit sagen." Ich sprach wie ein aufrechter Soldat, und Crowninshield, der mit den Reportern eingetroffen war, erbleichte angesichts meiner Wahrheitsliebe. Ich aber hatte endlich mein Publikum und nutzte meine Chance. „Das Spiel ist jetzt zu Ende“, sagte ich im Ton meines berühmten Vaters Sir Tom in seiner berühmtesten Rolle als Prospero in Shakespeares „Sturm“, und ich fuhr fort:

„Unsere Spieler,
Wie ich Euch sagte, waren Geister und
Sind aufgelöst in Luft, in dünne Luft
Wie dieses Scheines lock'rer Bau, so werden
Die wolkenhohen Türme, die Paläste,
Die hehren Tempel, selbst der große Ball, ja,
Was daran nur teilhat, untergehn;
Und, wie dies leere Schaugepräng' verblaßt,
Spurlos verschwinden. Wir sind solcher Zeug
Wie der zu Träumen, und dies kleine Leben
Umfaßt ein Schlaf.“

Ich brach ab, lachte und ließ die Leute stehen. Ellen hängte sich an meinen gesunden Arm und stimmte in mein Lachen ein. Crowninshield sah aus, als habe ihm gerade jemand das Leben gerettet und er wisse nicht genau, warum. Die verdutzten Reporter kamen hinter mir her und feuerten ihre Fragen ab. Doch ich hatte nichts mehr zu sagen. Mir war auch egal, was über Ellen und mich in den Zeitungen stehen würde. Vor uns lagen die Weite des Ozeans, die hohen Sterne und ein gutes Boot, das uns zusammen hinaustragen würde.

Bernard Cornwell

Die Idee zu *Schnee in der Karibik* hatte der leidenschaftliche Segler Bernard Cornwell, als er zu den Bahamas unterwegs war und feststellte, wie präsent die amerikanische Flotte in den karibischen Gewässern ist. Daß die Amerikaner in den Hoheitsgewässern eines anderen souveränen Staates regelmäßig Schiffe durchsuchen, fand Cornwell so bemerkenswert, daß er anfing, sich näher für den Drogenhandel in der Karibik zu interessieren.

Er begann Artikel zu lesen, sich über Suchtverhalten zu informieren, und er besuchte auch eine Drogenklinik, in der vor allem Kokainabhängige behandelt werden. Diesen genauen Nachforschungen ist es zu verdanken, daß Robin-Anne und Rickie, die drogensüchtigen Zwillinge im Roman, so realitätsnah geschildert sind und dem Leser die Sucht in ihrem ganzen Elend deutlich vor Augen führen.

Als Modell für Murder Cay diente Cornwell Norman Cay, eine kleine Insel, die dem kolumbianischen Drogenbaron Carlos Lehder gehört – wobei der Autor Wert darauf legt, daß seine Beschreibung von Murder Cay keineswegs übertrieben ist, sondern die Realität noch schlimmer aussieht. Vor allem die Zusammenarbeit der bahamaischen Polizei mit den Drogenbossen trägt entscheidend dazu bei, daß mit dem Drogenhandel sehr viel Geld verdient wird.

Bernard Cornwell, der mit seiner Frau in einem Haus auf Cape Cod im amerikanischen Bundesstaat Massachusetts lebt, schreibt in der Regel jährlich zwei Bücher. Er besitzt, ähnlich wie sein Romanheld Nick Breakspear, einen alten gaffelgetakelten Kutter, den er in seiner Freizeit liebevoll pflegt und mit dem er gerne einmal über den Atlantik segeln möchte, wenn ihm das Schreiben dafür Zeit läßt.

Gefährliche Wege

EINE KURZFASSUNG DES BUCHES VON

MONICA HUGHES

NACH DER ÜBERSETZUNG VON ELISABETH EPPLE

Isaac Manyfeathers, ein junger Bursche indianischer Abstammung, ist auf der Flucht durch die Wälder seiner kanadischen Heimat – entlaufen aus dem Jugendgefängnis, wohin ihn die Tat eines unbedachten Augenblicks gebracht hatte. Ausgehungert und zunehmend erschöpft, schlägt sich Isaac durch die Wildnis nach Norden, bis er unversehens auf eine junge Urlauberin trifft, die sich in größter Not befindet. Doch Isaac muß fürchten, daß die Hilfe, die er gewährt, sein Verhängnis werden könnte.

Freitag abend und Samstag in der Morgendämmerung

ES GESCHAH innerhalb von Sekundenbruchteilen, ohne daß Isaac bewußt einen Entschluß faßte. Er hatte soeben eine Kerbe in das Stück Fichtenholz geschlagen, das den verrotteten Balken an der Fußgängerbrücke, die über den Fluß führte, ersetzen sollte. Mit den Fingern strich er über den glatten Balken und roch den Duft des frisch geschlagenen Holzes. Sein Blick fiel auf die weißen Späne auf dem Boden zwischen dem trockenen Gras und Heidekraut.

Die Späne würden graurosa werden, sobald die Sonne im Westen hinter die Berge rutschte. Bald war es für den Arbeitstrupp an der Zeit, über die Brücke zum Sammelpunkt zu gehen und von dort ins Gefängnis zu fahren. Isaac fürchtete sich bei dem Gedanken an die vergitterten Fenster und verschlossenen Türen.

Plötzlich sah er eine dunkle Stelle zu seiner Linken. Eine Grube in der Uferböschung, beinahe unsichtbar zwischen den tiefen Schatten der langsam untergehenden Sonne. Ohne sich dessen richtig bewußt zu sein, jagte er darauf zu.

Es war eine ziemlich tiefe Grube, von Zweigen überwuchert. Er zwängte sich mit den Füßen voran hinein und duckte sich. Die Zweige schlossen sich dicht hinter ihm.

Die Pfeife der Wachmannschaft ertönte. Er sah, wie sich die sieben Sträflinge aus dem Arbeitstrupp aufrichteten, sich zusammenfanden und in einer Linie aufstellten. Silhouetten gegen den rosafarbenen Himmel. Sieben Gefangene. Nur sieben.

Er hörte einen Ruf. Nochmals einen Pfiff. Einer der Wächter kletterte die Flußböschung hinab. „Isaac! Isaac Manyfeathers!" Wieder tönte die Pfeife.

In diesem Augenblick erfaßte ein Lichtstrahl das Blatt der Axt, die er mit der Rechten umklammert hielt. Er bewegte die Hand, so daß die Sonne nicht mehr auf der Schneide glänzte.

Er konnte die Wachleute miteinander sprechen hören. Die Gefangenen marschierten über die Brücke. Dann das Geräusch des startenden Lastwagens. Zurück ins Gefängnis. Ohne ihn.

Eine Weile bewegte er sich nicht. Die Zweige des dichten Gebüsches verdeckten sein Versteck wie eine Tür.

Sie werden zurückkommen, sagte er sich. Sobald sie das Gefängnis erreicht haben, werden sie Meldung machen. Überall hier in der Gegend werden Wachmänner ausschwärmen, vielleicht mit Hunden.

Der Gedanke an Hunde scheuchte ihn aus seinem Loch heraus. Er stand aufrecht, die Axt noch immer in der rechten Hand, und schüttelte den Sand aus Arbeitshemd und Hose. Seine Blicke hetzten den Fluß hinauf und hinab. Die Sonne war hinter den Bergen versunken, aber es würde noch einige Stunden dauern, bis es völlig dunkel war.

Er mußte weg. Er konnte nicht auf die schützende Dunkelheit warten. Man brauchte eine Dreiviertelstunde bis zum Gefängnis. Also dauerte es mindestens eineinhalb Stunden, ehe jemand kam, um nach ihm zu suchen. Außer, sie hielten an, um zu telefonieren. Wie wichtig war er ihnen? Ein Indianer, der nicht zählte. Aber sie würden ihn trotzdem nicht entkommen lassen.

Er rannte los. Nach fünf Minuten war er außer Atem, kalter Schweiß lief ihm den Nacken hinab. Er duckte sich hinter einen verkümmerten Busch und sah sich um.

Hinter ihm felsige Hügel, vor ihm eine sandige Ebene mit Büscheln aus Salbei, trockenem Gras und Kakteen, hier und da kriechender Wacholder. Der Fluß durchschnitt die Ebene breit und reißend, mit sandigen Ufern bis hin zu der blauen Hängebrücke, die die Ebene von Kootenay mit dem Nordufer verband. Die sanften Hügel dort wurden von Pappel- und Kiefernwäldchen gekrönt. Dahinter war die Fernstraße.

Wenn er seine Sache richtig machen wollte, mußte er verschwinden wie Rauch an einem nebligen Morgen. Es durfte keine Berichte über einen fliehenden Indianer geben, durch die das Gefängnispersonal seine Fährte aufnehmen könnte. Das bedeutete, er mußte die Dunkelheit abwarten, bevor er die Ebene und die Brücke überquerte.

Er ging zum Fluß zurück, zog Schuhe und Socken aus, watete ein paar hundert Meter stromaufwärts, bis er sich zwischen Bäumen befand. Dann kletterte er auf einen Felsen am Ufer, rieb seine Füße trocken und zog Schuhe und Strümpfe wieder an. Wenn wirklich Suchhunde eingesetzt wurden, konnte er sie vielleicht abschütteln, indem er durchs Wasser ging.

Vor ihm stieg das Gelände steil an, die Abhänge waren zum großen Teil von struppigen Kiefern bedeckt. Es hatte keinen Sinn, noch weiter hinaufzuklettern. Das Vorgebirge erstreckte sich gewissermaßen bis ins Unendliche, direkt bis nach Calgary. Er wollte in die entgegengesetzte Richtung fliehen, nach Norden, zum Dorf seiner Großmutter. Aber jetzt brauchte er vor allem einen Ruheplatz. Er fand eine

Buschgruppe, in der er sich verstecken und direkt auf die Brücke hinunterblicken konnte.

Es wurde dunkel. Er kauerte sich nieder, in seiner Rechten spürte er noch immer den Schaft der Axt. Die Augen fielen ihm zu. Als er sie wieder öffnete, war der Himmel dunkel. Im Norden sah er die „Sieben Brüder" funkeln, sie zeigten ihm den Weg zurück ins Land seiner Großmutter. Er konnte es so deutlich vor sich sehen, als läge es vor ihm, das kleine Haus über dem See.

Ich habe die Axt, sagte er sich. Streichhölzer kann ich klauen. Die Büsche hängen voller Beeren. Also würde er weder verhungern noch erfrieren, wenn er nur erst einmal sicher über den Fluß und die Fernstraße hinweg war.

Steif rappelte er sich auf und tastete sich den felsigen Abhang hinunter zur Ebene. Der Mond war noch nicht aufgegangen, und er konnte die Brücke nicht mehr sehen . . . Seine Füße fanden einen Trampelpfad zwischen dem kriechenden Wacholder, er folgte ihm. Er ging rasch, dabei hatte er das ungute Gefühl, daß er sich möglicherweise in die falsche Richtung bewegte.

In seiner Hast stolperte er und fiel der Länge nach hin, die Axt wurde ihm aus der Hand geschleudert. Er landete auf etwas Hartem, das seine vorgestreckten Hände zerschrammte und seine Nase verletzte.

Klebrige Nässe auf den Lippen. Er leckte daran, schmeckte Blut und Salz. Er hatte nicht einmal ein Taschentuch, um die Blutung zu stillen. Blind griff er um sich und rupfte ein Grasbüschel aus, um sich das Gesicht abzuwischen.

Wo war die Axt? Er tastete um sich, noch immer auf allen vieren. Ohne die Axt konnte er nicht fort. Vielleicht sollte er lieber bis zur Morgendämmerung hier warten. Er fand eine Mulde im trockenen Gras und rollte sich darin zusammen. Die Hände taten ihm weh, in seiner Nase pochte der Schmerz. Er rollte sich auf den Rücken und blickte hinauf zu den beruhigenden Sternbildern. Die „Sieben Brüder" und der Polarstern im Norden. Der Abendstern helleuchtend über den Hügeln im Süden.

Gib mir meine Freiheit, Abendstern. Bitte deinen Vater, die Sonne, und deine Mutter, den Mond, mir meine Freiheit zu geben.

Gleich einer Antwort zeichnete eine Sternschnuppe eine silberne Bahn über den Himmel im Osten, den Ort der aufgehenden Sonne. „Ich danke dir, Sonne", flüsterte er und schlief ein.

Er erwachte noch vor der Morgendämmerung. Er lag auf etwas Kaltem und Hartem. Sein ganzer Körper war kalt. Mit geschlossenen

Augen tastete er nach einer nicht vorhandenen Decke, nach einem Kissen, das auf den Boden seiner Zelle gefallen sein mußte. Dann traf ihn die Erinnerung an seine Freiheit wie ein Schock, schaudernd setzte er sich auf.

Er merkte, daß er wie benommen einen kleinen Blumenstrauß anstarrte. Die Blüten waren grell gelb, blau und rot. Plastikblumen hier draußen in der Wildnis? Sie lagen neben einer quadratischen Steinplatte. Er blinzelte und sah noch einmal hin. Noch mehr Plastikblumen, von der Sonne gebleicht, staubig. Weitere quadratische Steine. Ein Garten aus Steinen und Plastikblumen.

Er sah auf den Stein hinab, auf dem er geschlafen hatte. Eingravierte Buchstaben. *Jessie Manyfeathers* stand auf dem Stein, und sein Herz tat einen Sprung. Der Name seiner Großmutter. Was machte ihr Name auf einem Stein mitten in der Ebene von Kootenay? Welche Art von Zeichen war das?

Geboren am 12. Dezember 1943, gestorben am 27. Januar 1944. Also nicht seine Großmutter. Nur ein kleines Indianermädchen, das es nicht geschafft hatte.

Benommen erhob er sich. Er befand sich auf einem Friedhof. Es war ein Friedhof für seine eigenen Leute. All die Geschichten fielen ihm ein, die ihm seine Großmutter erzählt hatte. Geschichten von den Geistern der Verstorbenen. Die sich auf nächtlichen Pfaden umhertrieben, die unzufrieden waren, weil sie keinen warmen menschlichen Körper hatten, um darin zu leben, die Ausschau hielten nach arglosen Reisenden. Und er hatte mitten unter ihnen geschlafen!

Als er seine Blicke ängstlich umherschweifen ließ, erfaßten sie den matten Schimmer der Axtklinge. Sie lag in hohem Gras. Hastig griff er danach, erhob sich und lief los.

Er versuchte, sich einzureden, daß die Geister christliche Begräbnisse erhalten hatten und deshalb zufrieden waren. „Ist sowieso alles dummes Zeug", sagte er laut. „Niemand glaubt heutzutage an so was. Es gibt Fernseher und Raumschiffe. Da ist kein Platz mehr für Geister."

Seine Füße trugen ihn eilends davon. In einem Pappelwäldchen hielt er inne. Was sollte er tun? Im Westen waren die Rocky Mountains. Im Süden lag Calgary. Er wollte nicht dorthin zurück. Er mußte zunächst die Fernstraße entlang. Nur so konnte er die niederen Hügel und den Wald erreichen und sich dann zum Dorf seiner Großmutter im Norden durchschlagen. Wenn er nur erst einmal im Dorf seiner Großmutter war, konnte er das Durcheinander in seinem Kopf ordnen und entscheiden, was er mit seinem Leben anfangen sollte.

Er spähte durch die Pappeln. Wo war die Brücke? Im Dämmerlicht sah er eine Schneise zwischen den Bäumen und ging darauf zu. Er entdeckte eine Lichtung mit der verfallenen Hütte eines Medizinmanns in der Mitte.

Der Sonnentanz . . . Großmutters Stimme klang ihm in den Ohren. „Unsere Familie – in einem Jahr hat sie den Tanz ausgeführt. Sie kamen aus dem Umkreis von vielen Meilen zusammen. Das war eine große Ehre. Eines Tages, wenn du ein Mann bist, Isaac, vielleicht wirst du . . ." Dann die Stimme seiner Mutter: „Nichts als dummes Geschwätz. Hör auf, dem Jungen mit solchem Unsinn den Kopf zu verdrehen."

Während Isaac noch schaute, stieg plötzlich direkt vor ihm die Sonne über dem Horizont herauf, und im goldenen Flimmern schien es ihm, als seien die kahlen Pfähle der Hütte mit grünen Fichtenzweigen bedeckt. Es schien, als flatterten Baumwollbänder fröhlich vom Hauptpfosten. War das Rauch, was durch die Stämme sickerte? War da der Geruch von süßem Gras und Tabak?

Langsam verließ Isaac die schützenden Bäume. Er ging an Indianerhütten vorbei. Er sah Menschen arbeiten oder vor den Türen ihrer Behausungen sitzen, aber ihre Gesichter lagen im Schatten, wie in einem Traum.

Er ging geradewegs zur Hütte des Medizinmannes und bückte sich, um einzutreten. In der grünen Laube aus frisch geschnittenen Fichtenzweigen saßen die weisen Männer, schweigend, regungslos, die heiligen Pfeifen in den Händen. Zwischen ihnen und dem Mittelpfosten war der Boden für den Altar sauber gefegt und mit den Symbolen von Sonne, Mond, Morgenstern und den fallenden Sternen gekennzeichnet worden. Auf dem Altar lag ein Stück glühender Kohle und darüber ein Büschel süßes Gras. Ein einzelner Faden bläulichen Rauchs stieg zum Dachpfosten empor.

„Wer bist du?" Der alte Mann in der Mitte der Gruppe brach das Schweigen.

„Mein Name ist Isaac Manyfeathers."

„Weshalb bist du hierhergekommen?"

„Um mich der Sonne darzubringen aus Dankbarkeit für meine Freiheit. Um zu bitten, meine Freiheit möge mir nicht genommen werden. Um den Sonnentanz zu tanzen."

Es waren nicht die Worte, die er normalerweise gesagt hätte. Er hätte gelacht. Er wäre sich albern vorgekommen.

„Was willst du?"

„Daß die Dinge wieder so sind wie früher."

„Du kannst nicht zurückgehen. Es gibt keinen Weg zurück."

„Was soll ich tun?"

„Geh vorwärts."

„Wie? Wohin?"

„Du mußt um Hilfe bitten."

„Deshalb bin ich doch hier. Um Hilfe zu erbitten."

„Dann höre auf uns. Du bist kein Mann. Um ein Mann zu werden, mußt du deine Bestimmung in den Wäldern suchen. Suche mit reinem Herzen, und sorge dafür, daß vier Tage lang keine Krume Nahrung und kein Tropfen Wasser über deine Lippen kommen, bis du deine Bestimmung gefunden hast. Erst dann darfst du wieder essen und trinken. Da es die Sonne ist, deren Hilfe du erbittest, wird deine Bestimmung von der Sonne kommen. Des Nachts darfst du schlafen, aber nicht während des Tages. Folge dem Weg deines Herzens zu dem Fluß, den du kennst. Doch wenn du bis dann deine Bestimmung nicht gefunden hast, mag es vielleicht zu spät sein. Vielleicht hast du der Welt deiner Großmutter zu lange den Rücken gekehrt."

„Ich werde tun, was du sagst. Es darf noch nicht zu spät sein!" Die Worte sprudelten aus Isaac heraus, als er erkannte, daß er sich durch sein eigenes Tun in einer Schlinge gefangen hatte – gefangen durch jede Wahl, die er bisher in seinem Leben getroffen hatte. Er hätte bei Großmutter bleiben und nicht mit seiner Mutter wegziehen sollen. Er hätte in der Schule aufpassen sollen, anstatt herumzualbern, vielleicht hätte er dann einen ordentlichen Job bekommen. Später hätte er bei seiner Mutter bleiben sollen, trotz ihrer Männerbekanntschaften und der Wutausbrüche, und niemals nach Calgary gehen . . . Aber er *hatte* seine Entscheidungen getroffen, und es war zu spät, sie ungeschehen zu machen.

Er tanzte um den Mittelpfosten, den Blick zum Himmel erhoben, dessen Blau zwischen den Balken der Hütte hindurchschimmerte.

Rundherum und immer weiter rundherum tanzte er zum Rhythmus der Trommel, schneller und schneller, bis sich die Hütte des Medizinmannes um ihn drehte wie ein Kreisel. Die ganze Welt drehte sich wie ein Kreisel.

Er stolperte und fiel der Länge nach hin. Er rollte sich auf den Rücken. Blau schimmerte der Himmel zwischen den Balken hindurch. Die Opferfahnen hoben und senkten sich im frühen Morgenwind, zerrissene Stoffstreifen, zerschlissen vom Wind und ausgebleicht von der Sonne.

Isaac setzte sich. Die Hütte war leer. Keine Ältesten saßen in der Laube. Er blickte zwischen kahlen Pfählen nach draußen auf eine

Lichtung voller Gras, Klee und Wicken. Da waren keine Feuer, keine Indianerhütten. Keine Menschen.

Er rappelte sich hoch und taumelte aus der verfallenen Hütte hinaus. Die Sonne stand jetzt strahlend am Himmel.

Er legte die Hände an seinen wirren Kopf. „Es geschah alles wirklich. Ich habe es gesehen. Ich hörte den alten Mann. Es war doch kein Traum, oder?"

Er holte tief Atem und roch den Duft des wilden Salbeis. Er pflückte ein Büschel, dann schnitt er zwei Stück Holz von einer Pappel ab und band sie so zusammen, daß sie ein Kreuz bildeten. Den Salbei befestigte er an dem Querbalken.

Er hielt das Kreuz zur Sonne empor. „Ich werde tun, was du gesagt hast." Dann brachte er die Opfergabe in die Hütte des Medizinmannes und hängte sie oben am geheiligten Mittelpfahl auf.

Er verließ die Hütte. Ob die weisen Alten Traum oder Wirklichkeit gewesen waren, spielte keine Rolle mehr. Sie hatten seine Füße auf den Pfad gesetzt, den er gehen mußte.

Er lief nicht mehr davon. Er war auf der Suche. Ob er am Ende lebend aus dieser Wildnis entkam, schien nicht wichtig zu sein. Das einzige, was zählte, war, dem Weg zu folgen, der ihm gewiesen worden war, und bereit zu sein, jedes Zeichen zu verstehen, das ihm auf diesem Weg gegeben werden mochte.

Samstag

IHRE Ferien begannen mit der Unstimmigkeit darüber, zu welcher Zeit sie aufbrechen sollten.

„Aufstehen um fünf", dröhnte Harry Mathieson. „Aufbruch um sechs. Wir können in Red Deer frühstücken."

Die vierzehnjährige Leonora starrte ihren Stiefvater entsetzt an. Die letzten paar Monate, seit ihre Mutter und Harry geheiratet hatten, waren nicht besonders lustig gewesen, und jetzt das! „Um *fünf?*"

„Sonnenaufgang um sechs", fuhr Harry fröhlich fort. „Der Morgen ist in Alberta die beste Tageszeit, du wirst sehen."

„Klingt großartig, Paps", pflichtete Brian ihm bei. Brian war in Leonoras Augen ein schleimiger Siebzehnjähriger. Sie hatte bereits beschlossen, ihn widerlich zu finden.

„Jemand muß mich wecken, oder ich schaff das nie." Das war Denis. Mit seinen vierzehn sah er wirklich nett aus, aber . . ., nun ja, die Zeit würde zeigen, ob er einen passablen Bruder abgab.

Sie sah ihre Mutter verzweifelt an, und dieses eine Mal wenigstens war Mama auf ihrer Seite. „Ehrlich, Harry, ich finde, fünf ist ein bißchen übertrieben. Es sollen doch Ferien sein."

„Aber natürlich sollen sie das, meine Liebe. Und je eher wir aufbrechen, um so besser."

„Könnten wir nicht um sieben aufstehen und wenigstens frühstücken, ehe wir losfahren?"

„Ich würde es wirklich lieber auf meine Weise versuchen, Hazel. Es wird dir gefallen."

Und das war's dann. Niemand fragt danach, ob es *mir* gefallen wird, dachte Leonora.

Am nächsten Morgen hörte sie den Wecker nicht und schlief zweimal wieder ein, nachdem Mama sie geweckt hatte. Mama selbst verbrachte zwanzig Minuten damit, sich zu frisieren, während Harry immer nervöser wurde. Dann vergaß sie etwas einzupacken, worum Harry sie gebeten hatte, und das mußte noch in letzter Minute nachgeholt werden. Mittlerweile war es nur vernünftig, Kaffee zu kochen und Speck und Eier zu braten.

Harry schnaubte, aber Leonora bemerkte, daß er alles aufaß, was Mama ihm auftischte, und die Jungen ebenfalls. Dann mußte das Geschirr gespült und weggeräumt werden, und Mama bestand auf einem letzten Rundgang durchs Haus, um sich davon zu überzeugen, daß alles abgeschlossen und abgeschaltet war, obwohl Harry sagte, er hätte sich bereits darum gekümmert.

Es war beinahe zehn Uhr, als der Kombi endlich aus der Einfahrt bog. Samstag, der 11. August. Harry fuhr gut, hielt sich genau an die Geschwindigkeitsbeschränkung.

Gegen Mittag erreichten sie die Abzweigung zum Sylvan Lake und Rocky-Mountain-Haus. „Wie wär's mit Mittagessen in Red Deer?" schlug Denis vor „Ich bin am Verhungern." Harry und Brian überstimmten ihn. Niemand fragte sie oder Mama. Mama zündete sich eine Zigarette an. Harry kurbelte demonstrativ das Fenster herunter.

Sie fuhren nach Westen durch weites Land mit riesigen Feldern voll reifenden Korns.

„Schaut euch all diesen Weizen an", sagte Leonora.

Brian erklärte ihr auf nachsichtige Art, daß es Gerste sei. „Du kannst sie an den spitzen Ähren erkennen."

Leonora seufzte und hörte auf, Konversation zu machen. Neben ihr auf dem Rücksitz begannen Brian und Denis mit einem ihrer endlosen Ratespiele. Zu Anfang, als sie und Mama bei den Mathiesons eingezogen waren, hatte sie versucht, sich an ihren Spielen zu beteiligen, aber nach den ersten Zurechtweisungen hatte sie sich geschworen, niemals mehr ihre Unwissenheit vor ihnen bloßzulegen.

Sie hielten doch nahe des Rocky-Mountain-Hauses, um zu tanken und einen Imbiß aus Pfannkuchen einzunehmen. Und sie waren gerade im Begriff, wieder aufzubrechen, als Harry ein nach links deutendes Schild mit der Aufschrift *Rocky-Mountain-Haus – historische Sehenswürdigkeit* erblickte.

„Sollen wir?" fragte er und lenkte gleichzeitig den Wagen nach links statt nach rechts. Harry redete ständig über Demokratie in der Familie, aber wenn es darauf ankam, war er der Boß.

Sie stellten den Wagen auf dem großen Parkplatz ab, marschierten durch die Ausstellungsräume des Rocky-Mountain-Hauses und starrten Modelle von Sachen an, die da wären, wenn die Archäologen sie gefunden hätten. Dann gingen sie eine Ewigkeit, um zwei Kamine und ein Stückchen Mauer zu besichtigen, angeblich Überreste der letzten Handelsagentur. Es wurde sehr heiß, und Leonora bekam Kopfschmerzen. Als sie schließlich weiterfuhren, verschlechterte sich Leonoras Laune immer mehr. Selbst der erste Anblick der Berge konnte sie nicht fröhlicher stimmen, da Harry ihnen allen einen geologischen Vortrag über die Rocky Mountains hielt.

Der Wald, der die Fernstraße säumte, lag wie ein grünlich-schwarzer Teppich über dem hügeligen Land. Er erstreckte sich in alle Richtungen, so weit sie sehen konnten, und reichte bis an den Fuß der Berge.

Harry berichtete Mama genau, wie viele Klafter Nutzholz der Wald beinhalte und was es für ein Verbrechen sei, daß er nicht gezielter ausgebeutet werde.

Leonora wartete darauf, daß Mama bei dem Wort „ausbeuten" explodierte. Zu Hause in Toronto, als sie noch mit ihrem Vater zusammengelebt hatten, war ihre kleine Wohnung immer übersät mit Aufklebern gewesen, auf denen RETTET DIE SEEHUNDE oder SCHÜTZT DIE NATUR stand.

Leonora wartete darauf, daß Mama Harry Bescheid sagte, was sie von seiner Idee hielt, die Wälder abzuholzen. Aber Mama sagte nichts, sie zündete sich nur eine neue Zigarette an.

Unversehens kam daher Leonora dazu, sich an ihrer Stelle für die Verteidigung der Wälder einzusetzen. „Es ist nicht recht, alle Wälder abzuholzen. Was wird aus meiner Generation, wenn nichts mehr übrig ist als Gestrüpp?"

Harry hatte ihr nachsichtig zugehört. „Deshalb gibt es ja Naturschutzgebiete", erklärte er ihr. „Aber die Holzbestände in Alberta sind so riesig, daß es kurzsichtig wäre, keinen Nutzen daraus zu ziehen."

Warum verteidige ich eigentlich diese blöden Wälder? überlegte Leonora. Die Art, wie sich die Bäume zusammendrängten, war furchterregend. Entlang der Fernstraße gab es weder Städte noch Dörfer. Nur hier und da ein schnurgerader Pfad zwischen den Bäumen.

„Seismographische Linien oder Schneisen zur Verhütung von Bränden", erklärte ihr Harry, als sie fragte, wofür diese Pfade seien.

„Seismo . . . Erdbeben?"

Brian lachte. „Von Menschen verursachte Erdbeben, Nora. Indem Ölsuchtrupps auf das Echo nach einer Sprengung lauschen, können sie feststellen, ob sie sich über einer ölhaltigen Gesteinsschicht befinden."

Weiß er eigentlich alles? fragte sich Leonora verärgert. Was für eine Familie! Sie schloß die Augen und wünschte, sie wäre wieder zu Hause in Toronto bei all ihren Freundinnen, wo ihr alles vertraut war. Hier war sie eine Fremde. Und in drei Wochen mußte sie es mit einer neuen Schule aufnehmen. Uah!

Sie döste und wachte erst auf, als sie Steinchen unter den Rädern knirschen hörte. Hatten sie das Camp endlich erreicht?

Sie setzte sich auf und sah sich um. Ganz offenbar hatten sie abseits der Fernstraße gehalten. Es gab nur einen kleinen Laden mit einer Tanksäule, eine Fernsprechzelle und dahinter ein paar Toiletten.

„Mußt du auch mal aufs Klo?" fragte Mama.

„Nein, danke." Leonora stieg aus und streckte sich. Hinter dem Laden ging die Straße weiter, und sie schlenderte sie entlang, bis ihr ein mächtiger Drahtzaun den Weg versperrte. Die großen Gebäude dahinter wirkten öde und kalt.

Sie kehrte zum Kombi zurück. „Was ist das dort drüben?"

„Diese Gebäude? Oh, das ist das Gefängnis. Paß lieber auf, es ist wahrscheinlich vollgestopft mit Massenmördern und Räubern und –"

„Red keinen Quatsch, Denis", unterbrach ihn Brian. „Du brauchst nicht auf ihn zu hören, Nora. Das ist nur eine Strafanstalt für mittelschwere Fälle. Bloß ein Haufen kleiner Gauner. Sie können nicht allzu gefährlich sein. Man läßt sie in Arbeitstrupps hinaus, um Campingplätze herzurichten, Holz zu fällen und dergleichen."

Er redet genau wie sein Vater, dachte Leonora. Mr. Allwissend. Wie soll ich bloß eine ganze Woche Camping in diesen gespenstischen Wäldern mit den beiden als Gesellschaft durchstehen? Denis ist nicht so übel. Er könnte direkt menschlich sein, wenn er nicht ständig versuchen würde, seinen Vater und seinen großen Bruder nachzumachen.

Mama kam endlich von der Toilette zurück, und sie fuhren wieder auf die Fernstraße.

Warum hatte Mama nur diesen Mathieson geheiratet? Das Leben war gar nicht so schlimm gewesen, nachdem sie sich von Papa getrennt hatte, abgesehen davon, daß Leonora ihn vermißte. Mama bekam einen tollen Job, und sie hatten eine hübsche Wohnung außerhalb der Stadt in der Nähe des Strandes. Die Schule war okay, und es gab Schwimmwettbewerbe, bei denen sie immer ganz vorne lag. Sie machten Picknicks, oder sie gingen zum Hafen und krönten den Tag mit einem Kinobesuch. Mama und sie kamen gut zurecht.

„Haltet euch fest! Hier biegen wir in die Forststraße ein, ein Holperweg, Straße zweiter Ordnung."

Tatsächlich wurden sie jetzt gehörig durchgerüttelt. Der Wagen rumpelte durch vom Regen ausgewaschene Schlaglöcher und holperte über knorrige Baumwurzeln.

Leonora fläzte sich in ihre Ecke, so daß sie nach oben schaute und nur die Baumwipfel gegen winzige Fleckchen blauen Himmel sehen konnte. Hell, dunkel, hell. Der schnelle Wechsel von Licht und Schatten setzte ihren Augen zu. Verflixt, das war ein Fehler! Sie richtete sich wieder auf und schloß die Lider. Ich hätte zu Mittag nicht so viele Pfannkuchen essen sollen, dachte sie. Jetzt lagen sie ihr wie Steine im Magen. Sie spürte, wie die gefürchteten Schmerzen in ihrem Kopf zu bohren begannen. O nein! Wieder Migräne!

„Alles in Ordnung, Liebes?" Mama sah sie besorgt im Rückspiegel an.

„Ja, es geht schon, Mama", sagte sie zwischen zusammengebissenen Zähnen.

„Du siehst schrecklich blaß aus, Liebes." Mama drehte sich um. „Leonora bekommt Migräne", erklärte sie den anderen. „Ich glaube, du solltest lieber anhalten, Harry."

„Ich kann hier nicht anhalten, Hazel. Wenn ein Holzlaster vorbeikommt . . . Aber weiter vorne ist eine Ausweichstelle."

Der Kombi holperte bergab und erklomm die nächste Anhöhe. Harry lenkte den Wagen vorsichtig von der Straße hinunter und stoppte mit einem plötzlichen Ruck. Der Ruck gab Leonora den Rest. Sie fingerte blind am Türgriff herum, fühlte kräftige Hände warm auf ihren kalten, die Tür wurde aufgestoßen. Sie stolperte hinaus in die Büsche.

Wurzeln umfingen ihre Knöchel, und Brombeerranken zerkratzten ihre nackten Waden. Sie stürmte weiter, entschlossen, außer Hör- und Sichtweite zu sein, wenn das Unvermeidliche geschah.

Nachdem sie sich erholt hatte, kämpfte sie sich durch das Unterholz zum Auto zurück.

„Wieder besser, Liebling?" Mamas mitleidige Frage klang reichlich schuldbewußt.

Ja, es ist dein Fehler, dachte Leonora, als sie auf ihren Sitz zurückkroch. Du wußtest, daß ich nicht campen wollte. Ich hasse Camping. Und du auch. Aber du hast mich gezwungen: „Ich will dir Gelegenheit geben, Harry und die Jungen besser kennenzulernen."

Mama reichte ihr ein Erfrischungstuch. Leonora lehnte sich mit geschlossenen Augen zurück und rieb sich Stirn und Schläfen mit dem feuchten Tuch ab.

„Wie weit ist es noch bis zum Campingplatz, Harry?"

„Noch ungefähr zwanzig Kilometer, Hazel."

„Ist die Straße die ganze Zeit so?"

„Größtenteils. Hat sie diese Anfälle öfter?" fragte Harry mit mißbilligendem Unterton.

„Ich dachte, sie hätten aufgehört. Seit der Scheidung hatte sie keinen einzigen Anfall mehr. Ich dachte, sie kämen nur von . . ., du weißt schon . . ., von der Aufregung."

„Du solltest es mal mit autogenem Training versuchen." Das war Brians Stimme aus der anderen Ecke. „Du brauchst nichts weiter zu tun, als dir vorzustellen, deine Hände würden wärmer. Dann geschieht das auch. Die Blutgefäße erweitern sich und verringern den Druck im Innern deines Gehirns."

Vielen herzlichen Dank, Herr Professor, dachte Leonora verbittert. Welch ein Jammer, daß du nicht selbst eine hübsche Migräne hast, damit du deine nette Theorie ausprobieren kannst.

„Halt den Mund, du Angeber, und laß sie in Ruhe", murmelte Denis.

Während Brian und Denis sich nun ein Wortgefecht lieferten, wurde Leonora wieder schläfrig. Gegen die Polster gepreßt, döste sie vor sich hin. Als sie endlich von der Straße auf ein freies, grasbewachsenes Gelände mit Feuerstellen und Toilettenhäuschen abbogen, war die Sonne bereits hinter den Bergen versunken, obwohl der Himmel noch immer hell war. Leonora kletterte steifbeinig aus dem Wagen und fröstelte, als die kühle Luft ihre nackte Haut traf.

„Ich wußte ja, du hättest Jeans anziehen sollen. Ich frag mich bloß, wo sie sind." Hilflos sah Mama sich in dem Chaos aus Zeltplanen,

Schlafsäcken und Gestängesäcken um, die die Jungen aus dem Kofferraum des Kombis holten.

„Ist schon gut, Mama. Mach dir keine Sorgen."

„Komm hier herüber, und setz dich unter diesen Baum", forderte ihre Mutter sie dennoch auf. „Hier ist eine Decke."

Zuerst hatte Leonora ein schlechtes Gewissen, daß sie gemütlich unter einem Baum saß, während sich die anderen mit den Zelten abschufteten. Aber als sie sah, wie Mama im Weg herumstand in ihrem Bemühen, bei der offensichtlich wohlorganisierten Dreimannshow zu helfen, hörte sie auf, sich Vorwürfe zu machen. Ja, sie konnte sich ein Grinsen nicht verkneifen, als Mama den Gummihammer und die Heringe aufhob und sie für Brian bereithielt. Brian suchte eine Weile verzweifelt danach, ehe er sie in Mamas Händen entdeckte.

Er ging höflich darüber hinweg, aber sein Gesichtsausdruck verriet ihn. Ich vermute, es ist für die Jungs genauso unangenehm, daß Mama und ich plötzlich in ihre gemütliche Familie hineingeplatzt sind, wie für uns, ein Teil dieser Familie zu sein . . . Daran habe ich bisher noch nie gedacht. Ich werde versuchen, netter zu ihnen zu sein, nahm Leonora sich vor.

Sobald die Zelte aufgebaut, die Leinen zu Harrys Zufriedenheit festgezurrt, die Schaumstoffmatten, Schlafsäcke und all das andere Zeug verstaut waren, holte Brian den Kocher heraus und stellte ihn auf einen der Picknicktische. Als er ihn angezündet hatte, bestand Mama darauf, „ihren Beitrag" zu leisten und das Abendessen zu kochen, obwohl sie noch niemals zuvor so einen Kocher aus der Nähe gesehen hatte und die Jungen sich offenbar aufs Kochen gefreut hatten.

Am Ende waren die Hamburger trocken und hart wie Steine und die Käsemakkaroni ein fester Klumpen. Den einzigen genießbaren Teil des Abendessens bildete das frische Obst, das sie in der Kühltasche mitgebracht hatten. Leonora trank nur mehrere Tassen Tee, aß ein paar Kekse und nahm ein Aspirin.

Die anderen quälten sich durch die Mahlzeit, und dann sprang Mama auf, um eine große Schüssel mit Wasser für den Abwasch zu füllen.

„Das war ja gräßlich", murmelte Brian. „Wie stellen wir es an, daß sie nicht mehr kocht?"

„Du darfst Hazel nicht ärgern", flüsterte Denis zurück. „Denk dran, was Paps gesagt hat. Ertrag es wie ein Mann! Ich denke mir irgend etwas Taktvolles aus."

Das war Mama gegenüber nicht fair. Sie war wirklich eine gute Köchin. Sie konnte nur mit dem Kocher und den dünnen Aluminiumtöpfen und -pfannen nicht umgehen. Arme Mama, sie strengte sich so sehr an, um ein Teil des Teams zu werden. Und die Jungen hatten alles wortlos aufgegessen, obwohl es wirklich gräßlich war. Harry auch. Gute Noten für sie alle.

Mama kam von der Pumpe zurück und stellte die große Schüssel auf den Kocher, um das Wasser heiß zu machen. Dann gab es einen freundschaftlichen Streit zwischen ihr und den Jungs, wer spülen sollte.

„Ich hab eine Idee“, verkündete Denis. „Wenn du darauf bestehst, das Geschirr zu spülen, solltest du Brian und mir das Kochen überlassen. Du und Nora, ihr könnt euch um den Abwasch kümmern, und Paps kann Wasser schleppen und Holz hacken, wenn wir Feuer machen. Ist das keine gerechte Arbeitsteilung?“

Er wird möglicherweise mal Politiker, dachte Leonora.

Der Waschraum war eine schäbige Baracke im Gebüsch, und es gab nur kaltes Wasser zum Waschen. Leonora kroch in das Zelt, das sie mit Mama teilte. Harry war zu den Jungen in das andere Zelt verbannt worden. Geschieht ihm recht, dachte Leonora. Es hatte vor ihrer Abreise eine hitzige Diskussion über Schlafkombinationen gegeben, aber wenn man kein drittes Zelt kaufen wollte, gab es keine andere Möglichkeit.

Das Zelt roch leicht schimmlig, doch mit der Schaumstoffunterlage unter ihrem Schlafsack war es eigentlich ganz bequem. Es war, als sei man in einer Zelle . . ., vielleicht einer Klosterzelle. Oder im Gefängnis. Sie dachte an die trostlosen Gebäude an der Fernstraße. All diese Männer in ihren Feldbetten. Manche von ihnen lagen vielleicht wach. Sehnten sich danach, frei zu sein. Sie kroch ganz in den Schlafsack hinein, bis sie einschlief.

Samstag

Isaac Manyfeathers stolperte und fiel neben einem Bach auf die Knie. Als er seine Oberlippe berührte, spürte er getrocknetes Blut. Seine Handflächen und seine Nase schmerzten noch immer. Er war auch durstig, aber er dachte an seine Vision von den Alten und erlaubte sich nicht zu trinken. Er befeuchtete nur seine Lippen.

Als er wieder aufstand, war sein Kopf klarer. Etwas Sonderbares war ihm widerfahren, doch ihm war jetzt wohler. Dort war die Brücke.

Zielstrebig ging er darauf zu. Jetzt konnte er den Fluß sehen. Sandbänke ragten daraus hervor, der Hauptstrom wälzte sich in einem tiefen Bett dahin, schnell und gefährlich.

Rasch lief er auf die Hängebrücke zu. Sie ruckte und schwankte unter ihm. Kaum drüben angelangt, rannte er ins Unterholz und duckte sich. Noch war niemand auf den Beinen. Der goldene Ball der Sonne war eben erst am Horizont hochgestiegen. Doch bald würden alle Campingurlauber wach und damit beschäftigt sein, Frühstück zu bereiten. Und die Gefängniswachen? Was war mit denen? Würden sie Straßensperren errichten? Wohl kaum. Er war kein Schwerverbrecher, nur ein kleiner Fisch. Ein siebzehnjähriger Indianerbursche, der dumm genug gewesen war, sich mit ein paar echten Gaunern einzulassen.

Er rannte auf ein Eschenwäldchen zu, überquerte eine Lichtung mit Grasbüscheln und tauchte wieder in den Schutz eines Wäldchens ein. Direkt vor ihm war der steile, mit Fichten bestandene Abhang, der zu einem Parkplatz hinaufführte.

Geh nach Norden, erinnerte ihn sein Traum-Ich, als er den Abhang hinaufkletterte. Der andere Teil von ihm, der Stadtjunge, sagte: „Sei kein Narr! Es war das klügste, was du tun konntest, die ganze Nacht in Deckung zu bleiben." Er überlegte, welche Möglichkeiten ihm zur Wahl standen. Der direkte Weg nach Norden war unmöglich; die Berge erhoben sich steil und felszerklüftet. Er mußte die Fernstraße benutzen, um von hier wegzukommen, denn nach Westen in die Berge, das würde ihn nicht ans Ziel führen – und nach Osten, das bedeutete auf das Gefängnis zu.

War er erst einmal am See vorbei, wichen die einengenden Felsen im Norden zurück und gingen in sanftes Hügelland über. Aber wie sollte er dieses Stück Fernstraße hinter sich bringen? Felsabhänge zur Linken. Den See zur Rechten. Er hatte keine Chance, ungesehen voranzukommen.

Jetzt befand er sich ein kleines Stückchen über der Straße und spähte aus dem Schatten einer Fichte zum Parkplatz hinüber. Im Augenblick lag die Straße verlassen da, aber er wußte, es würde nicht lange so sein. Was sollte er tun?

Ein Knattern drang an sein Ohr. Um die Kurve kam ein altertümliches Lastauto, der Auspufftopf klapperte. Es blieb ratternd nur einen Steinwurf von Isaacs Versteck entfernt stehen.

Noch bevor der alte Mann aus der Fahrerkabine heruntergeklettert war, wußte Isaac, daß er einer seines Volkes war. Nur ein Indianer fuhr ein solches Wrack von einem Laster. Der alte Mann stieg mühsam aus.

Sein hagerer Körper war gebeugt. Er hinkte ins Gebüsch rechts von Isaac. Als er wieder zurückkam, setzte er sich auf einen Stein in der Sonne und drehte sich eine Zigarette.

Isaac richtete sich auf und schlich auf den Parkplatz zu. Wenn er sich der Wagenschlüssel des alten Mannes bemächtigen könnte ... Seine schweren Arbeitsschuhe traten einen Stein los. Er rollte davon, knallte mit einem dumpfen Aufschlag gegen den Felsbrocken, auf dem der alte Mann saß, und blieb dort liegen.

Isaac stand wie erstarrt, völlig ohne Deckung. Der alte Mann hob den Stein auf und rollte ihn in seiner Handfläche hin und her.

„Ein Elfenstein. Bringt dir Glück." Er hielt ihn Isaac hin.

Isaac wich zurück. „Es ist Ihrer, nicht meiner."

„Dein Fuß hat ihn losgetreten. Nimm ihn! Er wird dir 'ne Menge Glück bringen."

Isaac lachte. Mit wenigen Schritten war er an der Seite des alten Mannes. Er nahm den Stein und ließ die Finger über seine Rundungen gleiten. „Glück? Das könnte ich gebrauchen", murmelte er.

„Soll ich dich irgendwohin mitnehmen?"

Er starrte hinab auf den alten Mann. Wortlos nickte er.

„Wohin willst du?"

„Ein Stück nach Osten und dann nach Norden." Er starrte noch immer den Elfenstein an und steckte ihn dann vorsichtig in die Brusttasche seiner Gefängniskleidung. „Durch die Wälder. Nach Brazeau."

„Soll ich dich bei der Forststraße absetzen?"

„Nicht bei der Straße. Vielleicht gibt's einen Pfad, der in die gleiche Richtung führt."

„Kann schon sein. Spring hinten auf, unter die Plane. Da sieht dich niemand."

Der alte Mann drückte seine Zigarette aus, steckte den Stummel in seine Jackentasche und schlenderte hinüber zur Fahrerkabine des Lasters.

Isaac rannte zum Laster und schwang sich über die hintere Klappe der Ladefläche. Die Plane war vorne festgebunden, hinten lose. Darunter befand sich allerhand Müll in Säcken. Isaac kauerte sich nieder. Der Motor keuchte, spuckte. Der Laster begann ruckweise zu wenden.

Auf der Fahrt wurden Isaac alle Knochen im Leibe durchgeschüttelt. Der Laster mühte sich stöhnend bergan und ratterte talwärts. Wenn Isaac die Plane ein wenig anhob, strömte frische Luft herein. Er warf einen Blick nach draußen.

Blau. Das war der See. Ein Wasserlauf, zwei weitere. Jetzt konnte er die Tankstelle sehen und den Andenkenladen über dem Big-Horn-Reservat. Er erblickte den Wagen der Gefängnisverwaltung an der Zapfsäule und duckte sich instinktiv, als der Laster auf ein unasphaltiertes Sträßchen einschwenkte, das von der Fernstraße nordwärts führte. Der Fahrweg bestand nur aus Schlaglöchern. Isaac klammerte sich mit beiden Händen an die Seitenwand des Wagens. Der Laster fuhr nach links und hielt plötzlich.

Isaac streckte den Kopf nach draußen. Sie hatten in einem stillen Waldstück gehalten. Er kletterte hinunter und ging am Wagen entlang, bis er unterhalb der Fahrerkabine stand.

„Du folgst dieser Straße", sagte der alte Mann. „Nimm die Abzweigung nach rechts, in Richtung der Campingplätze. Es führt ein Pfad dorthin, ein breiter Pfad. Er bringt dich geradewegs zum Brown Creek. Bleib die ganze Zeit auf dem Weg, bis du den Blackstone River erreichst. Das sind vielleicht vierzig Kilometer. In Blackstone gabelt sich der Weg. Am besten nimmst du die linke Abzweigung. Sie führt dich zu einer unbefestigten Straße, die einen Bogen macht und dann unterhalb vom Brown Creek auf die Forststraße trifft. Auf ihr kommst du dann nach Brazeau am Brazeau River. Es sind drei, höchstens vier harte Tagesmärsche. Wie steht's mit Verpflegung? Ich hab was da."

Es war verrückt, für drei, vier Tage in die Wildnis zu gehen, ohne etwas zu essen. Er konnte krank werden, vielleicht vor Hunger sterben . . .

Suche deine Bestimmung mit reinem Herzen, erinnerte er sich. Achte darauf, daß keine Krume Nahrung und kein Tropfen Wasser über deine Lippen kommen, bis du deine Bestimmung gefunden hast.

„Nein, ist schon gut. Aber ich wäre froh um ein paar Streichhölzer, wenn Sie die entbehren könnten. Danke."

Isaac sah den Lastwagen zu einem Müllabladeplatz hinunterrukkeln. Er begann, auf einer Schotterstraße in die Richtung zu gehen, die ihm der alte Indianer gewiesen hatte. Als er an eine Gabelung kam, folgte er dem Schild CRESCENT-FALLS-CAMPINGPLÄTZE. Er ging sehr vorsichtig, ständig bereit, in den Büschen zu verschwinden, falls ein Auto kam.

Zwei Motorräder surrten die Schotterstraße entlang. Er rollte in den Graben zwischen Schachtelhalmen und dornigen Ranken wilder Rosen. Nachdem die Motorräder vorüber waren, verließ er den Weg und schlug sich ins Gebüsch oberhalb der Campingplätze. Das Gelände fiel steil ab, und er kam nur langsam vorwärts, aber er fühlte sich abseits des Weges sicherer. Zu seiner Linken tauchte ein Feriencamp mit Wohnwagen auf.

Nach einer Weile stieß er auf einen Pfad, der mit abgefallenen Fichtennadeln wie mit einem braunen Teppich bedeckt war. Rasch folgte er ihm. Die Geräusche der Menschen wurden von der Stille des Waldes verschluckt.

Der Pfad hatte ihn ständig bergab geführt, über einen ausgetrockneten Bachlauf hinweg und zur ersten Weggabelung. Jetzt stand die Sonne direkt über ihm. Er wandte sich nun nach rechts, genau nordwärts. Es wurde sehr warm. Er zog sein Hemd aus und band es sich um die Hüften.

Der Weg führte bergauf, und die Berge rückten näher. Er ging ein Tal entlang, in dem ein Bach ihm Gesellschaft leistete. Sauberes Wasser lief munter über Kieselsteine. Er fuhr sich mit der Zunge über die Lippen. Sie fühlten sich rauh und wund an. Oh, war er durstig! Er schob den Gedanken an Trinken beiseite und marschierte weiter.

Der Bach versiegte, und der Pfad führte in Windungen nach Nordwesten, den Bergen entgegen. Es war ein mühsamer Marsch, bergauf und bergab, Stunde um Stunde.

Am Abend gelangte Isaac zu einer Wasserscheide. Er merkte, daß es kalt wurde, und blieb stehen, um sein Hemd anzuziehen. Hier traf er auf einen anderen Bach, der nordostwärts floß. Ein weiterer Bach mündete in ihn, dann noch einer. Es wurde ein beachtlicher Fluß daraus.

War dies der Blackstone River?

Als er an die nächste Weggabelung kam, blieb er stehen. Rechts oder links? Es war noch kein richtiger Strom, bloß ein kleiner Fluß. Und die Abzweigung führte nicht genau nach Norden.

Die Rast machte ihm deutlich, wie müde er war. Seine Knie zitterten. Seine Knöchel waren geschwollen, Hunger nagte in seinem Bauch. Höchste Zeit, sich einen Schlafplatz zu suchen.

Er wandte sich abseits des Pfades einer riesigen Fichte zu, die einsam zwischen niedrigeren Bäumen stand. Sie schien ihn mit ausgebreiteten Zweigen willkommen zu heißen. Er kroch darunter, schob weiche Nadeln als provisorisches Kissen zu einem Hügel zusammen und rollte sich dicht am Stamm ein.

Seine Beine schmerzten vor Müdigkeit. Gedankenfetzen huschten durch sein Gehirn . . . Sein letzter Streit mit Mutter, nach dem er dann türenschlagend das Mietshaus verlassen hatte, mit nichts als ein paar Münzen in der Tasche. Damals war er per Anhalter nach Calgary gefahren, halb verängstigt, halb davon überzeugt, einen großartigen Job zu bekommen und es ihr dann zeigen zu können . . .

Straßauf, straßab hatte er in Calgary dann Ausschau gehalten nach Schildern mit der Aufschrift: „Aushilfe gesucht."

„Was für 'ne Ausbildung, Junge?"

„High-School, zehnte Klasse."

„Erfahrung?"

„Äh . . . Tellerwäscher in 'ner Kneipe."

„Und weiter?"

„Aushilfskellner."

„Tut mir leid. Wir haben nichts für dich."

Gehen, bis die Füße anschwollen. Die letzten paar Münzen in der Tasche seiner Jeans. Das Männerwohnheim, in dem der Gestank nach Alkohol den scharfen Geruch der Desinfektionsmittel überlagerte.

Er wollte schon nach Edmonton zurückkehren, als er schließlich den Job bei der Autowaschanlage ergatterte. Abende im Dezember. Abschrubben der Waschanlage und des Betonbodens. Abschlagen der Eiszapfen, bis die Hände rissig wurden. Eisern durchhalten während des Januars, Februars . . .

„Muß dich am Samstag entlassen. Tut mir leid."

„Habe ich's denn nicht recht gemacht?"

„Doch. Keine Klagen. Aber der Bursche, der früher hier gearbeitet hat, ist ein Freund der Familie, und er will seinen alten Job wiederhaben."

Schlange stehen am Arbeitsamt. „Aber du hast bloß zweieinhalb Monate gearbeitet . . ."

„Mein Vorgänger kam zurück, da hat man mich rausgesetzt."

„Tut mir leid, nichts Passendes für dich."

Bis zum Frühjahr waren seine wenigen Ersparnisse dahingeschmolzen.

„Warum gehst du nicht nach Hause? Geh zurück in dein Reservat."

Der Versuch zu erklären, daß Mutter ihn Großmutter weggenommen hatte, daß er versuchen wollte, selbst für sich zu sorgen . . ., sinnlos.

„Wir können deinen Fall nicht bearbeiten, wenn du keine feste Adresse hast. Geh nach Hause."

Isaac wälzte sich ruhelos auf dem harten Boden unter der Fichte hin und her. Warum wurden Menschen wie Aussätzige behandelt, bloß weil sie keinen festen Wohnsitz und keine regelmäßige Arbeit hatten? Wenn Großmutters Geschichten stimmten, waren seine Vorfahren

Tausende von Jahren sehr gut ohne festen Wohnsitz zurechtgekommen. Diese Erde unter ihm war sein Zuhause. Dieser Wald war seine Adresse. Beruhigt von diesem Gedanken, vergaß er auch die Leere in seinem Magen und schlief ein.

Sonntag

LEONORA öffnete die Augen und blickte verschlafen auf das Muster aus Sonnenschein und Schatten an der Zeltwand. Vorsichtig hob sie den Kopf. Keine Kopfschmerzen mehr! Phantastisch. Manchmal dauerte die Migräne zwei Tage.

Sie holte tief Atem und sog prüfend die Luft ein. Ein Geruch von frisch gekochtem Kaffee und gebratenem Speck. Ihr Magen knurrte. Sie zwängte sich schnell in ihre Jeans und zog ein frisches Hemd an. Mama lag noch immer regungslos im Schlafsack neben ihr.

Sie kroch aus dem Zelteingang und stand auf. Es war viel früher, als sie gedacht hatte. Die Luft war frisch, die Ränder ihrer Jeans sogen sich voller Tau, als sie durchs Gras zum Waschhaus stakste. Es war kühl genug für einen Pullover. Leonora holte sich einen und setzte sich ans Ende des Picknicktisches.

Denis wendete in einer Pfanne gerade den Speck, während Brian in einer anderen Röstkartoffeln zubereitete. Leonora stellte fest, daß die beiden gut zusammenarbeiteten. Ein Team, dachte sie, in dem kein Platz ist für eine Nummer drei. Aber ich muß es versuchen . . .

„Das riecht wirklich verlockend."

„Hungrig?"

„Ja. Schon fast am Verhungern."

„Bleib da, ich brat dir ein paar Eier." Denis schob den Speck an den Pfannenrand und schlug zwei Eier ins heiße Fett. Er deckte die Pfanne zu und schenkte ihr eine Tasse Kaffee ein.

Sie saß da und umfing die Tasse mit beiden Händen, während er die Eier auf einen Plastikteller gleiten ließ, dann drei Scheiben Speck hinzufügte, ein Häufchen Röstkartoffeln und eine Tomatenscheibe.

„Danke. Sieht großartig aus."

Brian häufte das Essen auf zwei Teller und stellte diese ans andere Tischende, bevor er die Pfanne mit weiteren Speck- und Kartoffelscheiben füllte. Sie aßen schweigend, bis Leonora noch einmal einen Versuch startete.

„Das ist phantastisch, Denis. Wie schaffst du das auf einem zweiflammigen Kocher?"

„Oh, das ist ein Klacks."

Brian mischte sich lachend ein. „Du hättest den kleinen Bruder vor ein paar Jahren sehen sollen. Er konnte nicht einmal ein Ei braten, ohne es zu zermanschen."

Leonora beschloß, ihn zu ignorieren. „Ich nehme an, du . . . Könntest du mir beibringen, auch so zu kochen, Denis?"

„Sicher, wenn du willst. Mach ich gern, wenn –"

„Es gibt in dieser Familie eine Art Tradition", unterbrach Brian ihn. „Beim Zelten kochen die Männer."

„Und überlassen den Frauen das schmutzige Geschirr? Ja, ich habe gehört, wie ihr das gestern abend ausgeheckt habt. Ich hab mich gestern zu schlecht gefühlt, um mit euch darüber zu streiten, aber meine Zustimmung habt ihr nicht. Wenn ihr euch so aufs Kochen versteift, könnt ihr den Abwasch auch haben. Andernfalls geht es reihum . . ., das heißt, wenn es Denis nichts ausmacht, mir das Kochen beizubringen."

Denis sah unbehaglich von ihr zu Brian. Brian sagte aber nichts, er erwiderte den Blick nur mit einem höhnischen Grinsen.

In diesem Moment krabbelte Mama aus dem Zelt. Ihr Haar war zerzaust. „Ich sehe schon, ich muß bei Tagesanbruch aufstehen, um euch Jungen am Herd zuvorzukommen", scherzte sie, und Leonora sah, wie Brian Denis anstieß.

Harry erschien, frisch rasiert, in sauberen Jeans. Sein adrettes Auftreten ließ Mama noch unordentlicher aussehen, und Leonora wünschte, sie würde sich zurechtmachen.

Harry füllte sich einen Teller mit Essen und begann zu frühstücken. „Ich hab genau den richtigen Platz zum Angeln gefunden, Jungs. Etwa einen Kilometer stromaufwärts. Gehen wir, bevor die Sonne das Wasser aufheizt."

„Wir sind soweit", sagte Denis.

„Muß bloß noch den Kaffee austrinken, Paps. Mein Angelzeug liegt schon da."

„Angelzeug? Oje, ich hab ja überhaupt kein Angelzeug. Kann ich mir etwas ausleihen . . .?" begann Leonora eifrig. Ihre Stimme erstarb, als Brian Harry vielsagend ansah.

„Ich glaube, es wäre gut, wenn du heute im Camp bleiben und dir etwas Ruhe gönnen würdest, Liebes", meinte Mama scheinheilig.

„O ja, Mama, ganz sicher", sagte Leonora sarkastisch. „Zum Glück habe ich ja mein Strickzeug mitgebracht. Viel Spaß beim Angeln, Jungs. Erwartet bloß nicht von mir, daß ich nachher eure Fische putze."

„Natürlich nicht. Jeder kümmert sich selbst um seinen Fang", tönte Brian.

„Das ist ehernes Gesetz, was?"

„Natürlich."

Sie sah ihnen nach, wie sie mit ihrem Angelzeug über die Waldlichtung trabten und im Gebüsch verschwanden. Die Männer verließen die langweiligen Frauen und begaben sich in ihre eigene kleine, nur den Männern vorbehaltene Welt. Sie hatte sich gewundert, warum Mama Harry geheiratet hatte. Jetzt begann sie sich zu fragen, warum Harry ihre Mutter geheiratet hatte. Harry und die Jungen wirkten wie ein unzertrennliches Dreiergespann, das keine lästigen Anhängsel brauchte.

Sie stand auf. „Ich gehe spazieren."

„Hältst du das für klug? Es ist so leicht, sich zu verirren."

„Mama, wenn du glaubst, ich sitze eine ganze Woche hier herum, während die drei angeln, mußt du verrückt sein. Keine Angst, ich bleib in der Nähe der Straße." Sie bemerkte am Gesichtsausdruck ihrer Mutter, daß auch diese sich hier nicht wohl fühlte. „Mama, warum warst du bloß einverstanden, daß wir diesen Ausflug mitmachen?"

„Einverstanden? Ich mußte Harry dazu überreden, uns mitzunehmen. Es schien mir eine so wundervolle Gelegenheit, uns alle einander näherzubringen."

„Na, wie schön!" Leonora schlenderte davon, pfeifend und mit den Händen in den Taschen ihrer Jeans. „Bleib auf der Straße!" rief ihre Mutter. „Und nimm dich in acht vor Bären!"

Auf der Straße zu gehen war langweilig, es gab überhaupt nichts zu entdecken. Leonora bemerkte einen schmalen Schotterweg, der nach rechts abbog. Er führte in die entgegengesetzte Richtung vom Weg der Jungen, also bestand nicht die Gefahr, daß sie glaubten, sie folge ihnen.

Sie spazierte den Weg entlang. Die Bäume bildeten über ihr beinahe einen Tunnel. Unglaublich hohe, schlanke Kiefern. Hier und da eine Fichte. Es war so still wie auf einem Friedhof.

Der Weg führte bergan und schwenkte nach rechts. Vielleicht war es nur ein kleiner Rundweg, der sie zum Campingplatz zurückbrachte. Eigentlich hoffte sie das. Die Einsamkeit und die Stille machten sie nach einer Weile beklommen. Etwas huschte vor ihr über den Weg, ein Eichhörnchen.

Es verharrte ein wenig entfernt von ihr, stellte sich auf die Hinterbeine und preßte die winzigen Vorderpfoten gegen die Brust.

Leonora suchte in den Taschen ihrer Jeans nach etwas Eßbarem. Aber sie fand nicht den kleinsten Kekskrümel.

„Tut mir leid", erklärte sie dem Eichhörnchen. „Nächstes Mal. Oder komm rüber zu unserem Zeltlager, dann gibt's ein Festmahl für dich."

Sie sprach ganz sanft, aber plötzlich flitzte das Eichhörnchen davon. Jemand kam den Weg entlang auf sie zu.

„Hallo!"

Sie wandte sich um. Es war ein junger Mann, etwa zwanzig, sehr gut aussehend, mit dunklem Dreitagebart und schwarzem lockigem Haar. Er trug Shorts und ein T-Shirt. „Ich dachte, ich hätte eine Stimme gehört."

Leonora errötete. „Ich hab mich nur mit einem Eichhörnchen unterhalten. Oje, das klingt blöd."

„Kein bißchen. Mach ich dauernd. Der einzige Haken dabei ist, sie geben keine Antwort. Mit Menschen zu reden ist entschieden interessanter, aber allzu viele kommen hier nicht vorbei. Möchtest du mitkommen und dir anschauen, wo ich arbeite? Es ist ein Aussichtsturm. Übrigens, ich heiße Pete Diduck. Ich bin für den Sommer hier angestellt, um im Waldgebiet nach Bränden Ausschau zu halten. Wenn du keine Angst vor der Höhe hast – von der Plattform des Turms aus hat man eine tolle Aussicht."

„Nein, Angst habe ich keine. Es wäre großartig. Ich bin Leonora Rydz."

„Du zeltest doch nicht etwa allein hier, Leonora?"

„Nein. Meine Mutter ist im Camp. Mein Stiefvater und die Jungs sind angeln gegangen."

„Du solltest nicht allein in der Wildnis herumlaufen."

„Ich kann schon auf mich aufpassen."

„Das glaube ich dir. Aber angenommen, du verstauchst dir den Knöchel. Du müßtest warten, bis jemand dich sucht. Wenn man zu zweit geht, ist immer einer da, der Hilfe holen kann."

„Klingt einleuchtend. Es war wohl dumm von mir."

„Fürs nächste Mal weißt du es", sagte er tröstend. „Hier ist der Turm. Willst du hinaufklettern?"

„Ich . . ., ich denke schon."

„Auf dem Weg nach oben lasse ich dich vorangehen, und hinunter gehst du hinter mir. Auf diese Weise kann ich dich festhalten, falls du ausrutschen solltest. Aber ich bin sicher, das wird nicht geschehen. Und die Aussicht ist die Kletterei wert."

Leonora kletterte unverdrossen, den Blick fest auf die Leiter vor ihr geheftet, ohne auch nur einmal nach unten zu blicken. Sie schaffte es ohne Probleme bis zur Plattform.

„Schau dich um. Ist das nicht großartig?"

Leonora drehte sich sprachlos immer wieder im Kreis. Der Wald erstreckte sich als dichte grüne Masse bis an den Fuß der Berge.

„Das dort drüben ist der Mount Dalhousie." Pete deutete in die Richtung. „Und der Obstruction Mountain dort im Südwesten."

„Ich kann den Schotterweg sehen! Und das ist der Fluß, über den wir gekommen sind."

„Der Blackstone. Wenn du nach Norden schaust, kannst du den Brazeau sehen. Das ist ein großer Fluß. Bietet ausgezeichnete Möglichkeiten zum Kanufahren, wenn man Erfahrung mit Wildwasser hat. Dort drüben im Osten", Leonora folgte seinem ausgestreckten Arm und sah einen Schimmer von Blau, „das ist der Brazeau-Stausee. Bevor man den Damm gebaut hat, konnte man mit dem Kanu direkt bis nach Edmonton fahren, bloß ein paarmal mußte man es tragen. Jetzt ist es eine lange Schlepperei um den Damm herum, aber es ist die Sache noch immer wert."

„Zu Hause in Ontario bin ich auch Boot gefahren", erklärte Leonora. Sie stützte die Arme auf das Schutzgeländer und blickte hinunter. Dort war ihr Lagerplatz. Sie konnte den Kombi sehen. Und da war Mama. Winzig. Wie mußte das sein, diese Wälder zu Fuß zu durchwandern? Man konnte den Verstand verlieren, ganz allein hier draußen. Sie schauderte plötzlich.

„Es ist ein bißchen windig hier oben", meinte Pete. „Komm, ich bringe dich zu deinem Zeltplatz zurück."

„Das muß nicht sein, ich schaff's schon allein."

„Es macht mir nichts aus. Ich muß sowieso mit deinem Vater sprechen. Da läuft irgendwo ein entsprungener Häftling rum. Oder war der Wildhüter schon bei euch?"

„Nein. Wir sind erst gestern abend angekommen."

„Ich werde deinen Vater trotzdem warnen."

Der Rückweg erschien Leonora sehr kurz. Der Wald ängstigte sie nicht mehr, da Pete und sie die Stille mit Geplauder erfüllten. Niemand war zu sehen, als sie den Zeltplatz erreichten.

„Ich könnte Kaffee kochen", schlug Leonora höflich vor.

„Schon gut. Ich muß zurück, Meldung machen. Jede volle Stunde." Er strich mit der Hand am Rumpf des Bootes entlang, das noch immer auf dem Dach des Kombis festgebunden war. „Hübsch. Werdet ihr auf dem Brazeau damit fahren?"

„Ich weiß nicht. Harry und die Jungen . . ."

„Sag ihnen, sie sollen vorsichtig sein. Es war ein regenreicher Sommer. Die Flüsse führen eine Menge Wasser."

„Ja, vielen Dank. Es war toll, die Aussicht zu genießen."

„Gern geschehen. Schöne Ferien."

Nachdem Pete gegangen war, entschied Leonora, daß es warm genug sei, um sich zu sonnen. Sie zog ihren Schlafsack aus dem Zelt und legte ihn ins Gras. Dann ging sie wieder ins Zelt, wo Mama sich gerade anzog.

„Du bist also gesund und munter zurück. Ich dachte, ich hätte Stimmen gehört. Wer war das?"

„Hab den Burschen vom Feuerturm getroffen. Er hat mich ganz nach oben mitgenommen. Tolle Aussicht. Ich konnte dich sehen." Sie schlüpfte in Shorts und ging hinaus.

Die Sonne brannte. Nach einer Weile zog sie ihr T-Shirt aus und lag auf dem Bauch in Shorts und BH. Die Ferien schienen allem Anschein nach doch nicht so übel zu werden. Pete war sehr nett. Vielleicht konnte sie ihm morgen am Turm noch einmal einen Besuch abstatten ...

Sie war beinahe eingeschlafen, als sie Mama rufen hörte. „Leonora, zieh dich an!"

Sie hörte Stimmen, setzte sich auf und sah Harry, Denis und Brian am Ende des Weges aus dem Unterholz auftauchen. Sie mühte sich, in ihr T-Shirt hineinzukommen.

„Fisch zum Mittagessen gefällig?" Mit triumphierendem Lachen hielt Harry eine Anzahl Forellen in die Höhe.

Mama eilte ihm entgegen, um die Fische zu bewundern. Denis gesellte sich zu Leonora. „Es tut mir wirklich leid, daß du heute morgen nicht mitkommen konntest. Paps hat so eine eigene Art, die Dinge zu regeln, weißt du. Aber ich bin sicher ..., er braucht nur ein bißchen Zeit."

„Mach dir deswegen keine Sorgen. Ich hatte einen wunderschönen Vormittag."

Reifen knirschten auf der Schotterstraße, und sie drehten sich alle um. Ein grüner Jeep hielt auf der Lichtung, und ein Mann in einer grünbraunen Uniform sprang heraus.

„Sie werden uns doch nicht wegen der Forellen anzeigen, Officer?" scherzte Harry. „Mein Angelschein ist in Ordnung." Er hielt ihm die Forellen entgegen.

„Das sind ja wahre Prachtexemplare, Sir."

„Ich weiß, weshalb Sie hier sind", mischte sich Leonora ein. „Wegen des entsprungenen Häftlings, nicht wahr?"

Der Wildhüter drehte sich rasch um. „Wieso? Hast du jemanden gesehen? Vermissen Sie Lebensmittel, irgendwelche Ausrüstungsgegenstände?"

„Nein. Pete, der drüben am Wachturm Feuerwache hält, hat mir davon erzählt."

„Was soll das alles, Officer?" wollte Harry wissen.

„Kein Grund zur Sorge, Sir. Nur ein Insasse vom Gefängnis an der Fernstraße hat sich am Freitag abend nicht von seinem Arbeitsplatz zurückgemeldet."

„Stellt er eine Gefahr dar?"

„Das halte ich für unwahrscheinlich. Ich glaube, er ist noch nicht einmal richtig erwachsen, siebzehn oder so."

„Was hat er getan?" fragte Mama.

„Er hat den Laster für eine Bande gefahren, die in Calgary in ein Kaufhaus eingebrochen ist."

„Gut, wir werden die Augen offenhalten."

„Danke, Sir. Wenn Sie andere Camper treffen sollten, sagen Sie es ihnen. Ich muß weiter."

„Hat man Suchtrupps nach ihm ausgeschickt?"

„Man hat die Autos angehalten, die Freitag abend und Samstag morgen auf der Fernstraße unterwegs waren. Keine Hinweise auf ihn. Deshalb glaubt man, er ist irgendwo im Wald, aber wir können nicht die gesamte Wildnis absuchen. Irgendwann muß er ja auftauchen. Er braucht etwas zu essen." Der Wildhüter kletterte in seinen Jeep.

„Ist er bewaffnet?" rief Mama ihm nach.

„Ich weiß nicht, ob man das bewaffnet nennen kann, Madam. Aber eine der Äxte des Arbeitstrupps wird vermißt."

In die Stille hinein, die der Abfahrt des Jeeps folgte, sagte Mama: „Das ist also das friedliche Lagerleben." Sie versuchte zu lachen und zündete sich eine Zigarette an.

„Ehrlich, Hazel, der Mann hat recht. Es gibt keinen Grund zur Sorge. Komm jetzt, sehen wir zu, daß wir diese Forellen in die Pfanne bringen, bevor sie verderben", meinte Harry und machte sich am Kocher zu schaffen.

DIE FISCHE schmeckten himmlisch, das mußte Leonora zugeben. Auch wenn Harry und die Jungen sie gefangen und gebraten hatten.

„Wann kann ich mit zum Angeln?" Ihre Frage traf auf taube Ohren. „Also, irgend etwas *muß* ich an diesem Nachmittag unternehmen", sagte sie in die Stille hinein.

„Kannst du dich nicht einfach ausruhen und den Frieden und die Stille genießen, Nora?" meinte Harry.

„Dazu habe ich noch massenhaft Zeit, wenn ich alt bin. Wenn wir hier zelten, um angeln zu können, dann will ich es auch lernen. Welcher von euch Kavalieren wird es mir beibringen? Was ist mit dir, Denis?"

Brian kam Denis zuvor. „Wir sind ziemlich heikel, was unsere Angelausrüstung betrifft, Nora", betonte er. „Ein Laie könnte die Leinen verheddern, einen guten Köder verlieren . . ."

„Herzlichen Dank für dein großes Vertrauen, Brian. Was habt ihr euch denn so vorgestellt, was Mama und ich tun sollen, während ihr auf Fischfang geht, hm?" Sie hatte den Eindruck, daß die drei darüber überhaupt nicht nachgedacht hatten. Camping war etwas, was Harry und die Jungen schon jahrelang machten. Durch seine Heirat mit Mama waren Leonora und Mama gewissermaßen an die Mathieson-Familie angeklebt worden, ohne wirklich ein Teil von ihr zu sein.

„Hör mal, Paps", meldete sich Denis zu Wort, „vielleicht könnte ich deine alte Angel nehmen, die, die du mir überlassen hast, und ein paar Fliegen dazu? Ich kann mit Nora flußaufwärts gehen, wo wir heute morgen waren, und ihr beibringen, wie man die Angel auswirft."

Harry zuckte mit den Schultern. „Wenn du das riskieren willst, habe ich nichts dagegen. Aber du bist persönlich für all meine Geräte verantwortlich, denk dran. Und paß auf, daß sie dir nicht die Augen rausreißt."

„Was sollte diese neckische Bemerkung bedeuten?" fragte Leonora kurz darauf, als sie und Denis zum Fluß gingen.

„Oh, du meinst wegen meiner Augen? Das war einer von Papas Witzen. Beim Auswerfen der Angel ist es gar nicht so ungewöhnlich, daß man jemanden mit dem Haken ins Auge trifft."

„Ich werde vorsichtig sein."

„Da bin ich sicher. Schau, ich weiß, du und Paps, ihr habt Probleme miteinander. Im Grunde ist er ein prima Kerl. Es war nicht leicht für ihn. Meine Mutter starb, als ich sechs war, und alle seine Verwandten redeten ihm ein, er könne unmöglich einen anstrengenden Beruf ausüben und zwei Kinder großziehen. Sie sagten, es wäre besser für uns alle, wenn er uns zur Adoption freigeben würde."

„Das ist ja gräßlich! Haben sie denn nicht ihre Hilfe angeboten?"

„Nein, nichts als gute Ratschläge. Jedenfalls hat Paps sich geweigert, auf sie zu hören. Er gab seinen Posten bei der Armee auf, kaufte ein Haus in Edmonton und machte sich selbständig. Und er brachte sich auch das Kochen bei. Er richtete das Haus und den Garten so her, daß wir drei uns um alles kümmern konnten. Und dabei versäumte er nie, bei Schulfesten und anderen wichtigen Gelegenheiten dabeizusein. Er hat's geschafft, obwohl alle sagten, er würde es nicht schaffen. Und jetzt kann er nicht begreifen, warum andere Leute mit ihren Schwierigkeiten nicht genauso fertig werden, wie er mit seinen fertig wurde."

„Ich bin froh, daß du mir das gesagt hast, Denis. Ich kann jetzt verstehen, warum er so geworden ist, wie er ist, mit dem Druck, zwei Kinder großzuziehen, und einem neuen Job und vielem mehr. Nur, du bist beinahe erwachsen, trotzdem behandelt er dich, als wäre er der Offizier und du ein kleiner Rekrut. Geht dir das nicht auf den Geist?"

„Ja, schon. Manchmal." Denis blieb stehen und legte das Angelzeug nieder. „Hier haben wir heute morgen geangelt. Aber, um ehrlich zu sein, es ist eher Brian, der mich auf die Palme bringt."

„Das glaube ich dir. Ein solcher Besserwisser! Und er hat nicht die Entschuldigung, die dein Papa hat. Warum läßt du dir's gefallen, wie er dich bevormundet?"

„Er ist drei Jahre älter als ich, und Paps hat ihm eine Menge Verantwortung aufgebürdet. Als wir noch klein waren, mußte er auf mich aufpassen."

„Ich finde, da solltest du jetzt aber Schluß machen. Er ist ein schreckliches Ekel."

„Laß gut sein. Ich werde dir jetzt beibringen, wie man eine Fliege wirft. Du wirst mir weder mit dem Haken das Auge ausreißen, noch wirst du die Leine in die Bäume werfen oder sie in der Rolle verhaspeln. Du könntest sogar Brian und Paps beeindrucken, indem du eine Forelle zum Abendessen fängst. Alles klar?"

„Alles klar, Boß."

Sonntag abend

SIE HATTEN eine Menge Spaß zusammen. Leonora verhedderte die Schnur nur einmal im Gebüsch, und sie nahm es von der humorvollen Seite, statt sich aufzuregen. „Hilfe! Schnell! Bevor dein Paps oder Brian kommt und uns Handschellen anlegt." Denis mußte derart lachen, daß er ihr nicht beim Entwirren der Schnur helfen konnte.

Danach ließ er sie eine recht lange Leine stromaufwärts werfen und die Fliege von der Strömung flußabwärts treiben. „Sanft, sanft", sagte er leise.

„Mach ich ja", flüsterte sie zurück. „Warum flüstern wir?"

„Laute Geräusche verschrecken die Fische."

Sie warf die Leine flußabwärts, wie man es nicht besser machen konnte. Ein Wirbel an der Oberfläche, dann verschwand die Fliege.

„Da hat einer angebissen! Da hat einer angebissen!"

„Psst! Keine Aufregung. Roll vorsichtig auf."

„Ich kann ihn spüren. Oh, ich weiß, es ist ein ganz großer. Riesig!" Leonora begann aufzurollen. Die Angelrute bog sich. Es war tatsächlich eine stattliche Forelle! Leonora rollte abwechselnd die Leine ein und ließ sie wieder locker. Zehn Minuten mußten vergangen sein, bis alles vorüber war und sie die erschöpfte Forelle ins Seichte ziehen konnte, wo Denis ihr mit dem Netz zu Hilfe kam und den zappelnden Fisch aus dem Wasser hob. Fünf Kilo mindestens, dachte er mit einem Anflug von Neid. Besser als mein Fang heute morgen.

„Ich hab's geschafft! Ich hab's geschafft!" Sie strahlte über das ganze Gesicht. „O Denis, nimm ihn nicht aus dem Wasser raus. Kannst du den Haken abmachen, ohne den Fisch zu verletzen?"

„Ich denke schon."

„Dann laß ihn frei."

„Aber er ist riesig . . ., und sie werden es uns nicht glauben, wenn sie ihn nicht mit eigenen Augen sehen."

„Das ist mir egal. Ich hab's geschafft. Das allein zählt. Bitte, Denis."

Also löste er den Haken vorsichtig aus dem Kiefer und ließ die große Forelle frei. Ein Platschen und ein Wirbel, und die Forelle war fort.

Leonora ließ sich ins Gras fallen. „Das war toll. Was für ein Fang! Setz dich hin, Denis, ich will mit dir reden."

Er kauerte sich nieder. „Also, schieß los!"

„Ich will dir ein Bündnis vorschlagen. Du und ich gegen Brian."

„Ich dachte, diese Ferien sollten den Zusammenhalt fördern."

„Das ist bloß die romantische Vorstellung meiner Mutter. Wie die Dinge stehen, wird der Urlaub vermutlich eher zum Krieg führen. Und ich brauche einen Verbündeten."

„Gegen meinen eigenen Bruder? Das ist nicht sehr nett."

„Es ist zu deinem Besten. Und zu seinem. Denis, du bist fünfzehn!"

„Na, beinahe, nächsten Monat."

„Höchste Zeit, daß du selbständig wirst. Also was ist, sind wir Verbündete?"

„Ich denk darüber nach, Nora."

„Du kannst gleich damit anfangen, indem du mich nicht Nora nennst. Ich kann das nicht ausstehen. Niemand hat mich jemals Nora genannt, bis dein Vater damit anfing."

„Okay. Ich denke über das nach, was du mir gesagt hast, Leonora. Und jetzt, willst du weiterangeln?“

„Nein, danke. Es wird nicht mehr das gleiche Erlebnis sein.“

„Dann sollten wir zurückgehen“, entschied Denis und packte das Angelzeug zusammen.

DAS CAMP befand sich bei ihrer Rückkehr in einem Zustand unübersehbaren Aufruhrs. „Was ist los, Paps?“

„Oh, ich bin froh, daß du zurück bist, Junge. Geh, hilf Brian, die Zelte abzubauen. Wir fahren schon heute zum Brazeau-Campingplatz anstatt erst am Mittwoch.“

„Aber ich dachte, wir würden mindestens drei Tage am Brown Creek angeln, bevor wir –“

„Der Plan hat sich geändert. Tu, was ich dir gesagt habe.“

„Danke, daß du mich um meine Meinung gefragt hast“, maulte er, während er sich trollte, um Brian zu helfen.

Als er dann mit seinem Bruder die Zelte zusammenfaltete, fragte er diesen, was eigentlich los sei.

„Paps und Hazel hatten eine kleine Privatunterhaltung und sagten mir danach, wir würden abfahren. Ich denke, sie haben kapiert, daß das Herumsitzen für uns – für uns alle – ein bißchen viel ist. Also brechen wir den Angelaufenthalt hier ab und machen uns auf zum Brazeau River, um dort Kanu zu fahren.“

„Oh, großartig! Da freue ich mich wirklich drauf. Aber ich finde, er hätte uns zuerst fragen sollen. Das wäre demokratischer gewesen.“

„Du kennst doch Paps. Außerdem glaube ich, Hazel ist nicht allzu begeistert, daß Nora diesen Burschen vom Wachturm kennengelernt hat. Komm schon, glotz nicht so, hilf mir lieber, das Zeug in den Kombi zu laden.“

Eine Stunde später waren sie unterwegs. Dank Paps’ üblicher Tüchtigkeit, dachte Denis mit zähneknirschender Bewunderung.

„Und wie war’s beim Angeln, Nora?“ Brians Stimme triefte vor Spott. „Hast du eine Elritze gefangen oder gar einen Busch?“

„Ich habe eine riesige Forelle gefangen. Sie muß mindestens fünf Kilo gewogen haben. Sag’s ihm, Denis.“

Denis beschrieb haargenau, wie sie den Fisch gefangen hatte.

„Und wo ist diese großartige Trophäe, Nora?“

„Ich hab sie freigelassen. Ich wollte sie nicht töten. Ich wollte nur beweisen, daß ich angeln kann. Und ich kann es!“

„Habt ihr euch dieses Märchen miteinander ausgedacht?“ Brian sprach leise in Denis’ Ohr.

„Natürlich nicht. Du bist ein echter Mistkerl, Brian."

Schweigend fuhren sie den Rest des Weges auf der Forststraße bis zum Campingplatz am Brazeau River. Die Fahrt dauerte nicht viel länger als eine halbe Stunde, aber dann mußten sie wieder auspacken und die Zelte aufstellen.

In der Mitte der Lichtung gab es eine gemauerte Feuerstelle. Sie zündeten ein Lagerfeuer an und backten Kartoffeln auf den glühenden Kohlen und brieten Steaks, die sie in der großen Kühltasche mitgebracht hatten.

Hazel kuschelte sich an Harry. „Es gibt doch nichts Romantischeres als ein Feuer, nicht wahr, Liebling?"

„Gibt einen besseren Kaffee als auf dem Kocher, das ist jedenfalls sicher" war alles, was Harry sagte.

„Oh, ihr habt endlich das Boot abgeladen. Ich habe mich schon gefragt, ob es die ganze Woche auf dem Kombi verbringen muß." Leonora strich mit der Hand über den Rumpf. „Aluminium?"

„Weitaus pflegeleichter als Kastanienholz und haltbarer als Fiberglas", tönte Brian. „Aber was verstehst du schon von Booten!"

„Genug. Ich bin auf dem Gatineausee oft Boot gefahren. Und auf dem Ottawa River. Und ein paarmal die Gaudière-Stromschnellen hinunter. Das war was!"

„Hast du im Bug oder im Heck gepaddelt, als du die Stromschnellen hinuntergefahren bist?"

„Weder – noch, um ehrlich zu sein. Ich war die Nummer drei. In der Mitte."

Brian lächelte. Und dieses Lächeln weckte in Denis ein für allemal den Entschluß, Leonoras Verbündeter zu werden. Er sah, wie sie ihre Hände zu Fäusten ballte.

„Sind die Flüsse von Alberta so anders als die von Ontario? Wildwasser ist Wildwasser, und ich denke, ein Kanu verhält sich auch hier wie ein Kanu", sagte sie spitz. „Wann werden wir das ausprobieren? Morgen?"

„Nein, Nora", ließ sich Harry vernehmen. „Brian und ich planen, Dienstag früh mit dem Kanu den Brazeau hinunter bis zum Wehr zu fahren und es dann zum Nord-Saskatchewan zu transportieren. Wir lassen uns Zeit und fischen ein wenig auf dem Weg stromabwärts. Ihr könnt uns dann am Samstag in Emily Murphy Park abholen."

„Brian und du?" Denis erhob sich langsam. „Was ist mit mir?"

„Du bleibst bis Freitag hier und kümmerst dich um die Mädels. Dann könnt ihr den Edson hinauffahren, irgendwo an der Sasperpiste zelten, wenn ihr wollt, und uns am Samstag dann etwa um die Mittagszeit abholen."

„Aber Paps, wir planen schon seit Jahren eine Flußfahrt, wir drei zusammen, und plötzlich soll ich überhaupt nicht dabeisein . . ., das ist ungerecht."

„Das klingt nicht nach einem gescheiten Fünfzehnjährigen, mein Sohn. Jemand muß bei Hazel und Nora bleiben."

„Aber warum ich, warum nicht Brian?"

„Weil du kein annähernd so kräftiger Paddler bist wie ich, kleiner Bruder", meinte Brian höhnisch.

„Das ist ungerecht. Brian, du kommst bei allem als erster dran –"

„Das reicht, mein Sohn. Du wirst bleiben, und damit basta. Nächstes Jahr vielleicht."

„Vielleicht! Danke, Paps. Vielen herzlichen Dank."

Denis verließ wutbebend das Camp und stapfte die Straße entlang zur Brücke. Er hob einen Zweig auf und hieb damit gegen die Büsche. Auf der Brücke beugte er sich über das Geländer und sah auf das dunkle Wasser hinab.

Schritte knirschten hinter ihm. Er drehte sich um, war bereit für eine Auseinandersetzung, aber es war nur Leonora.

Sie blieb stehen. „Es tut mir leid, daß du auf uns aufpassen mußt."

„Das ist es nicht. Das mach ich gern. Es ist nur . . ., die ganze Zeit haben wir über die Kanutour geredet. Er hat niemals ein Wort davon gesagt, daß ich nicht auch dabeisein sollte. Ich hab das für selbstverständlich gehalten. Wir haben bisher noch nie eine Kanufahrt über mehrere Tage gemacht. Man muß dazu jemanden finden, der mit dem Auto nachkommt und einen am anderen Ende wieder aufliest, verstehst du?"

„Hat dein Paps denn keine Freunde, die er darum bitten kann?"

„Er war immer ein Einzelgänger, besonders seit er die Armee verlassen hat. Er vertraut anderen Menschen nicht besonders."

Leonora begann zu lachen. „Aber jetzt, nachdem Mama und ich ein Teil der Familie geworden sind, hat er begriffen, daß er endlich einen Fahrer hat. Wie praktisch! Aber eines versteh ich nicht. Mama sagte, sie mußte Harry dazu überreden, uns mitzunehmen . . . Ah, ich hab's! Daß sie den Kombi zurückfahren kann, war ihr Lockmittel. Richtig?"

Denis nickte.

„Und natürlich hat dich die Abmachung nicht gestört. Es war dir egal, Mama und mich vier Tage lang im Wald allein zu lassen. Wenn du nur mit deinem Papa und Brüderlein deinen Spaß haben konntest."

„Wir wollten nicht vor Mittwoch fahren", sagte er zögernd. „Aber ich denke, du hast recht, es war nicht fair. Es erschien mir eben wie eine letzte Gelegenheit, noch einmal zu den alten Tagen zurückzukehren, als es nur uns drei gab."

„Nur, daß dein Paps seine Meinung geändert hat und jetzt nicht will, daß Mama und ich allein bleiben. Also mußt du Kindermädchen spielen. Brian würde sich dazu niemals anbieten. Der einzige Mensch, um den sich Brian kümmert, ist Brian selbst. Es ist höchste Zeit, daß du ihnen klarmachst, daß du auch jemand bist."

„Wie denn?"

„Ja, ich weiß auch nicht. Durch irgend etwas wie . . . wie eine heimliche Bootsfahrt, bevor sie Gelegenheit haben wegzufahren. O Denis!" Sie packte seinen Arm. „Was für eine phantastische Idee!"

„Du meinst . . . flußabwärts fahren? Das ist verrückt! Wie sollen wir das Kanu wieder zum Camp zurückbringen?"

„Könnten wir nicht stromaufwärts rudern?"

„Gegen die Strömung? Also weißt du!"

„Aber wir könnten es doch tragen. O komm doch, Denis. Nur ein paar Kilometer flußabwärts und zurück. Ich möchte zu gern wissen, was hinter dieser Flußbiegung ist."

„Unmöglich. Wir haben überhaupt keine Chance, an das Boot heranzukommen, ohne daß sie uns sehen. Vergiß es."

„Überleg's dir noch mal."

HARRY faßte Denis begütigend an der Schulter, als sie nebeneinander in den Schlafsäcken lagen. „Ich hoffe, du bist nicht zu enttäuscht, mein Sohn."

Ärgerlich schüttelte Denis die Hand ab. „Natürlich bin ich enttäuscht, Paps. Ich habe mich auf die Fahrt gefreut. Und ich bin sauer, daß du mich nicht wenigstens vorher gefragt hast."

„Hazel und ich hatten einen kleinen Streit, als du mit Nora beim Angeln warst. Hazel wollte nicht mit Nora allein bleiben, sie macht sich Sorgen wegen des entlaufenen Häftlings."

„Oh, das hatte ich vergessen. Gütiger Himmel, Paps . . ."

„Ich weiß. Ich sagte ihr, daß er hundert, zweihundert Kilometer von hier entfernt sein kann. Aber . . . nun, darüber haben wir uns gestritten. Ich brauche jemand Zuverlässigen, der Hazels Ängste zerstreut, sie beruhigt. Ich weiß, ich kann dir vertrauen, mein Junge. Bei der nächsten Kanutour bist du dabei, Denis. Ich verspreche es."

Denis gähnte demonstrativ und drehte sich um. „Schon gut, Paps." Er lag still in seinem Schlafsack und konnte nicht einschlafen. Brian kam ins Zelt und legte sich hin. Denis konnte den ruhigen Atem der beiden hören, als sie schliefen. Leonora hat recht, dachte er. Ich muß beweisen, daß die beiden nicht ewig auf mir herumtrampeln können.

Er setzte sich auf, wühlte sich aus seinem Schlafsack und krabbelte aus dem Zelt. Es war sehr still. Mond und Sterne strahlten hell von einem klaren Himmel. Unwillkürlich schlug Denis den Weg zum Fluß ein.

Wie ein silbernes Band zog sich der Fluß unter der Brücke hin und verschwand dann hinter einer Biegung. Er sah nicht sehr reißend aus, und es reizte Denis zu erkunden, was dort hinter der Biegung war. Es konnte nichts schaden, einen Blick auf die topographische Karte zu werfen und vielleicht auch ins Handbuch der Wasserwege von Alberta. Buch und Karte waren hinten im Kombi, neben der großen Kühltasche.

Barfuß, mit kalten Füßen tappte Denis zurück zum Campingplatz. Direkt hinter dem Zelteingang lag eine Taschenlampe. Er hielt die Luft an, als seine Finger danach tasteten. Paps' Atem ging gleichmäßig. Auch der von Brian. Keiner rührte sich.

Das Öffnen der Heckklappe des Kombis machte ein erschreckend lautes Geräusch. Denis erstarrte, doch alles blieb ruhig.

Das Mondlicht war so hell, daß Denis die Taschenlampe eigentlich nicht brauchte. Er sah sich die Karte an. Der Fluß schlängelte sich nach rechts und links und wieder zurück, ein halbes Dutzend Windungen innerhalb von weniger als einem Kilometer.

Auf der Landkarte waren keine Stromschnellen verzeichnet, aber die Ufer waren steil. Wenn sie bis zur letzten Schleife paddelten, hatten sie eine ganz schöne Strecke zurückgelegt und brauchten das Kanu trotzdem kaum mehr als einen Kilometer zurückzuschleppen. Und welch eine Genugtuung würde es sein, Paps und dem immer unausstehlicheren Brian mal richtig zu zeigen, was in ihm steckte. Und Leonora würde mit ihm zufrieden sein. Aus irgendeinem Grund war das plötzlich wichtig.

Denis faltete die Landkarte zusammen. Vor seinem inneren Auge sah er die Biegungen des Flusses vor sich. Zum Glück besaß er ein beinahe fotografisches Gedächtnis. Nun noch rasch einen Blick in Paps' Handbuch. Er beugte sich ins Wageninnere und leuchtete mit der Taschenlampe in die Ecken.

Da war es, zwischen der Kühltasche und dem Radkasten. Er holte es heraus, klemmte die Taschenlampe unter den Arm und begann zu blättern. Brazeau. Da. Quellgebiet . . ., nein, zweiter Streckenabschnitt . . ., wo ist unser Standort?

„Denis?“

Er warf das Buch ins Auto zurück und drückte die Hecktür sacht zu. Auf leisen Sohlen rannte er über den Platz und schlenderte zum Zelt, als Brian seinen Kopf herausstreckte.

„Was machst du da?"

„War bloß auf dem Klo. Wenn du vom Eingang weggehen würdest, könnte ich hinein. Ich friere."

Er schlüpfte schnell in seinen Schlafsack. Vor seinem geistigen Auge leuchteten die Worte auf, die er in dem Buch über den Brazeau River gerade in dem Moment gelesen hatte, als Brian rief. „Unterhalb dieser Stelle treten die Felsen zurück, der Fluß wird unruhig, mit vielen kleinen Stromschnellen und den dafür charakteristischen hohen Wellen."

Sonntag

ISAAC erwachte bei Sonnenaufgang. Er zitterte vor Kälte, und sein Magen schmerzte. Benommen schaute er hinauf in die Fichte, unter der er geschlafen hatte. Sie erschien ihm wie ein riesiges Zelt in einem Lager mit Tausenden von Zelten.

Er kroch unter den Zweigen hervor, stand aufrecht und sah sich um. Nichts war zu sehen, nur ein wenig Morgennebel zog wie Rauch zwischen den stillen Bäumen dahin. Sorgfältig zog er seine Socken glatt und steckte die Füße in seine Arbeitsstiefel. Dann hob er seinen Freund, die Axt, auf, tastete nach dem Stein in seiner Tasche und brach auf.

Die Hügel rückten immer mehr zusammen. Nach kurzer Zeit überquerte er einen Bach. Er kniete am Ufer nieder und wusch sich das Gesicht, aber er trank nichts, obgleich sein Körper nach Wasser schrie. Er wußte, daß das, was er tat, verrückt war. Wenn er im gleichen Tempo wie gestern weiterging, ohne zu trinken, war er bald am Ende seiner Kräfte. Und doch fühlte er sich an den Schwur gebunden, den er in der Hütte des Medizinmannes abgelegt hatte.

In den alten Tagen, so hatte seine Großmutter erzählt, ging ein Jüngling auf die Suche nach seinem Geist, seiner Bestimmung, indem er Körper und Gedanken durch Fasten reinigte. Wenn seine Bestimmung sich ihm in einem Zeichen zeigte, sei es ein Kaninchen oder ein Bär, ein Adler oder ein Hirsch, wußte der junge Mann, daß er fortan unter dem Schutz dieses Tieres lebte, seine Fähigkeiten und seine Kräfte annahm, seine scharfen Augen oder seine Schnelligkeit.

Aber das war in der Vergangenheit. Konnte ihm das in der heutigen

Welt passieren? Oder war es verrückt, etwas Derartiges zu erwarten?

Unverdrossen ging er den Pfad entlang, bis er nach einigen Kilometern an die nächste Weggabelung kam. Es war klar, dies war die Gabelung, von der der alte Mann gesprochen hatte. Der Pfad teilte sich nach links und rechts. Unmittelbar vor ihm erhoben sich die Berge tausend Meter in die Höhe. Zu seiner Rechten floß ein kleiner Fluß nach Osten, und der Pfad schlängelte sich entlang der Schlucht dahin, die der Fluß in die Berge gegraben hatte.

Er erinnerte sich daran, daß er sich nach Westen wenden mußte, nur für kurze Zeit, um einen Campingplatz zu umgehen. Die Sonne stand hoch über den Bäumen. Trotz seiner schmerzenden Muskeln schritt er stetig voran, über einen Hügelkamm hinweg, folgte einem namenlosen kleinen Bach bis zur Quelle.

Als seine Mutter damals gekommen war, um ihn mitzunehmen, hatte er geschrien und um sich geschlagen. „Ich will nicht weg, ich will nicht von Großmutter weg!"

„Laß den Jungen bleiben, Marie. Er ist hier glücklich."

„Glücklich? Bis wann? Du verstehst immer noch nicht, Mutter. Man kann hier nicht mehr bleiben. Man wird dich hinauswerfen, und was wird dann aus dem Jungen?" Und mit diesen Worten hatte seine Mama ihn ins Auto geschubst, und sie waren den Pfad entlanggeholpert, bis sie auf die Straße kamen, die in die Stadt führte. Und die ganze Zeit hatte er geheult.

Sie hatte an einem Burger-King-Restaurant angehalten, und Isaac hatte seinen ersten Hamburger bekommen. Die Tränen waren versiegt, und er hatte seine Mutter angelächelt. Sie hatte sein Lächeln erwidert, mit blitzenden Augen unter dunklen Locken. Wie war ihr Haar bloß derart kraus geworden? hatte er sich gefragt. Ihre goldenen Ohrringe glänzten. Sie trug eine rosa Rüschenbluse und Blue jeans, und sie unterschied sich von allen Menschen, die er jemals gekannt hatte. Als sie schließlich das Mietshaus in Edmonton erreichten, war er begeistert von seinem neuen Leben.

Was für ein Narr war ich, dachte Isaac jetzt und war wütend auf den Sechsjährigen, der sich durch einen Hamburger hatte bestechen lassen.

Der Pfad führte leicht bergab, und der kleine Bach wurde zum Fluß, als immer mehr Bäche von den Höhen zu seiner Rechten herabstürzten, um sich mit ihm zu vereinen.

Isaac hatte innerhalb der letzten beiden Tage schätzungsweise sechzig Kilometer zurückgelegt. Wieder war ein Tag beinahe vorüber. Welcher Tag war heute? Sonntag? Er hatte sich am Freitag abend von der Arbeitsgruppe abgesetzt. Morgen überquere ich die Forststraße, sagte er sich. Morgen muß ich den Brazeau River erreichen. Dann ist es nicht mehr weit bis zum Haus meiner Großmutter.

Er kam auf eine Fahrstraße und wandte sich nach Norden. Auf dem festen Untergrund ging er mit raschen Schritten dahin, nur in Gesellschaft seiner Gedanken. Zehn Jahre war er bei seiner Mutter geblieben, zehn Jahre ständiges Umziehen von einer Wohnung zur anderen. Zehn Jahre Schule . . . Er hatte den Geruch nach Schweiß und Kreidestaub gehaßt und sich nach Großmutter gesehnt.

Isaac ging weiter, bis er plötzlich über eine Wurzel stolperte. Genug, sagte ihm sein Körper. Wenn du dir den Knöchel verstauchst, wie willst du dann das Haus deiner Großmutter finden?

Aber die Straße des weißen Mannes machte ihn nervös. Er wußte, er würde in ihrer Nähe nicht schlafen können. Als die Straße eine Feuerschneise kreuzte, die von Südwest nach Nordost durch den Wald verlief, trat er dankbar vom harten Lehmboden aufs Gras. Er folgte der Schneise dann, bis er von der Straße aus nicht mehr gesehen werden konnte. Erst dann trat er in den Wald, wo er Ausschau hielt nach einer Zeder oder einer Fichte, die ihm Schutz für die Nacht bieten würde.

Er wünschte sich verzweifelt, er könnte ein Feuer anzünden. Nicht nur der Wärme, sondern auch des Trostes wegen.

Aber angenommen, sie hielten mit Hubschraubern nach ihm Ausschau? Oder ein Beobachter sah von einem Wachturm aus den Feuerschein? Schon der winzigste Funke war in der Dunkelheit des nächtlichen Waldes weithin sichtbar.

Er ritzte einen Pfeil in den Boden ein, der zu dem Pfad wies, den er eben verlassen hatte. Es wäre dumm, am Morgen in die falsche Richtung zu gehen. Dann kroch er unter die schützenden Zweige einer großen Zeder. Wie müde er war. Und wie sehr er fror.

„O Geist, wo bist du?“ rief er laut. Seine Stimme wurde von den Bäumen verschluckt. „Es ist nur noch ein Tag übrig. Ich habe nichts gesehen. Ich habe nichts gehört. Ich bin müde, und mir ist kalt. Ich habe Hunger, und ich bin durstig. O Geist, hilf mir!“

Montag morgen

EINEN ausgewachsenen Krach gab es am Montag gleich nach dem Frühstück.

„Warum konntest du mir gestern nichts davon sagen, daß dir die Zigaretten ausgehen würden? Jetzt sind wir noch weiter von einem Laden weg“, polterte Harry.

„Ich hätte schwören können, es wäre noch eine Stange im Wagen“, versetzte Hazel.

„Liebling, du hast mir doch versprochen, dich einzuschränken. Deine Lunge, dein Herz, dein Blutdruck . . .“

„Es sind mein Herz, mein Blutdruck, meine Lunge. Warum habe ich bloß auf dich gehört? ‚Es wird so erholsam sein in den Wäldern. Diese frische Luft, dieser Friede, die Ruhe. Du wirst nicht einmal mehr rauchen wollen!‘“

„Aber es ist erholsam.“

„Ja, sicher. Mit entsprungenen Häftlingen, die mit Äxten durch die Gegend rennen. Meine Tochter streunt herum und schließt Freundschaft mit fremden jungen Männern. Wir alle springen einander an die Gurgel. Ich muß rauchen, sonst verliere ich den Verstand.“

„Paps, es sind nur fünfzig Kilometer die Straße entlang bis nach Robb. Dort ist ein Laden“, mischte Denis sich vorsichtig ein.

„Nur fünfzig Kilometer. Geradezu lächerlich, um Zigaretten zu holen, was?“

„Ich beabsichtige nicht, dir deinen kostbaren Tag zu stehlen, Harry“, schmollte Hazel. „Geh nur Fische fangen. Es ist ja sonnenklar, daß ihr mich für nichts anderes braucht, als den Kombi zurückzufahren . . .“

Leonora versteckte ein Lächeln hinter vorgehaltener Hand. Also hatte Mama das endlich kapiert.

„Also gib mir die Schlüssel, Harry. Ich fahre selbst Zigaretten holen.“

„Ich dachte, du fürchtest dich vor dem Sträfling?“

„Nicht, während ich fahre.“

„Ich kann dich genausogut hinfahren. Wird uns in nächster Zeit noch etwas ausgehen? Nur, damit sich diese Fahrt auch lohnt.“ Harry rang sich ein Lächeln ab. „Noch Popcorn, Kinder? Wollt ihr mitkommen?“

Leonora hielt den Atem an und beschwor Denis im stillen, das Richtige zu sagen.

„Leonora und ich dachten, wir könnten wieder versuchen zu angeln, wenn du damit einverstanden bist, Paps“, meldete sich Denis.

„Sieh bloß zu, daß du ihr nicht eine Menge blöder Gewohnheiten beibringst“, schaltete Brian sich ein. „Vielleicht sollte ich lieber hierbleiben und ein Auge auf euch haben.“

Leonora warf Mama einen flehenden Blick zu.

Wenigstens konnte Mama einen Hilferuf erkennen. „Warum kommst du nicht mit uns, Brian? Wenn der Laden in Robb groß genug ist, könnte ich mir vielleicht Angelsachen besorgen. Du kannst mich beraten. Harrys Vorstellung von etwas Passendem fängt bei ein paar hundert Dollar an. Also, was ist, Brian?"

„Ich bin dir gerne behilflich, Hazel!"

Danke, Mama, danke, sagte Leonora im stillen. Laut trieb sie die drei an, sich auf den Weg zu machen. „Laßt das Frühstücksgeschirr ruhig stehen, Denis und ich machen das schon."

Kurz darauf sahen sie zu, wie Harry den Kombi von der Wiese auf die Schotterstraße lenkte. Langsam fuhr er mit Hazel und Brian vom Campingplatz weg.

„Was für ein unwahrscheinliches Glück!" sagte Denis.

„Was meinst du mit Glück?" Leonora schlüpfte in ihr Zelt, und als sie wieder herauskam, schwang sie eine ungeöffnete Stange Zigaretten in der Hand. „Die hab ich heute morgen als erstes versteckt, während Mama sich wusch."

Denis starrte sie an. Sie stand im hellen Sonnenlicht, in eine weiße Bluse und gelbe Shorts gekleidet, ihr blondes Haar umfloß ihre Schultern.

„Du denkst, das hätte ich nicht tun sollen, oder? Nun gut, tut mir leid, aber manchmal darf man nicht nur von den Dingen träumen, die man sich wünscht. Man muß etwas dazu tun, damit sie auch *geschehen!* Also, gehen wir jetzt Kanufahren oder nicht? Wir haben jede Menge Zeit. Sie können frühestens in drei Stunden wieder hiersein."

„Na gut, einverstanden", sagte er widerwillig. Ich werde es bereuen, dachte er mit dem vertrauten Gefühl, in die Ecke gedrängt worden zu sein. „Bist du sicher, daß du mit einem Kanu umgehen kannst?"

„Darauf kannst du wetten. Ich hatte Unterricht und eine Menge Praxis."

„Also schön. Ich hatte nur wenig Zeit, einen Blick auf die Landkarte und in den Führer zu werfen, bevor Brian herumschnüffeln kam, aber wie es scheint, ist ein acht Kilometer langes Stück stromabwärts von der Brücke ganz in Ordnung. Auf den letzten vier Kilometern gibt es ein paar Felsen und Stromschnellen. Dort wendet sich der Fluß nach Osten. Wir müßten dort an Land gehen und das Boot zurücktragen. Praktischerweise ist es so, daß wir acht Kilometer paddeln können und trotzdem ganz hier in der Nähe landen. Der Fluß hat jede Menge enge Windungen, und nach acht Kilometern sind wir nur etwas mehr als einen Kilometer unterhalb unseres Zeltplatzes. Schaffst du das?"

„Aber sicher. Wir mußten das Kanu manchmal zwischen den Seen in Ontario viel länger tragen."

„Also, brechen wir auf."

Nachdem das Geschirr gespült und der Kocher weggeräumt war, strich Leonora die Schlafsäcke glatt und befestigte die Zeltklappen. Ihr Blick fiel auf eine Tafel Schokolade. Sie nahm sie, steckte sie in ihre Blusentasche und knöpfte die Lasche sorgfältig zu.

„Schwimmwesten", fiel Denis ein. „Oh, hoffentlich sind die nicht noch im Kombi."

„Sie sind in unserem Zelt. Hier."

„Wenn du sie und die Angelruten und Fliegen trägst, nehme ich das Kanu. Hilf mir."

Sie steckte die Fliegen vorsichtig in ihre andere Tasche und hob den Bug des Bootes hoch, so daß sich Denis darunterstellen und es auf seine Schultern nehmen konnte.

Sie gingen die Schotterstraße entlang bis zur Brücke und dort die steile Uferböschung hinab. Nachdem sie die roten Schwimmwesten angezogen hatten, ließ Denis das Boot ins Wasser gleiten und band die Paddel los, während Leonora am Heck die Fangleine festhielt. Sie spürten, wie das Wasser am Boot zerrte. Endlich ein Abenteuer!

„Also, Leonora, ich nehme die Fangleine. Knie dich in den Bug, und fang an zu paddeln, sobald ich es sage."

Leonora ging vorsichtig in der Mitte des schaukelnden Bootes entlang und kniete sich im Bug nieder. Ihre rechte Hand umschloß den Schaft des Paddels, ihre linke hielt den Knauf fest. Sie spürte, wie das Boot schwankte, als Denis an Bord kletterte. Noch ehe sie ein „Los!" hörte, war sie bereit.

Verblüfft von der Kraft, mit der das Wasser gegen ihr Paddel drückte, wurde ihr klar, daß sie noch nie auf einem derart rasch fließenden Fluß gepaddelt hatte. Sie schwang das Paddel wie wild. Um das Gleichgewicht besser halten zu können, kniete sie sich breitbeinig hin.

Sie paddelten abwechselnd durch Strecken dunklen Wassers und Strecken, die wie mit Gold gesprenkelt waren. Die steilen Ufer zu beiden Seiten, beinahe Felswände, bestanden aus rötlichschwarzem Schiefer mit gelegentlichen Kiesbänken.

Das Kanu lag gut im Wasser. Sie fand es nicht schwer, den Bug in der Strömung zu halten, obwohl das Wasser ziemlich schnell floß. Einen verborgenen Felsen erkannte man leicht an dem weißschäumenden Wasser, das sich an ihm brach, und es gelang ihr meist, Denis' Rufen „rechts" oder „links" zuvorzukommen. Sie bildeten ein gutes Team.

Nachdem sie etwa einen Kilometer flußabwärts zurückgelegt hatten, machte der Fluß eine unerwartete Wendung nach links.

„Festhalten!“ schrie Denis, als sähe er etwas Furchterregendes vor sich. „Links, links!“ brüllte er, und sie paddelte mit aller Kraft, um den Bug herumzuschwenken. Sie war nicht schnell genug oder nicht stark genug, jedenfalls schwappte eine hüfthohe Welle ins Boot. Leonora japste. Das Wasser durchnäßte ihre Bluse und ihre Shorts und wirbelte auf dem Boden des Bootes herum. Sie biß die Zähne zusammen und paddelte weiter. Irgendwie schafften sie es und kamen in verhältnismäßig ruhiges Fahrwasser.

„Alles in Ordnung?“

„Sicher. Das war eine kleine Erfrischung.“

„Ich wußte nicht, daß es da Brecher geben würde. Nicht von dieser Höhe. Ich muß die falschen Seiten im Führer gelesen haben.“

„Hast du eine Schöpfkelle?“ rief sie.

„Ja. Am Heck festgebunden. Glaubst du, du wirst allein mit dem Boot fertig, während ich das Wasser ausschöpfe?“

„Sicher kann ich das.“ Sie blickte angespannt auf den Fluß. Schwer zu entscheiden, was genau zu tun war. Alles geschah so schnell. Das wichtigste, so erinnerte sie sich aus lange zurückliegenden Unterrichtsstunden, war, das Boot nicht von der Strömung mitreißen zu lassen. Sonst lief es unweigerlich voll Wasser, und dann . . . „Da vorne sind Stromschnellen!“ schrie sie. „Rechts oder links? Schnell, Denis!“

„Ich weiß nicht. Rechts, glaube ich. Ja, rechts.“

Sie brachten die Schnellen einigermaßen unbeschadet hinter sich, obwohl die letzte Welle voll über den Bug schlug. Das Wasser traf sie wie eine eiskalte Wand. Es triefte aus ihrem Haar, lief ihr über Augen und Mund. „Alles in Ordnung, Denis? Werden wir absaufen?“

„Nein, alles okay! Jetzt kommt das Stück, über das ich gelesen habe. Angeblich eine leichte Strecke. Welcher Idiot das bloß geschrieben hat!“ Er schöpfte wie verrückt.

Der Fluß wurde breiter, verlangsamte aber sein rasendes Tempo nur wenig. Das Kanu bewegte sich unter ihren Knien, als sei es lebendig. Sie erinnerte sich an den Trick, den Körper aufrecht und bewegungslos zu halten, egal, wie sehr das Boot schlingerte und schaukelte. Es war wie der Ritt auf einem ungesattelten Hengst.

Sie paddelten weiter. Der Fluß bog nach Osten, dann wandte er sich nach Norden, dann nach Westen und schließlich wieder zurück nach Norden. Ohne die Sonne hätten sie völlig die Orientierung verloren. Sie wärmte auch ihre nassen Schultern. Es gab nichts Scheußlicheres als nasse Kleider, die einem auf der Haut klebten. Zum Glück hatte die Schwimmweste den größten Teil der Sturzflut abgehalten.

Wieder einmal wendeten sie sich nach Osten. Die Ufer wurden

niedriger. Der Fluß verlief nun etwa zwei Kilometer geradeaus. Leonora kniff die Augen zusammen. „Ich glaube, da vorne ist eine Insel, Denis. Ich kann außer Bäumen nichts sehen. Welche Seite sollen wir nehmen?"

Denis konzentrierte seine Gedanken auf die Landkarte. „Die rechte, glaube ich. Nach der Insel wendet sich der Fluß nach Süden, also müßte die rechte Seite langsamer sein und uns ein bißchen mehr Zeit zum Überlegen lassen. Wenn's gräßlich wird, können wir versuchen, an Land zu gehen."

Sie paddelten entlang einer grünen Landschaft. Zu ihrer Linken die flache Insel, das Ufer auf der rechten Seite. Hier floß das Wasser gemächlich dahin. Es war ein Augenblick des Friedens.

Dann lag die Insel hinter ihnen, die Weite des Flusses vor ihnen. Der Strom wandte sich nach Süden, in den Sonnenschein. Vor sich sah Leonora das erwartete weiße Flimmern von rasch fließendem Wasser. Und dann einen glatten und dunklen Streifen.

„Denis!" schrie Leonora, als sie plötzlich das Riff erkannte.

„Ja, ich sehe es auch. Zu spät zum Umkehren. Hör nicht auf zu paddeln, was auch geschieht. Und lehn dich zurück, wenn wir drüber wegschießen."

Leonora spürte, wie das Wasser an ihrem Paddel zerrte. Sie arbeitete verbissen, um den Bug gerade zu halten. Plötzlich paddelte sie in der Luft.

Platsch! Sie waren drüber weg, und sie paddelte wie verrückt in dem schäumenden Wasser unterhalb der Stromschnelle. Wie fest Leonora das Paddel auch eintauchte, sie kamen nicht vorwärts. Hinter ihnen donnerte das Wasser herab. In der nächsten Sekunde werden wir direkt unter das herabschießende Wasser gezogen, dachte sie angsterfüllt. Wir werden absaufen, und dann ist alles aus.

Verzweifelt paddelte Leonora weiter, und endlich spürte sie den Druck von Wasser gegen ihr Ruderblatt. Sie hatten sich aus dem Sog befreit, waren wieder im Hauptstrom, schossen stromabwärts. „Noch ein Riff!" schrie sie.

„Du machst das großartig. Nimm es genau wie beim letzten Mal."

Diesmal kamen sie mühelos über das schäumende Wasser unterhalb der Fälle hinweg und waren nicht der Angst ausgesetzt, unter die Kaskaden gezogen zu werden. Aber es blieb ihnen keine Zeit zur Entspannung. Sie prallten wieder auf hohe Wellen, und Denis mußte schöpfen.

Die Ufer zu beiden Seiten wurden jetzt zusehends flacher, und es wuchsen Fichten, Kiefern und Pappeln darauf.

„Wir müssen zum rechten Ufer hinüberkommen und an Land gehen, ehe sich der Fluß wieder nach Osten wendet!“ rief Denis.

„In Ordnung. Aber wir dürfen nur ganz flach paddeln, sonst bekommen wir noch mehr Wasser ins Boot.“

„Richtig. Du mußt gegenrudern, wenn ich es sage.“

Leonora warf einen Blick auf ihre Uhr. Halb zwölf. Die anderen befanden sich jetzt bestimmt auf der Rückfahrt vom Laden. Ich wünschte, es wäre nicht vorbei, dachte sie. Es ist der erste Tag, an dem ich nicht an Papa und an die Zeit gedacht habe, bevor er uns verließ.

Zum ersten Mal seit unserem Umzug zu den Mathiesons bin ich glücklich. Vielleicht lassen mich Harry und Brian jetzt, nachdem ich mich bewährt habe, an ihren Abenteuern teilnehmen.

Als sie sich näher ans rechte Ufer herangearbeitet hatten, fing sich die Sonne in den Baumwipfeln. Der Wechsel von grellem Licht und tiefem Schatten setzte Leonoras Augen zu. Hell, dunkel, hell, dunkel. Es war schwierig, überhaupt etwas zu sehen.

„Direkt da vorne ist das Wasser ruhiger!“ rief Denis. „Vielleicht können wir dort gegenrudern und schnell ans Ufer kommen. Was siehst du? Irgendwelche Probleme?“

Blinzelnd beugte sie sich vor. Das Geflimmer vor ihren Augen hatte sich verschlimmert. War dieses Gekräusel genau oberhalb der flachen Stelle ein Zeichen für etwas unter der Oberfläche? Sie sagte nichts. Wenn sie erst einmal in den Schatten eintauchten, würden ihre Augen aufhören, ihr Streiche zu spielen.

Ohne jegliche Vorwarnung stoppte plötzlich das Boot, das mit einer Geschwindigkeit von ungefähr zwölf Stundenkilometern dahingeschossen war. Leonora wurde in die Luft geschleudert. Sie schlug in voller Länge aufs Wasser. Für Sekunden ging sie unter, kämpfte sich aber wieder nach oben und rang nach Luft. Sie keuchte, beruhigte sich aber, ihr war nichts passiert. Der Fluß konnte hier nicht allzu tief sein. Sie hatte sich nur das Schienbein am Boden gestoßen und befand sich lediglich fünfundzwanzig Meter vom Ufer entfernt. Kleinigkeit. Schließlich war sie eine ausgezeichnete Schwimmerin, und außerdem trug sie eine Schwimmweste. Also kein Grund zur Panik.

Automatisch bewegte sie Arme und Beine. In ihren Ohren klang Denis' Schrei: „Leonora!“ Also war ihm auch nichts passiert.

Sie schnappte einen kostbaren Mundvoll Luft, und dann erfaßten sie die Wellen und drückten sie nach unten. Kein Gedanke daran, ans Ufer zu kommen, ehe sie den Strudel nicht hinter sich hatte. Alles, was sie tun konnte, war, dafür zu sorgen, daß sie genügend Sauerstoff in die Lunge bekam. Und daß ihr Kopf nicht gegen die Felsen geschlagen wurde. Nur am Leben bleiben . . .

Montag morgen

EINE Hand krallte sich schmerzhaft an seiner Schulter fest, fauliger Atem streifte seinen Nacken. Isaac erwachte mit einem Schrei und versuchte aufzuspringen. Etwas traf ihn am Kopf, er fiel zurück. Er blickte empor. Ein Zedernast. Nicht das Gefängnis und der niederträchtige Zellengenosse mit den verfaulten Zähnen. Er rieb sich mit der Hand übers Gesicht. Ein Alptraum.

Damals im Gefängnis hatte er oft im Dunkeln wach gelegen und an Großmutters Geschichten gedacht. Geschichten von der Suche nach der Bestimmung, nach dem Geist, von den Tänzen und den Büscheln mit heilsamen Kräutern. Als er Nacht für Nacht wach lag, schien Großmutters Stimme immer lauter zu werden, bis er verstand, daß sie ihn aus dem Wald rief, klar und deutlich. Da wurde das Gefängnis zur Qual, und nichts anderes zählte mehr, als frei zu sein.

Jetzt rief sie ihn von sehr weit her. „Ich komme, Großmutter!" antwortete er, und der Klang seiner Stimme brachte ihn erschrocken in die Gegenwart zurück. Verwirrt sah er sich um. Das hier war nicht das Gefängnis. Das hier war der Wald, die Wirklichkeit. Er warf einen Blick in die Runde, versuchte sich zu erinnern.

Dort, direkt hinter den untersten Ästen der großen Zeder, war ein Pfeil in die Erde geritzt. Er zeigte den Weg zu einem Ort, zu dem er gehen mußte. Er stand auf und schleppte sich durch die Bäume in die Richtung, in die der Pfeil wies. Nach weniger als zwanzig Schritten kam er auf einen von Pappeln und Büschen gesäumten Grasweg. Er folgte dem Pfad in nordöstlicher Richtung. Gerade wie der Flug der Wildgans zog sich der Einschnitt durchs Land. Eine Feuerschneise. Isaacs langer Marsch wurde immer beschwerlicher. Er kletterte dreihundert Meter hoch, nur um eine Stunde später wieder dreihundert Meter absteigen zu müssen. Er ging wie in Trance.

Langsam, stetig, ohne auf den Schmerz in seinen Knien oder sein Keuchen zu achten, stieg er über den Kamm eines baumbestandenen Hügels und auf der anderen Seite wieder hinunter. Das Land um ihn herum wurde flacher. Er mußte kleine Bäche durchwaten.

Jetzt waren weite, grasbewachsene Flächen um ihn herum. Der Himmel öffnete sich über ihm, er konnte die Hitze der Sonne auf seinen Schultern spüren. Vor ihm schimmerte der Fluß. Er stolperte die Böschung hinab auf das Sandufer, zog Stiefel und Socken aus und watete ins Wasser. Die Kälte war wie eine Segnung.

DAS KANU war gegen das verborgene Hindernis gekracht wie ein Auto mit Höchstgeschwindigkeit gegen eine Backsteinmauer. Es blieb hängen, schwankte und kippte um.

Ich hätte im Bug sein sollen, schoß es Denis durch den Kopf. Er sah wirbelnde Farben im aufschäumenden Wasser, schrie „Leonora!" und ging nach Luft schnappend unter.

Dunkelheit um ihn herum. Das umgekippte Boot über ihm. Der Druck des Wassers preßte ihn gegen das Hindernis unter Wasser. Er konnte sich nicht bewegen.

Ein im Wasser treibender Baum hatte sich zwischen Felsen verkeilt, seine Äste fingen jeden vorbeikommenden Gegenstand auf. Der Fluß drohte ihn gegen diese Unterwasserfangarme gepreßt zu halten, bis ihm die Luft ausging.

Er stieß wütend um sich, um aus der Strömung herauszukommen, spürte, daß ein Fuß eingeklemmt war. Das Blut dröhnte in seinen Ohren. Er fühlte den Rahmen des Bootes wie einen Baldachin über sich und riß seinen Fuß los. Mit dem letzten Rest von Energie zog er die Knie bis zur Brust hoch, stemmte sich gegen die Strömung und streckte sich wie eine Sprungfeder.

Sein Körper glitt stromaufwärts, die Schwimmweste schnellte ihn an die Oberfläche. Sofort erfaßte ihn die Strömung erneut und schleuderte ihn gegen den Rumpf des Bootes. Licht und Luft! Die Wohltat, wieder atmen zu können. Er klammerte sich an den glatten Rumpf des Bootes, das festsaß. Die Strömung war erschreckend stark. Er hielt sich krampfhaft fest und arbeitete sich Zentimeter um Zentimeter hinauf, bis er endlich bäuchlings auf dem umgekehrten Kiel des Bootes lag.

Mit Armen und Beinen hielt er das Kanu umspannt, hustete den Rest des Wassers aus seiner Lunge und tat ein paar tiefe Atemzüge, ehe er sich umsah. An dieser Stelle war der Fluß etwa hundert Meter breit und wand sich in einer weiten Biegung nach links.

Wo war Leonora? Keine Spur von ihr entlang der Strecke stromabwärts, die er einsehen konnte. War sie hinter der Biegung außer Sichtweite? Im Geist sah er klar das Bild, wie sie aus dem Boot katapultiert worden war, ehe er selbst unterging.

Sie war irgendwo flußabwärts und brauchte vermutlich Hilfe, falls ihr überhaupt noch zu helfen war. Irgendwie mußte er sich selbst und das Boot an Land bringen und dann nach ihr suchen. Oder zurückgehen und Hilfe holen. Oder beides.

Panik drohte ihn zu ersticken, aber er zwang sich, langsam und tief zu atmen und einen klaren Kopf zu behalten.

Der Bug zeigte zum nahen, etwa dreißig Meter weit entfernten Ufer. Aber die am Bug festgebundene Fangleine war nur sechs Meter lang. Selbst wenn er die nasse Leine vom Heck losmachte und sie mit derjenigen vom Bug verband, würden die beiden Seilstücke das Ufer nicht erreichen. Es war ihm also nicht möglich, das Boot an Land zu ziehen. Außerdem, die Paddel waren sowieso weg. Also sollte er das Boot lieber vergessen und sich darauf konzentrieren, wie er selbst ans Ufer kam.

Er robbte auf dem Bauch vor zum Bug und begann seine nächste Bewegung zu planen. Er beobachtete die Strömung. Wenn er weit genug sprang, dürfte ihm eigentlich keine Gefahr von den Ästen unter Wasser drohen.

Jenseits des eingeklemmten Baumes war eine etwa sechs Meter lange Strecke glatten Wassers. Dahinter kam eine Ansammlung aus dem Wasser herausragender Felsen, gefährlich für einen Schwimmer. Wenn die Strömung nicht zu stark war, wenn sie ihn nicht gegen die Felsen schleuderte und er bewußtlos wurde, könnte es ihm vielleicht gelingen, hinaufzuklettern und von einem Stein zum anderen zu springen, bis er die Nähe des Ufers erreichte.

Der Haken dabei war, daß ihn die Strömung wegreißen konnte, bevor er die Felsen erreichte, und dann bestand die Gefahr, daß er kilometerweit flußabwärts getrieben wurde, ehe er eine Gelegenheit bekam, an Land zu gehen.

Hat keinen Sinn, hier auf dem Kanu zu hängen, sagte er sich, und von Minute zu Minute mehr zu frieren und mehr Angst zu bekommen. Er spannte sich wie eine Sprungfeder, duckte sich am Bug des umgekippten Bootes nieder und schnellte sich nach vorn, wobei er gleichzeitig mit den Armen ruderte. Dabei sog er möglichst viel Luft ein.

Die erste Welle war nicht schlimm, er kam über sie hinweg. Aber die nächste klatschte über seinem Kopf zusammen. Irgendwie wand er sich heraus, spuckend und hustend. Bis er wieder zu Atem gekommen war, hätte er beinahe die Felsen verfehlt. Er krachte gegen den äußersten Felsbrocken und verletzte sich dabei das rechte Knie. Aber in letzter Minute gelang es ihm, sich festzuklammern.

Er hielt sich krampfhaft mit den Fingerspitzen am glatten, nassen Stein fest, und nachdem er wieder zu Atem gekommen war, zog er sich hinauf und sprang über die schäumende Kluft zum nächsten Felsbrocken. Ein Sprung zum nächsten Fels und dann wieder und wieder über die wilden Strudel im Wasser hinweg.

Als er endlich das Ende des Felsengewirrs erreichte, hatte er eine ziemliche Strecke stromaufwärts zurückgelegt, und jetzt trennte ihn nur noch ein Streifen von kaum mehr als zehn Meter Breite vom Ufer.

Er stieß sich vom letzten Felsen ab und sprang aufs Ufer zu. Die Strömung erfaßte ihn mit unbändiger Kraft. Er gewann einen Meter und nicht mehr. Gleichgültig, wie angestrengt er schwamm, er wurde flußabwärts fortgerissen. Er kämpfte, um das Ufer zu erreichen, Zentimeter um Zentimeter. Aber erst, als der Fluß eine Wendung machte, etwa fünfhundert Meter weiter flußabwärts, fanden seine Füße festen Boden, und er zog sich auf Händen und Knien ans Ufer.

In seinem ganzen Leben hatte er noch nie so gefroren, er war noch nie so müde gewesen. Mit geschlossenen Augen lag er ausgestreckt im Gras und rang nach Luft.

Leonora! Ich muß Leonora finden. Der Gedanke zwang ihn auf die Füße. Er starrte auf den Fluß. Die Sonne stand direkt im Süden. Er konnte das Ufer etwa einen Kilometer weit bis zur nächsten Flußbiegung überblicken. Hoffnungsvoll hielt er Ausschau nach einem Mädchen in Rot und Gelb und Weiß, das ihm entgegenlief.

Aber da war nichts. Mit ängstlichem Blick suchte er zwischen dem Strandgut in der Nähe nach einer Gestalt, die dort lag, vielleicht bewußtlos. Vielleicht . . . Nein! Sie war eine ausgezeichnete Schwimmerin. Er hatte in Toronto all die Trophäen gesehen, die sie gewonnen hatte.

Er begann flußabwärts zu gehen, er rief ihren Namen, suchte das Ufer ab, das Wasser, rief wieder und immer wieder: „Leonora! Leonora!"

Was sollte er bloß tun? Schließlich erreichte er eine Stelle, von der an der Fluß sich beruhigte. Es gab hier keine Strudel, in denen ein Körper auftauchen und wieder verschwinden konnte. Nirgendwo am Ufer konnte er etwas entdecken. Und jeder Meter vergrößerte die Entfernung zwischen ihm und dem Zeltplatz.

Er schaute auf seine Uhr. Sie ging noch. 12.16 Uhr. Wenn er die Karte richtig im Kopf hatte, mußten es nahezu drei Kilometer durch den Wald bis zum Campingplatz sein. Ein schöner Fußmarsch, in diesem Gelände wohl mehr als eine Stunde. Paps und Brian würden schon zurück sein, wenn er ankam. Und Hazel. Leonoras Mutter. Er würde ihr gegenübertreten müssen, ihr sagen müssen, welche Torheit er begangen hatte.

Ich kann nicht, dachte er in panischer Angst. Ich wußte, daß es falsch war. Und dumm. Mitten in der Nacht einen Blick in den Führer zu werfen. Irgend etwas habe ich übersehen. Ich hätte niemals eine Anfängerin aufs Wasser mitgenommen, wenn ich gewußt hätte, wie reißend der Fluß hier ist. Ich bin ja selbst ein Anfänger.

Doch es hilft alles nichts. Zurück zum Zeltplatz. So schnell ich kann.

Halb rannte er, halb ging er, bis er bei dem eingeklemmten Baumstamm ankam. Das Boot hing noch immer im Fluß, von der Strömung gegen den Baumstamm gedrückt.

Er schauderte, plötzlich von dem entsetzlichen Gedanken gepackt, daß er sich geirrt haben könnte, daß Leonora vielleicht die ganze Zeit unter dem Boot gefangen war. Daß er das Risiko hätte eingehen und noch einmal unter dem Boot hätte suchen sollen. Der Schweiß brach ihm aus. Aber ich habe sie durch die Luft fliegen sehen, sagte er sich. Ich weiß es genau.

Er mußte sich zwingen, dem Fluß den Rücken zuzukehren, in den Wald hineinzugehen. Nach Westen, mit leicht südwestlicher Tendenz, befahl er sich. Er achtete darauf, daß die Sonne von schräg vorne auf seine linke Schulter schien.

Als er aus dem Wasser herausgekrochen war, hatte er gefroren, aber es dauerte nicht lange, und der Schweiß lief ihm übers Gesicht. Er blieb gerade so lange stehen, bis er seine Schwimmweste ausgezogen hatte. Ohne das unförmige Ding schien er gleich viel besser voranzukommen.

Der Wald bestand größtenteils aus dichtstehenden Latschenkiefern. Und mit nassen Turnschuhen zu laufen war auch nicht das angenehmste. Es gab tiefe Löcher. Zweige mit spitzen Nadeln zerkratzten ihm die Knöchel. Wurzeln brachten ihn ins Stolpern, einmal stürzte er der Länge nach hin.

Er kletterte ständig bergauf. Er mußte sich in der Nähe der Schotterstraße befinden. Vor ihm wurde es heller. Und er konnte Stimmen hören. Rechts von ihm. Er preschte durch die Bäume den Stimmen entgegen und rannte mit klopfendem Herzen auf die vertraute Lichtung zu.

DER MUFFIGE kleine Laden war zum Ersticken. Hazel stieß die Drehtür auf und ging hinaus. Die Hand, mit der sie die Zigarette anzündete, zitterte. Was ist los mit mir? Sie lehnte sich mit dem Rücken an das Gebäude, blickte hinauf in das unglaubliche Blau des Himmels und inhalierte tief.

Die Woche verlief nicht einmal halb so gut, wie sie gehofft hatte. Würde sie jemals mit Harry und Brian klarkommen? War es ein Fehler gewesen, Harry zu heiraten? Das Problem nach einer mißglückten Ehe bestand darin, daß man seinem eigenen Urteilsvermögen zu mißtrauen begann. Sie mußte an der Erinnerung jenes spontanen Gefühls festhalten, das sie bei der ersten Begegnung mit Harry empfunden hatte. Daß hier endlich jemand war, der Sicherheit und Zuverlässigkeit verkörperte. Jemand, der mit einem verstopften Abfluß fertig wurde und mit einem kaputten Kühlschrank. Und sie hatte bis obenhin genug von der Einsamkeit.

Für die Kinder war es schwierig, sich aneinander zu gewöhnen. Aber sie war achtunddreißig. In fünf, sechs Jahren waren die Kinder erwachsen und lebten ihr eigenes Leben.

Harry und Brian kamen aus dem Laden. Es war etwa halb eins, als sie über den Brazeau River fuhren und in die Straße einbogen, die zum Zeltplatz führte.

Sobald sie bei der Lichtung mit den Zelten ankamen, sprang Brian aus dem Wagen und hielt Hazel die Tür auf. Sie nickte dankend, stieg aus und schlüpfte in ihr Zelt.

Als erstes sah sie drinnen an der Zeltwand neben ihrem Schlafsack die Stange mit ihren Zigaretten lehnen, von der sie ursprünglich so sicher gewesen war, sie aus Edmonton mitgebracht zu haben. Das darf ich Harry nicht sehen lassen, war ihr erster Gedanke. Sie steckte die Zigaretten hastig weg und ging wieder ins Freie.

„Denis! Nora!" rief Brian munter. „Na, es wäre eine nette Geste von ihnen gewesen, wenn sie daran gedacht hätten, ein Mittagessen vorzubereiten. Ich nehme an, wir müssen ohne sie auskommen. Ich bin am Verhungern. Was soll's denn sein?"

„Ich habe keinen richtigen Hunger." Hazel zündete sich wieder eine Zigarette an. „Aber eine Tasse Tee könnte ich gebrauchen."

„Was ist mit dir, Paps?"

„Hm? Oh, irgend etwas Einfaches." Harry stand mit den Händen in den Taschen und wippte von den Fersen zu den Zehen, was er nur tat, wenn er sehr verärgert war.

Brian nahm den abgenutzten Wasserkessel und ging hinüber zur Pumpe, um ihn zu füllen. Während er das Wasser holte und den Kocher anzündete, standen Harry und Hazel an entgegengesetzten Seiten des Lagerplatzes wie zwei wütende Schildwachen.

Mit einigem Glück, dachte Brian fröhlich, wird diese Woche das Ende dieser Ehe bringen. Jedenfalls den Anfang vom Ende. Die Fahrt nach Robb schien die Dinge ganz schön zugespitzt zu haben. Er konnte schon die Risse im Fundament erkennen. Unbekümmert pfeifend, schnitt er das Brot.

„Was soll's denn sein? Käse? Eier? Erdnußbutter?"

Harry und Hazel gaben unbestimmte Töne von sich, und er begann Brote zu schmieren. Er schüttelte das Tischtuch aus und breitete es mit einer ausladenden Geste über den Picknicktisch, bevor er die Becher und einen Teller voller Sandwiches darauf stellte. „Madame und Monsieur, das Essen ist serviert."

Hazel ließ ihre Zigarette fallen und trat sie aus. Sie sah sich um. „Wo können sie bloß hingegangen sein?"

„Ich nehme an, sie angeln oder erkunden die Gegend", meinte Brian.

„Aber es ist ein Uhr. Angenommen, es ist ihnen etwas passiert . . ."

„Iß zuerst etwas", riet ihr Brian mit vollem Mund. „Und trink Tee."

„Sie können sich verirrt haben", sagte Hazel schwach, als sie den Becher mit Tee entgegennahm, den Brian ihr reichte.

„Denis weiß, wie man sich in freier Natur verhält. Ich bin sicher, er sorgt dafür, daß sie sich nicht verirren", erwiderte Brian.

„Um Himmels willen, Hazel, hör mit dem Gejammer auf. Wir haben schon den ganzen Morgen verschwendet, jetzt laß uns wenigstens in Frieden zu Mittag essen. Wenn die Kinder Hunger bekommen, werden sie schon auftauchen. So einfach ist das."

„Aber es sieht Leonora gar nicht ähnlich . . ."

„Komm, probier ein Brot." Brian reichte ihr den Teller. Komisch ist es schon, daß Nora und Denis so lange fortbleiben, dachte er, während er kaute. Verstohlen sah er auf seine Uhr. Harry bemerkte die Bewegung.

„Wie spät ist es?"

„Kurz nach eins."

„Geh bitte zur Brücke am Fluß, und sieh dich um!"

Brian erhob sich umständlich und schlenderte mit den Händen in den Hosentaschen zur Brücke. Auch Harry stand auf, ging um die Zelte herum und durchforschte die nähere Umgebung. „Zu dumm, daß sonst niemand hier kampiert. Jemand, den man fragen könnte, der sie vielleicht gesehen hat."

Sie hörten Brian pfeifen und drehten sich um. Er kam auf der Straße von der Brücke her gerannt. „Sie sind nicht am Fluß. Jedenfalls nicht in Rufweite. Es würde mich interessieren, ob sie das Angelzeug mitgenommen haben."

„Zwei der Angelruten sind weg." Harry kramte im Zelt herum.

„Die von Denis und meine Ersatzrute. Verflixter Bengel! Sie müssen flußaufwärts gegangen sein, Brian."

„Dann müssen sie verdammt weit gegangen sein. Ich habe mir die Lunge rausgeschrien . . ." Brian stand in der Mitte des Campingplatzes und drehte sich langsam um sich selbst. „Da fehlt etwas! Irgend etwas, was ich . . . Das Kanu! Es war im Unterholz, genau hier drüben. Und es ist weg!"

„O mein Gott, Denis kann doch kein solcher Trottel sein!"

„Was ist los? Harry, was ist?"

„Der blöde Hund!" schimpfte Brian. „Ich wette, er wollte bei Nora Eindruck schinden. Aber er schafft das nie. Es sind von der Brücke flußabwärts sechzehn Kilometer Wildwasser der Kategorie drei."

„Vielleicht kommt er damit zurecht, Brian."

„Mit einer blutigen Anfängerin am Hals?"

„Wovon redet ihr?" mischte sich Hazel mit schriller Stimme ein.

„Denis hat Nora auf den Fluß mitgenommen, dessen Stromschnellen nur für geübte Wildwasserfahrer zu bewältigen sind", sagte Brian schonungslos.

Hazels Gesicht wurde aschfahl.

„Ruhig, Schatz." Harry legte den Arm um sie. „Brian, du Idiot!"

„Aber sie hat doch gefragt."

„O Harry, was sollen wir bloß tun?" jammerte Hazel.

„Wir müssen herausfinden, was sie geplant haben. Ich kann nicht glauben, daß sie vorhatten, den ganzen Fluß runterzufahren. Sie haben ihre Schlafsäcke nicht mitgenommen. Auch nichts zu essen. Nur Angelzeug."

„Und zwei Schwimmwesten."

„Gott sei Dank haben sie wenigstens daran gedacht", meinte Harry.

„Was sollen wir bloß tun, Harry?" drängte Hazel.

„Noch eine Stunde warten. Wenn sie bis . . . sagen wir halb drei nicht aufgetaucht sind, müssen wir davon ausgehen, daß etwas schiefgegangen ist."

In diesem Augenblick drang ein lautes Keuchen und das Knacken von Zweigen an ihr Ohr. Denis stürzte zwischen den Bäumen hervor. Sein Hemd war zerrissen, schweißdurchtränkt, voller Blutspuren, wo das Gestrüpp seine Haut zerkratzt hatte. Sein Haar hing ihm feucht und wirr ins Gesicht.

„Wie konntet ihr nur so etwas Idiotisches –"

„Wo ist Leonora?" schrie Hazel.

Denis starrte sie mit offenem Mund an. Dann brach ein verzweifeltes Schluchzen aus seiner Brust. „Ich weiß es nicht!"

Montag nachmittag

Isaac stand wie benommen im Wasser. Was war das?

„Kraah – kraah. Kraah – kraah."

„Alte Krähe, redest du mit mir?" Isaac stolperte aus dem Wasser heraus und blieb am Strand stehen. Die Bäume begannen sich zu drehen. Abrupt setzte er sich nieder.

„Kraah – kraah."

„Ich höre dich, alte Krähe. Rufst du mich?"

Er rappelte sich mühsam auf. Sein Magen meldete sich wieder.

„Kraah – kraah."

„Schon gut. Ich komme, alte Krähe. Obwohl ich nicht glauben kann, daß du ein Zeichen bist." Er begann am Strand entlang flußaufwärts zu gehen und blickte hinab auf seine braunen Füße. Die Zehen, angeschwollen vom vielen Gehen, waren jetzt schrumpelig vom kalten Wasser. Er hatte doch irgendwo Stiefel gehabt, oder nicht? Und auch Socken?

Er fand Stiefel und Socken im Gras und setzte sich hin, um sie anzuziehen. Zu seiner Rechten wand sich der Fluß zwischen Sandbänken dahin, flach und ruhig in der Nähe des Ufers, reißender in den tieferen Rinnen weiter draußen. Isaac konnte ein ganzes Stück weit sehen. Da war nichts und niemand. Er begann stromaufwärts dem Rufen der Krähe entgegenzugehen. Er war auf alles gefaßt. Deshalb war er nicht überrascht, als er beinahe über ein junges Mädchen stolperte, das mit dem Gesicht nach unten halb im Wasser, halb auf einer Sandbank lag.

Sie war in Weiß, Rot und Gelb gekleidet. Sonnenfarben. Er kniete nieder und berührte die Schulter des Mädchens mit der linken Hand, mit der rechten hielt er die Axt umklammert. Die Fremde war triefend naß. Und kalt. Das ergab keinen Sinn. Ein Kind der Sonne sollte warm und trocken sein. Isaac zerrte an der unförmigen roten Weste, und das Mädchen rollte auf den Rücken. Gelbes Haar, gelb wie die Sonne, klebte in nassen Strähnen an ihrem blassen Gesicht. Eine Beule an der Stirn, blau an den Rändern, ihre Augen waren geschlossen.

Was bedeutete das? Sie war ihm gesandt worden, darüber bestand kein Zweifel. Die Krähe war der Bote gewesen. Gelb, rot und weiß: ein Sonnenkind. Aber ein kaltes Sonnenkind?

Er stand auf. In der rechten Hand spürte er den beruhigenden

Schaft der Axt. Er sah hinunter. Die Sonne ließ das Blatt der Axt aufblitzen. *Axt. Holz. Feuer.* Ja, das war es, was getan werden mußte. Er mußte ein Feuer machen, um die Wärme zu dem Sonnenkind zurückzubringen.

Er blickte sich um. Ein trockener Streifen Kies. Ein entwurzelter Baum als Schutz gegen den Wind. Er hackte Holz, fertigte Anzündmaterial aus trockener Rinde, die er zerrieb und zu einem weichen Ball formte. Ein beinahe heftiges Glücksgefühl erfüllte ihn. Er tastete in seiner Hemdtasche nach den Streichhölzern. Die kleine Flamme erfaßte den Ball aus zerriebener Rinde. Das Feuer umhüllte die größeren Scheite mit seinen goldenen Flammen. Das Herz des Feuers begann sonnenrot zu glühen. Er legte die Axt vorsichtig auf einen flachen Stein dicht neben das Feuer und ging wieder am Ufer entlang, um das Sonnenkind zu holen.

Sie wog nicht viel, aber seine Knie gaben fast nach, als er sie zum Feuer trug. Was war los mit ihm? Undeutlich konnte er sich daran erinnern, einst kräftig gewesen zu sein. Jetzt war er schwach wie ein Kind.

Er legte sie dicht beim Feuer nieder, löste die durchnäßten Riemen ihrer roten Schwimmweste, zog sie aus und stopfte sie unter ihren Kopf. Dann zog er sein Hemd aus und breitete es über ihren Körper.

Hitze flimmerte in der Luft über dem Feuer. Das Mädchen lag unter einer Haube aus Hitze. Er fühlte ihre Hände, schlaff und eisig, und er begann sie zu reiben. Dann zog er ihr Schuhe und Socken aus – einen Schuh, es war nur einer – und rieb ihre Füße und Beine, bis die Haut sich ein wenig rötlich färbte.

Nach einer langen Zeit seufzte sie, hustete und drehte den Kopf. Was sollte er jetzt tun? Ihr zu essen und zu trinken geben, um die wiederkehrenden Lebensgeister willkommen zu heißen. Aber was für Essen? Was für ein Getränk? Er hatte überhaupt nichts. Undeutlich erinnerte er sich daran, daß er selbst seit langer Zeit weder gegessen noch getrunken hatte.

Suchend sah er sich um. In der Wildnis war stets allerlei Nützliches zu finden. Er brauchte nicht weit am Ufer entlangzugehen, bis er eine verrostete Konservenbüchse, eine Plastikflasche mit abgeschnittenem Hals und ein Stück verhedderte Angelleine fand.

Er schöpfte die Plastikflasche voll Wasser, brachte alles zum Feuer und riß vorsichtig den losen Deckel der Büchse ab, ehe er das Wasser hineingoß. Am Rand der glühenden Holzscheite aufgestellt, würde es nicht lange dauern, bis es kochte. Dann kletterte er die Böschung hinauf und begann Himbeeren zu pflücken. Nach etwa zehn Minuten

war die Flasche voll. Er fand ein großes Blatt und legte es auf einen Stein neben das Sonnenkind, dann häufte er einige der Beeren darauf.

Was konnte er sonst noch tun? Die Angelleine war ein Zeichen. Vielleicht hatte das Sonnenkind ein Geschenk mitgebracht. Zögernd beugte er sich über sie. Ihre Augen waren noch immer geschlossen, aber ihre Wangen waren jetzt rosig, und auf ihrer Stirn standen kleine Schweißperlen. Ihr Haar trocknete und nahm einen goldenen Schimmer an.

Ihre weiße Bluse hatte zwei zugeknöpfte Taschen. Er öffnete eine und griff vorsichtig hinein. Ein Stück einer braunen Masse, die in nasses, aufgeweichtes Papier eingewickelt gewesen war. Er roch daran, und das Wasser lief ihm im Mund zusammen. Schokolade!

Er brach die Tafel in Stücke und ließ diese in das heiße Wasser in der Büchse fallen. Dann nahm er einen sauberen Zweig und rührte das Gebräu um, bis die Schokolade geschmolzen war. Schließlich stellte er die Büchse vorsichtig auf einen Stein dicht ans Feuer, um sie warm zu halten.

Als er seine Finger in die zweite Tasche steckte, zog er zwei Angelhaken heraus mit künstlichen Fliegen als Köder.

„Danke, Sonnenkind", sagte er laut. Er ließ sich abseits der Hitze des Feuers nieder und begann geduldig, das Knäuel der Angelschnur zu entwirren, das er gefunden hatte. Er band einen der Haken samt Fliege an das lose Ende, zog Stiefel und Socken aus und watete an der Sandbank vorbei zu einem Felsbrocken, hinter dem der Fluß tiefer war. Er hockte sich im goldenen Licht der Sonne nieder, warf die an einen Stock gebundene Leine aus und ließ sie von der Strömung flußabwärts treiben. Geduldig zog er sie ein und warf sie erneut aus. Immer wieder.

Plötzlich verspürte er ein Zittern, zog und hatte seine erste Forelle am Haken. Ziehen, nachlassen, so holte er die Forelle immer näher an den Felsen heran, auf dem er kauerte. Eine schöne Regenbogenforelle.

Das Sonnenkind lag im tiefen Schatten beim Feuer. Er beugte sich über sie und berührte die Rundung des Elfensteins, der noch immer in der Tasche seines Hemdes war, mit dem er sie zugedeckt hatte. Das war das erste Zeichen gewesen, nicht wahr? Elfenstein. Nein, die Hütte des Medizinmannes . . . Sonnenkind. Und die Regenbogenfarben der Forelle.

Er nahm den Fisch aus, filetierte ihn und legte ihn auf einen Stein ganz nahe an die Hitze seines rauchlosen Feuers.

Er hob den Kopf. Von weit her kam ein fremdes Geräusch. Nun war es ganz nahe, erschreckend laut, direkt über ihm. Instinktiv sprang er die Böschung hinauf und ließ sich ins Unterholz rollen. Sein Herz schlug angstvoll. Das Gesicht im stacheligen Gras verborgen, blieb Isaac regungslos liegen, bis das schnatternde Geräusch des Hubschraubers verebbt war. Erst als der Wald wieder vollkommen ruhig dalag, stand er auf und rutschte die Böschung hinunter auf das Kiesufer.

Das Sonnenkind lag regungslos da. Er berührte die Füße des Mädchens. Sie waren warm. Ein Glücksgefühl und eine berauschende Kraft durchfluteten seinen Körper. Alles war gut. Er war angenommen und in Sicherheit.

Montag nachmittag

„Brian und ich gehen zum Fluß hinunter. Wir suchen das Ufer ab." Harry hatte die Karte vor sich liegen. „Hazel, du mußt zur Fernstraße fahren. Erinnerst du dich noch an die Wildhüterstation an der Straße? Denis wird mitkommen, damit du den Weg findest. Kannst du das, Denis?"

„Natürlich kann ich das, Paps. Aber ich denke, ich sollte fahren, Hazel ist zu aufgeregt . . ."

„Unsinn. Du hast keinen Führerschein, und versichert bist du auch nicht. Hazel macht das schon, nicht wahr, Liebes?"

„Ich weiß nicht. Vielleicht . . ."

Harry drängte beide, ins Auto zu steigen, knallte die Tür zu, nahm den Erste-Hilfe-Koffer und ein Bündel Decken und verschwand mit langen Schritten im Wald. Brian folgte ihm dicht auf den Fersen, gleichermaßen bepackt.

Hazel schaffte es beim zweiten Versuch, den Schlüssel ins Zündschloß zu stecken. Sie legte den ersten Gang ein, fuhr an und würgte den Motor sofort wieder ab. Ihre Hände zitterten deutlich sichtbar.

„Nur ruhig. Versuch's noch mal", sagte Denis.

„Erzähl mir nicht, wie ich . . ., nach allem, was du . . ." Sie erstickte fast an den Worten. Sie stieg auf die Kupplung, legte geräuschvoll den Gang ein und trat kräftig aufs Gaspedal. Der Wagen schoß vom Grasplatz auf den Waldweg.

Nach einem Kilometer kamen sie an eine Vertiefung im Fahrweg mit schlammigem Untergrund. Der Wagen schlitterte in den glitschigen Morast, schleuderte und blieb stehen. Als Hazel die Hände vom Lenkrad nahm, konnte sie das Zittern nicht mehr unter Kontrolle bringen.

„Komm herüber, Denis!" befahl sie schließlich. „Du fährst!"

„Aber Paps hat gesagt –"

„Du tust, was ich sage."

Denis setzte sich auf den Fahrersitz, während Hazel auf den Beifahrersitz rutschte. Er bekam den Wagen frei und steuerte ihn sicher durch den morastigen Abschnitt. Sie kamen an der Abzweigung zum Brown-Creek-Campingplatz vorbei. Denis warf einen Seitenblick auf Hazel. Ihre Züge waren angespannt, wie aus Stein gemeißelt.

„Es . . . es tut mir schrecklich leid."

„Das sagt man so leicht. Ich bin sicher, du meinst es ehrlich, Denis. Aber es sind nur Worte! Joe – mein Exmann – war ein Meister der Worte. Es war das einzige Kraftvolle an ihm. Ich verachte Worte."

„Leonora und ich . . ., wir waren wirklich gute Freunde. Sie –"

„Um Gottes willen, rede von ihr nicht in der Vergangenheit!"

„Wir *sind* gute Freunde. Ich meinte, wir haben gestern erst angefangen, einander kennenzulernen. Die Bootsfahrt sollte . . ., oh, verdammt, vermutlich wollte ich bloß beweisen, daß ich Brian in nichts nachstehe."

Sie antwortete nicht. Er biß sich auf die Unterlippe. Was hatte er erwartet? Vergebung? Gott sei Dank, da vorne war die Fernstraße. Denis reihte sich gekonnt in den fließenden Verkehr ein. Jetzt war es nicht mehr weit.

Die Station sah hübsch aus, mit Petunienbeeten, von Pantoffelblumen eingerahmt. Die Gärtner waren noch immer bei der Arbeit. Ein Mann harkte die Zufahrt, ein anderer jätete Unkraut zwischen den Petunien, ein dritter schnitt die Kanten des Rasens.

Denis hielt und lief um das Auto herum, um Hazel die Tür zu öffnen, aber sie war bereits die Treppe zum Haus hinaufgerannt und hatte die Tür aufgestoßen, bevor er bei ihr war.

„Meine Tochter . . . in Stromschnellen . . .", keuchte sie gerade, als er hinter ihr eintrat.

„Wo? Welcher Fluß?" fragte der Wildhüter.

Hazel wandte sich an Denis. „Er war dabei."

„Der Brazeau", stieß er hervor, „ungefähr acht Kilometer unterhalb der Brücke, vielleicht ein bißchen mehr."

„Kanu? Kajak?"

„Kanu, Sir. Wir prallten gegen einen Baum, der sich unter Wasser verkeilt hatte, und das Boot kippte um. Ich konnte mich ans Ufer retten. Ich habe überall nach Leonora gesucht . . . Sie blieb spurlos verschwunden . . ."

„Wir werden sofort einen Hubschrauber die Gegend absuchen lassen." Er hob den Telefonhörer ab und sprach ein paar Minuten, dann legte er wieder auf und wandte sich an Denis. „Er wird gleich aufsteigen. Mittlerweile, junger Mann . . ., wie heißt du?"

„Denis Mathieson."

„Also gut, Denis, zeig mir auf dieser Karte genau, wo ihr wart, als der Unfall passierte."

Die Karte war viel genauer als die seines Vaters. Denis konnte sofort die Flußbiegung angeben, vor der sie den Baumstamm gerammt hatten.

Der Aufseher warf einen Blick auf Hazel, die ruhelos auf und ab ging und rauchte. Er fragte leise: „Wie sicher bist du, daß das Mädchen sich aus dem Hindernis befreien konnte? Könnte sie noch unter dem Boot sein?"

„Sie wurde rausgeschleudert. Ich konnte es ganz deutlich sehen . . ., ein rot-gelb-weißer Fleck wirbelte durch die Luft."

Hazel drehte sich um. „Was meinst du mit rot, gelb und weiß, Denis? Leonora hatte doch nichts Rotes an."

„Ich sah ihre rote Schwimmweste."

Sie drehten sich um, als sich die Tür öffnete. Ein junger Mann kam herein, nicht viel älter als Brian, in Shorts und einem T-Shirt. „Was ist los?" fragte er.

„Bootsunfall auf dem Brazeau."

Der Gesichtsausdruck des jungen Mannes wurde sehr ernst, als er die Stelle sah, die ihm der Wildhüter auf der Karte zeigte.

„Okay, ich melde mich über Funk, sobald ich über der Gegend bin. Ich lasse es Sie sofort wissen, wenn ich etwas sehe."

Die Tür schlug hinter dem Hubschrauberpiloten zu. Hazel zitterte am ganzen Körper, und Denis versuchte, seinen Arm um sie zu legen, aber sie wich ihm aus.

Der Wildhüter setzte sie auf einen Stuhl und legte ihr eine Decke über die Schultern. Dann brachte er ihr Tee, heiß und süß. Denis lief unruhig hin und her. „Ich wünschte, ich könnte etwas tun . . ."

Hazel blickte von ihrer Tasse hoch. „Leonora ist eine sehr geübte Schwimmerin."

„Das ist gut." Der Wildhüter nickte, aber Denis spürte, daß er keineswegs beeindruckt war. Das gab ihm einen Stich.

„Sie wird nächstes Jahr in die Nationalmannschaft aufgenommen, sagt ihr Trainer."

„Und noch dazu mit einer Schwimmweste, da hat sie die allerbesten Chancen.“ Der Wildhüter wandte sich an Hazel. „Ist Ihr Mann auch hier?“

Denis mischte sich ein. „Paps und mein Bruder Brian sind zum Fluß hinuntergegangen, um nach Leonora zu suchen.“

Nach einer Weile begann das Funkgerät im Raum nebenan zu knattern, und der Wildhüter ging hinüber, um zu antworten. Denis und Hazel lauschten angespannt. Sie konnten die Fragen des Wildhüters hören, aber nicht die Antworten des Piloten.

Er kam zurück. „Er hat das Boot lokalisiert. Es hängt noch immer an dem Hindernis fest. Am Ufer sind zwei Männer. Das werden Ihr Mann und Ihr Sohn sein. Keine Spur von sonst jemandem.“

„Sie *muß* dort sein. Vielleicht weiter flußabwärts, irgendwo . . .!“ Denis' Stimme versagte.

„Das ist eine Möglichkeit. Das Problem ist die Tageszeit. Ein großer Teil des Südufers liegt in tiefem Schatten. Sobald es morgen früh hell wird, werden wir eine großangelegte Suchaktion starten . . .“

„Nicht heute abend? Bitte, Sie dürfen nicht warten!“

„Hoffnungslos. Die Männer würden sich in der Wildnis verirren. Als erstes wird morgen früh der Hubschrauber starten. Das Südufer liegt dann eine Weile in der Sonne. Und wir werden Suchtrupps ausschicken.“

„Was können wir tun, um zu helfen?“ fragte Denis.

„Ich denke, es wäre am besten, Sie würden wieder zum Campingplatz zurückkehren“, wandte sich der Wildhüter an Hazel. „Ich hoffe, Ihr Mann und Ihr Sohn werden bis dahin auch zurück sein. Ich schlage vor, Sie verlegen Ihr Lager zum Brown Creek. Dort ist ein Feuerturm. Ich stehe mit dem Beobachtungsposten in Verbindung, er wird Sie auf dem laufenden halten.“

„Der Beobachtungsturm!“ Denis starrte Hazel an. „Wir hätten dort anhalten und um Hilfe bitten können. Da hätten wir eine Stunde gespart.“

„Ich glaube nicht, daß eine Stunde einen großen Unterschied gemacht hätte, mein Junge“, erklärte der Wildhüter.

Hazels Lachen war bitter. „Wir hatten unsere Zelte tatsächlich zuerst am Brown Creek aufgeschlagen. Leonora ist auf einen Beobachtungsturm gestiegen und hat sich mit dem jungen Mann dort angefreundet. Ich war darüber nicht sehr glücklich. Deshalb überredete ich meinen Mann, zum nächsten Campingplatz weiterzuziehen. Wenn ich das nicht getan hätte, wäre all dies nicht passiert.“

„Sie waren besorgt wegen Pete? Oh, aber er ist ein netter Kerl.

Jedenfalls sage ich ihm, er soll seine Augen offenhalten. Versuchen Sie, sich keine Sorgen zu machen. Wir tun unser Bestes."

„Sie sind sehr freundlich." Hazel stand auf und ging hinaus. Die Tür fiel hinter ihr ins Schloß.

Denis drehte sich um. „Sir, wie stehen die Chancen? Ehrlich."

Der Mann zögerte. „Schwer zu sagen. Selbst wenn sie sich in dem Felsgewirr unterhalb der Kenterstelle nicht am Kopf verletzt hat, ist die Wahrscheinlichkeit einer Unterkühlung ziemlich groß. Aber wenn sie noch bei Bewußtsein war, an Land gekommen ist und fähig war, sich warm zu halten, nun, dann sieht die Sache schon anders aus."

„Der Hubschrauberpilot hat nach einer Leiche Ausschau gehalten, nicht wahr?"

„In erster Linie. Tatsächlich hat er aber nicht die Spur von ihr entdeckt. Das ist soweit ein gutes Zeichen."

„Danke." Denis drehte sich um und stieß die Tür auf. Hazel stand am Auto und sah abwesend den Gärtnern zu.

„Wie können die sich so viele Hilfskräfte leisten? Ich dachte, der Staat sei knapp bei Kasse?"

„Oh, ich nehme an, das sind Burschen aus dem Gefängnis."

„Du meinst, das sind Gefangene?"

„Sicher. Was ist los, Hazel?"

„Dieser erste Tag am Brown Creek. Der Wildhüter sagte uns, wir sollten Ausschau halten nach einem entsprungenen Häftling. Mit einer Axt. Die Vorstellung, daß Leonora im Wald allein ist, in dem ein entsprungener Häftling lauert . . ." Sie schauderte.

„Hazel, ein entlaufener Sträfling wird versuchen, möglichst schnell nach Edmonton oder Calgary zu kommen. Ihn zieht's in eine große Stadt, wo er untertauchen kann. Er treibt sich mit Sicherheit nicht in den Wäldern herum. Jetzt nicht mehr. Er ist schon drei Tage auf der Flucht. Inzwischen ist er längst weg, falls er je hier war."

Montag nacht und Dienstag morgen

SIE ERWACHTE vom Licht auf ihren Augen. Ich muß verschlafen haben, dachte sie. Mein Kopf schmerzt. Sie drehte sich herum und spürte den Schmerz in all ihren Muskeln. Hatte sie Grippe?

Sie öffnete die Augen und merkte, daß sie geradewegs in ein Feuer schaute. Ein Feuer aus dicken Ästen und Treibholz. So dicht am Feuer, und trotzdem war ihr kalt. Sie schauderte und zog die Knie bis zur Brust hoch.

„Willkommen, Sonnenkind." Die Stimme kannte sie nicht. „Wenn du dich aufsetzen willst, kann ich dir mein Hemd richtig anziehen. Dir wird dann wärmer sein."

Sie setzte sich und spürte, wie die Hände des Fremden ihre Arme durch die Ärmel eines Hemdes schoben und sanfte Finger die Knöpfe zuknöpften. Sie streckte ihre kalten Hände nach dem Feuer aus.

„Bald wird dir warm sein. Ich habe etwas Heißes zu essen und zu trinken für dich."

Sie konnte den Stolz und die Scheu aus der Stimme heraushören, und sie fürchtete sich nicht. Sie wandte sich der Stimme zu, aber sie konnte nur ein schattenhaftes Gesicht sehen, einen nackten Oberkörper und Beine in dunklen Hosen. Der Fremde kniete neben ihr, und mit einer so feierlichen Geste, als wäre es ein Silberpokal, reichte er ihr die verrostete Blechbüchse.

Sie beugte den Kopf über die Büchse und roch die heiße Schokolade. Sie nahm einen Schluck. Die Wärme und der Zucker erfüllten sie mit neuer Energie. Sie nahm noch einen Schluck. „Oh, das ist gut."

Ein Holzscheit brach auseinander, und in der plötzlich aufschießenden Flamme sah sie zum erstenmal das Gesicht des jungen Mannes. Seine Wangen waren hohl, seine Lippen trocken und aufgesprungen, und in den dunklen Augen meinte sie Hunger zu erkennen.

„Hier." Sie hielt ihm die Büchse hin.

„Aber das ist für dich."

„Eine Hälfte für dich, die andere für mich. Ich bestehe darauf."

Sofort nahm er die Büchse und leerte sie. Während sie ihm zusah, überkam sie mit einemmal ein Bärenhunger.

„Sagtest du, du hättest auch etwas zu essen?"

Er drehte sich um und zeigte ihr einen flachen Stein nahe dem Feuer, auf dem weiße Filets von frisch gebratenem Fisch lagen. Auf seine einladende Geste hin nahm sie eins davon und biß ein Stück ab. „Mensch, ist das gut!" Sie griff nach einem zweiten Stück. Er sah ihr zu, regungslos auf den Fersen sitzend.

„Los, iß auch was!" forderte sie ihn auf. „Denk dran, was ich gesagt habe. Halbe-halbe."

Seine braune Hand, die nach einem Stück Fisch griff, zitterte. Die Augen des jungen Mannes schlossen sich für einen Moment, als er das Essen in den Mund steckte. Wie lange hat er schon nichts mehr gegessen, fragte sie sich. Sie aßen, bis nichts mehr übrig war.

Sie seufzte. „Das war eine wundervolle Mahlzeit."

„Es sind noch Beeren da." Er zeigte ihr auf einem großen Blatt ein

Häufchen Himbeeren. Wieder mußte sie ihn zwingen, die Hälfte davon zu essen.

„Fühlst du dich gut?" fragte er, als die letzte Beere verschwunden war.

„Ausgezeichnet, danke. Ich bin nur unheimlich müde."

„Dann schlafe, Sonnenkind. Ich werde wachen und das Feuer hüten."

Nach dieser beruhigenden Versicherung kuschelte sie sich zusammen und legte den Kopf auf ihre Schwimmweste. Sie hatte keine Fragen, keine Ängste. Das Feuer knisterte, und ihr Magen fühlte sich angenehm voll an. Sie schlief ein.

Als sie das nächste Mal erwachte, lag Mondlicht auf ihrem Gesicht. An den Beinen fror sie. Die Bettdecke mußte auf den Boden gerutscht sein. Blindlings tastete sie danach und fühlte Kieselsteine. Sie war nicht zu Hause. Ein Stich durchfuhr ihr Herz, ruckartig setzte sie sich auf, sah den Himmel über sich, den Mond klar und weiß, die Bäume als schwarze, gezackte Linie zu ihrer Linken. Wo war sie?

Dicht neben ihr glimmte in der Tiefe der Schatten ein glühendes, mit weißer Asche bestäubtes Holzscheit. Sie blickte an sich hinunter. Gelbe Shorts, nackte Beine und Füße, kein Wunder, daß sie fror. Am Oberkörper ein zu großes Hemd, das irgendwie seltsam roch.

In diesem Moment brach das Holzscheit auseinander. Es knisterte, ein Funkenregen prasselte hernieder. Bald wird das Feuer ausgehen, dachte sie.

Vorsichtig erhob sie sich auf die Knie, dann auf die Füße. Im schwachen Licht von Mond und Feuer konnte sie im Schatten der Böschung einen Stoß von bereits zurechtgehauenem Holz sehen. Sie bückte sich, um einen Armvoll aufzunehmen, und sah dahinter im Dunkeln eine Gestalt liegen.

Ein Mann . . ., eigentlich eher ein Junge. Er lag zusammengerollt auf der Seite, den nackten Rücken dem Feuer zugewandt. Er muß frieren ohne Hemd, dachte sie. Sie blickte auf das grobe, dunkle Hemd, das sie über ihrer Bluse trug, knöpfte es auf, schlüpfte heraus und deckte den Jungen vorsichtig damit zu. Dann legte sie Holz auf die Glut, leise, um seinen Schlaf nicht zu stören, und kehrte zurück zu ihrem Platz auf der anderen Seite des Feuers.

Den Rest der Nacht verdöste sie unbehaglich, sich ständig der Kälte an ihren Beinen bewußt. Hinzu kam ein Schmerz, der in ihren Schläfen pochte. Als sie die Hand an die Stirn legte, entdeckte sie eine große Beule. Wieso kann ich mich nicht erinnern, daß ich mir den

Kopf gestoßen habe? Wieso kann ich mich nicht erinnern, was ich hier draußen mache? Wer ist dieser Junge?

Endgültig erwachte sie unmittelbar vor Beginn der Morgendämmerung. Sie konnte Vogelstimmen in den Pappeln hören, die das Flußufer säumten. Im Feuer knackte frisches Holz. Sie setzte sich auf und sah sich um. Der Junge war fort, sie war allein.

Sie entfernte sich vom Feuer und verschwand im Gebüsch. Als sie wieder herauskam, ging sie zum Fluß hinunter, um sich zu waschen. Da sah sie ihn auf einem Stein im Fluß knien. Er schien sie nicht zu bemerken, und sie blieb still.

Sie ging zurück und stocherte im Feuer herum. Verwundert sah sie sich um. Seltsam, daß keinerlei Campingzubehör vorhanden zu sein schien, nicht einmal eine Pfanne oder ein Kessel. Ich würde sonstwas geben für eine gute Tasse Tee. Und für Eier mit Speck.

Vielleicht hat er sein Zelt und sein Campingzeug in den Büschen verstaut. Vielleicht ist ein Rucksack voll guter Sachen zum Essen irgendwo versteckt. Ich könnte ihn überraschen und für uns Frühstück machen. Doch obwohl sie überall herumsuchte, konnte sie rein gar nichts finden. Nur eine verrostete Konservenbüchse und eine abgeschnittene Plastikflasche.

Sie spülte die Büchse aus, füllte sie mit Flußwasser und stellte sie zum Kochen dicht ans Feuer. Dann setzte sie sich daneben und wärmte sich. Das Wasser hatte gerade angefangen zu blubbern, als sie auf dem Kies hinter sich Schritte knirschen hörte. Sie drehte sich um.

„Hallo!“ Linkisch stand er da, den Kopf über den großen Fisch mit blauer und goldener Zeichnung gebeugt, den er in den Händen hielt.

„Ist das unser Frühstück?“

„Ja. Wenn es dir recht ist.“ Er legte den Fisch auf einen Stein, schlug ihm mit der Axt den Kopf ab und verwendete geschickt die Spitze der Klinge, um den Fisch auszunehmen. Er wischte die Klinge im Gras ab, vergrub Kopf und Eingeweide ordentlich im Sand und ging mit dem Fisch zurück zum Wasser, um ihn zu waschen.

„Er wird im Feuer gebraten“, sagte er, als er zurückkam. „Mit Kräutern im Innern.“

„Klingt köstlich. Ich wollte gerade Tee oder Kaffee oder etwas Ähnliches machen. Aber ich konnte deine Sachen nirgendwo finden. Ich habe Wasser gekocht . . .“

Er nickte ernst, scharrte im Feuer und lehnte den auf Stöcke aufgespießten Fisch gegen die Glut. „Du möchtest Tee?“

„Ja, bitte. Mein Kopf tut weh, obwohl ich nicht weiß, warum.“

Er kletterte die Böschung hinauf, bückte sich und pflückte die kleinen, dunklen Blätter, die dort wuchsen, und warf sie in das kochende Wasser. „Tee. Mein Geschenk für dich, Sonnenkind."

„Warum nennst du mich so?"

„Du willst nicht mit diesem Namen genannt werden? Wie soll ich dich dann nennen?"

„Ich heiße . . ., ich heiße . . . Leonora."

„Das ist ein wunderschöner Name. Was bedeutet er?"

„Mein Vater war Dichter und hat ihn ausgesucht. Er soll ‚die Strahlende' bedeuten."

Er nickte und sah glücklich aus, als habe sie gerade etwas bestätigt, was er bereits über sie wußte.

Sie sah sich den Jungen genau an, während er sich über das Feuer beugte, um den Fisch zu prüfen. Seine Haut war bronzefarben, die Augen sehr dunkel, das lange, schwarze und glatte Haar wurde im Nacken von einem Lederriemen zusammengehalten. Über seinen glatten, hohlen Wangen traten die Backenknochen stark hervor. Ein interessantes Gesicht.

Er hatte eine helle Stimme mit einem schwachen Akzent, den sie nicht richtig einordnen konnte. Er redete mit ihr auf eine besondere Art, in einer getragenen Weise, die sich von der Alltagssprache unterschied. Warum? Wer war er, und was bedeutete sie für ihn?

Er war ein Indianer, soviel erkannte sie. War er deshalb ohne Campinggepäck hier in den Wäldern? Lebte heutzutage wirklich noch jemand auf diese Weise? Sicherlich nicht. Besonders nicht hier, wo die Temperatur in der Nacht nahe an null Grad herankam, selbst im August.

„Warum hast du kein Zelt? Oder Geschirr? Nicht mal ein Messer?"

„Ich kam mit einer Axt. Das ist alles, was ich brauche. Dies und das Geschenk von dir."

„Habe ich dir ein Geschenk gemacht?"

Er zeigte ihr ein paar Fischhaken. Fliegen hießen sie. Jemand . . . Sie lächelte. „Nun, das Geschenk kommt direkt zurück durch diesen köstlich duftenden Fisch. Glaubst du, er ist schon fertig? Ich bin am Verhungern, du nicht?"

Er lächelte ebenfalls und sah plötzlich richtig gut aus, mit einer Spur Verwegenheit. Er zog den Fisch vom Feuer weg, teilte ihn in zwei Hälften, häufte sie auf Blätter und bot ihr eine an. Der Fisch schmeckte wundervoll, dampfend heiß, gewürzt mit Kräutern.

Der Tee dagegen war eine Enttäuschung. Er war heiß, das war aber auch alles. Er erinnerte sie an . . . Kräutertee, genau. Das Jahr, in dem Mama entschieden hatte, daß Koffein schlecht für sie alle sei. Dann hatte sich diese Schrulle wie alle Schrullen Mamas verflüchtigt, und sie war wieder zu ihren Zigaretten und ihren endlosen Tassen Kaffee zurückgekehrt.

Ich hab mich erinnert! Wenn sie dem Wort „Mama" bloß ein Gesicht hinzufügen könnte!

Hör auf zu grübeln, sagte sie sich, entspannte sich und sah sich um. Die Sonne stieg soeben über dem dunklen Wald herauf. Im Osten färbten sich die wenigen Wolken am Horizont leuchtend rosa. Der Fluß vor ihr führte behagliche Selbstgespräche, und das Feuer hinter ihr war warm. Der Indianerjunge saß friedlich neben ihr. Doch plötzlich durchbrach ein schwaches, flatterndes Geräusch die Stille.

Sie blickte auf. Das Geräusch wurde lauter. Der Junge sprang auf, kickte Sand auf das Feuer und zerstreute die Glut. Entschlossen packte er seine Axt und Leonoras rote Schwimmweste mit einer Hand, und mit der anderen umschloß er ihr Handgelenk. Er zerrte sie die Böschung hinauf in den Schatten der Bäume.

„Was tust du? Was ist . . .?" Ihre Frage wurde durch seine Hand auf ihrem Mund erstickt. Er preßte ihren Rücken gegen einen Baum und lehnte sich gegen sie. Sein Blick war starr zum Fluß gerichtet.

Sie sah an ihm vorbei. Ein Hubschrauber bewegte sich langsam flußaufwärts. Er flog niedrig über dem Wasser dahin und schwenkte langsam von einem Ufer zum anderen. Sie sah, wie der Junge vor Angst die Augen zusammenkniff. Sie wehrte sich gegen seine Hände.

Das Knattern entfernte sich und verklang. Die Miene des Jungen hellte sich auf, und in diesem Augenblick riß sie sich von ihm los und rannte auf den Kiesstrand zu.

Als wäre ein Vorhang zwischen der Gegenwart und der Vergangenheit plötzlich beiseite gezogen worden, wußte Leonora, wer sie war und was geschehen war. Sie erinnerte sich an die Stromschnellen, an den plötzlichen Ruck und den Schock, als sie ins kalte Wasser fiel. Der Hubschrauber hatte den Fluß nach ihr abgesucht. Nach *ihnen.* Lebte Denis noch?

O bitte, laß den Hubschrauber zurückkommen! Er wendete tatsächlich. Der Lärm wurde ohrenbetäubend. Jetzt war er beinahe über ihr. Noch ein einziger langer Schritt, und sie würde für den Piloten voll sichtbar sein. Aber während dieses letzten Sprungs ins offene Gelände wurden ihr die Beine unter dem Körper weggezogen, und sie schlug der Länge nach auf den Boden.

Als sie wieder einigermaßen Luft bekam, war es ruhig über Fluß und Wald. Sie hatte ihre Chance verpaßt. Sie lag auf dem Bauch und ließ den Tränen freien Lauf.

„Weine nicht. Bitte, weine nicht." Die Worte wurden ständig wiederholt. „Ich mußte dich verstecken. Donnervogel ist eifersüchtig. Er würde dich mir wegnehmen. Er würde dich zur Sonne zurückbringen. Er war schon einmal da und hat nach dir gesucht."

Sie setzte sich auf und starrte ihn an, dabei wischte sie sich mit dem Handrücken über ihr nasses Gesicht. „Wovon redest du bloß? Bist du verrückt? Das war ein Hubschrauber, der nach mir gesucht hat. Donnervogel? Sonnenkind? Du bist verrückt!"

Er ergriff ihre Hand. „Ich habe so sehr darum gekämpft, daß du zu mir kommst. Ich ging vom Rand des Waldes bis zum Fluß. Drei Tage und Nächte. Ich habe weder gegessen noch getrunken. Keinen Tropfen Wasser, bis du mir die Erlaubnis gabst. Du kannst mich jetzt nicht verlassen. Du bist alles, was ich habe."

„Aber ich gehöre dir nicht. Ich bin Leonora Rydz. Übrigens, wer bist du denn?"

„Du mußt mich doch kennen. Ich tanzte für dich den Sonnentanz. Ich leistete einen Schwur und fastete. Ich betete zum Großen Geist. Ich tat alles dies, damit du zu mir kommst."

„Ich weiß, wer du bist!" Sie taumelte hoch. „Du bist der Sträfling, der aus dem Gefängnis entflohen ist, nicht wahr? Der Wildhüter hat uns gewarnt und gesagt, wir sollten Ausschau halten. Bleib mir bloß vom Leib. Mein Vater und meine Brüder werden nach mir suchen. Sie können jeden Augenblick hier sein . . ."

Wie sollte sie nur von hier wegkommen? Ich muß zurück zu Mama und Harry. Zu Denis und Brian. Zu den wundervollen, gewöhnlichen Alltäglichkeiten des Sich-Zankens und -Versöhnens. Zurück zum Zeltplatz.

Sie schlüpfte an ihm vorbei in den Wald und rannte los. Die Bäume wurden dichter. Sie konnte die Sonne nicht mehr sehen, konnte nicht mehr ausmachen, in welche Richtung sie lief. Irgendwohin rennen war besser, als zu bleiben. Bei diesem Irren. Dem Kerl mit der Axt.

Sie konnte ihn hinter sich durchs Unterholz preschen hören und rannte weiter. Aber ihre Füße waren nackt und ihre Schritte kürzer als die seinen. Er holte sie ein.

Sie schrie, aber er zog sie zurück zum Fluß. Sie setzte sich an die Uferböschung und rieb ihre zerkratzten Füße. Sie zitterte, aber durch ihre Angst hindurch meldete sich die Stimme der Vernunft: Sei ruhig. Sieh zu, daß er nicht wütend auf dich wird. Versuche ihn dazu zu überreden, dich gehen zu lassen.

„Bitte, meine Eltern . . . Denis und ich haben eine Bootsfahrt gemacht. Flußabwärts von der Brazeau-Brücke an. Das Kanu traf auf irgendein Hindernis, und ich wurde herausgeschleudert. Die Strömung war so stark, ich habe kaum meinen Kopf über Wasser halten können. Ich weiß nicht, wo ich bin, wie weit ich abgetrieben wurde. Ich weiß nicht, ob mit Denis alles in Ordnung ist. Meine Mutter denkt bestimmt, ich sei ertrunken. Ich muß zu den Zelten zurück, muß sie wissen lassen, daß ich lebe. Das verstehst du doch, nicht wahr?"

„Brazeau-Brücke? Campingplatz? Nein, du würdest dich im Wald verirren."

„Aber *du* bist doch hierhergekommen, nicht wahr?"

„Ja. Ein alter Mann wies mir den Weg. Drei Tage habe ich gebraucht, ohne Nahrung und Wasser."

„Du bist drei Tage lang gegangen, ohne zu essen oder zu trinken? Kein Wunder . . ." Sie hielt inne. Beinahe hätte sie gesagt: Kein Wunder, daß du den Verstand verloren hast.

„Sicher, wenn du deine Bestimmung, deinen Geist, suchst, ist das eine ernste Sache, weißt du. Keine Nahrung. Kein Wasser. Suche mit reinem Herzen, befahl mir der Alte . . ."

„Der alte Mann, der dir den Weg gezeigt hat?"

„Natürlich nicht. Die Alten in der Hütte . . ., ich habe sie gesehen. Sie haben wirklich zu mir gesprochen. Haben mir befohlen, in den Norden zu gehen, meine Großmutter zu suchen . . ."

„Ich wußte nicht, daß hier draußen jemand lebt."

„Flußabwärts. An einem hübschen kleinen See. Als ich bei Großmutter lebte, habe ich dort Forellen gefangen."

„Dort ist jetzt ein Damm. Und dahinter staut sich ein großer See. Die Gegend meinst du doch nicht, oder?"

„Ein Damm?" Er starrte sie verständnislos an.

„Wie lange ist es her, seit du dort bei deiner Großmutter gewesen bist?" fragte sie.

„Zehn, elf Jahre vielleicht." Er setzte sich neben sie.

„Du bist niemals zurückgekehrt?"

„Meine Mutter erlaubte es nicht. Sie sagte, meine Großmutter hätte meinen Kopf mit Geschichten vollgestopft. Sie hat mich in die Schule gesteckt. Eine Lehrerin hat uns vorgelesen. Das war interessant. Ein bißchen wie die Geschichten von meiner Großmutter, aber anders. Das war ein gutes Jahr."

„Wie heißt du?" fragte sie sanft.

„Isaac. Isaac Manyfeathers."

„Und du bist weggelaufen, als du mit einem Arbeitstrupp draußen warst?"

„Ja, das ist richtig. Ich schlief auf dem Friedhof und fand die Hütte des Medizinmannes. Und die Alten haben mir befohlen, in Richtung Norden zum Fluß zu gehen und meine Bestimmung zu suchen. Eine Krähe rief mich, und ich fand dich dort drüben. Rot und Weiß und Gelb: Sonnenfarben. Ich glaubte, jemand Besonderes zu sein wie in den alten Tagen, weil das Sonnenkind zu mir kommt. Aber du bist nicht das Sonnenkind, nicht wahr?" Er weinte.

„Es tut mir leid. Ich fürchte, ich bin es nicht. Ich bin Leonora Rydz."

„Aber Donnervogel . . ., nein, das ist auch falsch, oder? Kein Donnervogel. Keine Suche mehr. Nichts mehr zu erhoffen."

„O bitte, weine nicht so." Leonora war beinahe selbst den Tränen nahe. „Es gibt immer etwas, auf das man hoffen kann. Was willst du jetzt tun?"

Er sah sie ausdruckslos an. „Schätze, ich gehe zu Großmutters Dorf. Ja, das bleibt mir noch immer."

„Was ist mit mir? Isaac, es hat keinen Sinn, mich hierzubehalten. Bitte, laß mich gehen."

„Du wirst ihnen sagen, wo ich bin. Dann sind sie hinter mir her."

„Ich schwör's, ich werde kein Wort sagen. Du gehst jetzt weg zum . . . Dorf deiner Großmutter. Ich warte hier. Der Hubschrauber kommt bestimmt wieder."

„Nein! Du darfst nicht gehen."

„Auch gut", sagte sie rasch. Ihre Gedanken rasten. Vielleicht konnte sie ein Signal geben.

Der Feuerturm! In Gedanken hörte sie Petes ruhige Stimme, mit der er auf die verschiedenen markanten Punkte aufmerksam machte. Dieser Fluß! Sie hatte den Fluß vom Turm aus gesehen, also würde Pete sicherlich auch ein Signal sehen.

Rauch, dachte sie. Etwas, was Petes Aufmerksamkeit mit Sicherheit erregen würde, war Rauch.

Ihr war aufgefallen, wie sorgfältig Isaac das Feuer gehütet hatte, wobei er das trockenste Holz verwendete, so daß es heiß brannte ohne nennenswerten Rauch.

Wenn sie ihn dazu bringen könnte, ein neues Feuer anzuzünden . . . Sie schauderte und verschränkte die Arme vor der Brust. Isaac bot ihr sein Hemd an, aber sie schlug es aus. „Mir ist kalt. Du hättest das Feuer nicht austreten sollen."

„Einen Moment. Ich mache ein neues."

„Hast du denn keine Angst, der Hubschrauber könnte zurückkommen und es sehen?"

„Jetzt, wo die Sonne auf den Strand scheint, würde er es nicht sehen. Nicht die Art von Feuer, die ich mache."

Sie sah ihm zu, wie er ein kleines Feuer entfachte. Sie setzte sich dicht daneben. „Ich habe noch immer Hunger, und den Rest von diesem Fisch kann ich nicht essen. Er ist jetzt voller Sand."

„Wenn ich dich hierlasse, wirst du wegrennen."

„Werde ich nicht. Ich verspreche es."

„Also gut. Ich bin nicht lange fort." Er nahm die Angelschnur und ging zum Fluß hinunter. Sobald er ihr den Rücken zugekehrt hatte, legte sie noch zwei Äste aufs Feuer. Aber das Holz war trocken. Es gab keinen Rauch. Vorsichtig stand sie auf. Isaac hockte zusammengekauert auf einem Stein in der Mitte des Flusses. Rasch begann sie, mit beiden Händen taunasses Gras auszurupfen und sich die Arme voll feuchten Laubes zu schaufeln. Wieder am Feuer angekommen, stellte sie sich mit dem Rücken zum Wasser, so daß sie das Feuer vor Isaac verbarg. Dann ließ sie die ganze Ladung aus nassem Gras und Laub auf das glühende Holz fallen.

Eine Wolke aus dichtem Rauch stieg empor.

Sie stand regungslos, beobachtete den Rauch und flehte im stillen darum, Isaac möge einen großen Fisch am Haken haben, der seine ganze Aufmerksamkeit in Anspruch nahm.

Mach schon, Pete. Schau nach Norden. Schau! Sie konnte sich vorstellen, wie er den weißen Rauch erblickte, seine Bedeutung erfaßte, an die Station der Wildhüter funkte.

Plötzlich wurde sie derartig heftig zur Seite gestoßen, daß sie das Gleichgewicht verlor und fiel. Dann lag sie hilflos im Sand und sah zu, wie Isaac mit seinen schweren Arbeitsstiefeln gegen die Holzscheite trat, wieder und immer wieder.

Dienstag morgen

„WARUM mußtest du das tun? Ich habe dir vertraut. Warum hast du das getan?" Er wiederholte ständig die gleichen Worte. Er weinte wieder und kümmerte sich nicht darum, daß sie die Tränen über seine braunen Wangen laufen sah.

„Du kannst es mir nicht verübeln, daß ich versuche, von hier wegzukommen, Isaac", sagte sie und bemühte sich, ihre Stimme beherrscht und vernünftig klingen zu lassen. „Ich möchte nur meine Mutter finden und ihr sagen, daß es mir gutgeht. Ich würde nichts von dir erzählen."

Er kramte in der Tasche seines Hemdes herum, und sie sah die Veränderung in seinem Gesicht. „Mein Glück ist fort."

„Was hat Glück damit zu tun . . ."

„Mein Elfenstein. Der alte Mann sagte, er würde mir Glück bringen. Das hat er auch. Er brachte mich geradewegs zum Fluß. Er war in der Tasche meines Hemdes, mit dem ich dich gestern zugedeckt hatte . . ."

„Ich habe ihn nicht angerührt, Isaac, ehrlich. Vielleicht ist er herausgefallen." Sie sah sich hilflos auf dem Sand- und Kieselufer um. „Den wirst du hier nie wiederfinden. Tut mir leid."

„Es war alles vergebens. Ich habe meinen Geist, das Zeichen meiner Bestimmung, nicht gefunden. Du glaubst nicht, daß ich meine Großmutter in ihrem Dorf wiederfinden werde, nicht wahr? Du hast gesagt, daß man dort einen Damm gebaut hat."

„Ich weiß es nicht. Vielleicht habe ich das falsch verstanden. Oder vielleicht lebt sie im Reservat."

„Ich bin zu lange fortgeblieben. Ich hätte sie früher besuchen sollen. Jetzt ist es zu spät. Wegzulaufen! Einfach idiotisch."

„Isaac, stell dich und erklär ihnen, wie du empfindest, daß du deine Großmutter sehen mußtest, wie die Bäume dich riefen . . ."

Er schüttelte den Kopf. „Damit sie mich ins Irrenhaus stecken? *So* verrückt bin ich nicht. Nein, ich gehe nicht zurück. Wenn ich es tue, werden sie mich an jenen Ort bringen, wo ich den ganzen Tag eingesperrt bin und weder Bäume noch den Himmel sehe. Und du weißt nicht, wie schlimm es dort ist, Leonora."

„Was willst du dann tun? Zu deiner Mutter zurückgehen?"

Erneut schüttelte er den Kopf. „Zu ihr wird die Polizei bestimmt zuerst kommen. Ich werde hierbleiben. Und du auch. Wenn du bleibst, wird niemals jemand erfahren, daß ich hier bin. Sie werden uns niemals finden. Wir werden nicht verhungern, davor brauchst du keine Angst zu haben. Es gibt Wurzeln und Beeren. Und eine Menge Fische."

Leonora versuchte, die in ihr aufkeimende Angst zu unterdrücken. „Isaac, du hast das nicht richtig durchdacht. Was ist im Winter? Es ist schon jetzt nachts ziemlich frisch, und wir haben erst August. Es ist unmöglich, hier ohne Winterkleidung und Unterkunft zu überleben."

Er sagte nichts, starrte nur eigensinnig vor sich hin. Deshalb fuhr sie fort: „Außerdem hast du bis jetzt nichts weiter angestellt, als von einem Arbeitstrupp wegzulaufen. Dadurch wurde niemandem Schaden zugefügt. Aber wenn du mich zwingst zu bleiben, wird es eine großangelegte Suchaktion geben – mit Hubschraubern und Hunderten von Menschen. Du hättest keine Chance zu fliehen. Und wenn sie erfahren, daß du mich gegen meinen Willen festgehalten hast, nun, das ist Kidnapping, und ich weiß nicht, welche Strafe es dafür gibt, aber ich wette, es sind viele Jahre."

„Du könntest ihnen sagen, daß du aus freiem Willen bei mir geblieben bist. Sei meine Freundin und bleibe. Bitte. Der Wald ist ein guter Aufenthaltsort, ehrlich. Er betrügt dich nicht, wie es die Menschen tun."

Er sah sie gespannt an und wartete auf ihre Antwort. Was sollte sie tun? Was konnte sie sagen?

„Isaac, ich würde gerne deine Freundin sein, ehrlich. Aber das kann nicht bedeuten, daß ich mein Zuhause aufgebe."

„Und ich kann mich nicht stellen, Leonora. Ich will nicht dorthin zurück. Es ist nicht fair. Ich habe überhaupt nichts getan, außer daß ich ein Idiot war."

„Was hast du . . ., ich meine, möchtest du mir davon erzählen? Vielleicht hilft das. Der Wildhüter hat nicht viel gesagt. Nur etwas von einem Einbruch in ein Kaufhaus."

„Ben und Moses und Jim haben das getan. Ich wußte nicht einmal etwas davon, bis es vorüber war."

„Waren das Freunde von dir?"

„Das dachte ich. Ich begegnete ihnen am Busbahnhof von Calgary. Ich hatte schon wochenlang keine Arbeit mehr und hielt Ausschau nach einem Almosen, gerade genug für die Busfahrt nach Red Deer. Damals habe ich gedacht, ich schau mal nach Großmutter."

„Hast du's denn nicht mit Trampen versucht?"

„Im Jahr zuvor bin ich völlig ohne Schwierigkeiten per Anhalter von Edmonton runtergekommen. Aber zurück hat mich einfach keiner mitgenommen. Na ja, ich hatte damals schon einige Wochen auf der Straße gelebt. Ich war vollkommen verwahrlost. Schätze, ich hätte mich nicht mal selber mitgenommen."

„Also, haben dich diese Kerle einfach am Busbahnhof aufgelesen? War das reiner Zufall, daß du sie dort getroffen hast?"

Isaac schüttelte den Kopf. „Damals hab ich nicht darüber nachgedacht, aber jetzt . . . Ich glaube, die haben sich dort rumgetrieben und auf einen Trottel gewartet. Und den haben sie ja auch gefunden." Er lachte bitter.

„Geh nicht so hart mit dir um. Nach alldem zu urteilen, waren sie Profis."

„Ich hab darüber nicht nachgedacht, ich war einfach so dankbar. Sie gaben mir Essen und ein Bier und versprachen mir ein Dach über dem Kopf. Du weißt nicht, was das damals für mich bedeutete. Sie haben sogar gesagt, sie würden versuchen, Arbeit für mich zu finden. Ich hab gewußt, daß sie nicht viel taugen, Leonora. Aber eine große Stadt ist ein abscheulicher Ort, um allein zu sein, ohne Job, ohne Geld, ohne Freunde. Ich hab einfach meine Augen vor dem verschlossen, was sie waren, und bin mit ihnen gegangen."

„Und wie ist diese Kaufhausgeschichte ausgegangen?"

„Sie haben gesagt, wir würden zu einer Party fahren, und Moses und Ben schoben mich in diesen Laster – Jim ist allein weggegangen. Sie sind herumgefahren und parkten dann in einer Seitenstraße. Inzwischen war es dunkel, ich konnte überhaupt nichts sehen. Dann sind sie ausgestiegen und haben gesagt, ich soll auf sie warten, sie würden in einer Minute zurück sein. Ich war so blöd! Ich saß einfach da und wurde immer nervöser, ich hab gespürt, daß da irgendwas faul war, aber ich hatte keine Ahnung, was genau. Und ich wollte doch meine neuen Freunde nicht im Stich lassen." Er stieß ein bitteres Lachen aus. „Freunde! Das nächste, von dem ich weiß, war ein blendendes Licht in meinen Augen. Ich konnte nur ein Auto am Ende der Straße ausmachen. Wie ich dann über die Schulter zurückblickte, stand am anderen Ende auch ein Auto. Sogar da kapierte ich noch nicht, was los war. Erst als ein paar Polizisten mich aus dem Laster zogen. Danach war alles wie ein Alptraum. Ich wurde in ein Polizeiauto gestoßen, und schon war ich auf dem Weg ins Gefängnis, noch immer, ohne genau zu wissen, was vor sich ging. Allmählich dämmerte mir dann, daß der Laster gestohlen war."

„Was ist mit den anderen?"

„Sind entwischt. Erst bei der Gerichtsverhandlung bin ich draufgekommen, was passiert ist. Sie waren hinter Stereogeräten in dem Kaufhaus her und müssen die Alarmanlage ausgelöst haben, als sie eingebrochen sind. Sie rafften zusammen, was sie kriegen konnten, und hauten ab. Die Polizisten haben gesagt, es muß ein zweiter Laster dagewesen sein. Jim wird ihn gefahren haben. Er muß ihn geholt haben, nachdem er uns verlassen hatte, und er wartete auf die anderen. Ja, sie haben das Zeug zusammengerafft und sind verduftet. Und mich haben sie in einem gestohlenen Laster sitzenlassen, so daß mich die Polizei bloß einzusammeln brauchte."

„Hast du der Polizei das gesagt?"

„Was gab's da zu sagen? Ich wußte ja nicht einmal, wo die wohnten. Aber selbst wenn ich der Polizei hätte helfen können, hätt ich es nicht getan. Es waren meine Freunde, sie hatten mir Bier und etwas zu essen spendiert."

„Isaac! Sie haben dich reingelegt. Was du brauchst, sind richtige Freunde und ein guter Anwalt."

„Ich habe kein Geld für einen Anwalt. Und außerdem, wozu sollte das gut sein? Ich bin aus dem Gefängnis ausgebrochen. Das ist ein Minuspunkt für mich. Die würden jetzt nicht mehr zuhören."

„Doch, sie würden. Sie werden. Ich werde meinen Stiefvater bitten, dir zu helfen. Er weiß genau, wie man an den richtigen Anwalt kommt. Ich weiß nicht, wieviel das kosten wird, aber wir werden es schon hinkriegen. Ich zahle es ihm zurück. Mach dir keine Sorgen. Harry weiß genau, was zu tun ist."

Mit aufwallender Dankbarkeit erkannte Leonora, daß man sich in der Tat darauf verlassen konnte, daß Harry helfen würde, wenn man ihm die Sache erst einmal ordentlich erklärt hatte. Wie angenehm es war, wie sicher man sich fühlte, wenn man jemanden in der Familie hatte, der einem notfalls aus der Klemme half.

Das muß genau das sein, was Mama empfindet, erkannte sie. Genau deshalb hat sie sich in Harry verliebt. Sie braucht jemanden, auf den sie sich verlassen kann. Und ich wette, daß Harry sie geheiratet hat, weil er jemanden braucht, um den er sich kümmern kann, nachdem seine Jungen jetzt erwachsen werden. Sie sind füreinander geschaffen. Warum habe ich das vorher nicht verstanden?

Harry war vertrauenswürdig. Denis hatte das deutlich gemacht, als er ihr erklärte, wie sein Vater die beiden Jungen allein großgezogen hatte. Und wenn Harry sich einmal eine Meinung über etwas gebildet hatte wie zum Beispiel über eine begangene Ungerechtigkeit, würde er dieser Sache nachgehen, ganz gleichgültig, wie schwierig sie sich anlassen mochte. Der einzige Haken dabei war, daß man es ihm so erklären mußte, daß er bereit war, sich auf ihre Seite zu stellen.

Sie seufzte. Einfach würde es nicht sein. Wenn nur Vater hier wäre. Mit Vater hatte sie immer reden können, und er hatte immer verstanden, was sie meinte. Vielleicht machte ihn die Tatsache, daß er ein Schriftsteller war, besonders einfühlsam und verständnisvoll. Aber sie mußte zugeben, daß er nicht die leiseste Ahnung hätte, wo man einen guten Rechtsanwalt fand oder wie man vorgehen mußte, um die Wiederaufnahme eines Verfahrens zu erwirken.

Sie hob den Blick und sah Isaacs dunkle Augen auf sich gerichtet. „Man kann Harry vertrauen", sagte sie. „Wir müssen nur genau überlegen, was wir ihm sagen, damit er es auch begreift. Es hat keinen Sinn, von Sonnentänzen und solchen Dingen zu reden. Es würde Harry nur irritieren. Du bist unüberlegt von einem Arbeitstrupp weggerannt, um zum Dorf deiner Großmutter zu kommen. Warum wolltest du dorthin?"

„Ich dachte, sie würde mir helfen, das Durcheinander in meinem Kopf in Ordnung zu bringen."

„Erzähl ihnen genau das. Du bist entkommen und bis zum Fluß gelangt, und dann hast du mich gefunden. Wo? Du hast mir noch gar nicht erzählt, was passiert ist."

„Du bist an dieser Sandbank dort drüben angeschwemmt worden. Du warst bewußtlos und kalt wie Eis."

„Du kamst also, hast mich ans Ufer gezogen und aufgewärmt. Wenn du nicht genau das Richtige getan hättest, wäre ich gestorben, nicht wahr? Begreifst du nicht, wie wichtig das alles sein wird, Isaac? Du bist geblieben und hast mir das Leben gerettet! Und ich habe dir noch nicht einmal dafür gedankt."

„Schon gut", murmelte er. „Ich glaube nicht, daß ich das getan hätte, wenn ich nicht ein bißchen verrückt gewesen wäre. Ich hab gedacht, du bist mir gesandt worden."

„Vergiß deinen Sonnenkindtraum. Vielleicht warst du ein bißchen überdreht nach drei Tagen ohne Essen und Trinken. Wichtig ist allein, daß du geblieben bist und mir das Leben gerettet hast. Sie müssen das einfach berücksichtigen, wenn du dich stellst."

„Nein!" Er war aufgesprungen, die Knöchel seiner Finger wurden weiß, so fest umklammerte er den Griff der Axt. „Nein, ich werde dir nicht weiter zuhören. Du wirst mich nicht dazu überreden, wieder ins Gefängnis zu gehen." Er drehte sich um und begann, am Ufer entlang flußabwärts zu rennen.

Sie setzte ihm nach. „Isaac, warte bitte! Du wirst alles verderben, wenn du jetzt wegläufst. Vertraue mir. Und Harry. Er wird dir helfen, ich schwör's dir!"

Es knackte plötzlich weiter hinten im Wald. Sie drehte sich um. Das ist Pete, dachte sie. O Gott sei Dank! Er hat den Rauch gesehen. „Ich bin hier!" schrie sie. „Hier unten am Fluß." Sie lief dem Geräusch entgegen.

Das Knacken war laut, zu laut für nur eine Person. Es klang eher nach einem Elefanten. Sie blieb stehen, plötzlich von Angst ergriffen.

Im Dickicht aus Espen und Beerensträuchern, das bis ans Flußufer reichte, tauchte eine riesige dunkle, bedrohliche Gestalt auf. Leonora schrie. Die Gestalt blieb stehen, stellte sich auf die Hinterbeine, so groß wie ein Mensch, der Kopf pendelte hin und her, mit der Nase schnüffelte sie in die Luft. Die winzigen Augen waren in dem dichten braunen Pelz beinahe unsichtbar. Vielleicht sieht er mich nicht!

Sie hörte auf zu schreien, stand still und biß sich auf die Fingerknöchel. Wenn ich ganz leise bin, wird er mich schon nicht angreifen, sagte sie sich. Aber er sah ungeheuerlich aus, wie er über ihr auf der Böschung stand.

Der Bär ließ sich nach vorne fallen und tappte auf allen vieren auf sie zu. Er rutschte die Böschung herab und traf auf ihr Lager. Die Nase senkte sich nach unten. Leonora konnte Schmatzgeräusche hören, als der Bär den Kopf und die Eingeweide des Fisches verschlang, die Isaac vergraben hatte.

Ganz langsam bewegte sich Leonora rückwärts gehend in Richtung Fluß. Sie stolperte, fiel und versuchte, wieder auf die Füße zu kommen, aber ihre Beine waren wie aus Gummi. Schweiß trat ihr auf die Stirn. Der Bär hob witternd den Kopf.

Tiere können Angst riechen, fiel ihr ein. Wieder erhob sich der Bär zu seiner vollen riesenhaften Größe auf die Hinterbeine. Er schnüffelte. Unbeabsichtigt löste sich ein Schrei aus Leonoras Kehle. Der Bär fiel auf alle viere und trottete auf sie zu, stetig und unaufhaltsam.

Leonora konnte nicht wegrennen, sie war wie gelähmt. Zusammengekauert saß sie da und wartete auf den Angriff. Die Zeit blieb stehen. Sie konnte den scharfen Raubtiergeruch riechen, den Geruch von Tod und Verderben.

Plötzlich hörte sie, wie etwas pfeifend durch die Luft sauste. Es folgten ein dumpfer Schlag und ein gräßliches Gebrüll. Sie schloß die Augen und warf sich flach auf den Boden.

„Leonora, steh auf! Renn!“ Isaacs Stimme gellte hinter ihr.

Sie öffnete die Augen. Direkt vor ihr lag der Bär auf der Seite, die Beine von sich gestreckt. Blut quoll in dickem Schwall aus seinem Hals. Es gelang ihr aufzustehen, unbeholfen einen Schritt rückwärts zu tun. Weg von den gelben, im knurrenden Maul entblößten Zähnen, weg von den wie Dolche gebogenen Krallen. Sie sah die Axt, deren Klinge tief im Hals des Bären steckte. O Isaac, du hast mir schon wieder das Leben gerettet!

Sie wandte sich von dem Grauen zu ihren Füßen ab, drehte sich um und lief Isaac entgegen. Er stand da mit herabhängenden Armen.

In diesem Augenblick ertönten vertraute Stimmen, die ihren Namen riefen. „Leonora, bist du dort? Leonora!“

Sie wandte sich um. Da waren sie, sie brachen zwischen den Bäumen nur ungefähr dreißig Meter von der Feuerstelle entfernt hervor. Harry und Pete und . . .

Sie begann zu rennen. „Denis, du lebst! Ich bin ja so froh . . .“

Denis sprang auf das Ufer hinunter und rannte ihr entgegen. Er umarmte sie heftig. „Ich dachte auch, du wärst tot. Ich bin mir seit gestern wie ein Mörder vorgekommen. Mensch, ich hab mich in meinem ganzen Leben noch über nichts so gefreut wie darüber, dich kreischen zu hören." Er neckte sie, als sei er schon sein ganzes Leben lang ihr Bruder, und sie ging fröhlich auf seine Hänseleien ein.

„Kreischen? Na, du würdest auch kreischen, wenn sich ein riesiger Bär auf dich stürzt. Warum habt ihr bloß so lange gebraucht?"

„Ein Bär?" Er ging an ihr vorbei und blieb stehen. „He, wer ist das denn?"

Leonora drehte sich erneut um. Isaac stand noch immer allein am Fluß. Ohne die Axt sah er viel jünger, viel verwundbarer aus. Erschöpft. Welche Kraft hatte diesen mächtigen Wurf ausgeführt, der die Klinge der Axt durch die dicken Muskeln des Bärennackens getrieben hatte?

Leonora wollte zu Isaac rennen, ihm zeigen, daß sie auf seiner Seite war. Aber aus irgendeinem Grund konnte sie sich nicht bewegen. Sie stand einfach da, mit schlaff herabhängenden Armen.

Dann stürmte Pete an ihr vorbei, lief am Ufer entlang, legte Isaac eine Hand auf die Schulter und redete mit ihm. Er wich zurück, sie sah, wie sein Kopf nach vorne sank. Er sah nicht mehr wie der junge Kerl aus, der sie in Angst und Schrecken versetzt hatte. Er sah auch nicht aus wie ihr Freund Isaac. Er war nur ein Indianerjunge mit finsterem Gesicht und schmutziger Gefängniskleidung.

Sie kamen jetzt am Ufer entlang auf sie zu, Pete und sein Gefangener. Leonora machte einen Schritt vorwärts, aber Isaac sah sie nicht an. Ging einfach an ihr vorüber, als sei sie nicht da.

Sie spürte Tränen in ihren Augen und blickte weg zum Ufer hinunter. Da waren die Überreste ihres Signalfeuers. Aber was war das, dicht bei den verkohlten Holzscheiten? Etwas wie eine riesige Muschel. Leonora ging hin und hob es auf, drehte es in der Hand hin und her. Es war keine Muschel, sondern ein Stein, eine versteinerte Muschel. Isaacs Glücksstein.

Vielleicht fühlt er sich besser, wenn ich ihn ihm zurückgebe, dachte sie. Aber wenn ich ihn ihm jetzt gebe, wirft er ihn bloß weg. Ich warte, bis er mir vergeben hat, daß ich nicht das Sonnenkind bin.

Oktober

„Da hinein!" kommandierte der Wärter und stieß für Isaac die Tür auf.

Isaacs Blick fiel auf Leonora, die an einem kleinen Tisch im Besucherraum saß. Sie trug einen kirschroten Mantel mit einer passenden

Mütze. Und ihr Haar, hell wie der Sonnenschein, fiel ihr auf die Schultern. Isaac stand da und sah es an.

Sie lächelte. „Sie haben gesagt, ich könnte nur dieses eine Mal mit dir sprechen, nur für zehn Minuten."

Isaac nickte und nahm ihr gegenüber Platz.

„Was ist mir dir? Alles in Ordnung?" fragte Leonora.

Er zuckte die Schultern. „Denke schon."

„Isaac, verzeihst du mir? Jener letzte Morgen . . . Es tut mir leid."

„Verzeihen?" Er gab vor, sie nicht zu verstehen.

Sie schaute hoch zu der großen Wanduhr. „Es ist sowenig Zeit. Jener letzte Morgen unten am Fluß, wir haben einander die Wahrheit gesagt, wir sind echte Freunde geworden. Dann hast du mein Leben zum zweiten Mal gerettet. Aber anstatt dir beizustehen, bin ich zu meiner Familie gerannt, zu Denis."

„Das war ganz natürlich. Sicher, es hat damals weh getan zu sehen, daß du mir den Rücken zugekehrt hast. Doch als der Mann von der Feuerwache zwischen den Bäumen auftauchte, da wußte ich, das war das Ende meines Traums. Ich war innerlich so verletzt, daß mich in jenem Augenblick wohl nichts erreicht hätte, egal, was du getan hättest. Aber das quält mich jetzt nicht mehr. Unserer Freundschaft steht nichts mehr im Weg – außer vielleicht deine Familie, die nicht will, daß du dich mit einem Sträfling abgibst." Er brachte ein bitteres Grinsen zustande.

„Das stimmt nicht. Es war Harry, der dafür gesorgt hat, daß ich dich heute sehen kann. Harry war großartig. Und natürlich wird Mama alles für dich tun, nachdem sie nun weiß, daß du mir das Leben gerettet hast – zweimal! Alles, was du tun mußt, ist, nicht aufzugeben. Die Rechtsanwälte arbeiten an deinem Fall. Versprich mir, daß du deinem Geist, deiner Bestimmung folgen wirst."

„Bestimmung, Geist? Was ich getan hab, war ziemlich verrückt."

„Eremiten in der Bibel haben sich auch in die Einsamkeit zurückgezogen, ohne zu essen und zu trinken. Sie haben auch Stimmen gehört und hatten Visionen."

Er nickte. „Eine Zeitlang hatte ich den Verstand verloren und glaubte, du wärst das Sonnenkind. So klar und einfach ist es jetzt nicht mehr. Ich glaube, ich bin damals vor der Wirklichkeit davongelaufen. Ich bin genau bis zu dem Moment davongelaufen, als ich den Bären tötete. Als ich den Bären auf dich zutappen sah, wußte ich, wer er war. ‚He, Geist', sagte ich, ‚du hast lange gebraucht, um hierherzukommen.' Und da war keine Zeit mehr zum Überlegen. Mein Arm und meine Schultern taten, was sie tun mußten."

„Es war ein toller Wurf, Isaac."

„Tja . . ." Er saß regungslos da.

„Dann hast du also deinen Geist, das Zeichen deiner Bestimmung, doch gefunden! Aber du mußtest ihn töten. War dir dabei nicht gräßlich zumute?"

Er schüttelte den Kopf. „Ich hab hier eine Menge nachgedacht. Sicher, ich mußte den Körper des Bären töten. Aber meine Axt konnte seinen Geist nicht töten, verstehst du? Und ich glaube, dadurch, daß ich ihn getötet habe, bin ich den träumenden Teil von mir losgeworden, der noch immer im Haus meiner Großmutter steckte, den Teil von mir, der sich ständig zwischen meine Mutter und mich und die Schule stellte und an allem schuld war, was sonst noch mit mir passiert ist."

„Das Haus deiner Großmutter . . . Hat Harry dir erzählt . . .?"

„Von dem Damm. Ist schon komisch, was? All die Jahre, die ich von dem Ort geträumt habe, an dem ich sein wollte . . ., diesen Ort gibt es gar nicht mehr. Er ist unter Wasser."

„Harry konnte deine Großmutter nicht finden. Es tut mir schrecklich leid."

„Ja. Das ist schlimm. Ich schätze, ihr Traum war auch ein bißchen stärker als die Wirklichkeit. Deshalb hat meine Mutter mich von ihr weggeholt, weil sie nicht weggehen wollte. Sie hätte mich bei sich behalten, weil sie nicht glauben wollte, daß das Wasser jemals das ganze Tal ausfüllen würde."

„Laß dich durch das, was mit deiner Großmutter passiert ist, nicht davon abhalten, die Dinge klar zu durchdenken."

„Keine Sorge, Leonora. Mein Kopf mag sich zwar hin und wieder im Sonnentanz drehen, aber meine Füße stehen jetzt fest auf dem Boden."

„Ich bin froh darüber, Isaac."

„Das ist dein Verdienst und das deines Stiefvaters. Er hat mir versprochen, wenn ich im Fernunterricht die Schule beende, dann hilft er mir, eine Lehrstelle im Forstwesen zu bekommen."

„Das hat er mir erzählt. Du wirst dann wieder bei deinen geliebten Bäumen sein. Hast du deine Mutter schon gesehen?"

„Nein, noch nicht. Ich weiß ja inzwischen, damals, als sie mich nach Edmonton brachte, wollte sie nur mein Bestes. Ich muß nur noch ein bißchen darüber nachdenken, bevor ich mit ihr rede. Ich möchte fair sein, reinen Tisch machen, ohne daß ungute Gefühle zurückbleiben."

„Es ist Zeit zu gehen, Isaac. Ich wollte dir noch sagen, ich habe deinen Glücksstein. Eigentlich wollte ich ihn dir jetzt geben, aber sie haben mir das nicht erlaubt. Ich verspreche dir, ich hebe ihn gut auf und gebe ihn dir an dem Tag, an dem du hier rauskommst."

„Mein Glücksstein! Elfenstein nannte ihn der alte Mann."

„Brian sagte, es sei ein Ammonit. Die Versteinerung eines Kopffüßlers, der vor vielleicht hundert Millionen Jahren gelebt hat, als Alberta ganz vom Meer bedeckt war. Lange vor der Zeit der Menschen."

„Also noch vor meinem Volk?"

„Vor allen menschlichen Wesen. Noch bevor hier Land war."

„Läßt unsere Zeit ziemlich unwichtig erscheinen, nicht wahr?" Isaac sah auf die Uhr. Die Zeiger flitzten nur so dahin. Leonora würde in einer Minute fort sein und das Licht und die Freude mitnehmen. Die Zukunft, die vor ihm lag, sah grau aus.

Er wollte seine Gedanken lieber auf seinen Glücksstein konzentrieren. Hundert Millionen Jahre. Ein paar Monate im Gefängnis waren nicht viel, wenn man die Zeit auf diese Weise betrachtete. Das war auch die richtige Art, Großmutters Geschichten einzuordnen. Nicht als ein Rückwärtsgehen, sondern als einen Teil des Vorwärtsgehens. Eines Tages würde aus seiner Geistsuche und der Tötung des Bären eine Geschichte für seine Enkelkinder und Urenkel werden, wie die Geschichten der Großmutter. Also sollte er lieber dafür sorgen, daß seine Geschichte auch so endete, wie er wollte, daß er aus seinem Leben etwas machte.

Die Tür wurde aufgeschlossen. Leonora stand schon, und auch er erhob sich.

„Auf Wiedersehen." Tränen liefen ihr über die Wangen, sie wischte sie unwillig weg und beschäftigte sich damit, ihre roten Wollhandschuhe anzuziehen.

„Bis später", sagte er leichthin und ging rasch hinaus. Im Gefängniskorridor versuchte er den Anblick ihres Gesichts, ihres blonden Haares innerlich festzuhalten.

HARRY wartete auf sie. Er faßte sie am Arm, als sie über den Parkplatz gingen. „Alles in Ordnung, Leonora?"

„Ja, danke, Harry. Ich meine, wirklich danke. Dafür, daß du Isaac hilfst und verstehst, was ich fühle."

Er lachte. „Isaac zu helfen war der leichtere Teil. Dich zu verstehen . . ., nun, laut Hazel brauche ich dazu möglicherweise den Rest meines Lebens."

„Ich bin nicht absichtlich schwierig."

„Vielleicht wäre herausfordernd eine bessere Beschreibung, hm?"

Während er sprach, wurde Leonora klar, daß Harry vorhatte, auf sie die gleiche Energie zu verwenden, wie er sie auf seinen Beruf verwendet hatte und auf die Erziehung seiner Jungen. Möglicherweise auch auf seine Ehe mit Mama.

Ein Lachen stieg in ihrer Kehle hoch. Der Himmel möge dabei ein Auge auf uns zwei haben, dachte sie. Dann wurde sie ernst. So schwierig das Leben mit Harry vielleicht sein mochte, sie verstand, daß er es schaffen würde, denn er mochte Hazel und sie wirklich gern. Und es lag an ihr, ihren Teil dazu beizutragen, daß es klappte. Fest umschlossen ihre Finger den Glücksstein in ihrer Manteltasche.

Foto: Russ Hughes

Monica Hughes

Monica Hughes stammt aus Liverpool und ist in Ägypten und Schottland aufgewachsen. Heute lebt sie mit ihrem Mann in Edmonton, in jener Region Kanadas also, in der auch *Gefährliche Wege* sowie das ebenfalls in den Reader's Digest Auswahlbüchern erschienene *Jäger in der Nacht* angesiedelt sind.

In den zahlreichen Büchern der mit mehreren Jugendliteraturpreisen ausgezeichneten Autorin spielt das Thema Reise und Suche eine große Rolle. „Heranwachsende müssen sich auf die Suche nach ihrer Identität begeben", erklärt sie dazu. „Sie stellen sich Fragen über ihre Zukunft und machen sich auf die Reise, auf einen eigenen gefahrvollen Weg, der wegführt von den Eltern, den Traditionen, dem Zuhause."

Monica Hughes, Mutter von vier Kindern und zweifache Großmutter, war lange Zeit stets selbst auf Achse. „Nach dem Krieg studierte ich Modedesign, aber das Umherziehen lag mir wohl im Blut, und so ging ich nach Rhodesien und schließlich nach Kanada", erzählt sie. „In den siebziger Jahren in Edmonton schienen dann mit einem Male all meine kreativen Talente aufzublühen. Ich fing an zu sticken und entwarf Wandbehänge, die sich als gut verkäuflich erwiesen. Von dem Ertrag erstand ich einen Webstuhl für Gobelins, und etwa zur selben Zeit entdeckte ich auch meine Möglichkeiten als Jugendbuchautorin."

Fortan entwickelte sich das Schreiben für Monica Hughes mehr und mehr zur Berufung, und wie sie betont, liegt darin auch eine Möglichkeit, ihren Anliegen Gehör zu verschaffen. „Ich sorge mich sehr um unseren Planeten Erde, und was wir ihm antun, sowie um die Menschen in der dritten Welt, und was wir denen antun."

DAS LIED DER ELEFANTEN
Originalausgabe: „Elephant Song“
erschienen bei Macmillan Ltd., London

Titel der deutschen Ausgabe: „Das Lied der Elephanten“

DIE HERBERGE ZUR SECHSTEN GLÜCKSELIGKEIT
Originalausgabe: „The Small Woman“
erschienen 1957 bei Evans Brothers Ltd.; erschienen 1982 bei Pan Books Ltd.

SCHNEE IN DER KARIBIK
Originalausgabe: „Crackdown“
erschienen bei Michael Joseph Ltd., London 1990

GEFÄHRLICHE WEGE
Originalausgabe: „Log Jam“
erschienen bei Irwing Publishing, Toronto

Illustrationen
„Das Lied der Elefanten“: Gerry Haylock
„Die Herberge zur Sechsten Glückseligkeit“: Maurice Kennel
„Schnee in der Karibik“: Colin Andrew
„Gefährliche Wege“: Bernhard Förth

Die ungekürzten Ausgaben von
„Das Lied der Elephanten“,
„Die Herberge zur Sechsten Glückseligkeit“,
„Schnee in der Karibik“ und
„Gefährliche Wege“
sind im Buchhandel erhältlich.